정치경제학 비판 요강 I

정치경제학 비판 요강 I

칼 맑스 지음 | 김호균 옮김

그린비

옮긴이 **김호균**

서울대학교 경제학과를 졸업하고, 독일 브레멘대학교 경제학과에서 「세계 시장에서 독점에 의한 가치 법칙 작동 방식의 수정」
으로 박사학위를 받았다. 현재 명지대학교 경영정보학과 교수로 재직 중이며, 논문으로 「자본주의 생산 양식의 단계적 발전에
관한 연구」, 「대기업과 중소기업의 경제적 불평등에 관한 이론적 고찰」, 「지식 기반 경제에서의 협력적 노사 관계에 관한 연구」
등이 있고, 옮긴 책으로는 『자본론에 관한 서한집』(칼 맑스), 『정치경제학 비판을 위하여』(칼 맑스), 『노동사회에서 벗어나기』
(홀거 하이데, 공역), 『사회적 시장경제, 사회주의 계획경제』(한델로레 하멜 외, 공역) 등이 있으며, 지은 책으로는 『제3의 길과
지식기반경제』가 있다.

정치경제학 비판 요강 I
Grundrisse der Kritik der Politischen Ökonomie

발행일 초판1쇄 2000년 5월 30일 | 2판1쇄 2007년 10월 30일
       2판3쇄 2020년 10월 5일
지은이 칼 맑스 | **옮긴이** 김호균
펴낸곳 (주)그린비출판사 | **펴낸이** 유재건 | **주소** 서울시 마포구 와우산로 180, 4층
주간 임유진 | **편집** 신효섭, 홍민기 | **마케팅** 유하나
디자인 권희원 | **경영관리** 유수진 | **물류·유통** 유재영
전화 02-702-2717 | **팩스** 02-703-0272 | **이메일** editor@greenbee.co.kr | **신고번호** 제2017-000094호

ISBN 978-89-7682-704-3 04320 | 978-89-7682-703-6 (세트)
이 도서의 국립중앙도서관 출판예정도서목록(CIP)은 서지정보유통지원시스템 홈페이지(http://seoji.nl.go.kr)와
국가자료공동목록시스템(http://www.nl.go.kr/kolisnet)에서 이용하실 수 있습니다. (CIP제어번호: CIP2007003233)

Korean Translation Copyright ⓒ 김호균
책값은 뒤표지에 있습니다. 잘못 만들어진 책은 구입처에서 바꿔 드립니다.

철학과 예술이 있는 삶 **그린비출판사**

정치경제학 비판 요강 Ⅰ권
주요 차례

독일어 판 서문 ·· 11

칼 맑스 경제학 수고 1857-1858 ·· 31

[바스티아와 캐리] ··· 33
　바스티아, 『경제적 조화』(2판 파리, 1851년) ················· 33
　　서문 ··· 33
　　ⅩⅣ. 임금 ··· 40

[정치경제학 비판 요강] 서설 ··· 47
A. 서설 ··· 51
　Ⅰ. 생산, 소비, 분배, 교환(유통) ······································ 51
　　1. 생산 ·· 51
　　2. 분배, 교환, 소비에 대한 생산의 일반적 관계 ··········· 57
　　　a1) [생산과 소비] ··· 59
　　　b1) [생산과 분배] ··· 64
　　　c1) [끝으로 교환과 유통] ··· 68
　　3. 정치경제학의 방법 ··· 70
　　4. 생산. 생산 수단과 생산 관계들. 생산 관계들과
　　교류 관계들. 생산 관계들 및 교류 관계들과 관계하는
　　국가 형태들 및 의식 형태들. 법률 관계들. 가족 관계들 ···· 80

정치경제학 비판 요강 ·· 85

II. 화폐에 관한 장 ··· 86
    알프레드 다리몽: 『은행 개혁에 관하여』(파리 1856년) ········ 86
        〔화폐의 등장과 본질〕 ·· 118
        〔화폐 관계의 담지자로서 귀금속〕 ······················· 157
            a) 다른 금속과의 관계에서의 금과 은 ················ 157
            b) 다양한 금속들 사이의 가치 비율의 변동 ············ 165
        〔화폐의 회전〕 ·· 172
            a) [가치 척도로서의 화폐] ···························· 174
            b) [유통 수단으로서의 화폐] ························· 180
            c) 부의 물적 대표로서의 화폐(화폐 축적. 그에 앞서
            계약 등의 일반적 재료로서의 화폐) ···················· 192

[III. 자본에 관한 장] ··· 233
[제1편: 자본의 생산 과정] ··· 233
    자본으로서의 화폐에 관한 장 ····································· 233
    〔화폐의 자본으로의 전화〕 ·· 233
        1. 유통과 유통에서 유래하는 교환 가치, 자본의 전제 ····· 257
        2. 유통에서 유래하는 교환 가치. 유통에 전제되고
        유통에서 보존되며 노동을 매개로 해서 배증되는 ············ 263
        〔자본과 노동 사이의 교환〕 ································· 277
        〔노동 과정과 증식 과정〕 ··································· 309
        〔절대적 잉여 가치와 상대적 잉여 가치〕 ················· 354
        〔잉여 가치와 이윤〕 ·· 385

독일어 판 편집자 주 ··· 429
찾아보기 ··· 452

정치경제학 비판 요강 II · III권
주요 차례

≪II권 차례≫

[III. 자본에 관한 장]
[제2절: 자본의 유통 과정]
    [자본의 재생산과 축적]
    [자본의 시초축적]
    [자본주의적 생산에 선행하는 형태들]
    [자본의 순환]
    [잉여 가치 및 이윤에 관한 이론들]
    [고정 자본과 유동 자본]
    [고정 자본과 사회의 생산력의 발전]
    [고정 자본 및 유동 자본의 유통과 재생산]
독일어 판 편집자 주
칼 맑스 연보
찾아보기

≪III권 차례≫

[III. 자본에 관한 장]
[제3절: 결실을 가져다주는 것으로서의 자본. 이자. 이윤.(생산비 등)]
    [화폐에 관한 장과 자본에 관한 장에 대한 보론]
    [가치 척도로서의 화폐]
    [유통 수단과 자립적 가치로서의 화폐]
    [기계류와 이윤]
    [소외]
    [기타]

1. 가치

독일어 판 편집자 주
한국어 판 역자 후기 · 김호균
영어 판 서문 · 마틴 니콜라우스
참고 문헌
    A 맑스의 저작
    B 다른 저술가들의 저작
        I. 저서와 저술
        II. 정기간행물
    C 신문과 잡지
찾아보기
    인명편
    문학과 신화 상의 이름
    중량, 도량, 주화
    사항편

일러두기

1. **대본과 편집 체제**

   이 책의 번역은 독일 디츠(Dietz) 출판사에서 출간된 『맑스-엥겔스 전집』 42권을 대본으로 하였으며, 인용문과 소제목 및 각주 등 이 책의 편집 체제는 독일어 판 편집 체제를 따랐음을 밝혀둔다.

2. **원문 주와 독일어 판 편집자 주 및 한국어 판 역자 주**

   (1) 맑스의 원문 주는 일련번호 없이 '*'로 표기하여 본문 하단에 실었다.

   (2) 독일어 판의 편집자 주는 크게 본문 하단에 일련번호를 붙인 각주와, 책 뒤편의 후주로 구성되어 있다. 본문 하단의 각주는 맑스의 육필 수고를 교열한 내용을 담고 있고, 후주는 본문 내용 중 별도의 설명이 필요한 단어나 구절의 우측 상단에 첨자 번호를 표기하고 부연 설명을 단 것이다.

   (3) 한국어 판 역자의 주는 짧은 경우 본문의 해당 부분 대괄호 '[ ]'안에 설명을 달았고, 비교적 긴 설명이 필요할 경우 해당 부분에 일련번호를 붙여 설명을 달되, 양자 모두 독일어 판 편집자 주와 구별하기 위해 '[역자]'라고 표시하였다.

3. **부호사용**

   (1) 괄호

   * 소괄호 '( )'와 중괄호 '{ }'는 맑스가 사용한 것이다.

   * 대괄호 '[ ]'는 독일어 판 편집자가 원문의 이해를 돕기 위해 본문에 삽입한 짧은 보충 설명과 소제목(표제어) 및 주를 나타낸다.

   (2) 줄표와 붙임표

   * 줄표(—)는 맑스가 사용한 것이다

   * 붙임표(-)는 연도와 합성어 및 인용된 저서의 쪽수를 나타낸다

   (3) 겹낫표와 낫표

   겹낫표 '『 』'는 인용되는 저작과 신문 이름을 나타내고, 낫표 '「 」'는 논문과 기사 제목을 나타낸다.

4. **강조**

   독일어 판 원문에서 이탤릭체로 강조된 단어나 문장은 이 책에서 모두 중고딕으로 바꾸었다.

5. **색인 및 기타**

   * 독일어 판 원문에 등장하는 주요 인물과 인용된 저작들은 이 책 3권에만 실었다.

   * 이 책의 1권에 대한 편집·교정 과정에서 도움을 주신 많은 분들, 특히 정철수 님과 신승철 님께 감사의 말씀을 드린다.

독일어 판 서문

칼 맑스와 프리드리히 엥겔스의 전집의 이 별책에는 맑스가 1857년 7월부터 1858년 5월까지 쓴 세 편의 경제학 수고가 실려 있다:

1. 「바스티아와 캐리」(1857년 7월)
2. 「서설」(1857년 8월)
3. 「정치경제학 비판 요강」(1857년 10월부터 1858년 5월까지)

이 수고들은 1939년부터 1941년까지 소련 공산당 중앙위원회 부설 맑스-레닌주의 연구소에 의해서 처음으로 원본의 전문이 칼 맑스의 『정치경제학 비판 요강(초고)』로 간행되었다. 이 판의 복제본이 1953년 베를린에 있는 디츠(Dietz) 출판사에 의해서 발간되었다.

1857-58년의 이 경제학 수고는 정치경제학 영역에서 심혈을 기울인 맑스의 연구 성과이다.

이미 19세기 40년대는 맑스의 경제 이론의 발전에 있어서 중요한 시간대였다. 이 시기에 맑스와 엥겔스는 『경제학-철학 수고』, 『신성가족』, 『영국 노동 계급의 상태』, 『독일 이데올로기』, 『철학의 빈곤』, 「임노동과 자본」, 「자유 무역에 관한 연설」, 『공산주의 당 선언』과 같은 저술들에서 변증법적-유물론의 역사관을 발전시켰고, 그럼으로써 변증법적 유물론을 인간 사회의 인식에까지 확장했다. 이는 그들로 하여금 이미 1840년대에 부르주아 사회에 대한 과학적으로 근거 있는 비판을 갖출 수 있도록 했다. 앞의 저술들에서 맑스와 엥겔스는 긴밀하게 협력하면서 계급 투쟁 이론을 논증했다. 그들은 자본주의 사회에서 계급 대립의 본질을 폭로했고, 사회주의는 부르주아 사회에서 작동하는 경제 법칙들의 불가피한 결과라는 것, 자본주의는 영원히 존재하지는 않을 것이고, 노동 계급의 형체로 자기 자신의 무덤을 파는 사람을 스스로 창출할 것이라는 것을 증명했다. 이미 이 저술들에서 맑스는 자신의 경제 이론을 가다듬기 시작했다.

런던으로 이주한 직후인 1850년 맑스는 1848-49년의 혁명 동안에 중단했던 경제학 연구를 재개했고, 그럼으로써 1840년대의 과학적 연구를 계속했다. 그는 책, 소책자, 팜플렛, 유인물, 정기 간행물 등의 자료를 통해 무엇보다도 윌리엄 페티, 프랑소아 케네와 같은 부르주아 경제학자들에서부터 영국 고전 경제학의 대표자들인 애덤 스미스와 데이비드 리카도에 이르기까지의 저술들을 체계적으로 연구했다. 그는 수많은 부르주아 경제학자들과 공상적 사회주의자들의 문헌 이외에 통계 자료 및 영국 의회 문서를 다루었고, 영국 공장 감독관들이 하원에 제출한 공식 보고서를 읽었으며, 역사적·기술적·자연과학적 저작들을 철저히 조사했고 문화사, 세계사, 현대사에도 마찬가지로 관심을 가졌다. 그 당시 세계에서 가장 큰 도시이자 가장 발전된 자본주의 나라의 수도인 런던은 연구에 유리한 조건을 제공해주었다. 맑스 스스로 이에 대해 다음과 같이 언급했다. "대영 박물관에 쌓여 있는 정치경제학사에 관한 방대한 자료, 부르주아 사회를 관찰하는 데 영국이 제공해주는 유리한 관점, 끝으로 캘리포니아와 오스트레일리아의 금을 발견함으로써 부르주아 사회가 진입하게 된 새로운 발전 단계는 나로 하여금 연구를 처음부터 다시 시작하고 새로운 자료를 비판적으로 철저히 검토할 결심을 하게 만들었다."(『맑스-엥

겔스 전집』 13권, 10-11쪽)

1857년 7월까지 맑스의 작업은 무엇보다도 경제 이론에 관한 다양한 종류의 원전들을 수집하고 비판적으로 개척하며, 영국과 다른 나라들의 자본주의 경제 생활에서 일어난 모든 주요 사건과 사실을 직접 연구하는 것이었다. 수천 쪽에 달하는 초록이 1850년대 그의 연구 작업의 범위를 증명해주고 있다. 1850년부터 1857년까지 그는 수십 권에 달하는 발췌와 요약을 남기면서 부분적으로는 로마 숫자로 번호를 붙였고, 이것을 그 이후에 자신의 이론을 완성하면서 계속 참조했다. 나아가 맑스는 이 기간 동안에, 예를 들어 "완성된 화폐 제도", "화폐 제도, 신용 제도, 공황"과 같은 일정한 주제들에 관한 인용문들을 요약하고 이에 대해 짤막한 주석을 붙인 몇 권의 노트를 작성했다. 이것은 수집된 자료의 일차적 가공이었다. 그밖에 맑스는 그 당시 자본주의 나라들의 경제 정책과 경제 생활에 관한 매우 많은 신문 사설을 썼는데, 이것들은 그의 이론적 연구에서 얻어진 새로운 과학적 결론을 담고 있다.

1850년대에 맑스는 몇몇 유럽 국가에서 발생한 경제 공황에 각별한 관심을 기울였다. 이러한 맥락에서 맑스와 엥겔스는 혁명적 상황의 도래를 초조하게 기다렸다. "이번에는 전대미문의 최후의 심판이 있을 것이다. 유럽의 전체 산업이 망하고 모든 시장은 넘칠 것이며, 모든 유산 계급은 손해를 겪을 것이고, 부르주아지의 온전한 파산, 전쟁과 극도의 태만이 있을 것이다."(『맑스-엥겔스 전집』 29권, 86쪽) 1856년 11월 17일 맑스에게 보낸 편지에서 엥겔스는 다음과 같이 썼다. "혁명은 이번과 같은 멋진 순수 상태(tabula lasa)를 다시는 발견하지 못할 것이다. 모든 사회주의적 속임수들은 힘을 다했고, 노동자의 강제적인 고용은 6년 전부터 예상되었듯이 배척되었으며 새로운 실험과 상투어를 남발할 가능성은 없다. 그러나 다른 한편에서 어려움들도 아주 적나라하게 노출되어 있다. 이제 문제에 당당히 맞서야

한다."(『맑스-엥겔스 전집』 29권, 86쪽)

자신이 예측한 대로 1857년에 경제 공황이 일어나자 맑스는 그 결과 불가피하게 새로운 혁명적 약진이 있으리라고 예상했다. 그는 노동자들을 가능한 한 빨리 경제 지식으로 무장시키고, 그들의 계급 의식을 강화하며, 그들이 그들 계급의 새로운 역사적 과업을 파악하도록 돕기 위해서 즉시 경제 이론을 직접적으로 마무리하는 것을 자신의 의무로 생각했다. 노동자들에게 프롤레타리아와 부르주아지 사이의 계급 대립, 필연적으로 프롤레타리아 혁명에 이르는 계급 대립의 화해 불가능성이 입증되어야 했던 것이다. 그렇기 때문에 맑스는 1850년 그의 경제학 연구 성과를 대단히 서둘러서 요약했다. 그는 "나는 대홍수 이전에 적어도 개요만이라도 명확히 하기 위해서 밤새도록 미친 듯이 내 경제학 연구를 요약하고 있다."(『맑스-엥겔스 전집』 29권, 225쪽)고 1857년 12월 8일 엥겔스에게 보낸 편지에서 말하고 있다.

같은 날 제니 맑스는 맑스와 엥겔스의 친구이자 동지인 콘라드 쉬람에게 보낸 편지에서 맑스의 작업 진행에 대해 다음과 같이 썼다. "당신은 모어(Mohr[맑스의 애칭 — 역자])가 얼마나 기분 좋아 하는지 충분히 상상하실 수 있을 것입니다. 그가 예전에 가지고 있던 이전의 모든 노동 능력과 경쾌함이 정신의 신선함 및 유쾌함과 더불어 다시 돌아왔습니다. … 칼은 낮에는 매일 매일의 양식을 위해서 작업하고, 밤에는 그의 경제학을 완성하기 위해서 작업하고 있습니다." 이제 "이 저작은 시대의 욕구, 필요성이 되었습니다."(『맑스-엥겔스 전집』 29권, 645쪽) 1857년 가을에 경제 공황이 일어나기는 했지만 이것이 그처럼 애타게 기다리던 혁명적 상황으로 이어지지는 않았다. 그렇지만 이것은 맑스에게 자신의 경제학 연구를 요약하는 직접적인 계기가 되었다.

가장 중요한 전래된 결실이자 1840년대와 특히 1850년대에 수집된 자료를 창조적으로 일반화하고 체계화한 것이 이 책에 실려 있는, 1857-1858년에 쓰여진 세 편의 경제학 초고이다. 단편 「바스티아와 캐리」는 미완성 수고(未完成手稿)이다. 맑스는 이 초고를 1857년 7월에 집필했다. 여기에서 그는 17세기 말 페티와 보아규베르가 초석을 놓았고, 19세기 첫 삼 분기에 리카도와 시스몽디의 저술들에서 종식된 고전적 정치경제학의 테두리를 설정했다.

이 미완성 단편은 맑스가 이 시기에 부르주아 경제학에 대한 비판에서 얼마나 진척을 이루었으며, 자본주의 경제 법칙의 본질을 얼마나 인식했는지를 증명해준다. 이 단편은 맑스주의 정치경제학의 형성사에서 맑스가 처음으로 성숙된 형태로 고전적 정치경제학으로부터 속류 경제학으로의 이행에 대한 평가를 내렸다는 측면에서 우리의 흥미를 끈다. 이전의 맑스 저술들에서는 부르주아 경제학을 두 조류로 구분하는 것이 개략적으로만 암시되어 있는 데 비해, 여기에서는 부르주아 경제학의 몰락을 증명해주는 속류 경제학과는 구별되는 고전적 정치경제학의 정확한 특징이 밝혀지고 있다.

바스티아와 캐리는 "고전적 경제학자들이 순진하게 그 적대 관계를 묘사한 곳에서 생산 관계들의 조화를 입증하는 것"(이 책, I권 34쪽)이 필요하다고 여기는 속류 경제학자들의 전형적인 대표들이었다. 그들의 이론은 노동 운동에게 일정한 위험이 되었는데, 그 까닭은 그들의 저작이 자본주의 사회 체제에서의 노동자들의 진정한 상태를 은폐했고, 부르주아지의 마음에 드는 다양한 사회적 환상의 지주(支柱)로 기여했기 때문이다. 맑스는 이 두 경제학자들의 견해의 기저에 있는 경제 관계들을 규명했고 "양자는 전적으로 상이하고 스스로 모순되는 민족적 환경에서 출발해서 기술하는데, … 그럼에도 불구하고 이 환경이 이들로 하여금 동일한 노력을 하도록 추동한다."(이 책, I권 34쪽)는 것을 증명했다.

이 경제학자들은 자본주의적 생산을 조화로운 사회 발전의 영원한 자연적 이상으로 간주했다. 이들은 부르주아 사회의 불쾌한 폐해들을 — 바스티아가 생각했던 것처럼 — 봉건적 잔재나 경제 생활에 대한 국가 개입으로 설명했거나, 또는 캐리가 그러했던 것처럼 "영국이 세계 시장에서 독점을 추구하면서 미치는 파괴적인 영향"(이 책, I권 36쪽)으로 설명했다.

맑스는 이들의 옹호론적인 견해에 맞서서 자본주의 경제의 과학적 분석, 이것의 객관적 법칙성, 이것의 내적인 적대적 모순들을 제시했다. 원래 맑스는 짧은 논평문 「바스티아와 캐리」를 통해 프레데릭 바스티아의 저서 『경제적 조화』(2판, 파리 1851년)를 비평할 생각이었지만 곧 자신의 의사를 바꾸었다. "이 어이없는 언행을 계속 추적하는 것은 불가능하다. 그러므로 여기에서 우리는 바스티아 씨와 작별한다."(이 책, I권 46쪽)

다른 미완의 단편인 「서설」은 1857년 8월초에 집필되었다. 맑스는 "이제 증명되어야 할 결과들"(『맑스-엥겔스 전집』 13권, 7쪽)을 선취하지 않으려 했기 때문에, 나중에는 이를 공표하는 것을 단념했다. 그것들은 전체적인 연구 작업의 결과여야 했다. 다른 어디에서보다도 「서설」에서 맑스는 정치경제학의 대상과 방법에 관한 자신의 견해를 광범하게 기술했다. 맑스는, 분배를 전면에 내세우고 이를 정치경제학의 본래적인 대상으로 선언하며, 자본주의를 역사적으로 일시적인 질서로 간주하지 않는 부르주아 경제학자들에 대립해서, 사회적 생산의 우위에서 출발했다. 생산, 분배, 교환, 소비의 변증법적 상호 작용에 대한 분석은 그로 하여금 생산이 출발점을 이룰 뿐만 아니라 이 통일체에서 규정적인 계기이며, 분배 형태들은 생산 형태들의 다른 표현일 뿐이라는 결론에 이르게 했다. 맑스는 생산을 사회적으로 규정된 것으로 인식했고 이것을 자신의 연구 대상으로 삼았다.

「서설」에서 맑스는 추상에서 구체로의 상승이라는 과학적으로 타당한 변증법적 유물론의 방법을 개진했는데, 여기에서 구체는 다양한 것의 통일, 사유의 결과로서의 수많은 규정들의 종합으로 이해된다. 맑스는 연구 대상에 대한 논리적 접근과 역사적인 접근에 각별한 주의를 기울였다. 그는 주어진 경제적 구조에서 경제적 범주들의 역할을 고려하면서 이것들을 논리적으로 일관되게 고찰할 필요성을 보여주었다. 그렇지만 경제적 범주들은 인식의 결절점이자 수단으로 나타날 뿐만 아니라 사회의 역사적 발전의 산물로도 나타난다. 그러므로 논리적 분석은 현실 과정과는 괴리된 자의적인, 순전히 사유에 의한 구성물이어서는 안 된다. 맑스의 이론에서 과학적 추상들은 그것들의 전제로서의 구체적인 실재와 불가분하게 연결되어 있고, 단순한 것에서 복잡한 것으로 이행하는 추상적 사유의 진행은 일반적으로 실재적인 역사 과정에 조응한다.

맑스는 정치경제학의 대상과 방법에 관한 그의 견해에서 출발하여 「서설」에서 부르주아 사회의 모든 중요한 측면을 포괄하는 경제학 저술의 구성에 관한 첫 번째 초안을 제시했다. 맑스는 다음과 같이 썼다. "분명히 다음과 같이 나누어져야 한다. 1. 따라서 다소 모든 사회 형태에 속하는 … 일반적인 추상적 규정들. 2. 부르주아 사회의 내부 구조를 구성하고 기본 계급들이 근거하는 범주들. 자본, 임노동, 토지 소유. 이들의 상호 관계. 도시와 농촌. 3대 사회 계급. 이들 사이의 교환. 유통, 신용 제도(민간). 3. 국가 형태에서 부르주아 사회의 집약. 자신에 대한 관계에서 고찰. '비생산적인' 계급들. 조세. 국채. 공적 신용. 인구. 식민지들. 이민. 4. 생산의 국제적 관계. 국제 분업. 국제 교환. 수출입. 환율. 5. 세계 시장과 공황."(이 책, I권 80쪽)

1857년 10월부터 1858년 5월까지 맑스는 인쇄 전지 50장 이상의 수고를 집필했다. 이는 「정치경제학 비판 요강」라는 제목으로 알려져 있으며, 그의 주저인 『자본론』의 제1판 ― 초고 ― 이다. 이 수고는 맑스주의 형성사에서 각별한 지위를 차지한다. 맑스가 19세기 40년대와 50년대에 자본주의 사회의 경제 질서를 철저하고 전측면적으로 탐구하는 과업을 설정했을 때, 그는 철학뿐만 아니라 정치경제학의 수단, 범주들, 방법들을 연구했다. 그는 부르주아 철학자들과 논쟁했고 그러면서 맑스주의 철학을 발전시켰다. 「정치경제학 비판 요강」도 마찬가지로 이러한 창조적인 철학적 작업을 분명하게 입증해 주고 있다. 「정치경제학 비판 요강」은 맑스주의 세계관의 고전적 저술에 속하며, 대단히 풍부한 경제학적·철학적 문제제기와 답변을 제시하고 있다. 맑스는 「서설」을 통해 근대 자본주의 사회의 발전 법칙을 발견하기 위해 거대한 이론 작업을 수행했다. 여기에서 맑스는 처음으로 그의 가치론과 이에 기초한 잉여 가치론, "맑스 경제 이론의 주춧돌"(V. I. 레닌, 전집, 19권, 6쪽)의 요점과 본질적인 세부 사항을 완성했다. 유물론적 역사관과 잉여 가치론, 이것들은 엥겔스가 말했듯이 사회주의가 공상에서 과학이 되게 한 두 가지 위대한 발견이다(『맑스-엥겔스 전집』 19권, 209쪽 참조).

맑스가 「정치경제학 비판 요강」을 집필하기 시작했을 때 정치경제학의 핵심인 잉여 가치 문제는 그에게 단연코 명백했으나, 작업이 진행되면서 예기치 않았지만 규명되어야 할 새로운 세부 사항들이 떠올랐다. 그렇기 때문에 수고를 집필하면서 사전에 숙고된 것을 단순히 확정하는 것이 중요한 것이 아니었다. 맑스는 작업을 진행하면서 당시의 정치경제학의 수준에 비추어 볼 때에만 발견인 것은 아닌 결론에 도달했다. 그 자신의 경제학 견해도 풍부해졌다. 동시에 수고는 맑스의 연구 방법을 보여준다. 그 수고에는 결정적으로 가일층 발전된 상이한 작업 단계들이 뚜렷하게 눈에 띠며, 이를 통해 맑스가 경제학 이론의 기본 요소들을 창조하는 과정을 한 걸음씩 추적하는 것이 가능하다. 따라서 예를 들어 맑스에 의해 연구가 진행되면서 많은 표현들이 불충분한 것으로 인식되고 그리하여 정치화된다. 어떤 문제가 암시만 되고, 그 문제의 해결은 나중으로 미루어지는 경우도 자주 있다. 그의 주저의 후속 초고들에서 성숙한 경제 이론이 체계적으로 서술되었다면, 1857-1858년 수고는 맑스가 정치경제학에서의 위대한 발견들에 이르는 경로가 추적될 수 있다는 것을 보여준다.

여기에서 맑스가 작업하는 동안 얼마나 활발하게 엥겔스의 지원을 받았는지를 강조하는 것도 중요하다. 자본주의 경제 관행에 뿌리를 내렸지만 전문 서적에서는 답을 구할 수 없는 문제를 분석하면서, 맑스는 엥겔스의 전문가적인 조언을 필요로 하는 경우가 적지 않았다. 이 당시 이들 사이의 서신 교환은 이를 잘 웅변해주고 있다.

맑스는 프루동주의자 알프레드 다리몽의 경제학적 견해, 특히 프루동주의적 화폐 이론을 비판하면서 「정치경제학 비판 요강」을 시작했다. 맑스는 프루동주의 비판을 과학적 사회주의의 중요한 과업으로 간주했다. 그는 1880년에 그의 저서 『철학의 빈곤』 재판 서문에서 "사회적 생산의 현실적·역사적 발전을 이해할 수 있게 해주는 비판적·유물론적 사회주의로 가는 길을 닦기 위해서는, 프루동이 본의 아니게 그 마지막 체현자가 되었던 경제학에서의 저 이데올로기와 단호히 결별하는 것"(『맑스-엥겔스 전집』 19권, 229쪽)이 필요했다고 썼다.

맑스는 이미 1847년에 『철학의 빈곤』에서 프루동의 소부르주아적 견해들에 대한 최초의 상세한 비판을 제시하고 있지만, 당시에는 상당한 정도로 리카도의 경제 이론에 의거하고 있었다. 1857-1858년 수고에서 맑스는 이미 상당히 성숙된 자신의 경제학적 관점에 입각하여 프루동주의에 대한 비판을 계속했다. 그는 은행 개혁, 소위 "노동 화폐"나 "시간 전표"의 발급이 근로 대중의 궁핍과 착취를 제거하는 유효한 수단이라는 프루동주의자들의 명제를 반박했다. 그는 자본주의 사회에서 모순들의 적대적인 성격은 "결코 조용한 형태 변환에 의해서는 파괴될 수 없다."는 것, 자본주의 사회의 개별적인

"결함들"은 제거하되 그것의 경제적 기초는 그대로 놓아두자는 프루동주의자들의 제안은 노동자 계급을 오도(誤導)하여 그들의 역사적 사명의 완수로부터 벗어나도록 하는 유토피아라는 것을 보여주었다.

맑스는 「요강」에서 프루동주의의 견해들에 대한 비판을 진행하면서 부르주아 사회에서 노동과 상품의 이중성과 상품의 화폐로의 전환의 필연성을 포함하는 그의 가치론을 완성했다. 맑스가 그의 가치론 서술을 프루동주의적 화폐론에 대한 비판과 함께 시작한 것은 우연이 아니다. 이 과정에서 맑스의 연구 방법의 본질적인 특징이 나타난다. 실제로 화폐는 상품 가치의 두드러진 현상 형태이지만, 화폐와 가치의 화폐 형태는 가장 발전된, 자본주의에 적합한 가치 형태인 것이다. 그에 따르면 화폐론은 가치론의 직접적인 결과이다. 맑스가 이러한 인식에 도달할 수 있었던 것은 그가 부르주아 정치경제학에 대한 비판에서뿐만 아니라, 그의 전체 연구에서 ─ 이 양자는 맑스에게 하나의 통일적인 과정이었는데 ─ 외적인 현상 형태로부터 내적인 본질로 진입했기 때문이다.

「정치경제학 비판 요강」에서 처음으로 완성된 자본주의적 상품 생산에서 노동의 이중성에 관한 명제는 맑스의 사유의 탁월한 성과이다. 이것은 그의 가치론의 기반을 이루며, 무엇보다도 이것에 의해서 맑스의 가치론이 부르주아 정치경제학의 고전가들의 노동 가치론과 구별된다. 이 고전가들은 부르주아 사회에서 구체 노동과 추상 노동의 대립을 이해하지 못했고, 가치 크기가 단순히 노동 시간에 의해 규정된다는 견해에 머무르고 있다. 이에 비해 맑스는 노동의 이중성에 대한 인식에 "사실들의 모든 이해"(『맑스-엥겔스 전집』 31권, 326쪽)가 기초한다고 강조했다.

노동의 이중성에서, 다시 말해 생산 수단의 사적 소유의 조건하에서는 노동이 직접적으로는 사적 노동이고 그것의 사회적 성격은 시장에서 비로소 입증되어야 한다는 사실에서 상품의 사용 가치와 가치의 모순이, 즉 상품과 화폐로의 상품의 중복에서, 상품 가치가 특수한 하나의 상품인 화폐에서 자립적인 현존을 획득하는 데에서 자신의 외적 운동 형태를 발견하는 모순이 유래한다. 화폐는 사용 가치와 가치의 모순을 외적으로 해결함으로써, 동시에 사적 교환에 기초한 상품 생산의 모든 모순을 격화시키고 자본주의를 불가피하게 경제 공황에 직면케 한다.

맑스는 「정치경제학 비판 요강」에서 자신의 가치론을 완성하면서 상품을 자본주의의 경제적 세포 형태로 발견하기에 이른다. 그러나 이것이 의미하는 바는 사회의 경제 구조를 분석하기 위한 출발점은, 리카도가 가정했듯이, 가치도 상품의 가치 비율일 수도 없고, 오히려 이 관계의 소재적 담지자인 상품 자체라는 것이었다. 상품과 화폐 범주를 고찰하면서 맑스는 부르주아 사회에 특징적인 사회적 관계의 물화, 경제적 관계들에 의해 지배되는 개인들의 예속을 분석했는데, 개인들이 이 관계들로부터 해방되는 것은 혁명적인 경로를 통해서만 가능하다.

「화폐에 관한 장」에서 맑스의 가장 중요한 연구 성과의 하나는 생산 수단의 사적 소유의 조건하에서 상품 생산의 발전된 형태가 필연적으로 화폐의 자본으로의 전환을 전제로 한다는 확인이다. 상품 생산과 교환 가치의 발전은 불가피하게 "노동과 소유의 분리를 낳고, 그리하여 노동은 타인 소유를 창출하며, 소유는 타인 노동을 명령할 것이다."(이 책, Ⅰ권 232쪽)

「자본에 관한 장」에서 맑스는 그의 연구의 중심 문제인 자본주의적 착취의 본질과 그 기제를 탐구했다. 부르주아 경제학자들은 가치로부터 직접 자본으로 나아가려는 헛된 노력을 전개했다. 이들은 자본을 단순한 가치량으로 간주했고, 화폐의 자본으로의 전환을 이해하지 못했던 것이다. 맑스는 "순수한 유통에서 존재하는 바와 같은 교환 가치들의 단순한 운동은 결코 자본을 실현할 수 없다."(이 책,

Ⅰ권 251쪽)고 확인했다.

자본주의적 생산 관계의 본질은 임노동자와 자본가, 노동과 자본의 관계에 의해서 규정되는데, 이들은 서로 마주 서 있고 이들 사이에는 교환이 이루어진다. 이 관계를 분석하는 데 있어서의 어려움은 임노동자와 자본가 사이의 교환이 가치 법칙에 입각해서, 즉 등가물 교환에 입각해서 이루어진다는 것을 증명하는 것이다.

「자본에 관한 장」에서 맑스의 분석은 본질적으로 「화폐에 관한 장」에서 연구된 상품의 이중성, 대립물의 통일, 사용 가치와 가치의 통일로서의 상품에 대한 고찰에 기초하고 있다.

자본과 노동 사이의 교환에서 맑스는 두 가지 질적으로 상이한 과정을 구분했다. 1. 자본가가 "자본을 보존시키고 증대시키는"(이 책, Ⅰ권 277쪽) 생산력을 매입하는 결과를 가져오는 노동자와 자본가 사이의 본래적인 교환. 2. 자본의 이러한 보존과 증대가 이루어지는 노동 과정 자체. 첫 번째 과정을 분석하면서 맑스는 다음과 같은 인식을 공식화했다. 자본과 노동의 관계에서 "자본은 … 노동에 대하여 일단 교환 가치로서 마주 서고, 노동은 자본에 대하여 사용 가치로서"(이 책, Ⅰ권 268쪽) 마주 선다. 여기에서 맑스는 "노동 상품"과 "노동 판매"라는 부르주아 경제학자들의 통상적인 공식으로부터 노동력 상품으로 이행하는 중요한 일보를 내딛었다. 이미 맑스의 이러한 고찰에서 노동은 더 이상 상품으로 등장하지 않았고, 노동자가 자본가에게 판매하는 상품의 사용 가치로서 등장했다. 이 사용 가치의 특수성은 그것이 "생산물에 물질화 되어 있지 않고", 노동자 밖에서는 전혀 존재하지 않으며, "요컨대 실제적이 아니라 가능성에 있어서만, 그의 능력으로서만 존재"(이 책, Ⅰ권 266쪽)한다는 데 있다.

노동과 자본 사이의 첫 번째 교환 과정에서 노동자의 살아 있는 노동, 즉 그의 노동력, 노동 능력에 대한 처분권도 자본가에게 넘어간다. 이 교환의 두 번째 과정은 자본의 보존 및 증대 과정과 일치하는 노동 과정 자체이다. 맑스는 생산 수단의 소유자가 아닌 노동자가 자신의 노동 생산물, 자신이 생산 과정에서 산출한 가치의 소유자일 수도 없다는 것을 증명했다. 그러나 자본가는 노동자에 의해서 산출되고, 자본가에게 속하는 이 가치의 사전에 확정된 일정 부분을 노동력의 가치, 즉 노동자 자신의 "생산"을 위해 소비되는 저 노동량의 가치를 지불하기 위해서 임금 형태로 환불해야 한다. 노동자는 자기 노동력의 가치보다 더 큰 가치를 창출하고, 자본가는 살아 있는 노동에 의해서 창출된 가치와 노동력의 가치의 차액만큼 잉여 가치를 획득한다.

「정치경제학 비판 요강」에서 맑스는 처음으로 불변 자본과 가변 자본 개념을 만들고, 이들의 관계를 설명했다. 이 두 자본 부분의 구별은 생산 과정에서 이윤이 전체 자본에 의해서 산출되는 것이 아니라 노동력을 위해서 지불되는 부분에 의해서만 산출된다는 것을 보여주었기 때문에, 노동자 계급의 정치경제학에 큰 의미를 가진다. 불변 자본의 가치는 생산 과정에서 증가하지 않고 단지 생산물로 이전될 뿐이다.

고전적 부르주아 정치경제학은 잉여 가치를 그 자체로 순수하게 연구하지 않았고, 부르주아 사회의 표층에서 작용하는 이윤, 이자, 지대와 같은 특수한 형태들로만 연구했다. 잉여 가치를 그것의 특수한 형태들과는 독립해서 연구한 것은 맑스의 경제 이론의 가장 중요한 업적 중의 하나이다.

「자본에 관한 장」에서 맑스는 처음으로 두 가지 종류의 잉여 가치, 즉 절대적 잉여 가치와 상대적 잉여 가치에 관한 그의 이론을 개략적으로 개진했다. 여기에서 그는 자본의 이중적 경향을 발견했다. 절대적 잉여 가치의 증대를 위한 노동일의 연장과, 상대적 잉여 가치의 증대를 위한 수단으로서 노동 생산성의 향상에 의한 필요 노동 시간의 단축이 그것이다.

이러한 방식으로 이 수고에서 맑스는 경제학의 역사에서 처음으로 자본주의적 착취의 기제를 서술했다. 그는 노동자들에 의해 창출된 잉여 가치를 자본가 계급이 점취하는 것이 자본주의 생산 양식의 기초라는 것을 보여주었다. 이 점취는 이 생산 양식에 내재적인 법칙들, 특히 잉여 가치 법칙과 일치해서 이루어진다. 맑스의 이론에서 잉여 가치는 자본주의적 생산 관계들의 필연적인 결과로 나타나며, 그것의 생산과 점취가 이들 관계의 본질이고 자본가들의 주된 목표로 이해된다. 그것은 부르주아 사회의 다른 범주들과 관계들을 규정하고, 그것이 자본주의 생산 양식의 운동 법칙의 기초를 이루며 자본주의 생산 양식의 몰락과 공산주의에 의한 교체를 불가피하게 조건 지운다. 맑스가 증명하는 바와 같이 자본주의적 착취가 자본주의적 생산 관계들의 본질로부터 유래한다면, 그 결과는 자본주의 사회 질서 내에서 노동자 계급은 착취로부터 해방될 수 없다는 것이다. 그러나 이와 동시에 맑스가 보여주는 바와 같이, 부르주아 사회 자체 내에서는 자본주의 생산 양식의 폐지를 위한 물질적 전제들이 창출되고, "그것을 폭파할 수 있을 만큼 많은 폭탄들인 교류 관계들뿐만 아니라 생산 관계들도 산출된다."(이 책, Ⅰ권 140쪽 참조)

맑스는 이미 『정치경제학 비판 요강』에서 자신의 잉여 가치론에 기초해서 잉여 가치의 생산 형태들을 설명하기 시작했다. 그는 평균 이윤 법칙과 생산 가격의 정의를 발견하기 위한, 즉 자본주의의 조건 하에서 모순적인 가격 형성 기제를 설명하기 위한 초보적인 사유를 발전시켰다. 맑스는 전체 자본가 계급의 이윤이 전체 잉여 가치의 합보다 클 수 없다는 것을 확인했고, 그럼으로써 다양한 생산 영역들에서 필연적으로 상이한 이윤율들이 생산 영역들 사이의 경쟁의 결과 일반 이윤율로 균등화된다는 결론에 도달했다. 맑스가 서술한 바와 같이 일반 이윤율의 형성은 모든 자본주의 생산 영역에서 산출된 잉여 가치 총액이 이런저런 영역에 투자된 자본의 크기에 따라 재분배

됨으로써 이루어진다. 이때 상품들은 그것들의 가치와 괴리되는 생산 가격에 따라 판매된다. 생산가격은 어떤 영역들에서는 가치보다 높고 다른 영역들에서는 낮을 수 있다.

「자본에 관한 장」을 작업하는 동안 맑스는 지난 사회 형태들에 대한 분석으로써 자본주의 생산 양식에 관한 분석을 보충했고, 그의 시선을 미래, 즉 자본주의를 필연적으로 대체할 저 사회 질서로 향했다. 그가 쓰기를, 우리의 방법은 "역사적 고찰이 개입해야 하거나 또는 부르주아 경제가 생산 과정의 단순히 역사적인 형체로서 자신을 뛰어넘어 과거의 역사적 생산 양식을 가리키는 지점을 보여준다. … 마찬가지로 이 올바른 고찰은 다른 한편에서 생산 관계들의 현재 형체의 지양이 — 그러므로 미래의 전조, 형성되는 운동이 암시되는 지점들에 도달한다. 한편에서 전(前)부르주아적 국면들이 단지 역사적인, 즉 지양된 전제들로서 나타났다면, 현재의 생산 조건들은 스스로 지양되는 것, 따라서 새로운 사회 상태를 위한 역사적 전제들을 정립하는 것으로 나타난다."(이 책, Ⅱ권 83-84쪽)

이러한 맥락에서 맑스는 「자본에 관한 장」에서 자본주의적 생산에 선행하는 형태들에 관한 역사적 개요를 제시했다. 그는 원시 공동체 질서로부터 자본주의적 점취 양식이 등장할 때까지의 소유의 발전을 연구하고, 그럼으로써 경제적 사회 구성체에 관한 그의 이론의 완성에서 중요한 걸음을 내디뎠다. 그럼으로써 그는 『독일 이데올로기』에서 처음으로 서술했던 그의 견해를 심화시켰다. 맑스는 소유 규정을 제시했고 생산 조건들의 변동에 따른 소유 형태의 진화를 자세하게 추적했다. 맑스는 소유 형태와 생산 조건들 사이에 존재하는 이러한 연결을 나중에 그의 저술 『정치경제학 비판을 위하여. 제1노트』의 공표에 관한 서문에서 정식화하면서, 소유 관계들을 역사적으로 등장한 다양한 생산 관계들의 법률적 표현으로 언급했다(『맑스-엥겔스 전집』 13권, 9쪽 참조).

『정치경제학 비판 요강』에서 맑스는 생산 양식 개념도 특징 지우면서, 한 생산 양식이 다음의 보다 높은 사회 구성체에 의해 대체되는 것을 야기하는, 사회적 발전 과정에서의 생산력의 적극적인 역할을 지적했다. 전(前)자본주의적 소유 형태들의 발전에 관한 연구와 관련하여 맑스는 자본의 시초 축적 과정을 설명했고, 이것의 본질이 한편으로는 생산 수단을 소유하지 않은 임노동자 계급의 형성에 있고, 다른 한편으로는 전통적인 봉건적 장애와 길드 장애로부터 해방된 생산 수단이 자본으로 전환되는 것에 있다는 것을 보여주었다. 여기에서 처음으로 시초 축적 시기가 역사 발전의 특수한 이행기로서 정의되었다.

맑스는 『정치경제학 비판 요강』에서 이미 그가 1840년대에 암시했던 자본주의 사회사의 과학적 시대 구분의 기초를 심화시켰다. 그는 자본주의 발전에서 매뉴팩처 단계와 기계제 생산 단계를 구분할 필요성을 논증했다. 매뉴팩처는 아직 자본주의적 관계들의 일반적 전파와 전(前)자본주의적 구성체들의 추방을 위한 물질적 토대가 되지 못한다. 기계제 대생산이 비로소 자본주의 체제의 최종적인 완성을 위한 물질적 기초이며, 그것이 자본의 완전한 지배에 적합하다.

맑스는 자본주의의 생성을 탐구하고 그것의 형성과 발전의 법칙들을 발견함으로써, 자본주의의 실재적인 역사적 위치를 규정했고, 그것의 불가피한 몰락, 자본주의에 고유한 노동과 소유의 분리의 불가피한 지양을 증명했다. "노동이 그의 객체적 노동 조건들에 대해서 다시 자기 소유로서 관계하기 위해서는 … 사적 교환 체제를 다른 체제가 대체해야 한다."(이 책, Ⅱ권 140쪽) 이러한 맥락에서 자본주의를 대체할 새로운 사회 질서에 관해 맑스가 행한 분석도 각별한 관심을 기울일 만하다.

1857-1858년 수고에서 맑스는 공산주의 사회를 "개인들이 보편적으로 발전하는 것과 이들의 공동체적·사회적 생산성이 이들의 사회

적 능력으로 복속하는 것에 기초한 자유로운 개인성"이 지배하는 사
회로 표현하고 있다(이 책, I권 138-139쪽). 맑스는 일정한 단계의
물질적·정신적 조건들의 발전을 전제로 하는 공산주의 사회로의 이
행의 역사적 필연성을 강조하고 있다.

맑스는 미래 공산주의 사회에서의 노동을 직접적으로 사회적인
노동으로 특징 지우고 있다. 공동체적 생산의 조건하에서는 개별자
들의 노동이 처음부터 사회적 노동으로 등장한다. 교환이 노동에게
일반성을 부여하는 것이 아니라, 생산 수단의 사회적 소유와 생산의
공동체적 성격이 처음부터 노동의 생산물을 사회적·일반적 생산물
로 만드는 것이다.

이러한 맥락에서 특히 큰 의미를 가지는 것은 맑스가 정식화한 공
산주의 사회에서의 시간 경제의 법칙이다. 맑스가 쓰기를, "공동체적
생산이 전제될지라도 시간 규정은 물론 본질적인 것으로 남아 있다.
사회가 밀, 가축 등을 생산하는 데 적은 시간을 필요로 할수록 그 사
회는 물질적이든 정신적이든 다른 생산을 위해 더 많은 시간을 번다.
개별적인 개인의 경우와 마찬가지로 사회의 발전, 향유, 활동의 전
(全)측면성은 시간 절약에 좌우된다. 시간의 경제, 모든 경제는 결국
이것으로 귀착된다. 개별자가 지식을 적절한 비율로 습득하거나 다
양한 활동 요구에 부응하기 위해서 그의 시간을 제대로 분배해야 하
는 것과 마찬가지로, 사회도 그것의 전체 욕구에 적합한 생산을 달성
하기 위해서 자신의 시간을 합목적적으로 분배해야 한다. 요컨대 시
간의 경제뿐만 아니라 상이한 생산 영역에 대한 노동 시간의 계획적
배분도 공동체적 생산의 토대 위에서 첫 번째 경제 법칙으로 남아
있다. 그것은 오히려 훨씬 더 높은 정도로 법칙이 된다."(이 책, I권
155쪽) 모든 진정한 경제는 노동 시간의 절약, 가능한 최소한으로 생
산 비용을 감축하는 것, 다른 말로 하자면 노동 생산성의 향상으로
표현된다. 노동 시간의 절약은 여가 시간의 확장을 의미하며, 이는

다시 노동 생산력에 반작용한다. 여가 시간 ― 안락의 시간, 연마, 예술 활동 등을 위한 시간 ― 은 사회의 각 구성원이 자신의 정신적·육체적 능력을 완전히 계발할 수 있게 해준다.

공산주의에서는 노동이 자본주의에서 압도적 다수의 근로 대중에게 그러하듯이 증오스러운 부담이나 저주에서 벗어나 놀이 또는 단순한 오락으로 변할 것이라고 꿈꾸는 몇몇 공상적 사회주의자와는 달리, 맑스는 공산주의 사회에서 노동의 일반성, 일차적 욕구, "대단한 진지함"(이 책, Ⅱ권 266쪽)으로서의 노동에 관해 언급하고 있다. 공산주의적 노동은 과학적 성격을 가지며, 지식의 실재적 적용, "실험 과학, 물질적으로 창조적이며 대상화되는 과학"(이 책, Ⅱ권 388쪽)이다. 과학이 직접적인 생산력으로 변환되는 것이다(이 책, Ⅱ권 380-381쪽 참조).

맑스는 자신의 경제 이론을 발전시키면서 동시에 경제학 저술의 구조도 작성했다. 맑스가 1857년 8월말에 미완으로 남겨진 「서설」에서 작성한 최초의 계획안에 대해서는 이미 앞에서 언급했다. 맑스가 「화폐에 관한 장」 마지막에서 거의 동일한 형태로 반복하는 이 계획에 따르면 저술은 다섯 부분으로 구성되어 있고, 그 중 첫 번째 부분은 이런저런 형태로 모든 사회 질서에 고유한 일반적으로 추상적인 규정들을 포함하기로 되어 있었다(이 책, Ⅰ권 219쪽 참조).

1857년 11월 맑스는 「자본에 관한 장」에서 이미 모든 형태와 측면에 있어서 자본을 직접 대상으로 하는 그의 저술 부분에 관해 훨씬 자세한 계획안을 제시했는데, 이때 그는 "일반성"(이것에 맑스는 훗날 "자본 일반"이라는 명칭을 부여했다) 절에서 자료의 삼분 체계를 수립했다. 이는 훗날 그의 『자본론』의 구성에서 매우 큰 역할을 했다(이 책, Ⅰ권 263쪽 참조).

맑스는 이 초고 『정치경제학 비판 요강』을 통해 자신의 경제 연구의 성과를 요약했다. 이 초고는 일단 공표하기 위해서가 아니라 맑스의 자기 이해를 위해서 쓰여진 것이다. 부르주아적, 소부르주아적 이데올로기와의 논쟁에서 맑스는 자신의 경제 이론의 중요한 기본 사고를 발전시켰다. 광범한 연구를 통해 맑스는 자본주의적 착취 기제를 발견할 수 있었고, 그리하여 노동자 계급의 역사적 사명을 경제학적으로 폭넓게 근거 지우는데 있어서 중요한 진전을 이룰 수 있었다. 맑스는 이 초고를 완성함으로써, 자신의 경제 이론을 완성하고 그의 장래 주저인 『자본론』을 형성하는 데 있어서 커다란 첫 단계를 완료하였다.

구소련 공산당 중앙위원회 부설 맑스-레닌주의 연구소와 독일 사회주의통일당 중앙위원회 부설 맑스-레닌주의 연구소가 공동으로 펴낸 『맑스-엥겔스 총집』(*Marx-Engels-Gesamtausgabe*: MEGA)이 발간됨으로써, 기존의 『맑스-엥겔스 전집』(*Marx-Engels-Werke*: MEW)은 이 총집에 입각해서 여타 부록으로 보충하는 것이 가능하게 되었다.

이 책에서는 본문, 서문, 자료집에 『맑스-엥겔스 총집』 제2부 1권과 『맑스-엥겔스 전집』 러시아어 판 제46권의 새로운 연구 성과가 반영되고 있다. 본문은 『맑스-엥겔스 총집』에 판독되어 있는 맑스의 수고를 그대로 싣고 있다. 명백한 오자는 특별히 지적하지 않고 수정하였으며, 의미를 변화시키는 모든 본문 정정은 각주에 밝혔다. 본문의 이해를 돕기 위해서 편집진이 몇 군데 대괄호 안에 보충 설명을 삽입했다. 수고에서 맑스 자신이 표제를 붙여 정리한 것은 매우 드물다. 대부분의 표제는 편집진이 붙인 것이고, 이는 대괄호로 표시했다. 이때 『맑스-엥겔스 총집』 판의 표제어를 원용했다. 맑스가 사용한 대괄호는 중괄호로 대체했다.

모든 긴 인용문은 작은 활자로 인쇄되었다. 외래어 인용문들은 처음으로 독일어로 번역되었고, 그 원문은 부록에 실려 있다[한국어 판 번역본에서는 이를 별도로 수록하지 않았다 — 역자]. 인용문 번역은 가능한 한 맑스나 엥겔스 자신들이 『잉여 가치 학설사』, 『자본론』 및 기타 저술들에서 행한 것을 이용했다. 스미스와 리카도의 번역을 위해서는 이들 주저의 최신판을 이용했다(David Ricardo, *Über die Grundsätze der politischen Ökonomie und der Besteuerung*. Übersetzt und mit einer Einleitung versehen von Gerhard Bondi, Berlin 1959; Adam Smith, *Eine Untersuchung über das Wesen und die Ursachen des Reichtums der Nationen*. Übersetzt und eingeleitet von Peter Thal, Band I, Berlin 1963).

맑스의 각주는 별표를 붙였다. 그가 본문 여기저기에서 사용한 외래어와 문장은 그대로 싣고 각주에 번역했다. 이것들은 선을 그어 본문과 구분했고 숫자로 표시했다[한국어 판에서는 이것을 수록하지 않았다 ― 역자]. 정서법과 구두법은 허용되는 범위 안에서 현대화했다. 독일어 본문에서 음성 상태와 음절수는 그대로 두었다. 본문에서 통화를 통일적으로 표기하지 않은 부분은 통일시켰다. 이 책에는 본문에 대괄호 안의 작은 숫자로 표시된 편집자 주가 실려 있고, 참고문헌 색인, 인명 색인, 중량, 척도, 주화 색인, 약어 색인, 사항 색인이 실려 있다.

독일 사회주의통일당 중앙위원회 부설
맑스-레닌주의 연구소

칼 맑스

경제학 수고 1857-1858

[바스티아와 캐리][1]

‖ III-1 ‖ 바스티아, 『경제적 조화』(2판 파리, 1851년)

서문

근대 정치경제학의 역사는 리카도와 시스몽디로 종료되는데, 이들은 한쪽은 영어로 말하고 다른 한쪽은 불어로 말하는 대립자들이다 — 이는 정치경제학이 17세기 말에 페티와 보아규베르로 시작하는 것과 마찬가지이다. 그 후의 정치경제학 문헌은 예컨대 존 스튜어트 밀의 저술처럼 절충적·혼합주의적 편람으로 귀결되거나, 튜크의 『가격의 역사』와 일반적으로 유통 — 새로운 현실적인 발견들이 이루어진 유일한 영역인데, 그 이유는 식민화, 토지 소유(그 다양한 형태에 있어서), 인구 등에 관한 저술들은 실제로는 과거의 저술들과 소재적으로 보다 풍부하다는 점에서만 다르기 때문이다 — 에 관한 최근의 영국 저술들처럼 개별적인 영역들에 대한 보다 심오한 퇴고로 귀결되거나, 또는 과거 경제학적 쟁점들의 보다 광범위한 공중을 위한 재탕과 자유 무역 및 보호 무역에 관한 저술들처럼 일상적인 문제들의 실용적 해결로 귀결되거나 — 또는, 끝으로, 예컨대 찰머스의 맬더스에 대한 관계, 퀄리히[1]의 시스몽디에 대한 관계, 어떤 의미에서는 맥컬록과 시니어의 이전 저술들이 리카도와 맺는 관계처럼

---

1) 수고에는: 율리히

고전적인 흐름들을 시류에 영합해서 과장한 것으로 귀결된다. 그것은 전적으로 아류 문헌, 재탕, 형식을 보다 다듬기, 보다 광범한 소재의 취합, 과장, 통속화, 요약, 세부 사항의 정교화, 발전 국면에서의 결정적인 비약의 결여, 한편으로는 재고 목록의 수용이고 다른 한편으로는 개별적인 측면에서의 성장이다.

겉보기에는 양키 캐리와 프랑스인 바스티아의 저술들만이 예외인 듯한데, 후자는 자신이 전자에 의거한다고 자인한다. 양자는 정치경제학에 대한 대립 ― 사회주의와 공산주의 ― 이 고전 정치경제학 저술들 자체에서, 특히 이것의 가장 완성되고 최종적인 표현으로 간주되어야 하는 리카도에서 자신의 이론적 전제를 발견한다고 이해한다. 따라서 그들은 부르주아 사회가 근대 경제학에서 역사적으로 획득한 이론적 표현을 오해라고 공격하고, 고전 경제학자들이 순진하게 그 적대 관계를 묘사한 곳에서 생산 관계의 조화를 입증하는 것이 필요하다고 생각한다. 양자는 전적으로 상이하고 스스로 모순되는 민족적 환경에서 출발해서 기술하는데, 그럼에도 불구하고 이 환경이 이들로 하여금 동일한 노력을 하도록 추동한다.

캐리는 북미인들 중에서 유일하게 독창적인 경제학자이다. 그가 속하는 나라는 부르주아 사회가 봉건제의 기초 위에서 발전하지 않고 그 자체로 시작한 나라, 부르주아 사회가 수세기에 걸친 운동의 결과로 나타나지 않고 새로운 운동의 출발점으로 나타난 나라, 이전의 모든 민족적 형상들과는 달리 국가가 처음부터 부르주아 사회와 그 사회의 생산에 복속 되었고 한 번도 자기 목적으로 참칭(僭稱)할 수 없었던 나라, 끝으로 부르주아 사회 자체, 구(舊)세계의 생산력이 신세계의 방대한 자연 공간과 결합되어 전대미문의 차원과 운동의 자유 속에서 발전되었으며 ‖2‖ 자연력을 압도하는 데 있어서 지금까지의 모든 노동을 훨씬 능가한 나라, 결국 부르주아 사회의 대립들 자체가 단지 사라지는 계기들로 현상하는 나라이다. 이 방대한 신세

계 내에서 그토록 급속하고 놀랍게 성공적으로 발전하도록 한 생산
관계들이, 캐리에 의해서는 아마도 영원히 지속될 정상적인 사회적
생산과 교류 관계로 간주된다. 캐리가 보기에 이 관계는 유럽, 특히
원래 그에게 유럽이나 다름없는 영국에서는 봉건 시대의 고유한 제
약들에 의해 지체되고 방해되었다는 것, 영국 경제학자들이 이 관계
들의 우연적인 왜곡들을 이것들의 내재적 성격과 혼동했기 때문에,
캐리에게는 이 관계들이 단지 왜곡되고 위조되어 관찰되고 일반화된
것으로 현상한다는 것 ─ 무엇이 이보다 더 자연스러운 것인가? 영
국 상황 대 미국 상황. 토지 소유, 임금, 인구, 계급 대립 등에 관한
영국 이론에 대한 그의 비판은 이것으로 귀결된다. 영국에서는 부르
주아 사회가 순수하게, 그 개념에 조응해서, 스스로에 적합하게 존재
하지 않는다. 부르주아 사회에 관한 영국 경제학자들의 개념들이 어
떻게 그들이 알지 못하는 현실의 진정하고 순수한 표현일 수 있었겠
는가? 궁극적으로 부르주아 사회 자체의 품안에서 성장하지 않은 전
통적인 영향력이 그 사회의 자연적 관계들에 끼치는 방해 작용은 캐
리에게 있어서는 부르주아 사회에 대한 국가의 영향, 국가의 월권과
개입으로 요약된다. 예컨대 임금은 노동 생산성에 따라 당연히 상승
한다. 현실이 이 법칙에 부합하지 않는다는 것을 우리가 발견한다면,
힌두스탄에서든 영국에서든 조세, 독점 등 정부의 영향을 제거하기
만 하면 된다는 것이다. 부르주아적 관계들은 국가의 영향들을 제거
한 다음에 관찰된다면, 그 자체로 사실상 언제나 부르주아 경제의 조
화로운 법칙들을 입증해 준다는 것이다. 이 국가의 영향들, 즉 공채,
조세 등이 어느 정도 부르주아적 관계들 자체로부터 성장해 나오는
가 하는 문제 ─ 따라서 예컨대 영국에서는 결코 봉건주의의 결과가
아니라 오히려 봉건주의의 해체와 타파의 결과로서 나타나고, 북미
에서는 중앙 정부의 권력이 자본 집중과 더불어 성장한다 ─ 를 캐
리는 당연히 연구하지 않는다. 그리하여 캐리는 영국 경제학자들에

맞서 북미 부르주아 사회의 더 높은 잠재력(Potenz)을 주장하는 데
반해, 바스티아는 프랑스 사회주의자들에 맞서 프랑스 부르주아 사
회의 더 낮은 잠재력을 주장한다. 당신들은 부르주아 사회의 법칙들
이 한 번도 실현된 적이 없는 나라에서 이 법칙들에 맞서 반역하고
있다고 믿는다! 당신들은 이 법칙들을 위축된 프랑스적 형태로만 알
고 있으면서, 이를 이 법칙들의 본질적인 형태로 간주하는데, 이는
이 법칙들에 대한 프랑스의 국가적 왜곡일 뿐이다. 영국을 건너다 보
라. 이 나라에서의 임무는 국가가 부르주아 사회에 채워 놓은 사슬들
로부터 부르주아 사회를 해방시키는 것이다. 너희들은 이 사슬들을
증대시키려 한다. 먼저 부르주아적 관계들을 순수하게 발전시켜 보
아라. 그러면 그때 다시 이야기하겠다(영국에서는 정치경제학인 많
은 것이, 프랑스에서는 독특한 사회적 상태들 때문에 사회주의로 간
주되는 한에 있어서 바스티아의 말은 옳다).

그런데 국가로부터 부르주아 사회의 미국적 해방을 출발점으로
하는 캐리는, 미국에서 사실상 일어나고 있는 바와 같은 부르주아적
관계들의 순수한 발전이 외부로부터의 영향 때문에 방해받지 않도록
국가가 개입해야 한다는 요청으로 끝낸다. 바스티아가 자유무역주의
자인 데 반해, 캐리는 보호무역주의자이다. 경제 법칙들의 조화가 전
세계적으로는 부조화로 현상하는데, 이 부조화의 시작이 미국에 있
는 캐리 자신을 놀라게 한다. 이 기이한 현상은 어디에서 유래하는
가? 캐리는 이를 영국이 세계 시장에서 산업 독점을 추구하면서 미
치는 파괴적인 영향으로 설명한다. 원래 영국의 상황은 그 나라의 경
제학자들의 잘못된 이론에 의해 내적으로 혼란 되었다. 이제 대외적
으로는 ‖3‖ 영국이 세계 시장의 지배적인 권력으로서 세계 모든
나라에서 경제적 관계들의 조화를 혼란시킨다. 이 부조화는 단지 경
제학자들의 주관적인 견해에 기초한 것이 아니라 실재적인 것이다.
러시아가 어콰트에게 정치적으로 가졌던 의미가 영국이 경제적으로

캐리에게 가지는 의미와 같다. 캐리에 따르면 경제적 관계들의 조화
는 도시와 농촌, 산업과 농업의 조화로운 협력에 기초한다. 영국은
자신의 내부에서 해체한 이 기본 조화를 경쟁에 의해 세계 시장의
도처에서 파괴하고, 따라서 일반적 조화의 파괴적 요소로 된다. 그로
부터의 보호는 보호 관세 ─ 영국 대공업이 가진 파괴력에 맞선 강
압적인 일국적 차단 ─ 만이 할 수 있다. 따라서 『경제적 조화』의 마
지막 도피처는 원래 이 조화의 유일한 방해자로 낙인찍혔던 국가이
다. 한편으로 캐리는 여기에서 다시 미국의 일정한 국민적 발전과 영
국에 대한 대립 및 영국과의 경쟁을 진술하고 있다. 이는 영국에 의
해 선전되는 산업주의를 보호 관세를 통해 미국 자체 내에서 더 급
속하게 발전시킴으로써, 그것을 파괴하도록 미국에게 제안하는 순진
한 형태로 이루어진다. 이 순진성은 차치하고라도 캐리에게 있어서
부르주아적 생산 관계들의 조화는, 이 생산 관계들이 가장 방대한 영
역인 세계 시장과 가장 대대적인 발전 속에서 생산하는 나라들의 관
계들로서 나타나는 곳에서는 부조화로 끝난다. 그에게 일정한 국경
내에서 또는 부르주아 사회의 일반적 관계들의 추상적 형태에서 조
화롭게 현상하는 모든 관계들 ─ 자본 집중, 분업, 임금 노동 등 ─
이 그것들의 가장 발전된 형태, 즉 그것들의 세계 시장 형태에서는
세계 시장에 대한 영국의 지배가 초래한 내적 관계로 나타나고, 이러
한 지배의 결과인 파괴적인 영향들로 나타나는 곳에서는 조화롭지
못한 것으로 나타난다. 한 나라 안에서 가부장적 생산이 산업적 생산
에 자리를 내준다면 이것은 조화로운 것이고, 이 발전에 수반되는 해
체 과정은 그것의 긍정적인 측면만 파악된다면 조화로운 것이다. 그
러나 영국의 대공업이 다른 나라의 가부장적이거나 소부르주아적 생
산 형태 또는 더 낮은 단계에 놓여 있는 다른 생산 형태들을 해체하
면 그것은 조화롭지 못한 것이 된다. 한 나라 안에서의 자본 집중과
이 집중이 끼치는 해체 효과는 그에게 긍정적인 측면만을 제시한다.

그러나 집중된 영국 자본의 독점과 그 독점이 다른 나라들의 보다 작은 민족 자본들에 미치는 해체 작용은 조화롭지 못하다. 캐리가 이 해하지 못한 것은, 이 세계 시장적 부조화들이 경제적 범주들에서 추 상적 관계들로 고정되었거나, 또는 가장 작은 범위에서 국지적 실존 을 가지는 부조화들의 마지막 적절한 표현들에 지나지 않는다는 것 이다. 그가 다른 한편에서 이 해체 과정들의 긍정적인 내용 — 그가 경제적 범주들을 그 추상적인 형태나 추상되었던 일정한 나라들 안 에서의 현실적인 관계들로 관찰하는 유일한 측면 — 을 이것들의 완 전한 외양인 세계 시장에 접근해 가면서 망각한다는 것은 놀라운 일 이 아니다. 그러므로 경제적 관계들이 그에게 진실로, 즉 보편적 현 실로서 마주 서는 곳에서 그의 원칙적인 낙관주의는 밀고하는 격한 비관주의로 반전한다. 이 모순이 그의 저술들의 독창성을 이루며 이 것들에게 의미를 부여한다. 그는 부르주아 사회 내에서의 조화를 주 장하는 점에서나, 세계 시장적 형체에 있어서 동일한 관계들의 부조 화를 주장하는 점에서 미국인이다. 바스티아에게는 그 어느 것도 없 다. 이 관계들의 조화는 프랑스 국경이 중단되는 곳에서 시작하고, 영국과 미국에 실존하는 피안이다. 그것은 단지 비프랑스적인 영국 적-미국적인 관계들의 공상적·관념적 형태일 뿐 그에게 그 자신의 토지 위에서 마주 서는 바와 같은 실재적인 관계들이 아니다. 따라서 그에게 있어서 조화는 결코 생동하는 풍부한 관찰에서 유래하는 것 이 아니라 오히려 얄팍하고 긴장된 대립적인 성찰의 잘난 체하는 산 물인 까닭에, 그에게 있어서 현실의 유일한 계기는 프랑스 국가에 대 해 경제적 경계를 포기하라고 요구하는 것이다. 캐리는 경제적 관계 들이 세계 시장에서 영국의 관계로 나타나자마자 이들의 모순들을 목격한다. 그 조화를 단순히 망상하는 바스티아는 프랑스가 중단되 고 국민적으로 분리된 부르주아 사회의 모든 구성 부분들이 국가의 감독으로부터 해방되어 서로 경쟁하는 곳에서만 조화의 실현을 보기 시작한다. 그렇지만 그의 이 마지막 조화 — 그리고 그의 이전의 모든 공상적 조화의 전제 — 는 그 자체가 다시 자유 무역 입법에 의해 실현되어야 한다는 단순한 요청일 뿐이다.

‖4‖ 따라서 캐리의 연구의 과학적 가치는 차치하고라도 캐리가 적어도 대단한 미국 상황을 추상적인 형태로 진술하는, 그것도 구세계에 대립하여 진술하는 업적을 가진다면, 바스티아에게 있어서 유일하게 현실적인 배경은 도처에서 그가 말하는 조화들로부터 벗어나려는 프랑스적 상황의 사소함일 것이다. 그렇지만 그렇게 오래된 나라의 상황은 이미 충분하게 알려져 있고, 그러한 부정적인 우회로를 통해 알려질 필요가 전혀 없기 때문에, 이 업적은 불필요한 것이 된다. 따라서 캐리는 말하자면, 신용, 지대 등과 같은 경제학에서 성실한 연구를 풍부하게 이루고 있다. 이와 대조적으로 바스티아는 종결되는 연구들의 자기 만족적인 의역(意譯)에만 매달리고 있다. 만족의 위선. 캐리의 일반성은 양키의 보편성이다. 그에게는 프랑스와 중국이 똑같이 가깝다. 단연코 태평양과 대서양에 사는 남자이다. 바스티아의 일반성은 모든 나라들을 간과하는 것이다. 진정한 양키로서 캐리는 구세계가 그에게 제공하는 대량의 소재를, 이 소재의 내재적 정신을 인식하고 이 소재에게 독특한 생명의 권리를 인정해주기 위해서가 아니라, 그것을 자신의 목적을 위해 자신의 양키 관점에서 추상화된 명제들을 생명력 없는 증거로, 무차별적인 재료로 가공하기 위해서 전(全)측면적으로 받아들인다. 따라서 그의 전세계 여행, 방대하고 무비판적인 통계의 사용, 백과사전적 박식(博識). 이와는 반대로 바스티아는 신학자가 원죄를 인간 본질의 법칙으로 취급하기도 하고 아담과 이브의 타락의 역사를 다루기도 하듯이, 환상적인 역사와 그의 추상을 숙고 형태로 제시하기도 하고, 어디에서도 단 한 번도 발생한 적이 없는 상상된 사건들의 형태로 제시하기도 한다. 따라서 양자는 똑같이 비역사적이고 반역사적이다. 그러나 캐리의 비역사적인

계기는 북미의 현재의 역사적 원칙인 데 반해, 바스티아의 비역사적 요소는 단지 18세기 프랑스의 일반화 방식에 대한 단순한 회상일 뿐이다. 따라서 캐리는 정형이 없고 산만하며, 바스티아는 가식적이고 형식 논리적이다. 그가 말하는 것은 역설적으로 표현하자면 귀금속의 한 측면만을 갈고 닦은 것과 같은 상투어들이다. 캐리에게 있어서는 교리 같은 형태로 미리 언급된 몇몇 일반적 명제들. 이 뒤를 정리되지 않은 소재, 목록 표가 증거로서 뒤따른다 — 그의 명제들의 소재는 결코 정리되지 않는다. 바스티아에게 있어서 유일한 소재는 — 몇몇 국지적인 예나 또는 환상적으로 다듬어진 영국의 일상적인 현상들을 제외하면 — 경제학자들의 일반적인 명제들뿐이다. 캐리의 주요 대립은 리카도, 간단히 말해 영국의 근대적 경제학자들인데, 바스티아의 그것은 프랑스의 사회주의자들이다.[2]

‖5‖ XIV. 임금[3]

바스티아의 주요 명제들은 다음과 같다. 인간들은 모두 수입의 고정성, 고정된 소득을 추구한다. {진정으로 프랑스적인 예: 1. 어떤 인간이든 공무원이 되거나 자신의 아들을 공무원으로 만들고자 한다(371쪽).} 임금은 고정된 형태의 보수이고(376쪽), 따라서 "모든 구성원이 사업의 모든 우연"에 복속되어 있는 한에서, 원초적인 형태에 있어서는 "우연적인 것"이 지배했던 대단히 완벽한 결사 형태이다. {자본이 스스로 위험을 부담한다면 노동에 대한 보수는 임금이라는 이름으로 고정된다. 노동이 좋고 나쁜 결과를 스스로 감수한다면, 자본에 대한 보상은 분리되어 그 자체가 이자라는 이름으로 고정된다(382쪽).} (이러한 병립관계에 관해서는 382쪽, 383쪽도 참조) 그렇지만 원래 우연적인 것이 노동자의 지위를 지배하는 동안에는 임노동의 안정도 아직 충분히 보장되지 않는다. 그것은 "우연에 의해 지배되던 단계를 안정성과 분리하는 중간 단계"이다. 이 마지막 단계는 "노동하는 시절에 절약해서 노년이나 질병 시에 욕구를 충족시킴"(388쪽)으로써 도달된다. 이 마지막 단계는 "공제 조합"(같은 곳)에 의해 발전되고 궁극적으로는 "노동자 연금 기금"[4](393쪽)에 의해 발전된다. (인간이 공무원이 되려는 욕구에서 출발했듯이, 그는 연금을 받는 것으로 만족하면서 죽는다.)

1에 대하여. 바스티아가 임금의 고정성에 대하여 말한 것이 모두 옳다고 가정하자. 임금이 고정 수입으로 포섭되었다고 할지라도 우리는 아직도 임금의 **본래적인 성격**, 임금의 특징적인 규정성을 알지 못할 것이다. 그것의 한 관계 — 임금이 다른 수입원들과 공통으로 가지는 — 가 강조되었을 뿐이다. 그 이상은 아니다. 물론 이것은 이미 임금 노동의 장점을 옹호하려는 변호론자들에게는 무언가 의미가 있을 것이다. 그것은 이 관계의 독특함을 모든 범위에 걸쳐서 이해하려는 경제주의자들(Ökonomisten)에게는 여전히 아무 것도 아닐 것이다. 어떤 관계, 어떤 경제적 형태의 일방적인 규정을 고정시키고, 반대 규정에 맞서 이를 찬사하는 것, 법률가와 변호론자의 이러한 값싼 관행이 요설가 바스티아의 특징이다. 요컨대 임금 대신에 수입의 고정성을 가정하자. 수입의 고정성은 좋지 않은가? 확실한 것을 예상하는 것은 누구나 좋아하지 않는가? 특히 속물적이고 천하다고 느끼는 프랑스인은 누구나? 언제나 가난한 사람은? 아마도 농노제가 이와 동일한 방식으로 더욱 잘 정당하게 방어되었다. 그 반대도 주장될 수 있을 것이며, 또한 주장되었다. 임금을 비고정성, 즉 일정한 점을 넘어서 진전하는 것과 등치 시키자. 멈추어 있는 대신에 앞으로 나아가는 것을 누가 싫어하겠는가? 부르주아적인 무한한 진보의 기회를 가능하게 만드는 관계가 나쁜가? 바스티아 스스로 다른 한 곳에서는 임금이 비고정적이라고 주장한다. 비고정성은 그렇다고 하더라도,

변동에 의하지 않고 어떻게 달리 노동자가 바스티아가 원하듯이 노동하기를 그만 두고, 자본가가 되는 것이 가능할 수 있겠는가? 요컨대 임노동은 고정성 때문에 좋다. 그것은 비고정성 때문에 좋다. 그것은 전자도 후자도 아니지만, 또한 전자이면서 후자이기 때문에 좋다. 일방적인 규정으로 축소되어, 이 규정이 부정이 아니라 정립으로 간주될 때 좋지 않은 관계가 있는가? 모든 기회주의적인 요설(饒舌), 모든 옹호, 모든 속물적인 궤변이 그러한 추상에 기초한다.

이 일반적인 서문에 이어 우리는 바스티아의 실재 구성에 도달한다. 랑데의 차지농,[5] 임노동자의 불행을 소자본가의 불운과 내적으로 통일하고 있을 따름인 자는 고정 임금만 받을 수 있다면 사실은 행복하다고 느낄 것이라는 점만 덧붙여서 언급되면 된다. — 프루동의 "서술적이고 철학적인 역사"[6]는 그의 적수인 바스티아의 역사와 비교될 수조차 없다. 모든 구성원이 우연의 모든 위험을 공유하는 원초적인 결사 형태의 뒤를 이어 노동자에 대한 보수가 고정되어 있는, 양측이 자발적으로 가입한 고차원의 결사 단계가 따른다. 우리는 여기에서 한편에는 자본가를, 다른 한편에는 노동자를 전제하고, 나아가서 나중에는 양자 사이의 합의에 의해 자본과 노동 사이의 관계가 등장하도록 하는 독창성에 주의를 환기시키려는 것이 아니다.

노동자가 모든 우연적인 영리 기회에 노출되어 있고 — 모든 생산자가 균등하게 이 위험들에 노출되어 있고 —, 노동에 대한 보수가 고정성을 획득하고 안정적이 되는 임금에 대하여, 직접적으로 반(反)의 정(正)으로서 선행하는 결사 형태는, 우리가 바스티아로부터 듣는 바와 같이, 어업, 사냥, 목축이 지배적인 생산 형태이자 사회 형태를 이루는 상태이다. 떠돌아다니는 어부, 사냥꾼, 목동이 먼저이고, 그 다음이 임노동자. 반(半)야만적인 상태로부터 근대적인 상태로의 역사적인 이행은 언제 어디에서 일어났는가? 기껏해야 "혼란" 속에서. 실제 역사에서 임노동은 노예제와 농노제의 해체 — 또는 동양 민족들이나 슬라브 민족들에서처럼 공동체적 소유의 붕괴 — 로부터 발생하며, 그것의 적절하고 획기적인 노동의 모든 사회적 현존에 영향을 미치는 형태인 길드 경제, 도시 제도, 자연 노동, 자연 소득, 농촌 부업으로서 영위되는 공업, 아직 봉건적인 소농업의 쇠퇴와 몰락으로부터 유래한다. 실제로 역사적인 이 모든 이행들에서 임노동은 수입, 내용, 국지성, 범위 등 모든 측면에서 노동이 고정되어 있던 관계들의 해체·폐기로 나타난다. 요컨대 노동과 그에 대한 보수의 고정성의 부정으로서. 아프리카인의 물신으로부터 볼테르의 지고의 존재로의 직접적인 이행, 또는 한 북미 야만인의 사냥 도구로부터 영국 은행 자본으로의 직접적인 이행도, 어부로부터 임노동자로 이행하는 바스티아만큼 어리석게 역사에 어긋나지는 않는다. (심지어 이 모든 발전에서 자발적이고 상호 합의에 의한 변화는 전혀 나타나지 않는다.) 바스티아의 역사 구성 — 역사적 사건 형태로 천박한 추상을 불러내는 — 은 마치 영국의 공제 조합과 저축 은행들이 임노동의 마지막 피난처이자 모든 사회적 모순의 지양으로 나타난다고 주장하는 것만큼이나 실재의 역사에서 어긋난다.

요컨대 임노동의 역사적 특성은 비고정성. 바스티아의 구성의 반대. 그러나 그는 도대체 어떻게 해서 고정성을 모든 것을 보상하는 임노동의 규정으로 구성하게 되었는가? 그리고 그는 어떻게 해서 이렇게 규정된 임노동을 역사적으로 다른 사회 형태나 결사 형태에서의 노동에 대한 보수 형태보다 높은 보수 형태로 설명하게 되었는가?

모든 경제학자가 자본과 임노동, 이윤과 임금의 주어진 관계를 논하고, 노동자는 이윤 기회에 참여할 요구권을 가지지 않는다는 것을 노동자에게 증명하며, 자본가에 비해 부차적인 역할을 한다고 노동자를 진정시키려 할 때, 그들은 노동자가 자본의 커다란 모험과는 다소간 무관하게 소득의 일정한 고정성을 가진다고 노동자에게 강조한

다. 마치 동키호테가 산초 판자에게 비록 그가 매를 맞기는 하지만
용감할 필요까지는 없다고 달래는 것과 마찬가지로. 요컨대 경제학
자들이 이윤과 대립하는 임노동에 첨부하는 규정을 바스티아는 이전
의 노동 형태들에 대립하는 임노동의 규정으로 전환시키고, 이 이전
의 관계들에서의 노동에 대한 보수에 비해 상대적으로 진보적인 것
으로 전환시킨다. 바스티아 씨는, 주어진 관계에 위치 지워지고 이
관계의 한 측면을 가지고 다른 한 측면을 달래는 상투어를 이 관계
로부터 단절시켜, 이 관계가 등장하는 역사적 토대로 만든다. 이윤에
대한 임금의 관계, 자본에 대한 임노동의 관계에서 경제주의자들은
임금이 고정성이라는 장점을 가진다고 말한다. 바스티아 씨는 고정
성, 즉 이윤에 대한 임금의 관계의 한 측면이 임노동 출현의 역사적
등장 근거라고(또는 이윤에 대립해서가 아니라 노동에 대한 과거의
보수 형태에 대립해서 임금에 속한다고), 또한 이윤의 등장 근거, 따
라서 전체 관계의 등장 근거라고 말한다. 그리하여 그에게 있어서는
임금과 이윤 관계의 한 측면에 관한 상투어가 슬그머니 이 관계 전
체의 역사적 근거로 전환된다. 이는 그가 도처에서 최초의 결사 형태
로 꿈꾸었던 사회주의에 대한 성찰에 끊임없이 매달려 있기 때문에
일어난다. 이는 경제주의자들의 저술에서 경제 발전에 부수되는 옹
호론적 상투어가 바스티아의 수중에서는 얼마나 중요한 형태를 띠는
가를 보여주는 한 예이다.

∥7∥ 경제학자들에게 돌아가자. 임금의 이 고정성이란 무엇으로
이루어지는가? 임금은 영원히 고정되는가? 이는 임금 결정의 기초인
수요와 공급의 법칙에 전적으로 모순될 것이다. 임금의 상승과 하락
이라는 변동은 어느 경제학자도 부정하지 않는다. 또는 임금은 공황
과 무관한가? 또는 임노동을 불필요하게 만드는 기계와는? 또는 임
노동을 이동시키는 분업과는? 이 모든 것을 주장하는 것은 이단적일
것이고, 그러므로 주장되지 않는다. 의미하는 바는 대체로 임금이 어

느 정도의 평균 수준을, 즉 바스티아가 그토록 증오하는 최저 임금을
계급 전체를 위해서 실현한다는 것, 노동의 일정한 평균 지속성이 이
루어진다는 것, 예를 들어 이윤이 하락하거나 일시적으로 완전히 사
라지는 경우에도 임금은 지속될 수 있다는 것이다. 이것이 뜻하는 바
는 임노동이 지배적인 노동 형태, 생산의 기초로 전제된다면, 노동
계급은 임금으로 생존해야 하고 개별적인 노동자[2]는 평균적으로 임
금을 위한 노동의 고정성을 가진다는 것 이외에 무엇인가? 다른 말
로 하자면 동어반복. 자본과 임노동이 지배적인 생산 관계인 곳에서
는 임노동의 평균적인 지속성이 존재하며, 그 정도까지 노동자에게
임금의 고정성이 존재한다는 것이다. 임노동이 존재하는 곳에서 임
금이 존재한다는 것이다. 그리고 이것이 바스티아에 의해서는 모든
것을 보상하는 임금의 속성으로 간주된다. 나아가 자본이 발전된 사
회 상태에서는 대체로 사회적 생산이 자본, 즉 생산이 아직 이 단계
까지 발전하지 않은 곳에서보다 더 규칙적이고 연속적이며 전측면적
이라는 것 — 그러므로 또한 그것 안에 고용된 구성 요소들의 수입
이 '더욱 고정적'이라는 것 — 은 아직도 자본과 이에 기초한 생산
개념에 의해 주어져 있는 또 다른 동어반복이다. 다른 말로 하자면
임노동의 일반적 현존이 임노동에 선행하는 단계들에서보다 더 높은
생산력 발전을 전제한다는 것, 이것을 누가 부인하는가? 그리고 사회
주의자들이 임노동에 의해 야기된 사회적 생산력의 이러한 발전을
전제하지 않았다면, 어떻게 이보다 더 높은 요구를 제기할 생각을 떠
올렸겠는가? 생산력의 보다 높은 발전은 오히려 그들의 요구의 전제
이다.

주의. 임금이 일반적인 외양을 취하는 최초의 형태 — 국민군과 민
병대가 쇠퇴하고 몰락하면서 나타나는 군인 봉급(*Sold*). 처음에는 시

---

[2] 수고에는: 개별적인 노동

민들 자신이 군인으로서 봉급을 받는다. 곧이어 시민이기를 중지한 용병들이 그들을 대신하여 등장한다.

2. (이 어이없는 언행을 계속 추적하는 것은 불가능하다. 그러므로 우리는 바스티아 씨와 작별한다.)

[정치경제학 비판 요강] 서설[7]

내용

A. 서설

1. 생산 일반
2. 생산, 분배, 교환, 소비의 일반적 관계
3. 정치경제학의 방법
4. 생산 수단(력)과 생산 관계들, 생산 관계들과 교류 관계들 등

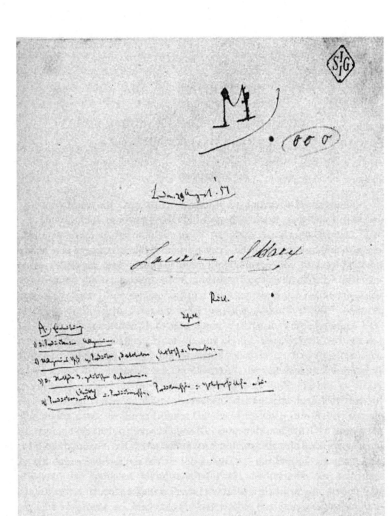

수고의 두 번째 표지

‖M—1‖ A. 서설

I. 생산, 소비, 분배, 교환(유통)

1. 생산

a) 여기서의 대상은 우선 물질적 생산이다.

사회 속에서 생산하는 개인들 — 따라서 사회적으로 규정된 개인들의 생산이 당연히 출발점이다. 스미스와 리카도가 시작하는 개별적이고 고립된 사냥꾼과 어부는 18세기의 상상력 없는 공상에 속한다. 문화사가들이 공상하듯이 단지 과도한 문명 개화에 대한 반발이나 오해된 자연 생활로의 복귀를 표현하는 것이 결코 아닌 로빈슨 크루소 이야기. 그것은 본래 독립적이고 자율적인 주체들을 계약을 통해 관계 지우고 결합시키는 루소의 『사회 계약』[8]과 마찬가지로 그러한 자연주의에 기초하지도 않는다. 이는 크고 작은 로빈슨 크루소 이야기의 외관, 그것도 단지 심미적 외관일 뿐이다. 그것은 오히려 16세기부터 준비되었고, 18세기에 그 성숙의 거보를 내디딘 "부르주아 사회"(Bürgerliche Gesellshaft)의 선취(先取)이다. 이 자유 경쟁 사회에서 개별자는 이전의 역사적 시기에 그를 일정한 제한된 인간 집단의 부속물로 만들었던 자연적 속박으로부터 벗어난 것으로 현상한다. 스미스와 리카도가 여전히 발 딛고 서 있는 18세기의 예언자들에게 이 개인 — 한편으로 봉건적 사회 형태의 해체의 산물이

자 다른 한편으로는 16세기이래 새롭게 발전된 생산력의 산물 — 은 과거의 실존을 가지는 하나의 이상(理想)으로 떠오른다. 역사적 결과 로서가 아니라 역사의 출발점으로서. 그 까닭은 인간의 본성에 관한 그들의 관념에 합치하는 합자연적(合自然的) 개인으로서, 역사적으로 등장하는 것이 아니라 자연에 의해 정립된 개인으로서 나타나기 때 문이다. 이러한 착각은 이제까지 새로운 시대에는 언제나 공통된 것 이다. 스튜어트는 여러 가지 점에서 18세기에 대립하고 또한 귀족으 로서 보다 넓은 역사적 지반 위에 서 있었기 때문에 이미 이러한 소 박한 견해를 피할 수 있었다.

　우리가 역사를 거슬러 올라갈수록, 개인, 따라서 생산하는 개인도 비자립적이고 더욱 커다란 하나의 전체에 속하는 것으로 나타난다. 처음에는 아직 자연적인 방식으로 가족과 종족으로까지 확대된 가족 에, 나중에는 종족들의 대립과 병합에서 생성된 다양한 형태의 공동 체에. 18세기에 비로소 부르주아 사회에서 사회적 연관의 다양한 형 태들은 개별자에게 그의 사적 목적을 위한 단순한 수단으로서, 외적 필연성으로서 맞서게 된다. 그러나 이러한 관점, 고립된 개별자의 관 점을 낳은 시대는 지금까지 가장 발전된 사회적인(이 관점에서 보면 일반적인) 관계들의 시대이기도 하다. 인간은 문자 그대로의 의미에 있어서 정치적 동물,[9] 즉 군거 동물일 뿐만 아니라 사회 속에서만 개별화될 수 있는 동물이다. 사회 밖에서 고립된 개인의 생산 — 이 는 이미 사회력을 자신 속에 동태적으로 지니고 있는 문명인이 우연 히 황야에 내버려지는 경우에나 일어날 수 있는 드문 일 — 은 함께 생활하고 함께 말하는 개인들이 없는 언어의 발전만큼이나 불합리하 다. 이 점에 대해서는 더 상세히 설명할 필요가 없다. 18세기 사람들 에게는 일정하게 의미가 있었고 근거가 있었던 이 어리석음이 바스 티아, 캐리, 프루동 등에 의해 최근의 경제학 속으로 다시 진지하게 도입되지 않았다면, 이 문제는 전혀 언급할 필요가 없을 것이다. 물론 프루동 등의 경우에는, 그들이 경제적 관계의 역사적 근거에 대해 무지하면서도 그것을 역사철학적으로 설명할 수 있었던 것은, 아담과 프로메테우스가 기성의 관념을 우연히 발견했고 그리하여 이것이 채택되었다는 식의 신화를 날조할 수 있다면 그것만큼 편리한 것은 없었기 때문이다.[10] 상투어의 망상보다 더 지루하고 무미건조한 것은 없다.

요컨대 우리가 생산에 대해 말할 때 그것은 언제나 일정한 사회적 발전 단계에서의 생산 — 사회적 개인들의 생산이다. 따라서 생산 일반에 관해 논하기 위해서는 우리가 역사적 발전 과정을 다양한 국면들에 걸쳐서 추적해야 하거나, 아니면 일정한 역사적 시기, 즉 사실상 우리의 원래 주제인 근대 부르주아적 생산을 다룬다는 것을 처음부터 선언해야 하는 것처럼 보일 수 있을 것이다. 그러나 모든 생산 시대는 일정한 특징을 공유하고 공통된 규정들을 가진다. 생산 일반은 하나의 추상이지만 그것이 실제로 공통적인 것을 강조하고 고정시키며, 따라서 우리에게 반복을 덜어주는 한에 있어서 이해를 돕는 합리적 추상이다. 그렇지만 이 일반적인 범주, 또는 비교를 통해 추출해 낸 공통적인 요소들 자체가 다층으로 구조화된 것, 다양한 규정들로 분기된다. 이러한 규정들 가운데 어떤 것들은 모든 시대에 속하고, 다른 것은 몇몇 시대에 공통적이다. 몇몇 규정은 가장 오래된 시대와 함께 가장 최근의 시대에도 공통적일 것이다. 그것들이 없이는 어떠한 생산도 생각할 수 없을 것이다. 다만 가장 발전된 언어가 가장 미발전된 언어와 공통적인 법칙들과 규정들을 가진다면, 언어의 발전을 구성하는 것은 바로 이 일반적인 것과 공통적인 것과의 차이이다. 생산 일반에 적용되는 규정들은 — 주체인 인류와 객체인 자연이 동일하다는 사실로부터 발생하는 — 통일성 때문에 본질적인 상이성이 망각되지 않도록 구별되어야 한다. 예컨대 기존의 사회적 관계들의 영구성과 조화를 증명하는 근대 경제학자들의 지혜는 바로 이 망각에 있다. 예컨대 생산 도구가 손에 불과할지라도 그러한 생산 도구 없이는 어떠한 생산도 불가능할 것이다. 과거의 누적된 노동이 비록 반복된 ‖3‖ 연습에 의해 야만인의 손에 모여지고 집중된 숙련에 불과할지라도, 그러한 노동 없이는 어떠한 생산도 불가능할 것이다. 자본은 무엇보다도 생산 도구이고 또한 과거의 대상화된 노동이다. 다시 말해 내가 "생산 도구", "축적된 노동"을 비로소 자본으로 만드는 특유한 것을 간과한다면, 자본은 일반적인 영원한 자연 관계로 간주된다. 따라서 예컨대 캐리에게 생산 관계들의 모든 역사는 정부들에 의해서 악의적으로 야기된 왜곡으로 현상한다.

생산 일반이 없다면 일반적 생산도 없다. 생산은 언제나 특수한 생산 영역 — 예컨대 농업, 목축업, 매뉴팩처 등 — 이거나 그것들의 총체이다. 그렇지만 정치경제학은 기술(Technologie)이 아니다. 한 주어진 사회적 단계에서 생산의 일반적 규정들이 특수한 생산 형태들에 대하여 갖는 관계는 다른 곳에서 (나중에) 설명할 것. 끝으로 생산은 또한 특수한 생산에 불과한 것이 아니다. 차라리 생산 영역들의 크고 작은 총체 속에서 활동하는 것은 언제나 일정한 사회체(Gesellschaftskörper), 사회적 주체이다. 과학적 서술이 현실적 운동에 대하여 갖는 관계도 마찬가지로 아직 여기에서 논할 것이 아니다. 생산 일반. 특수한 생산 영역들. 생산의 총체.

경제학에서는 모든 생산의 일반적 조건들이 논의되는 총론을 앞에 두는 것이 유행이다 — 그리고 "생산"이라는 제목 하에서 나타나는 것이 바로 그것이다(예를 들어 존 스튜어트 밀 참조).[11] 이 총론은 다음으로 구성되어 있거나 구성되어야 한다고 한다. 1. 생산이 가능하기 위해서는 없어서는 안될 조건들. 즉 사실상 모든 생산의 본질적인 계기들을 진술한다. 그러나 이는 사실상 우리가 보게 되는 바와 같이 평범한 동어반복으로 귀결되는 매우 단순한 몇몇 규정들로 환원된다. 2. 예컨대 애덤 스미스의 진보하는 사회 상태와 정체된 사회

상태처럼[12] 다소 생산을 촉진하는 조건들. 그에게 있어서 개관으로
서 가치를 가지는 이것을 과학적 의미로 높이기 위해서는 개별적인
민족들의 발전에서 **생산성의 정도의 시기**에 관한 연구 — 주제의 본
래적 한계 밖에 있지만 그것이 주제에 속하는 한에 있어서는 경쟁,
축적 등을 설명하면서 언급되어야 하는 연구 — 가 필요할 것이다.
통상적으로 말해서 그 답은, 산업 민족은 대개 역사적 정점에 도달하
는 순간에 생산의 정점에 도달한다는 일반적인 진술로 귀결된다. 실
제로 그러하다. 한 민족의 주된 관심이 아직 이윤(der Gewinn)이 아
니라 획득하는 것(das Gewinnen)인 한에 있어서 그 민족의 산업적
정점. 그러는 한에 있어서 양키들이 영국인들보다 위. 또는 예를 들
어 일정한 인종적 속성, 지리적 위치, 기후, 해안의 상태, 토지의 비
옥도(肥沃渡) 등과 같은 자연적 조건들이 다른 것보다 생산에 더 유
리하다는 일반적인 것. 이 역시 부의 요소들이 주체적·객체적으로
보다 고도로 주어져 있을수록 부는 쉽게 창출된다는 동어반복으로
다시 귀결된다.

∥4∥ 그러나 이것이 총론에서 경제학자들의 관심사의 전부는 아
니다. 생산은 오히려 — 예컨대 밀 참조 — 분배 등과는 달리 역사와
무관한 영원한 자연 법칙들의 틀에 박힌 것으로 서술되며, 때로는 부
르주아적 관계들이 사회 일반의 폐기할 수 없는 자연 법칙들로 슬그
머니 변조된다. 이것이 전체 과정의 다소 의식적인 목적이다. 이에
반해 분배에 있어서는 인간들이 사실상 온갖 자의를 저질렀다고 한
다. 생산 및 분배와 이들의 실재적인 관계의 조야한 분리는 차치하고
라도 다음과 같은 점은 처음부터 틀림없이 명백하다. 즉, 상이한 사
회 단계들에서 분배가 아무리 상이할지라도 생산에서와 마찬가지로
공통적인 규정들을 추출해 내는 것이 가능해야 하고, 또한 모든 역사
적 차이를 혼동하거나 일반적 인간 법칙들로 해소하는 것도 마찬가
지로 가능해야 한다는 것이다. 예를 들어 노예, 농노, 임금 노동자는

모두 그들이 노예, 농노, 임금 노동자로 실존할 수 있게 해주는 양의
식량을 받는다. 공물로 생활하는 정복자, 조세로 생활하는 공무원,
지대로 생활하는 지주, 시주로 생활하는 승려, 십일조로 생활하는 목
사는 모두 노예 등의 법칙과는 다른 법칙들에 의해 결정된 몫만큼의
사회적 생산물을 획득한다. 모든 경제학자가 이 항목에서 거론하는
두 가지 요점은 1. 소유와 2. 사법, 경찰 등에 의한 소유의 보호이다.
이에 대해서는 간략하게 답변될 수 있다.

1에 대하여. 모든 생산은 일정한 사회 형태 내에서 이를 매개로
한 개인에 의한 자연 점취이다. 이런 의미에서 볼 때 소유(점취)가
생산의 조건이라고 말하는 것은 동어반복이다. 그러나 이로부터 일
정한 소유 형태, 예를 들어 사적 소유 형태로 (게다가 비소유 非所有
를 조건으로 가정하는 대립적인 형태로) 비약하는 것은 우스운 일이
다. 역사는 오히려 (예를 들어 인도인, 슬라브인, 고대 켈트인 등) 공
동 소유를 보다 본원적인 형태로서, 공동체 소유의 형체로 아직도 오
랜 동안 중요한 역할을 하는 형태로 보여준다. 부가 이 소유 형태 또
는 저 소유 형태에서 더 잘 발전되는가의 여부가 여기에서 논의되는
것은 결코 아니다. 그러나 소유 형태가 존재하지 않는 곳에서는 생산
이나 사회에 대해서도 논할 수 없다는 것은 동어반복이다. 아무 것도
자신의 것으로 만들지 않는 점취란 형용모순이다.

2에 대하여. 획득된 것의 보호 등. 이 진부한 말들이 그것들의 실
재적인 내용으로 환원되면, 그것들은 설교자들이 아는 것보다 더 많
은 것을 말해 준다. 즉, 어떤 생산 형태든 자체의 법률 관계들, 정부
형태 등을 산출한다는 것을 말해 준다. 조야성과 개념상의 몰이해는
바로 유기적으로 ‖5│ 공속적(共屬的)인 것을 우연히 서로 관련시키
고 단순한 반사연관(Reflexionszusammenhang)을 맺어주는 데 있다.
모든 부르주아 경제학자들에게는 주먹의 권리(Faustrecht)보다 근대
적인 경찰로 더 잘 생산하도록 할 수 있다는 생각만이 머리에 떠오

른다. 다만 그들은 주먹의 권리도 법적 관계이며, 강자의 권리는 그들의 "법치국가"에서도 다른 형태로 존속한다는 것을 잊을 뿐이다.

일정한 생산 단계에 조응하는 사회 상황들이 처음으로 등장하거나, 또는 그들이 이미 쇠퇴할 때에는, 비록 정도와 효력에 있어서는 다양하지만, 생산의 교란이 당연히 발생한다.

요약하자면 모든 생산 단계에 공통적인 규정들이 있는데, 이들이 사유에 의해 일반적인 것으로 고정된다. 그러나 모든 생산의 소위 일반적 전제 조건들이란 다름 아닌 이 추상적 계기들인데 이것들만 가지고는 실제의 역사적인 생산 단계가 이해되지 않는다.

2. 분배, 교환, 소비에 대한 생산의 일반적 관계

생산을 더욱 깊이 분석하기 전에 경제학자들이 생산 곁에 두는 다양한 항목들에 주목할 필요가 있다.

피상적으로 볼 때 명백한 관념: 생산에서 사회 구성원들은 인간의 욕구에 따라 자연의 생산물들을 점취한다(창조한다, 형성한다). 분배는 개별자가 이 생산물에 참여하는 비율을 결정한다. 교환은 개별자가 분배에 의해 자신에게 귀속된 몫을 변환시키고자 하는 특수한 생산물들을 그에게 공급해 준다. 끝으로 소비에서는 생산물들[1]이 향유, 개인적 점취의 대상들이 된다. 생산은 욕구들에 조응하는 대상들을 만들어 낸다. 분배는 이것들을 사회적 법칙들에 따라 배분한다. 교환은 이미 분배된 것을 개별적인 욕구에 따라 다시 분배한다. 끝으로 소비에서 생산물은 이 사회적 운동으로부터 벗어나서 직접 개별적인 욕구의 대상과 기여자가 되며, 향유를 통해 이 욕구를 충족시킨다.

---

1) 수고에는: 생산

이처럼 생산은 출발점으로서, 소비는 종착점으로서, 분배와 교환은 중간 매개로서 현상하는데, 이 중간 매개 자체는 다시 분배가 사회에서 출발하는 계기로 규정되고, 교환은 개인들에서 출발하는 계기로 규정된다는 점에서 이중적이다. 생산에서는 인간이 객체화되고, 소비2)에서는 사물이 주체화된다. 분배에서는 사회가 일반적이고 지배적인 규정들의 형태로 생산과 소비 사이의 매개를 맡는다. 교환에서는 생산과 소비가 개인의 우연적인 규정성에 의해 매개된다.

분배는 생산물들이 개인들에게 귀속되는 비율(양)을 결정한다. 교환은 개인이 분배에 의해 그에게 할당된 ‖6‖ 몫을 요구하는 생산물들을 결정한다.

그리하여 생산, 분배, 교환, 소비는 하나의 정연한 삼단 논법을 이룬다. 생산은 일반성, 분배와 교환은 특수성, 소비는 개별성이며, 여기에서 전체가 결합된다. 물론 이것은 하나의 연관이지만 피상적인 연관이다. 생산은 일반적 자연 법칙들에 의해 규정된다. 분배는 사회적 우연에 의해 규정되고, 따라서 생산에 대하여 다소 촉진적인 영향을 미칠 수 있다. 교환은 형식적인 사회적 운동으로서 양자 사이에 놓여 있다. 최종 목표일뿐만 아니라 최종 목적으로서도 파악되는 최종적 행위인 소비는 그것이 출발점에 다시 반작용하고, 전체 과정을 새롭게 개시하는 경우를 제외하고는 원래 경제학의 밖에 놓여 있다.

정치경제학자들이 일체를 이루는 것을 난폭하게 분리시킨다고 비난하는 반대론자들은 ― 정치경제학 영역 내에서의 반대론자들이든 영역 밖의 반대론자들이든 ― 저들과 동일한 지반 위에 서 있거나 저들보다 밑에 있다. 정치경제학자들이 생산을 지나치게 자기 목적으로 이해한다는 비난만큼 통속적인 것도 없다. 반대론자들은 분배도 마찬가지로 중요하다고 주장한다. 이러한 비난의 근저에는 분배

---

2) 수고에는: 인간

가 자율적·독립적 영역으로서 생산 곁에 자리를 차지한다는 경제적
관념이 놓여 있다. 또는 계기들이 그들의 통일성 속에서 이해되지 않
는다는 것이다. 마치 분리가 현실로부터 교과서로 들어간 것이 아니
라, 반대로 교과서로부터 현실로 들어갔고, 현실적 관계들의 파악이
아니라 개념들의 변증법적 조정이 문제가 된다는 듯이!

a1) [생산과 소비]

생산은 직접적으로 소비이기도 하다. 주체적이고 객체적인 이중적
소비이다. 자연적 생식이 생명력의 소비인 것과 마찬가지로, 생산하
면서 자신의 능력을 발전시키는 개인은 생산 행위에서 이 능력을 지
출하고 소모한다. 둘째로 사용되고 소모되어 부분적으로는 (예컨대
연료의 경우처럼) 다시 일반적 원소들로 분해되는 생산 수단의 소비
이다. 또한 자연적 형체와 성질을 유지하지 못하고, 오히려 소비되는
원료의 소비이다. 따라서 생산 행위 자체는 그것의 모든 계기들에 있
어서 소비 행위이기도 하다. 그러나 이는 경제학자들도 인정한다. 그
들은 소비와 직접적으로 동일한 것으로서의 생산, 생산과 직접적으
로 일치하는 것으로서의 소비를 생산적 소비라 부른다. 생산과 소비
의 이 일체성은 "규정은 부정이다"(determination est negatio)라는 스피
노자의 명제[13]로 귀착된다.

‖7‖ 그러나 생산적 소비라는 이 규정은 생산과 동일한 소비를
생산의 파괴적 대립물로 이해되는 본래적 소비로부터 분리시키기 위
해서만 정립된다. 그러므로 본래적 소비를 고찰하자.

자연에서 원소들과 화학 성분의 소비가 식물의 생산이듯이, 소비
는 직접적으로 생산이기도 하다. 예컨대 한 소비 형태인 음식물 섭취
에서 인간이 자신의 신체를 생산한다는 것은 명백하다. 그러나 이는
어떤 방식으로든 인간을 한 방향으로 생산하는 다른 모든 종류의 소
비에도 적용된다. 소비적 생산. 다만 경제학은 소비와 일치하는 이

생산은 첫 번째 생산물의 파괴에서 생겨나는 두 번째 생산이라고 말한다. 첫 번째 생산에서는 생산자가 물화되고, 두 번째 생산에서는 생산자에 의해 생산된 사물이 인격화된다. 요컨대 이 소비적 생산은 — 비록 그것이 생산과 소비의 직접적인 통일이지만 — 본래적 생산과는 본질적으로 상이하다. 생산이 소비와 일치하고, 소비가 생산과 일치하는 직접적인 통일은 이들의 직접적인 이원성을 그대로 존속시킨다.

요컨대 생산은 직접적으로 소비이고, 소비 또한 직접적으로 생산이다. 각자는 직접적으로 자신의 반대이다. 그러나 동시에 양자 사이에는 매개 운동이 일어난다. 생산은 소비를 매개하고, 소비의 재료를 창출하며, 생산이 없으면 소비에서는 그 대상이 결여된다. 그러나 소비는 생산물들에게 비로소 주체를 창출해줌으로써 생산을 매개하는데, 생산물들은 이 주체에게 생산물들이다. 생산물은 소비에서 비로소 마지막 마무리가 지어진다. 기차가 다니지 않는, 즉 마모되지 않고 소비되지 않는 철도는 가능성에 있어서만 철도일 뿐 현실적으로는 철도가 아니다. 생산이 없으면 소비는 없다. 그러나 소비가 없으면 생산이 무의미할 것이므로 또한 생산도 없다. 소비는 이중적으로 생산을 생산한다. 1. 생산물은 소비에서 비로소 실재적인 생산물이 되기 때문이다. 예컨대 의복은 입는 행위에 의해 비로소 실제로 의복이 된다. 거주하지 않는 집은 사실상 실재적인 집이 아니다. 요컨대 생산물은 소비를 통해서만 비로소 단순한 자연 대상과는 구별되는 생산물로 입증되고 생산물이 된다. 소비는 생산물을 해체함으로써 비로소 그에게 최종 마무리를 지어준다. 왜냐하면 생산물은 물화된 활동으로서가 아니라[3] 활동하는 주체를 위한 대상으로서만 생산이 되기 때문이다. 2. 소비가 새로운 생산의 욕구를 창출하기 때문에, 즉

---

3) 수고에는: 으로서뿐만 아니라

생산의 전제가 되는 생산의 관념적이고 내부 추동적인 근거를 창출
하기 때문이다. 소비는 생산의 충동을 창출한다. 또한 소비는 목적
규정적인 것으로서 생산에서 활동하는 대상을 창출한다. 생산이 소
비의 외적 대상을 제공하는 것이 분명하다면, ‖8‖ 소비가 생산 대
상을 내적 영상으로서, 욕구로서, 충동으로서, 목적으로서 관념적으
로 정립한다는 것도 마찬가지로 분명하다. 소비는 생산 대상들을 아
직은 주관적인 형태로 창출하는 것이다. 욕구가 없으면 생산도 없다.
그러나 소비는 욕구를 재생산한다.

　생산의 측면에서 보면 다음의 사실들이 이에 조응한다. 1. 생산은
소비[4]에게 원료, 대상을 공급한다. 대상이 없는 소비는 소비가 아니
다. 그러므로 이런 측면에서 볼 때 생산은 소비를 창출하고 생산한
다. 2. 그러나 생산이 소비에게 창출해 주는 것은 대상만이 아니다.
생산은 소비에게 그의 규정성, 특징, 완결을 가져다준다. 소비가 생
산물에게 생산물로서의 완결을 가져다주는 것처럼 생산은 소비에게
완결을 가져다준다. 대상이란 일단 대상 일체가 아니라 생산 자체에
의해 다시 매개되는 일정한 방식으로 소비되어야 하는 일정한 대상
이다. 배고픔은 배고픔이다. 그러나 포크와 칼로 삶은 고기를 먹어서
충족될 배고픔은 손, 손톱, 이빨로 날고기를 삼켜서 채우는 배고픔과
는 상이한 배고픔이다. 따라서 소비 대상뿐만 아니라 소비 방식도,
객체적으로 뿐만 아니라 주체적으로도 생산에 의해 생산된다. 요컨
대 생산은 소비자를 창출하는 것이다. 3.[5] 생산은 욕구에게 재료를
제공할 뿐만 아니라 재료에게 욕구를 제공하기도 한다. 소비가 일차
적인 자연적 조야성과 직접성에서 벗어나면 — 소비가 이 상태에 머
무르는 것 자체가 자연적 조야성에 머물러 있는 생산의 결과일 것이
다 —, 소비 자체가 대상에 의해 충동으로서 매개된다. 소비가 대상

---

4) 수고에는: 생산
5) 수고에는: 2

에 대하여 느끼는 욕구는 대상에 대한 감지를 통해 창출된다. 예술의 대상 — 다른 모든 생산물도 마찬가지로 — 은 예술 감각이 있고 아름다움을 즐길 줄 아는 공중을 창출한다. 따라서 생산은 주체를 위한 대상뿐만 아니라 대상을 위한 주체도 생산한다. 따라서 생산은 1. 소비에 재료를 창출함으로써, 2. 소비 방식을 규정함으로써, 3. 소비에 의해 비로소 대상으로 정립된 생산물을 소비자의 욕구 형태로 산출함으로써 소비를 생산한다. 따라서 생산은 소비 대상, 소비 방식, 소비 충동을 생산한다. 마찬가지로 소비는 생산자를 목표 규정적 욕구로 유인함으로써 생산자의 성향을 생산한다.

요컨대 소비와 생산 사이의 일체성들은 삼중적으로 나타난다.

1. 직접적 일체성. 생산은 소비이고 소비는 생산이다. 소비적 생산. 생산적 소비. 국민경제학자들(Nationalökonomen)은 양자를 생산적 소비라 부른다. 그러나 한 가지 차이는 두고 있다. 전자는 재생산으로 나타나고, 후자는 생산적 소비로 나타난다. 전자에 관한 모든 연구는 생산적이거나 비생산적인 노동에 관한 것이고, 후자에 관한 모든 연구는 생산적이거나 생산적이지 않은 소비에 관한 것이다.

2. 각자는 타자의 수단으로 나타나며, 타자에 의해 매개된다는 것. 이는 상호 종속으로 표현된다. 이는 그들이 서로 관련되고 서로에게 필수 불가결하게 보이지만, 그럼에도 서로에게 외적으로 머물러 있는 운동이다. 생산은 소비를 위한 외적 대상으로서 재료를 창출하고, 소비는 생산을 위한 내적 대상, 목적으로서 욕구를 창출한다. 생산 없이는 소비가 없고, 소비 없이는 생산이 없다. [이러한 일체성이 — 역자] 경제학에서는 많은 형태로 나타난다.

3. 생산이 직접적으로 소비이고, 소비가 직접적으로 생산인 것만은 아니다. 또한 생산은 소비를 위한 수단이고, 소비는 생산을 위한 목적인 것만은 아니다. 즉, (생산은 소비에 외적인 대상을, 소비는 생산에 상상된 대상을 제공하여) 각자가 타자에게 대상을 제공해 주는

것만은 아니다. 그들 각자는 자신을 완결함으로써 타자를 창출하고 스스로를 타자로 창출하기도 한다. 소비는 생산물을 해체하고 이것의 자립적인 물질적 형태를 소모함으로써, 첫 번째 생산 행위에서 발전된 재능을 반복 욕구에 의해 숙련으로까지 향상시킴으로써, 생산물을 생산물로 완성시키면서 비로소 생산 행위를 완수한다. 요컨대 소비는 생산물을 생산물로서 만드는 완결 행위일 뿐만 아니라 생산자를 생산자로 만드는 완결 행위이다. 다른 한편에서 생산은 일정한 소비 방식을 창출하고, 소비 자극, 소비 능력을 욕구로 창출함으로써 소비를 창출한다. 이 마지막 3에서 규정된 일체성은 경제학에서 수요와 공급, 대상과 욕구, 집단에 의해 창출된 욕구와 자연적 욕구 사이의 관계 속에서 누차 설명되고 있다.

따라서 헤겔주의자로서는 생산과 소비를 일치시키는 것만큼 쉬운 것은 없다. 이것은 사회주의적 통속 작가들[14]에 의해서 뿐만 아니라 범속한 경제학자들 자신에 의해서도 행해졌는데, 예컨대 세이는 한 민족을 관찰하면서 이 민족의 생산은 이 민족의 소비라고 주장한 바 있다. 또는 실제로는 추상적인 인류 일반도 [마찬가지라고 한다. 그러나 — 역자] 쉬토르흐는 한 민족이 순전히 자기 생산물을 소비하는 것이 아니라, 생산 수단 등, 고정 자본 등을 창출하기도 하므로 세이가 틀렸음을 입증했다.[15] 더구나 사회를 유일한 주체로 관찰하는 것은 그것을 사변적으로 잘못 관찰하는 것이다. 한 주체에게는 생산과 소비가 한 행위의 계기들로 현상한다. 여기에서 가장 중요한 것은 ‖9‖[16] 생산과 소비를 한 주체의 활동들로 관찰하든 수많은 개인들의 활동들로 관찰하든 어떤 경우에나 생산과 소비는 생산이 실재적인 출발점이고, 따라서 총괄적 계기가 되는 한 과정의 계기들로 나타난다는 것을 강조하는 것이다. 필요, 욕구로서의 소비 자체는 생산적 활동의 내적 계기이다. 그러나 후자는 실현의 출발점이며, 따라서 실현의 총괄적 계기, 전체 과정이 다시 진행되는 행위이기도 하다. 개인은 한 대상을 생산하고, 이것의 소비를 통해 다시 자신 속으로 되돌아온다. 그러나 이때 생산적 개인으로서, 스스로 재생산되는 개인으로서 되돌아온다. 그리하여 소비가 생산의 한 계기로 현상한다.

그러나 사회에서 생산물에 대한 생산자의 관계는, 일단 생산물이 완성되면 하나의 외적 관계이며, 생산물의 주체로의 복귀는 다른 개인들에 대한 생산자의 관계에 좌우된다. 주체는 생산물을 직접 손에 넣지 않는다. 주체가 사회에서 생산하면, 생산물의 직접적인 점취가 그의 목적인 것도 아니다. 생산자들과 생산물들 사이에, 즉 생산과 소비 사이에 생산물 세계에서 생산자의 몫을 사회적 법칙들에 의해 규정하는 분배가 들어서는 것이다.

그렇다면 분배는 생산의 옆과 밖에서 자립적인 영역으로 존재하는가?

b1) [생산과 분배]

평범한 경제학들을 관찰해 보면 그들 안에는 모든 것이 이중적으로 정립되어 있다는 것이 우선 눈에 띈다. 예를 들어 생산에서는 토지, 노동, 자본이 생산의 행위자들로 나타나는 데 반해, 분배에서는 지대, 임금, 이자 및 이윤이 나타난다. 자본에 관해서 보면 그것이 이중적으로, 즉 1. 생산 행위자로서, 2. 소득의 원천으로서, 규정하면서 규정되는 분배 형태들로서 정립되어 있다는 것이 처음부터 명백하다. 따라서 이자와 이윤도 자본이 증대되고 성장하는 형태들, 즉 자본 생산 자체의 계기들인 한에 있어서 그것은 생산에서 그 자체로 나타난다. 분배 형태들로서의 이자와 이윤은 생산 행위자로서의 자본을 가정한다. 그것들은 생산 행위자로서의 자본을 전제로 하는 분배 양식들이다. 그들은 마찬가지로 자본의 재생산 방식이기도 하다.

임금은 마찬가지로 다른 항목 하에서 관찰된 임노동이다. 여기에서는 노동이 생산 행위자로서 가지는 규정성이 분배 규정으로서 나타난다. 예컨대 노예제처럼 노동이 임노동으로 규정되어 있지 않다면, 노동이 생산물을 획득하는 방식은 임금으로 나타나지 않을 것이다. 끝으로 토지 소유가 생산물을 획득하는 가장 발전된 분배 형태를 예로 할 때, 지대는 ‖10 ∣ 임금이 노동 일체를 가정하지 않듯이, 대지 그 자체를 가정하는 것이 아니라 대토지 소유(원래는 대단위 농업)를 생산 행위자로 가정한다. 따라서 분배 관계들과 분배 양식들은 단지 생산 행위자들의 이면(裏面)으로 나타난다. 임노동의 형태로 생산에 참여하는 개인은 임금의 형태로 생산물, 생산의 결과에 참여한다. 분배의 구조는 생산의 구조에 의해 규정된다. 분배 자체는 생산의 결과만이 분배될 수 있다는 점에서 대상에 있어서 뿐만 아니라 생산에의 일정한 참여 방식이 특수한 분배 형태들, 즉 분배에 참여하는 형태를 규정한다는 점에서, 형태에 있어서도 생산의 산물이다. 생산에서는 토지를, 분배에서는 지대를 정립하는 것 등은 전적으로 환상이다.

따라서 생산에만 주목했다고 가장 빈번하게 비난받는 리카도 같은 경제학자들은 분배를 경제학의 유일한 대상으로 규정했는데, 왜냐하면 그들은 분배 형태들을 어떤 주어진 사회에서 생산 행위자들이 고정되어 있는 가장 확실한 표현으로 본능적으로 파악했기 때문이다.

개별적인 개인에게 분배는 생산 내에서의 그의 지위를 조건 지우는 하나의 사회 법칙으로서 현상하는데, 개인은 이 지위 안에서 생산하고, 이에 따라 이 지위가 생산에 선행한다. 이 개인은 처음부터 자본과 토지를 소유하지 않는다. 그는 태어날 때부터 사회적 분배에 의해 임노동에 의존한다. 그러나 이 의존 자체는 자본과 토지 소유가 자립적인 생산 행위자들로 존재한다는 사실의 결과이다.

사회 전체를 관찰하면 분배는 한 측면에서 생산에 선행하고 생산을 규정하는 것처럼, 말하자면 경제 이전의 사실인 것처럼 보인다. 정복하는 민족은 땅을 정복자들 사이에서 분배하고, 그리하여 토지 소유의 일정한 분배와 형태를 결정하며, 따라서 생산을 규정한다. 또는 그 민족은 피정복민들을 노예로 만들어 노예 노동을 생산의 기초로 삼는다. 또는 한 민족은 혁명에 의해 대토지 소유를 분할지로 분해하고, 이 새로운 분배를 통해 생산에 새로운 성격을 부여한다. 또는 입법에 의해 토지 소유가 몇몇 가족에게 영구화되거나, 노동이 세습적 특권으로 분배되고, 그리하여 신분 제도적으로 고정된다. 이 모든 경우에 있어서 이들은 모두 역사적인데, 분배가 생산에 의해서가 아니라 반대로 생산이 분배에 의해서 구조화되고 규정되는 것처럼 보인다.

‖11‖ 가장 피상적인 견해에서 분배는 생산물들의 분배로 나타나고, 이에 따라 생산으로부터 멀리 떨어져 있고, 마치 생산에 대하여 준(準)자립적인 것처럼 나타난다. 그러나 분배가 생산물의 분배이기 이전에 그것은 1. 생산 도구들의 분배, 2. 이 관계의 또 다른 규정으로서 다양한 생산 종류 가운데에서 사회 구성원들의 분배(일정한 생산 관계들 하에 개인들의 포섭)이다. 생산물의 분배는 생산 과정 속에 포함되어 있고, 생산의 구조를 규정하는 이러한 분배의 결과에 지나지 않음이 극명하다. 생산에 내포된 분배를 도외시하고 관찰된 생산은 공허한 추상임이 분명한 반면, 반대로 생산물의 분배는 원래 생산의 한 계기를 이루는 이 분배와 더불어 저절로 주어진다. 근대적 생산을 이것의 일정한 사회적 구조 속에서 파악하고자 했던 탁월한 생산 경제학자 리카도는, 바로 그 때문에 생산이 아니라 분배를 근대 경제학의 본래적 주제로 선언한다. 여기에서 역사를 분배의 영역으로 추방하는 한편, 생산을 영원한 진리로 설명하는 경제학자들의 어리석음이 다시 도출된다.

생산 자체를 규정하는 분배가 생산에 대해 어떤 관계를 가지는가는 생산 자체 내부에 속하는 문제라는 것이 극명하다. 생산은 생산 도구들의 일정한 분배로부터 출발해야 하므로, 적어도 이러한 의미에서 분배가 생산에 선행하고 생산의 전제를 이룬다고 말해야 한다면, 생산이 사실상 자신의 계기들을 이루는 분배의 조건들과 전제들을 가진다고 답변될 수 있다. 처음 시작할 때에는 이 계기들이 자생적인 것으로 나타날 수 있다. 생산 과정 자체에 의해 그것들은 자생적인 것으로부터 역사적인 것으로 전환된다. 그것들이 어느 시대에 생산의 자연적 전제로서 나타났다면, 다른 시대에는 생산의 역사적 결과였다. 예를 들어 기계 사용은 생산 도구들의 분배뿐만 아니라 생산물의 분배도 변화시켰다. 근대적인 대토지 소유 자체는 근대 상업 및 근대 공업의 결과이자 근대 공업을 농업에 적용한 결과이다.

결국 위에서 제기된 문제들은 일반적인 역사적 관계들이 어떻게 생산에 개입하는가와, 역사 운동에 대한 생산의 관계는 무엇인가 하는 문제로 귀결된다. 이 문제는 분명히 생산 자체의 규명과 개진에 속한다.

‖ 12 ‖ 그렇지만 위에서 제시된 바와 같은 평범한 형태로나마 간단히 처리될 수 있다. 모든 정복에서는 세 가지가 가능하다. 정복 민족이 피정복 민족을 자신의 생산 양식에 복속시킨다(예를 들어 영국인들이 금세기에 아일랜드에서, 부분적으로는 인도에서 그러했듯이). 또는 낡은 생산 양식을 존속시키면서 공물로 만족한다(예를 들어 터키인들과 로마인들). 또는 상호 작용이 발생하여 새로운 것, 즉 종합이 형성된다(부분적으로 게르만족의 정복에서). 정복 민족의 것이든 피정복 민족의 것이든, 또는 양자의 융합에 의해 생겨난 것이든, 이 모든 경우에 생산 방식은 새로운 분배에 대하여 규정적이다. 새로운 분배가 새로운 생산 시기에 전제로 나타나지만, 분배 자체는 다시 생산, 역사적 생산 일반뿐만 아니라 일정한 역사적 생산의 산물이다.

예를 들어 러시아에 사막을 가지고 있던 몽고인들은 대규모의 무인(無人) 공간이 주요 조건이 되는 유목이라는 그들의 생산에 적합하게 행동했다. 농노를 이용한 농경이 전래적인 생산이었고 촌락에서 고립된 삶을 살던 게르만족 미개인들은, 로마 점령지들에서 행해지던 토지 소유 집중이 낡은 농업 관계들을 이미 완전히 해체했을 때라야 비로소 이 점령지들을 자신의 조건들에 용이하게 복속시킬 수 있었다.

약탈로만 먹고살던 시대가 있었다는 것은 오래된 생각이다. 그러나 약탈하기 위해서는 무엇인가 약탈될 것, 즉 생산이 있어야 한다. 그리고 약탈 방식 자체도 다시 생산 방식에 의해 규정된다. 예컨대 증권 투기 민족은 유목 민족과 동일한 방식으로 약탈당할 수 없다.

노예에게서는 생산 도구가 직접 약탈된다. 그러나 그때 노예를 약탈하는 목적인 토지의 생산은 노예 노동을 허용하도록 구조화되거나, 또는 (남미 등에서처럼)[17] 노예에 조응하는 생산 양식이 창출되어야 한다.

법률들은 생산 도구, 예컨대 토지를 일정한 가족들에게 영구화시킬 수 있다. 이 법률들은 예를 들어 영국에서처럼 대토지 소유가 사회의 생산과 조화를 이룰 때에만 경제적 의미를 획득한다. 프랑스에서는 대토지 소유에도 불구하고 소농 경영이 이루어졌으며, 따라서 대토지 소유는 혁명에 의해 붕괴되었다. 그러나 예를 들어 법률들에 의한 분할지 경작의 영구화는? 이 법률들에도 불구하고 소유는 다시 집중된다. 법률들이 분배 관계들을 정착시키는 데 미치는 영향과 이에 따라 생산에 미치는 영향은 특수하게 규정된다.

‖13 | c1) [끝으로 교환과 유통]

유통 자체는 교환의 일정한 계기에 지나지 않거나, 총체성 속에서 관찰된 교환이기도 하다.

교환은 한편으로 생산과 생산에 의해 규정된 분배와 소비를 매개하는 한에 있어서, 그러나 다른 한편으로 소비 자체가 생산의 계기로 현상하는 한에 있어서, 생산의 한 계기로 포함되어 있다는 것은 명백하다.

첫째로 분명한 점은 생산 자체 내에서 이루어지는 활동들과 능력들의 교환이 직접 생산에 속하고 본질적으로 생산을 구성한다는 것이다. 둘째로, 생산물들의 교환도 그것이 직접적인 소비에 쓰일 완성된 생산물의 제조를 위한 수단인 한에 있어서 마찬가지다. 이 점에 있어서 교환 자체는 생산에 포함된 행위이다. 셋째로, 이른바 사업가와 사업가 사이의 교환[18]은 그 조직에 있어서 전적으로 생산에 의해 규정될 뿐만 아니라 스스로 생산하는 활동이기도 하다. 교환은 생산물이 직접적으로 소비를 위해 교환되는 마지막 단계에서, 생산으로부터 독립적이고 생산에 대해 무차별적인 것으로 현상한다. 그러나 1. 교환은 자생적인 것이든 역사적 결과이든, 분업이 없이는 존재할 수 없다. 2. 사적 교환은 사적 생산을 전제로 한다. 3. 교환의 강도는 그것의 확장 정도와 방식 못지 않게 생산의 발전과 구조에 의해 규정된다. 예를 들어, 도시와 농촌 사이의 교환, 농촌에서의 교환, 도시에서의 교환 등. 이처럼 교환은 그 모든 계기에 있어서 생산에 직접 포함되어 있거나 생산에 의해 규정되어 나타난다.

우리가 도달한 결론은 생산, 분배, 교환, 소비가 일치한다는 것이 아니라, 이들 모두가 하나의 총체성의 분절(分節)들, 하나의 통일체 내에서의 차이들을 이룬다는 것이다. 생산은 생산의 대립적인 규정에서 자기 자신뿐만 아니라 다른 계기들도 총괄한다. 과정은 언제나 생산으로부터 새롭게 시작된다. 교환과 소비가 총괄적인 것이 될 수 없다는 것은 자명하다. 생산물의 분배로서의 분배도 마찬가지다. 그러나 생산 행위자들의 분배로서의 분배 자체는 생산의 한 계기이다. 일정한 생산이 일정한 소비, 분배, 교환과 이 상이한 계기들 상호간의 일정한 관계들을 규정한다. 물론 생산도 그것의 일방적인 형태에 있어서는 다른 계기들에 의해 규정된다. 예컨대 시장, 즉 교환 영역이 확장되면, 생산은 범위가 커지고 더욱 세분화된다. 분배의 변화와 더불어 생산도 변화된다. 예를 들어 자본의 집중, 도시 및 농촌 인구의 상이한 분포 등과 더불어. 끝으로 소비 욕구들이 생산을 규정한다. 상이한 계기들 사이에 상호 작용이 이루어진다. 이는 어떤 유기적 전체에서도 마찬가지이다.

‖14‖ 3. 정치경제학의 방법

어떤 주어진 나라를 정치경제적으로 고찰할 때, 우리는 그 나라의 인구, 인구의 계급 분포, 도시, 농촌, 연안, 다양한 생산 부문들, 수출입, 연간 생산과 소비 및 상품 가격 등에서부터 시작한다.

현실적이고 구체적인 것, 실재적인 전제로부터 시작하는 것, 요컨대 경제학에서 전체 사회적 생산 행위의 기초이자 주체인 인구에서부터 시작하는 것이 올바른 것처럼 보인다. 그렇지만 더 자세히 살펴보면 이것은 잘못된 것임이 드러난다. 인구는, 예를 들어 그것을 구성하고 있는 계급들을 무시한다면 하나의 추상이다. 이 계급들은 다시 그것들이 기초하는 요소들을 알지 못하면 공허한 용어이다. 예를 들어 임노동, 자본 등. 이 요소들은 교환, 분업, 가격 등을 전제한다. 예를 들어 임노동, 가치, 화폐, 가격 등이 없는 자본은 아무 것도 아니다. 요컨대 내가 인구에서부터 시작한다면 이것은 전체에 관한 혼란스러운 개념일 것이며, 나는 더 자세한 규정을 통해 이전보다 분석적으로 더 단순한 개념들에 이를 것이다. 가장 단순한 규정들에 도달할 때까지, 상상된 구체성으로부터 갈수록 미세한 추상들로. 여기에서부터 여행은 내가 마침내 인구에 다시 도달하되, 이번에는 전체에 관한 혼란스러운 개념으로서의 인구가 아니라, 수많은 규정과 관계

의 풍부한 총체성으로서의 인구에 도달할 때까지 다시 뒤로 돌아가
야 할 것이다. 첫 번째 경로가 경제학이 그것의 생성기에 역사적으로
택한 경로이다. 예컨대 17세기의 경제학자들은 언제나 살아 있는 전
체, 즉 인구, 민족, 국가, 여러 국가들 등에서부터 시작한다. 그러나
그들은 항상 분석을 통해 분업, 화폐, 가치 등 몇 가지 규정적인 추
상적·일반적 관계들을 발견해 내는 것으로 끝을 맺는다. 이 개별적
인 계기들이 다소 확정되고 추상화되자마자, 거기에서 노동, 분업,
욕구, 교환 가치와 같은 단순한 것으로부터 국가, 민족들의 교환, 세
계 시장까지 상승하는 경제학 체계들이 시작되었다. 후자가 분명히
과학적으로 올바른 방법이다. 구체적인 것은 그것이 수많은 규정들
의 총괄, 다양한 것들의 통일이기 때문에 구체적이다. 따라서 구체적
인 것은 비록 그것이 실재적 출발점이고 따라서 직관과 표상의 출발
점이라고 할지라도, 총괄 과정, 결과로서 현상하지 출발점으로 현상
하지 않는다. 첫 번째 경로에서는 완전한 개념이 추상적 규정으로 증
발했다. 두 번째 경로에서는 추상적 규정들이 사유의 경로를 통해 구
체적인 것의 재생산에 이른다. 이러한 방식으로 헤겔은 현실적인 것
을 자체 속에서 총괄되고, 자체 속으로 침잠하며, 자체로부터 운동해
나오는 사유의 산물로 파악하려는 환상에 빠진 반면, 추상적인 것으
로부터 구체적인 것으로 상승하는 방법은 사유가 구체적인 것을 점
취하고, 이를 정신적으로 구체적인 것으로 재생산하는 방식일 뿐이
다. 그러나 결코 구체적인 것의 생성 과정 자체는 아니다. 예컨대 교
환 가치라는 가장 단순한 경제적 범주는 인구, 일정한 관계들 속에서
생산하는 인구와 ‖15‖ 일정한 종류의 가족 제도, 공동체 제도, 국
가 제도 등을 전제로 한다. 교환 가치는 이미 주어진 구체적인, 살아
있는 전체의 추상적인, 일방적인 관계로서 존재할 수밖에 없다. 이에
반해 범주로서의 교환 가치는 아주 오래된 현존을 가진다. 따라서 이
해하는 사유가 실재적 인간이고, 이해된 세계 자체가 비로소 현실적

인 세계가 되는 의식 — 철학적 의식은 이렇게 규정된다 — 에서 범
주들의 운동은 세계를 그 결과로 낳는 실재적인 생산 행위 — 유감
스럽게도 이 행위는 외부로부터만 자극을 받는다 — 로서 현상한다.
이는 — 그러나 이것은 동어반복인데 — 사유 총체성, 사유 구체성으
로서의 구체적 총체성이 사실상 사유의, 이해의 산물인 한에 있어서
는 옳다. 그러나 직관과 상상의 밖에서 또는 위에서 사유하고 스스로
잉태되는 개념의 산물이 아니라, 직관과 상상을 개념들로 가공한 산
물. 두뇌 속에서 사유의 총체로 현상하는 바와 같은 전체는 세계를
유일하게 가능한 방식으로 점취하는 사유하는 두뇌의 산물인데, 이
방식은 세계의 예술적·종교적·실천적이고 정신적인 점취와는 상
이하다. 즉, 두뇌가 사변적·이론적 상태에만 있는 한에 있어서, 현
실적 주체는 여전히 두뇌 밖에서 자립적으로 존속한다. 따라서 이론
적인 방법에 있어서도 주체, 즉 사회는 전제로서 항상 표상에 어른거
리고 있어야 한다.

그러나 이 단순한 범주들은 보다 구체적인 범주들에 앞서서 독립
적인 역사적 또는 자연적 실존도 역시 가지지 않는가? 그것은 사정
에 따라 다르다. 예를 들어 헤겔은 법 철학을 주체의 가장 단순한 법
률 관계로서의 점유로부터 올바르게 시작한다. 그러나 점유는 더 구
체적인 관계들인 가족 관계, 지배 복종 관계 이전에는 존재하지 않는
다. 이와는 달리 소유는 없고 점유만 하고 있는 가족, 종족이 존재한
다고 말하는 것이 옳을 것이다. 요컨대 보다 단순한 범주는 소유 관
계 속에서 보다 단순한 가족 공동체나 종족 공동체의 관계로 나타난
다. 이 범주가 보다 고도의 사회에서는 어떤 발전된 조직의 보다 단
순한 관계로서 나타난다. 그러나 점유를 관계로서 가지는 보다 구체
적인 토대는 항상 전제되어 있다. 어떤 것을 점유하고 있는 개별적인
야만인을 상상할 수 있다. 그러나 이때 점유는 법률 관계가 아니다.
역사적으로 점유가 가족으로 발전한다는 것은 옳지 않다. 오히려 점

유가 언제나 이 "보다 구체적인 법률 범주"를 전제로 한다. 그렇지만 다음은 불변이다. 즉, 단순한 범주들은 보다 구체적인 범주에서 정신적으로 표현되고 있는 보다 다면적인 관련이나 관계를 정립하지 않은 채 보다 미발전된 구체물 자체가 이미 실현될 수도 있었을 관계들의 표현들인 데 반해, 보다 발전된 구체물은 동일한 범주를 부차적인 관계로 유지한다. 자본이 존재하기 전에, 은행들이 존재하기 전에, 임노동 등이 존재하기 전에 화폐는 존재할 수 있고 역사적으로 존재했다. 이 측면에서 보면 전체가 보다 구체적인 범주에서 표현되고 있는 측면으로 발전하기 전에, 보다 단순한 범주는 역사적으로 이미 존재했던 하나의 미발전된 전체의 지배적인 관계들이나 또는 하나의 보다 발전된 전체의 부차적인 관계들을 표현한다고 말할 수 있다. 그러한 한에 있어서 가장 단순한 것에서 복잡한 것으로 상승하는 추상적 사유의 과정은 실재적인 ‖16‖ 역사적 과정에 조응하는 것이다.

다른 한편으로, 예컨대 페루처럼 어떤 화폐도 존재하지 않으면서도, 예컨대 협업, 발전된 분업 등 최고의 경제 형태들이 전개되고 있는, 매우 발전되었으나 역사적으로 미숙한 사회 형태들이 있다고 말할 수 있다. 화폐와 이것을 조건 지우는 교환은 슬라브 공동체들에서도 역시 개별적인 공동체 내부에서는 등장하지 않거나 미미하게 등장하고, 그들의 경계에서, 다른 공동체들과의 교류에서 등장한다. 교환을 공동체 한가운데에 본래적인 구성 요소로 정립하는 것은 오류이다. 교환은 처음에는 동일한 공동체 내부의 구성원들 사이에서보다는 오히려 상이한 공동체들의 상호 관계에서 발생한다. 더욱이 화폐가 일찍부터 전측면적인 역할을 수행했지만, 고대에서 지배적인 요소로서의 그것은 일면적으로 규정된 민족들, 상업 민족들에게만 해당되었다. 그리고 근대 부르주아 사회에서 전제되고 있는 화폐의 완전한 발전은, 가장 발전된 고대 세계인 로마와 그리스에 있어서조차 단지 그 사회의 해체기에만 나타났다. 요컨대 이러한 아주 단순한 범주도 역사적으로 가장 발전된 사회 상태들에서만 집중적으로 나타났다. 결코 모든 경제 관계에 침투하는 것은 아니다. 예를 들어 로마 제국이 가장 발전했을 때에도 현물세와 현물 지불이 그 기초로 남아 있었다. 이 당시 화폐 제도는 원래 군대에서 완벽하게 발전했을 뿐이다. 그것은 노동 전체를 장악하지 않았다. 따라서 보다 단순한 범주가 보다 구체적인 범주에 앞서서 역사적으로 존재했을 수도 있으나, 그것의 완전한(집중적이고 광범위한) 발전이 복잡한 사회 형태에 속하는 것인 반면, 보다 구체적인 범주들은 덜 발전된[6] 사회 형태에서 더 완전하게 발전되었다.

노동은 아주 단순한 범주처럼 보인다. 이러한 일반성 — 노동 일체 — 에서 노동에 관한 관념은 매우 오래된 것이다. 그렇지만 이러한 단순성에서 경제적으로 파악될 때 '노동'은 이 단순한 추상을 낳는 관계들과 마찬가지로 근대적인 범주이다. 예를 들어 중금주의는 부를 화폐, 여전히 자신의 밖에 있는 사물로서 아주 객관적으로 정립한다. 이러한 관점에 비해 매뉴팩처 체계나 상업 체계가 부의 원천을 대상으로부터 주체적인 활동 — 매뉴팩처 노동과 상업 노동 — 으로 옮긴 것은 커다란 진보였다. 그러나 그것들은 이 활동 자체를 단지 화폐를 산출하는 것으로 제한적으로 파악한다. 이 체계에 비해 중농주의자의 체계는 하나의 일정한 노동 형태 — 농업 — 를 부의 창조자로 정립하며, 대상 자체가 더 이상 화폐의 변장을 하고 나타나는 것이 아니라, 생산물 일반으로서, 노동의 일반적 결과로서 정립된다. 이 생산물은 활동의 제한성에 의해 아직도 자연 규정적 생산물 — 농업 생산물, 특히 토지 생산물 — 로서 정립된다.

‖17‖ 부를 산출하는 활동의 모든 규정성을 거부한 것은 애덤 스미스의 대단한 진보였다 — 매뉴팩처 노동이나 상업 노동 또는 농업

---

6) 수고에는: 약간 더 발전된

노동이 아니라 전자이기도 하고 후자이기도 한 노동 일반. 부를 창출하는 활동의 추상적 일반성과 더불어 부로 규정된 대상의 일반성, 생산물 일체 또는 다시 노동 일체, 그러나 과거의 대상화된 노동으로서. 이 이행이 얼마나 어렵고 위대한 것인가는 애덤 스미스 자신이 때때로 어떻게 다시 중농주의로 퇴보하는가를 보면 알 수 있다. 따라서 이제 인간들이 ― 어떤 사회 형태에서든 ― 생산자로 등장하는 가장 단순하고 가장 오래된 관계에 대한 추상적 표현을 발견하였던 것처럼 보일 수 있을 것이다. 이는 한편으로는 옳고, 다른 한편으로는 그르다. 어떤 특정한 노동 종류에 대한 무차별성은, 어떤 것도 모든 것을 지배하는 노동이 아닌 실재적인 노동 종류들의 매우 발전된 총체를 전제로 한다. 따라서 가장 일반적인 추상들은 하나가 다수에게 공통적인 것으로 나타나고, 모두에게 공통이 되는 그러한 가장 풍부한 구체적 발전에서만 등장한다. 그러면 그것은 더 이상 특수한 형태만으로는 사유될 수 없다. 다른 한편에서 노동 일체라는 이러한 추상은 단순히 노동들의 구체적 총체의 정신적 결과만은 아니다. 일정한 노동에 대한 무차별성은 개인들이 한 노동에서 다른 노동으로 쉽게 이행할 수 있으며, 일정한 노동 종류가 그들에게는 우연적이고 따라서 무차별적인 그러한 사회 형태에 조응한다. 여기에서 노동은 범주에 있어서만이 아니라 실제로도 부 일체를 창출하기 위한 수단이 되었고, 더 이상 규정으로서 특수성 속의 개인들과 유착되어 있지 않다. 그러한 상태는 부르주아 사회들의 가장 근대적인 현존 형태(미국)에서 가장 발전되어 있다. 요컨대 여기에서는 "노동"이라는 범주의 추상인 "노동 일체", 노동 자체, 즉 근대 경제학의 출발점이 비로소 실제로 사실이 된다. 요컨대 근대 경제학이 우선적으로 앞세우고 있고, 매우 오래되어 모든 사회 형태에 유효한 관계를 표현하는 가장 단순한 추상이, 가장 근대적인 사회의 범주로서 실제로 사실인 것으로 나타난다. 미국에서는 역사적인 산물인 것 ― 일정한 노동에 대한 무차별성 — 이 예컨대 러시아인들에게서는 자생적인 성향으로 현상한다고 말할 수 있을 것이다. 다만 야만인들이 어디에나 사용될 수 있는 성향을 가진다는 것과, 문명인들이 자기 자신을 어느 곳에서나 사용한다는 것 사이에는 일단 커다란 차이가 있다. 그리고 러시아인들에게 있어서는 사실상 아주 특정한 노동에 대한 전통적인 고착성이 이 무차별성과 조응하는데, 그들은 외부로부터의 영향에 의해서만 이로부터 이탈할 수 있다.

∥18∥ 노동의 이러한 사례는 가장 추상적인 범주들조차 — 바로 그것들의 추상 때문에 — 그것들이 모든 시기에 유효함에도 불구하고, 어떻게 추상의 이러한 규정성에 있어서는 역사적 관계들의 산물인가, 그리고 이 관계들에 대해서 이 관계들 안에서만 완전한 유효성을 보유하는가를 극명하게 보여준다.

부르주아 사회는 가장 발전되고 가장 다양한 역사적 생산 조직이다. 따라서 그 사회가 지닌 관계들과 그 사회의 구조에 대한 이해를 표현하는 범주들은, 동시에 모든 몰락한 사회 형태들(Gesellschafts-form)의 구조와 생산 관계들에 대한 통찰력을 제공해 주는데, 부르주아 사회는 이 사회 형태들의 폐허와 요소들로 건설되며, 이들 중 아직 극복되지 않은 일부 잔재는 부르주아 사회 안에서 존속하며, 단순한 암시들은 완성된 의미들로 발전되었다. 인간의 해부는 원숭이의 해부를 위한 하나의 열쇠를 쥐고 있다. 이에 반해 하급 동물류에서 보이는 보다 고차원적인 것들에 관한 암시는 고차원적인 것 자체가 이미 알려져 있을 때에만 이해될 수 있다. 그러므로 부르주아 경제는 고대 경제 등에 대한 열쇠를 제공해 준다. 그러나 모든 역사적 차이들을 무시하고 모든 사회 형태에서 부르주아적 사회 형태를 발견하는 경제학자들의 방식으로는 결코 그렇게 할 수 없다. 지대를 알면 공물, 십일조 등을 이해할 수 있다. 그러나 이들을 동일시해서는 안 된다. 더욱이 부르주아 사회가 그 자체로 하나의 대립적인 발전 형태일 뿐이므로, 그 속에서는 이전 형태들에서 도출된 관계들이 전적으로 위축되거나 희화화된 형태로만 대두될 수 있다. 예를 들어 공동체 소유. 따라서 부르주아 경제학의 범주들이 다른 모든 사회 형태들에 관한 진리를 보유한다고 할지라도, 이것은 단지 가능성에 있어서만 그러하다. 이 범주들은 다른 모든 사회 형태를 발전, 퇴화, 풍자해서 포함할 수 있지만, 언제나 본질적인 차이를 가지면서 그렇게 할 수 있다. 소위 역사적 발전이 무릇 기초하는 것은, 마지막 형태가 과거의 형태들을 자신으로 향하게 하는 단계들로 간주한다는 것, 그리고 마지막 형태가 매우 드물고 아주 일정한 조건하에서만 스스로를 비판할 능력이 있으므로 — 물론 여기에서는 그 자체가 멸망기로 나타나는 역사적 시기를 말하는 것이 아니다 —, 언제나 과거의 형태들을 일방적으로 파악한다는 것이다. 기독교는 자기 비판이 어느 정도까지, 말하자면 가능성에 있어서 완성되었을 때, 비로소 과거 신화들의 객관적인 이해에 도움이 될 수 있었다. 마찬가지로 부르주아 경제학은 부르주아 사회에 대한 자기 비판이 시작된 이후에야 비로소 봉건 경제, 고대 경제, 동양 경제에 대한 이해에 다다랐다. 부르주아 경제가 신비화되어 과거의 경제들과 순수하게 동일시되지 않는 한에 있어서, 과거 경제, 특히 부르주아 경제가 여전히 직접적으로 투쟁해야 했던 봉건 경제에 대한 부르주아 경제의 비판은 기독교가 이교에 대해서, 또는 신교가 구교에 가했던 비판에 비견할 만했다.

‖19‖ 모든 역사 과학, 사회 과학에서와 마찬가지로 경제적 범주들의 진행에서 항상 견지해야 할 것은, 현실에서와 마찬가지로 두뇌에서도 주체 — 여기에서는 근대 부르주아 사회 — 가 주어져 있다는 것, 따라서 이 범주들은 일정한 사회, 이 주체의 현존 형태들, 실존 규정들, 간혹 개별적인 측면들을 표현한다는 것, 이 사회가 그 자체로 언급될 때, 이 사회가 과학적으로도 시작되는 것은 결코 아니라는 것이다. 이는 구분에 관하여 결정적인 것을 즉시 제공하기 때문에

견지되어야 한다. 예를 들어 모든 생산과 현존의 원천이 대지에 결부되어 있고, 어느 정도 정착된 모든 사회 형태의 첫 번째 생산 형태 — 농업 — 에 토지 소유가 결부되어 있으므로, 지대, 토지 소유에서부터 시작하는 것만큼 자연스러운 것이 없는 것처럼 보인다. 그러나 그것보다 잘못된 것은 없을 것이다. 모든 사회 형태에서 모든 생산들에게 모든 나머지 서열과 영향을 지정해주고, 따라서 이 생산들의 관계들에게도 서열과 영향을 지정하는 것은 어떤 일정한 생산이다. 이 일반적 조명이 다른 모든 색채에 스며들고, 이것들의 특수성을 수정한다. 그것은 자신에게서 유래하는 모든 현존의 특정한 비중을 결정하는 특수한 에테르이다. 예컨대 유목 민족들에게서. (단순한 수렵 민족과 어업 민족은 실재적인 발전이 시작되는 지점 밖에 있다.) 이들에게는 일정한 경작 형태, 즉 간헐적인 경작 형태가 나타난다. 토지 소유는 그것에 의해 규정된다. 그것은 공유였으며, 이 민족들이 얼마나 자신들의 전통을 고수하느냐에 따라 이 형태가 다소 유지되는데, 슬라브인들의 공동체 소유가 그러하다. 고대인들과 중세인들처럼 정착 농경 — 이러한 정착이 이미 거대한 단계이다 — 이 지배적인 민족들에게 있어서는 공업과 이것의 조직, 이것에 조응하는 소유 형태조차 다소 토지 소유적 성격을 가지는데, 고대 로마인들처럼 농경에 전적으로 종속적이거나, 중세처럼 농촌 조직이 도시와 도시의 관계들에서 모방된다. 중세에 자본 자체는 — 그것이 순수한 화폐 자본이 아닌 한에 있어서 — 전통적인 수공업 공구 등으로서, 이러한 토지 소유적 성격을 가진다. 부르주아 사회는 그 반대이다. 농업은 갈수록 하나의 단순한 산업 부문이 되고, 자본에 의해 전적으로 지배된다. 지대도 마찬가지. 토지 소유가 지배하는 모든 형태에서는 자연 관계가 여전히 지배적이다. 자본이 지배하는 형태들에서는 사회적으로, 역사적으로 창출된 요소가 지배적이다. 지대는 자본 없이는 이해될 수 없다. 그러나 자본은 지대가 없어도 이해될 수 있을 것이다.

자본은 부르주아 사회의 모든 것을 지배하는 경제적 권력이다. 자본이 출발점과 종착점을 이루어야 하며, 토지 소유에 앞서서 설명되어야 한다. 양자가 특수하게 관찰된 후 이들의 상호 관계가 고찰되어야한다.

∥20∥ 요컨대 경제적 범주들을 그것들이 역사적으로 규정적인 범주들이었던 순서에 따라 위치 지우는 것은 실행할 수도 없고 잘못된 것이다. 오히려 그것들의 서열은 그것들이 근대 부르주아 사회에서 서로 맺고 있는 관계이자 그것들의 자연적인 서열로 현상하거나, 역사적 발전의 서열에 조응하는 것과는 정확히 반대인 관계에 의해서 규정된다. 경제적 관계들이 다양한 사회 형태들의 연속 속에서 역사적으로 차지하는 관계가 문제되는 것이 아니다. "관념 속에서의" (프루동)[19](역사 운동의 영락한 표상에서의) 서열은 더욱 문제가 되지 않는다. 오히려 근대 부르주아 사회 내부에서 그것들이 차지하는 구조(Gliederung)가 문제이다.

고대 세계에서 상업 민족들 — 페니키아인, 카르타고인 — 에게서 나타나는 순수성(추상적 규정성)은 바로 농업 민족의 지배 자체에 의해서 주어진 것이다. 상업 자본 혹은 화폐 자본으로서의 자본은, 자본이 아직 여러 사회의 지배적인 요소가 아닌 이러한 추상 속에서 나타난다. 롬바르디아인, 유태인이 중세 농경 사회에 대하여 이와 동일한 지위를 점한다.

동일한 범주들이 상이한 사회 단계들에서 점하는 상이한 지위에 관한 다른 예: 부르주아 사회의 마지막 형태들 중 하나: 주식 회사들. 그러나 주식 회사는 부르주아 사회의 초기에도 대규모의 특권적 독점 무역 회사들에서 나타난다.

17세기 경제학자들에게 스며든 국부 개념 — 부분적으로 18세기 경제학자들에게도 지속된 — 은, 부는 단지 국가를 부유하게 하기 위해 창출되고, 국가의 권력은 이 부에 비례한다는 것이다. 이는 부와 부의 생산 자체가 근대 국가들의 목적으로 예고되고, 근대 국가들이 부의 생산을 위한 수단으로 간주되는, 아직은 무의식적으로 위선적인 형태이다.

분명히 다음과 같이 나누어져야 한다. 1. 다소 모든 사회 형태에 속하지만 위에서 진술한 의미에서의 일반적인 추상적 규정들. 2. 부르주아 사회의 내부 구조를 구성하고, 기본 계급들이 기초하는 범주들. 자본, 임노동, 토지 소유. 이들의 상호 관계. 도시와 농촌. 3대 사회 계급. 이들 사이의 교환. 유통, 신용 제도(민간). 3. 국가 형태에서 부르주아 사회의 집약. 자기 자신에 대한 관계에서 고찰. "비생산적인" 계급들. 조세. 국채. 공공 신용. 인구. 식민지. 이민. 4. 국제적 생산 관계. 국제 분업. 국제 교환. 수출입. 환율. 5. 세계 시장과 공황.

‖ 21 ‖ 4. 생산. 생산 수단과 생산 관계들. 생산 관계들과 교류 관계들. 생산 관계들 및 교류 관계들과 관계하는 국가 형태들 및 의식 형태들. 법률 관계들. 가족 관계들.

여기에서 언급되어야 하고, 잊혀져서는 안될 사항들에 관한 비고.

1. 평화보다 일찍 발달한 전쟁. 전쟁 때문에 군대 등에서 임노동, 기계류 등과 같은 일정한 경제적 관계들이 부르주아 사회 내부보다 더 일찍 발전되는 방식. 생산력과 교류 관계들의 관계도 군대에서 특히 명확하다.

2. 지금까지의 관념적인 역사 기술의 현실적인 역사 기술에 대한 관계. 특히 이른바 문화사들의 관계, 모든 종교사와 국가사. (기회가 닿으면 지금까지의 다양한 역사 기술 방식에 관해서도 약간 언급. 소위 객관적인 것. 주관적인 것(도덕적인 것 등). 철학적인 것.)

3. 2차적인 것과 3차적인 것, 일체의 파생된, 이전된, 본원적이지 않은 생산 관계들. 여기에서 국제 관계들의 영향.

4. 이러한 견해를 가진 유물론에 대한 비난들. 자연주의적 유물론과의 관계.

5. 생산력(생산 수단)과 생산 관계들이라는 개념들의 변증법. 그 한계가 규정되어야 하고, 현실적인 차이를 지양하지 않는 변증법.

6. 예술 생산과 물질적 생산의 발전 사이의 불균등한 관계. 무릇 진보 개념은 일상적인 추상으로 파악될 수 없다. 예술 등의 경우에 이 불비례는 실제적-사회적 관계들 내부처럼 아직 중요한 것이 아니며, 파악하기 어려운 것도 아니다. 예를 들어 교양(Bildung). 유럽에 대한 미국의 관계. 여기에서 규명되어야 하는 참으로 어려운 사항은 어떠한 이유로 생산 관계들이 법률 관계들로서 불균등한 발전을 하게 되는가 이다. 예컨대 근대적 생산에 대한 로마 사법(私法)의 관계(형법이나 공법에서는 이러한 경우가 적다).

7. 이 견해가 필연적인 발전으로 나타난다. 그러나 우연의 정당화. 어떻게. (그 중에서도 자유도.) (소통 수단의 영향. 세계사가 언제나 존재한 것은 아니었다. 세계사로서의 역사는 결과.)

8. 출발점은 당연히 자연 규정성. 주관적이고 객관적으로. 종족들, 인종들 등.

1. 예술의 경우에 있어서는 일정한 융성기가 사회, 그리하여 말하자면 그 조직의 골격인 물질적 기초의 일반적인 발전과 결코 비례하지 않는다는 것이 잘 알려져 있다. 예컨대 근대인들과 비교된 그리스인들 또는 셰익스피어. 일정한 예술 형식들이, 예컨대 서사시의 경우에는 예술의 생산 자체가 시작되자마자 그것들이 세계적으로 획기적이고 고전적인 형체로는 더 이상 생산될 수 없다는 것이 인식되고있다. 요컨대 예술 자체의 영역 내에서 어떤 중요한 예술 형상들은

예술이 미발전된 단계에서만 가능하다는 것조차 인정된다. 이것이 예술 영역 내의 다양한 예술 종류들 사이의 관계에서 그러할진대, 일반적인 사회 발전에 대한 전체 예술 영역의 관계에서 그러하다는 것은 그다지 눈에 두드러진 것이 아니다. 어려움은 단지 이 모순들의 일반적인 파악(Fassung)에 있다. 이 모순들이 상술되면 그것들은 이미 해명된 것이다.

‖22‖ 현대와 그리스 예술의 관계, 그리고 다음으로 셰익스피어의 관계를 예로 들어보자. 그리스 신화가 그리스 예술의 병기고였을 뿐만 아니라 그것의 토양이었다는 것은 잘 알려져 있다. 그리스적 공상, 따라서 그리스 [예술]의 기저에 깔려 있는 자연과 사회적 관계들에 관한 견해가 자동 방적기,[20] 철도, 기관차, 전신기가 있을 때에도 가능할까? 로버츠 상사(商社)에 맞선 불칸, 피뢰침에 맞선 쥬피터, 동산 신용[21]에 맞선 헤르메스는 어디에 있는가? 모든 신화는 상상 속에서 상상을 통해 자연력을 극복하고 지배하며 형성한다. 그러므로 그것은 자연력을 실제로 지배하게 되면서 사라진다. 여신 파마는 프린팅하우스 광장[22]에서 어떻게 되겠는가? 그리스 예술은 그리스 신화를 전제로 한다. 즉, 자연이나 사회적 형태들 자체가 이미 무의식적으로 민족적 공상에 의해 예술적인 방식으로 가공된다. 이것이 그리스 예술의 재료이다. 모든 임의의 신화, 즉 모든 임의의 무의식적인 예술적 자연(여기에서 이 말은 사회를 포함하는 모든 대상적인 것)의 가공이 그러한 것은 아니다. 이집트 신화는 그리스 예술의 토양이나 모태가 될 수 없었다. 그러나 어쨌든 그것은 하나의 신화였다. 요컨대 자연에 대한 모든 신화적 관계, 자연에 대한 신화화하는 모든 관계를 배제하고, 예술가에게 신화로부터 독립적인 상상력을 요구하는 사회 발전은 결코 없다.

다른 측면에서: 화약과 탄환이 있다면 아킬레스는 가능할까? 또는 인쇄 용구, 더욱이 인쇄 기계가 있다면 『일리아드』는 도대체 가능하

겠는가? 인쇄 로울러가 있다면 시가(詩歌), 무용담(武勇談), 시신(詩神)은 필연적으로 중단되고, 그리하여 서사시의 필요 조건들도 사라지지 않을까?

그러나 어려운 것은 그리스 예술과 서사시가 일정한 사회적 발전 형태들과 결부되어 있다는 것을 이해하는 것이 아니다. 어려운 것은 그것이 아직도 우리에게 예술의 즐거움을 제공해 주며, 어떤 점에서는 예술의 규범과 도달할 수 없는 모범으로 여겨진다는 것이다.

한 남자가 다시 어린이가 될 수는 없다. 그렇지 않으면 그는 유치해진다. 그러나 어린이의 천진난만함은 그를 즐겁게 해주지 않는가? 그리고 그 자신은 다시 보다 높은 차원에서 어린이의 진실을 재생산하기 위해서 노력해야만 하지 않을까? 어느 시대나 어린이의 본성에는 그 시대 자체의 성격이 자연 진실성으로 소생하는 것이 아닐까? 인류가 가장 아름답게 전개되었던 역사적 유년기가 왜 다시는 돌아오지 않는 단계로서 영원한 매력을 발휘해서는 안 되는가? 버릇이 나쁜 어린이들도 있고, 조숙한 어린이들도 있다. 많은 고대 민족들은 이 범주에 속한다. 그리스인들은 정상적인 어린이들이었다. 우리가 그들의 예술에 대해 느끼는 매력은 그 예술이 성장하던 미발전된 사회 단계와 모순되는 것이 아니다. 그 예술은 오히려 이 단계의 결과이며, 그것이 등장하고 오직 등장할 수밖에 없었던 그 시대의 미숙한 사회적 조건들이 다시는 돌아올 수 없다는 사실과 불가분 하게 연결되어 있다.

정치경제학 비판 요강[23]

II. 화폐에 관한 장[24]

알프레드 다리몽: 『은행 개혁에 관하여』(파리 1856년)

I

모든 폐해는 사람들이 유통과 교환에서 귀금속의 우위를 유지할 것을 끈질기게 고집하는 데에서 유래한다(1-2쪽).[25]

다리몽은 프랑스 은행이 "현금 잔고가 계속 감소하는 것을 시정하기 위해서" 1855년 10월에 취한 조처들에서 시작한다. 10월 조처 이전의 5[1)]개월 동안 이 은행의 현황에 관한 통계표를 우리에게 제시하고자 한다. 이를 위해서 이 5개월 동안 **지금**(地金) 보유량과 유가 증권의 변동, 즉 은행이 행한 할인(유가 증권 계정에 있는 상업 증권, 어음)의 규모를 매달 비교한다. 다리몽에 따르면 은행이 보유하고 있는 유가 증권의 가치를 "표현하는" 수치는

공중(公衆)이 그것의 용역에 대해 느끼는 욕구가 강한가 약한가를, 또는, 그 결과는 같지만, 유통 욕구를 나타낸다(2쪽).

결과가 같다고? 결코 그렇지 않다. 할인을 위해 제시된 어음량이

---

1) 수고에는: 6

"유통 욕구", 본래적인 의미에서의 화폐 회전 욕구와 일치한다면, 지폐 회전은 할인된 어음량에 의해 결정되어야 할 것이다. 그런데 이 운동은 평균적으로 평행적이 아닐 뿐만 아니라 상반되는 운동일 경우가 자주 있다. 할인된 어음량과 그 변동은 신용 욕구를 표현하는 반면, 유통되는 화폐량은 전혀 상이한 영향 요인들에 의해 결정된다. 다리몽은 어떻게 해서든 유통에 관한 결론에 이르기 위해서 무엇보다도 지금 보유량에 관한 표와 할인된 어음에 관한 표 이외에 유통되는 지폐액에 관한 표도 제시했어야 한다. 유통 욕구에 관해 논하기 위해서는 우선 실재 유통의 변동을 확인하는 것이 마땅하다. 그가 필수적인 이 비교 고리를 생략한 것은 어중간하게 미숙하다는 것과 신용 욕구와 화폐 회전 욕구를 혼동하고 있다는 것을 즉각 드러내고 있는데, 이 혼동은 사실 프루동적 지혜의 모든 비밀이 기초하고 있는 혼동이다. (한쪽에는 환자가, 다른 한쪽에는 사망자가 기재되어 있으나, 출생자는 빠뜨린 사망 통계표와 같다.) 다리몽이 제시하는 두 표 (3쪽), 즉 4월부터 9월까지 은행의 금속 보유량에 관한 한 쪽의 표와, 은행의 유가 증권 동향은 은행의 금속을 가져가기 위해서 은행에 많은 어음이 유입될수록 은행의 유가 증권은 어음으로 채워지고, 금속이 든 창고는 비워졌다는 다른 한 쪽의 표는, 아무런 통계적 예증 노력도 필요 없는 동어반복적 사실을 표현할 뿐이다. 그리고 다리몽이 자신의 표를 가지고 입증하고자 하는 이 동어반복조차도 표에서는 순수하게 표현되지 않고 있다. 이 표는 오히려 1855년 4월 12일부터 9월 13일까지 은행의 금속 보유량은 1억 4400만 프랑이 감소한 데 반해, 유가 증권 증서는 약 1억 101만[26] 프랑이 증가했다는 것을 보여준다. 말하자면 지금 보유량의 감소가 할인된 상업 증권의 증가보다 4300만 더 많다. 5개월에 걸친[2] 이 동향의 전체 결과에서 볼 때

---

2) 수고에는: 6개월에 걸친

노트 I 권의 1쪽

두 동향은 동일하지 않다는 사실이 드러난다. 수치를 더 자세히 비교해 보면 다른 불일치도 나타난다.

은행의 금속 보유량	은행이 할인한 증권
4월 12일 ─ 432,614,797 프랑	4월 12일 ─ 322,904,313
5월 10일 ─ 420,914,028	5월 10일 ─ 310,744,925

달리 말해보자. 4월 12일부터 5월 10일 사이에 금속 보유량은 11,700,769만큼 줄어든 데 반해, 증권의 수치는 12,159,388만큼 늘어났다.[27] 즉, 증권의 증가가 금속 보유량의 감소보다 약 50만(458,619 프랑) 정도 많다. 우리가 5월과 6월을 비교하면 이보다 훨씬 놀라울 정도로 이와는 상반된 사실이 드러난다.

은행의 금속 보유량	은행이 할인한 증권
5월 10일 ─ 420,914,028	5월 10일 ─ 310,744,925
6월 14일 ─ 407,769,813	6월 14일 ─ 310,369,439

‖2‖ 이에 따르면 5월 10일부터 6월 14일 사이에 금속 보유량은 13,144,215프랑이 감소했다. 은행의 유가 증권이 그만큼 증가했는가? 그 반대로 같은 기간 동안 375,486프랑 줄어들었다. 따라서 여기에서는 한 편은 줄어들고, 다른 한 편은 늘어나는 데 있어서 단순히 양적인 불비례 관계만 있는 것이 아니다. 두 동향의 상반된 관계 자체가 사라진 것이다. 한 편의 막대한 감소가 다른 한 편의 비교적 미세한 감소를 수반했다.

은행의 금속 보유량	은행이 할인한 증권
6월 14일 ─ 407,769,813	6월 14일 ─ 310,369,439
7월 12일 ─ 314,629,614	7월 12일 ─ 381,699,256

6월과 7월을 비교하면 금속 보유량은 93,140,199프랑 감소하고, 증권은 71,329,817프랑 증가했다는 것, 즉 금속 보유량의 감소가 유가 증권의 증가보다 21,810,382프랑 많다는 것이 드러난다.

은행의 금속 보유량	은행이 할인한 증권
7월 12일 ─ 314,629,614	7월 12일 ─ 381,699,256
8월 9일 ─ 338,784,444	8월 9일 ─ 458,689,605

여기에선 양측이 증가한 것을 볼 수 있다. 즉, 금속 보유량은 24,154,830, 유가 증권은 그보다 훨씬 더 많은 76,990,349이 증가했다.

은행의 금속 보유량	[은행이 할인한 증권]
8월 9일 ─ 338,784,444 프랑	8월 9일 ─ 458,689,605 프랑
9월 13일 ─ 288,645,333 프랑	[9월 13일] ─ 431,390,562 프랑

여기에서는 금속 보유량이 50,139,111프랑 감소하면서, 증권에서 27,299,043프랑의 감소를 수반했다. (프랑스 은행의 긴축 조치에도 불구하고, 1855년 12월 은행의 현금 잔고는 다시 2,400만까지 감소했다.)

수컷 거위를 위한 소스인 것이 암컷 거위를 위한 소스이다. 53)개월을 연속 비교해서 얻어진 진실들은 다리몽 씨가 행렬의 두 극단을 비교해서 얻은 진실과 똑같은 정도의 유효성을 가진다. 그 비교가 보여주는 것은 무엇인가? 그것은 서로 착종되는 진실들이다 — 두 번은 금속 보유량이 감소하면서 유가 증권이 증가했다. 그러나 전자의 감소는 후자의 증가에 미치지 못했다(4월부터 5월까지와 6월부터 7월까지) — 두 번은 금속 보유량의 감소가 유가 증권의 감소를 수반했다. 그러나 후자의 감소가 전자의 감소와 일치하지 않았다(5월부터 6월까지와 8월부터 9월까지). 끝으로, 한 번은 금속 보유량의 증가가 유가 증권의 증가를 수반했다. 그러나 전자와 후자가 일치하지 않았다. 한쪽에서는 감소하고 다른 한쪽에서는 증가했다. 양쪽에서 감소했다. 양쪽에서 증가했다. 요컨대 변함없는 법칙이 아니며, 무엇

---

3) 수고에는: 6

보다도 반비례 관계가 아니며 상호 작용도 아닌데, 그 이유는 유가 증권의 감소가 금속 보유량 증가의 원인일 수 없고, 유가 증권의 증가가 금속 보유량 증가의 원인일 수 없기 때문이다. 반비례 관계와 상호 작용은 다리몽이 첫 달과 마지막 달을 분리시켜 행한 비교에 의해서도 확인되지 않았다. 유가 증권에서 1억 101만[26]프랑이 증가된 것이 금속 보유량에서 1억 4,400만 프랑 감소된 것과 일치하지 않는다면, 한쪽의 증가와 ∥3∣ 다른 한쪽의 감소간에 아무런 인과 관계가 없을 가능성이 남는다. 통계적 예시는 해답을 주기보다는 오히려 서로 교차되는 수많은 의문을 던졌다. 하나의 수수께끼 대신에 충격을 던졌다. 이 수수께끼는 사실 다리몽 씨가 금속 보유량과 유가 증권(할인된 증권)에 관한 표 이외에 지폐 유통과 예금에 관한 표를 제시하면 사라질 것이다. 유가 증권의 증가보다 금속 보유량의 감소가 훨씬 더 적었다는 것은 금속 예치액이 동시에 증가했다는 사실, 또는 할인된 증권의 교환을 위해 발행된 지폐의 일부가 금속과 교환되지 않고 유통되고 있다는 사실, 또는 끝으로, 발행된 지폐가 유통으로 유입되지 않고 예금 형태나 만기가 된 어음 지불에 의해 즉시 되돌아왔다는 사실에 기인하는 것이었다. 더 적은 유가 증권의 감소를 수반하는 금속 보유량의 감소는, 은행 예금이 인출되었거나 금속과 교환하기 위해 지폐가 은행으로 유입되었고, 따라서 은행의 할인 업무가 인출된 예금이나 매각된 지폐의 보유자에 의해 그만큼 저해되었다는 사실에 기인하는 것이었다. 끝으로 더 적은 유가 증권의 감소를 수반하는 금속 보유량의 미미한 감소는 동일한 이유로 설명될 수 있었다. (국내에서 은화를 대체하기 위한 유출은 다리몽이 자신의 관찰 영역에 포함시키지 않았음으로 무시하기로 한다.) 그러나 이런 방식으로 서로 해명되었을 표들은 입증되어서는 안될 것도 입증하고 있는데, 그것은 증가하는 상업 욕구를 은행이 충족시켜 주는 것이 반드시 은행의 지폐 회전량의 증대를 낳지는 않는다는 것, 이 회전량의 감소나 증대가 은행 금속 보유량의 감소나 증가에 조응하지 않는다는 것, 은행이 유통 수단량을 통제하지 않는다는 것 등 — 다리몽 씨의 주장과는 맞지 않는 결과들뿐이다. 금속 보유량에 의해 표현되는 은행의 금속 기반과, 은행의 유가 증권에 의해 표현되는 유통 욕구 사이의 대립이라는 그의 선입견을 소리 높여 주장하려는 조급함 때문에, 다리몽은 두 표를 필수적인 보완으로부터 분리시켰는데, 이 두 표는 그처럼 고립되어서는 모든 의미를 상실하거나 기껏해야 그의 주장을 반박할 뿐이다. 우리는 프루동주의자들의 통계적·실증적 예시가 갖는 가치를 한 가지 예로써 명확하게 밝히기 위해서 자세하게 이 사실을 설명하였다. 경제적 사실들은 그들의 이론에 증거를 제공해 주는 것이 아니라, 오히려 그들이 이 사실들을 처리할 수 있을 만큼 능숙하지 못한다는 증거를 제시하고 있다. 사실을 처리하는 프루동주의자들의 방식은 오히려 그들의 이론적 추상의 발생사를 보여준다.

다리몽의 논리를 계속 따라가 보자.

금속 보유량이 1억 4400만 프랑 감소되고, 유가 증권이 1억 101만 [26] 증가했을 때, 프랑스 은행은 1855년 10월 4일과 18일에 유가 증권에 맞서서 금고를 방어하는 조치를 취했다. 그 은행은 할인율을 4%에서 5%로, 5%에서 6%로 연속 인상했고, 할인 받기 위해 제시되는 어음의 만기를 90일에서 75일로 단축시켰다. 달리 말하면, 그 은행은 상업권에 금속을 제공하는 조건을 강화했다. 이것은 무엇을 증명하는가? 다리몽은 말하기를,

지금과 같은 원칙에 따라 조직된, 즉 금과 은의 주도에 기초해서 설립된 은행은 공중이 은행의 서비스를 가장 필요로 하는 바로 그 순간에 공중에 대한 서비스를 회피한다[3쪽].

다리몽 씨는 수요가 요구하는 (그리고 그것을 초과하는) 것과 똑같은 만큼 공급도 자신의 서비스 가격을 인상한다는 것을 증명하기 위해서 자신의 수치를 필요로 했는가? 그리고 은행에 대하여 "공중"을 대표하는 사람들은 동일한 "안락한 현존의 관습"[28]을 따르지 않는가? 지폐를 받기 위해서 은행에 어음을 제시하고, 이 지폐를 은행의 금과 교환하고, 은행의 금을 외국 곡물과 교환하며, 외국 곡물을 프랑스 공중의 화폐와 교환하는 박애주의적 곡물상들은, 공중이 지금 곡물을 가장 필요로 하기 때문에 공중에게 값싼 조건으로 곡물을 파는 것이 그들의 의무라는 생각에서 출발하는가, 아니면 곡물 가격의 상승, 공중의 곤궁, 수요와 공급의 불비례를 악용하기 위해서 오히려 은행으로 달려가는 것이 아닌가? 그리고 은행은 이 일반적인 경제 법칙으로부터 예외가 되어야 하는가? 이 무슨 기발한 착상인가! 그러나 곡물난이 발생했을 때 국민을 위해서 아주 유용하게 사용될 수 있을 구매 수단을 유휴 상태에 놓아두기 위해서, 수익성 있는 ‖4｜ 생산으로 전환되어야 하는 자본을 유통의 비생산적이고 게으른 토대로 만들기 위해서, 그만큼 많은 양의 금이 저장되어야 하는 것은 현재의 은행 조직상 필연적이다. 요컨대 이 경우에 있어서 유통되는 금과 은의 절약은 아직 그 경제적 한계에 이르기까지 억제되지 않았기 때문에, 현재의 은행 조직에서 비생산적인 금속 보유량이 필요한 최소치를 넘고 있다는 것이 문제였다. 동일한 토대 위에서의 많고 적음에 관한 문제였다. 그러면 문제는 사회주의의 고공에서, 영국 은행에 대한 대부분의 영국 부르주아 반대자들이 머무르고 있는 부르주아의 실용적인 평지로 축소될 것이다. 이 무슨 엄청난 추락인가! 아니면 지폐와 기타 은행 수단들에 의한 금속 절약의 많고 적음이 문제가 아니라 금속 기반을 완전히 떠나는 것인가? 그러나 그렇다면 통계적 허구도 도덕도 쓸모 없다. 은행이 곤궁한 경우에 어떤 조건으로든 외국으로 귀금속을 보내려면, 은행은 사전에 이것들을 축장해야 하고, 외국이 이것들을 자기 상품과의 교환에서 받아들이려면 귀금속들은 우위를 확보하고 있어야 한다.

다리몽에 따르면 흉작과 그에 따른 외국 곡물 수입의 필요성이 은행에서 귀금속이 유출되는 원인들이다. 그는 생사(生絲) 산출의 감소와 대량의 생사를 중국으로부터 수입해야 할 필요성을 잊고 있다. 나아가 다리몽은 파리 산업 박람회[29]의 마지막 몇 달 동안에 벌어졌던 수많은 대형 사업들에 관해 말하고 있다. 그는 또한 이삭 페레이르[30]가 말한 것처럼, 불어가 다른 언어에 비해 세계주의적 성향이 두드러지듯이, 프랑스 자본도 다른 자본들에 비해 세계주의적 성향이 두드러진다는 것을 보여주기 위해서, 동산 신용[21]과 그 경쟁자들이 시도한 해외에서의 대형 투기와 사업을 잊고 있다. 게다가 크림 전쟁[31]에 의해 야기된 비생산적인 지출, 7억 5000만의 공채(公債)도 요컨대 한편에서는 프랑스에서 가장 중요한 생산 영역 중 두 영역에서의 갑작스러운 대규모 감소! 다른 한편에서는 결코 직접적인 등가를 창조하지 못하고, 부분적으로는 아마도 그 생산비조차 보전하지 못할 사업들에 프랑스 자본이 해외 시장에서 비정상적으로 투하된 것! 한편에서 국내 생산의 감소와 다른 한편에서 해외 사업의 증가를 수입으로 보전하기 위해서, 그것은 등가물의 교환에 기여하는 유통 표장이 아니라 등가물 자체를 필요로 한다. 화폐가 아니라 자본이 필요한 것이다. 어쨌든 프랑스 국내 생산의 감소가 프랑스 자본의 해외 진출에 대한 등가물은 아니다.

이제 프랑스 은행이 금속 기반 위에 서 있지 않았고, 외국은 귀금속이라는 특유한 형태뿐만 아니라, 어떤 형태의 프랑스 등가물이나 자본도 기꺼이 받아들였다고 가정하자. 은행은 마찬가지로 그의 "공중"(公衆)이 은행의 서비스를 가장 절실하게 필요로 하는 바로 그 순간에 할인 조건들을 인상할 수밖에 없지 않았겠는가? 은행이 이 공중의 어음을 할인하는 지폐들은 이제 금은에 대한 지불 위탁에 지나지 않는다. 우리 가정4)에서 지폐들은 국가의 생산물 재고와 직접적인 가용 노동력에 대한 지불 위탁일 것이다. 전자는 한정적이고, 후자는 매우 확실한 한계 내에서, 그리고 일정한 기간 동안에만 증가할 수 있다. 한편, 인쇄기는 무진장이고 마술 지팡이 같은 효력을 가진다. 곡물과 생사의 흥작이 직접적으로 교환 가능한 국부(國富)를 크게 감소시킨 동안, 해외 철도 사업, 해외 광산 사업 등은 직접 교환 가능한 동일한 부(富)를 아무런 등가물도 창조하지 않고, 따라서 일시적으로는 등가물을 보상 없이 허비하는 형태로 고정시킨다! 요컨대 직접 교환 가능하고, 유통 가능하며, 해외로 보낼 수 있는 국부가 반드시 감소된다! 다른 한편에서는 은행 어음이 무한히 증가한다. 그 직접적인 결과는 생산물, 원자재, 노동 가격의 상승이다. 다른 한편에서는 은행 어음 가격이 하락한다. 은행은 국부를 마술 지팡이로 증대시킨 것이 아니라, 단지 매우 정상적인 조작을 통해 자신의 어음 가치를 하락시켰을 것이다. 이 가치 하락에 의해 갑자기 생산이 마비될 것인가? 천만에 그렇지 않다고 프루동주의자들은 외친다. 우리의 새로운 은행 조직은 ‖5‖ 금속 기반을 폐지하고, 다른 모든 것은 그대로 두는 소극적인(negative) 업적에는 만족하지 않을 것이다. 은행은 새로운 생산과 교류 조건을 창출할 것이며, 요컨대 전혀 새로운 전제하에서 개입할 것이다. 현재의 은행의 도입도 그 당시에는 생산 조건을 변혁시키지 않았던가? 그것이 야기한 신용의 집중이 없었더라면, 지대에 대립되는 국가 수입, 그리고 그에 따라 토지 소유에 대립되는 금융, 토지 소유자에 대립되는 금융업자가 창출되지 않았더라면, 대규모의 근대 산업이 가능했겠는가? 또한 이 새로운 유통 기구가 없었더라면, 주식 회사 등과 아울러 근대적 상업과 공업의 산물이자 생산 조건인 수천 가지 형태의 유통 어음이 가능했겠는가?

---

4) 수고에는: 가정들

여기에서 우리는 출발점과는 더 이상 관련이 없는 근본 문제에 이르렀다. 이 문제는 일반적으로 다음과 같을 것이다. 유통 수단 — 유통 조직 — 의 변화를 통해서 기존의 생산 관계들과 그에 조응하는 분배 관계들이 변혁될 수 있는가? 다음 질문이 계속된다. 그러한 유통의 변환은 기존의 생산 관계들과 이들에 기초하는 사회적 관계들을 공격하지 않고 실행될 수 있는가? 그러한 모든 유통 변화 자체가 다시 다른 생산 조건의 변화와 사회적 변혁을 전제로 한다면, 한편으로는 변화의 폭력적 성격을 피하기 위해서 유통의 책략을 제안하면서, 다른 한편으로는 이 변화 자체를 전제로 하는 것이 아니라 반대로 유통 변환의 점진적인 결과로 만들려는 견해는 처음부터 당연히 틀린 것이다. 이 기본 전제의 오류성이라면, 생산 관계들, 분배 관계들, 유통 관계들의 내적 연관에 관한 동일한 오해를 증명하는 데 충분할 것이다. 근대적 신용 기관들은 자본 집중의 원인이자 결과이므로, 즉 그것들은 집중에서 한 계기만을 이루며 자산 집중은 (고대 로마에서처럼) 유통 부족에 의해서 뿐만 아니라 완화된 유통에 의해서도 촉진되므로, 위에서 암시된 역사적 사례가 결정적일 수 없음은 물론이다. 나아가 다양한 문명적 형태의 화폐 — 금속 화폐, 지폐, 신용 화폐, 노동 화폐(Arbeitsgeld) (마지막 것은 사회주의적 형태) — 가 화폐라는 범주에서 표현되는 생산 관계 자체를 지양하지 않고 그들에게 요구[5]되는 것을 달성할 수 있는가, 그리고 다른 한편에서 한 관계를 형식적으로 변환시킴으로써 그 관계의 본질적인 조건들을 제거하려는 것은 다시 자기 모순적인 요구가 아닌가라는 문제가 연구되어야 하거나, 또는 그러한 일반적 질문으로 귀결된다. 상이한 화폐 형태들이 상이한 단계의 사회적 생산에 더 잘 조응하고, 한 형태가 감당할 수 없는 폐해를 다른 한 형태는 제거할지도 모른다. 그러나

---

5) 수고에는: 달성

그것들이 화폐 형태로 남아 있고 화폐가 본질적인 생산 관계로 남아 있는 한, 어떤 형태도 화폐 관계에 내재적인 모순들을 지양할 수는 없고, 이 모순들을 다만 이런저런 형태로 표현할 뿐이다. 한 형태가 다른 형태의 폐해를 압도할 수는 있을지라도, 어떤 임노동 형태도 임노동 자체의 폐해를 압도할 수는 없다. 한 지렛대는 다른 지렛대에 비해 정지해 있는 물체의 저항을 더 잘 극복할 수 있다. 각 지렛대는 저항이 존재한다는 데 기초하고 있다. 물론 유통과 나머지 생산 관계들 사이의 관계에 관한 이러한 일반적인 질문은 결론에 가서야 비로소 던져질 수 있는 것이다. 프루동과 그 일당이 이 질문을 순수한 형태로 제기하지 않고, 다만 때때로 그에 관해 큰소리로 선언하기만 한다는 것은 처음부터 의심스럽다. 가볍게 스치는 곳마다 매 번 자세히 살펴보아야 할 것이다.

다리몽의 서문에서는 화폐 회전과 신용이 완전히 일치한다는 결론이 바로 이끌어지는데, 이는 경제적으로 오류이다. (덧붙여 말하자면 무이자 신용은, 소유는 도둑질이라는 주장[32]의 위선적이고 편협하며 소심한 형태이다. 노동자들이 자본가로부터 자본을 박탈하는 것이 아니라, 자본가가 노동자들에게 자본을 제공하도록 강제되어야 한다는 것이다.) 이에 관해서도 후술하기로 한다.

자신이 다루고 있는 주제에서마저 다리몽은 신용을 거래하는 은행들은, 상품을 거래하는 상인들이나 노동을 거래하는 노동자들과 마찬가지로, 공급에 비해 수요가 상승하면 더 비싸게 판다는, 즉 그들의 서비스가 고객에게 가장 필요한 순간에 서비스를 어렵게 만든다는 사실에 이르렀을 뿐이다. 태환(兌換) 지폐를 지출하든 불환(不換) 지폐를 지출하든, 은행은 그렇게 해야만 한다는 것을 우리는 보았다.

1855년 10월 프랑스 은행의 행태는 은행과 고객 대변자들 사이에 "대단한 언쟁"(4쪽)과 "격론"을 불러일으킨 동기가 되었다. 다리몽은 이 논쟁을 정리 또는 요약한다고 주장하고 있다. 여기에서 우리는 단지 경우에 따라서만 그를 따를 것이다. 왜냐하면 그가 개관한 것은 반대하는 쌍방의 약한 측면을 보여주고 있으므로, 일관되지 않은 부적절함을 드러내었기 때문이다. 이 논쟁의 외적 측면은 다음과 같다. 각 투사는 다른 무기를 찾아들기 위해서 자신의 무기를 언제라도 내던진다. 쌍방은 상대방을 가격할 수 있을 것이라 여겨지는 무기를 끊임없이 바꿀 뿐만 아니라, 언제라도 다른 지역으로 도망칠 수 있는 그러한 지역에서 마주쳤기 때문에 결코 결정적인 싸움에 이르지 못한다.

(1806년부터 1855년 사이에 프랑스에서 할인율이 6%까지 올랐던 적은 없었다. 50년 동안 상업 어음의 최대 지불 기한은 90일로 거의 불변이었다.)

다리몽에 의해 제시된 은행의 방어적 논의의 약점과 자기 자신의 잘못된 관념들은, 예를 들어 그의 가상 대화 중 다음과 같은 부분에서 ∥6∣ 드러난다: 은행 반대자가 말하기를,

당신의 독점 덕분에 당신은 신용의 공여자이자 규제자이다. 당신이 엄해지면 할인자들은 당신을 모방할 뿐만 아니라, 당신보다 더 강경할 것이다. … 당신의 조치들은 사업을 정지시켰다(5쪽).

은행이 답변하길, 그것도 "겸손하게"

당신은 나에게서 무엇을 기대합니까? … 외국인으로부터 나를 보호하기 위해서 나는 내국인을 경계해야 합니다 … 무엇보다도 나는 지불수단의 유출을 막아야 하는데, 이것 없이는 나는 아무 것도 아니고, 아무 것도 할 수 없습니다(5쪽).

은행이 어리석은 짓을 한다고 무고(誣告) 당하고 있다. 은행은 일반적인 상투어로 대답할 수 있기 위해서 문제의 핵심을 벗어나 일반적인 상투어로 전락하고 있다. 이 대화에서 은행은 은행이 독점에 의해 신용을 실제로 규율한다는 다리몽의 환상을 공유하고 있다. 사실 은행의 권력은 사적 "할인자들"의 권력이 멈추는 곳, 따라서 이미 이들의 권력 자체가 지극히 제한된 순간에 비로소 시작된다. 누구나 2.5%로 할인율을 정할 정도로 화폐 시장 상황이 풀린 순간에 은행이 5%를 고수한다면, 할인자들은 이를 모방하는 것이 아니라 은행의 모든 거래를 앗아갈 것이다. 이러한 것은 영국 은행을 할인 업무 등에서 민간 은행업자들의 실질적인 경쟁자로 만든 1844년의 법[33]이래 이 은행의 역사에서 가장 명백하게 보여지고 있다. 화폐 시장이 풀린 기간 동안 할인 업무에서 일정한 몫, 증가하는 몫을 확보하기 위해서, 영국 은행은 민간 은행의 수준으로 할인율을 인하했을 뿐만 아니라 간혹 그 수준 이하로 인하하도록 끊임없이 강요당했다. 요컨대 다리몽은 은행이 화폐 시장과 신용을 무조건적으로 통제한다는 미신을 출발점으로 삼고 있지만, 은행의 "신용 규제"란 적당히 감안해서 이해되어야 한다.

다리몽은 화폐 시장에 대한 은행의 실재적인 권력의 조건들을 비판적으로 연구하지 않고, 은행에게는 현금이 전부이며 은행은 현금의 해외 유출을 막아야 한다는 상투어에 즉각 달라붙고 있다. 꼴레쥬 드 프랑스의 한 교수(슈발리에)가 대답하기를,

　금은은 다른 모든 상품들과 마찬가지로 상품이다. … 은행이 금을 보유하는 유일한 목적은 위급한 순간에 해외로부터 구매하기 위해서이다.

다시 은행이 대답하기를,

금속 화폐는 다른 모든 것과는 달리 상품이 아닙니다. 그것은 교환 수단이며, 이 칭호 덕분에 다른 모든 상품들에게 법칙을 규정하는 특권을 누립니다.

여기에서 다리몽이 다투는 사람들 사이에 끼어 든다.

요컨대 지금의 공황뿐만 아니라 주기적인 상업 공황도, 유일하게 신빙성 있는 유통 수단과 교환 수단이 된 금은이 누리는 특권 탓임에 틀림없다.

따라서 공황의 모든 불편을 방지하기 위해서는

금은이 다른 모든 것과 마찬가지로 상품이 되는 것, 또는 정확히 말하자면 모든 상품이 (그 명칭 덕분에) 금은과 동일한 지위를 가지는 교환 수단이 되는 것, 생산물들이 진정으로 생산물들과 교환되는 것으로 충분할 것이다(5-7쪽).

여기에서 쟁점은 피상적으로 소개되어 있다. 은행이 화폐에 대한 지불 위탁(은행권)을 발행하고, 금(은)으로 상환 가능한 자본 채무 증서(예금)를 발행할 때, 은행은 자신의 금속 보유량의 감소를 일정한 정도까지만 방관하고 견뎌내면서 그에 대응하지 않을 것이다. 그러한 것은 금속 화폐 이론과 아무런 관련이 없다. 다리몽의 공황 이론에 대해서는 후술하기로 한다.

다리몽 씨는 「유통 공황에 관한 소사(小史)」라는 절에서 1809년부터 1811년까지의 영국의 공황은 사상한 채 1810년도의 지금(地金) 위원회[34] 임명만을 기재한다. 그리고 1811년도에는 다시 (1809년에 시작된) 실재적 공황은 무시하고, 하원이 "지금(地金)에 비한 은행권의 상대적인 평가절하는 지폐의 평가절하에 기인하는 것이 아니라 금은 가격의 등귀에 기인하는 것"이라는 결의를 채택한 것과, "가장 완벽한 상태의 화폐는 지폐이다"(22, 23쪽)라는 결론을 담은 반대 주장을 제기하는 리카도의 팜플렛[35]만을 기재하고 있을 뿐이다. 여기에서 1809년과 1811년의 공황이 중요한 이유는 그 당시 은행이 불환 은행권을 발행했기 때문이지, 요컨대 그것이 은행권의 금(금속)과의 태환성에서 유래한 것이 아니며, 따라서 이 태환성의 폐지에 의해서는 결코 공황이 저지될 수 있는 것도 아니었기 때문이다. 다리몽은 약삭빠른 재단사처럼 자신의 공황론을 부정하는 사실들을 뛰어넘는다. 그는 리카도의 격언에 매달리고 있는데, 이는 본래의 문제 대상 — 은행권의 평가절하 — 과는 아무런 관련이 없다. 그는 리카도의 화폐 이론이 은행은 유통 은행권의 양을 통제하고, 유통 수단의 양은 가격을 결정하는 반면, 반대로 가격은 유통 수단의 양을 결정한다는 등의 잘못된 전제 때문에 완전히 부정되었다는 사실을 무시하고 있다. 리카도 시대에는 아직 화폐 유통의 현상 형태에 관한 세부적인 연구가 없었다. 이는 덧붙여 말한 것일 뿐.

금은은 다른 모든 상품과 마찬가지로 상품이다. 금은은 다른 상품들과는 다른 상품이다. 일반적 교환 도구로서 그것들은 특권 있는 상품이며, 바로 이 특권 덕택에 다른 모든 상품을 격하시킨다. 다리몽은 적대관계를 바로 이 마지막 분석으로 환원한다. 다리몽은 금은의 특권을 폐지하면 그것들은 다른 모든 상품들과 같은 지위로 격하된다고 최종적으로 결론짓고 있다. 그러면 너희들은 금화와 은화, 또는 금은으로 태환 가능한 은행권의 특유한 폐해를 지양하는 것이 아니다. 그것은 모든 폐해를 지양하는 것이다. 또는 금은만이 보유했던 독점적 지위로 모든 상품을 고양하는 것이다. 교황은 그대로 놓아두되 모든 사람을 교황으로 만들라. 너희들이 모든 상품을 화폐로 만들고 이것들에게 화폐의 특유한 속성들을 부여함으로써, 화폐를 폐지하라. 이제 여기에서 제기되는 의문은 문제가 자신의 불합리성을 실

토하고 있고, 따라서 과제에 의해 설정된 조건들에 이미 해결의 불가
능성이 포함되어 있는 것은 아닌가 하는 것이다. 답변이 질문에 대한
비판에서만 구해질 수 있고, ‖7‖ 질문 자체가 부인됨으로써만 해
결될 수 있는 경우가 간혹 있다. 실재적인 질문은 다음과 같은 것이
다. 부르주아적 교환 체제 자체가 특유한 교환 도구를 필요로 하는
것은 아닌가? 그 체제가 필연적으로 모든 가치에 대한 하나의 특수
한 등가물을 창조한 것이 아닌가? 이 교환 도구, 또는 이 등가물의
한 형태는 다른 형태에 비해 다루기 쉽고 편리하며 덜 불편할 수는
있다. 그러나 한 특수한 교환 도구, 특수하면서도 일반적인 등가물의
존재에서 유래하는 불편들이란 비록 상이하게나마 모든 형태에서 반
드시 재생될 것이다. 다리몽은 열광적으로 이 문제 자체를 지나친다.
화폐를 폐지하라, 그리고 화폐를 폐지하지 말라! 금은이 화폐로서의
배타성 때문에 보유하고 있는 배타적 특권을 폐지하되, 모든 상품을
화폐로 만들어라. 즉, 배타성에 의해 분리되어 더 이상 존재하지 않
는 속성을 모든 상품에게 공통적으로 부여하라.

사실 지금(地金) 유출에서는 다리몽이 압도하고 있는 것과 같은 정
도로 진부하게 파악하고 있는 모순이 전면에 드러난다. 금은은 다른
상품과 같은 상품이 아니며, 근대 경제학은 갑자기 당혹스러울 정도
로 반복해서 중상주의자들의 편견에 도달하는 자신의 모습을 발견하
게 된다는 것이 명백해 진다. 영국 경제학자들은 하나의 구별을 통해
이 어려움을 해결하고자 한다. 그들은 그러한 화폐 공황의 순간에 요
구되는 것은 화폐로서의 금은, 주화로서의 금은이 아니라, 자본으로
서의 금은이라고 말한다. 그들은 자본, 그러나 일정한 금은 형태의
자본이라고 덧붙이는 것을 잊고 있다. 자본이 어떤 형태로든 수출될
수 있다면, 대부분의 다른 상품이 유출 부족 때문에 가치가 떨어지는
동안 바로 금은이라는 상품의 유출이 생기는 것은 무엇 때문인가?

특정한 예를 들어보자. 주식(예컨대 곡물)의 국내 흉작에 기인하는

유출과 해외 흉작 및 이에 따른 주요 수입 소비 대상(예를 들어 차
茶)의 등귀에 기인하는 유출; 결정적인 공업 원자재(면화, 양모, 생
사, 아마 등)의 흉작에 따른 유출; (투기, 전쟁 등에 의한) 수입 초과
에 따른 유출. 국내 곡물 흉작의 경우에 갑작스럽거나 지속적인 결손
을 보충하는 것은 그 민족을 이중적으로 약탈한다. 투하된 자본이나
노동의 일부가 재생산되지 않는다 — 실재적인 생산 결손. 이 부족을
메우기 위해서는 재생산된 자본의 일부가 유출되어야 하는데, 이 일
부는 공급 감소와 수요 증가로 인해 세계 시장에서 생산물 부족이
증가하고 증가해야 하므로 결손에 단순히 산술적으로 비례하지는 않
는다. 화폐가 도외시되면 그러한 공황들이 어떻게 보이고, 주어진 여
건 안에서 화폐가 어떠한 규정성을 가지고 들어오는지를 정확하게
연구할 필요가 있다. (곡물 흉작과 초과 수입 輸入 이 주요 경우들. 전
쟁의 충격이란 경제적으로는 그 나라의 일부 자본을 바다 속에 던져
넣는 것과 마찬가지이므로 이는 자명하다.)

　곡물 흉작의 경우: 한 나라를 다른 나라와 대비해서 관찰하면 그
나라의 자본(실재적인 부뿐만 아니라)이 감소했다는 것은 분명하다.
이는 반죽을 태워버리고 나서, 이제는 빵집에서 빵을 사야 하는 농민
이 그 구매액만큼 가난해진 것과 마찬가지로 분명하다. 국내에 관해
서 보자면, 가치에 관한 한 곡물 가격의 인상은 모든 것을 이전과 마
찬가지로 유지시키는 것 같다. 감소된 곡물량을 실재적 흉작으로 인
해 인상된 가격과 곱한 값은 정상적인 양과 낮은 가격을 곱한 값과
결코 같을 수 없다는 사실만을 도외시한다면. 영국에서 밀 1쿼터만
생산되고, 이 1쿼터가 과거의 3000만 쿼터와 동일한 가격에 거래된
다고 가정하자. 이 나라가 생명과 곡물을 재생산하는 수단을 결여하
고 있다면, 이때 1쿼터를 재생산하기 위한 노동일을 a라 할 때 이 나
라는 a × 3000만 노동일(생산비[36])을 1 × a 노동일(생산물)과 교환
할 것이다. 각 노동일이 3000만 분의 1로 평가절하 되었기 때문에,

이 나라 자본의 생산력이 그만큼 감소할 것이고 이 나라가 보유한 가치 총액도 감소할 것이다. 이 경우에 나머지 생산물들의 감소된 가치가 밀 1쿼터의 인상된 가치에 의해 정확하게 보전될 것이기 때문에, (토지의 가치 절하를 도외시한다면) 국내 자본의 명목 가치는 불변이지만 매 단위 자본은 자신의 이전 가치, 등가물의 1/30,000,000밖에 생산비로 나타내지 못한다. 밀 가격의 3000만 배[6] 상승은 다른 모든 상품 가격이 같은 정도로 하락하는 것을 표현하게 될 것이다. 덧붙여 말하자면 국내와 해외의 이러한 구별은 전적으로 환상이다. 곡물 부족을 겪는 나라가 자신이 곡물을 구매하는 다른 나라에 대해서 갖는 관계를 그 나라의 각 개인은 임차농이나 곡물상에 대해서 갖는다. 이 개인이 곡물을 매입하는 데 지출하는 잉여액은 그의 자본, 여유 재원의 직접적인 감소이다.

비본질적인 영향 때문에 문제가 흐려지지 않기 위해서는 곡물의 자유 무역을 실행하는 나라가 전제되어야 한다. 설사 수입된 곡물이 자체 생산된 것처럼 저렴하다 할지라도, 이 나라는 임차농들에 의해 재생산되지 않은 자본만큼 가난해질 것이다. 앞의 전제가 있을 경우에만 이 나라는 언제나 정상적인 가격으로 수입할 수 있는 만큼의 외국 곡물을 수입한다. 요컨대 수입 증가는 가격 상승을 가정한다.

곡물 가격의 상승 = 다른 모든 상품 가격의 하락. 밀 1쿼터를 얻는 데 소요되는 (가격으로 표현되는) 생산비의 상승 = 다른 모든 형태로 실존하는 자본의 생산성 감소. 곡물 구입에 지출되는 잉여는 다른 모든 생산물 구매의 감소, 따라서 이 생산물들의 가격 하락과 상응해야 한다. 금속 화폐 또는 다른 어떤 화폐가 있든 없든 이 나라는 비단 곡물에만 미치는 것이 아니라 다른 모든 생산 영역에까지 미치는 공황에 처해 있을 것이다. 왜냐하면 이들의 생산성이 확실히

---

6) 수고에는: a × 3000만 배

떨어졌고, 이들의 생산 가격이 정상적인 생산비에 의해 결정된 가치에 비해 절하되었을 뿐만 아니라, 모든 계약, 채권 등이 생산물의 평균 가격에 기초하기 때문이다. 예컨대 국채 때문에 곡물 x셰펠(Scheffel)이 납부되어야 하는데, 이 x셰펠의 생산비가 일정한 비율로 상승했다. 요컨대 이 나라는 화폐와 전혀 상관없이 ‖8‖ 일반적 공황에 처해 있을 것이다. 화폐뿐만 아니라 생산물의 교환 가치마저 도외시한다 할지라도, 이 나라의 모든 경제 관계는 평균 노동 생산성에 기초하는 데 반해, 생산물의 가치는 하락했고 나라의 생산성은 하락했을 것이다.

요컨대 곡물 부족에 의해 야기된 공황은, 비록 지금 유출을 가로막는 방해 요인들에 의해 증폭될 수는 있을지라도, 결코 지금 유출에 의해 촉발되지 않는다.

어쨌든 귀금속들만이 다른 상품과는 반대로 권위 있는 가치를 가진다는 데에서 공황이 유래한다는 프루동의 주장[37]에는 동의할 수 없다. 왜냐하면 곡물 가격의 상승은 곧바로 주어진 양의 곡물과 교환되기 위해서 더 많은 금은이 지출되어야 한다는 것, 즉 금은 가격이 곡물 가격에 비해 상대적으로 하락했다는 것만을 의미하기 때문이다. 요컨대 금은도 다른 모든 상품과 마찬가지로 곡물에 비례하는 가치 하락을 겪는데, 어떤 특권도 이로부터 금은을 보호하지는 못한다. 곡물과 비교한 금은 가치의 하락은 곡물 가격의 상승과 동일하다(완전히 옳은 것은 아니다. 곡물 1쿼터가 50실링에서 100실링으로 50% 상승하지만, 면제품은 100% 하락한다. 은은 곡물에 대해서 50%만 하락했고, 면제품은 (수요 정체 등으로 인하여) 곡물에 대해서 100% 하락했다.[38] 즉, 다른 상품들의 가격은 곡물 가격이 상승하는 것보다 더 많이 하락한다. 그러나 그 반대도 발생한다. 예를 들어 곡물이 일시적으로 100% 상승했던 지난 수년 동안 공산품은 곡물에 대해서 금이 하락했던 것과 같은 비율로 하락하지 않았다. 이러한 상황이 일

반 원칙과 관련되지는 않는다). 금이 주화로서 그 양이 정확하고 신
빙성 있게 결정되기 때문에 특권을 갖는다고 말할 수도 없다. 1탈러
(은)는 어떤 상황에서도 1탈러이다. 마찬가지로 밀 1셰펠은 1셰펠이
고, 아마포 1엘레(Elle)는 1엘레이다.

요컨대 국내 금이 전혀 수출되지 않고 해외 곡물이 전혀 수입되지
않는다고 할지라도, 가치 하락과 공황은 발생할 것이므로, (노동을
포함한) 대부분 상품의 가치 하락과 현저한 곡물 흉작의 경우에 발
생하는 공황을 소박하게 금 수출 탓으로 돌릴 수는 없다. 공황은 잘
알려져 있다시피 ― 국내적 차원에서 고찰할 때 ― 1차적 욕구의 영
역에서는 다른 모든 영역에서보다 비교할 수 없을 정도로 더 첨예하
고 강렬하게 작용하는 수요 공급 법칙으로 단순히 환원된다. 금 수출
이 곡물 공황의 원인이 아니라, 곡물 공황이 금 수출의 원인이다.

금은은 그 자체로서 고찰하면 공황에 개입하고 그 징후를 악화시
키는 데 있어서 두 가지 방향으로만 작용한다고 말할 수 있다. 1. 은
행들이 준수해야 하는 금속 보유 조건들 때문에 금 수출이 어려워진
한에서, 따라서 은행이 이러한 금 수출에 대해서 취하는 조치들이 다
시 국내 유통에 대해 부정적인 영향을 끼치는 한에 있어서. 2. 외국
이 자본을 금 형태로만 받지 다른 어떤 형태로도 받지 않기 때문에
금 수출이 필요한 한에서.

두 번째 어려움은 첫 번째 어려움이 제거되더라도 존속할 수 있다.
영국 은행은 불환 지폐를 발행할 수 있는 법적인 권한을 가지고 있
었던 시기에 바로 그러한 어려움을 겪었다. 은행권이 지금에 대해서
하락했고, 마찬가지로 금의 주화 가격도 지금 가격에 대해서 하락했
다. 금이 은행권에 대해서 특수한 종류의 상품이 되었다. 은행권이
실제로는 태환될 수 없었을지라도, 그것이 일정량의 금을 명목적으
로나마 대표하는 한에 있어서, 그것은 아직도 금에 좌우되고 있었다
고 말할 수 있다. 은행권이 은행에서 더 이상 법적으로 이 양의 금과

교환될 수는 없더라도, 금은 여전히 은행권의 명명자(Nenner)였다.

지폐가 그 명칭을 금으로부터 받는 한에 있어서(예를 들어 5파운드 지폐가 종이로 만든 5파운드 금화의 대리자인 한에 있어서) 금 태환성이 은행권에게 여전히 경제 법칙이 된다는 것, 이 법칙은 정치적으로 존재할 수도 존재하지 않을 수도 있다는 것은 거의 의심할 나위가 없다(?) (이는 뒤에서 연구하기로 하며, 지금 문제되고 있는 대상에 직접적으로 속하지는 않는다.) 영국 은행권들은 1799년부터 1819년까지도 그것들이 일정량의 금을 표상한다는 것을 계속 공언했다.[39] 은행권이 사실은 이러저러한 만큼의 지금을 명령한다는 사실 이외에, 어떻게 달리 이 주장이 검증될 수 있을 것인가? 5파운드 은행권으로 5소브린(sovereign) 만큼의 지금 가치를 더 이상 받을 수 없는 순간부터, 은행권은 비록 불환 지폐였지만 평가절하되었다. 은행권의 명칭이 표현하는 일정량의 금 가치와 은행권 가치의 동등성이, 은행권과 금의 사실상의 부등성과 즉각 모순에 빠졌다. 요컨대 금을 은행권의 명명자로 고수하는 영국인들 사이의 쟁점은 사실 — 은행권의 액면이 이론적으로 표현하는 것의 실재적인 동일시에 지나지 않는 — 은행권의 금 태환성이 아니라 이 태환성을 어떻게 보장할 것인가, 즉 이 태환성은 법적으로 은행에 부과된 제약 조건에 의해서 보장되어야 하는가, 아니면 그냥 은행 마음대로 하도록 놓아두어야 하는가 이다. 후자의 옹호자들은 이 태환성이 어음을 받고 선불하는, 즉 은행권을 확실히 환류시키는 발권 은행에 의해 평균적으로 보장되며, 그의 반대자들도 결코 이 평균적 보장 이상을 넘지는 못한다고 주장한다. 이것은 사실이다. 덧붙여 말하자면 이 평균은 무시될 수 없는 것이며, 평균 계산이 은행뿐만 아니라 모든 보험 등의 토대를 이룰 수 있으며 또 이루어야 한다. 이런 측면에서 볼 때 무엇보다도 당연히 모범으로 거론될 수 있는 것은 스코틀랜드 은행들이다. 엄격한 금본위주의자(金本位主義者)들은 그들이 태환성을 진지하게 ‖9

| 받아들이고, 이 태환성의 필요성은 은행권의 명칭에 의해 저절로 주어진 것이며, 은행권의 태환성을 유지시키는 은행의 태환 의무는 과잉 발행을 방지하는 제약이 되는 반면, 그들의 반대자들은 불환성의 사이비 추종자들이라고 말한다. 양측 사이에는 다양한 입장, 수많은 "특수한 경우들"이 있다. 끝으로 불환성의 옹호자들, 단호한 반금본위주의자(反金本位主義者)들은 은행권의 명칭을 존속시키기 때문에, 즉 일정한 명칭의 은행권과 일정량의 금의 실재적 등치를 그 은행권의 완전한 가치 척도로 삼기 때문에, 스스로 알지 못하는 사이에 불환성의 반대자들과 마찬가지로 태환성의 사이비 추종자들이다. 프로이센에는 강제로 유통되는 지폐가 실존한다. (조세의 일정 비율이 지폐로 납부되어야 하는 한에 있어서 환류는 보장된다.) 이들 지폐 탈러는 은을 지불하라는 위탁이 아니며, 어떤 은행도 법적으로 은과 교환 가능한 것이 아니다. 그것들은 어떤 상업 은행에 의해서도 어음을 받고 발행되는 것이 아니며, 정부가 비용을 지출하면서 발행하는 것이다. 그러나 그것들의 명칭은 은의 명칭이다. 지폐 탈러는 은 탈러와 동일한 가치를 대표한다고 공언한다. 정부에 대한 신뢰가 근본적으로 동요되거나 유통 욕구가 요구하는 것보다 많은 비율로 이 지폐가 발행되면, 지폐 탈러는 실재에서 은 탈러와 더 이상 동등한 위치에 있을 수 없으며, 또한 명칭이 공언하는 가치 이하로 하락하기 때문에 평가절하될 것이다. 앞에서 열거한 상황 중 어느 것도 나타나지 않았으나, 예를 들어 수출을 위한 특별한 은 욕구로 인해서 은 탈러가 지폐 탈러에 대해 특권을 가지게 되면, 지폐 탈러는 평가절하될 것이다. 요컨대 금은 태환성은 금은으로부터 자신의 명칭을 받는 모든 지폐가 법적으로 태환 가능한가 아닌가를 판정하는 실질적인 가치 척도가 된다. 명목 가치는 그것의 신체 옆에서 그림자로서만 따라다닌다. 양자가 일치하는지 여부는 지폐의 실재적 태환성(교환 가능성)이 입증해야 한다. 명목 가치 이하로 실질 가치가 하락하는 것은

평가절하이다. 실재적인 병존, 교환이 태환성이다. 태환 가능하지 않은 은행권들의 태환성은 은행 창구에서가 아니라 지폐와 이것의 명칭이 표현하고 있는 금속 화폐 사이의 일상적인 교환에서 증명된다. 태환 가능한 은행권의 태환성은 사실상 그것이 나라의 구석구석에서 일상적 교류에 의해서가 아니라 은행 창구에서 벌어지는 특별한 대형 실험을 통해서 입증되어야 하는 때부터 이미 위태로워진다. 스코틀랜드 농촌에서는 지폐가 금속 화폐보다 선호된다. 1844년의 영국법[33]이 강제되던 1845년 이전에, 스코틀랜드는 종획 운동[40]이 더 무자비하게 진행되었기 때문에, 당연히 영국의 모든 사회적 공황을 함께 겪었으며, 몇몇 공황은 훨씬 심도 깊게 겪었다. 그럼에도 불구하고 스코틀랜드는 본래적인 화폐 공황은 겪지 않았다(몇몇 은행이 경솔하게 신용을 공여 했기 때문에 예외적으로 도산했다는 것은 여기에 속하지 않는다). 은행권의 평가절하나 고소도 없었고, 유통하는 통화량이 충분한지 그렇지 않은지 등에 관한 조사도 없었다. 여기에서 스코틀랜드는 한편으로 화폐제도가 현재의 사회적 토대를 벗어나지 않고, 현재의 토대 위에서 어떻게 완전히 규제될 수 — 다리몽이 불평하는 모든 폐해가 철폐될 수 — 있는가를 보여주기 때문에 중요하다. 물론 동시에 그것의 모순, 적대 관계, 계급 대립 등은 세계의 다른 어떤 나라에서보다 더욱 높은 정도에 이르렀지만. 다리몽뿐만 아니라 그의 저서의 서문을 쓴 후원자 — 자신의 실천적인 사기(詐欺)를 이론적 공상주의로 보완하는 에밀 지라르댕 — 가 영국 은행이나 프랑스 은행과 같은 독점 은행들에 대한 대립을 스코틀랜드에서 찾는 것이 아니라, 국가적 전권(全權)의 필요성 때문에 은행제도가 명목상으로만 자유로운 곳, 즉 은행들의 자유 경쟁이 아니라 독점 은행들의 연방 체제가 존재하는 미국에서 찾는 것은 특징적이다. 그렇지만 스코틀랜드의 은행 제도와 화폐 제도는 유통 예술가들의 환상에는 가장 위험한 암초이다. 금화나 은화(주화의 이중본위제 二重本

位制 가 아닌 곳에서)는 다른 모든 상품에 대한 상대적 가치가 변화할 때마다 평가절하된다고 말해지지는 않는다. 왜 그런가? 그것들이 자신의 명명자를 이루기 때문이다. 그것들의 명칭이 가치의 명칭이 아니기 때문에, 즉 그것들은 제3의 상품을 기준으로 평가되는 것이 아니라 단순히 1소브린 = 이러저러한 양의 금이라는 식으로 자체의 질료의 비례분할적(aliquot) 부분을 표현하기 때문이다. 요컨대 금은 그것만이 유일하게 신빙성 있는 가치를 가지기 때문이 아니라 화폐로서 전혀 아무런 가치도 표현하지 않기 때문에, 자신의 질료의 일정량, 자신의 양적 규정성을 이마에 붙이고 다니기 때문에, 명목적으로 평가절하될 수 없다(금화와 은화의 이 차별적인 특징이 궁극적으로는 모든 화폐의 내재적 속성인지는 나중에 자세히 연구할 것). 금속 화폐의 이러한 명목적 평가절하 불가능성에 속아 다리몽과 그 일당은 거의 모든 나머지 상품에 대한 금은의 평가 절상이라는, 공황기에 표출되는 이 측면만을 보고 있다. 그들은 소위 호황기, 일시적인 전반적 가격 상승[7]기에 나머지 모든 상품(언제나 그런 것은 아니지만 아마도 노동은 제외된다)에 대한 금은, 또는 화폐의 평가절하라는 다른 측면은 보지 못하고 있다. 평가 절상에 앞서서 언제나 금속 화폐(그리고 그것에 기초하는 모든 화폐 종류)의 이러한 평가절하가 있기 때문에, 그들은 그 문제를 반대로, 즉 주기적으로 돌아오는 화폐의 평가절하를 방지하는 (그들의 언어로 말하자면 화폐에 대한 상품들의 특권을 폐기하는) 쪽으로 제기했어야 한다. 이 마지막 표현에서는 과제가 즉각 해결되었을 것이다. 그것은 가격 상승과 하락을 해소하는 것. 결국에는 가격을 지양하는 것. 이는 교환 가치를 폐지하는 것. 이 문제는 부르주아 사회 조직에 ‖10‖ 조응하는 바와 같은 교환을. 따라서 이 마지막 문제는 부르주아 사회를 경제적으로 변혁하는 것

---

7) 수고에는: 화폐 상승

이다. 그렇다면 부르주아 사회의 폐해는 은행 "변환"이나 합리적 "화폐 제도"의 수립에 의해 제거될 수 있는 것이 아니라는 점이 처음부터 증명되었을 것이다.

　요컨대 태환성은 — 법적이든 아니든 — 그 명칭에 의해 가치 표장이 되는, 즉 제3의 상품과 등치되는 일정량의 모든 화폐에 대한 요구이다. 등치는 이미 배치, 즉 비등가의 가능성을 내포한다. 태환성은 그 반대인 불환성도 내포한다. 평가 절상은 평가절하의 가능성 — 아리스토텔레스가 말했음직한 — 을 내포한다. 예컨대 미터가 일정한 길이에 대한 단순한 경칭(敬稱)이듯이, 소브린이 금 1온스의 1/x에 대한 단순한 경칭(계산 명칭)으로서의 소브린일 뿐만 아니라, 말하자면 x시간의 노동이기도 하다고 가정하자. 사실 금 1/x온스는 물질화되고 대상화된 x시간[8]의 노동일 뿐이다. 그러나 금은 과거 노동 시간, 규정된 노동 시간이다. 그것의 명칭은 일정량의 노동 일체를 자신의 도량으로 삼는다. 금 1파운드는 x시간의 노동과 태환 가능해야 할 것이고, 이를 언제라도 구매할 수 있어야 한다. 그것이 더 많이 또는 더 적게 구매된다면, 그것은 평가 절상되거나 평가절하될 것이다. 후자의 경우에는 그것의 태환성이 중지될 것이다. 생산물에 포함된 노동 시간이 아니라, 현재 필요한 노동 시간이 가치·규정적인 것이다. 금 1파운드의 예를 들어보자. 그것이 20시간 노동의 산물이라고 가정하자. 나중에는 어떤 정황에 의해서 금 1파운드를 생산하는 데 10시간이 필요하다고 가정하자. 명칭에 따르면 20시간의 노동과 같은 금 1파운드가 이제는 20시간 노동 = 금 2파운드이므로 그것은 10시간 노동과 같을 것이다. 실제로 10시간 노동과 금 1파운드가 교환된다. 요컨대 금 1파운드가 이제는 더 이상 20시간의 노동과 교환될 수 없다. x 노동 시간이라는 평민적인 명칭을 가지는 금화는 다

---

8) 수고에는: 1/x시간

른 어떤 화폐, 특히 현재의 금화보다 훨씬 커다란 변동을 겪었을 것
이다. 왜냐하면 금이 금과 비교해서 상승하거나 하락할 수는 없겠지
만(자기 자신과는 동일하겠지만), 일정량의 금에 포함된 과거 노동
시간은 현재의 산 노동 시간에 비해서 끊임없이 증가하거나 감소하
기 때문이다. 금의 태환성을 유지하기 위해서는 노동 시간의 생산성
이 불변으로 유지되어야 할 것이다. 생산비가 끊임없이 하락한다는,
산 노동이 끊임없이 더 생산적으로 된다는, 요컨대 생산물에 대상화
된 노동 시간이 끊임없이 줄어든다는 일반적인 경제 법칙에 따라서
끊임없는 평가절하는 금으로 된 이 노동 화폐의 불가피한 숙명일 것
이다. 이 폐해를 방지하기 위해서는 금이 노동 시간 명칭을 유지해야
하는 것이 아니라, 바이틀링[41]이 제안했고, 그에 앞서서는 영국인들
이, 그 다음에는 프랑스인들, 그 중에서도 프루동과 그 일당이 제안
했듯이, 지폐, 단순한 가치 표장이 이 명칭을 유지해야 한다고 말할
수 있을 것이다. 여기에서 지폐 자체에 투여된 노동 시간은 은행권의
종이 가치만큼이나 감안되지 않을 것이다. 후자가 금은의 단순한 대
리자이듯이, 전자는 노동 시간의 단순한 대리자일 것이다. 바로 지금
다른 상품들과 비교한 금의 상대적 가치가 상승하느냐 하락하느냐에
따라 5파운드 지폐가 더 많이 구매하거나 더 적게 구매하듯이, 노동
시간이 보다 생산적이 되면 이를 표현하는9) 증서는 자신의 구매력
을 상승시킬 것이며, 그 반대의 경우에는 반대일 것이다.

　금으로 된 노동 화폐가 끊임없는 평가절하를 겪는다는 동일한 법
칙에 따라 종이로 된 노동 화폐는 끊임없는 평가 절상을 누릴 것이
다. 우리가 원하는 것이 바로 이것이다. 이제 노동자는 노동에 낯선
부(富)에 비례해서, 이제 자신의 가치 하락을 창출하는 것이 아니라,
노동 생산성의 상승을 기뻐할 것이다. 사회주의자들은 그렇게 주장

---

9) 수고에는: 그것을 생산하는

한다. 그러나 불행하게도 여기에서 몇 가지 사소한 우려가 생겨난다. 우선, 시간 전표(Stundenzettel)라 할지라도 일단 화폐를 상정한다면, 우리는 이 화폐의 축적을 전제해야 하고, 이 화폐의 형태로 체결될 계약, 채권, 고정 부채 등도 전제해야 한다. 축적된 증서는 새로 발행된 증서와 마찬가지로 끊임없이 증가할 것이며, 그리하여 한편으로 노동 생산성의 상승은 비노동자들에게 이익을 가져다 줄 것이고, 다른 한편으로 과거에 계약된 채무는 노동 생산성 향상과 동일한 보조를 맞출 것이다. 세계가 언제라도 새로 시작할 수 있고 일정량의 금을 지불하기로 체결된 부채가 금 가치의 변동 때문에 존속될 수 없다면, 금은 가치의 등락은 아무런 의미가 없다. 여기에서는 시간 전표와 시간 생산성 문제가 다루어졌다.

여기에서 연구되어야 할 사항은 시간 전표의 태환성이다. 우리는 우회로를 통해서라도 동일한 목표에 이르게 된다. 아직 너무 이르기는 하지만 시간 전표의 기초를 이루고 있고, 우리로 하여금 프루동의 유통이론을 그의 일반 이론인 가치 규정론과 연결시켜주는 심오한 비밀을 엿볼 수 있게 해주는 착각들에 관해서 몇 가지 언급될 수 있다. ‖11‖ 우리는 동일한 연관을 예컨대 브레이와 그레이에게서 발견한다. 거기에서 무엇인가 진실한 것이 기초하고 있는지에 대해서는 나중에 연구하기로 한다. (그전에 덧붙여 말하자면 은행권을 금에 대한 단순한 지불 위탁으로 관찰할 때, 그것이 평가절하되지 않으려면 은행권은 자신이 대체한다고 내세우는 금량 이상으로 지출되어서는 결코 안 된다. 내가 15파운드에 대하여 세 명의 상이한 채권자들에게 금으로 지불하는 3건의 15파운드 지불 위탁은, 사실상 각각이 15/3파운드 = 5파운드인 지불 위탁일 뿐이다. 요컨대 이들 은행권은 처음부터 33 1/3%로[10] 평가절하될 것이다.)

---

10) 수고에는: 33 1/3%만큼

(노동을 포함하는) 모든 상품의 가치(실재적 교환 가치)는 그들의 생산비, 다른 말로 하자면 그것들을 산출하는 데 필요한 노동 시간에 의해 결정된다. 가격은 이 교환 가치가 화폐로 표현된 것이다. 자신의 명칭을 노동 시간 자체로부터 받은 노동 화폐에 의한 금속 화폐(그리고 금속 화폐의 명칭을 이어 받은 지폐나 신용 화폐)의 대체는 상품의 실재적 가치(교환 가치)와 명목 가치, 가격, 화폐 가치를 일치시킬 것이다. 실재적 가치, 명목 가치, 가치와 가격의 일치. 그러나 이는 가치와 가격이 단지 명목적으로만 상이하다는 전제하에서만 달성될 것이다. 그러나 그러한 경우는 결코 없다. 노동 시간에 의해 결정된 상품 가치는 상품의 평균 가치일 뿐이다. 한 시기의 평균 수치로 합산되는 한에 있어서 외적인 추상으로 현상하는 평균이다. 예컨대 25년 동안의 커피 가격의 평균으로 산출될 때의 커피 1파운드 1실링. 그러나 이 평균은 일정한 시기 동안 상품 가격들이 거치는 진동(振動)이라는 운동 원칙과 추동력으로 동시에 인식된다면 매우 현실적이다. 이 현실은 이론적으로만 중요한 것이 아니다. 그것은 진동 중심으로 간주되는 중간 평균 가격뿐만 아니라, 이 중심을 초과하는 진동의 평균 최고점과 중심을 밑도는 평균 최저점에서 출발하여 확률을 계산하는 상업적 투기의 토대를 이루는 것이다. 상품의 시장 가치는 그 상품의 평균 가치와 언제나 상이하며, 언제나 그보다 높거나 낮다. 시장 가치는 끊임없는 진동을 통해서, 제3자로서의 실재 가치와의 균등화를 통해서가 아니라 자신과의 지속적인 부등화를 통해서(헤겔의 표현을 빌자면 추상적 동일성이 아니라 끊임없는 부정의 부정,[42] 즉 실재 가치의 부정으로서의 자신의 부정을 통해서), 실재 가치로 조정된다. 나는 프루동을 비판하는 내 팜플렛11)에서 실재 가치는 — 그것이 시장 가격의 진동을 지배하는 것과는 무관하게 (이 진

---

11) 『맑스-엥겔스 전집』 제4권, 63-182쪽 참조.

동의 법칙으로서의 시장 가치를 도외시한다면) ― 스스로 다시 부정
되며, 상품의 실재 가치를 끊임없이 자기 자신의 규정과 모순에 빠뜨
리고, 기존 상품의 실재 가치를 절하시키거나 절상시킨다는 것을 증
명했다. 그러므로 여기에서는 상술하지 않겠다.

　요컨대 가격은 가치와 구별되는데, 그것은 명목적인 것이 실질적
인 것과 구별되는 것과 같은 것만은 아니며, 금은 명칭에 의해서 만
도 아니고, 전자가 겪는 운동의 법칙으로서 후자가 현상하기 때문에
도 구별된다. 그러나 그것들은 끊임없이 상이하며 결코 일치하지 않
거나, 아주 우연히 예외적으로만 일치한다. 상품 가격은 항상 상품
가치보다 높거나 낮으며, 상품 가치 자체는 상품 가격의 상승과 하락
속에서만 존재한다. 수요와 공급이 상품 가격을 결정하며, 결코 일치
하지 않거나 또는 우연히 일치할 뿐이다. 그러나 생산비가 다시 수요
와 공급의 진동을 규정한다. 한 상품의 가격, 그것의 시장 가치가 표
현되는 금이나 은은 그 자체가 일정량의 집적된 노동, 일정량의 물질
화된 노동이다. 상품의 생산비와 금은의 생산비가 불변이라는 전제
하에서, 이것들의 시장 가격의 상승이나 하락은 한 상품 = x 노동
시간이 시장에서 끊임없이 x 노동 시간 이상이나 이하를 요구하고,
노동 시간에 의해 결정된 상품의 평균 가치보다 높거나 낮다는 의미
밖에 가지지 않는다. 시간 전표론자들의 첫 번째 근본적인 환상은 그
들이 실재 가치와 시장 가치, 교환 가치와 가격 사이의 명목적인 상
이성을 지양함으로써 ― 요컨대 가치를 노동 시간의 일정한 대상화,
즉 금은이 아니라 노동 시간 자체로 표현함으로써 ― 가격과 가치
사이의 실재적인 차이와 모순도 제거하려는 데 있다. 그렇게 된다면
시간 전표를 도입하는 것만으로도 모든 공황, 부르주아적 생산의 모
든 폐해가 제거될 것이라는 것은 명백하다. 상품의 화폐 가격 = 그
것의 실재 가치. 수요 = 공급. 생산 = 소비. 화폐는 폐지되면서 동시
에 보존된다. 상품을 생산물로 하며, 상품에 물질화되어 있는 노동

시간은 그것에 상응하는 거울상을 어떤 가치 표장, 화폐, 시간 전표들로 산출하기 위해서 단지 확인되기만 하면 될 것이다. 그럼으로써 각 상품은 직접 화폐로 전환되고, 금은은 다른 모든 상품의 지위로 전락할 것이다.

　교환 가치와 가격 ― 평균 가격과 이 평균을 낳는 가격들 ― 사이의 모순, 제반의 크기들과 평균 크기 사이의 차이가 양자 사이의 단순한 호칭 차이를 ‖12‖ 지양함으로써, 요컨대 빵 1파운드가 8펜스라고 말하는 대신 빵 1파운드 = 1/x 노동 시간이라고 말함으로써, 지양되지 않는다는 것은 자세히 설명할 필요가 없다. 그 반대로 8펜스 = 1/x 노동 시간이고, 빵 1파운드에 물질화된 노동 시간이 1/x노동 시간보다 많거나 적다면, 가치 척도가 동시에 가격을 표현하는 요소가 된다면, 금 가격이나 은 가격에 숨겨져 있는 가치와 가격 사이의 차이는 결코 뚜렷하게 드러나지 않을 것이다. 무한한 등식이 형성될 것이다. (8펜스에 포함되어 있거나 또는 한 증서에 표현된) 1/x 노동 시간은 (빵 1파운드에 포함된) 1/x 노동 시간보다 크거나 작을 것이다.

　평균 노동 시간을 대표하는 시간 전표는 결코 실재적 노동 시간에 조응하지 못할 것이며, 결코 이와 태환 가능하지 않을 것이다. 즉, 한 상품에 대상화된 노동 시간은 자신과 같은 양의 노동 화폐만큼의 가치를 가지지 않고, 오히려 이제는 시장 가치의 모든 진동이 상품의 금 표시 가격이나 은 표시 가격의 상승이나 하락에서 표현되듯이 더 많거나 더 적은 노동 화폐를 명령할 것이다.

　우리가 앞에서 논한 시간 전표에 대한 상품의 ― 장기간에 걸친 ― 끊임없는 평가절하는 노동 시간의 생산성 증가 법칙으로부터, 그리고 그 자체의 내재적인 원칙인 노동 시간에 의해 야기되는 상대적 가치의 장애로부터 유래하는 것이다. 우리가 지금 논하는 시간 전표의 불환성은 실재 가치와 시장 가치, 교환 가치와 가격 사이의 불환성의 다른 표현에 지나지 않는다. 다른 모든 상품에 대립하여 시간 전표는 관념적 노동 시간을 대표할 것인데, 이 관념적 노동 시간은 때로는 더 많은 실제 노동 시간과 교환되고 때로는 더 적은 실제 노동 시간과 교환되면서, 이 부등성에 조응하는 하나의 자체적인 분리된 실존을 쪽지에서 유지할 것이다. 일반 등가물, 유통 수단, 상품 척도가 자체의 법칙을 따르면서, 다시 다른 모든 상품들에 맞서서 개별화되고 소외되어 지금의 화폐가 수행하는 서비스는 하지 못하면서, 그것의 모든 속성을 가지고 등장할 것이다. 그러나 상품들, 이들 대상화된 노동 시간량들을 비교하는 수단이 제3의 상품이 아니라 그 자체의 가치 척도인 노동 시간 자체이므로 혼란은 전혀 다른 수준에 이르게 될 것이다. 3시간 노동의 대상화인 a 상품 = 2 노동 시간 전표. 3시간 노동의 대상화인 b 상품 = 4 노동 시간 전표. 사실 이 모순은 화폐 가격으로 표현되어 은폐되어 있을 뿐이다. 가격과 가치 사이의 차이, 노동 시간의 생산물로서 노동 시간에 의해 측정된 상품과, 이것과 교환되는 노동 시간의 생산물 사이의 차이는 상품의 실재적인 교환 가치가 표현되는 척도로서 제3의 상품을 필요로 한다. 가격이 가치와 같지 않기 때문에 가치 규정적 요소 — 노동 시간 — 가 가격들을 표현하는 요소일 수 없다. 왜냐하면 노동 시간이 규정적이면서 동시에 비규정적인 것으로서, 자신과 동일하면서 동시에 동일하지 않은 것으로 표현되어야 할 것이기 때문이다. 가치 척도로서의 노동 시간은 관념적으로만 존재하기 때문에, 가격 비교의 소재로 기능할 수는 없다. (여기에서 동시에 가치 관계가 왜 그리고 어떻게 화폐에서 물질적이고 특수한 존재를 유지하는지가 동시에 분명해진다. 이는 더 상술할 것.) 가격과 가치의 차이는 가격으로서의 가치가 그 자체의 척도와는 다른 척도에 의해 측정될 것을 필요로 한다. 가치와 구별되는 가격은 필연적으로 화폐 가격이다. 가격과 가치의 명목적인 차이는 그들의 실재적인 차이에 의해 조건 지워진다는 사실이 여기에서 나타난다.

[화폐의 등장과 본질]

상품 a = 1실링(즉 = 은 1/x)이고, 상품 b = 2실링(즉 = 은 2/x). 따라서 상품 b = 상품 a의 두 배 가치. a와 b 사이의 가치 비율은 양자가 제3의 상품인 은의 일정량과 교환되는 비율에 의해 표현되는 것이지, 어떤 가치 비율과 교환되는 비율에 의해 표현되는 것은 아니다.

각 상품(생산물이나 생산 도구)은 = 일정한 노동 시간의 대상화이다. 그 상품의 가치, 그것이 다른 상품들과 교환되거나 다른 상품들이 그것과 교환되는 비율은 = 그것에 실현된 노동 시간의 양이다. 예를 들어 한 상품이 = 1 노동 시간이라면, 그것은 1 노동 시간의 산물인 다른 모든 상품과 교환된다. (이 모든 추론은 교환 가치 = 시장 가치, 실재 가치 = 가격이라는 전제하에서 가능하다.) 상품의 가치는 상품 그 자체와 구별된다. 상품은 (실재적이거나 상상된) 교환 속에서만 가치(교환 가치)일 뿐이다. 가치는 이 상품의 교환 능력 일반일 뿐만 아니라 상품의 특유한 교환 가능성이다. 동시에 가치는 상품이 다른 상품들과 교환되는 비율의 지수(指數)이며, 상품이 이미 생산에서 다른 상품들(물질화된 노동 시간)과 교환된 비율의 지수이다. 가치는 양적으로 규정된 ‖13‖ 교환 가능성이다. 상품들, 예를 들어 면화 1엘레와 기름 1마스는 면화와 기름으로 관찰된다면, 당연히 상이하고 상이한 속성을 가지며 상이한 척도로 측정되며 비교될 수 없다. 모든 상품은 가치로서 질적으로 동일하고 양적으로만 구별된다. 요컨대 그것들은 모두 상호 측정되며 일정한 양적 비율로 대체된다(서로 교환되고 태환 가능하다). 가치는 상품의 사회적 관계이고 경제적 특질이다. 일정한 가치를 가지는 책 한 권과 동일한 가치를 가지는 빵 한 덩이는 서로 교환되며, 상이한 물질 속에 담긴 동일한 가치일 뿐이다. 동시에 가치로서 상품은 일정한 비율로 다른 모든 상품에 대한 등가물이다. 가치로서의 상품은 등가물이다. 등가물로서의 상품에는 상품의 모든 자연적 속성이 소멸되었다. 그것은 다른 상품들과 더 이상 질적인 특수 관계에 있지 않으며, 다른 모든 상품의 일반적 척도이자 일반적 대표자, 일반적 교환 수단이다. 가치로서 그것은 화폐이다. 그러나 상품 또는 차라리 생산물이나 생산 도구는 가치로서의 자신과 구별되기 때문에, 가치로서의 상품은 생산물로서의 자신과 구별된다. 가치로서의 상품의 속성은 그것의 자연적 실존과는 다른 실존을 획득할 수 있을 뿐만 아니라 동시에 획득해야만 한다. 왜? 가치로서의 상품들은 서로 양적으로만 상이하기 때문에, 각 상품은 질적으로 그 자체의 가치와 상이해야 한다. 따라서 그것의 가치도 그것과 질적으로 구별될 수 있는 실존을 가져야 한다. 그리고 이러한 분리 가능성이 실재 교환에서는 실재적 분리가 될 수밖에 없는데, 그 까닭은 상품들의 자연적 상이성이 그것들의 경제적 등가성과 모순에 빠질 수밖에 없고, 양자는 상품이 이중적 실존, 즉 자연적 실존과 더불어 그것이 하나의 생산 관계에 대한 하나의 단순한 표장, 하나의 철자, 자체의 가치에 대한 단순한 표장이 되는 순전히 경제적인 실존도 가짐으로써만 병존할 수 있기 때문이다. 가치로서 각 상품은 균등하게 분할될 수 있다. 그러나 그것의 자연적 현존에 있어서는 그렇지 않다. 가치로서 상품은 그것이 아무리 많은 형태 변환과 실존 형태를 거친다고 할지라도 불변이다. 상품들은 실제로 동일하지 않고, 다양한 욕구 체계에 부응하기 때문에 교환된다. 가치로서 상품은 일반적이고, 실재적 상품으로서 상품은 하나의 특수성이다. 가치로서 상품은 언제나 교환될 수 있다. 다만 실재 교환에서 그것은 특수한 조건을 충족시킬 때에만 교환될 수 있다. 가치로서 상품의 교환 가능성의 척도는 상품 그 자체에 의해 결정된다. 교환 가치는 바로 상품이 다른 상품을 대체하는 비율을 표현하는 것이다. 실재 교환에서 상품은 그것의 자연적 속성과 관련되고, 교환자들의 욕구에 부응하는 양 만큼씩만 교환될 수 있다. (간단히 말해 화폐의 특수한 속성 으로 열거되는 모든 속성은 교환 가치로서의 상품, 생산물로서의 가 치와 구별되는 가치로서의 생산물의 속성들이다.) (상품 자체와 나란 히 서 있는 특수한 실존으로서의 상품의 교환 가치가 화폐이다. 모든 상품이 서로 같아지고 비교되고 측정되는 그러한 형태. 모든 상품이 그것으로 용해되고, 그것이 모든 상품으로 용해되는 그러한 형태. 즉, 일반 등가물.) 어떤 순간에든, 계산할 때나 부기를 할 때 등, 우리는 상품을 가치 표장으로 전환시키고, 단순한 교환 가치로 고정시키며, 그것의 소재와 모든 자연적 속성을 추상한다. 이 형태 변환은 종이 위에서, 머리 속에서 단순한 추상에 의해 진행된다. 그러나 실재적인 교환에서는 실재적인 매개, 이 추상을 실행하기 위한 수단이 필요하 다. 이 상품은 그것의 자연적 속성에 있어서 끊임없이 교환 가능한 것도 아니고, 다른 어떤 상품과도 그것의 자연적 동등성에 있어서 교 환 가능한 것도 아니다. 그 상품은 자신과는 다른 것, 자신과는 부등 한 그 어떤 것, 즉 교환 가치로 정립된다. 우리는 이 상품을 먼저 교 환 가치로 전환시키고, 그리고 나서 이 교환 가치를 다른 것들과 비 교하고 교환해야 한다. 가장 조야한 물물교환에서 두 개의 상품이 서 로 교환될 때, 각각은 먼저 교환 가치를 표현하는 한 표장, 예를 들 어 서아프리카 연안의 어떤 흑인들의 경우에는 = x철봉(鐵棒)[43]이다. 한 상품 = 1철봉. 다른 상품 = 2철봉. 그것들은 이러한 비율로 교환 된다. 상품들은 그것들이 교환되기 전에 먼저 머리 속에서, 그리고 나서는 언어에서 철봉으로 전환된다. 상품들은 교환되기 전에 평가 되고, 평가되기 위해서는 서로 일정한 수치 비율을 가질 수 있어야 한다. 상품들이 이러한 수치 비율을 가질 수 있게 하고 상품들을 비 교 가능하게 만들기 위해서는, 그것들이 동일한 명칭(단위)을 가져야 한다. (비율 일체는 추상을 통해서만 특수한 체현을 얻게 되며 스스 로 다시 개별화될 수 있듯이, 철봉은 단순히 상상에 의한 실존만을 가진다.) 교환에서 한 가치의 다른 가치에 대한 초과를 보전(補塡)하고, 차액을 상쇄하기 위해서는, 현재 국제 무역에서 그러하듯이, 가장 조야한 물물교환에서도 금 지불이 필요해진다.

생산물들(또는 활동들)은 상품들로만 교환된다. 교환 자체에서 상품들은 가치들로만 존재한다. 그것들은 그러한 것들로만 비교된다. 내가 아마포 1엘레와 교환할 수 있는 빵 무게를 결정하려면, 나는 먼저 아마포 1엘레 = 그것의 교환 가치 = 1/x 노동 시간과 등치시킨다. 이와 마찬가지로 나는 빵 1파운드 = 그것의 교환 가치 = 1/x 또는 2/x 등의 노동 시간과 등치시킨다. 나는 각 상품을 제3의 것과 등치시킨다. ‖14‖ 즉, 자기 자신과 차별시킨다. 비율 일체가 서로 관계하는 주체들과 구별되어 고정될 때에만 생각될 수 있는 것과 마찬가지로, 그것이 관계를 표현하기 때문에 양자와는 상이한 이 제3의 것이 우선은 머리 속에서, 상상 속에서 존재한다. 한 생산물(활동)이 교환 가치가 되기 위해서는 일정한 양적 비율, 비례 수치 — 즉, 다른 상품의 어떤 양이 그것과 같은가, 그것의 등가물인가 또는 그것이 어떤 비율로 다른 상품의 등가물이 되는가를 표현하는 수치 — 로 전환될 뿐만 아니라, 두 상품이 동일한 종류의 크기가 되어 동일한 단위로 비교 가능할 수 있도록 질적으로 전환되고, 다른 요소로 전화되어야 한다. 상품은 먼저 노동 시간으로, 즉 상품과는 질적으로 상이한 어떤 것으로 전환되어야 한다. (질적으로 상이해야 하는 이유는, 1. 상품이 노동 시간으로서의 노동 시간이 아니라 물질화된 노동 시간이고, 운동 형태의 노동 시간이 아니라 휴지(休止) 형태의 노동 시간이며, 과정 형태가 아니라 결과 형태이기 때문이다. 또한 2. 상품이 상상 속에서만 존재하는 (그것의 특질로부터 분리되고 양적으로만 상이한 노동인) 노동 시간 일반의 대상화가 아니라 일정한, 자연적으로 규정된, 다른 노동과 질적으로 상이한 노동의 결과이기 때문이다. 그래야만 일정량의 노동 시간, 일정한 노동 크기로서 노동 시간의 다

른 양들을 다른 노동 시간 및 다른 노동 크기와 비교할 수 있기 때문
이다). 단순한 비교 — 생산물들에 대한 평가 — 를 위해서는, 그것들
의 관념적 가치 규정을 위해서는, 이 전환(생산물이 단순히 양적인
생산 관계의 표현으로 실존하는 그러한 전환)을 머리 속에서 수행하
는 것으로 충분하다. 상품들을 비교할 때는 이 추상으로 충분하다.
그러나 실제로 교환될 때, 이 추상은 다시 대상화되고 상징화되며 부
호에 의해 실현되어야 한다. 이 필요성이 대두되는 이유는 다음과 같
다. 1. 우리가 이미 말한 바와 같이 교환될 상품들은 둘 다 머리 속에
서 공동의 크기 비율로, 즉 교환 가치들로 전환되고 그리하여 서로
평가된다. 그러나 상품들이 실제로 교환되려면, 그것들의 자연적 속
성이 교환 가치이자 단순히 명명된 수치로서 자체의 규정과 모순에
빠진다. 상품들은 임의로 분할할 수 있는 것이 아니다 등. 2. 실재 교
환에서는 언제나 특수한 상품들이 특수한 상품들과 교환되며, 각 상
품의 교환 가능성은 교환 가능한 비율뿐만 아니라 공간적·시간적
조건 등에 좌우된다. 그러나 상품의 교환 가치로의 전환은 이 상품을
다른 일정한 상품과 등치 시키는 것이 아니라, 그것을 등가물로 표현
하고 다른 모든 상품과의 교환 가능성 비율을 표현한다. 머리 속에서
단숨에 수행된 이 비교가 실재에 있어서는 욕구에 의해 결정된 일정
한 범위 안에서 순차적으로만 실현된다. (예컨대 나는 100탈러의 소
득을 나의 욕구가 필요로 하는 순서에 따라 교환 가치 100탈러와 같
은 액수의 상품군 群 과 교환한다.) 요컨대 상품을 한꺼번에 교환 가
치로서 화폐로 실현하고 그것에 교환 가치의 일반적 효력을 부여하
기 위해서는, 한 특수한 상품과의 교환으로는 부족하다. 그 상품은
그 자체가 특수한 상품이 아니고, 상품으로서 상품의 상징, 상품 교
환 가치의 상징, 요컨대 노동 시간 자체를 대표하는 제3의 사물, 예컨
대 비례분할적 노동 시간을 대표하는 종이 한 장이나 가죽 한 조각
과 교환되어야 한다. (그러한 상징은 일반적인 인식을 가정한다. 그

것은 사회적 상징일 수밖에 없다. 그것은 사실 사회적 관계만을 표현한다.) 이 상징은 비례분할적 노동 시간을 대표한다. 즉, 단순한 산술적 결합에 의해 교환 가치들의 모든 상호 관계를 표현할 능력이 있는 비례분할적 교환 가치를 대표한다. 이 상징, 교환 가치의 이 물질적 부호는 교환 자체의 산물이지, 선험적으로 파악된 관념의 실행이 아니다. (사실상 교환의 매개자로 이용되는 상품은 단지 점차적으로 화폐로, 상징으로 전환된다. 이렇게 되자마자 이 상품의 상징이 다시 이 상품 자체를 대체한다. 그 상품은 이제 교환 가치의 의식적 부호가 된다.)

요컨대 과정은 단순히 다음과 같은 것이다. 생산물이 상품, 즉 교환의 단순한 계기가 된다. 상품이 교환 가치로 전환된다. 그것을 교환 가치로서의 자신과 등치 시키기 위해서 상품은 교환 가치 자체로서 자신을 대표하는 상징과 교환된다. 그리고 나서 그것은 그러한 상징화된 교환 가치로서 다시 다른 모든 상품과 일정한 비율로 교환될 수 있다. 생산물은 상품이 되고 상품은 교환 가치가 됨으로써, 그 생산물은 머리 속에서 비로소 이중적 실존을 가지게 된다. 이 관념적 이중화는 상품이 실재 교환에서 이중적으로 현상하는 지점, 즉 한편에서는 자연적 생산물로서, 다른 한편에서는 교환 가치로서 현상하는 데까지 이른다(그리고 이르러야 한다). 즉, 상품의 교환 가치는 상품과 분리된 물질적 실존을 획득하게 된다.

‖15‖ 요컨대 교환 가치로서의 생산물 규정은 교환 가치가 생산물로부터 분리된 별도의 실존을 필연적으로 갖게 한다. 상품들로부터 분리되고, 이것들 곁에서 그 자체가 하나의 상품으로 존재하는 교환 가치가 화폐이다. 화폐에서 교환 가치로서의 상품의 모든 속성은 그것과는 상이한 대상, 그것의 자연적 실존 형태로부터 분리된 사회적 실존 형태로 현상한다. (이는 화폐의 일상적인 속성들이 열거됨으로써 더욱 잘 입증될 것이다.) (이 상징이 표현되는 재료는 역사적으

로 아무리 다양하게 나타났다 할지라도 결코 무차별적인 것이 아니
다. 사회의 발전은 상징과 더불어 이 상징에 조응하는 재료를 점점
더 많이 만들어 내며, 나중에는 다시 이것으로부터 벗어나고자 노력
한다. 자의적인 것이 아니라면, 이 상징은 그것이 표현되는 재료에
일정한 조건을 요구한다. 예를 들어 단어를 위한 상징, 알파벳 등이
역사를 가지듯이.) 요컨대 생산물의 교환 가치는 생산물 곁에 화폐를
산출한다. 특수한 상품들과 나란히 화폐가 실존함으로써 발생하는
혼란과 모순을 화폐의 형태를 변화시킴으로써 지양하는 것이 불가능
하듯이(낮은 형태의 화폐에 속하는 난관들이 보다 높은 형태로 나아
가면서 피해질 수는 있지만), 교환 가치가 생산물의 사회적 형태로
남아 있는 한에서 화폐 자체를 지양하는 것도 불가능하다. 불가능한
과업을 설정하지 않고, 화폐 개혁과 유통 변환이 생산 관계들과 이것
들에 기초하는 사회적 관계들을 변경시킬 수 있는 한계를 알기 위해
서는 이 사실을 뚜렷하게 통찰할 필요가 있다.

  1. 상품 교환의 척도로서 2. 교환 수단으로서 3. 상품들의 대표자
로서 (그렇기 때문에 계약의 대상으로서) 4. 특수한 상품들과 나란히
있는 일반적 상품으로서의 화폐의 속성들은, 단지 모두 상품들 자체
에서 분리되고 대상화된 교환 가치라는 규정으로부터 생겨난다. (다
른 모든 상품에 대한 일반적 상품으로서의, 그것들의 교환 가치의 체
현으로서의 속성으로 인해 화폐는 실현되고 언제나 실현 가능한 자
본 형태, 언제나 유효한 자본의 현상 형태가 되는데, 이것은 지금(地
金)이 유출될 때 두드러지게 나타나고, 따라서 자본은 역사적으로 먼
저 화폐의 형태로만 현상하며, 끝으로 이 속성은 화폐와 이자율의 연
관, 이자율에 대한 화폐의 영향을 설명해 준다.)

  생산이 각 생산자가 자기 상품의 교환 가치에 의존하는 방식으로
조성될수록, 즉 생산물이 실제로 교환 가치가 되고, 교환 가치가 생
산의 직접적인 목표가 될수록, 화폐 관계는 틀림없이 발전될 수밖에

없고, 화폐 관계, 생산물이 화폐로서의 자신에 대해 갖는 관계에 내재한 모순들 또한 발전할 수밖에 없다. 교환 욕구와 생산물의 순수한 교환 가치로의 전환은 분업, 즉 생산의 사회적 성격과 동일한 정도로 진전된다. 그러나 생산의 사회적 성격이 성장하는 만큼 화폐의 권력도 성장한다. 즉, 교환 관계가 생산자들에 대하여 외적인, 이들로부터 독립적인 권력으로 정착된다. 당초 생산을 촉진하기 위한 수단으로 나타났던 것이 생산자들에게 낯선 관계가 되는 것이다. 생산자들이 교환에 의존하는 데 비례하여 교환은 그들로부터 독립적으로 되고, 생산물로서의 생산물과 교환 가치로서의 생산물 사이의 간극이 커지는 것처럼 보인다. 화폐가 이러한 대립과 모순을 초래하는 것이 아니라, 역으로 이러한 모순과 대립의 발전이 화폐의 초월적인 권력을 초래하는 것이다. (모든 관계의 화폐 관계로의 전환, 즉 현물세의 화폐세로의 전환, 현물 지대의 화폐 지대로의 전환, 전시 징발의 용병대로의 전환, 모든 인적 용역의 화폐 용역으로의 전환, 가부장적, 노예적, 농노적, 길드적 노동의 순수한 임노동으로의 전환의 영향을 상술할 것.)

생산물이 상품이 된다. 상품은 교환 가치가 된다. 상품의 교환 가치는 상품의 내재적 화폐 속성이다. 상품의 이 화폐 속성은 화폐로서 상품으로부터 분리되어 모든 특수한 상품들과 이것들의 자연적 실존 방식과 구별되는 다른 하나의 일반적인 사회적 실존을 얻게 된다. 생산물이 교환 가치로서 자신에 대해 갖는 관계가, 그것과 나란히 실존하는 화폐에 대한 생산물의 관계, 또는 모든 생산물들밖에 실존하는 화폐에 대한 모든 생산물의 관계가 된다. 생산물들의 실제 교환이 그것들의 교환 가치를 낳듯이 그것들의 교환 가치는 화폐를 낳는다.

이제 다음으로 제기되는 의문은 아래와 같은 것이다. 상품과 나란히 있는 화폐의 실존은 이 관계 자체에 의해 주어진 모순들을 처음부터 안고 있는 것이 아닌가?

첫째, 상품이 이중적으로 실존한다는 단순한 사실, 한편으로는 자신의 자연적인 현존 형태에 자신의 교환 가치를 관념적으로 내포하고 있는(잠재적으로 내포하고 있는) 일정한 생산물로서, 다른 한편으로는 생산물의 자연적 현존 형태와의 모든 연관을 다시 벗어버린 명시된 교환 가치(화폐)로서 존재한다는 사실, 이러한 이중적인 상이한 실존은 차이로, 차이는 대립과 ‖16‖ 모순으로 진전된다. 생산물로서의 상품이 지닌 특수한 본성과 교환 가치로서의 상품이 지닌 일반적 본성 사이의 바로 그 모순은, 상품을 이중적으로, 즉 한편으로는 특정한 상품으로서, 다른 한편으로는 화폐로서 정립할 필요성을 낳는다. 상품의 특수한 자연적 속성들과 일반적인 사회적 속성들 사이의 이러한 모순은, 상품의 두 가지 분리된 실존 형태가 서로 태환되지 못할 가능성을 처음부터 안고 있다. 상품의 교환 가능성은 그 자체에서 벗어나 상품과 나란히 있는 화폐에서, 한 사물로서, 화폐로서, 상품과는 상이한 것으로서, 더 이상 상품과 직접적으로 동일한 것이 아닌 것으로서 실존한다. 화폐가 상품과 나란히 있는 하나의 외적인 사물이 되자마자, 상품이 화폐로 교환될 가능성은 나타날 수도 있고 나타나지 않을 수도 있는 외적인 조건들과 즉각 결부된다. 즉, 외적인 조건들에 내맡겨진다. 교환에서 상품은 그것의 자연적 속성들 때문에, 상품을 목표로 하는 욕구 때문에 필요해진다. 그에 반해 화폐는 오직 교환 가치 때문에, 교환 가치로서 요구된다. 따라서 상품이 화폐를 받고 판매될 수 있는지, 화폐와 교환될 수 있는지, 상품의 교환 가치가 정립될 수 있는지의 여부는, 일단 교환 가치로서의 상품과는 아무런 상관도 없고 그와는 무관한 여건들에 좌우된다. 상품의 변환 가능성은 상품의 자연적 속성들에 좌우된다. 화폐의 변환 가능성은 상징화된 교환 가치로서의 화폐의 실존과 일치한다. 따라서 생산물이라는 일정한 형태의 상품은, 화폐라는 일반적 형태와 더 이상 교환될 수 없고 등치될 수 없는 가능성이 생겨난다. 상품의 교환 가능성은 상품 밖에 화폐로 존재함으로써, 상품은 이제 상품이 비로소 등 치되어야 하고, 따라서 그것과는 일단 부등한 것, 그것과는 상이한 것, 그것에게 낯선 것이 된 데 반해, 등치 자체는 외적인 조건들에 좌우된다. 즉 우연적이 된다.

둘째, 상품이 화폐로서 일정한 상품과 이중적으로 실존하듯이, 교 환 행위는 상품의 화폐와의 교환과 화폐의 상품과의 교환, 판매와 구 매라는 서로 독립적인 두 행위로 분리된다. 이들이 이제는 공간적ㆍ 시간적으로 분리되고, 서로 무관한 실존 형태를 획득했기 때문에, 그 것들의 직접적인 일치(Identität)는 중지된다. 그것들은 조응할 수도 있고 조응하지 않을 수도 있다. 그것들은 일치할 수도 있고 그렇지 않을 수도 있다. 그것들은 서로 비례하지 않을 수 있다. 그것들은 끊 임없이 서로 일치되고자 하겠지만, 과거의 직접적인 동일성 (Gleichheit)이 이제는 끊임없는 부등화를 전제로 하는 끊임없는 상 쇄 운동으로 대치되었다. 이제는 일치가 아마도 극단적인 불일치들 을 통과함으로써만 달성될 수 있을 뿐이다.

셋째, 나아가 구매와 판매가 분리되고, 교환이 공간적ㆍ시간적으 로 서로 독립적인 두 행위로 분열되면서, 새로운 다른 관계가 등장한 다. 교환 자체가 서로 독립적인 두 행위로 분리되듯이 교환의 전체 운동 자체도 교환자들, 상품 생산자들로부터 분리된다. 교환을 위한 교환이 상품을 위한 교환과 분리된다. 상인 신분, 단지 판매하기 위 해서 구매하고 단지 다시 구매하기 위해서 판매하며, 이 과정에서 생 산물로서의 상품의 보유가 아니라 단지 교환 가치 자체, 화폐의 획득 을 목표로 하는 신분이 생산자들 사이에 끼어 든다. (상인 신분은 단 순한 물물교환에서 형성될 수 있다. 그러나 그들은 단지 양측의 생산 잉여만을 처분할 수 있기 때문에, 생산에 대한 상인 신분의 영향은 그들의 중요성과 마찬가지로 전적으로 부차적이다.) 교환(상업)이 교 환자들로부터 분리된 기능으로 자립하는 것은, 교환 가치가 생산물들로부터 분리되어 화폐로 자립하는 것에 조응한다. 교환 가치는 상품 교환의 척도였다. 그러나 그 목적은 교환된 상품의 직접적인 점유, 그것의 소비(이 소비가 생산물로서 욕구 충족에 직접 기여하든, 또는 스스로 다시 생산 도구로 기여하든)였다. 상업의 목적은 직접 소비가 아니며 화폐, 교환 가치의 취득이다. 교환의 이러한 이중화 — 소비를 위한 교환과 교환을 위한 교환 — 에 의해서 새로운 불비례가 등장한다. 교환에서 상인은 단순히 상품의 구매와 판매의 차액(差額)에 의해 규정된다. 그러나 소비자는 자신이 구매하는 상품의 교환 가치를 최종적으로 대체해야 한다. 유통, 즉 상인 신분 안에서의 교환과 유통의 종식, 즉 상인 신분과 소비자 사이의 교환은 — 그들이 궁극적으로는 상호 제약하지만 — 전혀 다른 법칙들과 동기들에 의해 규정되며, 서로 커다란 모순에 빠질 수 있다. 이미 이 분리에 상업 공황의 가능성이 놓여 있다. 그러나 생산이 직접적으로는 상업을 위해 이루어지고 간접적으로만 ‖17‖ 소비를 위해서 이루어지고 있기 때문에, 생산은 상업과 소비 교환의 불일치를 야기하는 만큼 이 불일치로부터 타격을 받을 수밖에 없다. (수요와 공급의 관계들이 전적으로 전도된다.) (그러면 본래적인 상업에서 다시 금융업이 분리된다.)

경구들. (모든 상품은 일시적인 화폐이다. 화폐는 불멸의 상품이다.[44] 분업이 발전할수록 직접적인 생산물은 교환 수단이 아니게 된다. 일반적 교환 수단, 즉 각 교환 수단의 특유한 생산과는 무관한 교환 수단의 필요성이 생긴다. 화폐에서 사물들의 가치는 그것들의 실체로부터 분리되어 있다. 원래는 화폐가 모든 가치의 대표자이다. 실재에 있어서는 사태가 역전되어 모든 현실적 생산물과 노동이 화폐의 대표자가 된다. 직접적인 물물교환에서 모든 물품이 모든 물품과 교환될 수 있는 것은 아니며, 일정한 활동이 일정한 생산물들과 교환될 수 있을 뿐이다. 화폐는 단지 물물교환에 내재한 어려움들을 일반화하고, 보편적으로 만듦으로써 그 어려움들을 지양할 수 있다. 본질적으로 공속(共屬)하면서도 강제로 분리된 요소들은 반드시 강제적인 폭발에 의해서 본질적으로는 공속적인 것들의 분리로 증명되는 것을 절대적으로 필요로 한다. 통일성이 강제적으로 회복되는 것이다. 적대적인 분열이 폭발에 이르자마자 경제학자들은 본질적인 통일성을 지적하고 소외를 사상한다. 그들의 옹호론적 지혜는 모든 결정적인 계기들에서 그들 자신의 규정들을 망각하는 데 있다.12) 직접적인 교환 수단으로서의 생산물은 1. 그것의 자연적 특질(特質)과 여전히 직접 연관되어 있고, 즉 모든 면에서 이 특질에 의해 제약되고, 예컨대 변질될 수 있고, 2. 타인이 가지고 있거나 가지고 있지 않은 잠정적인 욕구나, 그가 자신의 생산물에 대해 가지고 있을지도 모르는 직접적인 욕구와 연관되어 있다. 노동 생산물과 노동 자체가 교환에 종속됨으로써 그것들이 점유자로부터 분리되는 순간이 생긴다. 이 분리로부터 그것들이 점유자에게 다른 형체로나마 다시 되돌아가는지의 여부는 우연적이다. 화폐가 교환에 들어왔을 때 나는 내 생산물을 일반적 교환 가치 또는 일반적 교환 능력과 교환하도록 강제되었고, 그리하여 내 생산물은 일반적 상업에 좌우되고, 그것의 국지적·자연적·개인적 한계로부터 벗어나게 되었다. 바로 이 때문에 그것은 생산물이기를 그칠 수 있다.)

넷째, 화폐에서 교환 가치가 일반적 상품으로 모든 특수한 상품 곁에 등장하면, 그럼으로써 동시에 교환 가치는 화폐에서 특수한 상품으로서 (그것이 특수한 실존을 가지므로) 다른 모든 상품 곁에 등장하게 된다. 화폐는 교환 속에서만 실존하므로 일반적 교환 능력으로

---

12) 수고에는: 규정한다(bestimmt)

서 상품들의 특수한 교환 능력에 맞서고 일반적 교환 능력을 직접 소멸시키는데, 그럼에도 불구하고 양자는 끊임없이 서로 교환 가능해야 한다는 사실에 의해서만 불일치가 등장하는 것은 아니다. 이와 동시에 화폐는 그 자체가 (비록 부호에 지나지 않을지라도) 하나의 특수한 상품이 되고, 따라서 다른 상품들과의 교환에서 자신의 일반적인 무조건의 교환 가능성에 모순되는 특수한 교환 조건들에 다시 내맡겨짐으로써, 자기 자신 및 자기의 규정과 모순에 빠진다. (여기에서 특수한 하나의 생산물 등의 실체에 고정된 화폐에 관해 논의하고 있는 것은 아니다.) 교환 가치는 상품에서의 실존 이외에 화폐에서 자신의 실존을 얻고 자신의 실체로부터 분리되었는데, 이는 바로 이 실체의 자연적 규정성이 교환 가치로서의 화폐의 일반적 규정에 모순되었기 때문이다. 각 상품은 교환 가치로서 다른 상품과 동일하다(또는 비교 가능하다). (질적으로 각 상품은 교환 가치의 양적인 많고 적음을 대표할 뿐이다.) 그러므로 상품들의 이러한 동등성과 통일성은 그것들의 자연적 상이성과는 구별되며, 따라서 화폐에서 그것들의 공통의 요소이자 그것들에 대한 제3의 것으로 현상한다. 그러나 한편으로 교환 가치는 당연히 상품들의 내재적 특질로 남아 있는 반면, 이와 동시에 그것들의 밖에 실존한다. 다른 한편에서 화폐는 더 이상 상품들의 속성이나 상품들의 일반자로 실존하는 것이 아니라 상품들 곁에 개별화되어 있기 때문에, 스스로가 다른 상품들 곁에 있는 (수요와 공급에 의해 규정될 수 있고, 특수한 화폐 종류들 등으로 분할되는) 하나의 특수한 상품이 된다. 화폐는 다른 상품들과 같은 상품이 되며, 동시에 다른 상품들과 같은 상품이 아니다. 자신의 일반적 규정에도 불구하고, 화폐는 다른 교환 가능한 것과 나란히 있는 하나의 교환 가능성이다. 그것은 일반적 교환 가치일 뿐만 아니라 동시에 다른 특수한 교환 가치들과 나란히 있는 하나의 특수한 교환 가치이다. 여기에 실제로 대두되는 모순들의 새로운 원천이 있다.

(화폐의 특수한 본성은 실재의 상업에서 금융업이 분리되는 데에서 다시 드러난다.)

요컨대 우리는 자기 목적들을 부정함으로써 동시에 그 목적을 달성하고 상품들에 대해서 자립하며 수단에서 목적이 되고, 상품들로부터 분리됨으로써 상품들의 교환 가치를 실현하며, 교환을 분열시킴으로써 교환을 용이하게 하고, ∥18∣ 직접적 상품 교환의 난관들을 일반화함으로써 그 난관들을 극복하며, 생산자들이 교환에 의존하는 만큼 교환을 생산자들에 대해 자립시키는 것이 어떻게 화폐에 내재적인가를 목격하고 있다.

(이 문제에 관한 논의를 중단하기 전에 겉보기에 마치 개념 규정과 이 개념들의 변증법에만 관련된 문제인 것처럼 만드는 관념론적 서술 방식을 나중에 교정할 필요가 있을 것이다. 요컨대 무엇보다도 다음과 같은 구절: 생산물(또는 행위)이 상품이 되고, 상품은 교환 가치가 되며, 교환 가치는 화폐가 된다.)

(『이코노미스트』. 1857년 1월 24일자. 다음 문장이 은행들에서 간혹 고려된다.

상인 계급이 은행들의 이윤에서 한몫을 차지하는 것이 오늘날 상당히 일반적인데 — 그리고 이는 주식 은행들이 폭넓게 확산되고, 모든 조합 특권이 폐지되었으며, 은행업에까지 완전한 자유가 확산된 결과 훨씬 더 그러할 것이다 —, 그러한 한에 있어서 그들의 부는 화폐 시세의 상승 때문에 더 커졌다. 사실상 상인 계급들은 그들의 예금액만큼 실제로 자기 자신의 은행가들이다. 그리고 그것이 타당한 한에 있어서 그들에게 할인율이란 틀림없이 별 의미가 없을 것이다. 모든 은행 준비금과 다른 준비금들은 물론 계속적인 근면의 결과이고, 이윤에서 유보된 저축의 결과임에 틀림없다. 따라서 전체로서 상인 계급들이나 산업 계급들을 전체로서 파악하면 그들 자신은 자신의 은행가들임에 틀림없으며, 그 자신들을 위해 화폐 시장 변동의 모든 이익과 손실을 상쇄시키거나 중화시키

기 위해서 자유로운 영업의 원칙을 모든 사업 분야에 확산시키기만 하
면 된다.)

화폐 제도와 화폐 제도 하의 생산물 교환의 모든 모순은 교환 가치
들로서 생산물들의 관계, 그것들의 교환 가치 또는 가치로서의 규정
이 발전하는 것이다.

(『모닝 스타』. 1857년 2월 12일자. 지난 해의 화폐 압박과 그 결과 도
입된 높은 할인율은 프랑스 은행의 이윤에 매우 유리했다. 그 은행의 배
당금이 더욱 인상되었다: 1852년 118프랑, 1853년 153프랑, 1854년 194
프랑, 1855년 200프랑, 1856년 272프랑.)

다음 부분도 주목할 것.

영국 은화는 그것에 포함된 은 가치 이상의 가격으로 발행되었다.
60-62실링 가치의 은 1파운드(금으로는 평균 3파운드)가 66실링 가치의
은화로 주조되었다. 조폐국은 '온스 당 5실링 내지 5실링 2펜스의 일일
시장 가격을 지불하고, 온스 당 5실링 6펜스의 비율로 발행한다. 이 작업
에서 야기되는 어떤 실질적인 불편을 방지하는 두 가지 근거가 있다.'
(내재적 가치가 아니라 은화의.) '첫째로 조폐국에서만 주화가 이 가격으
로 취득될 수 있다. 그러면 국내 유통에서 이 주화는 평가절하될 수 없
고, 또한 그것의 내재적 가치 이상으로 유통될 수 있으므로 해외로 보내
질 수 없다. 둘째로 주화는 40실링까지만 법정 지불 수단이므로, 결코 금
화와 갈등에 빠지지도 않고 이것의 가치에 영향을 미치지도 않는다.' 마
찬가지로 본래적인 가치가 아니라 보다 작은 가치를 가지는 은화를 발
행하고, 그것이 법적 지불 수단이 될 수 있는 금액을 제한하도록 프랑스
에 충고하라. 그러나 금에 비해 은 가치가 상승해서 머지 않아 지금의
조폐국 가격에 이를 것이고, 그러면 은 가치를 변경할 수밖에 없을 것이
기 때문에, 그들이 주화의 질(質)을 확정할 때 본래적 가치와 명목 가치

사이의 격차를 지금 영국에서보다 더 크게 할 것도 아울러. 우리 은화는 현재의 본래적 가치보다 5% 이상이 낮다. 얼마 전만 해도 그것은 10% 였다(『이코노미스트』 1857년 1월 24일).

이제 시간 전표 발행으로 이 모든 난관을 극복할 수 있을 것이라 고 생각할 수도 있을 것이다. (물론 시간 전표의 실존은 교환 가치와 화폐의 관계를 연구할 때는 직접 주어지지 않았고, 그것 없이는 양자 가 존재할 수도 없고 존재하지도 않는 조건들, 즉 공공 신용, 은행 등을 당연히 전제한다. 그렇지만 이 모든 것을 여기에서는 더 이상 언급하지 않겠다. 물론 시간 전표를 주장하는 자들은, 시간 전표가 화폐의 "순수한" 개념에 가장 잘 조응한다면, 그것을 현실에서 마침 내 "현상하는" "구성"[45]의 마지막 산물로 간주할 것이다.) 우선, 상 품 가격 = 상품의 교환 가치가 되는 전제들, 수요와 공급의 일치, 생 산과 소비의 일치, 궁극적으로 비례적 생산[46](소위 분배 관계 자체가 생산 관계이다)이 충족된 것으로 전제된다면, 화폐 문제, 특히 파란 색이든 초록색이든, 양철로 만든 것이든 종이로 만든 것이든, 증서들 이 지출되는지 또는 어떤 다른 형태로 사회적 회계가 관리되는지의 문제는 전적으로 부차적이다. 그렇다면 실재적 화폐 관계에 관한 연 구가 수행되어야 한다는 평계를 유지하는 것은 지극히 어리석다.

∥19∣ 은행은 (어떤 은행이든) 시간 전표를 발행한다. 상품 a = x 교환 가치, 즉 상품 a = x 노동 시간은 x 노동 시간을 대표하는 화 폐와 교환된다. 은행은 예를 들어 오늘날 영국 은행이 금을 받고 은 행권을 지불하듯이 상품을 사야 한다. 즉, 상품을 그의 화폐 대표자 와 교환해야 한다. 상품, 교환 가치의 실체적이고 따라서 우연적인 현존이 교환 가치로서의 교환 가치의 상징적인 현존과 교환된다. 그 러므로 그것을 상품 형태로부터 화폐 형태로 변환시키는 것은 어렵 지 않다. 그에 포함되어 있는 노동 시간은 신빙성 있게 확인되기만

하면 되며(덧붙여 말하자면, 이는 금은의 순도와 무게가 입증한 바와 같이 그다지 쉬운 것이 아니다), 그럼으로써 즉각 그것의 대응 가치, 그것의 화폐 현존을 낳는다. 우리가 이 문제를 아무리 살펴보아도 궁극적으로는 다음으로 귀결된다. 시간 전표를 발행하는 은행은 상품을 그 생산비에 구매하고 모든 상품들을 구매하며, 더욱이 이 구매가 은행에게는 판매자가 일정한 실체적 형태로 보유하는 교환 가치 대신에 상품의 상징적 교환 가치, 다른 말로 표현하자면 동일한 교환 가치 액수의 다른 모든 상품에 대한 위탁 증권을 판매자에게 주는 종이 조각 생산비만을 부담 지울 뿐이다. 비록 이 상징이 — 단순히 상상 형태로만이 아니라 — 사물로 사용될 수 있기 위해서 사물적 현존을 보유하지만, 즉 관념적 상상일 뿐만 아니라 대상적 방식으로 실제로 상상되지만, 교환 가치 자체는 당연히 상징적으로만 존재할 수 있다. (어떤 척도는 수중에 간직될 수 있다. 교환 가치는 측정되지만, 그것이 교환되는 것은 척도가 한 손에서 다른 손으로 옮겨질 때에만 가능하다.)[47] 요컨대 은행은 상품을 받고 화폐, 정확히 말하자면 상품의 교환 가치, 즉 동일한 가치를 가지는 모든 상품에 대한 위탁 증권인 화폐를 지급한다. 은행이 구매한다. 은행은 이런저런 상품의 구매자가 아니라 모든 상품의 구매자, 즉 일반적 구매자이다. 왜냐하면 은행은 각 상품이 교환 가치로서 그것의 상징적 현존으로 변환키는 것을 실행해야 하기 때문이다. 그러나 은행이 일반적 구매자라면, 그것은 모든 상품이 저장되는 창고일 뿐만 아니라 일반적 판매자이기도 해야 한다. 또한 은행은 다른 모든 상인이 그러하듯이 일반적 백화점일 뿐만 아니라 상품 보유자이기도 해야 한다. 나는 내 상품 a를 그것의 교환 가치를 표상하는 시간 전표 b와 교환했다. 그러나 이것은 단지 내가 이 b를 다시 모든 실재 상품 c, d, e 등으로 임의로 변환시킬 수 있기 위해서이다. 이제 이 화폐가 은행 밖에서 유통될 수 있는가? 증서 보유자와 은행 사이에서와는 다르게? 이 증서의 태환성은 어떻게 보장되는가? 단지 두 가지 경우만이 가능하다. 모든 상품(생산물이나 노동)의 보유자가 그들의 상품을 그 교환 가치에 따라 판매하고자 하거나, 어떤 사람은 그러한 판매를 원하고 다른 어떤 사람들은 원하지 않는 경우이다. 그들 모두가 교환 가치에 따라 판매하고자 한다면, 그들은 구매자가 발견되거나 발견되지 않는 우연을 기다리지 않고 즉시 은행에 가서 상품을 양도하고, 그 대가로 교환 가치 표장, 화폐를 받을 것이다. 즉, 상품을 은행 자신의 화폐와 교환할 것이다. 이 경우에 은행은 혼자서 일반적 구매자이자 동시에 판매자이다. 또는 그 반대 상황이 벌어진다. 이 경우 은행 증서는 일반적으로 인정된 교환 가치의 상징을 담지하는 단순한 종이일 뿐 가치를 가지지 않는다. 왜냐하면 이 상징은 실제 교환에서 교환 가치를 표상할 뿐만 아니라 교환 가치로서도 존재하기 때문이다. 후자의 경우에 있어서 은행 증서는 화폐가 아니거나, 또는 일반적 시장에서가 아니라 은행과 그 고객들 사이에서 통용되는 협정 화폐일 뿐이다. 그것은 내가 음식을 주문하면서 종업원에게 받는 식권 한 묶음과 연극 입장권 한 묶음이, 양자 모두 화폐를 표상하기는 하지만, 전자는 그 특정한 식당에서만, 그리고 후자는 그 특정한 극장에서만 화폐인 것과 마찬가지일 것이다. 은행 증서는 일반 공중에 의해서가 아니라 은행과 고객들 사이에서만 유통될 것이기 때문에 화폐의 조건을 갖추지 못할 것이다. 요컨대 우리는 후자의 가정을 폐기해야 한다.

따라서 은행은 일반적 구매자이자 판매자일 것이다. 그것은 은행권 대신 수표를 발행할 수도 있을 것이고, 수표 대신 단순한 은행 계좌를 개설해 줄 수도 있을 것이다. X가 은행에 양도하는 상품 가치액에 따라서 X는 동일한 가치액 만큼의 채권을 다른 상품으로 가질 것이다. 모든 상품의 교환 가치, 즉 이것들에 물질화된 노동 시간을 신빙성 있게 확정하는 또 하나의 은행 기능이 필요할 것이다. 그러나 그것의 기능이 여기에서 끝날 수는 없을 것이다. 은행은 주어진 산업에서 이용 가능한 평균적인 수단으로 상품들이 산출될 수 있는 노동 시간, 즉 이들이 산출되어야 하는 시간을 결정해야 할 것이다. 그러나 이것으로도 부족할 것이다. 은행은 일정량의 생산물이 산출되어야 하는 시간을 결정해야 하고, 생산자들로 하여금 그들의 노동이 동일하게 생산적이 되는 조건에 놓이도록 해야 (요컨대, 노동 수단의 분배도 조정하고 정돈해야) 할 뿐만 아니라, 다양한 생산 부문들에 투하될 노동 시간량도 ‖20‖ 결정해야 할 것이다. 후자가 필요한 것은, 교환 가치를 실현하고 은행의 화폐를 실제로 태환 가능하도록 하기 위해서, 교환자들의 욕구가 충족될 수 있는 비율로 일반적 생산이 보장되어야 할 것이기 때문이다. 여전히 이 문제가 끝난 것은 아니다. 가장 중요한 교환은 상품 교환이 아니라 노동과 상품의 교환이다. (바로 뒤에서 보다 자세히.) 노동자들은 자신들의 노동을 은행에 파는 것이 아니라 자신들의 노동 생산물 전체에 대한 교환 가치를 받을 것이다. 그렇다면 이제 은행은 일반적 구매자이자 판매자일 뿐만 아니라 일반적 생산자일 것이다. 사실 은행은 전제적(專制的)인 생산 정부 겸 분배 관리자이거나, 또는 공동으로 노동하는 사회를 위해서 회계를 맡은 관청에 지나지 않을 것이다. 생산 수단의 공동성 (Gemeinsamkeit) 등등이 전제되어 있다. 생시몽주의자들은 그들의 은행을 생산의 교황으로 만든다.

모든 생산물과 활동이 교환 가치로 분해되는 것은 생산의 모든 고정된 인격적 (역사적) 예속 관계의 해체와 아울러 생산자들의 전면적인 상호 의존을 전제로 한다. 각 개별자의 생산이 다른 모든 사람의 생산에 좌우될 뿐만 아니라, 그의 생산물이 그 자신을 위한 생활 수단으로 전환되는 것은 다른 모든 사람의 소비에 좌우된다. 가격은 오래된 것이다. 교환도 마찬가지이다. 그러나 가격은 점차로 생산비에 의해 결정되며 교환이 모든 생산 관계들을 압도하는 것은 부르주아 사회, 자유 경쟁 사회에서 비로소 완전하게 발전되었고 끊임없이 더 완전하게 발전된다. 애덤 스미스가 진정한 18세기 방식으로 전사(前史) 시대에 위치지운 것, 역사에 선행하도록 한 것은 오히려 역사의 산물이다.[48]

이러한 상호 의존이 부단한 교환의 필요성과 전면적 매개자로서의 교환 가치에서 표현된다. 경제학자들은 이를 다음과 같이 표현한다. 누구나 자신의 사적 이익을, 그것도 오직 사적 이익만을 추구한다. 그럼으로써 원하지도 않고 알지도 못하는 사이에 모든 사람의 사적 이익, 일반 이익에 기여한다. 각자가 자신의 사적 이익을 추구함으로써, 사적 이익의 총체, 즉 일반 이익이 달성된다는 것은 기이한 것이 아니다. 이 추상적인 구절로부터 얻어지는 결론은 각자가 서로 타인의 이익 관철을 방해하고, 만인의 만인에 대한 투쟁[49]으로부터 일반적 긍정 대신에 일반적 부정이 귀결된다는 것이다. 오히려 요점은 사적 이익 자체가 이미 사회적으로 규정된 이익이며, 사회에 의해 정립된 조건들 안에서 사회에 의해 주어진 수단들로만 달성될 수 있다는 것, 말하자면 사적 이익 자체가 이러한 조건들과 수단들의 재생산에 묶여 있다는 것이다. 사적 이익은 사인(私人)들의 이익이다. 그러나 그 내용은 사적 이익의 실현 형태 및 실현 수단과 마찬가지로 모든 개인들로부터 독립적인 사회적 조건들에 의해 주어진다.

서로 무차별적인 개인들의 상호적이고 전면적인 의존이 그들의 사회적 연관을 이룬다. 이 사회적 연관이 교환 가치에서 표현되는데, 각 개인에게는 그 자신의 활동이나 생산물이 교환 가치 속에서 비로소 그를 위한 활동이나 생산물이 된다. 그는 일반적 생산물 — 교환 가치, 또는 이를 대자적으로 고립시키고 개별화된 화폐를 생산해야 한다. 다른 한편에서 각 개인이 타인의 활동이나 사회적 부에 대해서 행사하는 권력은 그가 교환 가치들, 화폐의 보유자라는 점에 있다. 개인들은 사회와의 연관뿐만 아니라 사회적 권력도 보유하고 있다. 활동의 개인적 현상 형태가 어떠하든, 그리고 그 활동의 산물이 어떠한 특수한 성질을 보유하건, 그것은 교환 가치, 즉 일반자인데, 여기에서는 모든 개성과 독특성이 부정되고 소멸된다. 이러한 상태는 사실상 개인 또는 가족과 부족(나중에는 공동체)에서 자생적으로나 역사적으로 확대된 개인이 직접 자연으로부터 재생산되거나, 그의 생산적 활동이나 그의 생산 지분이 일정한 형태의 노동과 생산물에 의거하고, 타인과의 관계도 그렇게 규정되던 상태와는 매우 다르다.

여기에서 생산물의 사회적 형태, 개인의 생산 지분뿐만 아니라 활동의 사회적 성격은 개인들에게 낯선 것, 물적인 것으로서 현상한다. 그들이 서로 관계하는 것이 아니라, 그들과는 독립적으로 존재하고 무차별적인 개인들의 상호 충돌에서 발생하는 관계들에 복속된 것으로 현상한다. 각 개별적인 개인에게는 생활 조건이 되어버린 활동과 생산물의 일반적 교환, 그들의 상호 연관이 그들 자신에게는 낯설게, 독립적으로, 하나의 사물로 현상한다. 교환 가치에서 인간들의 사회적 관계는 사물들의 사회적 관계로, ‖21‖ 인간의 능력이 사물의 능력으로 전환되었다. 교환 수단이 가진 사회적 힘이 작을수록, 그것이 직접적 노동 생산물의 본성 및 교환 상대자들의 직접적 욕구들과 밀접하게 연관될수록, 개인들을 결속시키는 공동체, 가부장적 관계, 고대 공동체, 봉건제 및 길드제의 힘은 여전히 클 수밖에 없다(나의 노트 XII권, 34b 참조).[50] 각 개인은 사물의 형태로 사회적 권력을 보유한다. 사물로부터 이 사회적 권력을 박탈하면, 인간들에 대한 인간들의 사회적 권력이 있을 것이 틀림없다. (처음에는 완전히 자생적인) 인격적 예속 관계들은 최초의 사회 형태들인데, 여기에서 인간의 생산성은 고립된 지점들에서 작은 범위에서만 발전된다. 물적 의존에 기초한 인격적 독립은 두 번째 큰 형태인데, 여기에서는 일반적인 사회적 물질 대사, 보편적 관계, 전면적 욕구, 보편적 능력의 체계가 비로소 형성된다. 개인들이 보편적으로 발전하는 것과, 개인들의 공동체적·사회적 생산성이 이들의 사회적 능력(Vermögen)으로 복속하는 것에 기초를 둔 자유로운 개성이 세 번째 단계이다. 두 번째 형태는 세 번째 형태의 조건을 창조한다. 따라서 근대 사회가 상업, 사치, 화폐, 교환 가치와 발을 맞추어 성장하듯이, 고대적 상태와 마찬가지로 가부장적 상태(봉건적 상태)도 이것들의 발전과 더불어 해체된다.

교환과 분업은 서로를 조건 지운다. 각자는 자신을 위해 노동하지만, 그의 생산물이 그에게는 아무 것도 아니므로, 그는 일반적 생산능력에 참여하기 위해서 뿐만 아니라 자신의 생산물을 자기 자신을 위한 생활 수단으로 전환시키기 위해서도 당연히 교환해야 한다(나의 「경제에 관한 진술」, V쪽(13, 14) 참조).[51] 교환 가치와 화폐에 의해 매개된 것으로서의 교환은 물론 생산자들의 전면적인 상호 의존을 전제로 하지만, 동시에 그들의 사적 이익의 완전한 고립과 사회적 분업도 전제로 하는데, 사회적 분업의 통일과 상호 보완은 개인들 밖에 개인들로부터 독립해서, 말하자면 자연 관계로 존재한다. 일반적 수요와 공급의 상호압력이 서로 무관한 사람들의 연관을 매개하는 것이다.

개인들의 생산물이나 활동을 먼저 교환 가치 형태, 화폐로 전환시켜야 하고, 그들이 이 물질적 형태에서 비로소 사회적 권력을 획득하고 증명해야 할 필요성 자체는 두 가지를 증명한다. 1. 개인들이 사회를 위해서만 그리고 사회에서만 생산한다는 것. 2. 그들의 생산은 직접적으로 사회적이지 않고, 노동을 내부적으로 배분하는 "연합의 결과"도 아니라는 것. 개인들은 그들 밖에서 숙명적으로 존재하는 사회적 생산에 복속되어 있다. 그러나 사회적 생산은 그것을 자신들의 공동 능력으로 운영하는 개인들에게 복속되어 있지 않다. 따라서 위에서 언급된 시간 전표 은행에서처럼 교환 가치, 화폐의 기초 위에서 연합된 개인들의 전체 생산에 대한 통제를 전제하는 것만큼 잘못되고 어리석은 것은 없다. 모든 노동 생산물, 자산, 활동의 사적 교환은 (자생적이든 정치적이든) 개인들의 상명하복(上命下服)에 기초한 분배에 대립될 뿐만 아니라(여기에서 본래적 교환은 부수적이거나 또는 대체로 전체 공동체의 생활에 침투하기보다는 상이한 공동체들 사이에 끼여들 뿐 결코 모든 생산 및 교류 관계를 복속시키지 않는다), (이 상명하복이 가부장적, 고대적, 봉건적 성격 어느 것을 취하든) 생산 수단의 공동 점취와 통제에 입각해서 연합한 개인들의 자유로운 교환에도 대립된다. (이 연합은 자의적인 것이 아니다. 그것은 여기에서는 더 이상 상술할 수 없는 물적·정신적 조건들의 발전을 전제로 한다.) 분업이 밀집, 결합, 협업, 사적 이익의 대립, 계급 이익, 경쟁, 자본 집중, 독점, 주식 회사들 — 전자에 대한 대립 자체를 야기하는 통일의 대립적 형태들만 — 을 낳듯이, 사적 교환은 세계 무역을 낳고, 사적 독립은 소위 세계 시장에의 완전한 의존을 낳으며, 분산된 교환 행위들은 ‖ 22 ‖ 적어도 사적 교환의 정산을 기록하는 회계를 가진 은행 제도를 낳는다. 환율 — 여기에서 각 나라의 사적 이익들은 그 나라를 각 나라가 가지는 성숙한 개인들만큼 많은 나라들로 분할하고, 같은 나라의 수출자의 이익과 수입자의 이익이 맞서기는 하지만 — 에서 국내 상업은 존재의 유사성 등을 가지게 된다. 그러므로 거래소 개혁을 통해서 대내외 사적 상업의 토대를 지양할 수 있다고 믿는 사람은 아무도 없다. 그러나 교환 가치에 기초하는 부르주아 사회 내부에서 그것을 폭파할 수 있을 만큼 많은 폭탄들인 생산 관계들과 교류 관계들이 산출된다. (사회적 통일의 대립적인 형태들은 다수인데, 이 통일의 대립적 성격은 조용한 형태 변환에 의해서는 결코 폭파될 수 없다. 다른 한편으로 우리가 계급 없는 사회를 위한 물질적 생산 조건과 그에 조응하는 교류 관계를 기존의 사회에 은폐되어 있는 것으로 발견하지 못한다면, 기존 사회에 대한 모든 폭파 시도는 동키호테 짓거리일 것이다.)

우리는 교환 가치 = 생산물에 물질화된 상대적 노동 시간이지만, 화폐 = 상품들의 실체로부터 분리된 교환 가치라는 점, 이 교환 가치 또는 화폐 관계에는 상품과 그 교환 가치 사이의 모순들, 교환 가치로서의 상품과 화폐 사이의 모순들이 포함되어 있다는 점을 살펴보았다. 우리는 노동 화폐에서 상품의 대조물(Gegenbild)을 직접 산출하는 은행이란 하나의 공상이라는 점을 보았다. 요컨대 화폐는 상품의 실체로부터 분리된 교환 가치이며, 순수하게 정립되려는 이 교환 가치의 경향 덕분에 탄생된 것이지만, 상품이 직접 화폐로 전환될 수는 없다. 즉, 상품에 실현된 노동 시간의 양에 관한 신빙성 있는 증명은 교환 가치 세계에서 상품 가격으로 기능할 수 없다. 어째서 그러한가?

(화폐 형태에서 ― 화폐가 (교환 가치의 척도가 아니라) 교환 수단인 한에 있어서 ― 화폐의 존재가 사회적 연관의 물화를 전제로 한다는 것, 즉 화폐가 한 사람이 상품을 획득하기 위해서 다른 사람의 수중에 남겨두어야 하는 담보[52]로 현상한다는 것이 경제학자들에게는 분명하다. 여기에서 경제학자들은 인간들이 자신들에게는 부여하지 않는 신뢰를 하나의 사물(화폐)에게 부여한다고 스스로 말한다. 그러나 그들은 왜 사물에게 신뢰를 부여하는가? 그것이 인간들의 물화된 관계로서, 물화된 교환 가치로서만 그러하다는 것은 명백한데, 교환 가치란 인간들이 행하는 생산적 활동의 상호 관계에 지나지 않는다. 다른 모든 담보는 그 자체로 직접 담보 보유자에게 유용할 것이다. 화폐는 "사회의 동산 담보"(動産擔保)[53]로서만 담보 보유자에게 유용한데, 화폐가 그러한 동산 담보가 되는 것은 그것의 사회적 (상징적) 속성 때문이다. 그리고 그것이 사회적 속성을 가질 수 있는 것은 개인들이 자신들의 사회적 관계를 하나의 대상으로 자신들로부터 소외시켰기 때문이다.)

전체 생산 관계와 교류 관계가 개별자, 모든 개별자에 대해서 현상하는 바와 같은 그러한 이질성의 기초 위에서 이루어지는 상업 활동이 그러하듯이, 모든 가치가 화폐로 측정되는 가격표에서는 사물들의 사회적 성격의 인간들로부터의 독립성이 동시에 전체 생산 관계와 교류 관계를 개별자들에게 복속시키는 것처럼 보인다.13) 미안한 말이지만 (각 개별자의 활동이 포함되어 있는) 세계 시장의 자립화는 화폐 관계(교환 가치)의 발전과 더불어 성장하며 그 역도 성립하기 때문에, 생산과 소비에서의 일반적인 연관과 전면적인 의존은 소비자들과 생산자들의 상호 독립 및 무차별성과 더불어 성장하기 때문에, 그리고 이 모순이 공황 등에 이르기 때문에 이 소외가 발전됨에 따라 동시에 이 모순 자체의 토대 위에서 소외를 지양하려는 시도가 있게 된다. 가격표, 환율 그리고 각 개별자가 편지, 전보 등을 통해 다른 모든 개별자들의 활동에 관한 정보를 수집하고, 자신의 활동을 그것에 따라 맞추는 상인들의 상호 연결이 그러한 것이다(소통 수단은 물론 동시에 증가한다). (즉, 모든 사람들의 수요와 공급은 모든 사람들로부터 독립되어 있음에도 불구하고, 각자는 일반적 수요와 공급의 상태에 관해 숙지하고자 한다. 그리고 이 지식은 다시 수요와 공급에 실제로 영향을 미친다. 이 모든 수단들이 주어진 관점에서 이질성을 지양하지는 않지만, 그럼에도 불구하고 그것은 낡은 관점을 지양할 가능성을 내포하고 있는 관계들과 연결들을 불러일으킨다.) (일반적 통계의 가능성 등.) (덧붙여 말하자면 이는 「가격, 수요, 공급」의 범주 하에서 개진될 것이다. 그 밖에 실제로 가격표에 들어 있는 한에서 전체 상업과 전체 생산에 관한 총괄은, 사실상 개별자들에게 자신의 교환과 생산14)이 그들로부터는 독립적인 물질적 관계로서 어떻게 마주 서는가에 관한 가장 훌륭한 증거를 제공해 준다는 점이 여기에서 지적되어야 한다. 세계 시장에서 모든 사람과 개별자의 연관, 그러나 동시에 이 연관의 개별자 자신들로부터의 ‖23‖ 독립성은 이미 세계 시장의 형성이 그 자체로부터의 이행 조건을 포함하

---

13) 수고에는: 현상한다(erscheinen)
14) 수고에는: 생산물

는 수준으로 발전했다.) 실재적인 공동성과 일반성 대신에 비교.

　(바로 이러한 자생적인, 개인들의 지식이나 의사와는 무관하고 그들의 상호 독립과 무관심을 전제로 하는 연관에, 물적이고 정신적인 소재대사에 아름답고 위대한 것이 기초한다고 말해져 왔으며 또 말해질 것이다. 그리고 이 물적 연관이 무연관성이나 혈연적, 원시적, 자연적 지배 예속 [관계]에 기초하는 국지적 연관보다 선호될 것은 분명하다. 개인들이 자신들의 사회적 연관들을 창조하기 전에는 그것들을 복속시킬 수 없다는 점도 마찬가지로 확실하다. 그러나 저 물질적일 뿐인 연관을 (성찰된 지식이나 의지와는 반대로), 자생적인 연관, 개성의 본성과 불가분하며 이에 내재적인 연관으로 파악하는 것은 어리석다. 그것은 개인들의 산물인 것이다. 그것은 역사적 산물이다. 그것은 개인들의 일정한 역사적 발전 국면에 속하는 것이다. 아직 개인들에 맞서서 실존하는 이질성과 자립성은, 개인들이 자신들의 사회 생활의 조건을 창조하는 중이지 아직 이 조건으로부터 출발해서 생활을 시작하지는 않았다는 것을 증명할 뿐이다. 그것은 일정한 편협한 생산 관계 안에서 개인들의 자연 발생적 연관인 것이다. 사회적 관계들을 자신들의 공동의 관계들로서 자신들의 공동의 통제에 복속시키는 보편적으로 발전된 개인들은 자연의 산물이 아니라 역사의 산물이다. 이러한 개성이 가능해지는 능력의 발전 정도와 보편성은 바로 교환 가치에 기초한 생산을 전제로 하는데, 이 생산은 자신과 타인들로부터의 개인의 소외의 일반성과 함께 개인의 관계와 능력의 일반성과 전면성도 비로소 생산한다. 과거의 발전 단계들에서는 개별적인 개인이 아직 풍부한 관계를 창출하지 않았고, 자신으로부터 독립적인 사회적 권력과 관계로서 자신에게 맞세우지 않았기 때문에 더 완전하게 나타난다. 그 본래적인 풍부를 그리워하는 것이 우스울수록, 저 완전한 소외에 머무를 수밖에 없다는 믿음도 우스운 것이다. 부르주아적 견해는 저 낭만적 견해에 대한 대립을 결코 넘어

서지 못했다. 따라서 부르주아적 견해는 저 낭만적 견해를 정당한 대립으로서 축복 받은 종말까지 동반할 것이다.)

(여기에서 과학에 대한 개별자의 관계를 예로 들 수 있다.)

(화폐를 피와 비교하는 것 — 유통이라는 단어가 그 동기를 제공한다 — 은 대략 메네니우스 아그리파[54]가 로마 귀족과 위(胃)를 등치시킨 정도 만큼 옳다.) (화폐를 언어와 비교하는 것도 마찬가지로 틀렸다. 관념들이 언어로 전환된다고 해서 그것들의 특유성이 해소되고, 마치 가격이 상품과 나란히 실존하듯이 그것들의 사회적 성격이 언어에서 그것들과 나란히 실존하는 것은 아니다. 관념들은 언어와 분리되어 실존하지 않는다. 통용되기 위해서, 교환 가능하기 위해서 모국어에서 외국어로 이제 번역되어야 하는 관념들이 더 많은 유추를 제공한다. 그러나 이때 유추는 언어에 있는 것이 아니라 언어의 이국성 Fremdheit 에 있다.)

(모든 것과 차이 없이 교환될 수 있는 제3의 것, 물적인 것과 모든 생산물, 활동, 관계의 교환 가능성 — 즉, 교환 가치(와 화폐 관계)의 발전은 일반적인 매수 및 부패와 일치한다. 전반적인 매춘은 인간적 성향, 재능, 능력, 활동이 가진 사회적 성격의 한 필연적인 발전 국면으로 나타난다. 더 점잖게 표현하자면, 일반적인 유용성 관계와 가용성 관계. 셰익스피어[55]가 화폐를 이해하면서 그러했듯이 그것은 이질적인 것들의 등치이다. 화폐 없이는 치부 욕망 자체가 불가능하다. 다른 모든 축적과 축적 욕망은 자생적이고 편협하며, 한편으로는 욕구에 의해서, 다른 한편으로는 생산물의 편협한 본성에 의해서 조건지워지는 것처럼 나타난다(저주받을 황금욕).[56])

(화폐 제도는 그 발전에 있어서 분명히 이미 다른 일반적 발전들을 가정한다.)

미발전된 교환, 교환 가치, 화폐의 미발전된 체제를 낳거나 발전도가 낮은 이 체제들에 조응하는 사회적 관계들을 고찰하면, 개인들은

비록 그들의 관계가 보다 인격적으로 현상한다고 할지라도, 어떤 규
정에 구속된 개인들로서만, 즉 봉건 영주와 가신(家臣), 지주와 농노
등으로, 또는 카스트 구성원 등으로, 또는 신분 구성원 등으로만 관
계를 맺는다는 것은 처음부터 명백하다. 화폐 관계, 발전된 교환 체
제에서는 (그리고 이 겉모습이 민주주의를 오도 誤導 한다) 사실 혈
통 차이, 교육 차이 등 인격적 예속의 끈이 끊어지고 찢어졌다(인격
적인 유대들은 모두 적어도 인간적인 관계들로 현상한다). 그리고 개
인들은 독립적이고 (이 독립성은 단순히 하나의 환상일 뿐이고, 보다
정확히 말하자면 — 무차별성이라는 의미의 — 무관심이라 불릴 수
있다) 자유롭게 서로 접촉하며 이 자유 속에서 교환하는 것처럼 보인
다. 그러나 이 개인들은 그들이 접촉하게 되는 조건들, 실존 조건들
(그리고 이것들은 다시 개인들로부터 독립적이며, 비록 사회에 의해
산출되지만, 말하자면 자연조건들로, 즉 개인들에 의해서는 통제될
수 없는 조건들로 나타난다)을 사상(捨象)하는 자에게만 그렇게 보인
다. ‖24‖ 전자의 경우에는 다른 개인에 의한 한 개인의 인격적 제
한으로 나타나던 규정성이, 후자의 경우에는 개인으로부터 독립적이
고 스스로에 휴지(休止)하고 있는 관계들에 의한 개인의 물적 제약으
로 완성되어 나타난다. (개별적인 개인은 자신의 인격적 규정성을 벗
어버릴 수 없지만 외적인 관계들은 아마도 극복해서 복속시킬 수 있
기 때문에, 두 번째 경우에 그의 자유는 더 큰 것처럼 보인다. 그러나
저 외적인 관계들, 저 조건들을 보다 자세히 연구해 보면, 한 계급
등의 개인들이 그것들을 지양하지 않고 전체로서(en masse) 극복한
다는 것은 불가능하다는 것이 드러난다. 개별자가 그것들을 우연히
제거할 수는 있다. 그 조건들에 의해 지배당하는 개인들의 대중은 그
럴 수 없는데, 그 이유는 그 조건들의 단순한 존립이 개인들의 그것
들에 대한 복속, 필연적인 복속을 표현하기 때문이다.) 이러한 외적
인 관계들은 "의존 관계들"의 제거가 아니므로, 이 의존 관계들의 일

반적 형태로의 용해일 뿐이고, 오히려 인격적 예속 관계의 일반적 근
거의 출현이다. 여기에서도 개인들은 특정한 개인들로만 관계를 맺
는다. 인격적 예속 관계와 대립되는 이러한 물적 의존 관계도(물적
의존 관계란 겉보기에는 독립적인 개인들에게 자립적으로 마주 서는
사회적 관계들, 즉 개인들 스스로에 대하여 자립화된 상호적 생산 관
계들에 지나지 않는다), 과거에는 개인들이 서로 의존했던 반면, 이
제는 추상들에 의해 지배당하는 것으로 나타난다. 그러나 추상이나
관념은 개인들을 지배하는 저 물질적 관계들의 이론적 표현에 지나
지 않는다. 물론 관계들은 관념들을 통해서만 표현될 수 있으며, 따
라서 철학자들은 자신들이 관념들에 지배당하는 것을 근대에 특유한
것으로 이해했고, 이 관념 지배의 붕괴를 자유로운 개성의 산출과 동
일시했던 것이다. 이데올로기적 관점에서 볼 때, 관계들의 저 지배
(덧붙여 말하자면 모든 환상을 벗어버린 일정한 인격적 예속 관계들
로 다시 전환되는 저 물적 의존)가 개인들의 의식 속에서는 관념들
의 지배로 현상하고, 이 관념들, 즉 저 물적 의존 관계들의 영구성에
대한 믿음이 지배 계급에 의해 어떤 방식으로든 확립되고 조장되며
주입될수록 이러한 오류는 쉽게 범해질 수 있었다.

(물론 봉건 시대 등의 "순수하게 인격적인 관계들"이라는 환상과
관련하여 한시도 잊어서는 안될 것은, 1. 이 관계들이 예컨대 순전히
군사적인 복종 관계로부터 토지 소유 관계가 발전하는 것에서 알 수
있듯이, 그것들의 영역 내에서조차 일정한 국면에서는 물적 성격을
취했다는 것, 2. 그러나 이 인격적 관계들이 영락하면서 나타나는 물
적 관계 자체는 편협하고 자연에 의해 규정된 성격을 가지며, 따라서
인격적인 것으로 현상하는 반면, 근대 세계에서 인격적 관계들은 생
산과 교환 관계들의 순수한 결과로 출현한다는 것이다.)

생산물이 상품이 된다. 상품은 교환 가치가 된다. 상품의 교환 가
치는 상품 곁에서 특수한 실존을 얻게 된다. 즉, 1. 다른 모든 상품과

교환될 수 있고, 2. 따라서 일반적 상품이 되고, 자연적 특수성이 해소되었으며, 3. 교환 가능성의 척도가 정립되어 있는 그러한 형태의 상품이다. 그것이 다른 모든 상품과 등치되는 일정한 비율은 화폐로서의 상품, 그것도 화폐 일체로서가 아니라 일정한 액수의 화폐로서의 상품이다. 왜냐하면 교환 가치의 모든 차이를 나타내기 위해서 화폐는 셀 수 있고 양적으로 나뉘어 질 수 있어야 하기 때문이다.

화폐 — 교환 가치로서의 모든 상품이 전환되는 일반적 형태, 일반적 상품 — 는, 다른 상품들이 머리 속에서 그것에 따라 측정될 뿐만 아니라 실재 교환에서 그것과 교환되어야 하기 때문에, 그 자체가 하나의 **특수한** 상품으로서 다른 상품들과 더불어 실존해야 한다. 그에 따라 생겨나는 모순을 다른 곳에서 개진할 것. 화폐는 국가와 마찬가지로 협정에 의해 등장하는 것이 아니다. 그것은 교환으로부터 교환 속에서 자생적으로 등장하며 교환의 산물이다. 처음에는 욕구 대상으로서 가장 많이 교환되고 통용되는 상품, 요컨대 가장 확실하게 다른 특수한 상품과 다시 교환될 수 있는 상품, 주어진 사회 조직에서 부(富)를 각별하게 대표하고, 가장 일반적인 수요와 공급의 대상이며, 특수한 사용 가치를 가지는 상품이 화폐로 기능한다 — 즉, 욕구와 소비의 대상이 아니라 그것을 다른 상품들과 다시 교환하기 위해서 교환된다. 소금, 모피, 소, 노예가 그러하다. 다른 상품들보다 그러한 상품이 실제로 (식품 denree 과 상품 marchandise 의 차이를 독일어로 적절하게 표현할 수 없는 것이 유감이다) 교환 가치로서의 자신에 더 잘 조응한다. 여기에서 특수한 소비 대상으로서든(모피) 직접적인 생산 도구로서든(노예), 상품의 특수한 유용성은 그 상품을 화폐로 만든다. 발전이 계속됨에 따라 그 정반대 현상이 나타난다. 즉, 가장 덜 직접적인 소비 대상이거나 생산 도구인 상품이 교환 자체의 욕구에 기여한다. 전자의 ‖25│ 경우에는 상품이 그것의 특수한 사용 가치 때문에 화폐가 되고, 후자의 경우에는 상품이 화폐로서

기능한다는 사실로부터 특수한 사용 가치를 갖게 된다. 특히 귀금속
들은 내구성, 불변성, 가분성(可分性), 재혼합 가능성, 큰 교환 가치를
작은 공간에 담을 수 있기 때문에 생기는 상대적으로 용이한 수송
가능성, 이 모든 것 때문에 두 번째 단계에서 화폐로 적합하게 된다.
동시에 이것들은 첫 번째 화폐 형태로부터의 자연적인 이행을 이룬
다. 약간 높은 생산과 교환 단계에서는 생산 도구가 생산물에 대해
우선하게 된다. 그러나 금속들(처음에는 돌)이 최초이자 가장 필수적
인 생산 도구들이다. 고대인들의 화폐에서 대단히 큰 역할을 했던 구
리에는 생산 도구로서의 특수한 사용 가치라는 속성과, 상품의 사용
가치로부터 유래하는 것이 아니라 (교환 수단을 내포하는) 교환 가치
로서의 규정에 조응하는 기타 속성들 모두가 여전히 결합되어 있다.
그러다가 귀금속들이 산화되지 않고 균등한 질을 가지며 높은 단계
에 더 잘 조응함에 따라 소비와 생산을 위한 직접적인 유용성이 후
퇴했지만, 이미 그것들의 희소성 때문에 순전히 교환에 기초한 가치
를 더 많이 나타냄으로써 다른 금속들로부터 다시 분리된다. 처음부
터 그것들은 잉여, 부(富)가 최초로 현상하는 형태를 표상한다. 금속
들도 다른 상품들보다는 차라리 금속들과 보다 더 잘 교환된다.

첫 번째 화폐 형태는 화폐가 실재적인 교환 도구보다는 척도 규정
으로 등장하는 낮은 단계의 교환과 물물교환에 조응한다. 이 단계에
서 척도는 아직 순전히 상상적일 수 있다(흑인들의 현금 bar 이 철을
내포하고 있을지라도). (그러나 조개 등은 금은을 마지막 정점으로
하는 계열에 더 잘 조응한다.)

상품이 일반적 교환 가치가 됨으로써 교환 가치는 하나의 특수한
상품이 된다. 교환 가치가 이렇게 될 수 있는 것은 한 특수한 상품이
다른 모든 상품에 대해서 이들의 교환 가치를 대표하고 상징하는, 즉
화폐가 되는 특권을 획득함으로써 가능하다. 모든 상품의 화폐 속성
에 대하여 한 특수한 상품이 화폐의 주체로 나타나는 것은 교환 가

치 자체의 본질에서 유래한다. 발전이 계속되면서 화폐의 교환 가치는 지폐처럼 다시 자신의 물질, 실체로부터 분리된 존재를 획득하는데, 그렇다고 해서 이 특수한 상품의 특권을 지양하는 것은 아니다. 분리된 존재가 특수한 상품으로부터 자신의 명칭을 계속 받아야 하기 때문이다.

상품은 교환 가치이기 때문에, 화폐와 교환될 수 있고 화폐와 등치된다. 상품이 화폐와 등치되는 비율, 즉 그것의 교환 가치의 규정성은 그것이 화폐로 전환되는 데 전제되어 있다. 특수한 상품이 화폐와 교환되는 비율, 즉 일정량의 상품이 전환될 수 있는 화폐량은 상품에 대상화된 노동 시간에 의해 결정된다. 상품은 일정한 노동 시간의 실현으로서 교환 가치이다. 그것이 대표하는 노동 시간은 화폐에서 측정될 뿐만 아니라 그 개념에 조응하는 일반적이고 교환 가능한 형태로 포함되어 있다. 화폐는 교환 가치들을 세례하고, 이것들의 일반적 규정에 조응하는 형체를 취득하도록 하는 물적 매개물이다. 애덤 스미스는 노동(노동 시간)이란 모든 상품을 살 수 있는 본래적 화폐라고 말한다.[57] 생산 행위를 관찰하면 이는 언제나 옳다(상대적 가치 규정과 관련해서도 마찬가지이다). 어떤 상품이든 생산에서 끊임없이 노동 시간과 교환된다. 노동 시간과 구별되는 화폐의 필요성은 바로 노동 시간량이 그것의 직접적이고 특수한 생산물이 아니라 매개되고 일반적인 생산물로 표현되어야 하기 때문에, 동일한 노동 시간의 다른 모든 상품과 동일하고 교환 가능한 것으로서의 특수한 생산물로 표현되어야 하기 때문에 생겨난다. 여기서 이 노동 시간은 한 상품에 포함된 것이 아니라 모든 상품에 동시에 포함되었고, 따라서 다른 모든 상품을 대표하는 하나의 특수한 상품에 포함된 것이다. 노동 시간은 사실상 언제나 특수한 생산물들에만 (대상으로서) 존재하기 때문에 스스로는 직접 화폐일 수 없다(직접 화폐이어야 한다는 것은, 다른 말로 하자면 각 상품이 직접 자기 자신의 화폐이어야 한다는 것과 동일한 요구이다). 일반적 대상으로서 노동 시간은 상징적으로만, 그것도 화폐로서 정립된 하나의 특수한 상품에서만 다시 실존할 수 있다. 노동 시간은 상품들의 자연적 속성들로부터 독립적이고 분리된(이탈된) 일반적 교환 대상으로 실존하지 않는다. 화폐의 조건을 직접 충족시키기 위해서는 노동 시간이 그러한 대상으로 실존해야 할 것이다. 노동(따라서 교환 가치에 포함된 노동 시간)의 일반적·사회적 성격의 대상화는 그 생산물을 교환 가치로 만들고 상품에 화폐의 속성을 부여하지만, 이 속성은 다시 상품 밖에서 자립적으로 실존하는 화폐 주체를 내포한다.

일정한 노동 시간은 특수한 속성들을 가지고, 욕구들에 특수한 관계들을 가지는 일정한 특수한 상품에서 대상화된다. 그러나 교환 가치로서 노동 시간은 노동 시간의 질이나 양을 표현할 뿐 그것의 자연적 속성들에는 무관심하며, 따라서 동일한 노동 시간을 대상화하는 다른 어떤 상품으로도 변환될 수 있는 상품, 즉 그것과 교환될 수 있는 상품에서 대상화되어야 한다. 대상으로서 노동 시간은 그것의 자연적 속성과는 모순되는 ‖26‖ 이러한 일반적 성격을 가져야 한다. 이 모순은 그 자체가 대상화됨으로써만, 즉 상품이 이중적으로, 한편으로는 자연적인 직접적 형태로, 다른 한편으로는 매개된 형태, 즉 화폐로 정립됨으로써만 해결될 수 있다. 후자는 말하자면 한 특수한 상품이 교환 가치들의 일반적 실체가 되기 때문에, 또는 상품들의 교환 가치가 나머지 모든 상품들과는 구별되는 한 특수한 상품과 일치되기 때문에 가능하다. 즉, 상품이 먼저 이 일반적 상품, 상징적인 일반적 생산물, 노동 시간의 대상화와 교환되고, 그리고 나서 교환 가치로서 다른 모든 상품과 임의로 교환 가능하고 이것들로 전환 가능하게 됨으로써 이루어진다. 화폐는 일반적 대상으로서의 노동 시간 또는 일반적 노동 시간의 대상화, 일반적 상품으로서의 노동 시간이다. 따라서 노동 시간이 교환 가치들을 규율하기 때문에, 사실상 교환 가치들의 내재적 척도일 뿐만 아니라 교환 가치들의 실체 자체 이기도 하며(왜냐하면 교환 가치들로서 상품들은 다른 실체, 자연적 소질을 가지지 않기 때문에), 또한 직접적으로 이것들의 화폐로 기능 할 수 있는 것(즉, 교환 가치들이 그 자체로 실현되는 요소를 공급하 는 것)이 매우 단순한 것처럼 보인다. 그러나 이 단순성의 외양은 허 구적이다. 오히려 교환 가치들의 — 서로 동일하고 등치될 수 있는 노동 시간의 대상화들로서의 상품들의 — 관계는 노동 시간과는 상 이한 화폐들에서 물적 표현을 획득하는 모순들을 내포하고 있다.

애덤 스미스[58]에게 있어서 이 모순은 아직 병존하고 있는 것으로 나타난다. 노동자는 특수한 노동 생산물(특수한 대상으로서의 노동 시간)과 더불어 일정량의 일반적 상품(일반적 대상으로서의 노동 시 간)을 산출해야 한다. 교환 가치의 두 규정이 그에게는 외적으로 병 렬적인 것으로 나타난다. 전체 상품의 내부가 아직 모순에 의해 포착 되고 관통된 것으로 나타나지 않는다. 이것은 그가 살던 시대의 생산 단계에 조응하는데, 이 단계에서 노동자는 생계의 일부를 직접 자신 의 생산물로 보유했고, 그의 전체 활동이나 그의 전체 생산물은 교환 에 의존하지 않았다. 즉, 이 단계에서는 생계 농업(또는 스튜어트가 부르듯이,[59] 그와 유사한 것)이 아직 상당한 정도로 지배했고, 마찬 가지로 (수직 手織, 가내 방적, 농업과 결부된) 가부장적 공업이 지 배했다. 잉여만이 민족의 큰 범위 안에서 교환된다. 교환 가치와 노 동 시간에 의한 규정은 민족적 차원에서 아직 완전히 발전되지 않았 다.

(덧붙여 말하자면: 생산비의 감소에 비례해서 그 소비가 증가만 한 다는 것은, 다른 어떤 상품보다도 금은의 경우에는 해당되지 않는다. 왜냐하면 금은 자체가 일반적 부를 대표하기 때문에, 그것들의 사용 은 특유하게 부, 잉여, 사치를 대표하므로, 그들의 소비는 오히려 일 반적 부의 증가에 비례해서 증가한다. 화폐로서의 사용을 제외하면,

금은은 일반적 부의 증가에 비례해서 더 많이 소비된다. 따라서 생산
비나 가치가 비례해서 감소하지 않았음에도 불구하고 그것들의 공급
이 갑자기 증가하면, 금은 시장이 급속히 확장되어 그것들의 가치 하
락을 모면할 수 있게 된다. 따라서 오스트레일리아와 캘리포니아의 경
우에 있어서[60] — 일반적으로 금은의 소비를 이것들의 생산비 하락
으로만 설명하려는 — 경제학자들에게는 설명 불가능하고 그들을 순
환논법에 빠뜨리는 많은 것들이 설명된다. 이는 정확히 그것들이 부
를 대표한다는 것, 요컨대 화폐로서의 그것들의 속성과 관련된다.)

(다른 상품들에 대립하는 영원한 상품으로서 금은의 대립은 페
티[15]에게서 발견되는데, 이는 이미 크세노폰의 『조세에 관하여』 1권
의 대리석과 은에 대한 설명에서 발견된다.

그러나 대지는 해마다 피고 익는 것을 가지고 있을 뿐만 아니라 내구
적인 재화들도 가지고 있다. 즉, 대지에는 돌 등(즉, 대리석)이 충분히 매
장되어 있다. … 그러나 농업용으로 이용하면 아무런 수확도 거두지 못
하지만, 광업용으로 이용하면 곡물을 재배할 때보다 수배의 인간을 먹여
살리는 땅도 있다.)

(상이한 부족들과 민족들 사이의 교환 — 그리고 사적 교환이 아
니라 이것이 교환의 최초의 형체이다 — 은 처음에 미개한 부족으로
부터 노동의 산물이 아니라 그가 정복한 토지와 자연의 자연적 산물
인 잉여를 매입하면서(속임수로 빼앗으면서) 시작된다.)

(화폐가 일정한 상품으로 상징화되어 있어야 한다는 사실로부터
이 상품 자체(금 등) 및 그로부터 발생하는 정상적인 경제적 모순들
이 설명되어야 한다. 이것이 두 번째 할 일이다. 그리고 나서 모든
상품이 가격들로 결정되기 위해서 화폐와 교환되어야 하기 때문에,

---

15) 이 책 224-225쪽 참조

이 교환이 실제로 일어나든 머리 속에서만 일어나든, 상품 가격에 대한 금이나 은의 양의 비율이 결정되어야 한다. 이것이 세 번째 할 일이다. 금이나 은으로 단순히 **측정만** 된다면, 금은의 양이 상품 가격에 아무런 영향도 미치지 않는다는 것은 분명하다. 그것이 실제로 유통 수단으로 기능하는 한에 있어서, 그것은 실제 교환에 의해서 어려움에 처하게 된다. 수요와 공급의 관계 등. 그러나 유통 수단으로서의 화폐의 가치에 영향을 미치는 것이 척도로서의 화폐에 영향을 미친다는 것은 분명하다.)

‖27‖ 노동 시간 자체는 주체적으로, 활동의 형태로만 존재한다. 그것 자체가 교환 가능한(스스로 상품인) 한에 있어서, 그것은 양적으로 뿐만 아니라 질적으로도 상이하게 규정되지 결코 일반적이고 서로 동등한 노동 시간이 아니다. 특수한 상품들과 생산물들이 객체로서의 노동 시간에 조응하지 않듯이, 노동 시간은 교환 가치들을 규정하는 일반적 노동 시간에 주체로서도 조응하지 않는다.

노동자가 자신의 특수한 상품과 더불어 일반적 상품을 생산해야 한다는, 다시 말하자면 그가 자신의 생산물의 일부, 그에게 사용 가치가 아니라 교환 가치로 기능해야 하는 한에 있어서 화폐 형태를 자신의 상품 일체에 부여해야 한다는 애덤 스미스의 명제는, 주체적으로 표현하자면 그의 특수한 노동 시간이 다른 어떠한 특수한 노동 시간과도 직접적으로는 교환될 수 없으며, 그것의 이러한 일반적 교환 가능성은 비로소 매개되어야 한다는 것, 이 일반적 교환 가능성을 획득하기 위해서 그것은 그 자신과는 상이한 대상적 형태를 취해야 한다는 것을 의미하는 데 지나지 않는다.

생산 행위 자체에서 관찰하면, 개별자의 노동은 그가 생산물을, 그의 특수한 활동의 대상을 직접 구매하는 화폐이다. 그러나 그것은 바로 이 일정한 생산물만을 구매하는 특수한 화폐이다. 노동 시간이 직접적으로 일반적 화폐가 되기 위해서는 처음부터 특수한 노동이 아니

라 일반적 노동, 즉 처음부터 일반적 생산의 고리로 정립되어야 할 것
이다. 그러나 이 전제에서는 교환이 비로소 노동에 일반적 성격을 부
여하는 것이 아니라 노동의 전제된 공동체적 성격이 생산물에 대한
참여를 결정할 것이다. 생산의 공동체적 성격이 처음부터 생산물을
공동체적·일반적 생산물로 만들 것이다. — 교환 가치들의 교환이
아니라 공동체의 욕구들에 의해, 공동체의 목표들에 의해 결정될 활
동들의 교환이게 될 — 원래 생산에서 벌어지는 교환이 처음부터 공
동체의 생산물 세계에 대한 개별자의 참여를 내포할 것이다. 교환 가
치의 토대 위에서 노동은 교환에 의해 비로소 일반적인 것으로 정립
된다. 이 토대 위에서 노동은 교환 이전에 그러한 노동으로 정립될
것이다. 즉, 생산물 교환은 일반적 생산에 대한 개별자의 참여를 매
개할 매개물이 결코 아닐 것이다. 물론 매개는 이루어져야 한다.

　개별자들의 자립적인 생산에서 출발하는 첫 번째 경우 — 이 자립
적인 생산은 그들의 상호 관계에 의해서 사후적으로 규정되고 수정
되지만 — 에 매개는 상품 교환, 교환 가치, 화폐에 의해서 이루어지
는데, 이들은 모두 동일한 관계의 표현들이다. 두 번째 경우에는 전
제 자체가 매개되어 있다. 즉, 공동체적 생산, 생산의 토대로서의 공
동체성이 전제되어 있다. 개별자의 노동이 처음부터 사회적 노동으
로 정립되어 있다. 따라서 그가 창출하거나 창출을 도와주는 생산물
의 특수한 물적 형체가 무엇이든, 그가 그의 노동으로 구매한 것은
일정한 특수한 생산물이 아니라 공동체적 생산의 일정한 몫이다. 그
러므로 그는 특수한 생산물을 교환할 필요도 없다. 그의 생산물은 교
환 가치가 아니다. 그 생산물이 개별자를 위한 일반적 성격을 획득하
기 위해서, 우선 하나의 특수한 형태로 전환될 필요가 없는 것이다.
교환 가치들의 교환에서 필연적으로 산출되는 분업 대신 공동체적
소비에서 개별자의 몫을 결과로서 낳는 노동 조직이 생길 것이다. 첫
번째 경우에는 생산의 사회적 성격이 생산물을 교환 가치로 고양시

키고 이 교환 가치를 교환함으로써 비로소 사후적으로 정립된다. 두 번째 경우에는 생산의 사회적 성격이 전제되어 있으며, 생산물 세계, 소비에 대한 참여가 서로 독립적인 노동들이나 노동 생산물들의 교환에 의해 매개되는 것이 아니다. 그것은 개인이 그 속에서 활동하는 사회적 생산 조건들에 의해 매개된다. 요컨대 개별자의 노동(즉, 그의 생산물)을 직접 화폐로, 실현된 교환 가치로 만들고자 하는 것은 노동을 직접적으로 일반적 노동으로 규정하는 것, 즉 그것이 화폐와 교환 가치가 되어야 하고 사적 교환에 의존하는 바로 그 조건들을 부정하는 것이다. 이 요구는 그것이 더 이상 제기될 수 없는 조건하에서만 충족될 수 있다. 교환 가치에 입각한 노동은 개별자의 노동이나 그의 생산물도 직접적으로 일반적이지 않으며, 대상적 매개에 의해서, 그것과는 상이한 화폐에 의해서 비로소 이 형태를 획득한다는 것을 전제로 한다.

물론 공동체적 생산이 전제될지라도 시간 규정은 본질적인 것으로 남아 있다. 사회가 밀, 가축 등을 생산하는 데 적은 시간을 필요로 할수록, 그 사회는 물질적이든 정신적이든 다른 생산을 위해 더 많은 시간을 번다. 개별적인 개인의 경우와 마찬가지로, 사회의 발전, 향유, 활동의 전(全)측면성은 시간 절약에 좌우된다. 시간의 경제, 모든 경제는 결국 이것으로 귀착된다. 개별자가 지식을 적절한 비율로 습득하거나 다양한 활동 요구에 부응하기 위해서 자신의 시간을 제대로 분배해야 하는 것과 마찬가지로, 사회도 그의 전체 욕구에 적합한 생산을 달성하기 위해서 자신의 시간을 합목적적으로 분배해야 한다. 요컨대 시간의 경제뿐만 아니라 상이한 생산 영역에 대한 노동 시간의 계획적 배분도 공동체적 생산의 토대 위에서 제일의 경제 법칙으로 남아 있다. 그것은 오히려 훨씬 더 높은 정도의 법칙이 된다. 그렇지만 이것은 ∥28∣ 노동 시간에 의한 교환 가치(노동이나 노동 생산물)의 측정과는 본질적으로 다르다. 동일한 노동 영역에서 이루어지는 개별자들의 노동들과 상이한 노동 종류들은 양적으로 뿐만 아니라 질적으로도 서로 상이한 것이다. 사물들의 단지 양적인 차이는 무엇을 전제로 하는가? 그 사물들의 질의 동일성. 요컨대 노동들에 대한 양적인 측정은 동격성(同格性: Ebenbürtigkeit), 노동들의 질의 동일성(Dieselbigkeit)을 전제로 한다.

(스트라보, 제6장. 코카서스의 알바노이에 관하여:

이 나라 사람들도 뛰어난 용모와 건장한 체구로 특징 지워진다. 그들은 대인 관계에서 순박하며 편협하지 않다. 왜냐하면 그들은 대개 주화를 사용하지 않으며, 100을 초과하는 숫자를 알지 못하고, 오히려 현물을 교환하며 생활을 영위하기 때문이다.

거기에는 계속해서 "그들은 정확한 척도와 무게도 알지 못한다."고 쓰여져 있다.

화폐가 교환 수단보다 척도로서 먼저 나타났는데(그 예가 호머의 소), 그 이유는 물물교환에서는 각 상품 자체가 아직 자신의 교환 수단이었기 때문이다. 그러나 상품이 자신의 척도이거나 비교 기준일 수는 없다.

[화폐 관계의 담지자로서 귀금속]

2. 지금까지 개진한 것에서 다음이 분명해졌다. 한 특수한 생산물 (상품)(물질)이 모든 교환 가치의 속성으로서 실존하는 화폐의 주체가 되어야 한다. 이 상징이 표현되는 주체는 표현자에 대한 요구들이 조건들 — 개념 규정, 규정된 관계들 — 에 포함되어 있기 때문에, 무차별적인 주체가 아니다. 요컨대 물감과 대리석의 물리적 소질이 회화나 조각 영역의 밖에 있지 않듯이, 화폐 관계의 주체들로서, 화폐 관계의 체현들로서의 귀금속들에 관한 연구는, 결코 프루동이 생각하는 것처럼 정치경제학 영역 밖에 있는 것이 아니다. 상품이 교환 가치로서는 가지지만 상품의 자연적 특질들로서는 적합하지는 않은 속성들이, 우선적으로 화폐 재료가 되는 상품들에 제기되는 요구들을 표현한다. 우리가 지금까지 논하고 있는 단계에서 이러한 요구들은 귀금속에 의해 가장 완벽하게 실현된다. 생산 도구들로서 금속들 자체는 다른 상품들에 비해 유리한데, 금속들 중에서는 물리적 충실도와 순도에 있어서 가장 먼저 발견되는 금속 — 금이, 다음으로는 구리가, 그 다음으로는 은과 철이 유리하다. 헤겔 식으로 표현하자면 귀금속들은 다른 것들보다 우선적으로 금속을 실현한다.

귀금속들은 물리적 소질에 있어서 일치하므로, 각 금속의 같은 양들은 하나를 다른 하나보다 선호할 아무런 이유도 제공하지 않을 정도로 동일해야 할 것이다. 예를 들어 같은 수의 소와 같은 양의 곡식에는 적용되지 않는다.

a) 다른 금속과의 관계에서의 금과 은

비금속(卑金屬)들은 공기 속에서 산화된다. 귀금속들(수은, 은, 금, 백금)은 공기 속에서 불변이다.

금(Au). 비중 = 19.5. 융해점은 섭씨 1200도 "번쩍이는 금은 모든 금속 중에서 가장 화려한 것이며, 따라서 이미 고대인들은 금을 금속 중의 태양 또는 왕이라 불렀다. 상당히 널리 퍼져 있지만 대량은 아니었으며, 따라서 다른 금속들보다 귀중하기도 했다. 금은 대체로 순수한 금 상태로 발견되는데, 때로는 큰 덩이로, 때로는 작은 크기로 다른 광석에 섞여서 발견된다. 이 광석이 풍화되면서 금이 섞인 모래가 생겨나 많은 강을 흐르는데, 금 자체의 높은 비중 때문에 이 모래로부터 채취될 수 있다. 금의 뛰어난 연성(延性): 1그란을 500피트 길이의 줄로 늘일 수 있고, 두께가 1/200000인치도 안 되는 판으로 넓힐 수 있다. 금은 어떤 산에도 부식되지 않고, 염소(질산과 연산의 혼합물인 왕수)에만 용해된다. 금 도금."[61]

은(Ag). 비중 = 10. 용해점 = 섭씨 1000도. 밝은 섬광. 모든 금속 중에서 가장 친밀한 금속. 매우 하얗고 펄 수 있다. 아름답게 가공할 수 있고, 가는 줄로 뽑을 수 있다. 은은 순수한 상태로 발견된다. 연광(鉛鑛) 속에 납과 합금되어 있는 경우가 매우 흔하다.

광물학적 속성들: 지금까지 금과 은의 화학적 속성들. (순금과 은의 가분성, 재혼합 가능성, 균질성(均質性) 등은 알려져 있다.)

금. 금속은 귀할수록 산발적이고, 일상적으로 산출되는 형체와는 분리되어 나타나고, 고귀한 성질일수록 비속한 성질과 유리되어 나타나는 것은 분명히 진기한 일이다. 그러므로 금은 순수하게, 다양한 주사위 형태나 부정(不定)한 덩어리나 조각, 예를 들어 화강암과 같은 수많은 종류의 암석에 섞여 있다가 이들이 부서지면서 ‖29‖ 강의 모래와 높아진 하상(河床)의 자갈에서 발견되는 바와 같은 모래와 먼지와 같은 매우 잡다한 형태의 결정(結晶)으로 발견된다. 이 상태에서 금의 비중이 19.4까지 되기 때문에, 금이 섞여 있는 모래를 물과 함께 휘저으면 저 미세한 금 조각도 채취할 수 있다. 이 모래에서 우선 비중이 있는 금속이 가라앉으면, 흔히 말해지듯이 세광 채취된다(ausgewaschen). 은은 가장 빈번하게 금과 어울려 있으며, 0.16%

내지 38.7%의 은이 들어 있는 두 금속의 자연적 합금이 발견되는데, 이는 당연히 색깔과 비중에 있어서 차이를 낳는다.

은. 흔한 금속의 하나로서 상당히 다양한 광물 속에서 순수하게 뿐만 아니라 다른 금속들과 합금되거나, 비소(砒素) 및 유황(硫黃)과 화합되어 나타난다.(염화 은, 브롬화은, 탄산산화은, 창연은광 蒼鉛銀 鑛, 유철염은광 硫鐵鹽銀鑛, 휘안동은광 輝安銅銀鑛 등)

주요한 화학적 속성들: 모든 귀금속의: 금(과 백금)의 공기 속에서의 비산화성(非酸化性): 산 속에서 불용해성(不溶解性), 다만 금은 염소[16] 속에서 용해. 공기 속에서의 비산화성으로 이것들은 녹슬지 않고 순수하게 보존된다. 그것들은 있는 그대로 나타나는 것이다. 산소에 의한 해체에 저항한다 — 영구 불변성(과거의 금은 도취자들에 의해 이렇게 찬양되었다).

물리적 속성들: 비중, 즉 좁은 공간에 많은 무게. 유통 수단에게는 특별히 중요하다. 금 19.5, 은 10. 색채광택(色彩光澤). 금의 광택, 은의 백색, 화려함, 연성. 따라서 장신구나 나머지 대상들의 찬미를 위해서 쓰일 수 있다. (모든 광선을 그의 본래적인 혼합으로 반사하는) 은의 하얀 색. (자신에게 비쳐지는 뒤섞인 빛의 모든 유색 광선을 흡수하고 붉은 색만을 반사하는) 금의 붉은 노랑 색. 어려운 가용성(可鎔性).

지질학적 속성들: 다른 물체들과는 분리되어, 산발적으로 개별화되어 순수한 상태로 산출(특히, 금의 경우). 개별적인, 원소에 대해서는 자립적인 산출.

다른 두 귀금속 중에서: 1. 백금: 색깔이 아니다. 회색 중의 회색(금속 중의 러시아인). 너무 희귀하다. 고대인들에게는 알려지지 않았다. 미국 대륙이 발견된 후에 비로소 알려졌다. 19세기에는 우랄에서도 발견되었다. 염소에 의해서만 부식된다. 언제나 순수하다. 비중 = 21.

---

16) 수고에는: 크롬

가장 강렬한 불의 온도에서도 용해되지 않는다. 과학적 가치가 더 많다. 2. 수은: 유동 상태에 있다. 기화(汽化) 가능하다. 증기는 독성이 있다. 유동적인 혼합물로 부을 수 있다(아말감). (비중 = 13.5, 비등점 = 섭씨 360도). 요컨대 백금은 화폐로는 적합하지 않고, 수은은 더욱 그러하다.

모든 귀금속들의 지질학적인 속성들 중에서 한 가지는 공통적이다. 희소성. 희소성은 (수요와 공급을 도외시한다면) 생산의 결과로 현상하지 않기 때문에, 즉자대자적으로 희소하지 않은 것, 희소성의 부정, 자연 원소, 가치를 가지지 않는 한에 있어서 가치 요소이다. 수요가 전제되어 있다면, 일차적인 가치 규정에서 의식적이고 의도적인 생산으로부터 대체로 독립적인 것이 가장 가치 있는 것이다. 자갈은 생산하지 않고도 (이 생산이 탐색뿐일지라도) 발견되기 때문에, 상대적으로 표현하자면 가치를 가지지 않는다. 어떤 것이 교환 대상이 되고 교환 가치를 가지기 위해서는, 누구나 교환의 매개 없이는 그것을 가질 수 있고 그것이 공유 재화가 될 정도로 자연 요소의 형태로 나타나서는 안 된다. 그러한 한에 있어서 희소성은 교환 가치의 요소이며, 따라서 귀금속들의 이러한 속성은 수요와 공급의 자세한 관계를 도외시할지라도 중요하다.

생산 도구로서 귀금속의 장점 일체를 고찰한다면, 금은 기본적으로 금속으로서는 최초로 발견된 금속이라는 점이 유리하게 작용한다. 그것도 두 가지 이유에서 그러하다. 첫째, 모든 금속 중에서 그것이 가장 금속적으로, 차별적이고 구별 가능한 금속으로서 자연에서 산출되기 때문에. 둘째, 인간이 가공하지 않더라도 이미 자연에 의해 준비되어, 그것을 처음으로 발견하기 위해서는 과학이나 발전된 생산 도구도 필요하지 않고 단지 조야한 노동만이 필요하기 때문에.

금에게 가장 일찍 알려진 금속의 지위가 부여되는 것은 분명하다. 인류의 진보에 관한 신빙성 있는 최초의 기록에서 금은 이미 인간의 지위에 관한 척도로서 기록되었다『실용지리학 박물관에서 행해진 오스트레일리아 이민자들을 위한 금에 관한 강의』, 런던 1852, 172쪽].

(부가 처음에 어떤 형태로 현상하든 잉여로서 현상하기 때문이다. 첫 번째 가치 형태는 **사용 가치**, 개인의 자연에 대한 관계를 표현하는 일상적인 것이다. 두 번째는 사용 가치와 나란한 **교환 가치**, 타인의 사용 가치에 대한 그것의 통제, 그것의 사회적 관계이다. 처음에도 직접적인 필요를 초과하는 축제를 위한 사용품의 가치).

‖ 30 ‖ 매우 시의적절한 인간에 의한 금 발견:

매우 드문 예외를 도외시한다면, 금은 자연에서 금속 상태로 발견된다는 사실에서 다른 금속들과 두드러지게 구별된다. 철과 구리, 주석, 납, 은은 일반적으로 산소, 유황, 비소 또는 탄소와 화학적으로 결합된 상태로 발견된다. 이 금속들이 드물게 결합되지 않거나 또는 — 과거에 그렇게 불렀듯이 — 처녀적인 상태로 산출되는 것은 일상적인 현상이라기보다는 지질학적으로 진귀한 현상이라 부를 수 있다. 그렇지만 금은 언제나 순수하게 또는 금속으로 발견된다. … 따라서 금은 드물기는 하지만 자신의 노란 색깔에 의해 금속 덩이로 무지한 인간의 눈길을 끈다. 그에 반해 다른 물체는 아마도 길 위에 놓여 있었어도, 아직은 거의 각성되지 않은 인간의 관찰력에 거의 아무런 매력적인 특성을 제공하지 못했을 수도 있다. 그밖에 금은 대기의 영향을 가장 많이 받는 암석 속에서 형성되기 때문에 산의 암석 **퇴적지**에서 발견된다. 대기, 온도 변화, 물 작용의 분해 영향과 특히 철의 작용은 암석 조각을 끊임없이 쪼개낸다. 이 조각들은 홍수에 의해 계곡으로 떠밀려 가며 흐르는 물의 끊임없는 작용에 의해 자갈이 된다. 그 속에서 금으로 된 조약돌과 부스러기가 발견된다. 여름의 열기는 물을 증발시켰고, 겨울철 호우의 흐름에 의해 파인 계곡을 유랑하는 인간들의 여행로로 만들었다. 여기에서 우리는 금이 일찍 발견되었다고 가정할 수 있을 것이다[171-172쪽].

금은 가장 빈번하게 강뿐만 아니라 석영 광맥에서도 순수하게, 또는 모든 경우에 그의 금속적 성격을 금방 알아볼 수 있을 정도로, 거의 순수하게 산출된다[8쪽].

금의 비중이 18 또는 19인 데 반해, 석영과 거의 모든 다른 무겁고 조밀한 광석의 비중은 대략 2½이다. 따라서 금은 아마도 같이 산출되는 다른 어떤 종류의 암석이나 광석에 비해서 약 7배가 무겁다. 그러므로 흐르는 물이 석영이나 기타 다른 광석으로 된 모래나 자갈을 쓸어갈 정도로 강할지라도, 이들과 섞여 있는 금 조각들을 움직일 수 없을 것이다. 요컨대 파도치는 물은 금광석을 위해 오늘날에는 광부들이 처리할 것, 즉 조각을 부수고 보다 가벼운 부스러기를 골라낼 금을 남겨두었던 것이다. 사실상 강은 보다 가볍고 미세한 부스러기들을 쓸어 가는 반면, 보다 무거운 것들은 자연적 장애물에 걸려 있거나, 물이 흐르는 힘이나 속도가 약해지는 곳에 남겨두므로 커다란 자연적인 채이다(『… 금에 대한 강의』 참조. 런던 1852년)[12-13쪽].

십중팔구 강의 모래와 수로의 사주(砂洲)에서 금을 발견한 것이 금속을 접하는 첫걸음이었을 것이라는 결론이, 전통과 과거 역사에서 얻어질 수 있다. 그리고 유럽, 아프리카, 아시아의 거의 모든, 아마도 모든 나라들에서 이미 매우 일찍이 많든 적든 퇴적층에서 간단한 설비로써 금이 채취되었다. 때로는 금 채취량이 매우 많아 한동안 한 지역을 움직일 정도로 흥분의 물결을 불러일으켰으나 다시 잠잠해졌다. 750년에 다수의 빈민들이 프라하 남쪽에서 하천 모래로부터 금을 채취하기 위해서 이주했는데, 세 명의 남자가 한 나절에 1마르크(½파운드)의 금을 채취할 수 있었다. 그에 따라 금광으로의 이주민이 매우 많아 1년 후에는 기아가 마을을 휩쓸었다. 우리는 다른 곳에서와 마찬가지로 여기에서도 표면에 흩어진 부(富)에 대한 대중의 일반적인 흥미가 어떠했는가를 알 수 있다. 정상적이고 체계적인 광업에 의해 잠식되었음에도 불구하고, 다음 세기 동안에도 비슷한 사건들이 반복되었다는 것을 여러 차례 듣고 있다[93-95쪽].

금은 두 가지 종류의 퇴적층에서 발견되는데, 딱딱한 암석을 지평층에 대하여 거의 수직으로 자르는 광맥 또는 암맥과, 알 수 없을 정도로 깊이 광맥이 침투해 있는 암석들의 표층에, 금이 물의 기계적인 작용에 의해 자갈, 모래 또는 점토(粘土)와 섞여서 퇴적한 침전 퇴적층 또는 '표사광상'(漂沙鑛末)이 그것이다. 광업 기예는 특히 첫 번째 종류를 지향하고 있으며, 후자를 위해서는 간단한 시굴 장비가 있다. 본래적인 의미에 있어서, 금광업은 다른 어떤 광업과 마찬가지로 자본의 이용을 ‖31‖ 필요로 하는 기예이며, 수년간의 경험에 의해서만 습득될 수 있는 숙련이다. 인간이 수행하는 기예 중에서 완벽한 계발을 위해 그만큼 많은 과학과 숙련을 필요로 하는 기예는 없다. 그러나 이 기예가 광산 노동자에게는 매우 중요하지만, 주로 자기 팔의 힘이나 건강의 탄력을 믿어야 하는 사금 채취자 또는 금 시굴자에게는 거의 불필요하다. 그가 이용하는 장비는, 한 장소에서 다른 장소로 운반되기 위해서 반드시 단순해야 하며, 고장나면 쉽게 수리할 수 있어야 하고, 소량을 획득하기 위해서 조작하는 데 시간 낭비를 초래하는 세밀성을 요구하지 않아야 한다[95-97쪽].

오늘날 시베리아, 캘리포니아, 오스트레일리아에 있는 것들이 가장 적합한 예들이 될 수 있을 금의 침전 퇴적층들과, 매년 강물에 의해 계곡으로 씻겨 내려오고, 일부는 채취할만한 양의 금을 포함하고 있음이 발견되는 미세한 모래 사이의 차이. 후자는 물론 문자 그대로 표층에서 발견되며, 전자는 토양, 이탄(泥炭), 모래, 자갈 등으로 된 1내지 70피트 두께의 지층 밑에서 발견된다. 두 경우에 채굴 방법은 원칙적으로 같아야 한다[97쪽].

금 채취자에게 가장 힘든 작업은 이미 해결될 정도로 자연이 가장 유망하고 훌륭하며 풍부한 암맥 부분들을 무너뜨리고 광물들을 부수었고 씻어낸 반면에, 보다 빈약하되 지속적이고 깊은 암맥을 발굴하는 광산 노동자는 섬세한 숙련에 필요한 모든 수단을 동원해야 한다[98쪽].

매우 다양한 물리적 · 화학적 속성들 때문에 금이 가장 귀한 금속으로 간주된 것은 당연하다. 그것은 공기 속에서 불변이며, 녹이 슬지 않는다. (불변성, 바로 대기 중의 산소에 대한 저항.) 순수한 상태에서는 반짝이는 붉은 노랑 색이며, 매우 비중이 높다. 고도의 전성(展性)을 가진다. 용해시키기 위해서는 고온이 필요하다. 비중[72-73쪽].

요컨대 3가지 종류의 생산이 있다. 1. 하천 모래에서. 표층에서 간단히 발견하기. 사금 채취. 2. 퇴적된 지층에서. 금광. 3. 광업. 요컨대 그것의 생산은 생산력 발전을 필요로 하지 않는다. 거기에서는 자연이 대부분의 작업을 수행한다.

(금, 은 등 단어들의 뿌리(그림 Grimm 참조). 여기에서는 순전히 단어로 금방 옮길 수 있는 일반적인 광택, 색깔 개념들이 알맞다. 은은 하얗고 금은 노랗다. 황동과 금, 황동과 철은 이름들을 바꾼다. 독일인들은 과거에 청동을 철과 같은 의미로 사용했다. 구리와 금 사이의 직접적인 친화성.)

구리(황동, 청동: 주석과 구리)와 금이 은과 철보다 먼저 사용되었다.

금은 순수하게 발견되고 극히 일부분만 은과 혼합되어 발견되기 때문에, 은보다 먼저 이용되었다. 단순한 세광(洗鑛)에 의해 채취된다. 은은 일반적으로 태고 지층의 가장 단단한 암석에 들어 있는 광맥에 존재한다. 그것을 채굴하기 위해서는 복잡한 기계와 노동 방법이 필요하다. 남미에서는 광맥에서 폭파되는 것이 아니라 충적층(沖積層)에 먼지와 부스러기로 흩어져 있는 금이 채취된다. 헤로도토스의 시대에도 그러했다. 그리스, 아시아, 북유럽, 신세계의 가장 오래된 기념물들은 반(半)야만적인 상태에서도 금을 기구와 장신구로 사용하는 것이 가능했다는 것을 증명해 준다. 은을 같은 용도로 사용하는 것은 그 자체만으로도 충분히 진보한 사회 상태를 보여준다. 듀로 드 라 말레, (제1권) 참조[62]

전쟁과 평화의 주요 도구로서 구리. (앞의 책, 2권) (이탈리아에서
화폐로서. 앞의 책)

b) 다양한 금속들 사이의 가치 비율의 변동

화폐의 형체로서 금속들의 사용 자체, 그것들 상호간의 상대적 사
용, 조만간의 등장이 고찰되려면, 그것들의 상대적 가치의 변동도 고
찰되어야 할 것. (레트론느, 뵈크, 제이콥.) (이 문제가 유통되는 금속
들의 양 및 이들과 가격의 관계와 관련되는 한 이는 화폐와 가격의
관계에 관한 장의 역사적 부록으로 나중에 고찰할 것.)

다양한 시기들에 금, 은, 구리 사이의 끊임없는 변화는 이 세 가지 금
속의 산출 방식과 순수성의 정도에 우선 좌우될 수밖에 없었다. 그 다음
으로는 페르시아인과 마케도니아인에 의한 아시아와 일부 아프리카 침
략, 훗날 로마인에 의한 세 대륙의 일부 정복(로마 세계 등)과 같은 정치
적 변화들에 좌우되었다[듀로 드 라 말레, 63-64쪽].

요컨대 그들이 발견될 때 가지는 상대적 순수 상태와 그들의 성층
(成層)에 좌우된다.

다양한 금속들 사이의 가치 비율은 가격을 고려하지 않고도 — 그
것들이 서로 교환되는 단순한 양적인 비율에 의해서 — 결정될 수 있
다. 우리가 예를 들어 몇 쿼터의 밀을 몇 쿼터의 호밀, 보리, 귀리와
비교하듯이, 동일한 척도를 가지는 몇몇 상품만을 ‖32 ‖ 서로 비교
한다면, 이러한 형태로 처리할 수 있다. 아직 조금 밖에 교환되지 않
고, 소수의 상품만이 소통되는 물물교환에서는 이 방법이 적용되고,
따라서 아직 화폐가 필요하지 않았다.

스트라보에 따르면, 사바인들에 이웃한 아랍인들에게는 순금이 매
우 풍부해서 철 1파운드에 금 10파운드, 은 1파운드에 금 2파운드가

주어졌다. 박트리안 지역(박타리아 등, 간단히 말해 투르키스탄)과 파로파미서스(힌두쿠시)와 이마우스(무스탁 산맥), 즉 금이 풍부한 사막(고비 사막) 사이에 위치한 일부 아시아의 금 보화. 따라서 듀로 드 라 말레에 따르면, 아마

기원전 15-16세기부터 금과 은의 비율 = 1 : 6 또는 1 : 8인데, 이는 중국과 일본에서는 19세기초까지 유지된 비율이다. 헤로도토스는 다리우스 히스타스페스 하의 페르시아에서 이 비율을 1 : 13으로 확정한다. 기원전 1300년에서 1600년 사이에 제정된 마누법[63]에 따르면 금과 은의 비율은 1 : 2.5였다. 은광은 실제로 원생대 암층, 무엇보다도 퇴적층으로서 광석 지층과 몇몇 중생대 지층 이외의 곳에서는 거의 발견되지 않았다. 충적층의 모래 대신에 수정 등과 같은 은의 광맥 암석이 대체로 가장 밀집되고 단단한 암석이다. 지리적 너비 때문이든 절대적 고도 때문이든 추운 지방에서는 이 금속이 일반적으로 더운 지방을 선호하는 금보다 흔하다. 금과는 반대로 은은 (대부분 비소나 유황과 결합되어 있어서) 순수한 상태로 발견되는 것이 매우 드물다. (오스트레일리아와 캘리포니아가 발견되기 전에) 두 금속이 분포된 양에 관해 말하자면 훔볼트는 미국에서 금과 은의 비율을 1 : 46으로, (아시아쪽 러시아를 포함한) 유럽에서는 1 : 40으로 추정한다. 자연 과학 아카데미의 광물학자들은 오늘날(1842년) 52 : 1로 추정한다. 그렇지만 금 1파운드는 은 15파운드 가치가 있다. 요컨대 가치 비율이 1 : 15이다[54-56쪽].

구리. 비중 = 8.9. 아름다운 아침 노을 색깔. 상당한 강도. 용해하는 데 매우 높은 온도를 필요로 한다. 순수한 상태로 발견되는 경우가 드물지 않다. 산소나 유황과 결합되어 있는 경우가 자주 있다.

광상(鑛末)으로서 그것은 오래된 원생대 지층에서 발견된다. 그러나 간혹 깊지 않은 곳에서 때때로 상당한 무게를 가지는 순수한 금속 덩어

리로 뭉쳐진 형태로건 아니면 대지의 표층에서 다른 금속들보다는 자주 발견된다. 전쟁과 평화시에 철보다 먼저 사용되었다[56쪽].

(화폐 재료로서 금이 은에 대해 갖는 관계는 역사적 발전에서 노동 수단으로서 구리가 철에 대해 맺는 관계와 같다.)

로마인에게 굴복한 이탈리아에서 1세기부터 5세기까지 대량으로 유통. 무기나 공구 또는 장신구용으로 금, 구리, 은 또는 철을 사용하는 방법에 관한 지식만 있으면, 한 민족의 문명 수준을 처음부터 결정할 수 있다. 헤시오드가 농업에 관한 그의 시에서 쓰기를, '그들의 도구는 청동으로 만들었다. 거무스름한 철은 아직 없었다.'[헤시오드, 『노동과 나날』 1권, 151쪽]

루크레티우스: '과거에는 철의 사용보다 청동의 사용이 더 잘 알려져 있었다.'[루크레티우스, 『De rerum natura』 5권, 1286] 제이콥은 [『역사적 연구 …』, 35쪽과 42쪽]에서 누비아와 시베리아의 태고의 동광(銅鑛)을 인용하고 있다(듀로 1권, 58쪽 참조). 헤로도토스는 마사제트인들이 청동만 가지고 있었지 철은 가지고 있지 않았다고 말한다. 옥스포드에 있는 화강암 판에 따르면 철은 기원전 1431년 이전에는 알려지지 않았다. 호머에게 있어서 철은 드물다. 그에 반해 청동의 사용은 매우 광범위했고, 구리, 주석, 아연의 합금은 그리스 사회와 로마 사회가 도끼와 면도칼을 만들기 위해서도 매우 오랫동안 이용했다[57-58쪽]. 이탈리아는 순수한 구리가 상당히 풍부했다. 이탈리아는 기원전 247년까지 동화(銅貨)도 주조했는데, 중부 이탈리아에서 그것은 통일된 지불 수단 이외에 적어도 정상적인 화폐, 통화 단위였다. 남부 이탈리아의 그리스 식민지들은 그리스와 아시아로부터 직접 또는 티루스와 카르타고를 통해 은을 받아서 5세기와 6세기이래 화폐를 주조했다. 로마인들은 왕들을 추방하기 전에 은화를 보유했던 것으로 보인다. 그러나 플리니우스는 [『자연사』 3권, 24쪽]에서 '이탈리아(즉, 그의 은광)의 보호를 명령한 원로원의 옛 결의에 따라 이것이 금지되었다'고 말한다. 그들은 편안한 유통 수단

이 초래할 사치, 노예 증가, 축적, 토지 소유의 집중과 같은 결과를 두려워했던 것이다[64-66쪽].

에트루리아인에게 있어서도 화폐로서는 금보다 구리가 오래되었다.

가르니에[64]가 "축적을 위해 규정된 재료가 광물 세계에서 자연히 찾아지고 선택되었다"고 말한 것은 틀렸다(노트 III권, 22쪽17) 참조). 정반대로 축적은 금속 화폐가 (본래적인 화폐로서든 무게 때문에 선호되는 교환 수단으로서든) 발견된 후 시작되었다. 이 점에 관해서는 금과 관련해서 특별히 논의할 것. 라이테마이어[65]는 옳다(노트 III권, 33쪽 참조).

금, 은, 구리가 그들의 상대적 연약함에도 불구하고, 철보다 먼저 고대 민족들에게서 처음에는 화폐로서보다 벌채 및 채굴 공구로서 사용되었다.

(담금질에 의해 구리를 단단한 암석에도 견딜 수 있도록 단련하는 방법을 배웠을 때, 공구 개선. 매우 단련된 구리로 암석을 제압하는 데 이용하는 끌과 망치를 만들었다. 마침내 철이 발견되었다.) 제이콥[66]이 말하기를,

1. 황동 2. 철과 같이 무기를 만드는 금속들이 당시에 사용되던 일상적인 식량이나 의복에 비해 드물고 엄청나게 비쌌던 가부장적 상태에서는(노트 IV권, 3쪽 참조), 귀금속으로 주조된 화폐는 알려지지 않았지만, 금과 은은 곡물이나 가축에 비해 다른 금속들과 쉽고 편안하게 교환되는 능력을 획득했다."

---

17) 수고에는: 28쪽

‖33‖ 방대한 충적층에서, 힌두쿠시 산맥과 히말라야 산맥 사이에서 순금이나 거의 순수한 금을 채취하기 위해서는 간단한 세광 장비만 있으면 된다. 당시 아시아의 이 지역에는 인구가 매우 많았으며, 따라서 노동력이 매우 쌌다. 은은 (기술적으로) 채굴하기 어려웠기 때문에 상대적으로 비쌌다. 알렉산더가 사망한 후, 아시아와 그리스에서는 반대되는 결과가 진행되었다. 금이 들어 있는 모래가 고갈되었다. 노예와 노동력의 값이 올랐다. 유클리드에서부터 아르키메데스까지 역학과 기하학이 엄청난 진보를 이룩한 후, 아시아, 트라키아, 스페인의 풍부한 은 광맥들은 이익을 남기면서 채굴될 수 있었다. 그리고 은이 금보다 55배 더 많이 존재해 있었기 때문에, 두 금속의 가치 비율은 변화되어야 했다. 기원전 350년 크세노폰 시대에는 은 10파운드와 교환되던 금 1파운드가, 서기 422년에는 은 18파운드의 가치가 있었다[듀로 드 라 말레, 62-63쪽].

요컨대 1 : 10에서 1 : 18로 상승했다.

서기 5세기 말 현금 규모가 현저히 감소했고, 광업이 정체되었다. 15세기말까지 중세에는 상대적으로 상당한 화폐 부분이 금화. (과거에 가장 많이 유통되던 은이 특히 감소되었다.) 대륙에서는 15세기에 비율 = 1 : 10, 18세기에 = 1 : 14. 영국에서는 1 : 15. 근대 아시아, 특히 동화(銅貨)(구리, 아연, 납의 혼합인 테헨)가 국내 통화였던 중국에서는, 상업에서 은이 상품으로 더 많이 거래. 중국에서 금(과 은)은 무게 때문에 대외 무역 결제를 위한 상품.[67]

로마에서 (주화로서) 구리 가치와 은 가치 사이에 커다란 변동들. 세르비우스 시대까지 제외하고, 교환을 위해서는 금속봉(金屬棒). 주조되지 않은 동화(銅貨). 화폐 단위인 구리 아스(As) = 구리 1파운드. 세르비우스 시대에는 은 대 구리 = 279 : 1. 포에니 전쟁 초까지 = 400 : 1.[18] 1차 포에니 전쟁 당시에는 = 140 : 1. 2차 포에니 전쟁 때

---

18) 수고에는: 1,100

= 112 : 1.[68]

로마에서 금은 초기에 매우 비쌌던 반면, 카르타고(와 스페인)에서는 은이 비쌌다. 금은 547년까지 금봉(金棒)으로만 사용되었다. 상업에서 금 대 은 = 13.71 : 1, 주화로는 17.14 : 1.19) 케사르 하에서는 (내란이 발생할 때) = 12 : 1 (케사르가 국고 國庫 를 약탈한 후에는 8.9 : 120)). 호노리우스와 아르카디우스(397년) 하에서는 14.4 : 1로 고정. 호노리우스와 테오도세 2세(422년) 하에서는 = 18 : 1. 은 대 구리 = 100 : 1. 금 대 은 = 18 : 1. 로마에서 최초의 은화는 485년에, 최초의 금화는 547년에 주조. 2차 포에니 전쟁 후 아스가 1온스로 줄어들자마자 잔돈일 뿐. 제스터(은화)는 통화 단위였고, 모든 거액 지불은 은으로 이루어졌다. (일상적인 거래에서는 구리(나중에는 철)가 계속 주요 금속이었다. 동서양의 황제들 하에서는 솔리디우스, 즉 금이 규정적 화폐.)

요컨대 평균적으로 보자면 고대 세계에서는,

첫째로: 금에 비한 은의 상대적 고가(高價). 금이 은보다 싸고 철보다는 더 쌌던 개별적인 현상(아랍인들)을 도외시한다면, 기원전 15세기부터 6세기까지 아시아에서 금 대 은은 = 6 : 1 또는 8 : 1 (후자의 비율이 중국과 일본에서는 19세기초까지). 마누 법전[63] 자체에서는 = 2.5 : 1. 이 낮은 비율은 처음에 금을 금속으로 발견하게 했던 원인과 같은 원인에서 기인. 당시에 금은 주로 아시아와 이집트에서 왔다. 이탈리아의 발전에서는 화폐로서 구리가 이 시기에 해당한다. 평화와 전쟁의 주요 수단으로서 구리가 어떻게 지배적인 귀금속으로서의 금에 조응하는지. 크세노폰 시대에도 금 대 은은 = 10 : 1.

둘째로: 알렉산더가 사망한 이후 금이 든 모래가 고갈되고 기술과 문명이 진보함에 따라, 은에 비한 금 가치의 상대적 상승. 그리고 은

---

19) 수고에는: 17.4 : 1
20) 수고에는: 8 : 1

광 개발. 그리고 금보다 은이 양적으로 더 많이 산출됨에 따른 영향. 그러나 특히 15세기말의 미 대륙 발견과 비슷하게 금과 은의 비율을 변혁시켜야 했던 스페인, 특히 카르타고인의 탐광(探鑛). 케사르 시대 이전의 비율 = 17 : 1. 나중에는 14 : 1. 서기 422년 이후에는 마침내 = 18 : 1. (케사르 하에서 우연한 이유로 인한 금의 하락.) 금에 대한 은의 하락은 전쟁과 평화시에 철이 주요 생산 수단이 된 것에 조응한다. 제1기에 동방에서 금 유입이 있었다면, 제 2기에는 보다 서늘한 서방에서 은 유입.

셋째로 중세에: 다시 크세노폰 시대와 같은 비율 10 : 1. (일부 지역에서는 = 12 : 1?)

넷째로 미 대륙 발견 후: 다시 호노리우스와 아르카디우스 시대(397년)와 비슷한 비율: 14내지 15 : 1. 1815년 말경부터 1844년까지 금 생산이 증가했지만 금은 우대 받았다(예를 들어 프랑스에서).

다섯째로, 캘리포니아와 오스트레일리아의 발견이 더 큰 비율은 아닐지라도, 로마 황제 시대의 비율인 18 : 1을 회복시킬 것이라는 것은 가능하다. 동방에서 서방으로, 캘리포니아와 오스트레일리아까지, 고대에서 근대에 이르기까지, 귀금속 생산의 진보에 따른 은의 상대적 저렴화는 이를 역전시킬 것이다. 개별적으로는 큰 변동들. 그러나 큰 차이를 관찰해 보면 반복되는 것이 두드러진다.

‖ 34 ‖ 고대인들에게 있어서 구리는 오늘날보다 3배 또는 4배 비쌌다(가르니에[, 253쪽]).

c) 이제는 금과 은의 구입처와 이것의 역사적 발전과의 연관이 고찰되어야 한다.

d) 주화로서의 화폐. 주화에 관한 역사적 측면을 간략하게. 가치 하락과 가치 앙등 등.

[화폐의 회전]

화폐의 유통 또는 회전은 상품의 반대되는 유통 또는 회전에 조응한다. A의 상품이 B의 수중에 넘어가는 반면, B의 상품은 A의 수중에 넘어간다. 화폐 유통은 상품 유통과 마찬가지로 무한히 다양한 점들에서 출발해서 무한히 다양한 점들로 돌아간다. 우리가 여기에서 고찰하는 단계의 화폐 회전인 직접적인 유통에서는 한 중심에서 주변의 다양한 점들로의 출발과, 주변의 모든 점들로부터 한 중심으로의 귀환은 일어나지 않고, 은행 제도에 의해 매개된 유통에서 비로소 일어난다. 그러나 이 최초의 자생적인 유통은 수많은 회전들로 구성되어 있을 것이다. 그러나 본래적인 회전은 금은이 더 이상 상품이 아닐 때 비로소 시작된다. 금은이 화폐가 아니라 상품으로 기능함으로, 귀금속을 수출하는 나라들과 수입하는 나라들 사이에서는 이러한 의미에서의 유통은 일어나지 않고 단순한 교환이 일어난다. 화폐가 상품 교환, 즉 여기에서는 상품 유통을 매개하는 한, 즉 교환 수단인 한에 있어서 그것은 유통 도구, 유통 바퀴이다.[69] 그러나 이 과정에서 화폐가 스스로 유통되고 회전하며 그 자체의 운동을 따르는 한, 그 자체가 하나의 유통, 화폐 유통, 화폐 회전을 가진다. 이 유통이 얼마만큼 특수한 법칙들에 의해 규정되는지를 발견해야 한다. 화폐가 상품을 위한 유통 바퀴라면, 그만큼 상품은 화폐 유통을 위한 유통 바퀴라는 점이 처음부터 명백하다. 화폐가 상품들을 유통시킨다면, 상품들은 화폐를 유통시킨다. 요컨대 상품 유통과 화폐 유통은 서로를 조건 지운다.

화폐 회전에서는 세 가지가 고찰되어야 한다. 1. 운동 형태 자체. 그것이 묘사하는 선(그것의 개념). 2. 유통 화폐량. 3. 화폐가 자체의 운동을 수행하는 유통 속도 이는 상품 유통과 관련해서만 일어날 수 있다. 화폐 유통과는 전적으로 독립적이고, 오히려 상품 유통이 이를 직접적으로 결정하는 계기들을 가진다는 것, 또는 예컨대 상품 유통 속도를 결정하는 동일한 여건들이 화폐 유통 속도도 결정한다는 것은 처음부터 명백하다. 생산 양식의 전체 성격이 양자 모두를 결정하고, 보다 직접적으로는 상품 유통을 결정한다. 교환자들의 수(인구수). 도시와 농촌에서의 분배. 상품, 생산물, 생산 주체의 절대량. 유통에 던져진 상품의 상대적인 규모. 상호 교환자들, 접촉자들의 범위를 결정할 뿐만 아니라 원자재가 생산자에게, 생산물이 소비자에게 이르는 속도를 결정한다는 이중적인 의미에서의 교통·통신 수단의 발전. 끝으로, 예컨대 방직, 방적, 염색 등 다양한 생산 영역을 집중시키고, 그리하여 일련의 매개적 교환 행위를 불필요하게 만드는 공업 발전. 상품 유통은 화폐 유통의 일차적 전제이다. 화폐 유통이 다시 상품 유통을 규정하는 한, 그 자체로서 살펴볼 것.

우선 유통 또는 회전의 일반적 개념이 확정되어야 한다.

화폐가 유통시키는 것은 교환 가치들, 따라서 가격들이라는 점이 지적되어야 한다. 그러므로 상품 유통에서는 상품량뿐만 아니라 상품 가격도 마찬가지로 고찰되어야 한다. 교환 가치(가격)가 낮은 대량의 상품이 유통되기 위해서는 가격이 두 배인 소량의 상품보다 더 적은 화폐가 필요할 것이라는 점은 분명하다. 요컨대, 유통 개념에 앞서 원래 가격 개념이 발전되어야 한다. 유통은 가격의 정립이고, 상품이 가격으로 전환되는 운동, 상품의 가격으로서의 실현이다. 화폐는 1. 상품이 교환 가치로 실현되는 척도 또는 요소이자, 2. 교환 수단이라는 이중적 규정을 지니는데, 이것은 전혀 상이한 방향으로 작용한다. 화폐는 관념적으로, 개별자의 머리 속에서뿐만 아니라 사회(직접적으로는 매매 과정의 당사자들)의 상상 속에서 이미 화폐로 전환된 상품만을 유통시킨다. 화폐로의 이러한 관념적 전환과 실재적 전환이 결코 동일한 법칙들에 의해 결정되는 것은 아니다. 그것들의 상호 관계가 연구되어야 한다.

a) [가치 척도로서의 화폐]

유통의 본질적 규정은 그것이 교환 가치들, 그것도 **가격들로** 정립된 교환 가치들을 유통시킨다는 것이다. 따라서 모든 종류의 상품 교환, 예를 들어 물물교환, 현물 공급, 봉건적 용역 등이 유통을 구성하는 것은 아니다. 유통을 위해서는 무엇보다도 두 가지가 필요하다. 첫째, 상품들이 가격들로 된다는 전제. 둘째, 개별적인 교환 행위가 아니라 교환의 순환, 끊임없이 흐르고 사회의 전체 표층에서 이루어지는 교환들의 총체, 교환 행위 체제. ‖35‖ 상품이 교환 가치로 규정된다. 교환 가치로서의 상품은 일정한 비율로 (그에 포함된 노동 시간에 비례해서) 다른 모든 가치(상품)를 위한 등가물이다. 그러나 교환 가치로서의 상품이 자신의 이러한 규정성에 직접적으로 조응하는 것은 아니다. 그것은 자연적인 현존으로서의 자신과 상이하다. 상품을 교환 가치로 정립하기 위해서는 매개가 필요하다. 따라서 화폐에서 교환 가치는 상품에 대해서 다른 어떤 것으로 마주 선다. 화폐로 정립된 상품이 비로소 순수한 교환 가치로서의 상품이다. 또는 순수한 교환 가치로서의 상품이 화폐이다. 그러나 동시에 화폐는 이제 그 상품의 밖에 그리고 옆에 존재한다. 상품의 교환 가치, 모든 상품의 교환 가치는 그것과는 독립적이고, 자체적인 재료, 한 특유한 상품에서 자립화된 실존을 획득했다. 상품의 교환 가치는 다른 모든 상품이 그것과 교환될 수 있는 양적 비율 전체를 표현하고, 동일한 노동 시간에 생산될 수 있는 상품들의 부등한 양들을 결정한다. 이제 화폐는 모든 상품의 교환 가치로서 이들 옆에, 그리고 밖에 서 있다.

화폐는 우선 상품들이 교환 가치들로서 자유로운 존재를 획득하기 위해 교환되고, 금화(金化)되고 은화(銀化)되어야 하는 일반적 질료이다. 그것들은 화폐로 번역되고 화폐로 표현되어야 한다. 화폐가 교환 가치의, 교환 가치로서의 상품들의 일반적 명명자가 된다. 화폐로 표현된, 즉 화폐와 등치된 교환 가치가 **가격**이다. 화폐가 교환 가치에 대하여 자립적인 것으로 정립된 이후, 교환 가치들은 자신들에게 주체로 마주 서는 화폐의 규정성 속에서 정립된다. 그러나 각 교환 가치는 일정한 양, 양적으로 규정된 교환 가치이다. 그러한 것으로서 교환 가치는 = 일정량의 화폐. 이 규정성은 일반 법칙에 따라 교환 가치로 실현된 노동 시간에 의해 주어진다. 요컨대 하루의 생산물인 교환 가치는 = 하루분의 노동 시간량, 하루 노동일의 생산물인 양의 금이나 은으로 표현된다. 교환 가치의 일반적 척도가 이제는 각 교환 가치 및 그것과 등치되는 화폐 사이의 척도가 된다. (금과 은은 우선 생산국들에서 생산비에 의해 결정되었다.

> 광업국에서 모든 가격은 귀금속의 생산비에 최종적으로 좌우된다. 광산 노동자들에게 지불된 보수가 다른 모든 생산자들에 대한 배상을 계산하는 도량이 된다. … 광산을 보유하지 않은 나라들에서 독점되지 않은 모든 상품의 금은 가치는 주어진 노동량의 결실을 수출함으로써 획득될 수 있는 금과 은, 현재의 이윤율, 개별적인 경우에는 지불된 임금액, 선불된 임금액에 해당하는 시간에 좌우된다(시니어).[70]

다른 말로 표현하자면: 가격은 일정량의 노동(수출 가능한 생산물)을 주고, 광산 보유국으로부터 직접 또는 간접적으로 받을 수 있는 금은의 양에 좌우된다. 화폐는 우선 모든 교환 가치의 평등 관계를 표현한다. 화폐에서 그것들은 동일한 명칭을 갖는다.

화폐의 규정성으로 정립된 교환 가치가 가격이다. 가격에서 교환 가치는 일정량의 화폐로 표현된다. 가격에서 화폐는 첫째로 모든 교환 가치의 단위로 나타난다. 둘째로 이 교환 가치들이 일정 수를 포함하고 있어서 화폐와 비교됨으로써 그것들의 양적 규정성, 양적 비율이 표현되는 단위이다. 요컨대 여기에서 화폐는 교환 가치들의 척도로, 가격은 화폐로 측정된 교환 가치로 정립되어 있다. 화폐가 가격의 척도라는 것, 즉 화폐로 교환 가치들이 서로 비교된다는 것은 저절로 생겨나는 규정이다. 그러나 앞으로의 설명을 위해 보다 중요한 것은 가격에서 교환 가치가 화폐와 비교된다는 것이다. 화폐가 상품들로부터 자립적이고 분리된 교환 가치로 정립된 후에, 개별 상품, 특수한 교환 가치는 다시 화폐와 등치된다. 즉, 화폐로 표현되고 화폐로 번역된다. 교환 가치로서 개념적으로 그러하듯이, 상품들은 화폐와 등치됨으로써 다시 서로 관계된다. 다시 말해 그것들이 일정한 비율로 부응하고 비교됨으로써. 특수한 교환 가치로서의 상품은 자립화된 교환 가치인 화폐의 규정성으로 표현되고 포섭되며 정립된다. 이것이 어떻게 일어나는지(즉, 어떻게 양적으로 규정된 교환 가치와 일정량의 화폐 사이에 양적 비율이 발견되는지)는 위에서. 그러나 화폐가 상품들 밖에서 자립적인 실존을 획득함으로써, 상품 가격은 화폐에 대한 교환 가치들 또는 상품들의 외적인 관계로 나타난다. 상품은 상품의 사회적 실체가 교환 가치로서의 상품에 각인되는 방식으로 가격에 각인되지는 않는다. 이러한 규정성은 상품과 직접적으로 일치하지 않으며, 화폐와의 비교에 의해 매개된다. 상품은 교환 가치이다. 그러나 가격을 가진다. 교환 가치는 상품과 직접적으로 통일되어 있었는데, 상품의 이러한 직접적인 규정성에 의해서 상품이 직접적으로 분리되어, 한편에는 상품이, 다른 한편에는(화폐에서는) 교환 가치가 놓여 있게 하는 것이었다. 그러나 지금 가격에서 상품이 한편으로는 상품의 밖에 존재하는 것으로서 화폐와 관계되고, 다른 한편으로는 화폐가 상품과는 상이한 실체를 가지므로, 상품 자체가 화폐로서 관념적으로 정립된다. 가격은 상품의 한 속성이며, 상품이 화폐로 상상되는 한 규정이다. 그것은 더 이상 상품의 직접적인 규정성이 아니라 성찰된 규정성이다. ‖36‖ 상품이 이제는 실제 화폐 옆에 관념적으로 정립된 화폐로 실존한다.

이 두 번째 규정, 즉 척도로서의 화폐뿐만 아니라 가격으로서의 상품이라는 이 두 번째 규정도 **실재 화폐와 계산 화폐**의 차이에 의해 가장 간단하게 보여진다. 척도로서의 화폐는 언제나 계산 화폐로 기능하며, 가격으로서의 상품은 언제나 관념적으로만 화폐로 전환된다.

판매자에 의한 상품의 평가, 구매자에 의해 행해지는 제안, 계산서, 채무 증서, 연금 증서, 재고 증명서 등, 간단히 말해 물적 지불 행위를 초래하고, 그것에 선행하는 모든 것은 계산 화폐로 표현되어야 한다. 실재 화폐는 지불을 실현하고 계산서를 정산하기 위해서만 개입한다. 내가 24리브레 12수를 지불해야 한다면 계산 화폐는 한 종류의 24단위와 다른 종류의 12단위를 나타내는 반면, 나는 실제로 24리브레 가치가 있는 금 조각과 12수 가치가 있는 은 조각의 두 실물 조각을 지불할 것이다. 실재 화폐의 총량은 유통 욕구에서 필연적인 한계를 가진다. 계산 화폐는 상상외에는 아무런 한계도 가지지 않는 관념적 척도이다. 교환 가치라는 측면에서만 고찰된다면, 모든 종류의 부를 표현하는 데 이용. 따라서 국부(國富), 국가와 개인들의 소득. 계산 가치는 그것이 어떤 형태로 존재하든 동일한 형태에 따라 규율되므로, 소비재군에서 사유에 의해 여러 번 화폐로 전환되지 않는 물품은 하나도 없는 반면, 이 군과 비교해 유효 화폐의 총량은 많아야 1 : 10이다(가르니에).[71]

(후자의 비율은 터무니없다. 1 : 수백만이 더 옳다. 그렇지만 이는 전혀 측정될 수 없다.)

요컨대 원래 화폐가 교환 가치를 표현한다면, 이제는 상품이 가격으로서 관념적으로 정립되고, 머릿속에서 실현된 교환 가치로서 어떤 화폐액, 일정한 비율의 화폐를 표현한다. 다양한 형태의 모든 상품은 가격으로서 화폐의 대표자인 반면, 이전에 자립화된 교환 가치로서 화폐는 모든 상품의 대표자였다. 화폐가 실제로 상품으로 정립된 후 상품은 관념적으로 화폐로 정립된다.

상품의 화폐로의 이러한 관념적 전환 또는 상품의 가격으로의 정립에서 실제로 존재하는 화폐량은 이중적인 의미에서 전적으로 무관하다는 것이 이제 분명하다. 첫째로, 상품의 화폐로의 관념적 전환은 언뜻 보기에도 실제 화폐량과 무관하며, 그것에 의해 제한 받지 않는다. 예를 들어 적도(赤道)를 엘레로 표현하기 위해 길이 척도(예컨대 엘레)를 실제로 이용할 필요가 없듯이, 이 과정을 위해서 단 한푼의 화폐도 필요하지 않다. 예컨대 영국의 전체 국부가 화폐로 측정된다면, 즉 가격으로 표현된다면, 이 가격을 실현하기에는 세상의 화폐가 충분하지 않다는 것을 누구나 알고 있다. 이를 위해서는 화폐가 범주로서만, 생각된 비율로서만 필요하다. 둘째로, 화폐가 단위로 간주되므로, 즉 상품이 화폐의 일정한 부분액을 포함하고 그것에 의해 측정되도록 표현되므로, 양자 사이의 척도는 교환 가치의 일반적 척도 — 생산비 또는 노동 시간 — 가 된다. 요컨대 금 1/3온스는 하루 노동일의 생산물이고, 상품 x는 3노동일의 생산물이라면, 상품 x = 1온스 또는 3파운드 스털링 17실링 4펜스이다. 화폐와 상품을 측정할 때 교환 가치의 본래적인 척도가 다시 개입한다. 상품이 사흘 노동일 대신에 사흘 노동일의 생산물인 금이나 은의 양으로 표현된다. 실제로 유통되는 화폐의 양이 이 비율과는 아무런 관련이 없다는 것은 명백하다.

(제임스 밀의 오류[72]: 귀금속들의 양이 아닌 생산비가 그것들의 가치를 결정할 뿐만 아니라, 상품 가격이 금속 가치로 측정된다는 것을 간과.)

교환 속에서 상품들은 서로 척도가 된다. … 그러나 이 과정은 유통 중인 상품의 수만큼이나 많은 비교점을 필요로 할 것이다. 한 상품이 두 상품이 아니라 한 상품과만 교환된다면, 그것은 비교점으로 기능할 수 없을 것이다. … 따라서 하나의 일반적 비교점의 필요성. 이 척도는 순전히 관념적일 수 있다. … 척도의 규정이 일차적이며 임금 규정보다 중요하다. … 러시아와 중국간의 교역에서 은이 모든 상품의 가치를 등급 짓는 기능을 하지만, 이 교역은 물물교환에 의해 이루어진다(쉬토르흐).[73]

화폐에 의한 측정 작업은 물질의 양을 비교할 때 무게를 적용하는 것과 비슷하다. 각 사물의 무게와 가치를 셈하기 위한 두 단위의 동일한 명칭. 무게 척도와 가치 척도가 같은 명칭. 언제나 동일한 무게를 가졌던 원기(原基: etalon)는 쉽게 발견되었다. 화폐에서 다시 중요한 것은 1파운드의 은 가치 = 그것의 생산비라는 점.[74]

(시스몽디. 명칭만 같은 것이 아니다. 금과 은은 원래 무게로 측정되었다. 따라서 로마인들에게 있어서 1아스는 구리 1파운드와 같았다.)

∥37∥ 호머와 헤시오도스에게 있어서 가치 척도로서의 화폐는 금은이 아니라 양과 소였다. 트로이 벌판에서의 물물교환(제이콥[,『역사적 연구 …』, 109쪽]).

(중세의 노예도 마찬가지. 앞의 책[, 351쪽].)

화폐는 다른 규정들에서 실현되지 않고도, 즉 금속 화폐의 형태를 취하기 전이라도 척도 규정과 교환 가치의 일반 요소 규정으로 정립되어 있을 수 있다. 단순한 물물교환에서. 여기에서는 아주 적은 교환만이 이루어진다는 것, 상품들이 교환 가치로 발전되지 않았고, 따라서 아직 가격으로도 발전되지 않았다는 것이 전제되어 있다.

(어떤 것의 가격의 공통적인 척도는, 이것의 빈번하고 일상적인 양도를 전제로 한다. 단순한 사회 상태에서는 그렇지 않았다. 비 非 산업적 나라들에서는 가격 없는 사물이 많다. … 판매만이 가격을 확정할 수 있고, 기본 욕구 물품의 빈번한 판매는 도시와 농촌의 관계에 좌우된다.)[75]

발전된 가격 규정21)은 개별자가 자기의 생활 수단을 직접 생산하는 것이 아니라, 그의 직접적인 생산물이 교환 가치인 것, 즉 그를 위한 생활 수단이 되기 위해서 사회적 과정에 의해 비로소 매개되어야 하는 것을 전제로 한다. 산업 사회의 이러한 토대의 완전한 발전과 가부장적 상태 사이에는 수많은 중간 단계, 무한한 변형.

a)로부터 다음 결론이 이끌어 진다: 귀금속의 생산비가 증가하면, 모든 상품 가격이 하락한다. 귀금속의 생산비가 하락하면, 모든 상품 가격이 상승한다. 이는 아래에서 보는 바와 같이 특수한 사정 하에서는 수정되는 일반 법칙이다.

b) [유통 수단으로서의 화폐]

교환 가치가 가격에서는 관념적으로 화폐로 전환된다면, 교환, 매매에서는 실제로 화폐로 전환, 즉 화폐와 교환되고, 그 후 화폐로 다시 상품과 교환된다. 특수한 교환 가치는 우선 일반적 교환 가치와 교환되고, 그 후 다시 특수한 교환 가치와 교환된다. 교환 가치로서의 상품은 화폐가 중개자 역할을 하는 이러한 매개 운동에 의해서만 실현된다. 요컨대 화폐는 상품과는 반대 방향으로 회전한다. 그것은 상품 교환의 중개자, 교환 수단으로 나타난다. 그것은 상품 회전을 위한 유통 바퀴, 유통 도구이다. 그러나 그러한 것으로서의 화폐는 동시에 자신의 유통, 화폐 회전, 화폐 유통을 가진다. 상품 가격은 실제 화폐와의 교환에서 또는 화폐와의 실제 교환에서 비로소 실현되는 것이다.

전술한 것에서 다음 결론이 이끌어 진다. 상품은 먼저 관념적으로 화폐로 전환된 다음에, 즉 가격으로서 가격 결정을 얻은 다음에 비로소 화폐와 실제로 교환되고, 실재 화폐로 전환된다. 요컨대 가격의

---

21) 수고에는: 가격 발전

실현은 화폐 유통의 결과로 나타날지라도, 가격은 화폐 유통의 전제이다. 상품의 교환 가치를 평균 가치 이상으로 상승시키고 그 이하로 하락시키기 때문에, 상품 가격을 상승시키고 하락시키는 여건들은 교환 가치에 관한 절에서 상술되며, 상품의 화폐로의 실재적 실현 과정에 선행한다. 요컨대 일단 이것과 완전히 무관한 것으로 나타난다. 물론 숫자들 사이의 비율은 내가 그것들을 소수로 표시할지라도 불변이다. 그것은 단순히 다른 명명(命名)인 것이다. 상품을 실제로 유통시키기 위해서는 수송 도구들이 필요하며, 화폐에 의해서는 실행될 수 없다. 내가 x파운드의 금액을 주고 철 1000파운드를 샀다면, 철의 소유는 내 수중으로 넘어왔다. 내 x파운드는 교환 수단으로서 그것의 임무를 다했고, 소유 증서와 마찬가지로 유통되었다. 반대로 판매자는 철의 가격, 교환 가치로서 철을 실현했다. 그러나 이제 철을 판매자로부터 나에게 옮기기 위해서 화폐가 하는 일은 없다. 이를 위해서는 마차, 말, 길 등이 필요하다. 장소와 시간 속에서 상품의 실재 유통은 화폐에 의해 실행되는 것이 아니다. 화폐는 상품의 가격만을 실현하며, 그럼으로써 상품에 대한 요구권을 구매자, 교환 수단을 제공한 사람의 수중으로 이전시킨다. 화폐에 의해 유통되는 것은, 상품이 아니라 상품에 대한 소유 증서이다. 그리고 구매에서든 판매에서든, 이 유통에서 화폐를 받고 실현되는 것은 다시 상품이 아니라 상품 가격이다. 그러므로 유통에 필요한 화폐량은 우선 유통에 던져진 상품 가격의 높고 낮음에 의해 결정된다. 그러나 이 가격의 총액은 첫째, 개별 상품의 가격에 의해서, 둘째, 일정한 가격으로 유통될 상품량에 의해 결정된다. 예를 들어 밀 1쿼터를 60실링에 유통시키기 위해서는, 그것을 30실링에 유통시킬 때보다 두 배의 실링이 필요하다. 그리고 5,000쿼터가 유통되어야 한다면 300,000실링이 필요한 반면, 200쿼터의 유통을 위해서는 12,000실링만 필요하다. 요컨대 상품 가격의 높낮이와 고정된 가격의 상품량에 좌우된다.

그러나 셋째, 유통에 필요한 화폐량은 실현될 가격 총액에 좌우될 뿐만 아니라, 화폐가 회전하는, 이 실현 업무를 수행하는 속도에도 좌우된다. 1탈러가 한 시간에 매번 1탈러 가격 짜리 구매를 10차례 한다면, 10번 교환된다면, 그것은 정확히 1시간에 한 차례의 구매만을 실행하는 10탈러가 행할 업무를 수행하는 것이다. 속도는 부정적 계기이다. 그것은 양을 대체하는 것이다. 그것에 의해 화폐 한 개가 수배로 늘어난다.

한편으로는 실현될 상품 가격액을, 다른 한편으로는 화폐의 회전 속도를 결정하는 여건들은 뒤에서 연구될 것이다. 다만 지금까지는 많거나 적은 화폐가 유통되기 때문에 가격이 높거나 낮은 것이 아니라, 가격이 높거나 낮기 때문에 많거나 적은 화폐가 유통된다는 점, 나아가 유통되는 화폐의 속도가 화폐량에 좌우되는 것이 아니라, 아마도 ‖38‖ 유통되는 수단의 양이 그것의 속도에 좌우된다는 점은 분명하다(고액 지불은 세는 것이 아니라 무게로 단다. 그럼으로써 시간이 단축된다).

그렇지만 이미 언급한 바와 같이, 화폐 회전은 (발권 은행들처럼 그리고 부분적으로는 국가 화폐의 경우처럼) 한 중심에서 출발하는 것도 아니고, 주변의 모든 점에서 한 중심으로 되돌아오는 것도 아니며, 무한히 많은 점에서 출발해서 무한히 많은 점으로 되돌아오는 것이다(이 복귀 자체와 그것이 보낸 시간은 우연적이다). 요컨대 유통 수단의 속도는 일정한 수준까지만 유통되는 수단의 양을 대체할 수 있다. (예를 들어 공장주와 차지농은 노동자에게 지불하고 노동자는 소매상 등에게 지불한다. 이 소매상으로부터 화폐는 공장주와 차지 농에게 되돌아온다.) 같은 양의 화폐는 어떤 속도로든 **연속적으로만** 일련의 지불을 실행할 수 있다. 그러나 일정량의 지불은 **동시에** 이루어져야 한다. 유통은 수많은 점을 동시에 출발점으로 삼아야 한다. 요컨대 유통을 위해서는 언제나 유통 속에 있어야 하는 일정량의 화폐를 필요로 하는데, 이 양은 동시적인 유통 출발점에서 출발하는 총액과, 이것이 자신의 경로를 거치는 (되돌아오는) 속도에 의해 결정된다. 유통하는 수단의 이 같은 양도 증감을 겪기는 하지만 평균 수준이 있다. 항구적인 변화가 매우 점진적이고 장기간에 걸쳐서만 진행되고, 우리가 뒤에서 살펴볼 바와 같이, 수많은 주변 사정에 의해 끊임없이 상쇄됨으로써.

(a)에 관해서.

"화폐의 속성으로 사용되는 도량은 가치의 지표를 의미한다. … 상품이 이런저런 온스의 금 가치가 있다고 평가되었고, 이 나라의 금 잔고가 감소하기 때문에 가격이 하락해야 한다"는 것은 우스꽝스럽다.

가치 지표로서 금의 유효성은 어떤 개별적인 나라에서 그 양이 많든 적든 불변이다. 은행 기관의 보조 수단을 적용함으로써 이 나라의 지폐 및 금속 유통을 ½로 줄이는 데 성공한다면, 금과 상품의 상대적 가치는 동일할 것이다. 16세기 페루와 프랑스로부터 영국으로의 이전의 예(허바드, Ⅷ권, 45쪽).[76]

(아프리카 해안에서는 가치 척도가 금이나 은이 아니라 관념적 기준, 상상의 봉(棒)[43]이다. 제이콥, V권, 15쪽.)[77]

화폐는 척도로서의 규정에서 자신의 양에 대해 무관하거나, 또는 존재하는 화폐량은 무차별적이다. 화폐의 양은 교환 가치, 유통 도구로서의 규정성에서 측정된다. 화폐의 이 두 규정이 서로 모순에 빠질 수 있는지에 대해서는 뒤에서 살펴보기로 한다.

(강요된, 비자발적인 유통[78] 개념(스튜어트 참조)은 아직 여기에 속하지 않는다.)

교환이 과정으로, 구매와 판매의 흐르는 전체로 나타난다는 것은 본질적으로 유통에 속하는 사실이다. 유통의 첫 번째 전제는 상품 유통 자체, 즉 끊임없이 다방면으로부터 출발하는 상품 유통이다. 상품 유통의 조건은 상품이 교환 가치로 생산된다는 것, 직접적인 사용 가치가 아니라 교환 가치에 의해 매개되는 것으로 생산된다는 것이다. 양도와 판매에 의하고 이에 의해 매개되는 점취가 기본 전제이다. 교환 가치의 실현으로서의 유통에는 다음과 같은 것들이 포함되어 있다. 1. 나의 생산물은 그것이 타인을 위한 것, 즉 지양된 개별자, 일반자인 한에 있어서만 생산물이다. 2. 이 생산물은 그것이 양도된, 타인을 위한 것이 되는 한에 있어서만 나를 위한 생산물이다. 3. 이 생산물은 타인도 자신의 생산물을 양도케 하는 한에 있어서만 타인을 위한 것이다. 이에 따라 4. 생산이 나에게는 자기 목적이 아니라 수단으로 나타난다는 것. 유통은 일반적 양도가 일반적 점취로, 일반적 점취가 일반적 양도로 나타나는 운동이다. 이 운동 전체가 사회적 운동으로 나타나고, 이 운동의 개별적인 계기들이 개인들의 의식적인 의지와 특수한 목적으로부터 출발하는 것처럼, 과정의 총체는 자생적으로 등장하는 객관적 연관, 의식적 개인들의 상호 작용으로부터 유래하지만, 그들의 의식 속에 놓여 있지도 전체로서 그들에게 복속되지도 않는 객관적 연관으로 현상한다. 개인들 자신의 상호 충돌이 그들에게는 그들 위에 서 있는 낯선 사회적 권력을 낳는다. 즉, 그들의 상호 작용이 그들로부터 독립적인 과정이자 강제력을 [낳는다 — 역자]. 유통이 사회적 과정의 총체이기 때문에, 동전 한푼이나 교환 가치에서처럼 그것은 사회적 관계뿐만 아니라 사회적 운동 전체도 개인들로부터 독립적인 것으로 현상하는 첫 번째 형태이다. 개인들에 대해 자립화된 권력으로서 개인들의 사회적 상호 관계는 그것이

자연력, 우연으로 상상되든 또는 임의의 형태로 상상되든, 출발점이
자유로운 사회적 개인이 아니라는 사실의 필연적 결과이다. 유통은
경제적 범주 중에서 최초의 총체성으로서 이러한 결과를 보여주기에
적합하다.

ǁ 39 ǁ 첫눈에 보기에 유통은 단지 무한한 과정으로서 현상한다.
상품은 화폐와 교환되고 화폐는 상품과 교환되는데, 이것이 무한히
반복되는 것이다. 동일한 과정의 이처럼 끊임없는 갱신이 사실상 유
통의 본질적인 계기를 이룬다. 그러나 보다 정확히 관찰하면 유통은
다른 현상들도 제시한다. 연결 또는 출발점의 자기 자신으로의 회귀
라는 현상들. 상품은 화폐와 교환되고 화폐는 상품과 교환된다. 그리
하여 상품이 상품과 교환되는데, 다만 이 교환은 매개된 교환이다.
구매자는 다시 판매자가 되고 판매자는 다시 구매자가 된다. 그리하
여 각자는 이중적이고 반대되는 규정에 정립되어 있으며, 그럼으로
써 양자는 두 규정의 살아 있는 통일체이다. 그렇지만 경제학자들이
그러하듯이, 화폐 제도의 모순들이 나타나자마자 갑자기 매개하는
과정이 없이 최종 결과만이, 차이는 없이 통일만이, 부정은 없이 긍
정만이 고수된다면, 그것은 전적으로 오류이다. 유통에서는 상품이
상품과 교환되는데, 그것이 화폐와 교환되는 한에 있어서, 그것들은
상품과 교환되는 것이 아니다. 다른 말로 하자면, 매매 행위들은 두
개의 서로 무관한, 장소와 시간[22]에 있어서 분리되는 행위들로 현상
한다. 판매하는 자는 그가 화폐를 구매하는 한에 있어서 구매하기도
한다고 말하는 것과, 구매하는 자는 그가 화폐를 판매하는 한에 있어
서 판매하기도 한다고 말하는 것은, 상품과 화폐의 특유한 차이를 간
과하는 것이다.

경제학자들은 두 행위가 일치하는 물물교환이 발전된 사회 형태

---

22) 수고에는: 공간

와 생산 양식에는 충분하지 않다는 것을 우리에게 매우 그럴 듯하게 보여준 다음, 갑자기 화폐에 의해 매개된 거래를 직접적인 물물교환으로 간주하고 이 거래의 특유한 성격을 무시한다. 그들은 상품과 구별되는 화폐가 필요하다는 것을 보여준 다음, 화폐와 상품 사이에 차이가 존재하지 않는다고 한꺼번에 주장한다. 이러한 추상으로 도피하는 것은, 화폐의 실재적 발전에서 부르주아적 상식의 옹호론에는 불편하고 따라서 은폐되어야 하는 모순들이 발생하기 때문이다. 유통의 본질적인 두 계기인 구매와 판매가 서로 무관하고 시간적·공간적으로 분리되어 있는 한, 그것들은 결코 서로 일치할 필요가 없다. 그것들의 무관성은 공고화와, 전자의 후자에 대한 외견상의 자립성으로 발전할 수 있다. 그러나 양자가 한 전체의 본질적인 계기들을 이루는 한, 자립적인 형체가 강제적으로 부서지고, 내적 통일성이 강제적 폭발에 의해 외적으로 형성되는 순간이 등장해야 한다. 그리하여 이미 매개자로서 화폐의 규정에, 교환의 두 행위로의 분리에, 공황의 맹아, 적어도 고전적으로 형성된 공황의 가능성, 즉 그것의 개념에 조응하는 유통의 기본 조건들이 존재하는 때 이외에는 실현될 수 없는 공황의 가능성이 놓여 있다.

나아가 유통에서 화폐는 가격만을 실현한다는 것이 입증되었다. 가격은 일단 상품의 관념적 규정으로 나타난다. 그러나 상품과 교환된 화폐는 상품의 실현된 가격, 실재 가격이다. 따라서 가격은 상품에 붙어서 관념적으로 존재하는 것으로 나타나는 것과 마찬가지로, 상품 밖에서 그리고 곁에서 독립적으로 나타난다. 원래 교환 가치로 전환된 생산물이 실제로 교환되지 않으면 더 이상 생산물이 아니듯이, 상품이 화폐로 실현될 수 없다면 그것은 더 이상 유통 능력이 없게 되며, 그것의 가격은 단지 상상일 뿐이다. (가격의 상승과 하락에 관해서는 여기에서 논하지 않는다.) a)에서 고찰할 때 가격은 상품에 붙어 있는 규정으로 나타났다. 그러나 b)에서 고찰할 때 화폐는 상품 밖의 가격으로 나타났다. 필요한 것은 상품에 대한 수요뿐 아니라 화폐화된 수요이다. 요컨대 상품은 그 가격이 실현될 수 없다면, 그것이 화폐로 전환될 수 없다면, 가치 하락된 것, 즉 가격이 하락한 것으로 현상한다. 화폐로의 이 특유한 전환이 필요해지자마자 가격에서 표현되는 교환 가치는 희생되어야 한다. 따라서 예를 들어 화폐가 모든 사물의 형리(刑吏)이고, 모든 것이 바쳐져야 하는 화신(火神; Moloch)이며, 모든 상품의 전제 군주라는 보아규베르의 불평[『부의 본질 … 에 관하여』, 395쪽, 413쪽]. 모든 조세가 화폐 조세로 전환하면서 절대 왕정이 등장하던 시기에, 화폐는 사실상 실재의 부가 바쳐져야 하는 화신으로 현상한다. 그것은 모든 화폐 공황에서도 그렇게 현상한다. 상업의 하인이던 화폐가 상업의 전제 군주가 된다고 보아규베르는 말한다[399쪽]. 그러나 화폐와의 교환에서 정립되는 것이 사실상 이미 가격 규정에 즉자적으로 존재한다. 그것은 화폐가 더 이상 상품을 대표하는 것이 아니라, 상품이 화폐를 대표한다는 것이다. 훗날 사회주의자들과 마찬가지로 봉건 시대로부터 근대로의 이행을 이루는 많은 저자들이 화폐를 통한 상업을 정당하지 못한 상업이라고 불평.

α) 분업이 발전할수록 생산물은 더 이상 교환 수단이 아니게 된다. 각자의 특유한 생산으로부터 독립적인 일반적 교환 수단의 필요성이 등장하게 된다. 직접적인 생존을 지향하는 생산에서는 모든 상품이 모든 상품과 교환될 수는 없으며, 일정한 활동이 ‖40‖ 일정한 생산물들과 교환될 수 있을 뿐이다. 생산물들이 특화(特化)되고 다양해지며 비자립적이 될수록 일반적 교환 수단이 더욱 필요해진다. 처음에는 노동 생산물이나 노동 자체가 일반적 교환 수단이다. 그러나 그 생산물이 특화될수록 일반적 교환 수단이 아니게 된다. 어느 정도 발전된 분업은 각자의 요구가 매우 다양해지고 그의 생산물이 매우 일방적이 되는 것을 전제한다. 교환 욕구와 직접적인 교환 수단은 반비

례해서 발전된다. 요컨대 일정한 생산물과 일정한 노동이 교환 능력과 교환되어야 할 때, 일반적 교환 수단의 필요성. 한 사물의 교환 가치는 그것이 교환 수단으로 기능하는 능력의 양적으로 특유화된 표현에 지나지 않는다. 화폐에서는 교환 수단 자체가 사물이 되거나, 또는 사물의 교환 가치가 사물 밖에서 자립적인 존재를 획득하게 된다. 상품이 화폐에 대해서는 제한된 힘만을 가지는 교환 수단이므로, 그것은 화폐에 대해서 교환 수단임을 중지할 수 있다.

β) 구매와 판매로의 교환의 분리는, 내가 팔지 않고 단지 사거나(상품의 매점 買占), 또는 사지 않고 파는 것(화폐 축적)을 가능하게 한다. 이러한 분리는 투기를 가능하게 한다. 그것은 교환하는 것을 특수한 사업으로 만든다. 즉, 그것은 상인 계층의 근거가 된다. 이 분리는 상품의 최종적인 교환 사이에 수많은 거래가 가능하도록 했으며, 다수의 사람이 이 분리를 악용할 수 있게 했다. 그는 수많은 허구적 거래를 가능하게 했다. 본질적으로 분리된 행위로 현상했던 것이 본질적으로 공속적(共屬的)인 것임이 밝혀지기도 하고, 본질적으로 공속적인 행위로 생각되었던 것이 실재에 있어서는 본질적으로 분리된 것임이 밝혀진다. 구매와 판매가 본질적으로 상이한 행위들로서 자신을 주장하는 순간에, 모든 상품의 일반적 가치 절하가 발생한다. 화폐가 교환의 중개자로만 등장하는 순간에는 화폐의 가치 절하가 발생한다. 가격의 일반적 하락이나 상승.

노동이 그것의 특유한 생산물, 즉 노동 생산물의 직접적인 사용 가치로부터 독립적이기 때문에 화폐와 더불어 절대적 분업의 가능성이 주어진다.

투기 시에 가격의 일반적 상승은 상품의 교환 가치나 생산비가 일반적으로 증가하기 때문이 아니다. 왜냐하면 금의 교환 가치나 생산비가 다른 모든 상품의 생산비와 동등하게 증가했다면, 화폐로 표현된 이들의 교환 가치, 즉 이들의 가격은 동일할 것이기 때문이다. 그것은 마찬가지로 금 생산 가격[79]의 하락 때문도 아니다. (여기에서는 아직 신용에 관해서 논하지 않는다.) 그러나 화폐가 일반적 상품일 뿐만 아니라 특수한 상품이기도 하며, 특수한 상품으로서 수요와 공급의 법칙을 따르므로, 화폐와 대립되는 특수한 상품들에 대한 일반적 수요는 화폐를 틀림없이 하락시킬 것이다.

우리는 화폐가 직접적인 물물교환뿐만 아니라 교환 가치의 모순들을 일반화함으로써만 그 모순들을 해결할 수 있다는 것은 화폐의 본성에 기인한다는 것을 알고 있다. 특수한 교환 수단이 어떤 특수한 교환 수단과 교환되는가는 우연적이었다. 그러나 이제는 상품이 일반적 교환 수단과 교환되어야 하는데, 상품의 특수성이 이것과는 더 큰 모순 관계에 있다. 상품의 교환 능력을 보장하기 위해서 교환 능력 자체가 하나의 자립적인 상품으로서 상품에게 마주 선다. (그것이 수단에서 목적이 된다.) 특수한 상품이 어떤 특수한 상품을 만나는가가 문제였다. 그러나 화폐는 교환 행위 자체를 두개의 서로 무관한 행위로 지양한다.

(유통, 강한 유통, 약한 유통 등에 관한 문제들과 특히 유통되는 화폐량과 가격에 관한 쟁점이 더 설명되기에 앞서서, 화폐의 세 번째 규정이 고찰되어야 한다.)

유통의 한 계기는 상품이 화폐를 통해 상품과 교환되는 것이다. 그러나 다른 계기도 마찬가지로 작용하는데, 상품이 화폐와 교환되고 화폐가 상품과 교환된다는 것뿐만 아니라 화폐가 상품과 교환되고 상품이 화폐와 교환된다는 것이 그것이다. 요컨대 화폐가 상품을 통해 자기 자신과 매개되고, 자신의 회전에서 자기 자신과 함께 가는 통일체로 나타난다는 것. 그리하여 그것은 더 이상 유통의 수단이 아니라, (예를 들어 상인 계층에서처럼) (상업 일체에서) 목적으로 나타난다. 유통이 끊임없는 교체뿐 아니라 그것이 스스로 묘사하는 순환으로 관찰된다면, 이 순환은 이중적으로 나타난다. 상품—화폐—화폐—상품. 다른 한편으로는 화폐—상품—상품—화폐. 즉, 내가 사기 위해서 판다면, 나는 마찬가지로 팔기 위해서 살 수도 있다. 전자의 경우에 화폐는 상품을 획득하기 위한 수단이고, 상품이 목적이다. 후자의 경우에 상품은 화폐를 획득하기 위한 수단이고, 화폐가 목적이다. 이는 유통의 계기들이 요약됨으로써 간단하게 생겨난다. 단순한 유통으로 고찰한다면 내가 어느 점에 개입해서 이를 출발점으로 고정시키는가는 전혀 무차별적일 것이 틀림없다.

물론 유통 속에 있는 상품과 유통 속에 있는 화폐 사이에는 특유한 차이가 있다. 상품은 최종적으로 유통에서 이탈되자마자, 생산 행위에서든 ‖41‖ 본래적인 소비에서든 소비되자마자, 일정한 점에서 유통 밖으로 내던져지며 그것의 최종적인 규정을 충족한다. 그에 반해 화폐의 규정은 유통 바퀴로서 유통에 머무르는 것, 영구 기관으로서 자기의 회전을 끊임없이 새롭게 시작하는 것이다.

그럼에도 불구하고 저 두 번째 규정은 첫 번째 규정과 마찬가지로 유통에서 발견된다. 이제는 다음과 같이 말할 수 있다. 상품들이 비록 가격들로서 등가물들이지만, 질적으로 상이하고 그리하여 그들의 교환이 마침내 질적으로 상이한 욕구들을 충족시키기 때문에, 상품을 상품과 교환하는 것이 중요하다. 이에 반해 화폐를 화폐와 교환하는 것은 양적인 차이가 있는 경우, 적은 화폐를 더 많은 화폐와 교환하는 경우, 산 것보다 비싸게 파는 경우를 제외하고는 아무런 의미가 없는데, 여기에서 이윤 범주는 아직 고찰 대상이 아니다. 그러므로 우리가 유통 분석에서 이끌어내는 화폐—상품—상품—화폐의 결론은 마치 죽음—삶—죽음이라는 식으로 인생의 순환을 묘사하는 것처럼 자의적이고 무의미한 추상처럼 현상한다. 비록 후자의 경우에는 원소적인 것의 끊임없는 개별화와 마찬가지로 개별화된 것의 원소적인 것으로의 끊임없는 해소가 자연 과정의 한 계기라는 것을 부정할 수는 없겠지만. 유통 행위에서도 화폐의 상품으로의 끊임없는 전환과 동일하게 상품의 끊임없는 화폐화도 그렇지만 다시 팔기 위해 사는 현실적 과정에서는 이때 얻어지는 이윤이 동기이며, 화폐와 화폐 사이에는 아무런 질적인 차이도 없으므로(여기에서 논해지는 것은 특수한 금속 화폐도 특수한 주화 종류도 아니다), 상품을 매개로 해서 적은 화폐를 더 많은 화폐와 교환하는 것이 최종 목적이다. 그렇지만 이 작업이 실패할 수도 있고, 그리하여 양적인 차이가 없는 화폐와 화폐의 교환이 현실에서 자주 발생하고 따라서 발생할 수도 있다는 것은 부정할 수 없다. 그러나 상업이 기초하고 있고, 따라서 그 범위에 있어서 유통의 주된 현상을 이루는 이 과정 일체가 가능하기 위해서는 화폐—상품—상품—화폐라는 순환이 특수한 형태의 유통으로 인정되어야 한다. 이 형태는 화폐가 상품들의 단순한 교환 수단으로서, 중간자로서, 결론의 소전제(小前提)로서 나타나는 형태와는 특유하게 구별된다. 화폐—상품—상품—화폐라는 순환은 그것이 상업에서 가지는 양적 규정성 이외에 그것의 순전히 질적인 형태, 그것의 특유한 운동에 있어서 구별되어야 한다. 둘째로, 이 순환은 화폐가 척도나 교환 수단 또는 양자로만 간주되는 것이 아니라 세 번째 규정을 가진다는 것을 포함하고 있다. 여기에서는 첫째로, 화폐가 자기 목적으로 나타나며, 상품 거래와 교환은 그것의 단순한 실현에 기여한다. 둘째로, 여기에서는 화폐와 함께 순환이 종료되기 때문에, 화폐를 통해 자신의 등가물과 교환된 상품이 유통에서 내던져지듯이, 화폐는 순환 밖으로 벗어난다. 화폐가 유통의 대리인으로만 규정된 한에 있어서, 그것이 끊임없이 유통의 순환 속에 포함되어 있어야 한다는 것은 옳다. 그러나 여기에서 보여지는 것은 화폐가 이 유통 도구 이외에 무엇인가 다른 것이라는 점, 그것이 유통 밖에서도 자립적인 존재를 가지며, 상품이 끊임없이 유통으로부터 최종적으로 이탈되어야 하듯이, 이 새로운 규정으로서의 화폐도 유통으로부터 이탈될 수 있다는 점이다. 우리는 첫 번째 두 규정, 즉 척도로 기능하는

규정뿐만 아니라 일반적 교환 수단이자 상품 가격이 실현되는 규정
이 내포되어 있는 세 번째 규정으로 화폐를 고찰해야 한다.

c) 부의 물적 대표로서의 화폐
 (화폐 축적. 그에 앞서 계약 등의 일반적 재료로서의 화폐)
 모든 점이 출발점인 동시에 종착점으로 나타나며, 그것도 후자로
나타나는 한에 있어서 전자로 나타나는 것은 순환의 본성에 따른 것
이다. 요컨대 G—W—W—G라는 형태 규정은 일차적인 형태 규정으
로 나타나는 W—G—G—W와 마찬가지로 옳다. 어려움은 후자의 상
품은 질적으로 상이하지만, 후자의 화폐는 그렇지 않다는 것이다. 그
것은 양적으로만 상이할 수 있다. — 척도로 관찰할 때, 화폐의 존재,
보다 자세히는 그것의 양, 단위로 기능하는 금이나 은의 총량은, 이
러한 규정으로서의 화폐에 전적으로 무차별적이고 다만 상상된, 존
재하지 않는 단위로 사용됨에도 불구하고, 화폐의 물적 실체는 중요
하다. 이 규정에서 화폐는 수가 아니라 단위이다. 내가 면화 1파운드
가 8펜스의 가치가 있다고 말한다면, 나는 면화 1파운드 = 금 1/116
온스(온스 당 3파운드 스털링 17실링 7펜스)(931펜스[23])라고 말하는
것이다. 그러면 금 1온스를 포함하는 다른 모든 상품도 마찬가지로
금과 ‖42‖ 비교되므로, 이것들의 교환 가치, 등가로서의 그것의 규
정성을 동시에 표현하는 것이다. 면화 1파운드[24]에 들어 있는 금량
을 결정하는 면화 1파운드와 금의 이러한 본래적인 비율은 교환 가
치의 실재적인 공동 실체이며, 양자에 실현되어 있는 노동 시간의 양
에 의해 정립되어 있다. 이는 교환 가치 자체를 취급하는 장에서 전
제된다. 이 등식을 발견하는 것은 겉으로 보이는 것처럼 어렵지는 않
다. 예를 들어, 금을 직접 생산하는 노동은 일정량의 금이 예컨대 하

---

23) 수고에는: 924펜스
24) 수고에는: 온스

루 노동의 생산물임을 직접 드러낸다. 경쟁은 필요한 수정을 거친 후 (modificandis modifcatis) 다른 노동일을 이것과 등치시킨다. 직접적으로 든 간접적으로든. 한마디로 말하자면 직접적인 금 생산에 있어서 일 정량의 금은 일정한 노동 시간의 생산물, 따라서 가치, 등가물로 나 타난다. 요컨대 일정한 상품에 얼마나 많은 금이 포함되어 있는가를 말하기 위해서는, 상이한 상품들에 실현되어 있는 노동 시간을 결정 하고, 이를 직접적인 금 생산 노동 시간과 등치시키기만 하면 된다.

모든 상품을 가격으로 — 측정된 교환 가치로 — 규정하는 것은 빈번한 교환, 따라서 상품들을 교환 가치들로 빈번하게 비교하는 일 이 전제되는 점진적인 과정이다. 그러나 가격으로서의 상품의 실존 이 일단 전제가 되자마자 — 이 전제 자체가 사회적 과정의 생산물, 사회적 생산 과정의 결과이다 —, 새로운 가격 규정은 단순한 것으로 현상한다. 왜냐하면 생산비의 요소들이 이미 가격 형태로 존재하기 때문이다. (빈번한 양도, 판매, 빈번한 판매, **스튜어트**.[75] 가격이 일정 한 규칙성을 가지기 위해서는 오히려 이 모든 것이 연속성을 가져야 한다.) 그렇지만 우리가 여기에서 설명하고자 하는 요점은 다음과 같 다. 금이 측정 단위로 확정되어야 하는 한 상품들과 관련하여 금은 다른 모든 상품들의 상호 비율과 마찬가지로 물물교환에 의해 결정 된다. 그렇지만 물물교환에서 생산물은 즉자적으로만 교환 가치이다. 생산물은 교환 가치의 첫 번째 현상 형태인 것이다. 그러나 생산물이 아직 교환 가치로 정립된 것은 아니다. 첫째로 이 규정이 전체 생산 에 파급되지 않고 단지 잉여에만 해당되며, 따라서 그것 자체가 (교 환 자체와 마찬가지로) 다소 불필요하다. 충족, 향유(새로운 대상과의 관계) 범위의 우연적인 확대. 따라서 교환은 몇몇 지점에서 (처음에 는 자생적인 공동체가 끝나고 타인과 접촉되는 곳에서) 이루어지며, 작은 구역에만 제한되어 있고, 생산에 대해 잠정적인 것, 부차적인 것을 이룬다. 등장하는 것만큼이나 사라지는 것도 우연적이다. 자기 생산의 잉여가 우연히 타인 생산의 잉여와 교환되는 물물교환은, 생산물이 교환 가치 일반으로 **최초로 등장**하는 것이며, 우연적인 요구, 욕망 등에 의해 결정된다. 그러나 그것이 계속되면, 즉 자체 내에 지속적인 갱신을 위한 수단을 포함하고 있는 연속적인 행위가 되면, 상호 생산의 규제에 의한 상호 교환의 규제가 외적으로, 우연히, 점차적으로 시작되며, 궁극적으로는 모두 노동 시간으로 환산되는 생산비가 교환의 척도가 될 것이다. 이는 교환과 상품의 교환 가치가 어떻게 형성되는지를 우리에게 보여준다.

그러나 한 관계가 처음에 등장하는 상황은 이 관계를 순수하게, 또는 총체적으로 보여주지 않는다. 교환 가치로 정립된 생산물은 본질적으로 더 이상 단순한 생산물로 규정된 것이 아니다. 그것은 자신의 자연적 소질과는 상이한 것으로 정립되었다. 그것은 관계로 정립되었는데, 이것은 보다 정확하게 말하자면 한 상품과의 관계가 아니라 모든 상품, 모든 가능한 생산물과의 일반적인 관계이다. 요컨대 그것은 일반적 관계를 표현한다. 일정량의 일반 노동, 사회적 노동 시간의 실현으로서 자신과 관계하고, 또한 그러한 한에 있어서 그것의 교환 가치에 표현된 비율로 다른 모든 생산물에 대한 등가물인 생산물. 교환 가치는 사회적 노동을, 이것의 자연성을 전적으로 사상하고, 모든 생산물의 실체로 가정한다. 스스로 다른 것과 관계하지 않으면서 다른 것과의 관계를 표현하거나, 일반적인 것과 관계하지 않으면서 일반적 관계를 표현할 수 있는 것은 아무 것도 없다. 노동은 운동이므로, 시간이 그것의 자연적 척도이다. 가장 조야한 형태의 물물교환은 상품의 실체로서 노동을, 척도로서 노동 시간을 가정하는데, 이는 물물교환이 정기화되고 연속적으로 되자마자, 그것이 자체 내에 자신의 상호 갱신 조건을 포함하자마자 대두된다.

상품은 다른 것으로, 즉 관계로서 표현되는 한에 있어서만 **교환 가치**이다. 밀 1셰펠은 호밀 몇 셰펠의 가치가 있다. 이 경우에 밀은 호밀로 표현되는 한에 있어서만 교환 가치이고, 호밀은 밀로 표현되는 한에 있어서만 교환 가치이다. 각각이 자기 자신에만 관계한다면 그 것은 교환 가치가 아니다. 이제 화폐가 척도로 나타나는 관계에서는 화폐 자체가 관계로서, 교환 가치가 아니라 일정한 재료의 자연적 양 으로서, 금이나 은의 자연적 무게 부분으로 표현되고 있다. 다른 상 품의 교환 가치가 표현되는 상품은 결코 교환 가치로, 관계로 표현되 지 않으며, 자연적 속성을 가지는 일정량으로 표현된다. 밀 1셰펠이 호밀 3셰펠의 가치가 있다면, 밀 1셰펠만 가치로 표현되었고 호밀 1 셰펠은 그렇지 않다. 즉자적으로는 후자도 정립되어 있기는 하다. 그 러면 호밀 1셰펠 = 밀 ⅓셰펠. 그러나 이것은 ‖43‖ 정립되어 있지 는 않고 두 번째 관계일 뿐이며, 그것도 첫 번째 관계에 직접 존재한 다. 한 상품이 다른 상품으로 표현된다면, 그것은 관계로서, 다른 상 품은 일정한 재료의 단순한 양으로 정립된 것이다. 호밀 3셰펠은 즉 자적으로 가치가 아니며, 일정량을 채우는 호밀은 양적 척도로 측정 된다.

다른 상품들의 교환 가치를 측정하는 단위, 척도로서의 화폐의 경 우도 마찬가지이다. 그것은 금, 은 등 그것이 나타내는 자연적 실체 의 일정한 무게이다. 밀 1셰펠이 77실링 7펜스의 가격을 가진다면, 그것은 동일한 것과는 다른 것으로서, 금 1온스로서, 관계로서, 교환 가치로서 표현된다. 그러나 금 1온스는 즉자적으로 교환 가치가 아 니며, 교환 가치로서 표현된 것이 아니라 일정량의 자기 자신, 자기 의 자연적 실체인 금으로 표현된 것이다. 금 1온스의 가치가 그 생산 에 필요한 노동량에 비례하여 상승하거나 하락하기 때문에, 밀 1셰 펠이 77실링 7펜스 또는 금 1온스의 가격을 가진다면, 이 가격은 더 많거나 적은 가치일 수 있다. 그러나 이것이 가격 규정 자체를 위해 서는 상관없다. 77실링 7펜스라는 그것의 가격은 그것이 다른 모든 상품에 대한 등가물이 되는, 즉 그가 살 수 있는 비율을 정확하게 표

현해 주기 때문이다. 쿼터가 77실링이든 1780실링이든, 가격 규정의
규정성은 가격 규정 일체, 즉 밀의 가격으로의 정립과는 전적으로 무
관하다. 100실링이든 1실링이든, 그것은 가격을 가지고 있는 것이다.
가격은 모든 상품에게 공통된 단위로 교환 가치를 표현할 뿐이다. 요
컨대 이 교환 가치가 이미 다른 관계들에 의해 규제되고 있다고 가
정한다. 물론 밀 1쿼터가 금 1온스의 가격을 가진다는 것은 — 금과
밀은 자연 대상들로서 전혀 아무런 상호 관계도 가지지 않기 때문에
그 자체로서는 서로에 대한 척도가 아니며, 서로 무차별적이기 때문
에,. — 금 1온스 자체가 다시 그 생산에 필요한 노동 시간과 비율로
정립되고 그리하여 밀과 금 양자가 제3의 노동과 비율로 정립되고,
이 비율과 등치되며, 따라서 양자가 교환 가치로서 서로 비교됨으로
써 발견되었다. 그러나 이는 우리에게 밀 가격, 밀과 등치되는 금량
이 어떻게 발견되는가 만을 보여줄 뿐이다. 화폐가 밀 가격으로 나타
나는 이 관계 자체에서 화폐 자체는 관계로, 교환 가치가 아니라 일
정량의 자연적 재료로 정립되어 있다.

　교환 가치에서 상품들(생산물들)은 자신의 사회적 실체, 노동에 대
한 관계로 정립되어 있다. 그러나 가격으로서 그것은 자연적 속성이
다른 생산물들의 양으로 표현되어 있다. 물론 이제는 화폐 가격도 밀
1쿼터, 호밀 3쿼터, 금 1온스의 가격을 가지는 다양한 상품의 다른
양들로 정립되어 있다고 말할 수 있다. 그러나 이때 화폐 가격을 표
현하기 위해서는 모든 상품이 각각 금 1온스와 동등한 양으로 열거
되어야 할 것이다. 말하자면 화폐는 화폐 자신으로 가격이 표현되는
상품의 수만큼 많은 가격을 가질 것이다. 가격의 주요 규정인 통일성
이 없어질 것이다. 어느 상품도 다른 모든 상품과 화폐의 관계, 화폐
의 일반적 교환 가치를 표현하지 않을 것이기 때문에, 화폐 가격을
표현하지 않을 것이다. 그러나 가격의 특유성은 교환 가치 자체가 그
것의 일반성으로 표현되어야 하지만, 일정한 상품에서 표현되어야

한다는 것이다. 이것조차 무차별적이다. 화폐가 모든 상품의 가격을 표현하고 측정하는 재료로 나타나는 한에 있어서, 화폐 자체는 일정량의 금, 은 등, 간단히 말해 자신의 자연적 재료로 정립되어 있다. 일정한 재료의 단순한 양이지 스스로 교환 가치, 관계로 정립되어 있는 것은 아니다. 그리하여 다른 상품을 가격으로 표현하는 모든 상품은 스스로 교환 가치로 정립되어 있지 않으며, 자기 자신의 일정량으로 정립되어 있다. 상품 가격으로서의 화폐는 교환 가치, 관계가 아니라, 예를 들어 파운드와 이것의 하급 단위들처럼 일정 무게의 금은이므로, 교환 가치들의 단위, 그것들의 척도, 그것들의 일반적 비교점이라는 화폐 규정에서는 화폐의 자연적 재료인 금은이 중요하게 나타난다. 그리하여 화폐가 처음부터 파운드, 아에스 그라베(aes grave)[80]로 나타난다. 바로 이것이 가격을 교환 가치와 구별짓는다. 우리는 교환 가치가 필연적으로 가격 규정으로 나아간다는 것을 보았다. 따라서 노동 시간 자체를 화폐로 만들려는 것, 즉 가격과 교환 가치의 차이를 정립했다가 정립하지 않으려는 것은 어처구니없는 짓이다.

요컨대 척도, 가격 규정 요소, 교환 가치의 측정 단위로서의 화폐는 다음과 같은 현상을 보여준다. 1. 일단 임의의 상품에 대한 금 1 온스의 교환 가치가 결정되고 나면, 화폐가 상상된 단위로만 필요하고 그것의 실재적 존재는 불필요하며, 따라서 그것이 현존하는 양은 더욱 불필요하다는 것. 지표(가치 지표)로서 그것이 한 나라에 존재하는 양은 무차별적이며, 단순히 계산 단위로만 필요하다는 것. 2. 그러므로 화폐는 관념적으로만 정립될 필요가 있고, 상품 가격으로서 그것은 실제로 상품에게 관념적으로만 정립되어 있는 반면, 동시에 화폐는 그것이 나타나는 자연적 실체의 단순한 양, 단위로 인정된 일정한 무게의 금, 은 등으로서 비교점, 단위, 척도를 제공한다는 것. 교환 가치들(상품들)은 상상 속에서 일정한 무게 부분의 금이나 은으로 전환되고, 관념적으로 이 상상된 양의 금 등과 같은 것, 금 등을 표현하는 것으로 정립된다.

∥44∣ 그러나 이제 우리가 교환 수단, 가격의 실현자로서의 화폐의 두 번째 규정으로 옮겨가면, 여기에서는 화폐가 일정한 양만큼 존재해야 한다는 것, 이 규정에 적합하기 위해서는 단위로 정립된 무게의 금이나 은이 일정한 수만큼 필요하다는 것을 발견했다. 한편에는 상품량과 곱한 일정한 상품의 가격에 좌우되는 실현될 가격액이, 다른 한편에는 화폐의 유통 속도가 주어져 있다면 일정량의 유통 수단이 필요하다. 그러나 이제 우리가 유통이 나타내는 본래적 형태, 직접적 형태인 W—G—G—W를 보다 자세히 관찰하면, 이 형태에서는 화폐가 순수한 교환 수단으로 나타난다. 상품이 상품과 교환되며, 화폐는 단지 교환의 중개자로 나타난다. 첫 번째 상품의 가격이 화폐로 실현되고, 이 화폐로 두 번째 상품의 가격을 실현하며, 그리하여 이를 첫 번째 상품 대신에 취득하는 것이다. 첫 번째 상품의 가격이 실현된 후, 두 번째 상품의 가격을 획득하는 것은 자신의 가격을 화폐로 획득한 사람의 목적이 아니며, 그는 상품을 획득하기 위해서 가격을 지불한다. 따라서 화폐는 기본적으로 첫 번째 상품을 두 번째 상품과 교환하는 데 기여했을 뿐이다. 단순한 유통 수단으로서의 화폐는 다른 목적을 가지지 않는다. 화폐를 받고 상품을 판 사람은 상품을 다시 사고자 하며, 그에게 이 상품을 판 사람은 상품을 사기 위해서 다시 화폐를 필요로 한다. 순수한 유통 수단으로서의 이 규정에 있어서, 화폐 자신의 규정은 다만 화폐량, 화폐수가 사전에 결정됨으로써 그것이 실행하는 이 회전에 있을 뿐이다. 화폐 자체가 단위로서 얼마나 자주 존재하는지는 상품들의 가격에 미리 결정되어 있으며, 유통 도구로서 그것은 단순히 이 전제된 단위의 수로서 나타난다. 화폐가 상품 가격을 실현하는 한에 있어서, 상품은 그것의 현실적 금은 등가물과 교환되며, 그것의 교환 가치는 실제로 다른 상품으로서의

화폐로 표현25)된다. 그러나 이 과정이 화폐를 다시 상품으로 전환시키기 위해서만, 즉 첫 번째 상품을 두 번째 상품과 교환하기 위해서만 이루어지는 한에 있어서 화폐는 일시적으로만 나타나며, 그것의 실체는 그것이 계속해서 이러한 일시성으로서, 매개의 담지자로서 나타나는 데 있을 뿐이다. 회전 수단으로서 화폐는 오직 회전 수단일 뿐이다. 이 성격으로 기능하기 위해서 화폐에게 중요한 유일한 규정성은 그것이 회전하는 양, 또는 수의 규정성이다. (수는 속도에 의해서도 같이 결정되므로, 여기에서 속도는 특별히 설명할 필요가 없다.) 화폐가 가격을 실현하는 한에 있어서 그것의 금은으로서의 물질적 실존은 중요하다. 그러나 이 실현이 일시적이고 지양될 것인 한에 있어서, 그것의 물질적 실존은 무차별적이다. 그것은 마치 상품을 특수한 상품으로서의 금이나 은과 교환하는 것 같은 외양일 뿐이다. 이 외양은 금은이 다시 상품과 교환되고 그에 따라 상품이 상품과 교환되자마자 과정이 종료되면서 사라지는 외양이다. 따라서 단순한 유통 수단으로서의 금은 또는 금은으로서의 유통 수단은 하나의 특수한 자연적 상품으로서 그것의 속성에 대해 무차별적이다.

유통되는 상품의 총 가격이 10,00026)탈러라고 가정하자. 그러면 그것의 척도는 1탈러 = 은 x무게이다. 이 상품을 6시간 동안 유통시키기 위해서 100탈러가 필요하다고, 즉 각 탈러가 6시간 동안에 100탈러의 가격을 지불한다고 가정하자. 이제 중요한 것은 100탈러, 상품 가격 총액을 측정하는 금속 단위의 수 100이 존재해 있다는 것이다. 이들 단위가 은으로 되어 있다는 것은 과정 자체에 아무런 영향을 미치지 않는다. 이것은 1탈러가 매 번의 교환에서 1탈러의 은 무게만을 대표하지만, 유통의 순환에서는 실제로 거기에 포함되어 있는 것보다 100배가 큰 은량을 대표한다는 데에서 이미 나타난다. 요

---

25) 수고에는: 교환
26) 수고에는: 1200

컨대 전체 유통을 살펴보면 1탈러는 그것이 실제로 포함하고 있는 것보다 100배가 큰 은 무게인 100탈러를 대표하는 것이다. 사실 그것은 100[27]탈러에 포함된 은 무게의 **표장**일 뿐이다. 은량으로 관찰할 때, 그것은 실제로 실현하는 것보다 100배가 큰 가격을 실현하는 것이다. 예를 들어 파운드 스털링 = 금 ⅓온스(실제로는 이렇게 많지 않다)라고 가정하자. 한 상품의 가격이 1파운드 스털링으로 지불된다면, 즉 1파운드 스털링인 그것의 가격이 실현된다면, 그것이 1파운드 스털링과 교환된다면, 파운드 스털링이 실제로 금 ⅓온스를 포함하고[28] 있다는 것이 결정적이다. 이 파운드 스털링이 비금속(卑金屬)으로 만들어진 위조 파운드 스털링, 즉 외견상으로만 파운드 스털링이라면, 사실 상품 가격은 실현되지 않을 것이다. 그것을 실현하기 위해서는 금 ⅓온스만큼의 비금속이 지불되어야 할 것이다.

이 분리된 유통 계기의 관점에서 고찰하면, 화폐 단위가 실제로 일정량의 금은을 나타낸다는 것이 중요하다. 그러나 우리가 유통 전체를 살펴본다면, 즉 유통을 W—G—G—W이라는 자기 완결적인 과정으로 살펴본다면 사정은 달라진다. 첫 번째 경우에 가격은 단지 외양적으로만 실현될 것이다. 상품 가격의 일부만이 실현될 것이다. 상품에 관념적으로 정립된 가격은 실제로 정립되지 않을 것이다. 관념적으로 얼마만큼의 금과 같은 것으로 정립된 상품이 실재 교환에서는 그만큼의 무게 부분의 금과 결재되지 않을 것이다. 그러나 진짜 파운드 스털링 대신에 위조 파운드 스털링이 유통된다면, 그것은 마치 진짜인 것처럼 전체 유통에서 절대적으로 동일한 기능을 수행할 것이다. 상품 A가 1파운드 가격으로 위조된 1파운드와 교환되고, 이 위조 파운드가 다시 1파운드 스털링의 상품 B와 교환된다면, 이 위조 파운드는 마치 ‖ 45 ‖ 진짜인 것처럼 전체 유통에서 절대적으로

---

27) 수고에는: 200
28) 수고에는: 얻고

동일한 기능을 수행할 것이다. 따라서 파운드가 가격을 실현하는 계기로 관찰되는 것이 아니라, 그것이 유통 수단으로만 기능하고 가격실현은 외양이자 단지 사라지는 매개일 뿐인 그러한 과정 전체가 관찰된다면, 이 과정에서 진짜 파운드는 사실상 표장일 뿐이다. 여기에서 금 1파운드는 상품 A가 동일한 가격의 상품 B와 교환되는 데 기여할 뿐이다. 상품 A의 가격의 실재적인 실현은 상품 B이며, 상품 B의 가격의 실재적인 실현은 상품 A 또는 C 또는 D인데, 이것은 상품의 특수한 내용에 대해서는 전혀 무차별적인 그러한 관계 형태와마찬가지이다. 동일한 가격의 상품들이 교환되는 것이다. 상품 A가직접 상품 B와 교환되는 대신에 상품 A의 가격이 상품 B와, 그리고상품 B의 가격이 상품 A와 교환된다.

그리하여 화폐는 상품에 대하여 이것의 가격만을 나타낼 뿐이다. 상품들은 그것의 가격으로 서로 교환된다. 상품 가격 자체는 상품이금이나 은, 화폐가 체현된 재료의 일정한 자연적 단위(무게 부문)의수라는 사실을 상품에서 관념적으로 표현한다. 화폐 또는 상품의 실현된 가격에서는 이제 이 단위의 일정한 수가 상품에 대하여 맞선다. 그러나 가격 실현이 목적이 아니고, 상품 가격을 가격이 아니라 다른상품의 가격으로 가지는 것이 중요한 한에 있어서, 예를 들어 금이든은이든 화폐의 재료는 무차별적이다. 유통 도구, 교환 수단으로서의화폐는 주체이며, 그것이 나타나는 자연적 재료는 우연으로 현상하는데, 이 우연의 의미는 교환 행위 자체에서 사라진다. 왜냐하면 화폐와 교환되는 상품은 이 재료가 아니라 다른 상품의 재료 속에서최종적으로 실현되기 때문이다. 말하자면 우리는 지금 유통에서 1. 화폐가 가격을 실현한다는 계기와, 2. 화폐가 소유권을 유통시킨다는계기와 더불어 3. 직접적으로는 일어날 수 없었던 것이 유통을 매개로 해서 일어난다는 계기, 즉 상품의 교환 가치가 다른 어떤 상품으로 표현된다는 계기도 알게 되었다. 아마포 1엘레가 2실링이고 설탕

1파운드가 1실링이라면, 아마포 1엘레는 2실링을 매개로 해서 설탕 2파운드로 실현되고, 따라서 설탕은 아마포 교환 가치의 재료, 그것의 교환 가치가 실현되는 재료로 전환된다.

단순한 유통 수단, 끊임없는 흐름으로서 유통 과정에서의 역할에서 본 화폐는 그 자체로 이미 가격 자체에 정립되어 있기 때문에 가격 척도가 아니며, 그 자체로 유통의 한 계기에는 존재하지만 계기들의 총체 속에서는 사라지기 때문에 가격 실현의 수단도 아니다. 그것은 모든 상품에 대한 가격의 단순한 대표자이며, 상품들이 동일한 가격으로 교환되는 데 필요한 수단으로 기능할 뿐이다. 그것은 한 상품의 교환 가치의 일반적 대표자이고, 동일한 가치를 가지는 다른 모든 상품의 대표자, 일반적 대표자이며, 그러한 것으로서 유통 자체에 존재하기 때문에 한 상품과 교환된다. 그것은 다른 모든 상품에 대하여 한 상품의 가격을 표상하거나 또는 한 상품에 대하여 모든 상품의 가격을 표상한다. 이 점에서 그것은 상품 가격의 대표자일 뿐만 아니라 자기 자신의 표장이다. 즉, 유통 행위 자체에서 금은이라는 그것의 재료가 무차별적이다. 그것이 가격이다. 그것은 일정량의 금이나 은이다. 그러나 가격의 이러한 현실이 여기에서는 단지 사라지는 현실, 끊임없이 사라지고 지양되며 최종적인 실현이 아니라 끊임없이 중간의 매개적인 실현으로만 간주되도록 결정된 현실인 한에 있어서, 또한 가격 실현이 아니라 한 특수한 상품의 교환 가치의 다른 상품 재료로의 실현이 이루어지는 한에 있어서, 그것 자체의 재료는 무차별적이며, 가격 실현 자체가 사라지기 때문에 가격 실현으로서 화폐는 사라진다. 따라서 화폐가 이 끊임없는 운동 속에 들어 있는 한, 그것은 교환 가치의 대표자로만 존재하는데, 이 교환 가치는 실재적인 교환 가치가 끊임없이 그것의 대표자를 대체하고, 그것과 끊임없이 자리를 바꾸며, 그것과 끊임없이 교환됨으로써 비로소 실재적인 것이 된다. 요컨대 이 과정에서 화폐의 현실은 그것이 가격이라는 점이 아

니라 가격을 표상하고 이것의 대표자 — 대상적으로 존재하는 가격
대표자, 즉 자기 자신의 대표자 —, 그러한 것으로서 상품의 교환 가
치의 대표자라는 점이다. 단지 한 상품의 교환 가치를 그것의 단위로
서 다른 상품으로 정립하기 위해서, 그것의 교환 가치를 다른 상품으
로 실현하기 위해서, 즉 다른 상품을 그것의 교환 가치의 재료로 정
립하기 위해서, 교환 수단으로서 화폐는 상품 가격을 실현한다.

　요컨대 그러한 대상적 표장으로서의 화폐는 유통 속에만 존재한
다. 유통으로부터 벗어나면, 그것은 다시 실현된 가격이 된다. 그러
나 우리가 본 바와 같이, 이 과정 안에서 화폐적 단위의 이 대상적
표장의 양, 수는 본질적으로 규정된다. 요컨대 화폐가 상품에 맞서
실존하는 것으로 현상하는 유통에서는, 일정량의 금은이라는 화폐의
물질적 실체, 그것의 기체(基體)는 무차별적이고, 이와는 반대로 화폐
는 이 단위의 일정 수에 대한 표장에 지나지 않으므로, 화폐의 수가
본질적으로 규정된다. 다른 한편으로 화폐가 관념적으로만 도입되던
척도로서의 규정에서는 그것의 물질적 기체가 본질적이지만, 그것의
양과 그것의 실존은 전적으로 무차별적이다. 이 사실에서 이끌어지
는 결론은 금은으로서의 화폐는 그것이 유통 수단, 교환 수단인 한에
있어서만 그 단위의 일정량을 표현하는 다른 어떤 표장에 의해서 ‖46
| 대체될 수 있고, 따라서 상징적인 화폐가 실질적인 화폐를 대체할
수 있다. 왜냐하면 단순한 교환 수단으로서의 물질적 화폐는 그 자체
가 상징적이기 때문이다.

　가격 척도, 가격의 실현, 단순한 교환 수단으로서 화폐의 모순적인
기능들은 그렇지 않았다면 결코 설명될 수 없었을 다음의 현상들을
해명해 준다. 즉, 금은과 같은 금속 화폐가 비금속(卑金屬)과 섞여 위
조된다면, 화폐는 가치 절하되고 가격은 상승한다는 것이다. 왜냐하
면 이 경우에는 가격 척도가 더 이상 예컨대 금 1온스의 생산비가
아니라, %비율로 구리 등과 혼합된 온스이기 때문이다. (주화 위조

가 단지 귀금속의 일정한 무게 부분의 명칭을 위조하거나 변경하는 데 그친다면, 즉 예를 들어 1온스의 ⅛이 1소브린이라고 불리는 한에 있어서, 척도는 절대적으로 불변하도록 놓아두고 그것의 명칭만을 변경하는 것에 지나지 않는다. 이전에는 ¼온스가 1소브린으로 불리다가 지금은 ⅛이 그러하다면, 1소브린의 가격은 금 ⅛온스만을 표현한다. 요컨대 이전에 1소브린이 표현하던 동일한 가격을 표현하기 위해서 (약) 2소브린이 필요하다.) 또는 단지 귀금속의 일정 부분의 명칭을 위조할 경우에, 척도는 불변이지만 일정 부분이 이전보다 두 배 많은 프랑 등으로 표현된다. 다른 한편으로 화폐의 기체(基體)인 금은이 완전히 지양되고, 유통에서 필요한 양만큼 일정량의 실질 화폐의 표장을 가지는 종이로 대체된다면, 이 종이는 완전히 금은의 가치로 통용된다. 첫 번째 경우에는 유통 수단이 동시에 척도로서의 화폐의 재료이고, 이 재료는 가격이 최종적인 가격으로 실현되는 그러한 재료이기 때문이다. 두 번째 경우에는 화폐가 유통 수단으로만 규정되어 있기 때문이다.

화폐의 모순적 규정들을 서투르게 혼동한 예:

가격은 정확하게 사기 위해 존재하는 화폐량에 의해 결정된다. 세상의 모든 상품은 세상에 존재하는 모든 화폐보다 많은 수입을 가져다 줄 수 없다.

첫째로, 가격 결정은 실재 판매와는 아무런 관련도 없다. 가격 결정에서 화폐는 척도로서만. 둘째로, (유통에 존재하는) 모든 상품은 모든 화폐가 천 번 유통한다면, 세상에 있는 화폐보다 천 배 많은 화폐를 가져다 줄 수 있다(이 부분은 『런던 위클리 디스패치』, [1857년] 11월 8일자에서).

유통에서 실현될 가격의 총합은 상품 가격과 유통에 던져진 상품량과 더불어 변동한다. 다른 한편으로 회전하고 있는 유통 수단의 속도도 그 자신과는 독립적인 여건에 의해 결정되므로, 유통 수단의 양은 변동, 즉 팽창하고 축소될 수 있어야 한다 — 유통의 축소와 팽창.

단순한 유통 수단으로서의 화폐에 관해서는 그것의 재료가 무차별적이고 교환 자체의 욕구만을 충족시킬 뿐 다른 어떤 직접적인 욕구도 충족시키지 않으므로, 그것이 더 이상 상품(특수한 상품)이 아니라고 말할 수 있다. 금은은 화폐로 유통하자마자 더 이상 상품이 아니다. 다른 한편으로 그것들은 오직 더욱 더 상품(일반적 상품), 즉 그것들의 자연적 속성에 무차별적이고, 따라서 모든 직접적인 욕구에 무차별적이며, 특정한 욕구 자체와는 자연적인 관계가 없는 순수한 형태의 상품이라고 말할 수 있다. 중금주의[81] 추종자들, 부분적으로는 보호무역주의[82] 추종자들조차도 (예를 들어 페리에 2쪽 참조)[83] 첫 번째[29] 측면에, 근대 경제학자들은 두 번째[30] 측면에 집착했다. 예를 들어 화폐는 하나의 "특수한" 상품으로서, 다른 모든 상품과 마찬가지의 상품으로 취급 … 된다고 말하는 세이.[84] 교환 수단으로서의 화폐는 생산과 소비 사이에 필요한 매개자로 현상한다. 발전된 화폐 체제에서 사람들은 교환하기 위해서만 생산하거나, 또는 교환함으로써만 생산한다. 화폐가 폐지되면 사람들은 (부차적인 물물교환에 조응하는) 보다 낮은 생산 단계로 후퇴하거나, 또는 교환 가치가 대표하는 일반 노동이 더 이상 공동성으로 매개된 사적 노동으로 현상하지 않기 때문에, 교환 가치가 더 이상 상품의 일차적 규정으로 나타나지 않는 보다 높은 단계로 나아갈 것이다.

화폐가 유통 수단으로서 생산적인가 비생산적인가 하는 문제는 마찬가지로 간단하게 해결된다. 애덤 스미스[85]에 따르면 화폐는 비생산적. 예를 들어 페리에는 "화폐 없이는 가치가 존재할 수 없을 것

---

29) 수고에는: 두 번째
30) 수고에는: 첫 번째

이기 때문에, 화폐는 가치를 창조한다."[52쪽]고 말한다. 사람들은 "금속으로서의 그것의 가치를 고찰해야 할뿐만 아니라 화폐로서의 그것의 속성도 고찰해야 한다."[18쪽]

화폐가 어떤 특수한 생산 영역의 도구가 아닌 한에 있어서 애덤 스미스는 옳다. ‖47‖ 생산물과 생산 주체를 화폐 규정으로 정립하는 것은 교환 가치에 기초하는 일반적 생산의 한 계기이고, 이 규정은 생산물과 구별되는 화폐를 가정하기 때문에, 생산이 총체적으로 관찰되면 화폐 관계 자체가 생산 관계이기 때문에 페리에는 옳다.

상품들의 가격이 가정되어 있지만(그리고 이것이 중요한 차이를 이룬다) W—G—G—W가 그것의 두 계기로 분해되면, 유통은 직접적인 물물교환의 두 행위로 나누어진다. W—G: 화폐의 교환 가치가 상품으로 표현되듯이, 상품의 교환 가치가 다른 특수한 상품, 즉 화폐의 재료로 표현된다. G—W에서도 마찬가지이다. 그러한 한에 있어서 교환 수단으로서 화폐는 복잡한 종류의 물물교환일 뿐이라는 애덤 스미스의 말은 옳다.[86] 그러나 전체 과정의 측면에서 상품이 화폐로 실현되고 화폐가 상품으로 실현되는 두 행위는 서로 무관한 것이 아니며, 애덤 스미스가 화폐의 본성을 오해하고 화폐가 분업에 의해 등장하는 "산술적 나누기"를 정산하는 데에만 기여함으로써, 화폐 유통이 물물교환을 추방했다는 애덤 스미스 반대자들의 말도 옳다. 이 "산술적 수치들"은 길이 척도와 마찬가지로 금은의 수치일 필요가 없다(솔리, 20쪽 참조).[87]

상품은 거래 상품에서 식료품이 되어 소비된다. 유통 수단으로서 화폐는 그렇지 않다. 화폐는 유통 수단 규정에 머물러 있는 동안에 상품이기를 잠시도 중지하지 않는다.

이제 우리는 일단 유통의 두 번째 형태에서 야기되는 화폐의 세 번째 규정으로 옮아간다.

화폐가 수단으로도 척도로도 현상하지 않고 자기 목적으로 현상하고, 따라서 일단 순환을 마치고, 거래 상품에서 **식료품**이 된 **상품**처럼 유통에서 벗어나는 G—W—W—G.

그에 앞서 지적되어야 할 점은 교환 가치에 기초하는 일반적 생산의 내재적 관계로서의 화폐 규정이 전제되면, 화폐가 어떤 경우에는 생산 도구로 기능한다는 것을 입증할 수 있다는 것.

> 금은의 유용성은 그것들이 노동을 대체한다는 데 기초한다(로더데일, 11쪽).[88]

화폐가 없다면 사람들이 교환에서 원하는 대상을 얻을 때까지 대량의 교환이 필요. 나아가 매 번의 특수한 교환에서 상품의 상대적 가치에 관해 조사해야 할 것이다. 교환 도구(거래 도구)로서 화폐는 첫 번째를 덜어주고, 모든 상품의 가치 측정자이자 대표자로서 두 번째를 덜어준다(앞의 책). 화폐는 생산적이 아니라는 반대 주장은 그것이 가치의 척도, 유통 도구, 대표자로서의 생산적인 규정성 이외에는 **비생산적**이라는 점, 그것의 양이 이 규정들을 충족시키기 위해서 소요되는 한에서만 생산적이라는 점을 말할 뿐이다. 이 생산적 규정을 위해서 필요한 것보다 더 많이 이용되자마자, 그것은 비생산적일 뿐만 아니라 생산의 불필요 비용이라는 것은 — 기계나 수송 수단과 같은 다른 어떤 생산 또는 유통 도구에도 해당되는 진실이다. 그러나 화폐가 기존의 실질적인 부(富)만을 교환시킨다는 의미라면 이 말은 틀린 말인데, 그 이유는 노동, 즉 생산적 활동 자체, **잠재적 부**도 화폐와 교환되고, 화폐로 구매되기 때문이다.

충분히 발전한 화폐의 세 번째 규정은 처음 두 규정을 가정하며, 이것들의 통일을 구성한다. 요컨대 화폐는 유통 밖에서 자립적인 실존을 가지게 된다. 그것이 유통에서 벗어난 것이다. 특수한 상품으로서 화폐는 그것의 화폐 형태로부터 사치 대상, 금은 장신구로 전환될 수 있다(예를 들어 중세 영국에서처럼 세공이 매우 단순한 시기에는 은화가 은 식기로 자주 전환되었고 그 역도 마찬가지이다. 테일러 참조). 또는 그것이 화폐로 축적될 수 있고 그리하여 보화를 이룰 수 있다. 자립적으로 실존하는 화폐가 유통에서 유래하는 한, 그것은 유통의 결과로 나타난다. 그것은 유통에 의해 스스로 자신과 결합되는 것이다. 이 규정성 속에 이미 자본으로서 화폐의 규정이 포함되어[31] 있다. 단순한 교환 수단으로서의 규정이 부정되어 있다. 그렇지만 그것은 교환 수단으로 나타나기 전에 역사적으로 척도로 정립되어 있고, 그것이 척도로 정립되기 전에 교환 수단으로 나타날 수 있다 — 후자의 경우에 그것은 선호되는 상품[89]으로만 현존할 것이다. 따라서 그것은 처음 두 규정으로 정립되기 전에 역사적으로는 세 번째 규정으로 나타날 수도 있다. 그러나 화폐로서의 금은은 그것들이 이미 두 규정중의 하나로 존재하고 있을 때에만 축적될 수 있으며, 세 번째 규정은 앞의 두 규정이 발전했을 때에만 발전된 형태로 나타날 수 있다. 그렇지 않을 경우에 그것들의 축적은 금은의 집적일 뿐 화폐의 축적이 아니다.

‖48‖ (특히 흥미있는 예로서, 고대 로마 공화국 시대 동화(銅貨)의 축적을 상술할 것.)

화폐가 부의 보편적인 물적 대표자로서 유통에서 벗어나서, 그 자체로 보다 높은 단계의 교환이고 교환의 특수한 형태인 유통의 산물인 한에 있어서, 그것의 세 번째 규정도 유통과 관련되어 있다. 그것은 유통에 대하여 자립적이지만, 이러한 자립성은 유통의 자체적인 과정일 뿐이다. 화폐는 그것이 유통으로 다시 들어가듯이 유통으로부터 나온다. 유통과의 관련이 없다면, 그것은 화폐가 아니라 단순한 자연 대상인 금은일 것이다. 그것의 이러한 규정은 유통의 결과이자

---

31) 수고에는: 보존되어

전제이다. 화폐의 자립성 자체가 유통과의 관계의 중지가 아니라, 그
것과의 소극적인(*negativ*) 관계이다. 이는 G—W—W—G의 결과에서
기인한다. 자본으로서의 화폐는 1. 유통의 결과이자 전제라는 점, 2.
그것의 자립성은 소극적 관계일 뿐이지만 언제나 유통과의 관계라는
점, 3. 유통이 더 이상 양적인 교환이라는 원시적 단순성으로 나타나
지 않고 생산 과정, 현실적인 물질대사로 나타남으로써, 화폐 자체가
생산 도구로 정립되어 있다. 그리하여 화폐 자체가 이러한 생산 과정
의 특수한 계기로 규정되어 있다. 생산은 단순한 가격 결정, 즉 상품
들의 교환 가치를 공통 단위로 번역하는 것뿐 아니라, 교환 가치를
창출하는 것, 즉 가격들의 규정성을 창출하는 것과도 관련되어 있다.
단순한 형태 정립뿐만 아니라 내용 정립도. 따라서 유통 일반 자체가
생산 체계의 한 계기인 한, 단순 유통에서 화폐가 일반적으로 생산적
인 것으로 나타날 때, 이 규정은 아직 우리에게 있어서만 그러할 뿐
화폐에 정립되어 있는 것은 아니다. 4. 따라서 자본으로서의 화폐는
유통을 매개로 한 자기 자신에 대한 관계로 정립되어 나타난다 —
이자와 자본의 관계에서. 그러나 여기에서 우리는 아직 이 규정을 논
하는 것이 아니라, 단지 자립적인 것으로서의 자신의 세 번째 관계
속에서 원래 앞의 두 규정으로부터 유래하는 바와 같은 화폐를 고찰
해야 한다.

　　(화폐의 증대는 계산 수단의 증대일 뿐(시스몽디).[90]

　이는 화폐가 단순한 교환 수단으로 정립되어 있을 때에만 옳다.
다른 속성에 있어서 그것은 지불 수단의 증대이기도 하다.)

　　상업은 신체로부터 그림자를 분리시켰고, 이들을 분리해서 보유할 수
있는 가능성을 발생시켰다(시스몽디[, 300쪽]).

요컨대 화폐는 이제 자립화된 교환 가치(그러한 것으로서의 화폐
는 언제나 일시적으로만 교환 수단으로 나타날 뿐이다)의 일반적 형
태이다. 그것은 금은이라는 특수한 형체나 실체를 가지고 있고, 금은
이 화폐에게 자립성을 부여하기는 한다. 그 까닭은 다른 것의 규정이
나 다른 것과의 관계로서 다른 것에 덧붙여 존재하는 것은 자립적일
수 없기 때문이다. 다른 한편으로 금은이라는 이러한 형태적 자립성
을 가지고 있는 화폐는 다른 한 상품에 대한 한 상품의 교환 가치를
대표할 뿐만 아니라 모든 상품에 대하여 교환 가치를 대표한다. 그
자체가 실체를 가지는 동안, 금은이라는 자신의 특수한 실존들에서
화폐는 동시에 다른 상품들의 일반적 교환 가치로서 나타난다. 한편
에서 화폐는 이들 상품의 교환 가치로 보유되고, 다른 한편에서 이들
상품은 화폐의 특수한 실체들로 존재하므로, 이것들의 교환 가치는
이들 상품의 규정성이나 특수성에 무차별적이고 그것들을 초월하기
도 하는 것과 마찬가지로, 교환에 의해서 이들 실체의 어떤 것으로도
전환될 수 있다. 따라서 이 상품들은 우연적인 실존일 뿐이다. 화폐
는 상품들의 특수한 성격이 제거된 "모든 사물중의 일반자"[191]이다.
상품 세계에서 확산과 분산에 대비되는 요약된 편람으로서의 일반적
부. 특수한 상품에서 부가 상품의 한 계기로 현상하거나, 상품이 부
의 특수한 하나의 계기로 현상하는 데 반해, 금은에서 일반적 부 자
체는 특수한 하나의 질료에 집중되어 나타난다. 각각의 특수한 상품
자체는 그것이 교환 가치인 한에 있어서, 가격을 가지는 한에 있어
서, 일정량의 화폐를 불완전한 형태로 표현할 뿐이다. 왜냐하면 화폐
가 실현되기 위해서는 우선 유통에 던져져야 하고, 그것이 실현될지
의 여부는 자신의 특수성으로 인해 우연적이기 때문이다. 그러나 가
격이 아니라 자연적 규정성 속에서 보면, 화폐는 자신이 충족시키는
특수한 욕구와의 관계에 의해서만 부의 계기일 뿐이다. 그리고 이 관
계 속에서 화폐는 1. 사용 부(使用富; Gebrauchsrechtum) 2. 이 부의

전적으로 특수한 한 측면만을 표현한다. 이에 반해 화폐는 귀중한 상품으로서 그것의 특수한 유용성을 사상한다면, 1. 실현된 가격이며, 2. 모든 욕구 대상과 교환될 수 있는 한에 있어서 어떤 특수성에도 상관없이 모든 욕구를 충족시킬 수 있다. 상품은 화폐를 매개로 해서만 이러한 속성을 가진다. 화폐는 모든 상품, 따라서 부의 세계 전체, 부 자체에 대하여 이러한 속성을 직접 가진다. 화폐에서 일반적 부는 형태일 뿐만 아니라 동시에 내용 자체이기도 하다. 말하자면 부라는 개념이 한 특수한 대상에서 실현되고 개별화되었다. 특수한 상품에서 ‖Ⅱ—1‖ 그것이 가격인 한 부는 아직 실현되지 않은 관념적 형태로만 정립되어 있다. 특수한 사용 가치를 가지는 한, 그것은 부의 전적으로 개별화된 한 측면만을 나타낸다. 이에 반해 화폐에서는 가격이 실현되었고, 화폐의 실체는 부의 특수한 실존 방식들을 추상한 이후뿐 아니라 총체적으로도 부 자체이다.

교환 가치는 화폐의 실체를 이루며, 교환 가치는 부이다. 따라서 화폐는 다른 한편으로 부를 구성하는 모든 특수한 실체들에 대하여 부의 체화된 형태이기도 하다. 따라서 화폐가 대자적으로 관찰되는 한, 한편으로 화폐에서 부의 형태와 내용이 일치하고, 다른 한편으로 화폐가 다른 모든 상품에 대립해서 이것들에 대하여 부의 일반적 형태로 나타나는 반면, 이 특수성들의 총체는 부의 실체를 이룬다. 화폐의 첫 번째 규정이 부 자체라면, 다른 한편으로 그것은 부의 일반적인 물질적 대표자이다. 화폐 자체에서 이 총체는 상품들의 상상된 화신(化身)으로 실존한다. 요컨대 부(총체로서의 교환 가치뿐만 아니라 추상으로서의 교환 가치)는 다른 모든 상품을 배제함으로써, 그 자체로 개별화되어 금은에서 비로소 개별적인 명백한 대상으로 실존한다. 따라서 화폐는 상품들 사이에서 신(神)이다.

따라서 개별화된 명백한 대상인 화폐는 우연히 구해지고 찾아지며 도난 당하고 발견될 수 있으며, 일반적 부는 명백하게 개별적인 개인에 의해 보유될 수 있다. 화폐가 단순한 유통 수단으로 나타나는 종(從)의 형체에서 갑자기 상품 세계의 지배자이자 신이 된다. 상품들은 화폐의 지상의 존재인 반면, 화폐는 상품들의 천상의 존재를 표상한다. 이 부가 교환 가치에 의해 대체되기[32] 전에, 자연적 부의 모든 형태는 개인의 본질적인 관계를 가정하므로, 이 개인은 자신의 한 측면에 따라 사물로 대상화되고, 동시에 그의 사물 보유는 개성의 일정한 발전 등으로 나타난다. 양(羊)으로 이루어진 부는 목동으로서의 개인의 발전, 곡식으로 이루어진 부는 농부로서의 그의 발전 등. 이와는 반대로 화폐는 일반적 부의 개체, 스스로 유통에서 유래하면서 일반자만을 대표하는 것, 오직 사회적인 결과로서 그것의 보유자와는 아무런 개인적인 관계도 가정하지 않는다. 그것의 보유는 개인의 개성이 어떤 본질적인 측면에서 발전한 것이 아니라 오히려 개인성의 부재를 나타낸다. 왜냐하면 이 사회적 [관계]는 기계적으로 파악할 수도 있고, 그만큼 상실될 수도 있는 감각적인, 외적인 대상으로 동시에 실존하기 때문이다. 요컨대 그것의 개인에 대한 관계는 순전히 우연적인 관계로 나타나는 반면, 개인의 개성과는 아무런 관련이 없는 사물에 대한 이 관계가 동시에 이 사물의 성격에 의해서 사회에 대한 일반적 지배, 즉 욕망, 노동 등의 세계 전체에 대한 일반적 지배를 개인에게 부여한다. 이것은 예를 들어 어떤 돌의 발견이 나의 개성과는 전혀 무관하게 내가 모든 과학을 통달할 수 있게 해주는 것과 마찬가지일 것이다. 부(사회적 부)와의 관계에서 화폐 보유는 내가 과학들과 관련하여 현자의 돌의 발견에 의해 놓여질 관계와 전적으로 동일한 관계 속에 나를 놓아 둘 것이다.

따라서 화폐는 치부 욕망의 한 대상(*ein* Gegenstand)일 뿐만 아니라 그것의 유일한 대상(*der* Gegenstand)이다. 치부욕은 본질적으로 금

---

32) 수고에는: 옮겨지기

에 대한 저주받을 탐욕[56]이다. 충동의 한 특수한 형태로서, 즉 특수
한 부에 대한 욕망, 예를 들어 옷, 무기, 장신구, 여자, 포도주 등에
대한 욕망과는 구별되는 치부 욕망 자체는 일반적 부, 부 자체가 한
특수한 사물로 개별화되자마자, 즉 화폐가 세 번째 규정으로 정립되
자마자 비로소 가능해진다. 요컨대 화폐가 치부욕의 대상인 동시에
원천인 것이다. 물욕(物慾)은 화폐가 없이도 가능하다. 그러나 치부욕
자체는 일정한 역사적 발전의 산물이며, 역사적인 것에 대립되는 자
연적인 것이 아니다. 따라서 화폐가 모든 악의 원천이라는 고대인들
의 탄식. 일반적 형태의 향락욕과 인색은 화폐욕의 특수한 두 가지
형태이다. 추상적인 향락욕은 모든 향락의 가능성을 포함하는 대상
을 전제한다. 추상적인 향락욕을 실현하는 것은 부의 물질적 대표자
가 되는 규정의 화폐이고, 화폐가 그것의 특수한 실체들인 상품들에
대하여 부의 일반적 형태에 지나지 않는 한에 있어서의 인색이다. 화
폐를 그러한 것으로 유지하기 위해서 치부욕은 화폐 추구 욕구를 그
자체로 충족시킬 수 있도록 특수한 욕구 대상들에 대한 모든 관계를
희생하고 단념해야 한다. 화폐욕 또는 치부욕은 필연적으로 고대 공
동체의 몰락을 가져온다. 따라서 고대 공동체에 대한 대립. 화폐 자
체가 공동체이며, 그 위의 어떠한 공동체도 용인하지 않는다. 그러나
이는 교환 가치들의 충분한 발전, 즉 이에 조응하는 사회 조직의 충
분한 발전을 전제로 한다.

　고대인들에게 있어서 교환 가치는 연결자[192]가 아니었고, 스스로
생산하지 않고 다만 중개 무역만을 수행했던 상업 민족들에게만 연
결자로 기능하였다. 적어도 페니키아인, 카르타고인 등에 있어서는
그러했다. 부차적인 것. 그들은 유태인들이 폴란드나 중세에 그러했
던 것처럼, 고대 세계의 중간 지대에만 살 수 있었다. 오히려 이 세
계 자체가 그러한 상업 민족들의 전제였다. 이들은 고대 공동체와 심
각한 갈등에 빠질 때마다 매번 몰락한다. 로마인, 그리스인 등의 경

우에 화폐는 척도와 유통 수단이라는 자신의 처음 두 규정에 사로잡
히지 않고, 그다지 발전되지 않은 채 등장한다. 그러나 그들의 상업
등이 발전하거나 또는 로마인들의 경우처럼 정복이 막대한 화폐를
‖2‖ 가져다주자마자 ― 간단히 말해 그들의 일정한 경제 발전 단
계에서 갑자기 화폐의 세 번째 규정이 필연적으로 나타나고 그것이
완성될수록 이것은 그들 공동체의 몰락으로 나타난다. 화폐의 세 번
째 규정이 생산적으로 작용하기 위해서는, 우리가 살펴본 바와 같이,
화폐가 유통의 전제일 뿐만 아니라 결과이기도 해야 하며, 유통의 전
제로서는 그 자체가 유통의 한 계기, 유통에 의해 정립된 것이어야
한다. 예를 들어 전세계로부터 화폐를 훔쳐온 로마인들에게 있어서
화폐는 그렇지 않았다.

생산의 발전된 계기로서 화폐는 **임노동**이 실존하는 곳에서만 실존
할 수 있다는 것, 요컨대 여기에서 사회 형태를 해체하기는커녕 오히
려 이것의 발전 조건, 물질적이든 정신적이든 모든 생산력의 발전을
위한 추동 바퀴라는 것은 화폐의 단순한 규정에 따른 것이다. 개별적
인 개인은 오늘날에도 우연히 화폐에 이를 수 있으며, 따라서 그것의
보유는 고대인의 공동체에 미쳤던 것과 마찬가지로 개인에게도 해체
영향을 미칠 수 있다. 그러나 근대 사회에서 이 개인의 해체 자체는
이 사회의 생산적 부분의 풍부화일 뿐이다. 고대적인 의미에서 화폐
보유자는 그가 지식과 의지에 반해서 봉사하는 산업 과정에 의해 해
체된다. 이 해체는 그의 신분에만 관련된다. 일반적 부의 물질적 대표
자, 개별화된 교환 가치로서 화폐는 직접적으로 일반적 노동, 모든 개
별자의 노동의 대상, 목적, 산물이어야 한다. 노동이 직접적으로 교
환 가치, 즉 화폐를 생산해야 한다. 따라서 노동이 **임노동**이어야 한
다. 치부욕, 그리하여 모두의 충동으로서. 누구나 화폐를 생산하고자
함으로써 일반적 부를 창출한다. 그렇게 함으로써만 일반적 치부욕
은 끊임없이 새롭게 산출되는 일반적 부의 원천이 될 수 있다. 노동

이 임노동이고, 그것의 목적이 직접적으로 화폐가 됨으로써, 일반적 부는 그것의 목적이자 대상으로 정립되어 있다. (이와 관련해서는 고대 군사제가 용병제가 되자마자 그것의 연관에 대하여 언급할 것.) 여기에서 목적으로서의 화폐는 일반적 근면의 수단이 된다. 일반적 부는 그것의 대표자를 장악하기 위해서 생산되는 것이다. 그리하여 부의 실재적인 원천들이 개방된다. 노동의 목적이 개인의 특수한 욕구들과 특수한 관계에 있는 하나의 특수한 생산물이 아니라 화폐, 일반적 형태의 부이므로, 개인의 근면은 우선 한계가 없다. 근면은 자신의 특수성에 무차별적이며, 목적에 맞는 모든 형태를 취한다. 근면은 사회적 욕구 등을 위한 새로운 대상들을 창출하는 데 있어서 창의적이다.

요컨대 명백한 것은 토대로서의 임노동과 더불어 있으면 화폐는 해체적으로 작용하는 것이 아니라 생산적으로 작용하는 반면, 고대 공동체는 일반적 토대로서의 임노동과 이미 즉자적으로 모순된다는 것이다. 일반적인 근면은 각 노동이 부의 일정한 형태가 아니라, 일반적 부를 생산하는 곳, 즉 개인의 임금도 화폐인 곳에서만 가능하다. 그렇지 않으면 특수한 형태의 기예(技藝的) 근면만이 가능하다. 노동의 직접적인 산물로서의 교환 가치는 노동의 직접적인 산물로서의 화폐이다. 따라서 교환 가치 자체를 생산하는 직접적인 노동은 임노동이다. 화폐 그 자체가 공동체가 아닌 곳에서는 화폐가 공동체를 해체해야 한다. 고대인은 노동을 직접 살 수 있었는데, 노예가 그것이다. 그러나 노예는 그의 노동으로 화폐를 살 수 없었다. 화폐의 증대는 노예 가격을 올릴 수는 있었으나, 그들의 노동을 보다 생산적으로 만들 수는 없었다. 흑인 노예제 — 순전히 산업적인 노예제 — 는 어차피 부르주아 사회의 발전과 더불어 사라지고, 그것과 양립할 수는 없지만, 임노동을 전제로 한다. 그리고 임노동을 가지는 다른 자유주(自由州)들이 노예제와 더불어 실존하지 않고 노예제가 고립되어 있다면, 흑인주(黑人州)들의 모든 사회 상태는 즉각 문명 이전의 형태로 변환될 것이다.

개별화된 교환 가치이고 따라서 체현된 부로서 화폐는 연금술에서 구해졌다. 그것의 이러한 규정은 중금주의[93]에서 나타났다. 근대 산업 사회 발전의 전기(前期)는 개인뿐만 아니라 국가의 일반적인 화폐욕에 의해 열렸다. 말하자면 부의 원천의 실재적인 발전은 마치 부의 대표자를 손에 넣기 위한 수단으로서 이 화폐욕의 등뒤에서 진행된다. 스페인처럼 화폐가 유통에서 유래하지 않고 그 자체로 발견되는 곳에서는 화폐가 민족을 가난하게 만드는 반면, 스페인인들로부터 화폐를 받기 위해 노동해야 하는 민족들은 부의 원천을 발전시키고 실제로 풍요해진다. 따라서 신대륙과 신생국에서 금을 찾아내고 발견하는 것이 혁명사에서 그처럼 커다란 역할을 수행했던 까닭은 바로 그곳에서 식민화가 즉흥적으로 이루어지고 대대적으로 진행되었기 때문이다.[60] 모든 나라에서 금 사냥은 국토의 발견, 새로운 국가 형성을 초래하며, 우선은 유통에 들어오고 새로운 욕구를 [낳으며] 멀리 떨어진 대륙을 소재대사, 즉 교환 과정에 편입시키는 상품들의 확대를 초래한다. 따라서 이러한 측면에서 보면 부의 일반적 대표자, 개별화된 교환 가치로서의 화폐는 부를 보편성으로 확대하고 교환 영역을 전 지구에 걸치게 하는, 즉 소재적으로, 공간적으로 교환 가치의 실재적 일반성을 비로소 창출하는 이중적 수단이다. 그러나 화폐의 본성에 관한 환상, 즉 화폐의 한 규정에 포함된 모순들을 간과하면서 이 규정을 그것의 추상 속에서 고수하는 것, 개인들의 등뒤에서 화폐에게 실제로 마술적인 이러한 의미를 부여하도록 하는 것은, 여기에서 설명된 화폐의 규정에 기인한다. 사실상 자기 모순적이고 따라서 환상적인 이러한 규정에 의해서, 자신의 이러한 추상에 의해서, 화폐는 |3| 사회적 생산력의 실재적인 발전에서 그처럼 대단한 도구가 된다.

부르주아 사회의 기본적인 전제는 노동이 직접 교환 가치, 즉 화폐를 생산한다는 것이고, 마찬가지로 화폐는 노동자가 자신의 활동을 교환에서 판매하는 한에 있어서만, 노동을, 따라서 노동자를 직접적으로 구매한다는 것이다. 요컨대 첫 번째 측면에서의 **임노동**, 두 번째 측면에서의 **자본**은 발전된 교환 가치와 이 교환 가치의 체현으로서의 화폐의 다른 형태들일 뿐이다. 그에 따라 화폐는 모든 사람에게 존립의 일반적 실체이자 동시에 모든 사람의 공동 산물인 한에 있어서 직접적으로 **현실적인 공동체**이다. 그러나 우리가 살펴본 바와 같이 화폐에서는 공동체가 개별자에게 단순한 추상, 단순한 외적인 우연적 사물이며, 동시에 하나의 고립된 개별자로서의 자신의 충족을 위한 수단이다. 고대 공동체는 대자적 개인의 전혀 다른 관계를 전제로 한다. 요컨대 화폐의 세 번째 규정의 발전이 이를 깨뜨리는 것이다. 각 생산은 개인의 대상화이다. 그러나 화폐(교환 가치)에서 개인의 대상화는 자연적 규정성 속에 있는 개인의 대상화가 아니라, 개인에게는 동시에 외적인 사회적 규정(관계) 속에서 정립된 것으로서의 개인의 대상화이다.

유통 수단의 형태로 **정립된** 화폐가 주화이다. 주화로서 화폐는 자신의 사용 가치 자체를 잃었다. 화폐의 사용 가치는 그것의 유통 수단으로서의 규정과 일치한다. 예를 들어 그것이 화폐 그 자체로 기능하기 위해서는 먼저 주조(鑄造)되어야 한다. 그것은 화폐로서의 사용이 정지되어야 하는 것이다. 그러므로 주화로서의 화폐도 **표장**일 뿐이며, 그것의 재료에 대해 무차별적이다. 그러나 주화로서의 화폐는 화폐의 보편적 성격을 잃고 국민적·국지적 성격을 가진다. 그것은 금, 은, 구리 등 그것을 구성하는 재료에 따라 다양한 종류의 주화로 나누어진다. 그것은 정치적 칭호를 획득하며, 말하자면 상이한 나라들의 상이한 언어들을 말하는 것이다. 마침내 그것은 동일한 나라에서 다양한 명칭 등을 얻게 된다. 따라서 유통에서 **자립적으로** 유래하고 유통에 대하여 마주 서는 것이라는 세 번째 규정에서, 화폐는 주화로서의 자신의 성격도 부정한다. 화폐가 주화로 주조되든, 금과 은의 무게에 따라서만 평가되든, 그것은 다시 금은으로 현상한다. 그것은 자신의 국민적 성격을 잃고 민족들 사이의 교환 수단, 보편적 교환 수단으로 기능하지만, 더 이상 표장이 아니라 일정량의 금은으로 기능한다. 따라서 금은은 가장 발전된 국제 교환 체제에서 이미 본래적인 물물교환에서 역할을 수행할 때와 동일한 형태로 다시 나타난다. 금은은 교환 자체와 마찬가지로, 이미 지적한 바와 같이, 처음에는 한 사회적 공동체 내부에서가 아니라 이것이 끝나는 곳, 그 사회의 경계에서, 그다지 많지 않은 다른 공동체와의 접촉점에서 등장한다. 금은이 이제는 모든 장소에서 상품으로서의 성격을 가지게 되는 상품 자체, 보편적 상품으로 정립되어 나타난다. 이 형태 규정에 따라 금은은 모든 장소에서 동등하게 통용된다. 그렇게 될 때라야만 그것은 일반적 부의 물질적 대표자이다. 따라서 중상주의에서는 금은이 상이한 공동체들의 권력의 척도로 간주된다.

　　귀금속들이 상업의 목표, 모든 것의 일반적 등가물이 되자마자, 그것들은 민족들 사이에서 권력의 척도가 되기도 한다. 따라서 중상주의(스튜어트).[94]

　　제아무리 근대 경제학자들이 중상주의를 뛰어넘었다고 상상할지라도, 1600년33)과 마찬가지로 1857년[95]도 일반적 공황기에 금은은 전적으로 이러한 규정을 가지고 등장한다. 이러한 성격에 있어서 금은은 세계 시장 창조에 중요한 역할을 [한다]. 미국산 은이 서부에서 동부로 유통되는 것이 그러하다. 근대 초이래 한편으로는 미국과 유

---

33) 이 책 221쪽 참조

럼 사이의 금속 끈이고, 다른 한편으로는 아시아와의 금속 끈. 원시 공동체에서 이러한 금은 거래는 교환 전체와 마찬가지로 잉여에 기초한 부차적인 사항이었을 뿐. 그러나 발전된 상업에서 그것은 본질적으로 생산 전체 등과 관련되는 계기로서 정립. 그것은 더 이상 잉여의 교환을 위해서가 아니라, 국제 상품 교환의 전체 과정에서의 잔액 정산으로 나타난다. 금은은 이제 세계 주화로서만 주화이다. 그러나 그러한 것으로서 금은은 유통 수단으로서의 그것의 형태 규정에 본질적으로 무차별적인 반면, 모든 것이 그것의 재료가 될 수 있다. 이 규정에서 형태로서의 금은은 어디나 접근할 수 있는 상품, 상품 자체로서 남는다.

(교환 가치, 화폐, 가격이 고찰되는 제1절에서 상품들은 언제나 주어진 것으로 현상한다. 형태 규정은 간단하다. 우리는 그것들이 사회적 생산의 규정들이라는 것을 알지만, 이 규정들 자체가 전제이다. 그러나 그 규정들이 이 규정[사회적 생산의 한 측면]으로 정립되는 것은 아니다. 그리고 실제로 최초의 교환은 생산 전체를 포괄하지도 규정하지도 않는 잉여의 교환으로만 나타난다. 그것은 교환 가치의 세계 밖에 놓여 있는 전체 생산의 현존하는 과잉물이다. 그러므로 발전된 사회에서도 이것은 사회의 표층에서 직접적으로 현존하는 상품 세계로 등장한다. 그러나 이 상품 세계는 자신에 의해서 자신을 뛰어넘어 생산 관계로 정립되어 있는 경제적 관계로 나아간다. 따라서 생산의 내적 구조가 제2절을, 국가에서의 총괄이 제3절을, 국제 관계가 제4절을, 세계 시장은 생산이 그것의 각 계기와 더불어 총체로 정립되지만 동시에 모든 모순이 진행되게 되는 종결을 이룬다. 그러면 세계 시장은 다시 전체의 전제이자 이것의 담지자를 이룬다. 그러면 공황은 전제의 일반적인 초월이자 새로운 역사적 형체를 채택하라는 촉구이다.)

상품량과 화폐량은 동일하게 남아 있을 수 있지만, 그럼에도 불구하고 가격은 상승하거나 하락할 수 있다(예를 들어 화폐 자본가, 지주, 국가 공무원 등의 지출이 늘어남으로써)(맬더스 X, 43쪽).[96]

‖4‖ 우리가 살펴본 바와 같이, 유통에서 자립적으로 유래하고, 유통에 대하여 마주 서는 것으로서의 화폐는 유통 수단과 척도로서의 규정의 부정(부정적 통일)이다. 우리는 이미 다음을 설명했다.

{화폐가 유통 수단인 한에 있어서,

유통하는 화폐량은 결코 개인적으로 사용될 수 없다. 그것은 항상 유통해야 한다(쉬토르흐).[97]

개인은 화폐를 양도함으로써만, 그것을 다른 것을 위한 존재로 정립함으로써만, 그리고 화폐를 사회적 규정으로 [정립할 때]만 사용할 수 있다. 쉬토르흐가 올바르게 지적한 바와 같이, 이는 예를 들어 많은 민족들에게 있어서 화폐로 기능하는 모피, 소금 등과 같은 화폐의 질료가 "인간의 존재를 위해 불가결한 것이 아닌"[113쪽] 이유이다. 그 까닭은 유통되고 있는 화폐량은 소비될 수 없기 때문이다. 따라서 첫째로 금속 일체가 다른 상품에 비해 화폐로서 유리(有利)하고, 둘째로 귀금속들이 생산 도구로서 유용한 금속들에 비해서도 또한 유리하다. 쉬토르흐가 이를 다음과 같이 표현한 것은 경제학자들의 특색을 보여주는 것이다. 화폐의 질료는 "직접적인 가치를 가져야 하기는 하지만, 인위적인 욕구에 기초한다."[114쪽]

이 경제학자는 첫째로, 개인의 사회적 현존에서 유래하는 욕구들, 둘째로, 자연 대상으로서의 개인의 벌거벗은 실존에서 발생하지 않는 욕구들을 인위적 욕구라고 부르고 있다. 이는 부르주아적 부와 부

르주아 과학의 기초를 이루는 절망적인 내적 빈곤을 보여준다.}

첫째로, 화폐는 유통 수단 자체, 주화의 부정이다. 그러나 그것은 소극적으로는 끊임없이 주화로 전환될 수 있기 때문에 적극적으로는 세계 주화로서 이러한 부정을 동시에 자기 규정으로 포함하고 있다. 그러나 그러한 것으로서 화폐는 형태 규정에 무차별적이며, 본질적으로 상품 자체, 장소에 의해 규정되지 않고 널리 존재하는 상품이다. 이 무차별성은 이중적으로 표현된다. 한편으로 그것은 이제 가치 표장, 주화 형태로서가 아니라 금은이라는 측면에서만 화폐라는 점에서. 따라서 국가가 주화로서 화폐에 부여하는 형체가 아니라 그것의 금속 성분이 가치를 가지는 것이다. 국내 상업에서조차 그것은 잠정적인 가치, 국지적인 가치를 가지는데, 그 까닭은

"화폐가 구매될 상품을 보유한 자보다 화폐를 보유한 자에게 더 유용한 것이 아니기 때문이다."[175쪽]

대내 상업이 대외 상업에 의해 전면적으로 규정될수록, 이 형체의 가치도 사라진다. 그것은 사적 교환에서는 실존하지 않고 조세로만 나타날 뿐이다. 그러면: 그 능력에 있어서 그러한 일반적 상품, 세계 주화로서 금은의 출발점으로의 복귀, 유통 일체는 필요하지 않다. 예: 아시아와 유럽. 따라서 화폐가 이교도들에 의해서 사라지고 환류하지 않는다는 중금주의[81] 추종자들의 탄식. (1600년 경 미셀든[98] 참조.) 대외 유통이 대내 유통에 의해 규정되고 포괄될수록, 세계 주화 자체가 유통(회전)에 들어온다. 여기에서 이러한 보다 높은 단계는 아직 우리와 관련이 없으며, 우리가 여기에서 고찰하는 단순한 관계에서는 존재하지 않는다.

둘째로, 특수한 상품이 언제나 본질적인 것으로 남아 있는 곳에서, 화폐는 상품 가격의 단순한 실현으로서의 자신의 부정이다. 오히려

화폐는 자체적으로 실현된 가격이며, 그러한 것으로서 부의 특수한 실체일 뿐인 모든 상품에 대하여 부의 물질적 대표자이자 부의 일반적 형태이다. 그러나

셋째로, 교환 가치의 척도에 지나지 않는다는 규정에서도 화폐는 부정되어 있다. 부의 일반적 형태이자 물질적 대표자로서, 화폐는 더 이상 다른 것, 교환 가치들의 관념적 척도가 아니다. 그 까닭은 화폐 자체가 교환 가치의 적절한 현실이며, 그것도 금속적 현존 속에서 현실이기 때문이다. 여기에서는 척도 규정이 그 자체 속에 정립되어야 한다. 화폐는 자기 자신의 단위이고, 자기 가치의 척도이며, 부로서의, 교환 가치로서의 화폐의 척도는 그것이 자신을 나타내는 양이다. 단위로 기능하는 자기 자신의 배수. 척도로서 그것의 수가 무차별적이었고, 유통 수단으로서 그것의 물질성, 단위의 질료가 무차별적이었다. 이 세 번째 규정의 화폐로서 일정한 물질적 양으로서 그것의 수가 본질적이다. 일반적 부로서의 그것의 특질이 전제되면, 그것에게는 양적인 차이 이외에 아무런 차이도 없다. 화폐는 이제 일정량의 부로서 크거나 작은 수로 보유됨에 따라 일반적 부의 많고 적음을 나타낸다. 그것이 일반적 부라면 그것을 많이 보유할수록 부유하고, 개별적인 개인에게 있어서나 민족들에게 있어서 유일하게 중요한 과정은 그것을 축적하는 것이다. 여기에서 화폐는 자신의 규정에 따라 유통에서 벗어난 것으로 등장한다. 이제는 화폐를 유통에서 끄집어내고 저장하는 것이 치부 충동의 본질적인 대상이자 본질적인 치부 과정으로서 나타난다. 나는 금은을 통해 일반적 부를 순수한 형태로 보유하는 것이며, 그것을 많이 저장할수록 나는 많은 일반적 부를 점취하는 것이다. 금은이 일반적 부를 대표한다면, 일정한 양으로서 금은은 일정한 정도로만 일반적 부를 대표하는데, 그 정도는 무한히 확대될 수 있다. 유통으로부터 금은의 반복적인 유리(遊離)로 나타나는 금은의 이러한 축적은, 부가 교환에서 하나의 특수한 부로 끊임없이

상실되고 마침내 소비에서 사라지는 부로 상실되는 그러한 유통으로
부터 일반적 부를 대피시키는 것이다.

모든 고대 민족에게 있어서 상품의 신과 왕이 신과 왕에게만 귀속
되기 때문에, 원래 금은 축적은 성직자나 왕의 특권으로 나타난다.
그들만이 부 자체를 보유할 자격이 있다. 그러다가 이러한 축적은 한
편으로는 잉여, 즉 부를 특별한 축제 행사로서 전시하는 것, 사원과
신을 위한 선물, 공공의 예술 작품에 대한 지원으로, 끝으로 극심한
궁핍 사태와 무기 구매 등을 위한 확실한 수단으로서. 나중에 고대인
들에게 있어서 축적은 정치가 된다. 유보 기금으로서의 국고(國庫)와
사원이 그것의 성체(聖體)가 보관되는 최초의 은행이다. 축적과 저장
은 근대 은행에서 그것의 마지막 발전에 도달한다. 그러나 여기에서
그것은 ‖5‖ 가일층 발전된 규정을 가진다. 다른 한편으로 사인(私
人)들에게 있어서 저장은 그들이 부를 매장할 수 있는 등, 간단히 말
해 개인과 전적으로 비밀스러운 관계를 갖는 순수한 형태로 외부 세
계의 변동으로부터 대피시키려는 것으로. 아시아에서는 그것이 아직
도 역사적인 대규모로. 부르주아 사회에서는 모든 공황, 전쟁 등에
반복되어 이 사회가 야만적인 상태로 떨어진다. 마찬가지로 반(半)야
만인들에게 있어서는 장신구와 장식품으로서 금 등의 축적. 그러나
가장 발전된 부르주아 사회에서는 다량이면서 끊임없이 증가하는 양
의 금이 사치 대상으로 유통으로부터 박탈된다. (제이콥[34] 등 참조.)
그것을 유통에 넘겨주어 특수한 욕구를 위해 사용하지 않고, 그것을
일반적 부의 대표자로서 보유하는 것이 바로 개인들의 부의 증거이
다. 폰 로스차일드 씨가 10만 라임의 은행권 두 장을 각각 액자에 넣
어 그의 품위 있는 문장(紋章)으로 걸어 놓았듯이, 화폐가 그것의 다
양한 규정에 있어서 발전하는 데 비례하여, 즉 부 자체가 개인의 가

---

34) 수고에는: 제이콥스

치의 일반적 척도가 되는 데 비례하여 부의 과시 충동, 요컨대 일반
적 부의 대표자로서의 금은의 과시 충동. 금 등의 야만적인 과시는
그것이 화폐로서의 금과 관련해서 이루어진 것이 아니므로, 이러한
근대적인 과시의 보다 순진한 형태일 뿐이다. 전자에서는 금의 단순
한 광채. 후자에서는 성찰된 요점. 요점은 그것이 화폐로 이용되지
않는다는 데 있다. 여기에서는 유통에 대해 대립적인 형태가 중요하
다.

　다른 모든 상품의 축적은 금은의 축적에 비해 덜 원시적인데, 1.
그들의 무상성(無常性) 때문에 그러하다. 금속들은 즉자적으로 다른
상품들에 대하여 지속적인 것을 나타낸다. 또한 희소성과 예외적인
성격 [때문에]도 탁월한 생산 도구로 각별하게 축적된다. 공기 등에
의한 산화에 노출되지 않은 귀금속들은 다시 비금속(卑金屬)들보다
더욱 내구적이다. 다른 상품들에서 사라지는 것은 바로 그것들의 형
태이다. 그러나 그것들의 사용 가치는 이 형태의 지양, 즉 소비에 있
는 반면, 이 형태는 그것들에게 교환 가치를 부여한다. 이와는 반대
로 화폐에 있어서 그것의 실체, 그것의 물질성은 화폐가 부를 대표하
는 형태 자체에 있다. 화폐가 모든 장소에서 장소 규정에 따라 일반
적인 상품으로 나타난다면, 이제는 시간 규정에 따라서도 일반적인
상품으로 나타난다. 그것은 언제라도 부로 보존된다. 그것의 특유한
내구성. 그것은 좀나방도 녹도 망치지 못하는 보화이다.[99] 모든 상품
은 일시적인 화폐이다. 화폐는 불멸의 상품이다. 화폐는 널리 퍼진
상품이다. 상품은 단지 국지적인 화폐이다. 그러나 축적은 본질적으
로 시간 속에서 진행되는 과정이다. 이러한 측면에 비추어 페티가 말
하기를,[100]

　　상업의 위대하고 궁극적인 결과는 부 일체가 아니라, 주로 부패하지도
않고 다른 상품들처럼 변하지도 않으며, 언제 어디서나 부가 될 수 있는

은, 금, 보석의 풍요이다. 포도주, 밀, 조류, 물고기 등의 잉여는 부이지만 지금 여기에서만 그러하다. … 그러므로 그러한 상품들의 산출과 한 나라에 금은을 공급해 주는 그러한 상업의 결과가 다른 것보다 유익하다(3쪽).

음식이나 술로 낭비하는 한 사람으로부터 조세 징수를 통해 금을 빼앗아 국토 개량, 어업, 광업, 매뉴팩쳐 또는 옷을 위해 사용하는 다른 사람에게 준다면, 그것은 공동체에게 언제나 유익하다. 그 까닭은 옷 자체도 음식보다는 덜 부패하기 때문이다. 집을 단장하는 데 사용하면, 그것은 좀 더 유익하다. 집을 지으면 더욱 유익하다. 토지 개량, 광업, 어업에 사용하면 더욱 더 유익하다. 금은을 유입하기 위해 투자되면 가장 유익하다. 그 까닭은 이러한 사물들만이 무상하지 않고 언제 어디서나 부로 평가되기 때문이다(5쪽).

17세기의 한 작가는 금은이 부의 물질적 대표자이자 일반적 형태라는 견해에서 금은의 축적이 얼마나 진정한 자극을 받았는지를 알 수 있다고 말한다. 화폐 숭배는 금욕, 절제, 자기 희생 — 절약과 근검, 세속적이고 일시적이며 무상한 향락의 멸시, 영원한 보화의 추구이다. 따라서 영국의 청교도주의 또는 네덜란드의 프로테스탄티즘과 화폐 증식의 연관. 17세기 초 한 작가(미셀든)는 사태를 다음과 같이 아주 솔직하게 표현하고 있다.

상업의 자연적 질료는 상품이고, 인위적 질료는 화폐이다. 화폐는 본질과 시간에 있어서 상품 다음에 오지만, 지금 사용되고 있는 바와 같이 그것은 이제 요체가 되었다.

그는 오른손은 작은아들에게, 왼손은 큰아들에게 얹은 늙은 제이콥스의 두 아들에게 이것을 비교해 주고 있다(24쪽).

우리는 너무 많은 스페인, 프랑스, 라인, 근동, 열도 산(産) 잉여 포도
주를 우리끼리 소비한다. 스페인의 건포도, 근동의 씨 없는 건포도, 에노
와 네덜란드의 백마포(白麻布), 이탈리아의 비단 제품, 서인도의 설탕과
담배, 동인도의 향료, 이 모든 것이 우리에게 필요하지 않음에도 경화로
구매되고 있다. … 타국 생산물은 더 적게, 국내 생산물은 더 많이 판매
된다면, 금은 형태의 잉여가 보화로서 우리에게 올 것이 틀림없다.[101]

물론 근대의 경제학자들은 일반적인 경제 부분에 관한 이러한 언
급을 웃음거리로 삼는다. 그러나 특수하게 화폐론에서 나타나는 소
심과 실재의 공황기에 금은의 유출입을 감시하면서 보여지는 성급한
불안을 관찰해 보면, 중금주의나 중상주의의 추종자들이 순진하게
일방적으로 파악하는 규정에 있어서 화폐는 상상에서뿐만 아니라 현
실적인 경제적 범주로서도 전적으로 타당하다는 것이 증명된다.

‖6‖ 화폐의 이러한 우위성에 대항하여, 생산의 실재적인 욕구들
을 대변하는 대립은 보아규베르에서 가장 두드러지게. (내 노트의 해
당 부분 참조.)[102]

2. 여기에서 다른 상품들의 축적은, 그것들의 무상성은 차치하고
라도, 화폐와 동일한 금은의 축적과 이중적인 측면에서 본질적으로
구별된다. 첫째로 다른 상품들의 축적은 부 일체가 아니라 특수한 부
의 축적이라는 성격을 가지며, 따라서 스스로가 단순한 축적으로는
이루어지지 않는 특수한 생산 행위이다. 곡물을 저장하는 것은 특수
한 시설 등을 필요로 한다. 양을 축재한다고 목동이 되는 것은 아니
다. 노예나 토지를 축재하는 것은 지배 예속 관계 등을 필요로 한다.
요컨대 이 모든 것은 부의 단순한 축적, 증대 자체와 구별되는 행위
들 및 일정한 관계들을 요구한다. 둘째로 이제 축적된 상품을 일반적
부의 형태로 실현하고 부를 모든 특수한 형태로 점취하기 위해서는,
내가 축적한 특수한 상품들을 가지고 곡물상, 목축상 등 상업을 해야

한다. 부의 일반적 대표자로서 화폐는 나를 이러한 일로부터 해방시킨다.

금은, 화폐의 축적은 자본 집적의 최초의 역사적 현상이자 그것의 첫 번째 중요한 수단이다. 그러나 그 자체로 그것은 아직 자본 축적이 아니다. 이를 위해서는 축적된 것의 유통으로의 재진입이 축적의 계기와 수단으로 정립되어야 할 것이다.

이제 모든 측면에서 볼 때, 화폐는 완성된 마지막 규정에 있어서 스스로 해체되는, 자기 자신의 해체로 나아가는 모순으로 현상한다. 부의 일반적 형태로서의 화폐에게는 실재적 부의 전체 세계가 마주서 있다. 화폐는 부의 순수한 추상이다 — 따라서 단순한 공상이 그렇게 고수되었다. 부가 전적으로 물질적인 명백한 형태로 존재하는 것처럼 보이는 곳에서 그것은 단지 나의 머리 속에만 존재하는 순수한 망상이다. 미다스[103] 다른 한편에서 일반적 부의 물질적 대표자로서의 화폐는 단지 다시 유통 속으로 던져지고, 부의 개별적인 특수한 방식들과 교환되어 사라짐으로써 실현된다. 유통에서 화폐는 유통수단으로 머문다. 그러나 축적하는 개인에게서는 상실되며, 이 사라짐이 그것을 부로 보증하는 유일하게 가능한 방식이다. 저장된 것을 개별적인 향유로 해체하는 것이 그것의 실현이다. 이제 그것은 다른 개별자들에 의해 다시 저장될 수 있으나, 그러면 동일한 과정이 새롭게 시작되는 것이다. 나는 그것을 타인을 위한 단순한 존재로 양도함으로써만, 나를 위해서 그것을 실제로 정립할 수 있다. 내가 그것을 고수하고자 한다면, 그것은 살그머니 실재적 부의 단순한 환영으로 내 손에서 증발해 버린다. 더욱이 그것의 축적에 의한 증대, 그 자신의 양이 그것의 가치 척도라는 것은 다시 틀렸음이 입증된다. 다른 부들이 축적되지 않으면, 그것은 축적되는 데 비례해서 자신의 가치를 스스로 잃는다. 그것의 증대로 현상하는 것이 실제로는 그것의 감소인 것이다. 그것의 자립성은 가상일 뿐이다. 그것의 유통으로부터의 독립은 유통에 대한 고려, 유통에 대한 종속으로서만 존재한다. 그것이 일반적 상품인 것처럼 행세하지만, 그것의 자연적인 특수성 때문에 그것은 특수한 하나의 상품이며, 그것의 가치는 수요와 공급에 좌우될 뿐만 아니라 그것의 독특한 생산비에 의해서도 변동한다. 그리고 그 스스로 금은에 체현되기 때문에, 그것은 어떤 실재적 형태에서도 일방적이다. 그리하여 한편이 화폐로 나타나면, 다른 한편은 특수한 상품으로 나타나고, 그 반대의 경우에는 반대로 나타나며, 각자는 두 규정으로 나타난다. 절대적으로 안전하고 나의 개별성과는 무관한 부로서, 그것은 동시에 어떤 우연에 의해서도 나로부터 분리될 수 있는, 절대적으로 불안하고 전적으로 외적인 것이다. 척도, 유통 수단, 화폐 자체라는 그것의 전적으로 모순되는 규정들도 마찬가지이다. 끝으로 마지막 규정에 있어서 그것은 가치 자체를 대표해야 하지만, 실제로는 가변적인 가치의 동일한 양만을 대표하기 때문에 모순된다. 따라서 그것은 완성된 교환 가치로 지양된다.

단순한 척도로서의 화폐는 유통 수단으로서의 화폐에서 이미 부정되었다. 유통 수단과 척도로서의 화폐는 화폐로서의 화폐에서. 요컨대 마지막 규정에 있어서의 그것의 부정은 동시에 앞의 두 규정에 있어서의 그것의 부정이다. 즉, 단순히 부의 일반적인 형태로 부정되면 그것은 실재적 부의 특수한 실체들로 실현되어야 한다. 그러나 화폐는 실제로 부의 총체의 물질적 대표자로 입증됨으로써 동시에 일반적 형태로 보존되어야 한다. 그것의 유통 진입 자체가 그것의 지속(Beisichbleiben)의 한 계기이어야 하고, 그것의 지속은 유통 진입이어야 한다. 즉, 실현된 교환 가치로서 그것은 교환 가치가 실현되는 과정으로 동시에 정립되어야 한다. 또한 그것은 부의 순전히 물질적인 형태, 개인들에 대해서 외적이고, 우연적인 형태로서의 자신의 부정이다. 오히려 그것은 부의 생산으로 현상해야 하고, 이 부는 생산에서 개인들의 상호 관계의 결과로 현상해야 한다. 요컨대 이제 교환 가치는 유통을 단지 외적인 운동으로 삼거나, 더 이상 개인으로서 특수한 질료에 실존하는 단순한 사물로 규정되어 있지 않고, 과정으로 규정되어 있다. 유통 과정을 통해 자기 자신과 관계하는 것으로. 다른 한편에서 유통 자체는 더 이상 상품과 금은의 단순한 교환 과정으로, 다양한 상품의 가격을 실현하기 위한, 교환 가치들로 서로 등치 시키기 위한 매개 운동으로 현상하지 않는데, 이때 두 가지가 유통 밖에서 나타난다. 한편으로 전제된 교환 가치, 상품의 소비로의 최종적 이탈, 요컨대 교환 가치의 폐기. 화폐의 이탈, 그것의 실체로부터의 자립화, 이는 다시 다른 형태로 그것을 폐기하는 것이다. 교환 가치 자신, 이제는 더 이상 ‖7‖ 교환 가치 일반이 아니라 측정된 교환 가치가 유통에 의해 정립된 전제로 나타나고, 동시에 유통에 전제되어 유통에 의해 정립된 것으로 나타나야 한다. 마찬가지로 유통 과정이 교환 가치의 생산 과정으로 나타나야 한다. 요컨대 그것은 한편으로 교환 가치의 노동으로의 복귀이고, 다른 한편으로 화폐의 교환 가치로의 복귀이다. 그러나 지금 이 교환 가치는 심화된 규정으로 정립되어 있다. 유통에서는 일정한 가격이 전제되어 있으며, 화폐로서의 유통은 이것을 단지 형식적으로 정립할 뿐이다. 교환 가치 자체의 규정성, 또는 가격 척도가 이제는 유통 행위로 현상해야 한다. 이렇게 정립될 때 화폐는 **자본**이며, 유통은 동시에 생산 행위로 정립된다.

　보충할 것: 화폐 유통으로 나타나는 바와 같은 유통에는 교환의 양극의 동시성이 언제나 전제되어 있다. 그러나 교환될 상품들의 현존 사이에 시차(時差)가 생길 수 있다. 급부가 오늘 이루어지지만 반대 급부는 1년 후에야 비로소 이루어질 수 있다는 것은, 상호 급부의 본성에 비추어 볼 때 당연한 것이다. 시니어가 말하기를,

　　다수의 계약에 있어서는 계약 당사자의 한편만이 사물을 자유롭게 처

분할 수 있고 그것을 빌려준다. 교환이 발생해야 한다면, 사람들은 나중에 비로소 등가물을 받는다는 조건하에서 이 사물을 곧 양도해야 한다. 모든 사물의 가치가 일정한 시간이 지나면 변하기 때문에, 사람들은 그 가치가 가장 적게 변하고, 사물을 살 수 있는 주어진 평균 능력을 가장 오래 보존하는 사물을 지불 수단으로 받는다. 그리하여 화폐가 가치의 표현 또는 대표자가 된다.[104]

이에 따르면 화폐의 마지막 규정은 그것의 앞선 규정들과 아무런 연관이 없게 된다. 그러나 이러한 규정은 옳지 않다. 화폐가 가치의 자립적 대표자로 정립되었을 때, 계약은 비로소 예를 들어 더 이상 곡물량이나 급부 용역으로 견적되지 않는다. (예를 들어 후자는 봉건 제에서 일상적이었다.) 화폐가 자신의 가치를 보존할 "보다 오랜 평균 능력"을 보유하고 있다는 것이 시니어 씨의 사변이다. 사실은 화폐가 계약의 일반적 재료(베일리는 일반적 계약 상품이라고 말한다),[105] 일반적 상품, 일반적 부의 대표자(쉬토르흐의 말에 따르면),[106] 자립화된 교환 가치로 채택되었다. 화폐가 일반적으로 세 번째 규정의 이러한 역할로 등장하기 위해서는, 이미 처음 두 규정에서 매우 발전해 있어야 한다. 화폐량이 획일적으로 동일할지라도, 그것의 가치는 변할 수 있다는 것, 그것도 일정량으로서 모든 가치와 마찬가지로 가변적이라는 것은 실재에서 드러난다. 여기에서 특수한 상품으로서 그것의 본성은 그것의 일반적 규정에 대항해서 관철된다. 척도로서의 [화폐에게는] 변동이 무의미하다. 그 까닭은 "변동하는 수단에서는 불변의 수단에서와 마찬가지로 언제나 수단에 대한 두 개의 상이한 관계가 표현될 수 있기 때문"[베일리, 9-10쪽]이다.

화폐량 자체가 척도에 의해 정립되기 때문에, 유통 수단으로서의 화폐에게도 변동은 무의미하다. 그러나 계약에서 나타나는 바와 같은 화폐로서의 화폐에게 가치의 변동은 이 규정에서 화폐의 모순들이 어떻게 등장하는가와 관련해서 중요하다.

이제 별도의 절들에서 다음이 보충되어야 한다.

1. 주화로서의 화폐. 이는 주화 제도에 관해 매우 개략적으로. 2. 역사적으로 금은의 출처. 그것들의 발견 등. 그것들의 생산의 역사. 3. 귀금속의 가치 변동과 그에 따른 금속 화폐 가치 변동의 원인들. 이 변동이 산업과 다양한 계급에 미친 영향. 4. **무엇보다도**: 가격의 등락과 관련한 유통량. (16세기. 19세기) 그러나 여기에서 척도로서의 화폐가 양의 증가 등에 의해 어떻게 영향을 받는지도 살펴볼 것. 5. 유통에 관하여: 유통 속도, 필요량, 효과, 발전 수준 등. 6. 화폐의 해체 작용.

(이를 보충할 것.) (여기에서는 특유하게 경제학적인 연구.)

(다른 금속들에 비해 비교적 작은 부피에 많은 무게를 담는 금은의 비중은 그것들이 비교적 작은 부피에 큰 가치(노동 시간)를 담으면서 가치 세계에서도 반복된다. 그것에 실현된 노동 시간, 교환 가치가 상품의 비중이다. 이 때문에 귀금속들은 (사람들이 상당한 가치를 소지할 수 있으므로) 유통에 특히 적합하고, 사람들이 작은 부피에 큰 가치를 보관하고 축적할 수 있으므로, 축적에 특히 적합하다. 이때 금은 철, 납 등처럼 축적되어 있는 동안 변하지 않는다. 처음 상태로 남아 있다.)

스페인이 멕시코와 페루의 광산들을 가지지 않았더라면, 그들은 폴란드의 밀도 필요로 하지 않았을 것이다(레이븐스톤).[107]

저들[즉, 10명의 미래 지배자들]은 공동의 계획을 가지고, 그들의 힘과 권력을 짐승에게 넘겨주었다. [그리고 이는 모두가 … 오른손이나 이마에 표시를 하도록 만들고] 징표나 짐승의 이름이나 이름의 숫자가 없이는 누구도 사거나 팔지 못하게 되었다(『계시록』, 「불가타」).[108]

사람들이 서로 양도하는 상품들의 상대적인 양이 상품 가격을 구성한
다(쉬토르흐, [『정치경제학 과정 …』 제1권, 72쪽]).

가격은 교환 가치의 척도이다(앞의 책, [73쪽]).

우리가 살펴본 바와 같이, 단순 교환 자체(운동 속의 교환 가치)에
서 개인들의 상호 행위는, 그 내용에 있어서 그들의 욕구의 타산적인
상호 충족일 뿐이고, 그 형태에 있어서 교환, 즉 동등한 것(등가물)으
로의 정립이다. 그러므로 여기에서는 소유도 노동에 의한 노동 생산
물의 점취이며, 자기 노동의 생산물이 타인 노동에 의해 구매되는 한
자기 노동에 의한 타인 노동의 생산물의 점취로 정립될 뿐이다. 자기
노동의 등가물에 의해 매개된 타인 노동에 대한 소유. 이 소유 형태
는 ─ 자유와 평등과 매우 유사하게 ─ 이러한 단순한 관계에서 정
립된다. 교환 가치가 더욱 발전하면서 이것은 전환될 것이며, 마침내
자기 노동의 생산물에 대한 사적 소유가 노동과 소유의 분리와 일치
한다는 것, 그리하여 노동은 타인 소유를 창출하고, 소유는 타인 노
동을 명령하리라는 것이 증명될 것이다.

[III. 자본에 관한 장][109]

[제1편: 자본의 생산 과정]

‖8‖ 자본으로서의 화폐에 관한 장

[화폐의 자본으로의 전화]

충분히 발전된 규정성 속에 있는 화폐로서의 화폐에 대한 이해를 특히 어렵게 만드는 것 — 정치경제학이 한 화폐 규정 때문에 다른 규정을 망각하고, 한 규정이 그에게 닥치면 다른 규정에 호소함으로써 도망치려는 어려움들 — 은, 여기에서는 한 사회 관계, 개인들의 일정한 상호 관계가 개인들 밖에서 금속, 광석, 즉 그 자체로 자연에서 발견되고, 형태 규정도 더 이상 자연적 존재와 구별되지 않는 순전히 유형적인 사물로 현상한다는 점이다. 금은이 즉자대자적으로 화폐인 것은 아니다. 자연은 환율이나 은행가를 낳듯이 화폐도 낳지 않는다. 페루와 멕시코에서 금은이 비록 장신구로 발견되고, 완숙한 생산 체제가 발견되었지만, 여기에서 그것은 화폐로 기능하지 않았다. 화폐로서의 존재(Geld zu sein)는 금은의 자연적 속성이 아니며, 따라서 물리학자, 화학자 등에게 전혀 알려져 있지 않다. 그러나 화폐는 직접적으로 금은이다. 척도라는 측면에서 화폐는 아직 형태 규정으로서 지배적이다. 화폐가 주화로서 각 개인들에게 외적으로 나타나면 더욱 그러하다. 그러나 세 번째 규정, 즉 척도와 주화가되는 것이 화폐의 기능으로 나타날 뿐인 완성 국면에서 모든 형태규정은 사라지거나 화폐의 금속 존재(Metallsein)와 직접적으로 일치한다. 화폐로서의 존재라는 규정이 단지 사회적 과정의 결과라는 사실은 화폐의 표면에 전혀 나타나지 않는다. 그것은 화폐이다. 이것은살아있는 개인을 위한 화폐의 직접적인 사용 가치가 이 역할과 전혀아무런 관계도 없고, 일반적으로 교환 가치와 구별되는 사용 가치의기억이 순수한 교환 가치의 구현 속에서 전적으로 구별되기 때문에더더욱 어렵다. 따라서 여기에서 교환 가치와 이것에 조응하는 사회적 생산 양식에 포함되어 있는 기본 모순이 완전히 순수하게 드러난다. 화폐로부터 금속 형태를 박탈하고, 화폐를 사회에 의해 외적으로정립된 것으로 만들며, 노동 화폐 형태를 화폐의 최종적인 형태로 할사회적 관계의 표현으로 정립함으로써, 이 모순을 지양하려는 시도들은 이미 위에서 비판되었다. 교환 가치의 토대가 유지되는 한에 있어서 이것은 미숙한 짓거리이고, 금속 화폐가 교환을 위조할 것이라는 환상은 화폐의 본성에 대한 전적인 무지에서 유래한다는 것이 이제는 틀림없이 명백해졌을 것이다. 다른 한편으로는 지배적인 생산관계들에 대한 대립이 증가하고, 이 관계들 자체가 더욱 강제적으로구태(舊態)를 벗어나야 한다고 내몰릴수록, 그만큼 체제가 명백하게마주 서는 가장 두드러지고 모순적이며 엄연한 현상으로서의 금속화폐나 화폐 일체를 겨냥하는 공박이 이루어진다는 것도 마찬가지로명백하다. 그리하여 화폐를 눈에 띄는 단순한 현상으로 가지는 대립들이 화폐에 대한 온갖 기교에 의해 지양된다는 것이다. 화폐에 대한공격이 다른 모든 것을 그대로 놓아두고 다만 그것을 수정하는 것처럼 보이는 한에 있어서, 화폐를 동원하는 몇몇 혁명적 조작들이 수행될 수 있다는 점도 마찬가지로 분명하다. 이 경우에 사람들은 당나귀를 때리고자 하면서 자루를 때리는 것이다. 그렇지만 자루를 때린 것을 당나귀가 느끼지 못하는 한, 사람들은 실제로 자루를 때릴 뿐이지 당나귀를 때리는 것은 아니다. 당나귀가 그것을 느낄 때, 사람들은 자루가 아니라 당나귀를 때리는 것이다. 조작이 화폐 자체를 겨냥하는 한에 있어서, 그것은 결과에 대한 공격이며 그 원인은 그대로 남아 있게 된다. 요컨대 견고한 기반이 다소 강제적인 반작용을 통해서 단순한 일시적인 장애로 정립되고, 그것을 극복할 수 있는 힘도 가지는 생산 과정 장애.

다른 한편으로 화폐가 지금까지 순수하고 보다 발전된 생산 관계와 상관없이 설명되는 한에 있어서 부르주아 사회의 모든 내재적 대립이 단순히 파악된 화폐 관계에서 해소된 것으로 현상하는 것은 화폐 관계의 규정상 당연하다. 이러한 측면에서 보면, 부르주아 경제학자들이 (이들은 적어도 더욱 단순한 교환 가치와 교환 규정으로 되돌아갈 정도로 일관성은 있다) 기존의 경제 관계들의 옹호론으로 도피하는 것보다 부르주아 민주주의는 더욱 다시 화폐로 도피한다. 실제로 상품이나 노동이 교환 가치로만 규정되고, 상이한 상품들을 이 교환 가치들의 교환으로 서로 관련시키는 관계가 그것들의 등치인 한에 있어서, 이 과정을 진행하는 개인들, 주체들은 단순히 교환자들로만 규정된다. 형태 규정이 고찰되는 한에 있어서, 그들 사이에는 전적으로 아무런 차이도 존재하지 않는다. 그리고 이것은 경제적 규정, 그들이 서로 교류 관계에 서 있는 경제적 규정이다. 그들의 사회적 기능이나 사회적 상호 관계의 지표이다. 각 주체는 교환자이다. 즉, 각자는 다른 주체가 자신과 가지는 관계와 동일한 사회적 관계를 다른 주체와 가지는 것이다. 따라서 교환의 주체들로서 그들의 관계는 평등 관계이다. 그들 사이에 어떤 차이나 대립은 물론 상이성을 찾아내려는 것도 불가능하다. 나아가 그들이 교환하는 상품들은 교환 가치들로서 등가물들이거나, 적어도 그러한 것으로 간주된다. (상호 평가에서 주관적인 착오가 발생할 수 있을 뿐이며, 한 개인이 다른 개인을 사취 詐取 한다고 할지라도, 그것이 그들이 서로 마주 서 있는 사회적 기능의 본성에 의해서 발생하는 것은 아니다. 그 까닭은 이 기능이 동일한 것이기 때문이다. 그 속에서 그들은 평등하다. 타고난 교활함, 설득술 등, 간단히 말해서 한 개인의 다른 개인에 대한 순전히 개인적인 우월성에 의해서만 발생할 수 있을 뿐이다. 그 차이는 관계의 본성 자체와는 아무런 관계도 없는 자연적인 차이일 것이며, 앞으로의 설명에 비추어 말하자면, 경쟁 등에 의해서 더욱 약화되고 자신의 독창적인 힘을 박탈당할 차이이다).

관계의 순수한 형태, 경제적 측면이 고찰되는 한에 있어서 — 이 형태 밖에 있는 내용은 원래 여기에서는 전적으로 경제학의 영역 밖에 속하거나, 또는 경제적인 내용과는 구별된 자연적 내용으로 정립되며, 이 내용에 관해서는 그것이 아직 경제적 내용과 직접 일치하기 때문에, 경제적 관계로부터 분리되어 있다고 말해진다[110] — 형식적으로 구별되는 세 계기만이 등장한다. (동일한 규정에 정립된) 관계의 주체들인 교환자들. 동등할 뿐만 아니라 명시적으로 동등해야 하고, 동등한 것으로 정립된 그들의 교환 대상들, 교환 가치들, 등가물들. ‖9‖ 끝으로 교환 행위 자체, 주체들이 교환자들, 동등인들로 정립되고, 그들의 대상들은 등가물들, 동등물들로 정립되게 하는 매개. 등가물들은 타인을 위한 한 주체의 대상화이다. 즉, 그것들 자체는 동등한 가치를 가지며, 교환 행위에서 동등하고 동시에 서로 무차별적인 것으로 입증된다. 교환에서 주체들은 등가물들에 의해서 서로를 위해서만 동등자들이며, 한 주체는 다른 주체들을 위해서 존재하는 대상성의 교체에 의해서 그러한 것으로 입증된다. 그렇게 할 때라야만 그들은 교환에서 동등자들, 등가물의 보유자들이자 이러한 등가성의 입증자들로서 서로를 위해서 존재하게 되므로, 그들은 동시에 동등자들로서 상호 무차별자이다. 그들의 여타 개인적인 차이는 아무런 문제가 되지 않는다. 그들은 그들의 여타 개인적인 특성들에는 무관심하다.

교환 가치들의 정립이자 입증일 뿐만 아니라, 주체들의 교환자들로서의 정립이자 입증인 교환 행위 밖에 있는 내용에 관해서 말하자면, 경제적 형태 규정의 밖에 속하는 그 내용은 다음과 같은 것일 뿐이다. 1. 교환되는 상품의 자연적 특수성. 2. 교환자들의 특수한 자연적 욕구, 또는 양자를 종합해서 교환될 상품들의 상이한 사용 가치들. 전적으로 교환의 경제적 규정의 밖에 놓여 있는 교환의 이러한 내용은 개인들의 사회적 평등을 위협하기는커녕, 그들의 자연적 상이성을 그들의 사회적 평등의 근거로 만든다. A라는 개인이 B라는 개인과 동일한 욕구를 가지고 있고, B라는 개인과 동일한 대상에 자신의 노동을 실현했다면, 이들 사이에는 어떤 관계도 있을 수 없을 것이다. 그들의 생산 측면에서 관찰한다면, 그들은 전혀 상이한 개인들이 아니다. 양자는 호흡 욕구를 가지고 있으며, 공기가 양자를 위해서 대기로 존재한다. 이 사실이 그들을 사회적으로 접촉시키지는 않는다. 그들은 호흡하는 개인들로서 자연체로 서로 관계할 뿐이지 인격체로서 관계하는 것은 아니다. 그들의 욕구와 생산의 상이성만이 교환과 그 속에서 그들의 사회적 평등의 동기를 제공해 준다. 따라서 이러한 자연적 상이성이 교환 행위와 그들이 생산적으로 서로 맺는 이러한 관계 일체에서 사회적 평등의 전제가 된다. 이러한 자연적 상이성에 따라 관찰하면 [A]라는 개인은 B를 위한 사용 가치의 보유자이고, B라는 개인은 A를 위한 사용 가치의 보유자이다. 이 측면에 따라서 자연적 상이성이 그들을 다시 평등 관계에 놓는다. 그러나 그에 따르면 그들은 서로 무관심하지 않으며 서로 보완하고 필요로 하므로, 상품에 객체화된 것으로서 B라는 개인은 A라는 개인을 위한 욕구이고 그 역도 성립하며, 그들은 서로 같은 관계에 서 있을 뿐만 아니라 사회적 관계에 서 있는 것이다. 이것이 전부는 아니다.

전자의 욕구가 후자의 생산물에 의해 충족될 수 있고 그 역도 성립하며, 전자는 후자의 욕구 대상을 생산할 능력이 있고, 각자는 타인에 대해서 타인의 욕구 대상의 소유자로 마주 선다는 것은, 각자가 인간으로서 자기 자신의 특수한 욕구 등을 넘어선다는 것과, 그들이 서로 인간으로서 관계한다는 것, 그들의 공동체적 유적 본질이 모두에 의해 의식되고 있다는 것을 보여준다. 코끼리들이 호랑이를 위해서 생산하거나, 동물들이 다른 동물들을 위해서 생산하는 일은 있을 수 없을 것이다. 예를 들어, 벌떼는 기본적으로 한 마리의 벌일 뿐이며, 그들은 모두 동일한 것을 생산한다. 나아가. 이제 개인들과 이들의 상품들의 자연적 상이성(여기에서 생산물, 노동 등은 아직 상이하지 않고 상품 형태로만 존재하거나, 또는 바스티아 씨가 세이와 마찬가지로 말하듯이, 용역 형태로 존재할 뿐이다.[111] 바스티아는 교환가치의 경제적 규정을 상품이나 용역이라는 교환 가치의 자연적 내용으로 환원시키고, 그리하여 교환 가치의 경제적 관계를 그 자체로 고수할 능력이 없으면서도, 생산 관계들을 그들의 규정성 자체에서, 그들의 순수한 형태로 고수할 능력이 있는 영국 고전 경제학파를 뛰어넘는 커다란 진보를 이룩했다고 착각한다)이 이러한 개인들의 통합을 위한 동기, 그들이 평등인들로 전제되고 입증되는 교환자로서의 사회적 관계를 위한 동기를 이루는 한에 있어서, 평등 규정에 덧붙여 자유 규정이 추가된다. A라는 개인이 B라는 개인의 상품에 대해 욕구를 느끼지만, 그는 이를 폭력을 통해 장악하지 않으며, 그 반대의 경우에도 마찬가지이다. 그들은 상대방을 소유자로, 그들의 상품에 의지가 관철되는 인격들로 인정하는 것이다. 그런 연후에 여기에 우선 인격의 법률적 계기가 들어오며, 거기에 자유가 포함되어 있는 한에 있어서 자유의 계기도 들어온다. 누구도 타인의 소유를 폭력으로 장악하지 않는다. 각자는 소유를 자발적으로 양도하는 것이다.

그러나 이것이 전부는 아니다. A라는 개인은 B라는 개인이 b라는

상품을 매개로 해서 A라는 개인에게 기여하는 한에 있어서만, 그리
고 그 때문에만 a라는 상품을 매개로 해서 B라는 개인의 욕구에 기
여한다. 그 역도 성립한다. 각자는 자신에게 기여하기 위해서 타인에
게 기여하는 것이다. 각자는 서로 자신의 수단으로 타인에게 봉사한
다. 이제 두 개인의 의식 속에는 두 가지가 존재한다. 1. 각자는 타인
에게 수단으로 기여하는 한에 있어서만, 자신의 목적을 달성할 수 있
다는 것. 2. 각자는 자기 목적(자신을 위한 존재)으로서 타인을 위한
수단(타인을 위한 존재)일 뿐이라는 것. 3. 각자는 동시에 수단이자
목적이며, 그것도 각자는 수단이 되는 한에 있어서만 자기 목적을 달
성하고, 자기 목적으로 정립되는 한에 있어서만 수단이 된다는 상호
성, 요컨대 각자는 자신을 위한 존재인 한에 있어서만 타인을 위한
존재로 정립되며, 자신을 위한 존재인 한에 있어서만 타인을 위한 존
재로 정립된다는 상호성 — 이 상호성은 교환의 자연적 조건으로 전
제된 필연적 사실이지만, 그 자체로 그것은 두 교환 주체 각각에게
무의미하며, 각각은 이 상호성이 타인의 이익을 배제하는 것으로서,
그것과 관계없이 자신의 이익을 충족시키는 한에 있어서만 이 상호
성에 관심을 가진다는 것. 즉, 전체 행위의 동기로 현상하는 공동의
이익이 쌍방에 의해서 사실로 인정되지만, 그 이익은 그 자체로 동기
가 아니며, 말하자면 내적으로 성찰된 특수 이익들의 등뒤에서만, 타
인의 개별 이익에 대립되는 개별 이익 뒤에서만 관철되는 것이다. 이
마지막 측면에 비추어 볼 때, 개인은 기껏해야 자신의 대립적인 개별
이익의 충족이 바로 지양된 ‖10‖ 대립의 실현, 사회적인 일반 이익
의 실현이라는 유쾌한 의식을 가질 수 있다. 교환 행위 자체에서 각
개인은 배타적이고 지배적인 (규정적인) 교환 주체로서 자신 속에 반
영되어 있다. 요컨대 그럼으로써 개인의 완전한 자유가 정립되어 있
다. 자발적인 거래. 어느 쪽에서도 폭력은 없다. 자신을 수단으로, 또
는 기여하는 것으로 정립하기, 즉 스스로를 자기 목적으로, 지배적이

자 총괄적인 것으로 정립하기 위한 수단으로만 정립하기. 끝으로 이 기적인 이익, 이를 넘어서는 아무런 이익도 실현하지 않는. 타인도 마찬가지로 이기적인 이익을 실현하는 것으로 인정되고 의식되므로, 양자는 공동의 이익이 이중성, 다면성, 상이한 측면에 따른 자립에 있을 뿐이고 이기적인 이익의 교환이라는 것을 알고 있다. 일반 이익 이란 바로 이기적인 이익의 일반성이다.

요컨대 경제적 형태, 교환이 모든 측면에 걸쳐 주체들의 평등을 정립한다면, 교환을 추동하는 내용, 소재는 개인적이든 물적이든 자 유이다. 요컨대 평등과 자유는 교환 가치에 기초하는 교환에서 존중 될 뿐만 아니라 모든 평등과 자유의 생산적·현실적 토대는 교환 가 치의 교환이다. 그것들은 순수한 관념들로서 교환의 단순히 관념화 된 표현들일 뿐이다. 그것들은 법률적·정치적·사회적 관계들에서 발전된 것으로서 다른 힘을 가지는 이러한 토대일 뿐이다. 이는 역사 적으로도 입증되었다. 이처럼 확대된 평등과 자유는 발전된 교환 가 치를 기반으로 하지 않고, 오히려 이것들의 발전에 의해 붕괴되는 고 대의 자유와 평등의 정반대이다. 그것들은 고대 세계에서는 아직 발 전되지 않았고, 중세에도 발전되지 않은 생산 관계들을 전제로 한다. 직접적인 강제 노동이 고대의 기반이다. 공동 단체(Gemeinwesen)는 실존하는 토대로서의 강제 노동에 기초한다. 일반적으로 교환 가치 를 생산하는 것으로 간주되는 것이 아니라 "특권", 아직 특화된 것으 로서의 노동 자체가 중세의 기반이다. 노동이 강제 노동도 아니며, 중세의 경우처럼 공동의 것을 보다 높은 것(동업 조합)으로 고려하면 서 수행되는 것도 아니다.

교환자들의 관계를 동기, 즉 경제적 과정 밖에 속하는 자연적인 동기라는 측면에서 보면, 그 관계가 일정한 강제에도 기초한다는 것 이 옳기는 하지만, 이 관계 자체는 한편으로 나의 욕구 자체, 나의 자연적 개별성에 대한 타인의 무차별성, 즉 그의 나와의 평등과 나의 자유의 전제도 되는 그의 자유일 뿐이다. 다른 한편으로 나의 욕구에 강제되어 내가 규정되는 한에 있어서 나에게 강제력을 행사하는 욕구 및 충동 전체는 나 자신의 본성일 뿐이지 낯선 것이 아니다(또는 일반적이고 성찰된 형태로 정립된 나의 이익). 그러나 내가 타인에게 강제를 가하고, 그를 교환 체계로 추동하는 것은 바로 이 측면에 의해서이다.

따라서 로마법에서 노예는 교환을 통해서 자신을 위해 취득하지 않는 자로서 올바르게 규정되어 있는 것이다(인스티튜트 참조).[112] 따라서 이 법이 비록 교환이 결코 발전되지 않았던 사회 상태에 조응하는 것이었지만, 그럼에도 불구하고 교환이 일정한 범위 안에서 발전되어 있는 한에서, 그것은 **법률적 인격**, 즉 교환하는 개인의 규정들을 발전시킬 수 있었고, 그리하여 (기본 규정에 비추어) 산업 사회의 법률 관계를 선취(先取)할 수 있었으며, 특히 중세에 대해서는 발흥하는 부르주아 사회의 법으로 관철될 수밖에 없었다. 그러나 그것의 발전 자체는 로마 공동체의 해체와 완전히 일치하기도 한다.

화폐는 우선 교환 가치의 실현이고, 발전된 화폐 제도에서 비로소 교환 가치 체제가 실현되었거나 또는 그 반대였으므로, 화폐 제도는 사실상 이 자유와 평등의 체제의 실현일 수 있을 뿐이다. 척도로서의 화폐는 등가물에게만 특수한 표현을 주고, 이것을 비로소 형태에 있어서도 등가물로 만든다. 유통에서는 아직 형태상의 차이가 나타나기는 한다. 두 교환자가 구매자와 판매자라는 구별되는 규정으로 나타나며, 교환 가치가 한편으로는 화폐 형태에서 일반적 교환 가치로 나타나고, 다른 한편으로는 가격을 가지는 자연적 상품에서 특수한 교환 가치로 나타나는 것이다. 그러나 첫째로, 이들 규정이 변한다. 유통 자체는 부등하게 정립하는 것이 아니라 등치시키는 것, 상상될 뿐인 차이를 지양하는 것이다. 부등성은 순전히 형식적인 부등성일 뿐이다. 마침내 유통하기 때문에 이 손에 나타나기도 하고 저 손에

나타나기도 하며, 이러한 현상에 대해서 무차별적인 것으로서의 화폐 자체에서 평등은 물질적으로도 정립된다. 교환 과정이 관찰되는 한에 있어서 각자는 타인에 대하여 화폐 보유자, 심지어 화폐로 나타나기도 한다. 그러므로 무차별성과 등가성이 사물 형태로 분명하게 존재한다. 상품에 놓여 있던 특수한 자연적인 상이성이 해소되며, 유통에 의해 끊임없이 해소된다. 3실링을 주고 상품을 사는 노동자는 그것을 행하는 왕과 마찬가지로 판매자에게는 동일한 기능, 동일한 평등 — 3실링의 형태로 나타난다. 그들 사이의 모든 차이가 해소되었다. 판매자 자신은 3실링의 가격을 가지는 상품의 보유자로만 나타나므로, 양자는 완전히 평등하다. 다만 3실링이 한편으로는 은으로, 다른 한편으로는 설탕 등으로 존재할 뿐이다. 세 번째 화폐 형태에서는 과정의 주체들 사이에 하나의 상이한 규정이 들어오는 것처럼 보인다. 그러나 여기에서 화폐가 계약의 재료, 일반 상품으로 나타나는 한에 있어서 오히려 계약자와1) 계약자 사이의 모든 차이는 해소되어 있다. 화폐가 축적의 대상이 되는 한에 있어서, 주체가 ‖ 11 | 동일한 가격의 상품을 유통으로부터 유리시키지 않는 한, 그는 여기에서 화폐, 부의 일반적 형태만을 유통으로부터 유리시키는 것처럼 보인다. 요컨대 한 주체가 축적하고 다른 주체가 축적하지 않는 다면, 그것은 어느 누구도 타인에게 손해를 끼치면서 그렇게 하는 것이 아니다. 한 주체는 현실적 부를 즐기는 것이고, 다른 주체는 부의 일반적 형태를 보유하게 되는 것이다. 한 주체가 궁핍해지고 다른 주체가 부유해진다면, 그것은 그들의 자유의지(自由意志)이지 그들이 서로 맺고 있는 경제적 관계, 즉 경제적 연관 자체로부터 유래하는 것이 아니다. 상속이나 이것에 의해 나타나는 불평등을 영구화하는 법률적 관계들조차 이 자연적인 자유와 평등에 해를 끼치지는 않는

---

1) 수고에는: 계약과

다. A라는 개인의 본래적인 관계가 이 체계와 모순되지 않는다면, B라는 개인이 A라는 개인을 대신하고 이 체계를 영구화한다고 해서, 이 모순이 초래되는 것은 분명 아니다. 이것은 오히려 자연적 생명 한계를 넘어서 사회적 규정을 관철시키는 것이며, 개인의 자유의 지양을 가져올 자연의 우연적 영향에 맞서 이 관철을 확립하는 것이다. 게다가 이 관계에서 개인은 화폐의 개인화이므로, 그 자체로서 그는 화폐만큼이나 불멸이며, 오히려 상속에 의해 화폐를 대표하는 것은 이러한 규정의 관철이다.

이 견해가 그것의 역사적 의의에 있어서 강조되는 것이 아니라, 개인들이 더 이상 단순히 교환자 또는 구매자와 판매자가 아니라 서로 일정한 관계들 속에서 등장하며, 더 이상 모두가 동일한 규정성에 정립되어 있지 않은 발전된 경제적 관계들에 대한 반박으로 제시된다면, 이것은 마치 예컨대 무게의 규정으로 파악된 자연체들이 모두 무겁고, 따라서 동등하거나 또는 그것들이 모두 3차원이기 때문에 동등하므로, 그것들 사이에 차이는 물론 어떠한 대립과 모순도 존재하지 않는다고 주장하는 것이나 마찬가지이다. 여기에서 교환 가치 자체는 그것의 보다 발전된 대립적 형태들에 맞서 그것의 단순한 규정성에 있어서 마찬가지로 고수된다. 과학의 진행에서 관찰해 보면 이 추상적인 규정들이 바로 최초이자 가장 빈약한 규정들로 나타난다. 그것들이 부분적으로는 역사적으로 등장하는 바와 같이. 보다 발전된 것이 보다 나중의 것으로서. 그러나 주어진 부르주아 사회 전체에서 가격으로서의 이러한 정립과 이것들의 유통 등은 피상적인 과정으로 나타나며, 그 아래의 심층에서는 개인들의 이러한 외견상의 평등과 자유가 사라지는 전혀 다른 과정들이 진행된다.

한편으로 교환 가치를 생산 체제 전체의 기반으로 전제하는 것은, 개인의 직접적인 생산물이 그를 위한 생산물이 아니라 사회적 과정에서 비로소 그러한 것이 되며, 이것이 일반적이지만 외적인 형태를 취해야 한다는 개인에 대한 강제를 이미 내포하고 있다는 것, 개인은 교환 가치를 생산하는 개인으로만 실존을 가진다는 것, 요컨대 이미 자기의 자연적 실존의 완전한 부정이 내포되어 있고, 개인이 전적으로 사회에 의해 규정된다는 것, 이는 나아가 개인이 단순히 교환자들의 관계와는 다른 관계 속에 이미 정립되어 있는 분업 등을 전제로 한다는 것 등이 망각된다. 요컨대 이 전제가 결코 개인의 의지나 직접적인 본성으로부터 유래하는 전제가 아니라 역사적인 전제일 뿐만 아니라, 개인이 이미 사회에 의해 규정된 것으로 정립된다는 것.

다른 한편으로 교환이 나타나는 보다 높은 형태들, 또는 교환에서 실현되는 생산 관계들은 개인이 이르게 될 최고의 차이가 형식적이고 따라서 무차별적인 차이가 되는, 이러한 단순한 규정성에 결코 머무르지 않는다는 것이 잊혀진다. 끝으로 교환 가치와 화폐의 단순한 규정에 이미 노임[113]과 자본의 대립 등이 잠재적으로 포함되어 있다는 것이 인식되지 않는다. 요컨대 독자적으로 파악하면 순수한 추상들이지만, 실재에서는 오히려 심오한 대립들에 의해 매개되고, 그것들의 표현이 지워져 있는 한 측면만을 나타내 주는 가장 단순한 경제적 관계들에 머무는 데에서 이 모든 지혜가 유래한다.

다른 한편으로 교환, 교환 가치 등이 원래는(시간적으로), 또는 그것들의 개념에 있어서(그것들의 적절한 형태에 있어서)는 모두의 자유와 평등의 체제인데, 그것들이 화폐, 자본 등에 의해 왜곡되었다는 것을 실증하려는 사회주의자들(특히 사회주의를 프랑스 혁명에 의해 선포된 부르주아 사회 이념의 실현으로 증명하고자 하는 프랑스 사회주의자들)의 어리석음도 마찬가지로 드러난다. 또는 지금까지 역사가 자유와 평등을 그것들의 진실에 조응하는 방식으로 실행하려는 잘못된 시도들을 해왔는데, 그것들이 이제는 프루동처럼, 예컨대 진정한 야곱을 발견했고 그럼으로써 이러한 관계들의 진정한 역사가 이것의 잘못된 역사 대신에 제공되어야 한다는 것도 그들에게는 다음과 같이 답할 수 있다. 즉, 교환 가치 또는 보다 자세히 말하면 화폐 체제는 실제로 평등과 자유의 체제라는 것, 이 체제의 가일층적 발전에 있어서 그것들에 맞서서 방해하는 것, 이 체제에 내재적인 방해가 되는 것은 바로 불평등과 부자유임이 증명되는 평등과 **자유**의 실현이라는 점이다. 교환 가치가 자본으로 발전하지 않거나, 교환 가치를 생산하는 노동이 임노동으로 발전하지 않으리라는 것은 헛될 뿐만 아니라 어리석은 소망이다. 이들을 부르주아적 옹호론자들과 구별하는 것은, 한편으로는 이 체제가 내포하고 있는 모순에 대한 감각이며, 다른 한편으로는 부르주아 사회의 현실적 형체와 이념적 형체 사이의 필연적인 차이를 이해하지 못하고, 따라서 관념적 표현이 사실상 이 현실의 사진(Lichtbild)에 지나지 않음에도 불구하고, 이 표현 자체를 다시 실현하려는 불필요한 사업을 수행하려는 공상성이다.

∥12∥ 경제적 관계들은 도처에서 **동일한** 단순 규정들을 표현하고, 따라서 도처에서 교환 가치들의 단순하게 규정된 교환의 평등과 자유를 표현한다는 것을 입증하는 타락한 최신 경제학(우둔함, 변증법 치레, 거친 교만, 어리석은 자기 만족적 상투어, 역사 과정을 파악하는 데 있어서의 완전한 무능력에 [관한 한] 프레데릭 바스티아가 이것의 대표자로 간주될 수 있는데, 그 까닭은 미국인 캐리는 적어도 유럽 상황과 다른 일정한 미국 상황을 드러내기 때문이다)에 의해서, 이 사회주의자들에 반대해서 행해지는 바와 같은 우둔한 증명은 순전히 유치한 추상으로 축소된다. 예를 들어 자본과 이자의 관계가 교환 가치들의 교환으로 축소되는 것이다. 요컨대 교환 가치가 이 단순한 규정성에만 존재하는 것이 아니라 본질적으로 상이한 자본의 규정성에도 실존한다는 것이 비로소 경험으로부터 끌어들여진 다음에, 자본은 다시 단순한 교환 가치 개념으로 축소되고, 마찬가지로 이제 자본 자체의 일정한 관계를 표현하는 이자도 그것의 규정성으로부터

분리되어 바로 교환 가치로 정립되며, 그것의 특유한 규정성에 있어서의 전체 관계를 사상한 채, 상품과 상품의 교환이라는 미발전된 관계로 되돌아갔다. 하나의 구체성을 그것의 추상성과 구별하는 것을 사상하는 한, 그것은 당연히 추상성이지 이 추상성과 구별되는 어떤 것이 아니다. 그에 따르면 모든 경제적 범주는 언제나 동일한 관계에 대한 다른 이름일 뿐이며, 현실적인 차이들을 파악하지 못하는 이 조야한 무능력은 순수한 상식 자체를 나타낸다고 한다. 그렇다면 바스티아 씨의 『경제적 조화』는 기본적으로 상이한 이름을 가지는 단 하나의 경제적 관계가 존재한다는 주장, 또는 이름에 있어서만 상이성이 존재한다는 주장으로 귀결된다. 발전을 구성하는 차이가 포기되고, 정체성을 때로는 이 측면에 따라 내보이고 때로는 저 측면에 따라 내보이기 위해서, 또 때로는 이 측면을 포기하고 때로는 저 측면을 포기함으로써, 모든 것이 하나의 실재적인 경제적 관계로 환원되는 한에 있어서, 이러한 환원은 최소한 형식적으로도 과학적이지 못하다.

예를 들어 임금은 한 개인이 다른 개인에게 행하는 용역에 대한 지불이다. (이미 앞에서 지적한 바와 같이, 여기에서 경제적 형태 자체는 포기된다.) 이윤도 한 개인이 다른 개인에게 행하는 용역에 대한 지불이다. 요컨대 임금과 이윤은 동일하며, 한 지불을 임금이라 부르고 다른 지불을 이윤이라 부르는 것은 본래 언어상의 실수이다. 그러나 이제는 이윤과 이자. 이윤에서는 용역에 대한 지불에 기회가 부여되어 있다. 이자에서는 그것이 고정되어 있다. 요컨대 상대적으로 보면 임금에서는 지불이 고정되어²⁾ 있는 데 반해, 이윤에서는 노동과는 반대로 그것에 기회가 부여되어³⁾ 있기 때문에, 이자와 이윤의 관계는 노임과 이윤의 관계와 마찬가지이다. 우리가 본 바와 같이 이것은 등가물들의 교환이다. 그러면 반대자들은 (대립이 표현되어

---

2) 수고에는: 기회가 부여되어
3) 수고에는: 고정되어

있는 경제적 관계들로부터 그것이 아직 잠재적으로만 놓여 있고 은
폐되어 있는 경제적 관계들로 되돌아감으로써) 이러한 어리석음을
문자 그대로 받아들이면서, 예컨대 자본과 이자에서는 자본이 등가
물에 의해 대체되지 않음으로써 단순히 교환되는 것이 아니며, 보유
자가 이자 형태로 등가물을 20번 먹어치운 다음에도 여전히 등가물
을 자본 형태로 받으며, 다시 20개의 새로운 등가물과 교환할 수 있
다는 것을 입증한다.[114] 따라서 한편은 발전된 교환 가치와 미발전된
교환 가치 사이에 차이가 없다고 주장하고, 다른 한편은 공평을 위해
서는 차이가 존재해서는 안되지만 유감스럽게도 그 차이가 존재한다
고 주장하는 불쾌한 논쟁.

　자본으로서의 화폐는 화폐로서의 화폐의 단순한 규정을 넘어서는
화폐 규정이다. 인간이 진화한 유인원이라고 말할 수 있는 것처럼,
그것은 보다 높은 실현으로 간주될 수 있다. 그렇지만 이때 보다 낮
은 형태는 보다 높은 형태에 대해 총괄하는 주체로 정립되어 있다.
어쨌든 자본으로서의 화폐는 화폐로서의 화폐와 구별된다. 새로운 규
정이 설명되어야 한다. 다른 한편으로 화폐로서의 자본은 보다 낮은
형태로 자본이 후퇴한 것처럼 보인다. 그러나 그것은 이미 비자본(非
資本)으로서 그것에 앞서 실존하고, 그것의 한 전제를 이루는 특수성
에서 자본을 정립하는 것에 지나지 않는다. 화폐는 이후의 모든 관계
에서 다시 등장한다. 그러나 이때 그것은 더 이상 단순한 화폐로만
기능하는 것은 아니다. 여기에서처럼 화폐를 화폐 시장으로서의 총
체성까지 추적하는 것이 우선 문제가 된다면, 나머지 발전은 전제되
고 간혹 끌어들여져야 한다. 그러므로 여기에서는 화폐로서의 자본
의 특수성으로 나아가기에 앞서서 자본의 일반적 규정.
　예컨대 세이처럼 자본이 가치들의 합이라고 말한다면, 그것은 자본

= 교환 가치라고 말하는 것에 지나지 않는다.[115] 어떤 가치합이든 그것은 교환 가치이며, 어떤 교환 가치든 그것은 가치합이다. 나는 단순한 합산을 통해서 교환 가치로부터 자본으로 나아갈 수 없다. 우리가 살펴본 바와 같이 화폐의 단순한 축적에서는 아직 자본화의 관계가 정립되어 있지 않다.

생산자와 소비자 사이에서 직접 일어나는 바와 같은 소위 소매업, 부르주아적 생활의 일상적 교류, 한편에서는 상품을 화폐와 교환하는 것이 목적이고, 다른 한편에서는 개인적 욕구 충족을 위하여 화폐를 상품과 교환하는 것이 목적인 소매업에서 — 교환 가치들의 운동, 이들의 유통이 순수하게 진행되는 것은 부르주아 사회의 표층에서 진행되는 이러한 운동 속에서 만이다. 빵 한 덩이를 사는 노동자와 그것을 사는 백만장자는 상인이 그들에 대해 판매자로서만 현상하듯이, 단순한 구매자로 현상할 뿐이다. 다른 모든 규정이 여기에서는 해소되었다. 그들의 구매 내용뿐만 아니라 그 범위도 ‖13‖ 이 형태 규정에 대해서는 전적으로 무차별적인 것으로 나타난다.

이론에서 가치 개념이 자본 개념에 선행하지만, 다른 한편으로 그것의 순수한 설명을 위해서 다시 자본에 기초한 생산 양식을 가정한다면, 실재에서도 이와 동일한 일이 일어난다. 따라서 경제학자들은 때때로 자본을 가치의 창조자, 가치의 원천으로 불가피하게 간주하기도 하듯이, 다른 한편으로 자본 형성을 위해 가치를 전제하고, 자본 자체를 단지 일정한 기능 속에 있는 가치합으로 서술한다. 가치의 순수하고 일반적인 실존은, 개별 생산물이 생산자 일체를 위한 것이 아닐 뿐만 아니라 개별 노동자를 위한 것은 더 더욱 아니며, 유통을 통해 실현되지 않으면 아무 것도 아닌 그러한 생산 양식을 전제로 한다. 면직물 1엘레의 극소분을 창조하는 자에게 이것이 가치, 교환 가치라는 사실은 형식적인 규정이 아니다. 그가 교환 가치, 화폐를 창조하지 않았다면, 그는 아무 것도 창조하지 않은 것이 된다. 요컨

대 이러한 가치 규정 자체는 사회적 생산 양식의 주어진 역사적 단
계를 자신의 전제로 하며, 그 자체로 이 단계와 더불어 주어진다. 즉,
그것은 역사적 관계이다.

　다른 한편으로 가치 규정의 개별적인 계기들은 사회의 역사적 생
산 과정의 지나간 단계들에서 발전되며, 이 생산 과정의 결과로 나타
난다.

　따라서 부르주아 사회 체제 안에서는 가치에 이어 바로 자본이 뒤
따른다. 역사에서는 불완전한 가치 발전의 물질적 기반을 이루는 다
른 체체들이 진행된다. 여기에서는 교환 가치가 사용 가치 곁에서 부
차적인 역할만을 하듯이, 자본이 아니라 토지 소유 관계가 그것의 현
실적 토대로 나타난다. 이와는 반대로 근대적 토지 소유는 자본이라
는 전제가 없으면 실존할 수 없기 때문에 전혀 파악될 수 없고, 실제
로 그것은 역사적으로 토지 소유의 선행하는 역사적 형체가 자본에
의해서 야기되고 적절하게 정립된 형태로 나타난다. 따라서 자본의
점진적인 승리와 형성이 연구될 수 있는 것은 바로 토지 소유의 발
전에서이며, 이러한 이유 때문에 근대의 경제학자인 리카도는 뛰어
난 역사적 감각을 가지고, 자본, 임노동, 지대의 관계들을 특유한 형
태로 고정시키기 위해 토지 소유의 영역 안에서 고찰했다. 토지 소유
자에 대한 산업 자본가의 관계는 토지 소유의 밖에 놓여 있는 관계
로 현상한다. 그러나 그것은 지대 수취자에 대한 근대적 농부의 관계
로서 토지 소유 자체의 내재적 관계로 현상하며, 다른 관계는 자본에
대한 관계에서만 실존하는 것으로 정립되어 현상한다. 봉건적 지주
의 지대 수취자로의 점진적인 전환, 세습적이고 일정한 공납 의무를
지며 간혹 부자유스러운 종신 차지농의 근대적 농부로의 전환, 토지
에 긴박되어 정착한 농노와 부역농의 농업 일일 노동자로의 전환을
입증하는 토지 소유의 역사는, 사실상 근대적 자본 형성의 역사일 것
이다. 그것은 도시 자본, 상업 등에 대한 관계를 포함할 것이다. 그러

나 여기에서 우리는 자신의 기반 위에서 운동하는, 완성된 부르주아 사회를 다루고 있다.

자본은 우선 유통으로부터 나오며, 그것도 그것의 출발점은 화폐로부터 나온다. 우리는 유통으로 들어가고 동시에 그것으로부터 자신에게 되돌아오는 화폐는, 그것이 지양되는 마지막 형태라는 것을 보았다. 그것은 동시에 자본의 첫 번째 개념이며, 자본의 첫 번째 현상 형태이다. 단순히 유통에서 등장하는 어떤 것으로서의 화폐가 부정되었다. 그러나 유통에 대해서 자립적으로 맞서는 것으로서의 화폐도 마찬가지로 부정되었다. 적극적인 규정들 속에서 이 부정은 자본의 첫 번째 요소들을 포함한다. 화폐는 자본 자체가 현상하는 첫 번째 형태이다. G—W—W—G. 화폐가 상품과 교환되고, 상품이 화폐와 교환된다. 상업의 형태 규정을 이루는 판매를 위한 이 구매 운동, 즉 상업 자본으로서의 자본은 경제 발전의 태고(太古) 상태에서 발견된다. 그것은 교환 가치 자체가 내용을 형성하고, 형태뿐만 아니라 자신의 내실(內實)도 형성하는 첫 번째 운동이다. 이 운동은 아직까지 교환 가치를 전제로 해서 생산하지 않는 민족 내부와 이들 사이에서 진행될 수 있다. 이러한 운동은 직접적인 사용을 목적으로 하는 생산의 잉여만을 포착하며, 이 생산의 경계에서만 진행된다. 고대 폴란드나 일체의 중세 사회에서의 유태인들이 그러했듯이, 모든 상업 민족은 고대와 훗날의 롬바르디아인들처럼, 아직 교환 가치가 기본 전제로서 생산 양식을 조건 지우지 않는 민족들 사이에서 자리를 차지한다. 상업 자본은 단순히 유통하는 자본이고, 유통하는 자본은 자본의 첫 번째 형태이다. 여기에서 자본은 아직 생산의 기반이 결코 되지 못했다. 가일층 발전된 형태가 화폐 자본과 화폐 이자, 고리대업자인데, 이들의 자립적인 등장도 마찬가지로 과거 단계에 속한다. 끝으로 W—G—G—W 형태인데, 여기에서는 화폐와 유통 일체가 유통하는 상품을 위한 단순한 수단으로 나타난다. 그 자신이 다시 유통에서 벗어나서 욕구를 직접 충족시키는 이 상품은 그 자체로 상업 자본의 저 시초적(始初的) 등장의 전제이다. 전제들은 다양한 민족들에 분산되어 나타나거나, 또는 사회 내부에서 상업 자본 자체가 순수하게 소비를 지향하는 이 유통에 의해서 조건 지워질 뿐이다. 다른 한편으로 유통하는 상품, 즉 유통에서 벗어나서 직접적인 욕구에 기여하는 다른 상품의 형태를 취함으로써만 실현되는 상품도 ∥14∣ 역시 본질적으로는 상품 자본인 자본의 첫 번째 형태이다.

다른 한편으로 순수한 유통에서 존재하는 바와 같은 교환 가치들의 단순한 운동이 결코 자본을 실현할 수 없다는 것도 마찬가지로 분명하다. 이 운동은 화폐의 이탈과 축적을 낳을 수는 있으나, 화폐는 다시 유통에 들어가자마자 소비되는 상품들과의 일련의 교환 과정으로 용해되며, 따라서 그것의 구매력이 소진하자마자 상실된다. 화폐를 매개로 해서 상품과 교환된 상품도 역시 소비되고 폐기되기 위해서 유통으로부터 벗어난다. 그러나 상품이 유통으로부터 화폐로 자립하면, 이제 그것은 부의 실체 없는 일반적 형태를 나타낸다. 등가물들이 서로 교환되기 때문에 화폐로 고정된 부의 형태는 그것이 상품과 교환되자마자 사라지고, 상품에 존재하는 사용 가치는 상품이 화폐와 교환되자마자 사라진다. 단순한 교환 행위에 의해서 각자는 그것이 다른 것으로 실현되자마자, 다른 것에 맞서는 그것의 규정에 있어서 사라질 수 있다. 어느 것도 그것이 다른 것으로 이행하면서 자신의 규정을 보존할 수는 없다. 따라서 자본을 순수한 교환으로 환원시킴으로써 그것을 미화하려는 부르주아 경제학자들의 궤변에 맞서서, 자본을 실제로 순수한 교환으로 환원시키고, 그럼으로써 권력으로서의 자본이 사라지고 상품 형태로든 화폐 형태로든 폐기될 것이라는, 마찬가지로 궤변적이지만 부르주아 경제학자들에 대해서는 정당한 요구*가 제기되었다.

화폐나 상품의 두 점으로부터의 과정의 반복은 교환 자체의 조건들에 정립되어 있지 않다. 행위는 그것이 완료되었을 때, 즉 교환 가치 금액이 교환될 때까지만 반복될 수 없다. 그것은 자기 스스로를 새롭게 점화할 수 없다. 따라서 유통은 자기 갱신의 원칙을 자신 안에 품고 있지 않다. 그것의 계기들은 유통에 전제되는 것이지 그 자신에 의해서 정립되는 것이 아니다. 연료가 불 속으로 던져지듯이 상품들이 끊임없이 새롭게 외부에서 유통 속으로 던져져야 한다. 그렇지 않으면 그것은 무차별성으로 사라져버린다. 더 이상 상품, 가격, 유통과 관계하지 않는 한에 있어서, 그것은 화폐이기를 중지하고, 생산 관계를 표현하기를 중지한 무차별적인 결과로서의 화폐로 사라진다. 이 화폐에서는 그것의 금속적 현존만이 남아 있을 뿐이고, 그것의 경제적인 현존은 폐기될 것이다. 요컨대 부르주아 사회의 표층에 직접 존재하는 것으로 나타나는 유통은, 그것이 끊임없이 매개되는 한에 있어서만 유통이다. 그 자체로 관찰하면 그것은 전제된 극단들의 매개이다. 그러나 그것이 이러한 극단들을 정립하는 것은 아니다. 요컨대 각각의 계기에 있어서 뿐만 아니라 매개의 전체로서, 총체적 과정으로서 스스로 매개되어 있어야 한다. 따라서 그것의 직접적인 존재는 순수한 외양이다. 그것은 그것의 뒤에서 진행되는 과정의 현상이다. 이제 그것은 그것의 각 계기에서 상품, 화폐로서 부정되었고, 양자의 관계, 양자의 단순한 교환이자 유통으로서 부정되었다. 처음에는 사회적 생산 행위가 교환 가치들의 정립으로 현상했고, 이것이 가일층 발전하면서 유통 — 교환 가치들의 완전히 발전된 상호 운동 — 으로 현상했다면, 이제는 유통 자체가 교환 가치를 정립하거나 생산하는 활동으로 되돌아간다. 그것은 그것의 원인으로서의 이러한 활동으로 되돌아가는 것이다. 그것에 전제되어 있는 것은 일정한 노

---

* 화폐에서는 교환 가치가, 즉 교환 가치들로서의 상품들의 모든 관계가 사물로 현상하는 것과 마찬가지로 자본에서는 교환 가치를 창조하는 활동, 노동의 모든 규정이 사물로 현상한다.

동 시간의 실현이고 그 자체로 가치들인 상품들이다(특수한 형태로든 화폐라는 일반적 형태로든). 요컨대 그것의 전제는 노동에 의한 상품의 생산일 뿐만 아니라 교환 가치로서의 상품의 생산이다. 이것이 그것의 출발점이고, 그것은 자기 자신의 운동을 거쳐서 그것의 결과인 교환 가치 창출 활동으로 되돌아온다. 요컨대 우리는 다시 출발점에, 교환 가치를 정립하고 창조하는 생산에 이르렀다. 그러나 이번에는 이러한 생산이 유통을 발전된 계기로 전제하며, 유통을 정립하고, 이것을 새롭게 정립하기 위해서, 유통에서 끊임없이 자신으로 되돌아오는 과정으로 현상한다. 요컨대 여기에서 교환 가치를 정립하는 운동은 이제 그것이 전제된 교환 가치들의 운동이거나, 교환 가치들을 가격으로 형식적으로 정립하는 것이 더 이상 아닐 뿐만 아니라, 동시에 이것들을 전제로 창조 · 산출하는 것이므로, 훨씬 복잡한 형태로 현상한다. 여기에서 생산 자체는 더 이상 그것의 결과들 이전에 존재하는 것, 즉 전제된 것이 아니라, 동시에 그것이 이 결과들을 스스로 창출하는 것으로 현상한다. 그러나 그것은 이 결과들을 첫 번째 단계처럼 단순히 유통에 이르는 것으로 창출하는 것이 아니라, 동시에 유통, 발전된 유통을 자신의 과정에 복속시키는 것으로 창출한다. (유통은 기본적으로 교환 가치를 한편으로는 상품 규정으로, 다른 한편으로는 화폐 규정으로 정립하는 형식적인 과정일 뿐이다.)

이 운동은 가치 생산 노동에 이르는 것으로서 역사적으로 뿐만 아니라, 다른 한편으로 부르주아적 생산 체제, 즉 교환 가치를 정립하는 생산 체제 자체 내에서도 다양한 형체로 나타난다. 완전히 또는 반(半)야만적인 민족들에게 있어서, 먼저 상업 민족들이 그들 사이에 개입하고, 또는 자연적으로 상이한 생산을 영위하는 부족들이 접촉하게 되고, 잉여를 교환한다. 전자의 경우가 보다 고전적인 형태이다. 그러므로 이 경우에 머무르자. 잉여의 교환은 교환과 교환 가치를 정립하는 교류이다. 그러나 그것은 단지 [잉여의] 교환을 포함하며, 생산에 비해 부차적인 역할을 ‖15‖ 수행할 뿐이다. 그러나 교환하도록 청원하는 상인(롬바르디아인, 노르만인 등이 거의 모든 유럽 민족들에 대하여 이 역할을 수행한다)의 출현이 반복되고, 교환 가치를 정립하는 활동의 동인이 그의 생산의 내부 형체에서가 아니라 외부에서 오기 때문에, 생산하는 민족이 소위 수동적인 상업만을 영위하는 계속적인 상업이 발전된다면, 생산 잉여는 우연적인, 때때로 주어지는 잉여일 뿐만 아니라 끊임없이 반복되는 잉여일 것이 틀림없으며, 그리하여 국내 생산 자체가 유통, 교환 가치 정립을 지향하는 경향을 갖게 된다. 처음에는 영향이 보다 더 소재적이다. 욕구 영역이 확대된다. 목적은 새로운 욕구들의 충족이며, 따라서 보다 큰 정기성과 생산 증대. 국내 생산 조직 자체가 유통과 교환 가치에 의해 이미 수정된다. 그러나 아직은 유통이 표층 전체에 퍼져 있지도 않고 아주 심화되지도 않았다. 이것이 대외 무역의 문명화 작용이라 불리는 것이다. 교환 가치를 정립하는 운동이 어느 정도 생산 전체에 파급될 것인가는, 부분적으로 외부로부터의 이러한 영향의 강도에 좌우되고, 부분적으로는 — 분업 등 — 국내 생산의 요소들이 이미 발전되어 있는 정도에 좌우된다. 예를 들어 16세기와 17세기초 영국의 네덜란드 상품의 수입은, 영국이 그 대가로 주어야 하는 양모 잉여를 본질적으로 결정적인 것으로 만든다. 이제 더 많은 양모를 생산하기 위해서 농지가 목초지로 바뀌었고, 소규모 임차 제도가 파열되는 등 종획 운동[40] 등이 일어났다. 요컨대 농업이 사용 가치를 위한 노동의 성격을 잃었고, 농업의 내부 구조를 관찰할 때 농업 잉여의 교환은 농업에 무차별적인 성격을 잃었다. 농업은 일정한 점들에서 순전히 그 자체로 유통에 의해 규정되었고, 교환 가치를 정립하는 생산으로 전환되었다. 그에 따라 생산 방식이 변화되었을 뿐만 아니라, 그것에 조응하는 모든 낡은 인구 관계와 생산 관계, 경제적 관계들도 해체되었다. 여기에서 교환에 전제되었던 것은 교환 가치를 잉여로만 창조한 생산이었다. 그러나 이 생산은 유통과 관련해서만 이루어진 생산, 교환 가치를 자신의 배타적인 내용으로 정립하는 생산으로 되돌아갔다.

다른 한편으로 교환 가치와 발전된 유통이 전제되어 있는 근대적 생산에서, 한편으로는 가격이 생산을 규정하고 다른 한편으로는 생산이 가격을 규정한다.

자본이 "새로운 노동(생산)을 위한 수단으로 기능하는 축적된(실현된) 노동(원래는 **대상화된 노동**)"[116]이라고 말해진다면, 그것은 자본의 단순한 질료만을 고찰한 것이며, 자본을 자본이게 하는 형태 규정은 간과한 것이다. 그것은 자본은 생산 도구인데 그 까닭은 넓은 의미에서는 어떤 것이든, 예를 들어 돌과 같이 순전히 자연에 의해 주어진 대상도, 그것이 도구, 생산 수단으로 기능하기 전에는 어떤 활동에 의해 비로소 점취되어야 하기 때문이라고 말하는 것에 지나지 않는다. 이에 따르면 자본은 모든 사회 형태에 존재했으며 전적으로 비역사적인 것이다. 이에 따르면 신체의 각 관절은 활동, 노동에 의해 발전되어야 할뿐만 아니라 기관(器官)으로 활동할 수 있기 위해서, 즉 우선 양육되고 재생산되어야 한다는 점에서 자본이다. 특히 팔, 손은 자본이다. 어떤 종류의 노동이든, 그것이 수렵, 어로 등의 미발전된 노동일지라도, 지나간 노동의 생산물이 직접적인 산 노동을 위한 수단으로 사용되는 것을 전제하므로, 자본은 인류만큼이나 오래된 사물에 대한 새로운 이름에 지나지 않을 것이다. 이러한 정의에 포함된 다른 규정은 생산물들의 물질적 소재가 전적으로 추상되고, 과거 노동 자체가 그것들의 유일한 내용(소재)으로 간주된다는 것이다. 마찬가지로 이제는 그것의 산출을 위해서 이 생산물이 다시 수단으로 기능하는 일정한 특수한 목적이 추상되고, 오히려 생산 일반만이 목적으로 정립된다 — 이 모든 것이 모든 사회 상태에서 동일하게 사실이고, 분석만을 가일층 추진하며, 평상시에 흔히 발생한 것보다 더 추상적으로(일반적으로) 정식화하는 추상화의 작업에 지나지 않는 것처럼 보였다. 이렇게 자본의 일정한 형태가 추상되고, 그것이 모든 노동의 필요한 계기가 된다는 내용만이 강조된다면, 자본이 인간의 모든 생산의 필요 조건이라는 것을 증명하는 것보다 쉬운 일은 물론 없다. 이러한 증명은 자본을 인간적 생산의 특수하게 발전된 역사적 단계의 계기로 만드는 특유한 규정들을 추상함으로써 이루어진다. 중요한 것은 모든 자본이 새로운 생산을 위한 수단으로 기능하는 대상화된 노동일지라도, 새로운 생산을 위한 수단으로 기능하는 모든 대상화된 노동이 자본인 것은 아니라는 점이다. 자본이 사물로 파악되지 관계로 파악되지 않는다.

다른 한편으로 자본이 가치를 생산하기 위해 사용된 가치액이라고 말한다면, 그것은 자본이 자기 재생산되는 교환 가치라고 말하는 것이다. 그러나 교환 가치는 형식적으로 단순 유통에서도 재생산된다. 이러한 설명에서는 교환 가치가 출발점이라는 형태는 고수되었지만, (자본에 있어서는 단순한 교환 가치처럼 무차별적이지 않은) 내용과의 관계는 포기되었다. 자본이 이윤을 생산하거나 적어도 이윤을 생산할 의도로 사용된 교환 가치라고 말한다면, 자본은 자기 자신을 설명하기 위해서 이미 전제되어 있다. 왜냐하면 이윤은 자본의 자신에 대한 일정한 관계이기 때문이다. 자본은 단순한 관계가 아니라 과정이며, 그것의 다양한 계기들에서 언제나 자본이다. 따라서 이것이 규명되어야 한다. 축적된 노동은 ‖16｜ 개념 규정에 있어서 대상화된 노동이되, 그 속에 일정량의 노동이 집적되어 있는 노동이어야 하므로, 거기에는 이미 무언가 횡령된 것이 있다. 그러나 집적된 노동은 이미 노동이 실현되어 있는 그러한 대상들을 일정량 포괄한다.

교환이 각 교환 당사자에게 가치 없는 사물들만을 지향했기 때문에 처음에는 누구든지 만족했다. 이러한 교환에 중요성이 부여되지는 않았으며, 교환에서 각자는 유용성이 없는 대상을 주고 유용한 대상을 받으면 만족했다. 그러나 분업이 각자를 상인으로 만들고 사회를 상업 사회로 만들자, 각자는 자신의 산출물을 등가물을 받고서만 건네주려고 했다. 따라서 이 등가물을 결정하기 위해서는 받는 것의 가치를 알 필요가 있었다(가닐, 12, b).[117]

즉, 다른 말로 표현하자면 교환은 교환 가치들의 형식적인 정립에 머무르지 않고, 필연적으로 생산 자체를 교환 가치에 복속시키는 데까지 나아갔다는 것.

1. 유통과 유통에서 유래하는 교환 가치, 자본의 전제

자본 개념을 설명하기 위해서는 노동이 아니라, 가치로부터, 그것도 이미 유통 운동 속에서 발전된 교환 가치로부터 출발하는 것이 필요하다. 다양한 인간 종족에서 은행가로 직접 이행하거나, 자연에서 증기 기관으로 이행하는 것이 불가능한 것과 마찬가지로, 노동에서 자본으로 직접 이행하는 것도 불가능하다. 화폐 자체에서 우리는 교환 가치가 이미 유통에 대하여 자립적인 형태를 취했으나, 고정되었을 때 소극적인, 사라지거나 환상적인 형태만을 취한다는 것을 보았다. 그것은 유통과 관련해서만, 유통에 들어갈 가능성으로만 실존한다. 그러나 그것은 실현되자마자 이러한 규정을 잃고, 교환 가치의 척도와 교환 수단이라는 과거의 두 규정으로 되돌아간다. 화폐가 유통에 대하여 자립했을 뿐만 아니라 그 안에서 보존되는4) 교환 가치로 정립되자마자, 그것은 더 이상 화폐가 아니라 **자본**인데, 그 까닭은 화폐 자체가 소극적인 규정을 넘지 못하기 때문이다. 화폐는 교환 가치가 자본 규정으로 나아가는 첫 번째 형태라는 것, 따라서 자본의

---

4) 수고에는: 포함된

첫 번째 **현상 형태**가 자본 자신과 혼동되거나 자본의 유일하게 적합한 형태로 간주되는 것은, 우리의 설명에 모순되기는커녕 오히려 그것을 증명해 주는 역사적 사실이다. 요컨대 자본의 첫 번째 규정은 다음과 같다: 유통에서 유래하고, 따라서 유통을 전제로 하는 교환 가치가 유통으로 들어감으로써, 상실되는 것이 아니라 유통 속에서 유통에 의해 보존된다는 것. 교환 가치의 사라지는 운동이 아니라, 오히려 교환 가치로서의 자신이 실현되는 운동, 교환 가치로서의 자신의 실재적인 자기 정립 운동으로서의 유통.

단순 유통에서 교환 가치 자체가 실현된다고 말할 수는 없다. 교환 가치는 언제나 그것이 사라지는 순간에만 실현된다. 상품이 화폐를 매개로 해서 상품과 교환되면, 상품이 실현되는 순간에 상품의 가치 규정은 사라지고, 그것은 관계에서 벗어나서 그 관계에 대해 무차별적이 되며, 욕구의 직접적인 대상이 될 뿐이다. 화폐가 상품과 교환되면, 교환 형태의 사라짐은 심지어 상품의 자연적 재료를 손에 넣기 위한 단순히 형식적인 매개로 정립되기도 한다. 상품이 화폐와 교환되면, 교환 가치 형태, 교환 가치로 정립된 교환 가치, 화폐는 교환의 밖에 머무는 동안에만, 교환에서 벗어나 있는 동안에만 유지된다. 요컨대 교환 가치의 자립성이 명백하게 실존하는 이 형태에서 화폐는 순전히 환상적인 실현이고 순전히 관념적이다. 끝으로 화폐가 화폐와 교환된다면 — 유통이 분석될 수 있는 네 번째 형태이지만, 기본적으로는 교환 형태로 표현된 세 번째 형태일 뿐인데 —, 구별되는 것들 사이의 형식적인 차이도 더 이상 나타나지 않는다. 차이가 없는 구별. 교환 가치가 사라질 뿐만 아니라, 사라짐의 형식적인 운동도 사라진다. 단순 유통의 이러한 네 가지 형태 규정은 기본적으로 둘로 환원될 수 있는데, 이들은 즉자적으로 일치한다. 차이는 둘 중 어디에 강세가 두어지느냐, 두 계기 — 화폐와 상품 — 중 어느 것이 출발점을 이루느냐에 있다. 즉, 화폐가 상품과, 즉 상품의 교환 가치가 그것의 물질적 내용5)에 의해 사라지느냐, 아니면 상품이 화폐와, 즉 상품의 내용6)이 교환 가치로서의 그것의 형태에 의해 사라지느냐이다. 전자의 경우에는 교환 가치의 형태가 소멸했고, 후자의 경우에는 그것의 실체. 요컨대 두 경우에 있어서 교환 가치의 실현은 사라지는 실현이다. 자본에서 교환 가치는 유통에서 비로소 보존되고,7) 즉 실체가 없어지는 것이 아니라 끊임없이 다른 실체들로, 실체들의 총체성으로 실현됨으로써, 자신의 형태 규정을 잃는 것이 아니라 다양한 각각의 실체에서 자신의 정체성을 보존함으로써 교환 가치로 정립된다. 요컨대 교환 가치는 언제나 화폐로 남아 있고, 언제나 상품으로 남아 있다. 그것은 유통에서 한쪽이 다른 한쪽으로 사라지는 계기들 모두에서 나타난다. 그것은 오직 스스로가 교환들의 끊임없이 갱신되는 순환이기 때문에 그럴 수 있다. 이 점에서도 그것의 유통은 단순한 교환 가치들의 유통 자체와 구분된다. 사실상 단순 유통이란 관찰자의 시각에서 볼 때에만 또는 즉자적으로만 유통일 뿐이지 결코 그러한 것으로 정립되어 있는 것은 아니다. 화폐가 되고 다시 상품이 되는 것은 — 바로 그것의 실체가 일정한 상품이기 때문에 — 동일한 교환 가치가 아니다. 화폐에 대하여 등장하는 것은 언제나 다른 교환 가치들, 다른 상품들인 것이다. 유통, 순환은 단지 상품과 화폐라는 규정의 단순한 반복 또는 교대일 뿐 ‖17‖ 실재적인 출발점과 귀환점이 동일하다는 것이 아니다. 그러므로 단순 유통이 그 자체로 관찰되고 화폐만이 머무르는 계기인 한에 있어서, 그것은 단순한 화폐 유통, 단순한 화폐 순환이라고 명명되었다.

자본 가치는 자기 영속적이다(세이. 14쪽).[118]

---

5) 수고에는 이 단어 위에 '실체'라고 쓰여 있다.
6) 수고에는 이 단어 위에 '실체'라고 쓰여 있다.
7) 수고에는: 포함되고

자본 — 소멸하지 않는 영원한 ("자기 증식되는 것"은 아직 여기에 속하지 않는다) 가치. 이 가치가 그를 창조한 상품으로부터 분리된다. 이 상품은 형이상학적이고 비물질적인 특질처럼 언제나 동일한 경작자(여기에서는 보유자라고 해도 상관없다)에 의해 보유되었는데, 그에게 이 상품은 다양한 형태를 취했다(시스몽디. VI).[119]

화폐가 유통에 대하여 부정적으로 정립되고 유통에서 벗어남으로써 추구하는 불멸성은, 자본이 자신을 유통에 내맡김으로써 보존되면서 달성된다. 유통에 전제되거나 또는 유통을 전제하고, 유통 속에서 보존되는 교환 가치로서의 자본은, 상상된 방식으로 매 순간마다 단순 유통에 포함된 두 계기 중의 하나일 뿐만 아니라, 이 형태와 저 형태를 번갈아 가면서 취한다. 그러나 더 이상 단순 유통처럼 한 계기에서 다른 계기로 넘어가는 식이 아니라, 각 규정에서 동시에 반대되는 규정과의 관계이기도 하는, 즉 이 관계를 관념적으로 내포하고 있는 식이다. 자본은 번갈아 가면서 상품이자 화폐이다. 그러나 1. 자본은 스스로 이 두 규정의 교차이다. 2. 자본은 상품이 된다. 그러나 이런저런 상품이 아니라 상품들의 총체성이 된다. 자본은 실체에 대해서는 무차별적이지 않지만, 일정한 형태에 대해서는 무차별적이다. 이러한 측면에서 보면, 자본은 이러한 실체의 끊임없는 전환으로 현상한다. 요컨대 자본이 교환 가치의 특수한 내용으로 정립되면, 이 특수성 자체가 특수성의 총체성이다. 따라서 특수성 자체에 대해서가 아니라 개별적인 또는 분산된 특수성에 대해 무차별적이다. 자본이 유지하는 동일성, 즉 일반성의 형태는 교환 가치라는 동일성, 일반성의 형태이며, 그러한 것으로서 화폐이다. 따라서 자본은 화폐로 정립되며, 실제로 상품으로서 화폐와 교환된다. 그러나 화폐로 정립되면, 즉 교환 가치의 일반성이라는 이 대립적인 형태로 정립되면, 자본은 단순 유통에서처럼 일반성을 잃는 것이 아니라 이것의 대립

적인 규정을 잃어야 하거나, 또는 일시적으로만 취한다. 그리하여 자
본은 다시 상품과 교환되지만, 그것의 특수성에 있어서 교환 가치의
일반성을 스스로 표현하고, 따라서 끊임없이 그것의 특정한 형태를
바꾸는 상품으로 교환된다는 점이 동시에 정립되어 있다.

우리가 여기에서 자본에 관해서 논할 때, 그것은 아직 이름일 뿐
이다. 자본이 직접적인 교환 가치 및 화폐와 구별되어 정립되는 유일
한 규정성은 유통 속에서 유통에 의해 보존되고 영구화되는 교환 가치
의 규정성이다. 지금까지 우리는 유통 속에서 유통에 의한 자기 보존
이라는 하나의 측면만을 관찰했다. 이와 마찬가지로 중요한 다른 측
면은 교환 가치가, 상품이 유통에 들어가기 전에 단순히 관념적인 규
정으로서, 상품에 실존하는 바와 같은 단순한 교환 가치로서, 또는
상품이 유통에서 사라지면서 비로소 교환 가치가 되어야 하기 때문
에, 단지 의도된 규정으로서 더 이상 전제되는 것이 아니라, 유통에
서 한 계기로 실존하는 바와 같은 교환 가치, 즉 화폐로 전제되는 것
도 아니라는 것이다. 여기에서 교환 가치는 화폐, 즉 대상화된 교환
가치로 실존한다. 그러나 그에게는 방금 기술한 관계가 정립되어 있
다. 두 번째 규정을 첫 번째 규정과 구별하는 것은 교환 가치가 1. 대
상성의 형태로 실존한다는 것, 2. 유통으로부터 유래, 즉 유통을 전제
하지만 동시에 유통에 대하여 전제로서 자신으로부터 출발한다는 것
이다.

단순 유통의 결과는 두 측면에 따라 표현될 수 있다.

단순하게 부정적인 것: 유통에 던져진 상품들은 자신들의 목적을
달성했다. 그것들은 서로 교환된 것이다. 각 상품은 욕구 대상이 되
고 소모된다. 그에 따라 유통은 끝난다. 단순한 잔재로서 화폐 이외
에는 아무 것도 남지 않는다. 그러나 그러한 잔재로서의 화폐는 더
이상 화폐가 아니며, 그것의 형태 규정을 잃는다. 그것은 전체 과정
의 무기적(無機的) 재로 남게 되는 그것의 질료로 쇠락한다.

적극적으로 부정적인 것: 화폐가 대상화된, 독립적인 교환 가치 ―
유통에서 단순히 사라지지 않는 ― 로서 부정된 것이 아니라, 대립적
자립성, 즉 화폐가 정착하고 있는 단순히 추상적인 일반성이 부정되
었다. 그러나

셋째: 유통의 전제이자 결과로서의 교환 가치는 그것이 유통에서
이탈한 것으로 가정되는 바와 같이 유통에서 다시 이탈해야 한다. 이
것이 형식적으로만 이루어질 경우, 교환 가치는 다시 단순한 화폐가
될 것이다. 교환 가치가 단순 유통에서처럼 실재적인 상품으로 이탈
하면, 그것은 단순한 욕구 대상이 되고, 그러한 것으로 소모되며 마
찬가지로 자신의 형태 규정을 잃을 것이다. 이탈이 실제로 일어나기
위해서는, 교환 가치가 욕구 대상이 되고 그러한 것으로 소모되어야
한다. 그러나 그것은 노동에 의해 소모되고 그리하여 새롭게 재생산
되어야 한다.

다른 말로 표현하자면: 원래 교환 가치는 그 내용에 있어서 노동
또는 노동 시간의 대상화된 양이다. 교환 가치는 그 자체로 객관화
속에서 유통을 거쳐 화폐, 명백한 화폐로서의 현존으로까지 나아간
다. 이제는 교환 가치 자체가 다시 유통의 출발점, 즉 노동을 정립해
야 하는데, 이 출발점은 유통 밖에 놓여 있었고 유통에 전제되어 있
었으며, 이 출발점에게는 유통 자체가 교환 가치를 밖으로부터 포착
해서 유통 내부에서 변환시키는 운동으로 현상한다. 그러나 이제는
노동의 단순한 등가물 또는 단순한 대상화가 아니라, 그 자체로 갱신
되고 스스로 다시 유통을 시작하기 위해서 노동에게만 바쳐지고 노
동의 재료가 되는, 대상화되고 자립화된 교환 가치로서. 그럼으로써
화폐도 더 이상 유통에서처럼 단순한 등치, 동일성의 보존이 아니라
그 자신의 배증이다. 교환 가치는 증식, 즉 자신의 가치를 증대시킴
으로써만 교환 가치로 정립된다. (유통에서 자신으로 되돌아간) 화폐
는 자본으로서 자신의 경직성을 잃었고, 한 유형의 사물이었다가 하나

의 과정이 되었다. 그러나 다른 한편으로 노동은 자신의 대상성에 대한 관계를 변화시켰다. 그것도 자신으로 복귀한 것이다. 그러나 이러한 복귀는 교환 가치가 원래 노동의 산물로만 현상했던 반면, 교환 가치에 대상화된 노동이 산 노동을 자기 재생산의 수단으로 정립한다는 복귀이다.

‖18‖ 2. 유통에서 유래하는 교환 가치. 유통에 전제되고 유통에서 보존되며 노동을 매개로 해서 배증되는.

{ I. 1. 자본의 일반 개념. — 2. 자본의 특수성: 유동 자본, 고정 자본. (생활 수단, 원자재, 노동 도구로서의 자본.) 3. 화폐로서의 자본. II. 자본의 양. 축적. — 2. 자신을 기준으로 측정된 자본. 이윤. 이자. 자본의 가치: 즉, 이자와 이윤으로서의 자신과 구별되는 자본. 3. 자본들의 유통. α) 자본과 자본의 교환. 수입과 자본의 교환. 자본과 가격들. β) 자본들의 경쟁. γ) 자본들의 집중. III. 신용으로서의 자본. IV. 주식 자본으로서의 자본. V. 화폐 시장으로서의 자본. VI. 부의 원천으로서의 자본. 자본가. 자본 다음에 토지 소유를 다루어야 할 것이다. 그 다음에는 임노동. 세 가지 모두 전제되면, 이제는 내적 총체성 속에서 규정된 유통으로서 가격들의 운동. 다른 한편으로 세 가지 기본 형태와 유통의 전제들 속에 정립된 생산으로서의 세 계급. 그리고 나서 국가. (국가와 부르주아 사회. — 조세 또는 비생산적인 계급들의 실존. — 국채. — 인구.— 대외적 국가: 식민지. 대외 무역. 환율. 국제 주화로서 화폐. — 끝으로 세계 시장. 국가에 대한 부르주아 사회의 간섭. 공황. 교환 가치에 기초한 생산 양식과 사회 형태의 해체. 개인적 노동의 사회적 노동으로의 정립과 그 역.)}

(사회가 경제적 조건들과 관련하여 경제학자들뿐만 아니라 사회주의자들에 의해서 관찰되는 바와 같은 방식만큼 잘못된 것은 없다. 예

를 들어 프루동은 바스티아를 비판하기를(XⅥ, 29쪽),[120]

사회에게 자본과 생산물의 차이는 존재하지 않는다. 이 차이는 전적으로 주관적으로 개인들에게만 존재한다.

요컨대 그는 사회적인 것을 주관적이라 부른다. 그리고 주관적 추상을 사회라고 부른다. 생산물과 자본 사이의 차이는, 바로 자본으로서의 생산물은 하나의 역사적 사회 형태에 속하는 일정한 관계를 표현한다는 것이다. 소위 사회의 관점에서 관찰한다는 것은 바로 사회적 관계(부르주아 사회의 관계)를 표현하는 차이들을 간과하는 것에 지나지 않는다. 사회는 개인들로 구성되어 있는 것이 아니라, 이 개인들이 서로 맺고 있는 관계들의 합을 표현한다. 사회의 관점에서 보면 노예와 시민은 실존하지 않고, 양자는 인간이라고 말하려는 듯이. 오히려 그들은 사회 밖에서 인간들이다. 노예라는 것, 시민이라는 것은 A와 B라는 인간들의 사회적 규정들, 관계들이다. 요컨대 인간 A는 그 자체로 노예가 아니다. 그는 사회 속에서, 사회에 의해서 노예가 된다. 프루동 씨가 여기에서 자본과 생산물에 관해 말하는 것은, 그에게 있어서 사회의 관점에서 보면, 자본가들과 노동자들 사이에 차이가 실존하지 않는다는 것인데, 이는 바로 사회의 관점에서 볼 때에만 실존하는 차이이다.)

(바스티아에 대한 프루동의 반박서 『신용의 무상성』의 취지는 그가 자본과 노동 사이의 교환을 교환 가치들로서 상품들의 단순한 교환, 단순 유통의 계기들로 축소하려는 것, 즉 바로 가장 중요한 특유한 차이를 추상하는 것이다. 그는 "소비되는 모든 것이 일정한 순간에는 재생산적으로 소비되므로, 어떤 생산물이든 주어진 순간에는 자본이다."[177쪽]라고 말한다.

이것은 전적으로 그르다. 그러나 신경 쓰지 말자.

생산물 개념을 갑자기 자본 개념으로 전환시키는 것은 무엇인가? 그
것은 가치 개념이다. 즉, 생산물은 자본이 되기 위해서 진정한 평가를 거
쳐야 했고 구매되거나 판매되어야 했으며, 그것의 가격이 규명되어야 하
고 일종의 합법적인 합의에 의해 고정되어 있어야 한다. 예를 들어 도살
장을 떠나는 가죽은 도살업자의 생산물이다. 이 가죽이 유피공(鞣皮工)에
의해 구매된다면? 그는 즉시 이것 또는 이것의 가치를 그의 사업장으로
가져간다. 유피공의 노동에 의해 이 자본은 다시 생산물이 된다[179-180
쪽].

여기에서 모든 자본은 "완성된 가치"이다. 화폐는 "가장 완벽한 가
치", 최고의 힘을 가지는 완성된 가치이다. 즉, 1. 생산물은 가치가 됨
으로써 자본이 된다. 또는 자본은 바로 단순한 가치에 지나지 않는
다. 그들 사이에 차이는 존재하지 않는다. 따라서 프루동은 (생산물
로서 자신의 자연적 측면을 표현하는) 상품이라고 말하기도 하고, 가
치 또는 매매 행위를 가정하므로 가격이라고 말하기도 한다. 2. 단순
유통에서 그러하듯이 화폐가 완성된 가치 형태로 현상하므로, 화폐
도 진정한 완성된 가치이다.)

단순한 교환 가치와 유통에서 자본으로의 이것의 이행은 다음과
같이 표현될 수도 있다: 유통에서 교환 가치는 이중적으로 나타난다:
때로는 상품으로, 때로는 화폐로. 교환 가치가 전자의 규정에 있다면,
그것은 후자의 규정에 있지 않다. 이는 모든 특수한 상품에 적용된
다. 그러나 유통 전체가 즉자적으로 관찰되면, 동일한 교환 가치, 주
체로서의 교환 가치가 때로는 상품으로, 때로는 화폐로 정립된다는
것이며, 바로 이러한 이중적 규정으로 정립되고, 이 각각의 규정에서
그것의 반대로서, 상품에서는 화폐로, 화폐에서는 상품으로 보존된
다는 것이다. 이것은 단순 유통에서 즉자적으로 존재하지만, 단순 유
통에 정립되어 있는 것은 아니다. 상품과 화폐의 통일로 정립된 교환

가치가 **자본**이며, 이 정립 자체가 자본의 유통으로 현상한다. (그러
나 단순한 원이 아니라 나선, 확장되는 곡선이다.)

우선, 자본과 노동의 관계에 포함되어 있는 단순한 규정들을 분석
해서 — 이 규정들뿐만 아니라 이것들의 계속적인 발전도 — 앞에서
기술한 것의 내적인 연관을 발견하자.

‖ 19 ‖ 첫 번째 전제는 한편에는 자본이, 다른 한편에는 노동이
마주 서 있고, 양자가 자립적인 형체로 마주 서 있다는 것이다. 요컨
대 양자가 서로 낯설기도 하다. 자본에 마주 서 있는 노동은 타인의
노동이며, 노동에 마주 서 있는 자본은 타인의 자본이다. 서로 마주
서 있는 극단들은 특유하게 상이하다. 단순한 교환 가치의 첫 번째
정립에서 노동은 생산물이 노동자를 위한 직접적인 사용 가치, 직접
적인 생존 수단이 아니도록 규정되었다. 이는 교환 가치, 교환 일체
의 창조를 위한 일반적인 조건이다. 그것이 없다면 노동은 생산물 —
자신을 위한 직접적인 사용 가치 — 만을 산출했을 뿐 교환 가치를
산출하지는 않았을 것이다. 그렇지만 이 교환 가치는 그 자체로서 타
인을 위한 사용 가치를 가지고 욕구 대상인 생산물에 물질화 되어
있었다. 노동자가 자본에게 공급해야 할 사용 가치, 요컨대 그가 타
인을 위해서 공급할 사용 가치는, 생산물에 물질화 되어 있지 않고
노동자 밖에서는 일체 존재하지 않으며, 요컨대 실재적이 아니라 가
능성에 있어서만, 그의 능력으로만 존재한다. 대상이 없는 활동이란
아무 것도 아니며, 기껏해야 사유 활동일 뿐인데, 이는 여기에서 논
의하고자 하는 것이 아니므로, 그것은 자본에 의해 청원·운동되면
서 비로소 실재성이 된다. 그것이 자본으로부터 운동을 얻자마자, 이
사용 가치는 노동자의 일정한 생산적 활동이 된다. 그는 일정한 목적
을 지향하고, 따라서 일정한 형태로 외화되는 생명성 자체이다. 자본
과 노동의 관계에서 교환 가치와 사용 가치는 서로 관계를 맺는데,

노트 II권의 19쪽

전자(자본)는 일단 후자에 대하여 **교환 가치***로 마주 서며, 후자(노동)는 자본에 대하여 사용 가치로 마주 선다.

단순 유통에서는 각 상품이 번갈아 가면서 사용 가치나 교환 가치 규정으로 관찰될 수 있다. 두 경우에 있어서 각 상품이 상품 자체로 간주된다면, 그것은 욕구 대상으로서 유통을 벗어나서 전적으로 경

---

* 가치는 사용 가치와 교환 가치의 통일로 파악되어야 하지 않을까? 즉자대자적으로 가치 자체는 특수한 형태들로서의 사용 가치와 교환 가치에 대하여 일반자가 아닐까? 이것이 경제학에서 의미가 있는가? 사용 가치는 단순 교환이나 순수한 교환에서도 전제된다. 그러나 바로 상품의 상호 사용을 위해서 교환이 이루어지는 여기에서는 상품의 사용 가치, 즉 그것의 내용, 자연적 특수성 자체는 경제적 형태 규정으로 존재하지 않는다. 오히려 그것의 형태 규정은 교환 가치이다. 이 형태 밖에 있는 내용은 중요하지 않고, 사회적 관계로서의 관계의 내용이 아니다. 그러나 이 내용 자체는 욕구와 생산의 체계 안에서 발전되는 것이 아닌가? 사용 가치 자체가, 예를 들어 자본과 노동의 관계에서는 경제적 형태 자체를 규정하는 것으로서 형태 자체로 들어가지 않는가? 노동의 다양한 형태들에게? — 농업, 공업 등 — 지대? — 원자재 가격에 대한 계절의 영향? 등등. 오직 교환 가치 자체가 경제학에서 역할을 한다면, 예를 들어 원자재 등으로서의 자본처럼 순전히 사용 가치와 관련되는 요소들이 나중에 어떻게 들어올 수 있을 것인가? 리카도에게 있어서 어떻게 토지의 물리적 속성이 갑자기 나타나는가? 상품(독일어 재화들 *merchandise* 은 상품 Güter 과는 다른 사용 가치로서?)이라는 단어는 관계를 포함한다. 가격은 이 관계에서 단순히 형식적인 규정으로 현상한다. 이것은 교환 가치가 압도적인 규정이라는 것과 조금도 모순되지 않는다. 그러나 사용은 물론 그것이 교환에 의해서만 규정된다고 해서 중지되는 것은 아니다. 물론 그럼으로써 그것이 자신의 방향을 얻기는 하지만. 어쨌든 이는 가치를 연구하면서 자세히 연구되어야 할 것이지, 리카도처럼 그것을 순전히 추상해서도 안되고, 진부한 세이처럼 "유용성"이라는 단어의 전제를 중시해서도 안 된다. 각각의 절을 기술하면서, 무엇보다도 사용 가치가 어느 정도 경제학 밖의 전제된 소재로서 뿐만 아니라 이것의 형태 규정으로서도 남아 있고, 그것이 어느 정도 형태 규정으로 들어가는가가 보여질 것이며 보여져야 한다. 프루동의 어리석음에 대해서는 『철학의 빈곤』[121] 참조 다음과 같은 점은 분명하다. 교환에서(유통에서) 우리는 가격으로서의 상품 — 사용 가치 — 을 가진다. 그것이 가격 밖에서는 상품, 욕구 대상이라는 것은 자명하다. 두 규정들은 특수한 사용 가치가 상품의 자연적 한계로 나타나지 않고, 따라서 화폐, 즉 그것의 교환 가치가 상품 밖의 화폐에서 형식적으로 존재로 정립되지 않는 한 서로 관계를 맺지 않는다. 화폐 자체는 상품이며, 한 사용 가치를 실체로서 가지고 있다.

제적 관계 밖으로 떨어진다. 교환 가치 — 화폐 — 로 고정되자마자,
상품은 동일한 무정형성(無定形性)으로 나아가지만 경제적 관계 안에
속하는 것으로 나아간다. 어쨌든 상품들은 그것들이 교환 가치를 가
지는 한에 있어서만 교환 관계(단순 유통)에 관심을 가진다. 다른 한
편에서 상품들의 교환 가치는 그것이 일방성을 지양하므로 — 일정
한 개인에게만 관계되고,[8] 따라서 직접 이 개인을 위해서 실존하는
유용성, 사용 가치를 지양하되 이 사용 가치 자체는 지양하지 않고,
오히려 이것을 타인을 위한 사용 가치 등으로 정립하고 매개하므로
잠정적인 관심일 뿐이다. 그러나 교환 가치 자체가 화폐로 고정되는
한, 사용 가치는 그것에 추상적인 혼돈으로만 마주 선다. 그리고 바
로 자신의 실체로부터 분리됨으로써 교환 가치는 자신에 일치되며,
단순 유통을 최고의 운동으로 하고 화폐를 최고의 완성으로 하는 단
순 교환 가치의 영역에서 이탈한다. 그러나 이 영역 자체 내에서 차
이는 사실상 표층적인 상이성, 순전히 형식적인 구분으로만 존재한
다. 최고의 고정성 속에서 화폐는 그 자체로 다시 상품이며, 그것은
교환 가치를 더욱 완전하게 표현하고, 따라서 주화로서 내재적 규정
인 교환 가치를 ‖ 20 ‖ 잃고, 비록 상품의 가격 정립 등을 위한 사용
가치이기는 하지만, 단순한 사용 가치가 될 때라야만 다른 상품들과
구별된다. 이 규정들은 직접적으로 일치하기도 하고, 직접적으로 분
열하기도 한다. 소비 대상이 되는 상품처럼 상품들이 적극적으로 서
로 자립적으로 대립하는 곳에서, 그것들은 경제적 과정의 계기이기
를 중지한다. 화폐처럼 소극적으로 대립하는 곳에서, 그것들은 광기
(狂氣)가 된다. 그렇지만 경제의 한 계기이자 민족들의 실질적인 생
활을 규정하는 것으로서의 광기.

　우리는 앞서 교환 가치는 단순 유통에서는 실현된다고 말할 수 없

---

8) 수고에는: 실존하고

다는 것을 보았다.9) 그러나 이는 교환 가치에 의해 사용 가치가 그 자체로, 그 자신에 의해 사용 가치로 규정된 것으로 마주 서지 않기 때문이다. 반면, 사용 가치 자체는 교환 가치에 비례하지 않고, 사용 가치들의 공동성 — 노동 시간 — 이 외적인 척도로서 사용 가치들에 적용됨으로써만 일정한 교환 가치가 되기 때문에 발생한다. 그것들의 통일성은 아직 직접적으로 분열되어 있고, 그것들의 차이는 아직 직접적으로 하나이다. 이제 사용 가치 자체는 교환 가치에 의해 매개되고, 교환 가치는 그 자체로 사용 가치에 의해 매개된다는 것이 정립되어야 한다. 화폐 유통에서는 두 개의 상이한 교환 가치 형태 (상품의 가격 — 화폐)만이 있었거나, 또는 화폐, 교환 가치가 단순히 사라지는 매개가 되는 상이한 사용 가치들(상품 — W)만이 있었다. 교환 가치와 사용 가치의 실재적인 관계는 아직 이루어지지 않았다. 따라서 상품 자체 — 그것의 특수성 — 는 중요하지 않고 우연적일 뿐이며, 일반적으로 상상된 내용으로서 경제적 형태 관계 밖에 속한다. 또는 경제적 형태 관계는 단지 표층적인 형태, 형식적인 규정인데, 실재적인 실체는 이 영역 밖에 놓여 있으며 실체 자체와는 아무런 관계도 가지지 않는다. 따라서 이 형태 규정 자체가 화폐에서 고수된다면, 화폐는 암암리에 하나의 무차별적인 자연적 생산물, 하나의 금속으로 전환되는데, 이 속에서 개인에 대한 것이든 개인들의 교류에 대한 것이든 모든 관계의 흔적들은 제거되어 버린다. 금속 자체는 물론 아무런 사회적 관계도 표현하지 않는다. 주화라는 형태도 이 속에서는 해소되어 있다. 그것의 사회적 의미가 살아 있다는 마지막 표시.

하나의 관계의 측면으로 정립된, 사용 가치 그 자체에 마주 서는 교환 가치는 화폐로 마주 선다. 그러나 그렇게 교환 가치에 마주 서

---

9) 이 책 258쪽 참조

는 화폐는 더 이상 화폐로 규정된 화폐가 아니라 **자본으로서의 화폐**이다. 자본 또는 정립된 교환 가치에 마주 서는 사용 가치나 상품은, 화폐에 대하여 나타나는 바와 같이, 내용뿐만 아니라 형태 규정성도 중요하지 않고, 다만 전적으로 무한한 실체로만 나타났던 상품이 더 이상 아니다.

1. 첫째로 자본을 위한 사용 가치로서, 즉 예를 들어 화폐와는 달리 특정한 상품과 교환됨으로써, 자본으로 하여금 그것의 가치 규정을 잃지 않는 교환을 거치는 대상으로서. 한 대상이 자본을 위해서 가질 수 있는 유일한 유용성은 자본을 보존시키거나 증대시키는 것일 뿐이다. 우리는 그 자체로 자립화된 가치 — 또는 부의 일반적 형태 — 가 증대되는 양적인 운동 이외의 어떤 운동도 할 수 없다는 것을 이미 화폐에서 살펴보았다.[10] 자신의 개념에 있어서 그것은 모든 사용 가치의 총괄이다. 그러나 언제나 일정량의 화폐(여기에서는 자본)로서 그것의 양적인 제약은 그것의 질(質)과 모순된다. 따라서 그것은 본성상 끊임없이 자신의 제약을 뛰어넘고자 한다. (따라서 예를 들어 로마 황제 시대처럼 즐기는 부로서의 그것은 진주 샐러드를 삼키는 등 향락조차도 망상적인 무한성으로 고양시키려는 무한한 낭비로 현상한다.) 그러므로 가치로서의 자신을 고수하는 가치에게 증대는 이미 자기 보존과 일치하고, 그것은 자신의 형태 규정, 자신의 내적인 일반성에 모순되는 양적인 제약을 끊임없이 뛰어넘음으로써만 보존된다. 그리하여 치부가 자기 목적이다. 자본의 목적 규정적 활동은 치부 활동, 즉 자기 자신의 증가, 증대일 수밖에 없다. 일정액의 화폐(그리고 화폐는 그 보유자에게 일정한 양으로만 존재하고, 언제나 일정한 화폐액으로만 존재한다)(이는 이미 화폐 장에서 설명되어야 한다)는 일정한 소비를 위해 완전히 충분할 수 있는데, 여기에서

---

10) 이 책 191쪽 참조

그것은 화폐이기를 중지한다. 그러나 일반적 부의 대표자로서 그것은 그렇게 할 수 없다. 양적으로 규정된 액수, 제한된 액수로서, 그것은 자신의 교환 가치만큼 이루어지는, 정확하게 이것으로 측정된 일반적 부의 제한된 대표자이거나 제한된 부의 대표자일 뿐이다. 요컨대 그것은 모든 향락, 모든 상품, 물적 부의 실체의 총체를 산다는 그것의 일반적 개념에 따라 가져야 할 능력을 결코 가지지 않는다. 그것은 "모든 사물 중의 일반자"[91] 등이 아니다. 요컨대 부, 부의 일반적 형태, 가치로서 간주되는 가치로 고정되면, 그것은 자신의 양적인 제약을 넘어서려는 끊임없는 충동이며 무한한 과정이다. 그 자신의 생명성은 오직 여기에만 있다. 그것은 끊임없이 배가됨으로써 사용 가치와 구별되고, 대자적으로 존립하는 교환 가치로 보존된다. (경제학자들이 자본에서 가치가 자기 보존되는 것으로부터 가치가 배증되는 것으로 이론적으로 진전하는 것, 즉 배증을 우연이나 결과만이 아니라 그것의 기본 규정으로 파악하는 것은 지극히 어렵다. 예를 들어 쉬토르흐가 "본래"[122]라는 부사어로 어떻게 이 기본 규정을 도입하는지 참조. 물론 경제학자들은 이것을 본질적인 것으로 자본의 관계에 도입하고자 한다. 그러나 그것이 자본이 이윤을 가져오는 것, 자본의 증대 자체가 이미 특수한 경제적 형태로 이윤에 정립되는 것으로 규정되는 식의 잔인한 형태로 이루어지지 않는 경우에는, ‖ 21 ‖ 우리가 경제학자들이 자본의 개념 규정에 관해 가르친 모든 것을 나중에 간단히 개관함으로써 보이고자 하는 바와 같이, 눈에 띄지 않고 매우 약하게 이루어진다. 이익을 보지 않고는 아무도 자본을 투하하지 않을 것이라는 잡담은, 대담한 자본가들은 그들의 자본을 투하하지 않고서도 자본가들로 남아 있을 것이라는 횡설수설(橫說竪說)이나, 이윤을 가져다주는 투하는 자본 개념에 내재해 있다고 매우 간단한 형태로 말하는 것으로 귀결된다. 그래 좋다. 그렇다면 그것은 입증되어야 할 것이다). ― 화폐액으로서의 화폐는 그것의 양으로 측

정되었다. 이렇게 측정되었다는 것은 무한성을 지향해야 한다는 그
것의 규정에 모순된다. 여기에서 화폐에 관해 설명된 모든 것은, 화
폐가 비로소 완성된 규정으로 제대로 발전한 자본에게는 더욱 잘 해
당된다. 사용 가치, 즉 유용한 것으로서의 자본 자체에 대해서는 화
폐를 증대·배가시키며, 따라서 자본으로서 보존하는 것만이 마주
설 수 있다.

　2. 자본은 개념적으로 화폐이다. 그러나 더 이상 금은이라는 단순
한 형태로 실존하지 않고, 또한 화폐로서 유통에 대립하고 있지도 않
으며, 모든 실체 — 상품 — 의 형태로 실존하는 화폐이다. 따라서 그
러한 한에서 자본으로서의 화폐는 사용 가치에 대립하지 않으며, 화
폐 밖에서는 사용 가치로만 실존한다. 그것의 이러한 실체 자체는 일
시적인 실체인데, 이 실체는 사용 가치를 가지지 않으면, 일단 교환
가치를 가지지 않을 것이다. 그렇지만 그 화폐가 실제로 사용되지 않
으면, 사용 가치로서 그것들은 자신의 가치를 잃고, 자연의 단순한
물질대사에 의해 해체되며, 실제로 사용될 때에야 비로소 제대로 사
라진다. 이러한 측면에서 보면 자본의 반대는 다시 특수한 상품일 수
없다. 그 까닭은 자본의 실체 자체가 사용 가치이기 때문이며, 자본
은 이런저런 상품이 아니라 모든 상품이기도 하므로, 특수한 상품은
자본에 대립하지 않기 때문이다. 모든 상품의 공통적인 실체, 즉 물
질적 소재, 즉 물리적 규정으로서의 실체가 아니라 상품들, 따라서
교환 가치들로서의 그것들의 공통적인 실체는, 그것들이 대상화된 노
동이라는 것이다. {그러나 자본에 대한 대립물이 구해진다면, 사용
가치들의 이러한 경제적(사회적) 실체, 즉 그것들의 형태(이러한 노
동의 일정량이기 때문에 이러한 형태로서의 가치)와는 구별되는 내
용으로서의 그것들의 경제적 규정만이 문제가 된다. 실체들의 자연
적 상이성들에 관해 말하자면, 실체들 중의 어느 것도 교환 가치와
상품의 규정을 배제하지 않는 한, 어떤 실체도 자본이 그 속에서 자

리를 잡고, 그것을 자신의 형체로 만드는 것을 배제하지 않는다.}

대상화된 노동과의 유일한 차이는 대상화되지 않은 노동, 아직 대상화되고 있는 노동, 주체성으로서의 노동이다. 또는 대상화된, 즉 공간적으로 존재하는 노동은 과거의 노동으로서 시간적으로 존재하는 노동과 대비될 수 있다. 그것이 시간적으로 살아 있는 것으로 존재해야 하는 한, 그것은 능력, 가능성으로 존재하고, 따라서 노동자로 실존하는 살아 있는 주체로만 존재할 수 있다. 따라서 자본에 대한 대립을 이룰 수 있는 유일한 사용 가치는 노동이다. {그것도 가치를 창출하는, 즉 생산적 노동이다. 이 부언은 미리 언급된 것인데, 앞으로 점차 설명되어야 한다. 직접적인 욕구의 충족을 위한 단순한 용역으로서의 노동은 자본의 이익과는 아무런 관련이 없으므로 그것은 자본과 아무런 관련도 맺지 않는다. 어떤 자본가가 양고기를 굽기 위해서 나무를 패도록 사람을 고용한다면, 이 나무꾼이 자본가에 대해서 맺는 관계뿐만 아니라 자본가가 나무꾼에 대해서 맺는 관계도 단순한 교환 관계일 뿐이다. 나무꾼은 자본을 증대시키는 것이 아니라, 자본이 그 자체를 소비하는 용역, 사용 가치를 자본가에게 제공하고, 그 대가로 자본가는 나무꾼에게 화폐 형태로 다른 상품을 주는 것이다. 노동자가 직접 다른 인간들의 화폐와 교환하고, 이 인간들에 의해 소비되는 모든 용역도 역시 마찬가지이다. 이는 그 자체로 언제나 단순 유통에 속하는 수입의 소비이지 자본의 소비는 아니다. 당사자 중의 한편이 다른 한편에 대하여 자본가로 마주 서는 것이 아니므로, 이 봉사 용역은 생산적 노동의 범주에 속하지 않는다. 창녀로부터 교황에 이르기까지 그러한 부류의 인간 군상들은 많다. 그러나 "노동하는" 정직한 룸펜 프롤레타리아도 이러한 부류에 속한다. 예를 들어 항구 도시 등에서 권력 등의 앞잡이들 등. 화폐를 대표하는 자는 자신을 위해서 사용 가치로 직접 사라지는 용역을 요구한다. 그러나 짐꾼들은 화폐를 요구한다. 화폐를 지급하는 자는 상품을 위해서, 상품

을 제공하는 자는 화폐를 위해서 그렇게 하므로, 그들은 서로 단순
유통의 두 측면만을 대표할 뿐이다. 화폐, 즉 부의 일반적 형태를 위
해서 그렇게 하는 짐꾼들이 뜨내기 친구를 희생시키면서 부유해지려
하는데, 그것이 이 꼼꼼한 계산가가 지금 필요로 하는 용역이 결코
자본가로서의 그에 의해서 요구되는 것이 아니라, 단순히 그의 인간
적인 약점에 기인하는 것일수록, 그를 더욱 괴롭힌다는 것은 언제나
명백하다. 생산적 노동과 비생산적 노동에 관한 애덤 스미스의 견해
는 본질적으로 옳다. 부르주아 경제학의 관점에서 볼 때 옳다.[123] 다
른 경제학자들이 그에 반대해서 제기하는 것은 잡담 (예를 들어 쉬
토르흐, 시니어[124]는 더욱 빈약), 즉 어떤 행동이든 무언가를 행한다
는 것, 요컨대 자연적 의미의 생산물과 경제적 의미의 생산물의 혼동
이다. 이런 식이라면 소매치기도 그가 ‖22│ 간접적으로는 형법에
관한 책을 생산하므로 생산적 노동자이다. (적어도 이러한 논법은 법
관이 도난으로부터 보호하기 때문에 생산적 노동자로 불리는 것만큼
옳다.) 또는 근대의 경제학자들은, 어떤 사람이 머리 속의 이를 잡거
나 꼬리를 쓰다듬으면, 후자의 운동이 다음날 우둔한 머리 — 바보
— 로 하여금 계산을 잘할 수 있도록 더욱 쾌활하게 만들 것이기 때
문에, 생산적 노동이라고 기만하는 부르주아의 아첨꾼이 되었다. 따
라서 예를 들어 사치품을 소비하는 자들은 비생산적인 낭비자들로
질책되지만, 사치품 상점의 노동자들은 생산적 노동자들이라는 것이
일관된 경제학자들에게는 전적으로 옳다 — 그러나 동시에 특징적이
기도 하다. 실재에 있어서 그들은 그들 주인의 자본을 증가시켜 주는
한에 있어서 생산적이고, 그들 노동의 물질적 결과에 관한 한 비생산
적이다. 사실상 이 "생산적" 노동자도 그를 사용하고, 잡동사니에 개
의치 않는 자본가와 마찬가지로, 자신이 행해야 하는 짓거리에 당연
히 관심을 가진다. 그러나 보다 정확히 말하자면, 생산적 노동자의
진정한 정의는 다음과 같다는 것이 발견된다. 그로 하여금 자본가에

게 가능한 한 커다란 이익을 가져다 줄 수 있게 하기 위해서 정확히
필요한 것 이상은 필요로 하지도 않고 요구하지도 않는 인간. 이 모
든 것은 넌센스이다. 부연 설명. 그러나 생산적인 것과 비생산적인
것에 관해서는 뒤에서 보다 자세히 설명.}

[자본과 노동 사이의 교환]

정립된 교환 가치로서의 자본에 마주 서는 **사용 가치**가 노동이다. 자본은 교환되거나 또는 비자본(非資本), 자본의 부정과 관련해서만 이 규정성에 있게 되는데, 이것과 관련해서만 그것은 자본이다. 실재적인 비자본은 노동이다.

자본과 노동 사이의 교환을 관찰하면, 우리는 그것이 형식적으로뿐만 아니라 질적으로도 상이하고, 스스로 대립되는 두 과정으로 분할되는 것을 발견하게 된다.

1. 노동자는 그의 상품, 즉 다른 모든 상품과 마찬가지로 상품으로서 가격을 가지는 노동력, 사용 가치를, 자본이 그에게 양도하는 일정액의 교환 가치, 일정액의 화폐와 교환한다.

2. 자본가는 노동 자체, 가치 정립하는 행위, 생산적 노동으로서의 노동을 매입한다. 즉, 그는 자본을 보존시키고 증대시키며, 그럼으로써 자본의 생산력이자 재생산력, 자본 그 자체에 속하는 힘이 되는 생산력을 사들인다.

이러한 두 과정의 분리는 그것들이 시간적으로 동떨어질 수 있고, 결코 반드시 일치하지는 않을 정도로 명백하다. 첫 번째 과정은 두 번째 과정이 시작하기도 전에 이미 완료되어 있을 수 있고, 대체로 일정 정도 완료되어 있다. 두 번째 행위의 완료는 생산물의 완료를 전제로 한다. 임금 지불은 이 완료를 기다릴 수 없다. 우리는 그것이 이 완료를 기다리지 않는다는 것을 이 관계의 본질적인 하나의 규정으로 발견할 것이다.

단순 교환, 단순 유통에서 이러한 중복된 과정은 발생하지 않는다. 상품 a가 화폐 b와 교환되고, 이 화폐가 다시 소비하도록 되어 있는 상품 c — a의 본래적인 교환 목표 — 와 다시 교환되면, 상품 c의 사용, 소비는 완전히 유통 밖으로 떨어진다. 관계의 형태와는 아무런 관련도 없다. 유통 자체의 저편에 놓여 있으며, 자연성에 있어서 개별화된 욕구대상에 대한 개인 A의 관계만을 표현하는 순전히 소재적인 관심이다. 그가 상품 c로 무엇을 하는가는 경제적 관계의 밖에 놓여 있는 문제이다. 여기에서는 반대로 화폐를 주고 교환한 것의 사용 가치가 특수한 경제적 관계로 현상하며, 화폐를 주고 교환한 것의 일정한 사용이 두 과정의 최종적 목적을 이룬다. 요컨대 이미 이것이 자본과 노동 사이의 교환을 단순한 교환과 형식적으로 구별짓는다 — 상이한 두 과정.

나아가 이제 자본과 노동 사이의 교환이 단순 교환(유통)과 내용적으로 어떻게 상이한가를 이해한다면, 우리는 이러한 차이가 외적인 관계나 비교에서 유래하지 않는다는 것, 마지막 과정의 총체성에서 볼 때 두 번째 형태가 그 자체로 첫 번째 형태와 구별된다는 것, 이 비교 자체가 포함되어 있다는 것을 발견하게 된다. 두 번째 행위와 첫 번째 행위의 차이 — 즉, 자본에 의한 노동의 특수한 점취 과정이 두 번째 행위이다 — 는 정확히 자본과 노동 사이의 교환과, 화폐가 상품 사이를 매개하는 교환의 차이이다. 자본과 노동 사이의 교환에서 첫 번째 행위는 교환이며, 전적으로 일상적인 유통에 속한다. 두 번째 행위는 교환과는 질적으로 상이한 과정이며, 그것이 도대체 어떤 종류의 교환으로 불릴 수 있다는 것은 남용에 의해서만 가능하다. 그것은 교환에 직접 맞서는 것이다. 본질적으로 다른 범주.

{자본. I. 일반성: 1. a) 화폐로부터 자본의 형성. b) 자본과 노동(타인 노동에 의해 매개되는). c) 노동과의 관계에 따라 분해된 자본의 요소들(생산물, 원자재, 노동 수단). 2. 자본의 분화: a) 유동 자본, 고정 자본. 자본의 회전. 3. 자본의 개별성. 자본과 이윤. 자본과 이자. 이자와 이윤으로서의 자신과 구별된 가치로서의 자본.

II. 특수성: 1. 자본들의 축적. 2. 자본들의 경쟁. 3. 자본들의 집중(동시에 질적인 차이로서의 자본의 양적 차이, 크기와 영향의 척도로서의 양적인 차이).

∥23∣ Ⅲ. 개별성: 1. 신용으로서의 자본. 2. 주식 자본으로서의 자본. 3. 화폐 시장으로서의 자본. 화폐 시장에서 자본은 그것의 총체성으로 정립되어 있다. 거기에서 그것은 가격을 규정하고, 노동을 제공하며, 생산을 규제하여, 한마디로 말해 생산의 원천이 된다. 그러나 그 자체로 자기 생산하는 것(물질적으로 공업 등을 통해 가격을 정립하고, 생산력을 발전시키는 것)으로서의 자본뿐만 아니라 동시에 가치 창조자로서의 자본은, 자본과는 특유하게 구별되는 가치 또는 부의 형태를 정립해야 한다. 이것이 **지대**이다. 그것은 자본 자신, 자기 자신의 생산과 구별되는 가치로서의 자본의 유일한 가치 창출이다. 자본은 그 본성에 있어서 뿐만 아니라 역사적으로도 근대적 토지 소유, 지대의 **창조자**이다. 따라서 그것의 행위는 낡은 토지 소유 형태의 해체로 나타난다. 새로운 형태는 낡은 형태에 대한 자본의 행위에 의해 등장한다. 자본은 — 한 측면에 비추어 살펴보면 — 근대적 농업의 창조자이다. 따라서 지대—자본—임노동(추론 형태는 임노동—자본—지대로 달리 파악될 수도 있다. 그러나 자본이 언제나 활동하는 중간자로 나타나야 한다)이라는 하나의 과정으로 나타나는 근대적 토지 소유의 경제적 관계들에서, 근대 사회의 내적 구성, 또는 자본은 그 관계들의 총체성에 정립되어 있다.

이제 문제가 되는 것은 토지 소유로부터 임노동으로의 이행이 어떻게 이루어지는가 이다. (임노동으로부터 자본으로의 이행은 저절로 이루어진다. 왜냐하면 여기에서 자본은 자신의 활동적인 근거로 되돌아갔기 때문에.) 이 이행은 역사적으로 이론(異論)의 여지가 없다. 그것은 이미 토지 소유가 자본의 산물이라는 데 있다. 따라서 우리는 보다 낡은 토지 소유 형태에 대한 자본의 반작용에 의해, 토지 소유가 지대로 전환되고(근대적 농민이 창출되는 곳에서는 동일한 것이 다른 방식으로 이루어진다), 따라서 동시에 농업이 자본에 의해 경영되는 공업적 농업으로 전환되는 곳에서, 소작농, 농노, 부역농, 세습 차지농, 주택 소유 소작농 등은 필연적으로 일일 노동자, 임노동자가 된다. 요컨대 그 총체성에 있어서 **임노동**은 토지 소유에 대한 자본의 행위에 의해 비로소 창출되고, 그리고 나서 이것이 일단 형태로서 모양을 갖추자마자 토지 소유자 자신에 의해서 창출된다. 그러면 토지 소유자는, 스튜어트가 말한 바와 같이, 토지에서 불필요한 입들을 "청소"하고, 대지의 자식들을 그들이 성장한 가슴에서 떼어내며, 그리하여 본성적으로 생존의 직접적인 원천으로 나타나는 대지 노동조차 순전히 사회적 관계들에 좌우되는 매개된 생존 원천으로 전환시킨다. (실제적인 사회적 공동체성이 생각될 수 있기 전에, 먼저 상호 종속이 순수하게 형성되어 있어야 한다.[125] 모든 관계가 자연에 의해 규정된 것이 아니라 사회에 의해 정립된 것으로서.) 그럴 때라야만 비로소 과학의 응용이 가능하며, 완전한 생산력이 발전됨.

요컨대 사회에 전반적으로 확산되고, 사회가 기초하는 토대로서의 대지를 대신하는 **고전적 형태의 임노동**이 근대적 토지 소유에 의해, 즉 자본 자체에 의해 창출된 가치로서의 토지 소유에 의해 비로소 창출된다는 데에는 의심의 여지가 없다. 따라서 토지 소유가 임노동으로 되돌아온다. 한 측면을 관찰하면 토지 소유는 도시에서 농촌으로 이전된 임노동, 즉 사회 표층 전체에 확산된 임노동에 지나지 않는다. 낡은 토지 소유자가 부유하다면, 그는 근대적 토지 소유자가 되기 위해서 자본가를 필요로 하지 않는다. 그는 자신의 노동자를 임노동자로 전환시키고, 수입을 위해서가 아니라 이윤을 위해서 생산하기만 하면 된다. 그러면 그의 인신(人身)에는 근대적 차지농과 근대적 토지 소유자가 전제되는 것이다. 그러나 이것은 그가 자신의 수입을 거두어들이는 형태가 변하거나, 또는 노동자가 지불 받는 형태가 변하는 그러한 형식적인 차이가 아니라, (농업) 생산 방식 자체의 총체적인 개조를 전제한다. 따라서 공업, 상업, 과학, 간단히 말해 생산력의 일정한 발전에 기초하는 전제들을 가진다. 자본과 임노동에 기초하는 생산 일체가 다른 생산 양식들과 단지 형식적으로만 다른 것이 아니라, 물질적 생산의 총체적인 혁명과 발전을 전제하듯이. 자본은 토지 소유의 이러한 개조가 없이도, 상업 자본으로 완벽하게 발전할 수 있지만(다만 양적으로는 그렇게 될 수 없다), 산업 자본으로는 그렇게 발전할 수 없다. 매뉴팩처의 발전조차 낡은 경제적 토지 소유 관계의 해체의 시작을 전제한다. 다른 한편으로 이러한 점진적인 해체가 총체적이고 폭넓은 새로운 형태로 되는 것은, 근대적 공업이 높은 완성도로 발전하였을 때 비로소 가능하다. 그러나 이 완성도는 근대적 공업, 이에 조응하는 소유 형태, 이에 조응하는 경제 관계들이 발전할수록 신속하게 진전된다. 따라서 이 점에서 영국은 다른 대륙 국가들에게 모범국이다. 마찬가지로: 최초의 공업 형태, 대규모 매뉴팩처가 이미 토지 소유의 해체를 전제한다면, 이 해체는 다시 도시들에서 이루어진 자본의 종속된 발전, 그 자체로 아직 저발전된 (중세적) 형태들로의 발전과 동시에 다른 나라들에서 상업과 함께 번창하는 매뉴팩쳐의 영향(네덜란드가 16세기와 17세기 전반에 영국에 이러한 영향을 미쳤다)에 의해 조건 지워진다. 이 나라들은 이미 이 과정을 거쳤으며, 목축업을 위해 농업이 희생되었고, 곡물은 폴란드 등과 같은 후진국들에서 수입을 통해 조달된다(다시 네덜란드).

　새로운 생산력과 생산 관계들이 무(無)에서 발전하는 것도 아니고, 공중에서, 자기 정립하는 관념의 품에서 발전하는 것도 아니며, 생산의 주어진 발전과 전래된 전통적인 소유 관계 안에서 이것들에 대립하면서 발전하는 것이라는 점이 숙고되어야 한다. 완성된 부르주아 체제에서 각 경제적 관계는 부르주아적 형태의 다른 경제적 관계를 전제하고, 그리하여 각 법칙이 동시에 전제라면 이것은 모든 ‖24‖ 유기체에 있어서도 그러하다. 총체성으로서의 이 유기체 자체는 자

신의 전제들을 가지고 있으며, 그것의 총체성으로의 발전은 바로 사
회의 모든 요소를 복속시키거나, 그것에 결여된 기관(器官)들을 사회
로부터 꺼내오는 것이다. 그리하여 그것은 역사적으로 총체성이 된
다. 이러한 총체성으로의 생성은 그것의 과정, 그것의 발전의 한 계
기를 이룬다. — 다른 한편으로 한 사회 안에서 근대적 생산 관계들,
즉 자본이 총체성으로 발전했고, 예를 들어 이 사회가 식민지 같은
새로운 영역을 장악했다면, 이 사회, 특히 그것의 대표자인 자본가는
그의 자본이 임노동 없이는 자본이기를 멈춘다는 것, 자본의 전제 중
의 하나가 토지 소유 일체일 뿐만 아니라 근대적 토지 소유라는 것
을 발견하게 된다. 자본화된 지대로서 비쌀 뿐만 아니라 그 자체로
개인들에 의한 토지의 직접적인 이용을 배제하는 토지 소유. 따라서
영국 정부가 오스트레일리아에서 실제로 따른 웨이크필드의 식민지
론.[126] 여기에서는 노동자를 임노동자로 전환시키고, 자본이 자본으
로 작용하도록 하고, 그리하여 새로운 식민지를 생산적으로 만들기
위해서, 미국에서처럼 식민지를 임노동자의 잠정적인 공급을 위해
이용하지 않고, 그 안에서 부를 발전시키기 위해서 토지 소유가 인위
적으로 비싸졌다. 웨이크필드의 이론은 근대적 토지 소유를 올바르
게 파악하는 데 있어서 대단히 중요하다 — 요컨대 지대를 창출하는
것으로서의 자본은 자신의 일반적인 창조적 근원으로서 임노동의 생
산으로 돌아간다. 자본은 유통에서 나와서 노동을 임노동으로 정립
하고, 그렇게 완성되면서 전체로서 발전하고, 토지 소유를 자신의 전
제뿐만 아니라 자신의 대립으로 정립한다. 그러나 이를 통해 자본이
임노동만을 자신의 일반적 전제로 창출했음을 알 수 있다. 요컨대 이
제는 임노동이 즉자적으로 고찰되어야 한다. 다른 한편으로 근대적
토지 소유 자체는 종획 운동[40] 과정과 농업 노동자의 임노동자로의
전환에서 가장 강력하게 나타난다. 그리하여 임노동으로의 이중적인
이행. 이는 긍정적인 측면. 자본이 토지 소유를 정립하고, 그럼으로

써 자신의 이중적인 목적, 1. 산업적인 경작과 이를 통한 토지 생산력의 발전; 2. 농촌에서 임노동을 창출한 후, 즉 자본의 지배를 일반적으로 달성한 후에, 토지 소유의 실존 자체를 낡은 토지 소유 관계들에 대한 자본의 작용으로 필요한 잠정적인 발전, 즉 **토지 소유 관계들의 해체**의 산물로 간주한다. 그러나 — 일단 이 목표가 달성되고 나면 — 그 자체로 생산을 위한 필요가 아니라 이윤의 단순한 제약이 되는, 단지 잠정적인 발전으로 간주한다. 요컨대 자본은 사적 소유로서 토지 소유를 해체하고, 이것을 국가에 이전시키고자 한다. 이것이 부정적인 측면이다. 그리하여 내부 사회 전체를 자본가들과 임노동자들로 전환시키고자 한다. 자본이 그 정도까지 되면, 임노동도 역시 한편으로는 기생으로서의 토지 소유자를 관계의 단순화와 조세의 경감 등을 위해서 부르주아와 동일한 형태로 제거하고자 하며, 다른 한편으로는 임노동에서 벗어나 — 직접적인 사용을 위한 — 자립적인 생산자가 되기 위해서 대토지 소유의 분쇄를 요구하게 된다.

그리하여 토지 소유는 양측으로부터 부정된다. 자본측의 부정은 전일적인 독재를 위한 형태 변화일 뿐이다. (부르주아 사회가 다른 방식으로 중세 체제를 재생산하지만, 이것의 완전한 부정으로 재생산하도록 일반적 국가 지대(국세)로서의 지대.) 임노동측의 부정은 자본의 은폐된 부정일 뿐이며, 따라서 자기 자신의 은폐된 부정이기도 하다. 요컨대 이제 임노동은 자본에 대하여 자립적인 것으로 고찰되어야 한다. 따라서 이행은 이중적: 1. 근대적 토지 소유로부터의, 또는 근대적 토지 소유를 매개로 한 자본의 일반적 임노동[으로의] **긍정적 이행**; 2. **부정적 이행**: 자본에 의한 토지 소유의 부정, 즉 자본에 의한 자립적 가치의 부정, 즉 자본의 자기 자신에 의한 부정. 그러나 자본의 부정은 **임노동**이다. 다음으로 토지 소유의 부정과 토지 소유를 매개로 한 임노동, 즉 자립적인 것으로 정립되려는 임노동측에 의한 자본의 부정이다.}

{경제에서 처음에는 추상적인 규정으로 나타나는 시장이 총체적인 형체를 가지게 된다. 첫째로 화폐 시장. 이는 어음 시장, 채권 시장 일체, 요컨대 화폐 거래, 금은(金銀) 시장을 포괄한다. 화폐 대부 시장으로서의 그것은 은행들, 예를 들어 은행들이 할인하는 어음 할인, 즉 대부 시장, 어음 시장에서뿐만 아니라 모든 이자부 증서 시장, 즉 국채 및 주식 시장으로 나타난다. 후자들은 보다 큰 부류들로 구분된다. (첫째, 금융 기관들의 주식; 은행 주식; 주식 은행 주식; 교통 수단의 주식들(철도 주식이 가장 중요; 운하 주식; 증기 항해 주식; 전보 주식; 시외 버스 주식); 일반적 공업 기업 주식(광산 주식이 가장 주된 것). 둘째 일반적 요소들의 공급을 위한 것 (가스 주식, 수도 주식). 수천 가지에 이르는 잡다한 것. 상품 보관을 위한 것(항구 주식 등). 공업 회사든 상업 회사든 주식에 기초한 기업과 마찬가지로 무한히 많은 잡다한 것. 끝으로 모든 것의 보호로서 모든 종류의 보험 주식. 시장이 대체로 국내 시장과 해외 시장으로 분할되듯이, 국내 시장은 다시 국내 주식, 국내 공채 등을 위한 시장과 해외 공채, 해외 ‖ 25 ‖ 주식을 위한 시장으로 분할된다. 원래 이에 관한 설명은 세계 시장에 속하는데, 이 세계 시장은 국내 시장 밖에 존재하는 해외 시장들에 대해서는 국내 시장일 뿐만 아니라, 동시에 다시 국내 시장의 구성 부분들로서 모든 해외 시장들의 국내 시장이다. 다른 시장들도 비록 수도가 동시에 수출항이라면 여기에 크게 집중되지만, 분업에 따라 보다 분산되는 데 반해 한 나라 안에서 화폐 시장은 한 거점에 집중. — 화폐 시장과 구별되는 시장들은 첫째로 생산물들과 생산 영역들만큼 다양하며, 그만큼 다양한 시장을 형성한다. 이 다양한 생산물들을 위한 중앙 시장들은 수출입의 면에서 중심지이거나, 스스로 일정한 생산 중심지이거나, 또는 그러한 중심지의 직접적인 공급지가 되기 때문에, 중심지가 되는 곳들에서 형성된다. 그러나 이러한 시장들은 단순한 상이성으로부터 대집단으로 다소 유기적으로 분류

되는데, 이것은 필연적으로 생산물 시장과 원제품 시장이라는 자본 자신의 기본 요소에 따라 세분된다. 생산 도구 자체는 특수한 시장을 이루지 않는다. 그 자체는 첫째로 생산 수단으로 판매되는 원료 자체에 주로 존재한다. 그러나 다음으로 특수하게는 금속들에 존재하는데, 이는 직접적인 소비에 관한 모든 사고를 배제하기 때문이다. 그 다음으로 보조적인 생산 수단으로 사라질 수밖에 없는 석탄, 석유, 화학 물질과 같은 생산물에 존재한다. 염료, 목재, 약재 등도 마찬가지. 따라서:

I. 생산물. 1. 다양하게 세분되는 **곡물 시장**. 예를 들어 종자 시장: 쌀, 사고(Sago), 감자 등. 이는 경제적으로 매우 중요하다; 생산을 위한 시장이자 동시에 직접적 소비를 위한 시장. 2. **식민지 생산물 시장**: 커피, 차, 코코아, 설탕; 담배, 향료 (후추, 피멘트, 계피, 계피 나무, 정향 丁香 , 생강, 육두구 肉荳蔲 꽃, 육두구 나무 등); 3. **과일**. 아몬드, 검은 건포도, 무화과, 자두, 말린 오얏, 건포도, 오렌지, 레몬 등. (생산 등을 위한) 당밀; 4. **생활 필수품**. 버터, 치즈, 베이컨, 햄, 돼지 기름, 돼지 고기, 쇠고기(훈제), 생선 등. 5. **주류**. 포도주, 럼, 맥주 등. II. **원재료**. 1. **기계 공업용 원제품**. 아마; 대마; 목화; 비단; 양모; 모피; 가죽; 구타페르카 등; 2. **화학 공업용 원재료**. 탄산칼륨, 질산칼륨; 송진; 소다질산염 등. III. **동시에 생산 도구인 원재료**. 금속들(구리, 철, 아연, 주석, 납, 강철 등), 목재, 나무, 건축용 목재. 염료 재, 조선용 목재 등. **보조적 생산 수단과 원재료**. 약제 및 염료. (연지충제, 쪽 등). 타르, 수지(獸脂), 기름, 석탄 등. 물론 어떤 생산물이든 시장으로 가야 한다. 그러나 소매상과는 다른 실제로 큰 시장을 이루는 것은 소비를 위한 큰 생산물들이나, (경제적으로 중요한 것은 곡물 시장, 차 시장, 설탕 시장, 커피 시장뿐이다; 포도주 시장은 약간 중요하고, 소주 시장은 대체로 중요하다. 또는 공업용 원재료를 이루는 생산물뿐이다: 양모 시장, 비단 시장, 목재 시장, 금속 시장 등.) 추상적 범주

인 시장이 어느 자리에 들어가야 할지는 이제 발견될 것이다.}

　노동자의 자본가와의 교환은 단순한 교환이다. 각자는 등가물을 받는다. 후자는 화폐를 받고 전자는 상품을 받는데, 이 상품의 가격은 그것을 위해 지불된 화폐와 정확히 동일하다. 이 단순한 교환에서 자본가 받는 것은 타인 노동에 대한 처분이라는 사용 가치이다. 노동자측에서 보면 — 그리고 이것이 그가 판매자로 등장하는 교환이다 —, 다른 모든 상품, 모든 사용 가치의 판매자와 마찬가지로, 구매자가 자신에게 양도된 상품을 사용하는 것이 노동자에게 있어서 이 관계의 형태 규정과 관련이 없다는 것은 분명하다. 그가 판 것은 일정한 노동, 일정한 숙련 등인 그의 노동에 대한 처분이다.

　물론 자본가는 노동을 규정성에 따라서만 사용할 수 있고, 그의 처분 자체는 특정한 노동과 이것에 대한 시간적으로 일정한 처분(이러저러한 노동 시간)에 국한되어 있지만, 자본가가 그의 노동으로 무엇을 하는지는 전혀 상관이 없다. 물론 성과급 체계는 노동자가 생산물에 일정한 지분을 받는 듯한 외양을 가져다준다. 그러나 이는 시간을 측정하는 다른 형태일 뿐이다 (너는 12시간 일한다고 말하는 대신 개당 이만큼을 받는다. 즉, 우리는 네가 일한 시간을 생산물 수에 따라 측정한다고 말하는 것이다). 여기에서 이 체계는 일반적 관계를 고찰하는 데 있어서 아무런 상관도 없다. 예를 들어 자본가가 노동자의 노동을 유보해 두거나 그의 경쟁자로부터 처분 능력을 박탈하기 위해서 노동자에게 실제로는 노동을 시키지 않은 채 단순한 처분 능력만으로 만족할지라도(예를 들어 연극 감독이 가수를 노래시키기 위해서가 아니라, 경쟁하는 극장에서 노래하지 못하도록 하기 위해서 한 시즌 동안 고용하는 것처럼), 교환은 완벽하게 이루어진 것이다. 화폐에서 노동자는 교환 가치, 부의 일반적 형태를 일정한 양만큼 받고, 그가 받는 것의 많고 적음은 일반적 부에 대한 크고 작은 지분을 그에게 가져다준다. 이 많고 적음이 어떻게 결정되는지, 그가 받는 화폐의 양이 어떻게 측정되는지는 일반적 관계와 상관이 없는 만큼, 이 일반적 관계로부터 그것이 발전될 수는 없다. 일반적으로 고찰하면 그의 상품의 교환 가치는 구매자가 그의 상품을 사용하는 방식에 의해서가 아니라, 상품 자체에 존재하는 대상화된 노동의 양, 즉 여기에서는 노동자 자신을 생산하는 데 소요되는 노동량에 의해서만 결정될 수 있다. 왜냐하면 그가 공급하는 사용 가치는 ‖26‖ 그의 신체의 능력으로만 실존하며, 신체 밖에서는 현존할 수 없기 때문이다. 그의 노동 능력이 실존하는 일반적 실체, 즉 노동자 자신을 신체적으로 유지할 뿐 아니라 특수한 능력을 발전시키기 위해서 이 일반적 실체를 수정하는 데 필요한 대상화된 노동이 일반적 실체에 대상화된 노동이다. 이는 일반적으로 노동자가 교환에서 받는 가치량, 화폐액으로 측정된다. 임금이 어떻게 측정되는가? 다른 모든 상품과 마찬가지로 노동자 자신을 생산하기 위해 필요한 노동 시간에 의해 측정된다는 것에 관한 더 이상의 설명은 여기에 속하지 않는다.

내가 한 상품을 화폐와 교환하고, 이것을 가지고 상품을 사서 나의 욕구를 충족시킨다면, 유통에서의 행위는 종식된다. 노동자의 경우에는 그러하다. 그러나 그는 그의 생동성이 그 자신의 사용 가치가 소진되는 일정한 시간까지 끊임없이 새롭게 점화되고, 동일한 교환을 새롭게 시작하기 위해서 자본에 끊임없이 마주 서는 그러한 원천이기 때문에, 이 행위를 처음부터 시작할 가능성을 가진다. 유통에서 주체로 서 있는 모든 개인과 마찬가지로 노동자는 하나의 사용 가치의 보유자이다. 그는 이러한 사용 가치를 화폐, 부의 일반적 형태와 바꾸는데, 단지 이를 다시 그의 직접적인 소비 대상, 그의 욕구 충족 수단으로서의 상품과 바꾸기 위해서만 그렇게 한다. 그가 자신의 사용 가치를 부의 일반적 형태와 교환하므로, 그의 등가물의 한계 — 모든 교환에서와 마찬가지로 질적인 한계로 전화되는 양적인 한계 — 까지 노동자는 일반적 부의 공동 향유자가 된다. 그러나 그는 특수한 대상에도, 특수한 충족 방식에도 묶여 있지 않다. 그는 — 그의 향유의 범위는 질적으로 배제되는 것이 아니라 양적으로만 배제된다. 이것이 그를 노예와 농노로부터 구별짓는다. 소비는 분명히 생산 자체에 반작용한다. 그러나 이러한 반작용은 다른 모든 상품 판매자와 마찬가지로 노동자에게도 교환에서 전혀 상관이 없다. 오히려 단순 유통의 관점에서 보면 — 그리고 우리는 아직 다른 어떤 발전된 관계도 전제하고 있지 않다 —, 소비는 경제적 관계의 밖에 속한다. 그렇지만 지금 덧붙여서 지적할 수 있는 점은 노동자들의 향유 범위의 상대적인 제약, 질적인 것이 아니라 양적인, 양에 의해서만 정립된 질적인 제약이 소비자로서의 노동자들에게 (자본을 더욱 상세히 설명하기 위해서는 소비와 생산 사이의 관계 일체가 보다 자세히 고찰되어야 한다) 생산 주체로서의 중요성과는 전혀 다른 중요성을, 그들이 예를 들어 고대나 중세 또는 아시아에서 지니고 있고 지녔던 중요성을 부여한다는 것이다. 그러나 이는 이미 말한 바와 같이 아직 여기에 속하지 않는다.

노동자는 화폐 형태, 일반적 부의 형태로 등가물을 받음으로써, 다른 모든 교환자와 마찬가지로 이 교환에서 자본가에 대하여 적어도 외견상으로는 동등자로 마주 선다. 실재에 있어서 이러한 평등은 노동자로서, 가치로 정립된 가치에는 대립적이고, 교환 가치와는 특유하게 상이한 형태의 사용 가치로서의 자본가에 대한 그의 관계가 외견상 단순한 교환을 위해서 전제되어 있다는 것, 요컨대 그가 이미 경제적으로 다르게 규정된 관계에 — 사용 가치의 본성, 상품의 특수한 사용 가치 자체와는 상관이 없는 교환 관계의 밖에 — 서 있다는 것에 의해 이미 방해된다.

그렇지만 다른 한편으로 이러한 외양 자체는 어느 정도 환상으로 실존하며, 따라서 다른 사회적 생산 양식에 있는 노동자들의 관계와는 구별되는 그 자신의 관계도 본질적으로 수정한다. 그러나 노동자

에게 있어서 본질적인 것, 교환의 목적은 그의 욕구 충족이다. 그의
교환 대상은 교환 가치 자체가 아니라 직접적인 욕구 대상이다. 노동
자는 화폐를 받기는 하지만, 단지 주화 규정의 화폐, 즉 그 자체로
지양되고 사라지는 매개로서의 화폐만을 받는다. 따라서 그가 교환
하는 것은 교환 가치, 부가 아니라 생활 수단, 그의 생동성을 유지하
기 위한, 즉 물리적이든 사회적이든 그의 욕구 일체를 충족하기 위한
대상들이다. 그것은 그의 노동의 생산비에 의해 측정된 생활 수단,
대상화된 노동의 일정한 등가물이다. 그가 양도하는 것은 노동에 대
한 처분이다. 다른 한편으로 단순 유통 안에서조차 주화가 화폐로 나
아간다는 것과, 노동자가 교환에서 주화를 받는 한에 있어서, 그가
이 주화를 축장함으로써, 즉 유통으로부터 유리시킴으로써, 사라지
는 교환 수단이 아니라 부의 일반적 형태로 고정시킴으로써, 화폐로
전환시킬 수 있다는 것은 사실이다. 이 측면에서 보면 자본과의 교환
에서 노동자의 목표는 — 따라서 그의 교환의 산물은 — 생활 수단
이 아니라 부이며, 특수한 사용 가치가 아니라 교환 가치 자체라고
말할 수 있을 것이다. 이에 따르면 부 일체가 등가물들이 교환되는
단순 유통의 생산물로만 현상할 수 있듯이, 노동자는 부의 형태 때문
에 실체적 충족을 희생함으로써, 즉 그가 유통에 재화들을 주는 것보
다 절제, 저축, 소비 절약을 통해 유통으로부터 더 적게 이탈시킴으
로써만 교환 가치를 자기 자신의 생산물로 만들 수 있을 것이다. 이
것이 유통 자체에 의해 정립된 유일하게 가능한 치부 형태이다.

　나아가 절제는 노동자가 휴식 일체, 즉 노동자로서의 존재와는 분
리된 그의 존재를 절제하고 가능한 한 노동자로서만 존재함으로써,
즉 교환을 보다 자주 갱신하거나 양적으로 넓힘으로써, 즉 근면에 의
해서, 단순 유통에 정립된 것보다 더욱 적극적인 형태로 현상할 수도
있을 것이다. 따라서 오늘날의 사회에서도 근면과 특히 절약, 절제의
요구는 자본가가 아니라 노동자에게 제기되며, 특히 ‖27‖ 자본가

에 의해서 제기된다. 지금의 사회는 교환 대상이 치부가 되는 자가 아니라, 그것이 생활 수단이 되는 자가 절제해야 한다는 역설적인 요구를 제기하는 것이다. 자본가가 실제로 "절제"한 — 그럼으로써 자본가가 된 — 듯한 환상은 — 이는 자본이 봉건적 관계들 등으로부터 형성되어 나오던 옛날에만 의미가 있었던 요구이자 상상인데 — 판단력 있는 모든 근대 경제학자들에 의해 포기되었다. [그들은 — 역자] 노동자가 절약해야 한다고 [주장하면서 — 역자], 마을 금고 등을 가지고 야단법석을 떨었다.

(경제학자들 자신도 마을 금고의 경우 그것의 본래적인 목표는 부가 아니며, 늙거나 질병, 공황 등이 발생할 때 빈민 구제원, 국가, 구걸에 부담 지워지지 않고(한마디로 말해 특히 자본가들에게가 아니라, 노동자 계급 자신에게 부담 지워지고), 자신들의 주머니에 따라 생활하도록 하기 위한, 요컨대 자본가들을 위해 저축하고, 이들을 위해 노동자 계급의 생산비를 줄이기 위한 지출의 합목적적인 분배일 뿐이라는 점을 인정하고 있다.) 노동자들이 일반적으로, 요컨대 노동자로서 (개별 노동자가 그의 유 類 와는 달리 하거나 할 수 있는 것은 관계의 규정에 있는 것이 아니기 때문에, 규칙이 아니라 예외로만 실존할 수 있다), 요컨대 규칙으로서 이 요구를 충족시킨다면(그들이 일반적 소비에 가할 손실 — 결손은 방대할 것이다 — 요컨대 생산도, 또한 그들이 자본을 가지고 노동자들로서 행할 교환의 수와 양은 차치하고라도) 그들은 그들 자신의 목적을 지양하고, 그들을 아일랜드인으로, 즉 최소한의 동물적인 욕구와 생활 수단이 자본과 그의 교환의 유일한 대상이자 목적으로 현상하는 임금 노동자의 지위로 격하시킬 것이 틀림없는 수단을 절대적으로 사용하는 것이라는 점은 어떤 경제학자도 부인하지 않을 것이다. 따라서 사용 가치 대신에 부를 목적으로 삼음으로써, 노동자는 부에 이르지도 못할 뿐만 아니라 게다가 구매에서 사용 가치마저 잃을 것이다. 그 까닭은 대체로 최대

의 근면, 노동과 최소의 소비는 ― 후자는 최대의 절제와 돈벌이이다 ― 그가 최대의 노동에 대해 최소의 임금을 받는 결과밖에 낳지 않을 것이기 때문이다. 그는 자기 자신의 노동의 생산비의 일반적 수준을 애써 낮추었을 뿐이고, 그리하여 노동의 일반적 가격을 낮추었을 뿐이다. 노동자가 의지력, 육체적 힘, 인내, 욕심 등에 의해 그의 주화를 화폐로 전환시킬 수 있는 것은 예외적으로, 즉 그의 계급과 그의 일반적 현존 조건의 예외로서만 그럴 수 있다. 모두 또는 다수가 지나치게 근면하면 (근대 공업에서 근면이 그들의 판단에 맡겨져 있는 한에서인데, 이는 가장 중요하고 발전된 생산 부문들에는 적용되지 않는다), 그들은 그들 상품의 가치를 증대시키는 것이 아니라, 그들의 양, 요컨대 사용 가치로서의 그들에게 제기될 요구들만을 증대시킨다. 그들 모두가 절약한다면, 일반적인 임금 감소가 그들을 다시 제자리에 올려놓을 것이다. 왜냐하면 일반적인 절약은 그들의 임금이 너무 높다는 것, 그들이 그들 상품에 대한 등가, 그들 노동에 대한 처분보다 더 많이 받는다는 것을 자본가에게 보여줄 것이기 때문이다. 누구도 자기가 유통에서 이탈시키는 것보다 많은 것을 유통에 던져 넣지 않고, 그가 던져 넣은 것만을 이탈시킬 수 있다는 것이 바로 단순 교환 ― 그리고 노동자들은 자본가에 대하여 이 관계에 놓여 있다 ― 의 본질이므로, 어떤 개별노동자는 단지 다른 노동자가 수준 이하이고 더 게으르기 때문에 수준 이상으로, 노동자로 살기 위해서 그가 해야 하는 것보다 더 근면할 수 있다. 그는 단지 다른 노동자가 낭비하기 때문에 그리고 낭비할 경우에만 절약할 수 있다.

노동자가 평균적으로 그의 절약 정신으로 달성할 수 있는 최고의 것은 가격들 ― 높고 낮은 가격들, 이들의 순환 ― 의 변동을 보다 잘 견딜 수 있다는 것, 요컨대 부를 획득하는 것이 아니라 그의 즐거움을 보다 합목적적으로 분배하는 것뿐이다. 그리고 그것이 자본가들의 본래적인 요구이기도 하다. 노동자들이 불경기 때에도 그럭저

력 살 수 있고, 단축 노동이나 임금 하락 등을 견딜 수 있도록 호경
기 때 절약해야 한다는 것이다. (그러면 그는 더욱 쇠락할 것이다.)
요컨대 그들은 언제나 최소한의 생활의 즐거움에 머물러야 하고, 자
본가들에게 공황의 부담을 덜어주어야 한다는 요구. 그 자신이 노동
기계로서 처신하고 자신의 마모를 가능한 한 스스로 지불해야 한다
는. 이것이 귀결될 순수한 동물화 — 그리고 그러한 동물화는 부를
일반적 형태로, 화폐, 즉 집적된 화폐로 추구하는 것마저 불가능하게
만들 것이다 — 는 차치하고(그리고 노동자가 보다 높은 정신적 향
유에서 차지하는 몫; 자기 자신의 이익을 위한 선동, 신문 구독, 강의
청취, 자녀 양육, 취향 발전 등, 그를 노예와 구별하는 문명에서 차지
하는 그의 유일한 몫은 그가 호경기 때, 요컨대 어느 정도 저축이 가
능한 때, 그의 향유의 범위를 넓힘으로써만 경제적으로 가능해진다),
그가 실로 금욕적인 방식으로 저축하고, 그리하여 수요에 비례해서
증가할 룸펜 프롤레타리아, 사기꾼 등을 위한 보상금을 집적한다면
— 자본가들이 그의 저축으로부터 많은 이자를 획득하거나, 국가가
먹어치우도록 그에게 최소한의 이자를 지불하고, 그럼으로써 노동자
가 자신의 적의 권력과 자신의 종속성을 증대시키도록 공식적인 마
을 금고의 저금통을 초과한다면 —, 그는 그의 저축을 은행 등에 예
치하여 이후의 공황기에 자신의 예금액을 상실함으로써, 단지 그것
을 보존하고 결실을 맺게 할 수 있을 것이다. 반면에 호황기에 그는
자본의 권력을 증대시켜 주기 위해 삶의 모든 향유를 절제했다. 요컨
대 어떤 식으로든 ‖28‖ 자신을 위해서가 아니라 자본을 위해서 저
축했다.

덧붙여 말하자면 — 이 모든 것이 노동자를 "경건한 소망"으로 속
이려는 부르주아적인 "박애"의 위선적인 구호가 아닌 한에 있어서,
— 어떤 자본가든 그의 노동자들이 저축할 것을 요구하지만, 단지 그
의 노동자만 저축할 것을 요구한다. 왜냐하면 이들은 그에게 노동자

로 마주 서 있기 때문이다. 나머지 **노동자** 세계는 결코 저축해서는 안 되는데, 왜냐하면 그들은 자본가에게 소비자로 마주 서 있기 때문이다. 따라서 모든 "경건한" 상투어들에도 불구하고, 자본가는 노동자들의 소비를 자극하고, 자신의 상품에 새로운 매력을 부여하며, 노동자들에게 새로운 욕구를 발생시키기 위해서 모든 수단을 강구한다. 자본과 노동의 관계에서 나타나는 바로 이 측면이야말로 중요한 문명화의 계기가 되고, 또한 자본의 역사적 정당성과 현재적 권력이 기초하는 곳이다. (생산과 소비의 이러한 관계는 자본과 이윤 등의 항목에서 비로소 설명할 것.) (또는 자본들의 축적과 경쟁 항목에서도.)

그렇지만 이 모든 것은 외면적인 관찰들인데, 이들이 적합한 것은 위선적인 부르주아적 박애의 요구들이 스스로 해체되고, 그리하여 그들이 반박해야 하는 것을 증명하는 것으로, 즉 자본과의 교환에서 노동자는 단순 유통 관계에 놓여 있다는 것, 즉 부를 획득하는 것이 아니라 생활 수단, 직접적인 소비를 위한 사용 가치만을 획득한다는 것을 증명하는 것으로 입증되는 한에서이다. 저 요구가 관계 자체에 모순된다는 것은 (노동자들에게 일정한 몫의 이윤을 주자는, 요즈음 간혹 자기 도취적으로 제기되는 요구에 관해서는 임금 편에서 기술할 것이다. 규칙의 예외일 경우에만 목적을 달성할 수 있고, 실제로는 사용자 계급의 이익에 반해서 사용자의 이익을 위하여 개별적인 감독자의 매입 등이나 또는 판매원 등에 국한될 뿐인 임금, 간단히 말해 더 이상 **단순 노동자**에 미치지 않고, 따라서 더 이상 일반적 관계에도 해당되지 않는 특수한 보상금으로서의 임금은 별개다. 또는 그것은 노동자들을 사취하고 경기 상황에 좌우되는 이윤이라는 불확실한 형태로 그들 임금의 일부를 유보하는 특수한 방식이다.), 노동자의 절약이 유통의 단순한 산물로 남아 있지 않으려면 — 조만간 부의 실체적 내용, 향유 등으로 전환됨으로써만 실현될 수 있는 절약된 화폐 —, 집적된 화폐 자체가 자본이 되고, 즉 노동을 구매해야 하고, 사용 가치로서의 노동과 관계를 맺어야 할 것이라는 간단한 성찰로부터도 드러난다. 요컨대 저 요구는 자본이 아닌 노동을 다시 가정하고, 노동이 그의 반대, 즉 비(非)노동이 되었다는 것을 가정한다. 자본이 되기 위해서 노동 자신은 자본에 마주 서는 비(非)자본으로서의 노동을 가정한다. 요컨대 한 점에서는 지양되어야 할 대립의 다른 점에서의 수립. 말하자면 본래적 관계 자체에서 노동자의 교환의 대상과 산물이 — 단순한 교환의 산물로서 그것은 다른 산물일 수 없다 — 사용 가치, 생활 수단, 직접적인 욕구의 충족, 유통에 투입된 등가물을 소비를 통해 폐기하기 위해 유통으로부터 유리(遊離)하는 것이 아니라면, 노동은 자본에게 노동, 비자본으로서가 아니라 자본으로 마주 서는 것이다. 그러나 자본이란 비노동으로서만 자본이므로, 노동이 자본에 마주 서지 않으면 자본도 자본에11) 마주설 수 없다; 이 대립적인 관계에서만. 그렇지 않으면 자본의 개념과 관계는 폐기될 것이다.

　물론 자기 노동하는 소유자들이 서로 교환하는 상황이 있다는 것은 부인되지 않는다. 그러나 그러한 상황은 자본 자체가 발전되어 존재하는 사회 상태가 아니다. 따라서 그러한 상황은 자본의 발전에 의해 모든 지점에서 폐기된다. 자본은 노동을 비자본, 순수한 사용 가치로 정립할 때라야만 자본으로 정립될 수 있다. (노예로서의 노동자는 교환 가치, 가치를 가진다. 자유로운 노동자로서의 그는 가치를 가지지 않는다. 그것과의 교환에 의해 실현되는 노동에 대한 처분권만이 가치를 가진다. 그가 자본가에게 교환 가치로 마주 서는 것이 아니라, 자본가가 그에게 교환 가치로 마주 선다. 그의 무가치성과 가치 하락이 자본의 전제이며, 자유로운 노동 일체의 조건이다. 랑게는 그

---

11) [역주] '노동에'라고 해야 옳을 것이다.

것을 후퇴로 간주한다.[127] 그렇게 함으로써 랑게가 잊고 있는 점은 자신의 노동 밖에서 대자적 존재가 되며 삶의 표현을 자기 자신의 생명을 위한 수단으로만 양도하는 노동자가 형식적으로 인격으로 정립되었다는 것이다. 노동자 자신이 교환 가치를 지니는 한, 산업 자본 자체는 존재할 수 없다. 요컨대 발전된 자본은 전혀 존재할 수 없다. 이 자본에 대해서 노동은 그것의 보유자 자신에 의해 그의 교환 가치[주화]를 받고, 자본에게 상품으로 제공되는 순수한 사용 가치로 마주선다. 그렇지만 이 주화가 노동자의 수중에서는 일반적 교환 수단으로서의 그것의 규정에 있어서만 실재적이며 다른 규정은 사라진다.) 좋다. 말하자면 노동자는 단순 유통, 단순 교환의 관계만 맺고 있으며, 그의 사용 가치에 대하여 주화만을 받는다. 생활 수단을 받지만 단지 매개적으로만. 우리가 본 바와 같이 이러한 매개 형태가 이러한 관계에서는 본질적이며 특징적이다. 그가 주화를 화폐로 전화시킬 수 있다는 것 ― 절약할 수 있다는 것 ― 은, 그의 관계가 단순 유통 관계라는 것을 증명할 뿐이다. 그는 어느 정도 절약할 수 있다. 그러나 그는 그것을 넘을 수는 없다. 그는 자신의 향유의 범위를 일시적으로 확장함으로써 절약한 것을 실현할 수 있을 뿐이다. 중요한 것 ― 그리고 관계 자체의 규정에 개입하는 것 ― 은 화폐가 그러한 교환의 산물이므로, 환상으로서의 일반적 부가 그를 추동한다는 것, 즉 그를 근면하게 만든다는 것이다. 동시에 그럼으로써 실현을 위한 자의(恣意)의 여지를 형식적으로 연다는 것 … ‖29‖ [여기에서 수고가 유실되었다][128]

{이 교환에서 노동자는 화폐를 주화, 즉 그가 화폐와 교환하는 생활 수단의 단순히 순간적인 형태로만 받는다. 그에게는 부가 아니라 생활 수단이 교환의 목적이다.

노동 능력은 개별적인 교환에 의해 소모되는 것이 아니라 노동자

로서의 생존 기간 동안 끊임없이 새롭게 반복될 수 있는 기금인 한
에 있어서 노동자의 자본이라 불렸다. 그에 따르면 동일한 주체의 반
복적인} ‖III—8 ‖ [129] 과정의 기금은 모두 자본일 것이다. 예컨대 눈
의 실체는 시력의 자본이다 등. 어떤 유추에 따라 모든 것을 모든 것
아래 정리하는 통속 소설적인 상투어들은, 그것들이 처음 말해진다
면 재치 있게 보일 수도 있으며, 가장 상이한 것을 일치시킬수록 더
욱 재치 있게 보일 수도 있다. 그 상투어들이 반복되고, 심지어 과학
적 가치를 가지는 진술로 자기 도취적으로 반복된다면, 그것은 진정
으로 어리석다. 모든 과학을 감초즙처럼 달콤한 오물로 더럽히는 통
속적인 풋내기와 되는대로 떠드는 수다쟁이에게나 어울린다. 노동자
가 노동 능력이 있는 한, 노동이 그에게 끊임없이 새로운 교환의 —
즉, 교환 일체가 아니라 자본과의 교환의 — 원천이라는 것은, 그가
그의 노동 능력에 대한 일시적인 처분권만을 판매하고, 따라서 그가
다시 그의 삶의 표현을 재생산할 수 있기 위해서 적절한 양의 소재
를 섭취하자마자 교환을 끊임없이 새롭게 시작할 수 있다는 개념 규
정 자체에서 보아 당연하다. 부르주아 경제를 미화하는 밀고자들은
그들의 경탄을 이곳으로 향할 것이 아니라 — 그리고 노동자가 충분
히 자고 배부르게 먹자마자 살 수 있다는 것, 요컨대 일정한 생활 과
정을 매일 반복할 수 있다는 것을 노동자에 대한 자본의 위대한 업
적으로 돌릴 것이 아니라 —, 오히려 그가 끊임없이 반복된 노동 후
에 언제나 살아 있는 직접적인 노동 자체만을 교환해야 한다는 데
주목했어야 했다. 반복 자체는 실제로 피상적일 뿐이다. 그가 자본과
교환하는 것은 말하자면 그가 20년 동안 지출하는 그의 전체 노동 능력
이다. 자본은 그에게 노동 능력의 대가를 한꺼번에 지불하지 않고,
그가 자본의 처분에 맡기는 바와 같이 일정한 분량씩, 예를 들어 매
주 지불한다. 이것이 사태의 본질에는 아무런 영향도 미치지 않으며,
노동자가 자신의 노동은 물론 자본과의 교환을 반복할 수 있기 전에

10-12시간을 잠자야 하기 때문에, 노동이 그의 **자본**을 이룬다는 결론만을 가능케 한다. 이에 따를 때 사실상 자본으로 이해되는 것은 노동자가 영구기관(永久機關)이 아니라는 제약, 그의 노동의 중단이다. 10시간 노동법[130]을 둘러싼 투쟁 등은 자본가가 노동자의 생명력의 일정한 분량을 가능한 한 쉬지 않고 낭비하는 것밖에 원하지 않는다는 것을 입증한다.

　이제 우리는 이러한 교환 후에 노동과 자본 사이의 관계를 이루는 두 번째 과정에 이른다. 여기에서 우리는 경제학자들이 위 문장을 다음과 같이 표현한다는 것을 덧붙이고자 한다. 봉급은 생산적이 아니다라고. 물론 그들에게 있어서 생산적이라는 것은 부에 대해 생산적이라는 것이다. 봉급은 노동자와 자본 사이의 교환의 산물 — 그리고 이 행위 속에서 정립된 유일한 산물 — 이므로, 그들은 노동자가 이 교환에서 부를 생산하지 않는다는 것을 인정한다. 자본가를 위해서도 생산하는 것이 아니며 — 왜냐하면 자본가에게 화폐는 사용 가치를 위해서 지불되기 때문이다 —, 그리고 이 지불이 이 같은 관계에서 자본의 유일한 기능이다 — 부의 창조가 아니라 부의 포기이다. 그렇기 때문에 자본가는 가능한 한 적게 지불하고자 한다. 노동자를 위해서도 생산하지 않는데, 그 까닭은 그것이 노동자에게는 많든 적든 생활 수단, 개인적 욕구의 만족만을 창조할 뿐 결코 부의 일반적 형태, 즉 부를 창조하지는 않기 때문이다. 노동자가 판매하는 상품의 내용이 결코 상품으로 하여금 유통의 일반 법칙을 초월하도록 하지는 못하기 때문에 그럴 수도 없다. 그가 유통에 던지는 가치를 통해서 그는 주화를 매개로 해서 그가 소비하는 다른 사용 가치를 등가물로 받는다. 그러한 조작은 물론 그 수행자를 결코 부유하게 만들지 못하고, 과정이 끝난 다음에는 처음에 놓여 있던 지점으로 그를 되돌려 보낼 수밖에 없다. 우리가 본 바와 같이, 이것이 그의 직접적인 충족의 범위가 어느 정도 축소되거나 확대될 수 있다는 것을 배제하는 것은 아니며, 오히려 이것을 포함한다. 다른 한편으로 — 이 교환에서 아직 자본가가 아니라 화폐로서만 정립된 — 자본가가 이러한 행위를 계속 새롭게 반복한다면, 그의 화폐는 머지 않아 노동자에 의해 먹어치워질 것이고, 그는 ‖9‖ 일련의 다른 향유, 바지 깁기, 구두닦이 — 간단히 말해 서비스 이용 — 에 낭비했을 것이다. 어쨌든 이 작업의 반복은 그의 호주머니의 한계에 의해 정확하게 측정될 수 있을 것이다. 그것은 주지하는 바와 같이 그에게 이익을 가져다주지는 않으며, 그의 소중한 신체에 필요한 다른 사용 가치들을 위한 화폐 지출로서 그를 더 이상 부유하게 만들지는 않을 것이다.

노동은 자본에게 하나의 사용 가치(*ein* Gebrauchswert)가 아니라, 유일한 사용 가치(*der* Gebrauchswert) 자체로 마주섬으로써, 노동과 자본의 관계와 양자 사이의 이 첫 번째 교환 관계에서도 노동자는 교환 가치를 구매하고 자본가는 사용 가치를 구매하므로, 자본가는 부를, 노동자는 소비에서 없어질 사용 가치만을 받는다는 것이 기묘하게 보일 수 있다. {자본가에 관한 한, 두 번째 과정에서 비로소 설명될 것.} 이는 기대될 것의 정반대로 전화시키는 변증법으로 현상한다. 다만 보다 엄밀하게 관찰하면, 상품을 교환하는 노동자는 교환 과정에서 W—G—G—W 형태를 거친다는 것이 분명해진다. 유통에서 교환의 원칙으로서의 상품, 사용 가치로부터 출발한다면, 화폐는 주화로만 현상하고, 교환 수단으로서 단지 사라지는 매개에 지나지 않으나, 상품 자체는 그 순환을 거친 후 욕구의 직접적인 대상으로 소비되므로, 우리는 반드시 다시 상품에 이른다. 다른 한편에서 자본은 G—W—W—G라는 반대되는 계기를 대표한다.

노동으로부터 소유의 분리가 자본과 노동 사이의 이러한 교환의 필요 법칙으로 나타난다. 비자본 자체로 정립된 노동은 1. 부정적으로 파악한다면 대상화되지 않은 노동이다(그 자체로는 아직 대상적; 비대상적인 것조차 객관적 형태로). 그러한 것으로서 그것은 비(非)원료,

비(非)노동 도구, 비(非)원제품: 모든 노동 수단과 노동 대상, 그것의
모든 객관성으로부터 분리된 노동이다. 자신의 현실적인 실재성의
이러한 계기들의 추상으로 존재하는 살아 있는 노동(마찬가지로 비
가치); 이 완전한 박탈, 모든 객관성이 결여된 순전히 주관적인 노동
의 실존. 절대적 빈곤으로서의 노동: 부족으로서가 아니라 대상적 부
의 완전한 배제로서의 빈곤. 또는 실존하는 비가치로서도, 따라서 매
개 없이 실존하는 순전히 대상적인 사용 가치로서도 이 대상성은 인
간으로부터 분리되지 않은 대상성, 인간의 직접적인 신체와 합치되
어 있는 대상성일 수 있을 뿐이다. 대상성은 순전히 직접적이므로 마
찬가지로 이것은 직접적으로 비대상성이다. 다른 말로 하자면 개인
자신의 직접적인 현존의 밖에 속하는 대상성이 아니다. 2. 긍정적으
로 파악한다면 대상화되지 않은 노동, 비가치 또는 자신과 관계되는
부정성이며, 그것은 노동 자체의 대상화되지 않은, 요컨대 비대상적,
즉 주체적 실존이다. 대상으로서가 아니라 활동으로서의 노동. 스스
로 가치로서가 아니라, 가치의 살아 있는 원천으로서. (대상적으로, 현
실성으로 실존하고 있는 자본에 대하여, 행위 속에서 그러한 것으로
입증되는 자본의 일반적 가능성으로서의 일반적 부. 노동이 한편으로
는 대상으로서 절대적 빈곤이고, 다른 한편으로는 주체와 활동으로서
부의 일반적 가능성이라는 것은 결코 모순되지 않거나, 또는 오히려
어떤 식으로든 모순되는 명제이다. 노동은 자본의 대립, 대립적인 현
존으로서 자본에 의해 전제되고, 다른 한편으로는 그 자체로 자본을
전제로 하는 것과 마찬가지로 상호 조건 지우고 노동의 본질에서 유
래한다.

자본에 마주 서 있는 노동에 관해서 주목되어야 할 마지막 사항은
그것이 자본으로 정립된 화폐에 마주 서는 유일한 사용 가치(der
Gebrauchswert)로서 이런저런 노동이 아니라, 그의 특수한 규정성에
대하여 절대적으로 무차별적이되 어떤 규정성에도 능력이 있는 노동

일체, 추상적 노동이라는 것이다. 물론 일정한 자본이 존재하는 특수한 실체에 대해서 노동은 특수한 노동으로 조응해야 한다. 그러나 자본 자체는 자신의 실체의 어떤 특수성에 대해서도 무차별적이고, 특수성의 총체일 뿐만 아니라 실체의 모든 특수성의 추상이므로, 그것에 마주 서는 노동은 주관적으로 동일한 즉자적 총체이자 추상이다. 예를 들어 자본 그 자체가 아직 편협한 형태를 가지고 있고, 아직 일정한 실체에 완전히 침잠해 있는, 즉 아직 **자본 자체**가 아닌 길드적, 수공업적인 노동에서는, 노동도 아직 총체와 추상으로서가 아닌, 즉 자본에 마주 서는 바와 같은 **노동 자체**(*die Arbeit*)로서가 아닌, 노동의 특수한 형태에 침잠해 있다. 즉, 노동이 각각의 개별적인 경우에 있어서 일정한 노동이지만, 자본은 어떤 일정한 노동에 대해서도 마주 설 수 있다. 모든 노동의 총체가 그것에게 잠재적으로 마주 서 있고, 그것에게 지금 어떤 노동이 마주 서 있는가는 우연적이다.

다른 한편으로 노동자 자신은 그의 노동의 규정성에 대하여 절대적으로 무차별적이다. 그에게 규정성 자체는 관심이 없으며, 그것이 일체의 노동이고, 그러한 것으로서 자본을 위한 사용 가치인 한에 있어서만 관심이 있을 뿐이다. ‖10‖ 따라서 노동 자체, 즉 자본을 위한 사용 가치로서의 노동의 담지자(擔持者)가 그것의 경제적 성격을 이룬다. 그는 자본가에 대립하는 노동자이다. 이것은 바로 노동의 규정성과 일정한 장인과의 관계 등을 경제적 성격으로 가지는 수공업자, 길드 조합원 등의 성격이 아니다. 따라서 이러한 경제적 관계 — 자본가와 노동자가 한 생산 관계의 극단들로 담지하는 성격 — 는 노동이 모든 기예적(技藝的) 성격을 상실할수록, 그의 특수한 숙련이 추상적인 것, 무차별적인 것이 될수록, 그것이 갈수록 순전히 추상적인 활동, 순전히 기계적이고 따라서 무차별적인, 노동의 특수한 형태에 대하여 무차별적인 활동이 될수록, 단순히 형식적인 활동 또는 같은 말이지만 단순히 소재적인 활동, 형태에 무차별적인 활동 일체가 될수록, 순수하고 적합하게 발전된다. 여기에서 다시 생산 관계, 범주 — 여기에서는 자본과 노동 — 의 특수한 규정성이 특수한 물질적 생산 방식과 공업 생산력의 특수한 발전 단계와 더불어 비로소 어떻게 사실이 되는가가 보여진다. (이 점은 이 관계에서 나중에 특별히 설명할 것. 교환 가치, 유통, 화폐와 같은 추상적 규정들에서는 이 점이 아직 우리의 주관적인 성찰에 속하는 반면, 여기에서는 관계 자체에 이미 정립되어 있으므로.)

2. 우리는 이제 과정의 두 번째 측면에 이르렀다. 자본 또는 자본가와 노동자 사이의 교환은 교환 과정에 관한 한 이제 완료되었다. 이제 교환은 자본의 사용 가치로서의 노동에 대한 자본의 관계로 나아간다. 노동은 자본에 마주 서는 **사용 가치**일 뿐만 아니라 자본 자체의 유일한 **사용 가치**(*der Gebrauchswert*)이다. 대상화된 가치로서의 가치들의 비존재로서의 노동은 비대상화된 가치로서의 가치들의 존재, 그것들의 관념적 존재이다. 가치들의 가능성이며 활동으로서 가치 정립이다. 자본에 대하여 노동은 노동자의 신체에 능력, 힘으로 실존할 뿐인 단순한 추상적 형태, 가치 정립하는 활동의 단순한 가능성이다. 그러나 자본과의 접촉에 의해서 실재적인 활동이 되면 — 노동에 대상이 없으므로, 그 자체로 그것은 실재적인 활동에 이르지 못한다. 노동은 실제로 가치 정립하는 생산적 활동이 된다. 자본과 관련하여 활동 일체는 자본 자체의 재생산 — 화폐 자체처럼 단순히 의도된 가치가 아니라, **실재적이고 유효한** 가치로서의 자본의 보존과 증대일 수 있을 뿐이다. 노동자와의 교환에 의해 자본은 노동 자체를 점취했다. 단지 현존할 뿐이고 따라서 죽은 대상성에 대해 결실을 맺는 생동성으로 작용하는 노동이 자본의 한 계기가 되었다.

자본은 화폐(대자적으로 정립된 교환 가치)이지만, 특수한 실체에 존재하고, 따라서 교환 가치들의 다른 실체로부터 배제되어, 이들과 나란히 존재하는 것이 아니라 모든 실체, 대상화된 노동의 모든 형태와 현존 방식의 교환 가치에서 자신의 관념적 규정을 보존하는 화폐이다. 대상화된 노동의 모든 특수한 형태에 실존하는 화폐로서의 자본이 이제 대상화되지 않고, 과정과 행위로 실존하는 살아 있는 노동과의 과정에 들어가는 한에 있어서, 무엇보다도 자본은 그것이 이제 노동으로 존재하는 형태와 그것이 존재하는 실체 사이의 이러한 질적인 차이이다. 자본은 이러한 구별 과정과 지양 과정이며, 이 속에서 자본 자체로 과정이 된다.

노동은 자본에 던져지고, 이제 자본을 발효시키는 효소이다. 한편으로 자본을 구성하는 대상성이 가공, 즉 노동에 의해 소비되어야 하며, 다른 한편으로는 노동의 단순한 주체성이 단순한 형태로서는 지양되고, 자본의 재료로 대상화되어야 한다. 노동에 대한 자본의 관계, 살아 있는 노동에 대한 대상화된 노동의 관계 — 자본이 노동에 대하여 수동적으로 등장하는 이 관계에서 특수한 실체로서의 자본은 형성하는 활동으로서의 노동과 관계를 맺는 수동적 현존이다 — 가 내용에 있어서는 노동의 대상성, 소재에 대한 노동의 관계일 수 있을 뿐이다 — (교환 가치에 선행하고, 생산 일반을 다루는 첫 번째 장에서 이미 다루어져야 할 것). 활동으로서의 노동과 관련하여 소재, 대상화된 노동은 형태 정립적이고 합목적적인 노동 활동을 위한 원재료, 즉 무형적 소재, 단순한 재료의 관계와 주체적 활동이 자신과 대상 자체 사이에 전도체로서 삽입되는 **노동 도구**, 스스로 대상적인 수단의 관계라는 두 관계만을 가진다.[131]

여기에서 경제학자들이 원자재 및 노동 도구와 **구별되는** 규정으로 도입하는 생산물로서의 규정은 아직 여기에 전혀 속하지 않는다. 그것은 활동으로서의 노동과 자본의 수동적 내용 사이의 과정의 **전제**가 아니라 결과로 나타난다. 원자재 및 노동 도구가 가치들의 실체로서 이미 **대상화된** 노동, 생산물이므로, 전제로서의 생산물은 원자재 및 노동 도구와는 구별되는, 노동에 대한 대상의 관계가 아니다. 가치의 실체는 특수한 자연적 실체가 아니라 대상화된 노동이다. 대상화된 노동 자체는 ‖11 ∣ 살아 있는 노동과 관련하여, 다시 원자재 및 노동 도구로 나타난다. 단순한 생산 행위를 즉자적으로 관찰하면, 노동 도구와 원자재는 자연에 주어져 있으므로 단순히 점취되기만 하면 되는 것, 즉 노동의 대상이자 수단으로 만들기만 하면 되는 것이고, 그 자체가 노동의 과정이 아닌 것으로 나타날 수 있다. 요컨대 노동의 대상과 수단에 대하여 생산물은 질적으로 다른 것으로 나타나며, 도구를 통해 소재에 노동을 가한 결과로서의 생산물일 뿐만 아니라, 그들 곁에 서 있는 노동의 첫 번째 대상화로서의 생산물이기도 하다. 그러나 자본의 구성 부분들로서 원자재와 노동 도구 자체는 이미 대상화된 노동, 즉 생산물이다. 아직 이것은 관계의 전부가 아니다. 왜냐하면 예를 들어 교환 가치, 따라서 자본이 전혀 존재하지 않는 생산에서 노동의 생산물이 새로운 노동의 수단과 대상이 될 수 있기 때문이다. 예를 들어 순전히 사용 가치를 위해서 생산하는 농업에서. 사냥꾼의 활, 어부의 그물, 간단히 말해 가장 단순한 상태도 생산물이기를 중지하고, 원재료, 또는 특히 생산 도구가 되는 생산물을 이미 전제로 하는데, 그 까닭은 원래 생산물이 재생산을 위한 수단으로 나타나는 첫 번째 형태가 이것이기 때문이다. 요컨대 이 관계는 결코 원자재와 노동 도구가 자본 자체의 계기로 등장하는 관계의 전부가 아니다.

그밖에 경제학자들은 전혀 다른 관계에서 생산물을 자본 실체의 세 번째 요소로 도입한다. 그것은 생산 과정뿐만 아니라 유통으로부터도 벗어나서, 개인적 소비의 직접적인 대상, 셰르불리에가 칭하는 바에 따르면, 생활 수단 기금[132]이라는 규정을 가지는 한에 있어서 생산물이다. 즉, 노동자가 노동자로서 살고 새로운 생산물이 생산되기 전에, 생산하는 동안 살 수 있도록 전제되어 있는 생산물들이다. 자본가가 이러한 능력을 가지고 있다는 것은 자본의 각 요소가 화폐이고, 그 자체로 부의 일반적 형태로부터 소재, 소비 대상으로 전환될 수 있다는 데 있다. 따라서 경제학자들의 생활 수단 기금은 노동자에게만 관련된다. 즉, 그것은 소모 대상, 사용 가치의 형태로 표현되는 화폐로서 노동자가 교환행위에서 자본가로부터 받는 것이다. 그러나 이것은 첫 번째 행위에 속한다. 이 첫 번째 행위가 두 번째 행위와 관계되어 있는 한, 그것은 아직 여기에서 논의의 대상이 될 수 없다. 생산 과정 자체에 의해 정립되는 유일한 분리는, 원초적 분리, 대상적 노동과 살아 있는 노동 사이의 차이에 의해 정립된 분리, 즉 원자재와 노동 도구 사이의 분리이다. 경제학자들이 이러한 규정들을 혼동하는 것은 아주 평범한 일인데, 그것은 그들이 자본과 노동 사이의 관계의 두 계기를 혼동해야 하고, 이것들의 특유한 차이를 고수해서는 안되기 때문이다.

요컨대 원자재는 노동에 의해 변화되고 형성됨으로써 소비되고, 노동 도구는 이 과정에서 사용되고 소모됨으로써 소비된다. 다른 한편으로 노동은 이용되고 운동하도록 강요되며, 그리하여 노동자의 근육 힘의 일정량이 지치도록 지출됨으로써 마찬가지로 소비된다. 그러나 노동은 소비될 뿐만 아니라, 동시에 활동 형태로부터 대상 형태, 휴지 형태로 고정되고 물질화 된다. 노동은 대상의 변화를 통해 자신의 형체를 변화시키며 활동으로부터 존재로 전환된다. 이 과정의 마지막은 생산물인데, 여기에서 원자재는 노동과 결합되어 나타나고, 노동 도구도 노동의 실재적 전도체가 됨으로써 마찬가지로 단순한 가능성으로부터 실재성으로 전환된다. 그러나 그럼으로써 노동 재료에 대한 그의 기계적이거나 화학적인 관계에 의해 그 자체로 자신의 정지된 형태에 있어서는 소모되었다. 과정의 세 계기인 재료, 도구, 노동 모두가 하나의 중립적인 결과 — 생산물에서 일치된다. 동시에 생산물에서는 거기에 소모된 생산 과정의 계기들이 재생산되어 있다. 따라서 과정 전체가 생산적 소비, 즉 무로 끝나는 것도 아니고, 대상적인 것의 단순한 주체화로 끝나는 것도 아니며, 그 자체로 다시 하나의 대상으로 정립되는 소비로 나타난다. 소모가 소재적인 것의 단순한 소모가 아니라 소모 자체의 소모이다. 소재적인 것의 지양에서는 이러한 지양의 지양이며, 따라서 소재적인 것의 정립. 형태를 부여하는 활동이 대상을 소모하고 그 자체로 소모되지만, 그것은 대상을 새로운 대상적 형태로 정립하기 위해서 대상의 주어진 형태를 소모할 뿐이며, 활동이라는 그것의 주체적 형태로만 그 자신을 소모한다. 그것은 대상의 대상적인 것 — 형태에 대한 무차별성 — 과 활동의 주체적인 것을 소모한다. 전자에게 형태를 주고, 후자를 물질화 한다. 그러나 생산 과정의 결과는 생산물로서의 사용 가치이다.

‖12‖ 이제 지금까지 얻어진 결과를 고찰하면 다음을 알게 된다.

첫째: 점취함으로써, 노동을 자본에 병합함으로써 — 여기에서 화폐, 즉 노동자에 대한 처분 능력의 구매 행위는 이 과정 자체의 계기가 아니라 이 과정을 시작하기 위한 수단으로 나타난다 — 자본은 발효하기 시작하며 과정, 생산 과정이 되는데, 여기에서 총체성, 살아 있는 노동으로서의 자본은 대상화된 노동으로서의 자신일 뿐만 아니라 대상화된 노동이기 때문에, 노동의 단순한 대상으로서의 자신과도 관계하는 생산 과정이 된다.

둘째: 단순 유통에서는, 즉 상품과 화폐가 유통의 계기들로 머무는 한에 있어서 상품과 화폐의 실체 자체는 형태 규정에 무차별적이었다. 실체가 중요한 한 상품은 소비(욕구) 대상으로서 경제적 관계 밖에 속했다. 형태가 자립화된 한에 있어서, 화폐는 아직 유통과 관계하지만, 그것은 부정적일 뿐이며 부정적인 관련이었을 뿐이다. 화폐가 그 자체로 고정되면, 그것은 죽은 물질성으로 해소되고 화폐이기를 중지한다. 상품과 화폐는 교환 가치의 두 표현이었으며, 다만 일반적 교환 가치와 특수한 교환 가치로서 상이할 뿐이었다. 이 상이성 자체는, 실재 유통에서 두 규정이 바뀌었을 뿐만 아니라, 각각을

그 자체로 관찰하면 화폐 그 자체도 특수한 상품이고, 가격으로서의 상품 자체도 일반적 화폐였으므로, 다시 단순히 상상된 상이성일 따름이다. 차이는 단지 형식적이었다. 각각은 그것이 다른 규정에 정립되어 있지 않았기 때문에, 그리고 그러한 한에 있어서 하나의 규정에 정립되었다. 그렇지만 이제 생산 과정에서 형태로서의 자본 자체는 실체로서의 자신과 구별된다. 자본은 동시에 두 규정이며 두 규정의 상호 관계이다. 그러나

셋째: 이러한 관계로서의 자본은 아직 즉자적으로만 나타났다. 이 관계는 아직 정립되지 않았거나, 또는 두 계기 중의 하나인 소재적 계기의 규정 하에서만 비로소 정립되었는데, 이 소재적 계기는 내적으로 질료(원자재 및 도구)와 형태(노동)로 구별되었고, 양자의 관계로서, 실재적 과정으로서 그 자체로 다시 소재적 관계일 뿐 — 자본으로서의 형태 관계와는 구별되는 자본의 내용을 이루는 두 소재적 요소의 관계일 뿐이다. 본래적으로 노동과 구별되어 나타나는 측면에서 자본을 관찰하면, 그것은 그것이 자본이 되게 하는 형태 규정이 — 요컨대 대자적으로 존재하는 사회적 관계가 완전히 해소된 그러한 수동적·대상적 현존일 뿐이다. 그것은 자신의 내용의 측면에 따라서만 — 대상화된 노동 일체로서 — 과정에 들어간다. 그러나 그것이 대상화된 노동이라는 사실은 노동에 대해서는 전적으로 무차별적인데, 노동에 대한 자본의 관계가 과정을 이룬다. 그가 과정에 들어가고 가공되는 것은 대상화된 노동으로서가 아니라 대상으로서 이다. 무명실이 되는 목화, 또는 직물이 되는 무명실, 또는 인쇄와 염색 재료가 되는 직물은 노동에게 주어진 목화, 무명실, 직물로만 존재하는 것이다. 이것들 자체가 노동의 생산물들, 대상화된 노동인 한에 있어서 그것들은 어떠한 과정에도 들어가지 않으며, 다만 일정한 자연적 속성을 가진 물질적 존재일 뿐이다. 이 속성들이 어떻게 그것들에 정립되었는지는 그것들에 대한 살아 있는 노동의 관계와 아무런 상관

도 없다. 그것들이 노동에 대하여 실존하는 것은 노동과 구별되어, 즉 노동 소재로 실존하는 한에 있어서만 이다. 노동에 전제된 대상적 형태로서의 자본으로부터 출발하는 한에 있어서 그러하다. 다른 한 편으로 노동자와의 교환에 의해서 노동 그 자체가 자본의 대상적 요 소의 하나가 되는 한, 자본의 대상적 요소들과 노동의 차이는 대상적 인 차이일 뿐이다. 전자는 휴지 형태이고 후자는 활동 형태이다. 관 계는 자본의 한 요소의 다른 요소에 대한 소재적 관계이지, 양자에 대한 그 자신의 관계는 아니다.

요컨대 한편으로 자본은 모든 형태 관계가 해소되어 있는 **수동적 대상**으로 나타난다. 다른 한편으로 자본은 그 자체로, 그것의 실체와 는 상이한 것으로 들어가지 않는 단순한 생산 과정으로 나타난다. 그 것은 스스로에게 귀속되는 실체로 전혀 나타나지 않고 — 대상화된 노동으로는 전혀 나타나지 않는데, 그 까닭은 이 노동이 교환 가치의 실체이기 때문이다 — 교환 가치, 대상화된 노동, 자본의 사용 가치 로서의 노동 자체에 대한 모든 관계가 사라져버린 — 따라서 자본 자체에 대한 모든 관계도 사라져버린 — 이 실체의 자연적인 현존 형태로만 나타난다. 이러한 측면에 비추어 고찰하면 ‖13‖ 자본의 과정은 가치 형태에서 화폐로서의 화폐가 사라졌던 과정 형태처럼, 자본으로서의 규정이 완전히 사라진 단순한 생산 과정 자체와 일치 한다. 우리가 지금까지 과정을 고찰하는 한에 있어서 대자적으로 존 재하는 자본 — 즉 자본가 — 은 전혀 개입되지 않는다. 노동에 의해 원자재와 노동 도구로 소모되는 것은 자본가가 아니다. 소모하는 것 도 자본가가 아니라 노동이다. 따라서 자본의 생산 과정이 자본의 생 산 과정으로 나타나지 않고 생산 과정 일체로 나타나며, 자본은 노동 과 구별되어 원자재와 노동 도구라는 소재적 규정성으로만 나타난다. 경제학자들이 자본을 모든 생산 과정에 필요한 요소로 주장하기 위 해서 고정시키는 것이 — 자의적인 추상일 뿐만 아니라 과정 자체에서 진행되는 추상인 — 바로 이러한 측면이다. 물론 그들은 이 과정 동안 자본의 자본으로서의 형태에 주의하는 것을 망각함으로써 그렇게 한다.

여기에서 관찰의 시각에서 볼 때, 비로소 등장할 뿐만 아니라 경제적 관계에도 정립되어 있는 계기에 주목하는 것이 적절하다. 자본과 노동의 첫 번째 행위, 교환에서 그 자체로 대자적으로 실존하는 노동은 반드시 **노동자**로 나타났다. 여기 두 번째 과정에서도 마찬가지로: 자본 일체는 대자적으로 존재하는, 말하자면 **이기적인 가치**로 정립되어 있다 (이것이 화폐에서는 단지 추구될 뿐이었다). 그러나 대자적으로 존재하는 자본은 **자본가**이다. 사회주의자들은 자본은 필요하지만 자본가는 필요하지 않다고 말한다.[133] 이 경우에 자본은 순수한 사물로 현상하지, 내적으로 성찰하면 바로 자본가가 되는 생산 관계로 현상하지 않는다. 나는 자본을 이 개별적인 자본가와 분리시킬 수 있고, 이 자본은 다른 자본가에게 이전될 수 있을 것이다. 그러나 그는 자본을 잃으면서 자본가의 속성을 잃는다. 따라서 자본은 개별적인 자본가로부터 분리될 수는 있을지라도, 그 자체로 유일한 노동자(*der* Arbeiter)에게 맞서 있는 유일한 자본가(*der* Kapitalist)로부터 분리될 수는 없다. 마찬가지로 개별적인 노동자도 노동의 대자적 존재이기를 멈출 수는 있다. 그는 돈을 상속받을 수도 있고 돈을 훔칠 수도 있다. 그러나 그러면 그는 **노동자**이기를 멈춘다. 노동자로서의 그는 대자적으로 존재하는 노동일 뿐이다(이는 나중에 상술할 것).

[노동 과정과 증식 과정]

과정의 전제와 조건으로서 처음에 나타나지 않았던 것이 그것의 끝에서 나올 수는 없다. 그러나 다른 한편에서 모든 것이 나오기도 해야 한다. 따라서 자본의 전제하에서 시작한 생산 과정의 끝에서 자본이 결국 형태 관계로서 사라진 것으로 현상한다면, 이는 생산 과정을 관통하는 보이지 않는 실이 간과되었기 때문이다. 이제 이 측면을 고찰하자.

요컨대 첫 번째 결과는 다음과 같다.

α) 노동을 자본에 병합함으로써 자본은 생산 과정이 된다. 그러나 우선 물질적 생산 과정, 생산 과정 일체가 되므로, 자본의 생산 과정이 물질적 생산 과정 일체와 구별되지 않는다. 그것의 형태 규정이 완전히 사라졌다. 자본이 자신의 대상적 존재의 일부를 노동과 교환함으로써, 그것의 대상적 현존 자체가 대상으로서의 자신과 노동으로 분리된다. 양자의 관계가 생산 과정, 또는 더 정확하게 말하자면 노동 과정을 이룬다. 이로써 가치 이전에 출발점으로 정립되었던 — 자신의 추상성, 순수한 소재성 때문에 모든 생산 형태에 똑같이 고유한 — 노동 과정이 다시 자본 내에서 나타나는데, 이것은 자본의 소재 내에서 진행되고 자본의 내용을 이루는 과정으로 나타난다.

(생산 과정 자체 내에서도 형태 규정의 이러한 소멸이 단지 외양에 지나지 않는다는 것이 입증될 것이다.)

자본은 가치이되, 우선 그것이 단순한 생산 과정, 어떠한 특수한 경제적 규정성으로도 정립되어 있지 않고, 생산 과정 일체의 형태를 가지는 과정으로 나타나는 한에 있어서 — (우리가 본 바와 같이 그 자체로는 결코 자본을 전제하는 것이 아니라 모든 생산 양식에 고유한) 단순한 생산 과정의 어떤 특수한 측면이 고정되느냐에 따라서 —, 그것이 생산물이 된다고 말하거나, 또는 자본이 노동 도구나 노동의 원자재라고 말할 수 있다. 나아가 자본을 소재나 단순한 수단으로서 노동에 마주 서는 측면에 따라 다시 파악한다면, 그것이 생산적이지 않다고 말하는 것은 당연하다.[134] 그 까닭은 이 경우 자본은 노동에 마주 서는 대상, 질료로서, 단순히 수동적인 것으로만 관찰되기 때문이다. 그러나 올바른 것은 자본이 한 측면이나 이 측면 자체의 다양성으로 나타나지 않고, 단순한 결과(생산물)로 나타나지도 않으며, 단순한 생산 과정 자체로 나타난다는 것이다. 또한 이 과정이 이제 자본의 자기 운동하는 내용으로 나타난다는 것이다.

{무엇이 생산적 노동이고 아닌지는 애덤 스미스가 이것을 구분한 이래[135] 매우 논란이 많았던 점인데, 이것은 자본의 상이한 측면들을 분해함으로써 해명되어야 한다. 생산적 노동은 단지 자본을 생산하는 노동이다. 비록 피아니스트가 없다면 피아노는 무의미한 것이겠지만, 피아노 제작자는 생산적 노동자인 데 반해 피아니스트는 아니라는 것은 어처구니없지 않느냐고 시니어는 묻는다.[136] 그러나 그것은 정확하다. 피아노 제작자는 자본을 재생산한다. 피아니스트는 그의 노동을 수입과 교환할 뿐이다. 그러나 피아니스트는 음악을 생산하고, 우리의 음향 감각을 충족시켜 주며, 말하자면 생산하는 것이 아닌가? 사실 그도 생산한다. 그의 노동은 무언가를 생산한다. 그렇다고 해서 그의 노동이 경제적인 의미에서 생산적 노동인 것은 아니다. 망상(妄想)을 만드는 바보의 노동이 생산적인 것이 아니듯이. 노동이 생산적인 것은 그가 자신의 반대를 생산함을 통해서만 이다. 따라서 다른 경제학자들은 소위 비생산적 노동자들을 간접적으로 생산적으로 만든다. 예를 들어 피아니스트는 우리의 개성이 활동적이고 생기 있는 기분을 가지도록 하거나, 또는 새로운 욕구를 불러일으켜, 이것의 충족을 위해서 직접적인 물질적 생산에서 더 노력하도록 한다는 평범한 의미에서 생산에 자극을 준다는 것이다. 여기에서는 자본을 생산하는 노동만이 생산적이라는 것, 요컨대 그것을 생산하지 않는 노동은

그것이 아무리 유용하다 할지라도 — 그것은 마찬가지로 해로울 수도 있다 — 자본화를 위해서 생산적이지 않고, 따라서 비생산적 노동이라는 것이 이미 인정되었다. 다른 경제학자들은 생산적 노동과 비생산적 노동의 차이는 생산이 아니라 소비와 관련되어야 한다고 말한다. 정반대이다. 비록 담배 소비가 비생산적일지라도 담배 생산자는 생산적이다. 비생산적 소비를 위한 생산도 생산적 소비를 위한 생산과 마찬가지로 생산적이다. 그가 자본들을 생산하거나 재생산하다면. 따라서 "생산적 노동자는 직접적으로 자기 주인의 부를 증대시키는 자이다."라고 말하는 맬더스의 주장은 옳다(X, 40쪽).[137] 적어도 한 측면에서는 옳다. 이 표현은 이러한 방식으로는 노예에게도 해당되므로 너무 추상적이다. 노동자에 대한 관계에 있어서 주인의 부는 노동에 대한 그의 관계에 있어서의 부의 형태, 즉 자본이다. 생산적 노동자는 자본을 직접 증대시키는 자이다.}

‖14‖ β) 이제는 생산 과정에서 보존되고 수정되는 바와 같은 형태 규정의 측면을 고찰하자.

사용 가치로서의 노동은 자본을 위하여 존재할 뿐이며, 자본 자신의 유일한 사용 가치(der Gebrauchswert), 즉 그것을 증식시키는 매개적 활동이다. 자신의 가치를 재생산하고 증대시키는 것으로서의 자본은 과정, 증식 과정으로서의 자립적인 교환 가치(화폐)이다. 따라서 사용 가치로서의 노동은 노동자를 위해 존재하는 것이 아니다. 따라서 부의 생산력, 치부의 수단이나 활동으로서의 노동은 노동자를 위한 것이 아니다. 노동자는 자신에게 자본이 아니라 화폐로 마주 서는 자본과 사용 가치로서의 노동을 교환시킨다. 노동자와 관련하여 자본은 우선 이 교환의 밖에 속하고, 교환과는 독립적인 노동 소비에 의해서 비로소 자본으로서의 자본이 된다. 자본을 위한 사용 가치인 노동은 노동자를 위해서는 단순한 교환 가치, 주어져 있는 교환 가치이다. 그러한 노동은 자본과의 교환 행위에서 화폐를 목적으로 하는 판매에 의해 정립된다. 한 사물의 사용 가치는 그 자체로 판매자에게 아무런 상관이 없고 구매자에게만 상관이 있다. 화약으로 사용될 수 있는 질산칼륨의 속성이 질산칼륨의 가격을 결정하는 것이 아니라, 질산칼륨 자체의 생산비, 그것에 대상화된 노동의 양에 의해 그 가격이 결정된다. 유통에 가격으로 들어가는 사용 가치들의 가치는, 비록 유통에서 실현된다고 할지라도, 결코 유통의 산물은 아니다. 가치는 유통에 전제되어 있으며, 화폐와의 교환에서 실현될 뿐이다. 그러므로 노동자가 자본가에게 사용 가치로 판매하는 노동이 노동자를 위해서는 자신의 교환 가치인데, 이것은 그가 실현하고자 하지만 이미 이 교환 행위 이전에 결정되어 있고, 이 행위에 조건으로 전제되어 있으며, 다른 상품의 가격과 마찬가지로 수요와 공급, 또는 우리가 여기에서 관계하고 있는 바와 같이 일반적으로는 노동자의 노동 능력을 생산했고, 따라서 노동자가 등가물로 받는 생산비, 대상화된 노동의 양에 의해 결정된다.

‖15‖ 따라서 자본가와의 교환에서 실현되는 노동의 교환 가치는 전제되어 있고 사전에 결정되어 있으며, 단지 관념적으로 정립되었을 뿐인 모든 가격이 실현되면서 거치는 형식적인 수정만을 겪는다. 그것은 노동의 사용 가치에 의해 결정되지 않는다. 노동은 노동자 자신에게 교환 가치를 생산하는 것이 아니라 교환 가치인 한에 있어서만 사용 가치를 가질 뿐이다. 자본에게 노동은 사용 가치인 한에 있어서만 교환 가치를 가진다. 노동이 자신의 교환 가치와는 구별되는 사용 가치인 것은 노동자를 위해서가 아니라 자본가를 위해서만 이다. 요컨대 노동자는 노동을 지나간 과정에 의해 결정된, 단순하고 사전에 결정된 교환 가치로 교환한다 — 그는 노동 자체를 대상화된 노동으로 교환한다. 노동이 이미 일정량의 노동을 대상화한 한에 있어서만, 즉 그의 등가물이 이미 측정되고 주어진 것인 한에 있어서만 —. 자본은 산 노동, 부의 일반적 생산력, 부를 증대시키는 활동으로

서의 노동을 사들인다. 요컨대 에서(Esau)[12]가 한 접시의 불콩 요리
를 받고 자신의 장자 상속권을 바쳤듯이, 주어진 크기인 노동 능력에
대한 대가로 자신의 **창조적인 힘**을 바침으로써, 노동자가 이러한 교
환을 통해서 부자가 될 수 없다는 것은 명백하다. 오히려 그는 아래
에서 보여지는 바와 같이, 자기 노동의 창조적인 힘을 자본의 힘, 자
신에게 마주 서는 타인의 권력으로 정착시킴으로써 가난해진다. 그는
부의 생산력으로서의 노동을 양도하는 것이다. 자본은 그러한 것으
로서의 노동을 점취한다. 따라서 노동과 노동 생산물에 대한 소유의
분리, 노동과 부의 분리는 이 교환 행위 자체에 정립되어 있다. 결과
적으로 이율배반적인 것처럼 보이는 것이 이미 전제 자체에 포함되
어 있는 것이다. 경제학자들은 다소 경험적으로 이를 표현했다.

　요컨대 노동자에 대하여 그의 노동의 생산성, 그의 노동 일체는
능력이 아니라 운동, 실재적 노동인 한에 있어서 타인의 권력이 된다.
반대로 자본은 타인 노동의 점취에 의해 증식된다. (이로써 적어도
증식 가능성이 정립되었다. 노동과 자본 사이의 교환의 결과로써. 자
본이 실제로 타인 노동을 소비하는 생산 행위 자체에서 비로소 이러
한 관계가 실현된다.) 노동이 자본에게 **전제된** 교환 가치로서 화폐
등가물과 교환되듯이, 이 화폐 등가물은 소비될 상품 등가물과 다시
교환된다. 이러한 교환 과정에서 노동은 생산적이지 않다. 노동은 자
본을 위해서만 비로소 생산적일 수 있다. 노동은 그가 유통에 내던진
것, 그 자신의 가치와 마찬가지로 그 자신의 생산물인, 사전에 결정된
상품량만을 끄집어낼 수 있다. 노동자는 자신의 노동을 곡물과 교환
해서 소비하는 반면, 노동은 "그의 주인을 위한 **자본**이 되었다."고
시스몽디는 말한다(시스[몽디] VI).

---

12) [역주] 『구약성서』의 「창세기」 편에 나오는 인물. 이삭의 장자(長子) 에서는
　　차남 야곱에게 죽 한 그릇을 얻어먹기 위해 자신의 장자 상속권을 팔아버렸
　　다.

자신의 노동을 교환해 주면서, 노동자는 노동을 자본으로 전환시킨다 (앞의 책, Ⅷ).[138]

노동자는 자신의 노동을 자본가에게 판매함으로써, 이 노동의 생산물에 대한 권리나 노동이 생산물에 추가한 가치에 대한 권리를 얻는 것이 아니라, 노동 가격에 대한 권리만을 얻는다(셰르불리에, XX Ⅷ).[139]

노동 판매 = 노동의 모든 결실을 포기하기(앞의 책).

따라서 문명의 모든 진보, 또는 다른 말로 하자면 — 과학, 발명, 분업, 노동 결합, 통신 수단의 개선, 세계 시장의 창조, 기계류 등에서 유래하는 바와 같은 —, 사회적 생산력 또는 노동 자체의 생산력의 모든 증대는 노동자가 아니라 자본을 부유하게 만든다. 요컨대 노동을 지배하는 권력만을 증가시키고, 자본의 생산력만을 증대시킨다. 자본은 노동자의 대립이므로, 사회적 생산력은 노동에 대한 객관적 권력만을 증대시킨다. (합목적적인 산 활동으로서) 노동의 자본으로의 전환은 그것이 노동의 생산물에 대한 소유권(그리고 노동에 대한 통제권)을 자본가에게 부여하는 한에 있어서 즉자적으로 자본과 노동 사이의 교환의 결과이다. 이러한 전환이 정립되는 것은 단지 생산 과정 자체에서이다. 자본이 생산적인가 아닌가 하는 질문은 어리석은 질문이다. 자본이 생산의 기초이고 자본가가 생산의 통제자인 곳에서, 그것은 노동 자체가 자본으로 수용되는 한에 있어서만 생산적이다. 상품의 일반적 교환 가치가 화폐로 고정되듯이, 노동의 생산성이 자본의 생산력이 된다. 자본과 대립하면서 노동자에게 대자적으로 존재하는 바와 같은 노동, 즉 자본으로부터 분리되어 직접적으로 현존하는 노동은 생산적이지 않다. 노동은 그것이 단지 형식적으로만 변화되는 단순 유통 과정으로 들어가는 동안에도 결코 생산적이지 않다. 따라서 자본에 귀속되는 모든 생산력이 전위(轉位), 노동 생산력의 치환이라는 것을 입증하는 자들은, 자본 자체가 본질적으로 이러한 전위, 이러한 치환이고, 임노동 자체는 자본을 전제로 하며, 노동의 편에서 관찰해도 이러한 성체변질(聖體變質)이 자신의 힘을 노동자에게 낯선 힘으로 정립하는 데 필요한 과정이라는 사실을 잊고 있다. 따라서 임노동을 존속시키면서 동시에 자본을 지양하려는 것은 자기 모순적이고 자기 해체적인 요구이다. 예를 들어 리카도, 시스몽디 등과 같은 다른 경제학자들은 자본이 아니라 노동만이 생산적이라고 말한다.[140] 그러나 그렇다면 그들은 자본을 그것의 특유한 형태규정성에 있어서 내적으로 성찰된 생산 관계로 파악하는 것이 아니라, 그것의 소재적인 실체, 원자재 등으로만 생각할 뿐이다. 그러나 이 소재적 요소들이 자본을 자본으로 만드는 것은 아니다. 다른 한편으로 자본이 한 측면에서 가치, 즉 비물질적인 것, 그의 소재적 존립에 무차별적인 것이라는 생각이 다시 떠오른다. 그러므로 세이는 다음과 같이 말한다.

자본을 구성하는 것은 질료가 아니라 이 질료의 가치, 물질적인 것을 가지지 않는 가치이므로, 그것은 본질에 있어서 언제나 비물질적이다(세이. 21쪽).[141]

또는 시스몽디는 다음과 같이:

자본은 상업적인 개념이다(시스몽디. LX).[142]

그러다가 그들은 자본이 가치와는 다른 경제적 규정이기도 하다는 생각을 하기도 한다. 왜냐하면 그렇지 않다면 가치와 구별되는 자본에 관해서 언급할 수 없을 것이며, 모든 자본은 가치이지만 가치 자체는 아직 자본이 아니기 때문이다. 그리고 나서 그들은 생산 과정에서의 자본의 소재적 형체로 다시 도피한다. 예컨대 리카도[116]는 자본을 새로운 노동의 생산에서 고용된 축적된 노동, 즉 단순한 노동 도구 또는 노동 재료라고 설명한다. 이런 의미에서 세이[143]는 노동 도구 자체가 마치 노동자의 감사(感謝)를 받을 권리가 있고, 노동자에 의해서만 비로소 노동 수단으로 생산적으로 정립되는 것은 아니라는 듯이, 자본에 대한 배상의 기초가 되어야 하는 자본의 생산적 용역에 관해 말하고 있다. 자본의 요구를 연역하기 위해서 노동 도구의 자립성, 즉 이것의 사회적 규정성, 즉 자본으로서의 그것의 규정이 그렇게 전제된다. "자본은 가치를 가지고 노동은 생산한다"는 프루동의 말은 자본은 가치라고 말하는 것에 지나지 않는다.[144] 여기에서는 자본이 가치이고 가치는 가치이며(판단의 주어가 술어의 다른 이름일 뿐이다), 노동은 생산한다는 말 이외에 자본에 관해 말해지는 바가 없으므로, 생산적 활동, 즉 노동은 "생산하기" 이외에는 아무 것도 아니므로 노동이다. 이러한 동일한 판단들이 특별히 값진 지혜를 담고 있지 않는다는 것, 특히 그것들은 가치와 노동이 서로 무차별적인 무관심사로서 병존하는 것이 아니라, 그 자체로 서로 관련되고 서로 구별되는 관계를 맺게 되는 관계를 표현할 수 없다는 것이 분명해진다. 노동이 자본에 대하여 주체로 나타난다는 것, 즉 노동자가 노동의 규정에서만, 그리고 이 노동이 노동자 자신은 아니라는 것이 이미 눈에 띄었을 것이다. 여기에는 결코 "자연적인" 것이 아니라 그 자체로 이미 특유한 경제적 규정을 포함하는, 자신의 활동에 대한 노동자의 관계가 포함되어 있다.

우리가 여기에서 자본을 가치 및 화폐와 구별되는 것으로 고찰하는 한에 있어서, 자본은 **자본 일반**, 즉 자본으로서의 가치를 단순한 가치나 화폐와 구별하는 규정들의 총괄이다. 가치, 화폐, 유통 등, 가

격 등은 전제되어 있고 노동 등도 전제되어 있다. 그러나 자본의 특
수한 형태나 다른 개별 자본들과 구별되는 개별 자본 등과는 아직 관
계가 없다. 우리는 자본의 등장 과정에 머물러 있다. 이러한 변증법
적 등장 과정은 자본이 이루어지는 실재적 운동의 관념적 표현일 뿐
이다. 그 이후의 관계들은 이 맹아로부터의 발전으로 고찰될 것이다.
그러나 일정한 지점에 정립되어 있는 특정한 형태를 고정할 필요가
있다. 그렇지 않으면 혼란이 일어난다.

∥17∥ 지금까지 자본은 그것의 소재적인 측면에 따라 단순 생산
과정으로 고찰되었다. 그러나 이 과정은 형태 규정성의 측면에서 보
면 자기 증식 과정이다. 자기 증식은 전제된 가치의 보존뿐 아니라
이것의 증대도 포함한다.

가치가 주체로 등장한다. 노동은 합목적적인 활동이다. 그러므로
소재의 측면에서 보면, 생산 과정에서 노동 도구가 실제로 어떤 목적
을 위한 수단으로 사용되었다는 것과, 생산물로서의 원재료가 화학
적인 신진대사에 의해서든 기계적인 변화에 의해서든 그것이 당초
가지고 있던 것보다 더 높은 사용 가치를 얻었다는 것이 전제되어
있다. 아직은 단지 사용 가치와 관련되는 이러한 측면만이 단순 생산
과정에 속한다. 여기에서 더 높은 사용 가치가 산출되었다는 것(이것
도 매우 상대적이다. 곡식이 술로 전환된다면 보다 높은 사용 가치
자체가 이미 유통과 관련하여 정립되어 있다)은 문제가 되지 않는다
— 이는 오히려 내포되고 전제되어 있다. 또한 개인, 생산자를 위해
서 보다 높은 사용 가치가 산출된 것도 아니다. 이것은 적어도 우연
적이며, 관계 자체와는 아무런 상관이 없다. 타인을 위한 보다 높은
사용 가치이다. 문제가 되는 것은 더 많은 교환 가치가 생산되었다는
것이다. 단순 유통에서 개별 상품으로서 그것은 해당자에게 사용 가
치로 소비됨으로써 과정을 끝맺는다. 그에 따라 상품은 유통을 벗어
났고, 그것의 교환 가치, 그것의 경제적 형태 규정 일체를 잃었다. 자

본은 노동을 통해 재료를 소비했고, 재료를 통해 노동을 소비했다. 자본은 이들을 사용 가치로 소비했으나, 자신을 위한 사용 가치, 자본으로만 소비했다. 요컨대 여기에서 사용 가치로서의 자본의 소비는 유통에 속하거나, 또는 오히려 그 자체로 유통의 시작이나 끝을 정립한다. 여기에서는 사용 가치 자체가 교환 가치에 의해 규정되었기 때문에 사용 가치의 소비 자체가 경제적 과정에 속한다. 생산 과정의 어떤 계기에서도 자본은 자본이기를 멈추지 않거나 가치는 가치이기를 멈추지 않고, 그러한 것으로서 교환 가치이다. 프루동 씨처럼 교환 행위로써, 즉 단순 유통에 다시 들어감으로써 생산물이던 자본이 이제는 교환 가치로 된다고 말하는 것만큼 어리석은 것은 없다.[120] 그렇다면 우리는 다시 처음으로, 즉 생산물에서 교환 가치의 발생이 고찰되던 직접적인 물물교환으로 되돌아온 셈일 것이다. 생산 과정이 끝난 후, 그것이 사용 가치로 소비된 후에 자본이 다시 상품으로 유통에 들어가고 들어갈 수 있는 것은, 이미 그것이 자기 보존되는 교환 가치로 전제되어 있었다는 데 의거한다. 그러나 그것이 생산물로서 지금 다시 상품이 되고, 상품으로서 교환 가치가 되며, 가격을 얻고 그러한 가격으로서 화폐로 실현되는 한에 있어서, 자본은 단순한 상품, 교환 가치 일체이며, 그러한 것으로서 유통에서 화폐로 실현되거나 실현되지 않을, 즉 그것의 교환 가치가 화폐로 되거나 되지 않을 숙명에 처해진다. 따라서 그것이 형성되던 — 이전에 관념적으로 정립되었던 것보다 — 교환 가치는 문제가 있게 된다. 그것이 유통에서 보다 많은 교환 가치로서 실질적으로 정립된다는 것조차, 단순 규정에 따라 등가물들만이 교환되는 유통 자체에서 유래할 수 없다. 그것이 보다 많은 교환 가치로서 유통으로부터 나오려면, 그것은 그러한 것으로서 유통에 들어갔어야 한다.

자본은 형태적으로 노동 대상들과 노동이 아니라 가치들로 구성되어 있으며, 보다 규정적으로는 가격들로 구성되어 있다. 그것의 가치 요소들이 생산 과정 속에서 다양한 실체를 가졌다는 것은 가치들로 서의 그것의 규정에는 전혀 상관이 없다. 그것에 의해서 그것들이 변하는 것은 아니다. 그것들이 불안의 — 과정의 — 형태로부터 과정의 마지막에 다시 생산물이라는 휴지하는 객관적 형체로 집약된다면, 이것은 변하지 않는 가치와 관련해서 단순한 소재대사일 뿐이다. 물론 실체 자체가 파괴되었지만, 그것은 무(無)로 파괴된 것이 아니라 형태가 달라진 실체로 파괴되었다. 이전에 실체들은 생산물의 기본적이고 무차별적인 조건으로 나타났다. 그것들이 지금은 생산물이다. 요컨대 생산물의 가치는 원자재, 노동 도구(여기에는 단순히 도구적인 상품들도 포함된다), 노동 자체라는 일정한 소재적 과정의 요소들에 물질화 되어 있는 가치들의 합계와 같을 수 있을 뿐이다. 원자재는 완전히 소모되었고, 노동도 완전히 소모되었으며, 도구는 부분적으로만 소모되어 과정 이전에 그것이 갖추었던 일정한 존재 양식으로 자본 가치의 일부를 계속 보유한다. 이 부분은 아무런 변화도 겪지 않으므로, 여기에서는 전혀 고찰되지 않는다. 가치들의 다양한 실존 양식은 순수한 외양이었으며, 가치 자체는 사라지면서 불변의 본질을 이루었다. 이러한 측면에서 보면 가치로서 관찰된 생산물은 생산물이 아니라, 오히려 동등하게 남아 있는 동일한 불변의 가치로서 자신에게 무차별적이고, 화폐와 교환될 수 있는 다른 실존 양식을 가질 뿐이다.

생산물의 가치 = 원자재의 가치 + 노동 수단에서 폐기된 부분, 즉 자신의 본래적인 형태로 보존되면서 생산물로 이전된 부분의 가치 + 노동의 가치. 또는 생산물의 가격은 그것의 생산비, 즉 생산 과정에서 소비된 상품 가격의 합계와 같다. 즉, 다른 말로 하자면 생산 과정은 소재적 측면에서 보면 가치와 무관하다는 것, ‖18‖ 따라서 그것은 자신과 동일한 채로 남아 있으면서 다만 다른 실존 양식을 취했고, 다른 실체와 형태로 물질화 되었다는 것에 지나지 않는다.

(실체의 형태는 경제적 형태, 가치 자체와는 상관없다.) 자본이 원래 100탈러였다면, 비록 이 100탈러가 생산 과정에서 면화 50탈러, 임금 40탈러, 방적기 10탈러로 존재했고, 이제는 무명실 100탈러로 존재할지라도, 여전히 100탈러이다. 이 100탈러의 재생산은 단순한 자기 유지이며, 그것은 다만 물질적 생산 과정을 통해 매개되었을 뿐이다. 따라서 이 생산 과정은 생산물로 나아가야 하는데, 그렇지 않으면 면화는 가치를 잃고, 노동 도구도 헛되이 사용되며, 임금도 헛되이 지불될 것이기 때문이다. 가치의 자기 유지를 위한 유일한 조건은 생산 과정이 실재적인 총체적 과정이라는 것, 즉 생산물까지 나아간다는 것이다. 여기에서 생산 과정의 총체, 즉 그것이 생산물까지 나아간다는 것은 실제로 가치의 자기 보존, 자기 유지의 조건이다. 그러나 이는 이미 자본이 실제로 사용 가치, 실재적인 생산 과정이 되는 첫 번째 조건에 포함되어 있다. 요컨대 이 점에서 전제되어 있다.

다른 한편으로 자본이 생산 과정에서 가치로 보존된다면, 즉 생산물로 보존된다면, 생산 과정은 오직 자본을 위한 생산 과정이다. 따라서 필요 가격 = 생산비 가격의 합계라는 명제는 순전히 분석적이다. 이는 자본 자체의 생산을 위한 전제이다. 한편으로 자본은 100탈러, 단순한 가치로 정립되었고, 다른 한편으로 이 과정에서 일정한, 생산 과정 자체에 의해 규정된 가치 요소들의 가격의 합계로 정립되어 있다. 자본의 가격, 화폐로 표현된 그것의 가치 = 그것의 생산물의 가격. 즉, 생산 과정의 결과로서 자본의 가치는 생산 과정의 전제였던 자본의 가치와 동일하다. 다만 그것은 자신이 과정의 처음에 가졌거나 마지막에 다시 결과로 가지는 단순성에 머무르지 않고, 일단 노동의 가치(임금), 노동 도구의 가치, 원료의 가치라는 전혀 무차별적인 양적 구성 부분들로 나누어진다. 단순한 가치가 생산 과정에서 수적으로 분해되고, 생산물에서 다시 단순하게 모이는 어떤 수의 가치들로 분해되더라도, 이제는 합계로 분해된다는 관계 이외에 아직 아무런 관계도 정립되어 있지 않다. 그러나 그 합계 = 원래의 단위이다. 여기에서 가치를 고찰하면, 상이한 가치량들 사이의 관계에는 양적인 분할 이외의 다른 어떤 차이도 포함되어[13] 있지 않다. 100탈러가 원래의 자본이었다. 100탈러는 생산물이지만, 이제는 100탈러가 50 + 40 + 10탈러의 합계이다. 나는 이 100탈러를 처음부터 50 + 40 + 10탈러의 합계로 고찰할 수 있었으나, 마찬가지로 60 + 30 + 10의 합계로도 고찰할 수 있었을 것이다. 이제 100탈러가 일정 수의 단위들의 합계로 나타난다는 것은, 자본이 생산 과정에서 분해되는 상이한 소재적 요소들이 각각 자본 가치의 한 부분, 그것도 일정한 부분을 나타냄으로써 정립되었다는 것이다.

원래의 단위가 분해되는 이 수치들 자체가 서로 일정한 비율을 가진다는 것은 뒤에서 보여지겠지만, 여기에서는 아직 우리의 논의와 상관이 없다. 생산 과정 동안의 운동이 가치 자체로 정립되어 있는 한에 있어서, 그것은 다음과 같은 단순한 행위로 구성되어 있는 순전히 형식적인 운동이다. 가치는 단위로서, 그 자체로 단위, 전체로서 고찰되는 일정 수의 단위들로 존재한다는 것, 즉 100탈러의 자본. 둘째로, 생산 과정 동안 이 단위는 50탈러, 40탈러, 10탈러로 분할되고, 이 분할은 노동 재료, 도구, 노동이 일정한 양으로 사용되는 한에 있어서 중요하지만, 여기에서 100탈러 자신과 관련해서는 동일한 단위가 상이한 수치들로 무차별적으로 분열된 것으로만 중요한 분할이라는 것. 끝으로 생산물에서 100탈러는 다시 합계로 나타난다는 것. 가치와 관련하여 유일한 과정은 그것이 일단 전체, 단위, 그리고 나서는 이 단위의 일정 수로의 분할로, 끝으로는 합계로 나타난다는 것이다. 마지막에 합계로 나타나는 100탈러는 처음에 단위로 나타났던 것과 동일한 합계이다. 합계, 합산의 규정은 생산 행위에서 일어난

---

13) 수고에는: 보존되어

분할을 통해서만 발생한다. 그러나 생산물 자체에 존재하지는 않는다. 생산물의 가격 = 생산비의 가격, 또는 자본의 가치 = 생산물의 가치라는 명제는 자본의 가치가 생산 행위에서 보존되었고, 이제는 합계로 나타난다는 것 이외에는 아무 것도 말하지 않는다. 자본의 이러한 단순한 동일성, 또는 생산 과정을 통한 자본 가치의 재생산을 통해서는 우리가 처음 서 있던 자리에서 조금도 더 나아가지 못한 것이 될 것이다. 처음에 전제로 존재했던 것이 이제는 ‖19‖ 결과로 존재하며, 그것도 불변의 형태로 존재한다. 경제학자들이 생산비에 의한 가격 결정에 관해 말할 때, 그들이 실제로 그러한 것을 의미하지는 않는다는 것은 분명하다. 그렇지 않고서는 처음에 존재했던 것보다 더 많은 가치가 결코 생산될 수 없을 것이다. 여기에서 논외인 사용 가치가 더 많아질지라도, 교환 가치는 많아지지 않을 것이다. 상품의 사용 가치가 아니라 **자본의 사용 가치** 일체가 논의되고 있다.

한 상품의 생산비 또는 필요 가격 = 110이라고 말한다면 다음과 같이 계산하는 것이다. 최초 자본 = 100 (예를 들어 원자재 = 50, 노동 = 40, 도구 = 10) + 이자 5% + 이윤 5%. 요컨대 생산비는 100이 아니라 110이다. 말하자면 생산비가 생산의 비용보다 크다. 몇몇 경제학자들이 즐겨하듯이 상품의 교환 가치로부터 사용 가치로 도피한다고 해도 전혀 아무런 도움이 되지 않는다. 이 사용 가치가 더 많든 적든 그 자체로는 교환 가치를 결정하지 않는다. 상품들이 비록 생산하기 전에 가졌던 것보다 더 많은 사용 가치를 얻었다고 할지라도, 때로는 생산 가격[79] 미만으로 떨어지기도 한다. 유통으로 도피하는 것도 마찬가지로 도움이 되지 않는다. 내가 100으로 생산하되 대신 110으로 판매한다는 식으로.

이윤은 교환에 의해 만들어지지 않는다. 그것이 미리 존재하지 않았더라면 이러한 거래 이후에도 존재할 수 없을 것이다(램지. Ⅸ, 88쪽).[145]

즉, 이것은 단순 유통은 엄연히 단지 등가물로만 가치를 정립할 뿐임에도 불구하고, 단순 유통으로부터 가치 증대를 설명하려는 것. 모두가 10% 비싸게 판매한다면, 이는 이들 모두가 생산비로 판매하는 것이나 마찬가지라는 것은 경험적으로도 분명하다. 그렇다면 잉여가치[146]는 순전히 명목적이고, 인위적이며, 형식적인 것일 것이며, 단순한 상투어일 것이다. 그리고 화폐 그 자체가 상품, 생산물이므로, 그것도 마찬가지로 10% 비싸게 판매될 것이다. 즉, 110탈러를 받는 판매자는 실제로 100탈러를 받았을 뿐이다. (대외 무역을 단순 유통으로 파악하고, 이에 따라 다음과 같이 말하는 리카도의 무역 이론도 참조.

대외 무역은 한 나라의 교환 가치를 결코 증대시킬 수 없다(리카도, 30, 40쪽).[147]

그가 이에 대해 제시하는 이유들은 교환 자체, 단순 유통, 요컨대 상업 일체는 그 자체로만 파악하면 교환 가치들을 결코 증대시킬 수 없고, 결코 교환 가치를 산출할 수 없다는 것을 "입증"하는 이유들과 완전히 동일하다.) 그렇지 않다면 가격 = 생산비라는 명제는, 한 상품의 가격은 언제나 그것의 생산비보다 크다는 뜻이기도 해야 할 것이다. 단순한 산술적인 가감(加減) 이외에, 이제 생산 과정에서 이것의 요소들은 생산비로 나타난다는 형태 요소, 즉 생산 과정의 요소들이 그것들의 소재적인 규정성[에 있어서] 고수되는 것이 아니라, 생산 과정 이전에 존재했던 현존 방식에서 소비되는 가치들로 고수된다는 형태 요소가 가치에 추가된다.

다른 한편, 생산 행위가 자본 가치의 재생산일 뿐이라면, 생산 행위와 더불어 경제적 변화는 일어나지 않고 소재적인 변화만 일어났을 것이고, 그러한 단순한 가치 보존은 자본의 개념에 모순된다는 것

은 분명하다. 자본은 자립적인 화폐처럼 유통 밖에 머물러 있는 것이
아니라, 다양한 상품들의 형체를 가질 것이다. 그렇지만 아무런 성과
도 없다. 이 과정은 무의미한 과정일 것이다. 왜냐하면 그것은 결국
동일한 화폐액을 나타낼 뿐이고, 화폐가 자신의 불멸의 형태를 포기
하는 생산 행위 — 이것이 실패할 수도 있는데 — 로부터 벗어나면
서 손상 당할 위험만을 무릅써야 했을 것이므로.

자. 이제 생산 과정은 끝났다. 생산물도 다시 화폐로 실현되었고,
다시 100탈러라는 원래의 형태를 취했다. 그러나 자본가도 먹고 마
셔야 한다. 그는 화폐의 이러한 형태 변경으로는 살 수 없다. 요컨대
100탈러의 일부가 자본으로서가 아니라, 주화로서 사용 가치로서의
상품과 교환되어야 하고, 이러한 형태로 소비되어야 할 것이다. 100
탈러가 90탈러가 되었을 것이다. 결국 그는 자본을 언제나 화폐 형
태로 재생산하는데, 그것도 그가 생산을 시작한 화폐량의 형태로 재
생산하므로, 마지막에는 100탈러를 먹어치울 것이며, 자본은 사라질
것이다. 그러나 자본가는 100탈러를 먹어치우는 노동이 아니라, 자본
으로서 생산 과정에 투입하는 노동에게서 지불 받는다. 그러나 그는
무엇으로 지불 받는가? 그리고 자본이 임금을 포함하므로, 즉 노동자
들은 생산비의 단순한 재생산으로 살 수 있는데 자본가는 그럴 수
없으므로, 그의 노동은 순전히 쓸모 없는 것이 아닌가? 요컨대 그것
은 생산의 불필요 비용 항목으로 나타날 것이다. 그러나 그의 업적이
무엇이든, 생산 과정에서 노동자들은 그들이 투하한 가치만을 요구
하므로, 즉 생산 과정을 끊임없이 새롭게 시작하기 위해서 자본 관계
전체가 필요한 것은 아니므로, 자본이 없는 생산이 가능할 것이다.
둘째로, 상품 가격 = 생산비이므로 그의 업적에 지불할 수 있는 기
금이 없을 것이다. 그러나 그의 노동이 노동자의 옆에, 그리고 노동
자의 밖에 있는 특수한 노동, 예컨대 노동을 감독하는 노동 등으로
파악된다면, 그는 노동자들과 마찬가지로 일정한 임금을 받는 것이

다. 즉, 노동자들의 범주에 속하며, 노동에 대하여 결코 자본가로 관계하는 것이 아니다. 또한 결코 부유해질 수 없고, 그가 유통을 통해 소비해야 하는 교환 가치만을 받는 것이다.

노동에 마주 선 자본의 현존은 대자적으로 존재하는 자본, 자본가가 비노동자로서 현존하고 살 수 있을 것을 요구한다. 다른 한편으로 ‖20‖ 일상적인 경제적 규정틀에서 보면, 자신의 가치만을 보존할 수 있는 자본은 자본가를 유지시킬 수 없을 것이라는 것도 분명하다. 생산의 위험(Risiko)이 보상되어야 한다. 자본은 가격 변동 속에서 보존되어야 한다. 생산력의 향상에 의해 지속적으로 진행되는 자본의 가치 절하 등이 보상되어야 한다. 따라서 경제학자들도 이윤, 이익이 발생하지 않는다면, 각자는 자신의 화폐를 생산에 투하해서 자본으로 사용하지 않고 먹어치울 것이라고 노골적으로 말한다. 간단히 말해 이러한 비증식(非增殖; Nichtverwerten), 즉 자본 가치의 비증대가 전제되어 있다면, 그것은 아무런 실재적인 생산 요소, 아무런 특수한 생산 관계도 없는 것으로 전제된다. 그것은 생산비가 자본의 형태를 가지지 않고 자본이 생산 조건으로 정립되어 있지 않은 것으로 전제하는 것이다.

노동이 어떻게 사용 가치를 증대시키는가를 이해하는 것은 쉽다. 어려운 것은 그것이 어떻게 전제된 교환 가치보다 많은 교환 가치를 창출하는가 이다. 자본이 노동자에게 지불하는 교환 가치가 노동이 생산 과정에서 창출하는 가치와 정확한 등가라고 가정하자. 이 경우에 생산물의 교환 가치의 증대는 불가능할 것이다. 원료와 노동 수단의 가치를 초과하여 노동 자체가 생산 과정에 투입한 것이 노동자에게 지불되는 것이다. 생산물 자체의 가치는 그것이 원자재와 도구의 가치 이상의 잉여인 한, 노동자에게 귀속된다. 다만 자본가는 그에게 이 가치를 임금으로 지불하고, 노동자는 생산에서 이 가치를 자본가에게 되돌려주는 것일 뿐이다.

{생산 비용이 생산에 투입되는 가치의 합계로 이해되지 않는다는 것 — 심지어 그것을 주장하는 경제학자들에 의해서도 — 은 대부(貸付) 자본에 대한 이자의 관계에서 볼 때 극명하다. 산업 자본에게 이 이자는 그것의 직접적인 지출, 그의 실재적 생산비에 속한다. 그러나 이자는 그 자체로 잉여 가치의 한 형태일 뿐이므로, 자본이 생산에서 잉여 가치로 나오는 것을 전제한다. 요컨대 차입자의 관점에서 보면 이자가 이미 그의 직접적인 생산 비용에 들어가므로, 자본이 생산 비용에 들어가지만 자본 자체가 자신의 가치 구성 부분들의 단순한 합계는 아니라는 것이 드러난다. — 이자로서 자본 자체는 다시 상품 규정으로 나타난다. 그러나 다른 모든 상품과는 특유하게 구별되는 상품으로 나타난다. 자본 자체 — 교환 가치의 단순한 합계가 아니라 — 로 유통에 들어가고 상품이 되는 것이다. 여기에서 상품의 성격 자체가 특유한 경제적 규정으로 주어져 있는데, 이 규정은 단순 유통처럼 무차별적이지도 않고, 산업 자본처럼, 즉 자본에 근접하며 생산과 유통에서 유래하는 규정들을 가지는 자본처럼, 노동에 대립물로, 자본의 사용 가치로 직접 관계하지도 않는다. 따라서 자본으로서의 상품, 또는 상품으로서의 자본은 유통에서 등가물과 교환되지 않는다. 자본은 유통에 들어감으로써 자신의 대자적 존재를 달성한다. 요컨대 자본은 비록 낯선 점유자의 수중으로 넘어갈지라도, 그것의 소유자에 대해 원래의 관계를 획득한다. 따라서 자본은 대부될 뿐이다. 자본의 소유자를 위한 사용 가치 자체는 그것의 증식, 유통 수단이 아니라 화폐로서의 화폐, 자본으로서의 화폐의 사용 가치이다. 프루동 씨는 자본이 대부되어 이자를 낳아서는 안되고, 다른 모든 상품과 마찬가지로 등가물을 받고 상품으로 판매되어야 한다고 요구한다. 이것은 교환 가치는 결코 자본이 되어서는 안되고, 단순한 교환 가치로 머물러 있어야 한다는, 즉 자본이 자본으로서 실존해서는 안 된다는 요구일 뿐이다. 이러한 요구는 임노동이 생산의 일반적 토대로 남아

있어야 한다는 다른 요구와 더불어 가장 단순한 경제 개념에 대한 유쾌한 혼동을 보여준다. 따라서 그는 바스티아와의 논쟁에서 비참한 역할을 담당했는데, 이에 관해서는 나중에. 형평과 정의의 고려에 관한 잡담은 보다 높은 교환 가치 단계의 소유 관계 및 법률 관계를 단순 교환에 조응하는 바와 같은 소유 관계 및 법률 관계로 측정하려는 것으로 귀결된다. 따라서 바스티아는 스스로 자본으로 나아가는 단순 유통의 계기들을 무의식적으로 다시 강조한다.[148] — 상품으로서의 자본은 스스로 **자본으로서의 화폐** 또는 **화폐로서의 자본**이다.}

{자본 개념을 구성하면서 설명해야 하는 세 번째 계기는 노동에 마주 선 본원적 축적, 축적에 마주 선 대상 없는 노동이다. 첫 번째 계기는 유통에서 나오고, 유통을 전제로 하는 가치에서 출발했다. 그것은 **자본의 단순 개념**, 직접적으로 계속 자본으로 규정된 화폐였다. 두 번째 계기는 생산의 전제이자 결과로서의 자본으로부터 출발했다. 세 번째 계기는 자본을 유통과 생산의 **특정한 통일**로 정립한다. 이 계기는 자본들의 축적과 ‖21‖ 구별되어야 한다. 자본들의 축적은 자본들, 현존하는 것으로서의 자본의 관계를 전제로 하고, 또한 노동, 가격(고정 자본, 유동 자본), 이자, 이윤과 자본의 관계를 가정한다. 그러나 자본이 형성되기 위해서는 일정한 축적을 전제로 하는데, 이 축적은 이미 산 노동과 대상화된 노동 사이의 자립적 대립, 이 대립의 자립적 존립에 머물러 있다. 자본의 형성을 위해서 필요한, 요컨대 자본 개념에 전제로 — 한 계기로 — 수용된 이 축적은, 이미 자본들이 주어져 있어야 하며, 자본이 된 자본의 축적과 본질적으로 구별되어야 한다.}

{우리가 지금까지 살펴본 것은, 자본이 1. 모든 사회 상태에 고유한, 요컨대 역사적 성격이 없는, 말하자면 **인간적인 생산 과정** 일체, 2. 이미 각각의 계기와 이들의 총체성에 있어서 더욱 특정한 역사적

산물인 **유통**, 3. 양자의 특정한 통일로서의 **자본**을 전제로 한다는 것이다. 이제 일반적 생산 과정 자체가 자본의 요소로 등장하자마자 역사적으로 얼마나 수정되는지가 그것에 대한 설명에서 밝혀져야 한다. 이는 자본의 특유한 차이들에 관한 단순한 파악에서 자본의 역사적 전제들이 드러나야 하는 것과 마찬가지이다.}

{다른 모든 것은 공허한 잡담에 불과하다. 어떤 규정들이, "생산 일체"에 관한 제1절의 "교환 가치 일체"에 관한 제2절에 도입되어야 하는가는 단지 결과에서, 전체 설명의 결과로서 드러날 수 있을 뿐이다. 예를 들어 우리는 사용 가치와 교환 가치의 구분이란 경제학 자체에 속한다는 것, 리카도가 그러하듯이, 사용 가치가 단순한 전제로서 죽어 누워 있어서는 안 된다는 것을 보았다. 생산에 관한 장은 객관적으로 결과로서의 생산물로 끝난다. 유통에 관한 장은 그 자체가 다시 **사용 가치**이자 **교환 가치**(또한 양자와 구별되는 가치)인 상품으로 시작한다. 유통은 양자의 통일이지만 형식적인 통일일 뿐이고, 따라서 경제외적인 단순한 소비 대상으로서의 상품과 자립화된 화폐로서의 교환 가치로 사라지는 통일이다.}

생산 과정의 끝에서 자본이 가지는 잉여 가치 — 생산물의 보다 높은 가격으로서 유통에서 비로소 실현되지만, 모든 가격과 마찬가지로 이미 유통에 관념적으로 전제되어 있고, 유통에 들어가기 전에 규정됨으로써 유통에서 실현되는 잉여 가치 — 는, 교환 가치의 일반적 개념에 따라 정의하자면, 생산물에 대상화된 노동 시간 — 또는 노동량(정지하고 있는 것으로 표현하자면 노동의 크기는 공간량으로 나타나지만, 움직이는 것으로 표현하자면 그것은 시간으로만 측정될 수 있다) — 은 자본의 본래적인 구성 요소들에 포함되어 있는 노동 시간보다 크다. 이는 노동 가격에 대상화된 노동이 그것으로 구매된 산 노동 시간보다 작아야만 가능하다. 자본에 대상화된 노동 시간은

우리가 본 바와 같이 세 부분으로 구성된 합계로 나타난다. 그것은
a) 원료에 대상화된 노동 시간, b) 노동 도구에 대상화된 노동 시간,
c) 노동 가격에 대상화된 노동 시간이다. 이제 a)부분과 b)부분은 불
변인 채로 자본의 구성 요소들로 존재하는데, 왜냐하면 이들은 생산
에서 형체, 물질적 현존 방식을 변화시킬지라도 가치로서는 불변이
기 때문이다. 자본이 질적으로 다른 것과 교환하는 것은 c), 즉 일정
량의 산 노동과 교환되는 주어진 양의 대상화된 노동뿐이다. 산 노동
시간이 노동 가격에 대상화된 노동 시간만을 재생산한다면, 이는 단
지 형식적일 뿐일 것이다. 즉, 노동 재료 및 도구의 가치와 관련하여
이것들의 소재적 현존 방식의 변화만 일어났듯이, 가치에 관한 한 동
일한 가치의 다른 현존 방식으로서의 산 노동과의 대체만이 일어났
을 뿐이다. 자본가가 노동자에게 하루 노동일과 동일한 가격을 지불
했고, 노동자의 노동일이 원료와 도구에 하루 노동일만을 추가했다
면, 자본가는 단지 한 형태의 교환 가치를 다른 형태의 교환 가치로
교환했을 뿐이다. 그는 자본으로서 활동하지 않은 것이 될 것이다.
다른 한편으로 노동자는 단순한 교환 과정에 머물러 있는 것이 아니
게 된다. 사실상 이것은 그가 자신의 노동 생산물을 지불 받았고, 단
지 자본가가 그에게 생산물의 가격 실현 이전에 선불해 주는 호의를
베푼 것이 된다. 자본가는 노동자에게 신용을 제공한 것이고, 그것도
무상으로 프로이센의 왕을 위해서[149] 제공한 것이 된다. 이것이 전부
다. 노동 가격을 그 결과로 산출하는 자본과 노동 사이의 교환은, 그
것이 노동자 쪽에서 보면 단순 교환일지라도 자본가 쪽에서 보면 비
(非)교환이어야 한다. 자본가는 그가 준 것보다 더 많은 가치를 받아
야 한다. 자본 쪽에서 볼 때 교환은 외견상의 교환이어야 한다. 즉,
교환이라는 경제적 형태 규정과는 다른 경제적 형태 규정에 속해야
한다. 그렇지 않으면 자본으로서의 자본과 이것에 대립하는 노동으
로서의 노동이 불가능할 것이다. 그들은 상이한 현존 방식에 소재적

으로 실존하는 동일한 교환 가치들로 교환될 뿐이다. — 따라서 경제 학자들은 자본을 정당화하고 옹호하기 위해서 이것을 이러한 단순한 과정으로 도피시켜 ‖22‖ 자본의 현존을 불가능하게 만드는 과정으로 설명한다. 자본을 실증하기 위해서 자본을 사라지게 만드는 것이다. 당신은 나에게 나의 노동을 지불하고, 당신의 생산물을 나의 노동과 교환하고, 당신이 나에게 공급한 원료와 도구의 가치를 공제하라. 즉, 우리는 생산 과정에 상이한 요소들을 투입하고, 이것들을 가치에 따라 교환하는 연합체이다. 요컨대 생산물은 화폐로 전환되고, 이 화폐는 다시 자본가인 당신이 당신의 원료와 도구의 가격을 받고, 노동자인 나는 노동이 그것들에 추가한 가격을 받는 방식으로 나뉘어진다. 당신에게는 원료와 도구를 소비 가능한 형태로 점유하고 있는 것이 유용하고, 나에게는 나의 노동이 현금화되었다는 것이 유용하다. 그렇지만 당신은 머지 않아 당신의 자본을 화폐 형태로 먹어치운 경우에 이르는 반면, 노동자로서의 나는 두 가지를 점유하게 될 것이다.

노동자가 자본과 교환한 것은 그의 노동 자체(교환에서는 노동에 대한 처분 능력)이다. 그는 노동을 양도한다. 그가 가격으로 지불받는 것은 이러한 양도의 가치이다. 활동의 결과를 도외시한다면, 그는 가치 정립활동을 사전에 결정된 가치와 교환하는 것이다.

{임금 노동이 비본질적인, 단지 형식적인 형태, 그 자체로서는 노동과 자본의 경제적 관계와는 무관한 결사 형태라는 것이 바스티아 씨의 터무니없는 지혜이다. 그는 노동자들이 생산물의 완성과 판매를 기다릴 수 있을 정도로 부유하다면, 임금 제도가, 자본가가 다른 자본가와 맺는 것과 같은 유리한 계약을 노동자들, 즉 임노동이 자본가와 맺는 것을 방해하지는 않을 것이라고 말한다. 요컨대 폐해는 임금 제도라는 형태에 있는 것이 아니라, 임금 제도와는 무관한 조건들에 있다. 그에게는 당연히 이러한 조건들 자체가 **임금 제도의 조건들이**

라는 사실이 떠오르지 않는다. 노동자들이 동시에 자본가들이라면, 그들은 실제로 노동하는 노동자가 아니라 노동하는 자본가로서 — 즉, 임노동자의 형태가 아니라 — 노동하지 않는 자본과 관계할 것이다. 그러면 그에게 임금과 이윤은 이윤과 이자와 마찬가지로 본질적으로 동일하다.[150] 그는 이것을 경제적 관계들의 조화라고 부른다. 즉, 겉보기에는 경제적인 관계들이지만, 실제로 본질에 있어서는 단순 교환 관계라는 하나의 관계만이 존재한다는 것이다. 따라서 그에게는 본질적인 형태들이 내용을 결여한 것으로, 즉 실재적인 형태가 아닌 것으로 현상한다.}

그렇다면 그의 가치는 어떻게 규정되는가? 그의 상품에 포함된 대상화된 노동에 의해서. 이 상품은 그의 생명성에 실존한다. 이것을 매일 유지하기 위해서 — 여기에서 노동자는 **노동자로서**, 따라서 전제된 다년생의 주체로서 자본에게 맞서는 것이며, 노동자류의 덧없는 개인으로 맞서는 것이 아니므로, 노동 계급, 즉 그가 계급으로 유지될 수 있도록 마모를 대체하는 것은 아직 논의될 필요가 없다 — 그는 일정량의 생활 수단을 소비하고, 소모된 피를 보충해야 한다. 그는 등가물만을 받는다. 요컨대 교환이 이루어진 후 — 그리고 그가 교환을 형식적으로 완료했다면, 그는 그것을 생산 과정에서 비로소 수행한다 — 그의 노동 능력은 다음날에도 이전과 동일한 방식으로 실존한다. 그는 정확하게 등가물을 받았는데, 그 까닭은 그가 받은 가격이 그가 이전에 가지고 있던 것과 동일한 교환 가치를 점유하도록 하기 때문이다. 그의 생명력에 포함되어 있는 대상화된 노동량이 자본에 의해서 그에게 지불된다. 자본은 그것을 소비한다. 그리고 그것이 사물로 존재하는 것이 아니라 살아있는 능력으로 존재하므로, 그는 자기 상품의 특유한 본성 — 생활 과정의 특유한 본성 — 때문에 새롭게 교환을 할 수 있다. 우리는 여기에서 어떤 특수한 자질을 갖춘 노동이 아니라 노동 일반, 단순 노동을 다루고 있다. 그렇기 때

문에 그의 단순한 생명력에 포함되어 있는 것 — 그의 생명력을 유
지하기 위해 필수적인 생산물에 지불하기 위해 필요한 노동 시간, 즉
그가 특정한 노동력, 특수한 숙련을 산출하기 위해 소비한 가치들 —
보다 그의 직접적인 실존에 보다 많은 노동이 대상화되어 있다는 사
실, 이들의 가치 자체는 유사한 노동 숙련을 산출하기 위해 필요한
생산 비용에서 보여진다는 사실은 아직 우리의 관심사가 아니다.

하루 노동일 동안 한 노동자의 생명을 유지시켜 주기 위해서 하루
노동일이 필요하다면, 노동일은 자신의 생산물과 교환될 것이므로,
즉 자본이 자본으로서 증식될 수 없을 것이고, 따라서 보존될 수 없
을 것이므로, 더 이상 자본은 존재하지 않을 것이다. 자본의 자기 보
존은 자기 증식이다. 자본이 살기 위해서 노동해야 한다면, 그는 자
본으로서가 아니라 노동으로서 보존될 것이다. 원료와 노동 도구의
소유는 명목적인 것에 지나지 않을 것이다. 그것들은 ‖23│ 자본가
자신이 노동자인 한에 있어서만 그에게 가치를 창조해 주므로, 그것
들이 자본가에게 속하는 한 경제적으로는 바로 노동자에게 속한다.
따라서 자본가는 노동자 스스로 생산 과정에서 그러하듯이, 그것들
에게 자본으로서 관계하는 것이 아니라 단순한 노동 재료와 수단으
로서 관계한다. 이와는 반대로 예컨대 한 노동자의 생명을 하루 노동
일 동안 유지시키기 위해서 반나절의 노동일이 필요하다면, 자본가
는 반나절 노동일만을 가격으로 지불했고, 하루 노동일 전체를 생산
물로 대상화해서 받았기 때문에, 즉 다른 반나절 노동일에 대해서는
아무 것도 지불하지 않았으므로, 생산물의 잉여 가치는 저절로 생긴
다. 자본가를 자본가로 만드는 것은 교환이 아니라 대상화된 노동 시
간, 즉 가치를 받는 과정이다. 반나절 노동은 자본에게 아무런 비용도
들이지 않는다. 그는 아무런 등가물도 주지 않은 가치를 획득하는 것
이다. 그리고 가치 증대는 등가물을 초과하는 가치가 획득, 창출됨으
로써만 이루어질 수 있다.

무릇 잉여 가치란 등가물을 초과하는 가치이다. 등가물이란 가치의 자기 자신과의 동일성일 뿐이다. 따라서 잉여 가치는 결코 등가물로부터 유래할 수 없고, 본래적으로 유통으로부터 유래할 수도 없다. 그것은 자본의 생산 과정에서 유래해야 한다. 이러한 사실은 다음과 같이 표현될 수도 있다. 노동자가 하루를 살기 위해서 반나절의 노동일만을 필요로 한다면, 그는 노동자로서의 자신의 실존을 연장하기 위해서 반나절만 노동하면 된다. 나머지 반나절은 강제 노동, 잉여 노동[151]이다. 자본 쪽에서 잉여 가치로 나타나는 것이 노동자 쪽에서는 노동자로서의 그의 욕구를 초과하는, 즉 자신의 생명성을 유지하기 위한 그의 직접적인 욕구를 초과하는 잉여 노동으로 나타난다. 자본의 위대한 역사적 측면은 이 잉여 노동, 사용 가치라는 단순한 실체의 관점에서 보면 불필요한 노동을 창출하는 것이고, 그것의 역사적 규정은 한편으로는 필요한 것을 초과하는 잉여 노동 자체가 개인적 욕구들 자체로부터 생겨나는 일반적 욕구가 되자마자 — 다른 한편으로는 일반적 근면이 다음 세대들에도 통용되는 자본의 엄격한 규율에 의해서 새로운 세대들의 일반적 점유로 발전되자마자 —, 끝으로 자본이 자신의 무제한적인 부유화 욕망 속에서 그리고 이것을 충족시킬 수 있는 조건 속에서 끊임없이 몰아치는 노동 생산력의 발전에 의해 진척되어 사회적 부의 점유와 보존이 한편으로는 사회 전체를 위해 보다 적은 노동 시간을 필요로 하고, 노동하는 사회가 자체의 진척되는 재생산 과정, 갈수록 풍부한 재생산 과정에 대하여 과학적으로 관계하자마자, 즉 인간이 사물들로 하여금 자신을 위해서 행하도록 할 수 있는 것을 직접 행하지 않게 되자마자 충족된다. 여기에서 자본과 노동은 화폐와 상품처럼 관계한다. 전자가 부의 일반적 형태라면, 후자는 직접적인 소비를 목표로 하는 실체이다. 부의 일반적 형태에 대한 부단한 추구로서의 자본은 노동을 자연적 필요의 경계 이상으로 내몰고, 그리하여 소비에서와 마찬가지로 자체의 생산에 있어서도 전측면적이며 따라서 그의 노동이 더 이상 노동으로 나타나지 않고, 자연적 욕구가 역사적으로 창조된 욕구로 대체되었기 때문에 그것의 직접적인 형태로서의 자연필연성(自然必然性)이 사라지게 되는 활동 자체의 완벽한 발전으로 나타나게 되는, 풍부한 개성의 발전을 위한 물질적 요소들을 창출한다. 따라서 **자본은 생산적이다.** 즉, 사회적 생산력의 발전을 위한 본질적인 관계이다. 이 생산력의 발전 그 자체가 자본 자체에서 제약을 발견할 때 자본은 그러한 것이기를 중지한다.

1857년 11월 『타임즈』에는 서인도의 한 플랜테이션 주인의 대단히 귀여운 분노의 외침이 실려 있다.[152] 이 변호사는 윤리적으로 매우 격노하여 — 흑인 노예제의 재도입을 위한 변론으로 — , 쿼시들(자마이카의 자유 흑인들)이 어떻게 자신들의 소비를 위해서 필요한 것만을 정확히 생산하는 데 만족하고, 게으름 피우기 자체(관대와 나태)를 "사용 가치" 이외의 본래적인 사치품으로 간주하는가를, 그들이 어떻게 사탕과 플랜테이션에 투하된 고정 자본에 신경 쓰지 않고, 오히려 망해 가는 플랜테이션 주인을 보며 즐거운 미소를 짓는가를, 그리고 어떻게 그들에게 설파된 기독교를 이러한 심술궂은 기분과 무관심을 미화하기 위해 이용하는가를 논한다. 그들은 노예이기를 중지했지만 임노동자가 된 것은 아니며, 자급자족적 농민, 즉 자신에게 필요한 소비를 위해서 노동하는 농민들이 되었다. 자립화된 부는 직접적인 강제 노동, 노예제에 의해서나 또는 매개된 강제 노동, 즉 임노동에 의해서만 존재하므로, 노예들에게 자본으로서의 자본은 존재하지 않는다. 부는 직접적인 강제노동에게 자본으로 마주 서지 않고 **지배 관계**로 마주 선다. 따라서 직접적인 강제 노동에 기초해서는 지배 관계만이 재생산되는데, 이 관계에서 부는 부 자체가 아니라 향유로서만 가치를 가지며, ‖24‖ 따라서 일반적 근면성을 결코 창조할 수도 없다. (노예제와 임노동의 이러한 관계에 대해서는 뒤에서 재론할 것이다.)

가치의 등장을 이해하는 데 있어서 어려움은, 1. 애덤 스미스가 임금에 의한 가치 규정과 상품에 대상화된 노동 시간에 의한 가치 규정을 혼동한 것에 대한 리카도의 논쟁이 입증하는 바와 같이, 리카도가 모든 경제학자들 중에서 유일하게 가치를 이해했음에도 불구하고, 그가 잉여를 이해하지 못했고 잉여 가치를 이해하지 못했다고 비난하는[153] 근대 영국 경제학자들(적어도 과학적으로 접근하고자 하는 맬더스의 『가치에 관하여』[154] 참조)에서 드러난다. 신인(新人)들은 천박한 바보들이다. 그러나 리카도 자신도 잉여 가치의 등장을 자본의 전제로 이해하기는 했지만, 자본의 토대 위에서 동일한 생산물에 더 많은 대상화된 노동 시간이 투자되는 길, 다른 말로 하자면 생산이 더 어려워지는 길 이외의 가치 증대를 이해하는 데 있어서는 종종 갈팡질팡했기 때문에 자주 혼동에 빠졌다.[155] 따라서 그에게 있어서는 가치와 부의 절대적인 대립. 따라서 그의 지대론(地代論)의 일방성. 사용 가치(리카도가 부라고 부르는 것)만을 생산할 뿐 교환 가치는 생산하지 않는다는 그의 잘못된 국제 무역론.[147] 가치 자체의 증대를 위한 유일한 탈출구는, 비록 리카도 자신이 그 관계를 간단하게 요약하지는 않았지만, 생산의 어려움이 점증하는 것 이외에는(지대론) 인구 증가(자본 증가에 의한 노동자의 자연적 증대)밖에 없다. 그가 어디에서도 연구하지 않는 근본 오류는 임금에 의한 가치 규정과 대상화된 노동에 의한 가치 규정 사이의 차이가 도대체 어디에서 유래하는가 이다. 따라서 화폐와 교환 자체(유통)가 그의 경제학에서는 순전히 형식적인 요소로만 나타난다. 그리고 그에 따르면 경제학에서는 교환 가치만이 문제가 되지만, 이윤 등은 노예제의 토대 위에서도 역시 이루어지는 생산물에 대한 지분율로 나타날 뿐이다. 그는 어디에서도 매개 형태를 연구하지 않았다.

2) 중농주의자들.[156] 여기에서는 자본, 가치의 자기 증식, 따라서

자본이 생산 과정에서 창출하는 잉여 가치를 이해하는 데 있어서의
어려움이 분명하게 드러난다. 이러한 어려움은 근대 경제학의 아버
지들에게서 드러날 수밖에 없었는데, 이 경제학의 마지막 고전적 종
결인 리카도가 지대 형태로 파악한 잉여 가치 창출이 그러하다. 이것
은 기본적으로 자본 개념에 대한 질문이며, 따라서 근대 사회의 문턱
에서 제기되는 근본적인 질문이다. 중금주의는 단순 유통에서 야기
되는 바와 같은 가치의 자립성 — 화폐만을 이해했다. 따라서 그들은
부의 추상적 형태를 치부 자체가 사회 자체의 목적으로 등장하던 시
기에 진입하는 민족들의 배타적인 목표로 만들었다. 그러다가 매뉴
팩쳐에서 산업 자본, 따라서 임노동이 등장하고, 비산업적 부, 봉건
적 토지 소유와 대립하며, 이것의 희생 위에서 발전하는 시기에 속하
는 중상주의가 등장했다. 화폐는 이들에게 이미 자본으로 어른거리
지만, 원래 화폐 형태, 상업 자본의 유통 형태, 화폐로 전환되는 자본
의 형태로만 다시 어른거릴 뿐이다. 산업 자본은 그들에게 가치를 가
지며, 그것도 — 수단으로서, 생산적 과정에서의 부 자체로서가 아니
라 — 최고의 가치를 가지는데, 그 이유는 산업 자본이 상업 자본을
창조하고, 이것이 유통에서 화폐로 되기 때문이다. 그들에게 매뉴팩
쳐 노동 — 즉, 기본적으로 산업 노동이지만 농업 노동이었던 — 은
주로 사용 가치를 생산하는 것으로 현상한다. 가공된 원자재는 그것
이 명확한 형태로, 즉 유통, 상업을 위해서 더욱 적합한 상업적 형태
로 더 많은 화폐를 창출하기 때문에 더 많은 가치가 있다. (여기에서
특히 네덜란드처럼 비농경 민족들의 부에 대한 역사적 관념은 봉건
적인 농경 민족의 그것에 대립적이다. 농경 자체가 산업 형태가 아닌
봉건적 형태로, 즉 부르주아적 부가 아니라 봉건적 부의 원천으로 나
타난다.) 요컨대 임노동의 한 형태, 산업적 형태, 자본의 형태, 산업
자본의 형태는 부의 원천으로 인정되었으나, 그것이 화폐를 창출하
는 한에서만 그러했다. 따라서 교환 가치 자체는 자본 형태로 파악되

지 않았다.

이제 **중농주의자들**. 자본을 화폐와 구분하고, 생산에서 보존되고[14] 생산을 통해 증대되는 자립화된 교환 가치라는 일반적 형태로 자본을 파악한다. 따라서 그들은 단순 유통의 계기가 아니라 오히려 단순 유통의 전제이고, 단순 유통으로부터 끊임없이 다시 단순 유통의 전제로 산출되는 대자적 관계도 고찰한다. 요컨대 근대 경제학의 아버지들이다. 또한 그들은 임노동에 의한 잉여 가치의 정립이 자본의 자기 증식, 즉 실현이라는 것도 이해한다. 그러나 잉여 가치가 어떻게 자본, 즉 주어진 가치에 의해서 노동을 매개로 하여 창출되는가? 여기에서 그들은 형태를 버리고 단순한 생산 과정만을 관찰한다. 따라서 노동 도구의 자연력이 노동자로 하여금 그가 소비하는 것보다 더 많은 가치를 생산할 수 있도록 해주는 것이 분명한 영역에서 이루어지는 노동만이 생산적일 수 있다. 따라서 잉여 가치가 노동 자체로부터 유래하는 것이 아니라, 노동에 의해 이용되고 경영되는 자연력 ‖ 25 ｜ — 농업 — 에서 유래한다. 따라서 그것만이 유일하게 생산적인 노동이다. 왜냐하면 그들은 잉여 가치를 창조하는 노동만이 생산적이라는 것까지도 이해했기 때문이다. (잉여 가치는 물질적인 생산물에 표현되어야 한다는 것인데, 이는 애덤 스미스에게서도 나타나는 조야한 견해이다.[157] 배우들은 그들이 연극을 생산하는 한에 있어서가 아니라, 그들의 고용주의 부를 증대시켜 주는 한에 있어서 생산적 노동자들이다. 그렇지만 어떤 종류의 노동이 이루어지는지, 즉 노동이 어떤 형태로 물질화 되는지는 이 관계와 전적으로 무관하다. 후자의 관점에서 보면 다시 무차별적인 것이 아니다.) 그러나 이러한 잉여 가치가 생산에서 나오는, 생산에서 소비된 것보다 더 많은 양의 사용 가치로 슬그머니 바뀐다. 사용 가치의 이러한 증대, 새로운 생산에

---

14) 수고에는: 행동하고

기여해야 하는 — 요컨대 그 중 일부는 비생산적으로 소비되어야 하는 — 저 생산물 잉여는 생산물에 대한 자연적 종자의 관계에서만 명백하게 나타난다.

수확물 중에서 일부만이 종자로서 자연에 직접 되돌려진다. 종자는 자연적으로 주어진 생산물들, 공기, 물, 대지 등의 요소들, 비료나 다른 형태로 공급된 실체들 속에서 다시 곡식 등으로 증대된 양의 생산물을 산출한다. 간단히 말해 인간 노동은 (농업에서의) 화학적 소재대사를 지도하기만 하고, 부분적으로 기계적으로 촉진하거나 또는 잉여를 보존하기 위해서 생명 재생산 자체(목축), 즉 사용하기에 쓸모 없는 형태로부터 가치 있는 형태로 이러한 자연적 실체들을 전환시키기만 하면 된다. 따라서 일반적 부의 진정한 형체는 대지 생산물들(곡식, 가축, 원료)의 잉여이다.

따라서 경제적으로 고찰하면 지대만이 부의 형태이다. 그러므로 자본의 최초의 예언자들은 비자본가, 봉건적 토지 소유자를 부르주아적 부의 대표자로 파악하게 된다. 그러나 지대에 모든 조세를 부과한다는 이것의 귀결은 부르주아적 자본에 전적으로 유리하다. 봉건제가 원칙에 있어서는 부르주아적으로 찬미되면서 — 이는 늙은 미라보 같은 봉건 귀족을 속였다 — 그 적용에 있어서는 봉건제를 붕괴시킨다. 다른 모든 가치들은 원료 + 노동을 대표한다. 노동 자체는 노동자가 소비하는 곡식이나 다른 대지 생산물을 대표한다. 요컨대 공장 노동자 등은 그가 원료 중에서 소비하는 만큼 이상을 원료에 덧붙이지 않는다. 그의 노동은 고용주와 마찬가지로 부에 아무 것도 추가하지 않고 — 부는 생산에서 소비된 상품들 이상의 잉여이다 —, 다만 편안하고 유용한 소비 형태를 부여할 뿐이다.

당시 산업에서 자연력의 이용은 아직 발전하지 않았고, 노동의 자연력 자체를 증가시켜 주는 분업 등도 발전하지 않았다. 그러나 이는 애덤 스미스 시대에 그러했다. 요컨대 그에게 있어서 노동 일체는 가

치의 원천이고 또한 부의 원천이지만, 이 노동이 원래 잉여 가치를
정립하는 것은 분업에서 잉여가 자연의 하사품, 사회의 자연력으로
나타나는 한에 있어서만 이다. 이것은 중농주의자들에게 있어서 잉
여가 분업에서 대지의 자연력으로 나타나는 것과 마찬가지이다. 따
라서 애덤 스미스가 분업에 두는 비중. 다른 한편으로 **자본은** 그에
게 ― (스미스는 노동을 가치 창조하는 것으로 이해하기는 하지만,
노동 자체를 사용 가치, 대자적으로 존재하는 생산성, 인간의 자연력
으로 이해할 뿐(이것이 그를 중농주의자들과 구분한다) 임노동, 즉
자본과 대립하는 특유한 형태 규정의 노동으로 이해하지는 않는다)
― 본래적으로 임노동의 계기로서 대립적으로 포함되어 있는 것으로
현상하지 않고, 유통에서 유래하는 바와 같은 화폐로 현상하고, 따라
서 유통에서 유래하는, 절약에 의해 형성되는 화폐로 현상한다. 요컨
대 자본은 본래적으로 자기 증식되지 않는다 ― 바로 타인 노동의
점취가 그것의 개념 자체에 수용되어 있지 않기 때문에. 자본은 그것
이 이미 **자본으로** 전제된 **다음에** 사후적으로 타인 노동에 대한 **명령**
으로 나타날 뿐이다 ― 순환논법 ―. 따라서 애덤 스미스에 따르면
노동은 원래 자신의 생산물을 임금으로 받아야 하고, 임금 = 생산물
이어야 한다. 즉, 노동은 임노동이 아니고, 자본은 자본이 아니어야
한다. 따라서 이윤과 지대를 생산비의 본래적 요소들로 수용하기 위
해서, 즉 자본의 생산 과정 밖에서 잉여 가치가 유래하도록 하기 위
해서, 그는 지극히 조야한 형태로 저 요소들을 전제한다. 자본가는
자신의 자본을 헛되게 사용하려 하지 않는다. 이와 마찬가지로 토지
소유자도 토지를 헛되게 생산에 투입하지 않는다. 그들은 무언가를
대가로 요구한다. 이처럼 그것들은 청구권을 가지는 역사적 사실들
로 수용되었을 뿐 그 자체로 설명되지 않았다. 원래 임금은 생산비의
필요한 구성 부분이기 때문에, 유일하게 경제적으로 정당한 구성 부
분이다. 이윤과 지대는 역사적인 과정에서 자의적으로 자본과 토지

소유에 의해서 강제되었고, 경제적이 아니라 법적으로 정당한 임금 공제들일 뿐이다. 그러나 다른 한편으로 스미스는 다시 토지 소유와 자본의 형태로 자립적인 형체로서의 생산 수단들과 생산 재료들을 노동에 대비시킴으로써, 본질적으로 노동을 임노동으로 정립했다. 그러므로 모순들. 따라서 가치 규정에 있어서 그의 동요. 이윤 및 지대와 같은 차원에서의 정립. ‖26‖ 임금이 가격 등에 미치는 영향에 관한 잘못된 견해.

이제 리카도(1 참조15)). 그러나 그에게 임노동과 자본은 사용 가치로서의 부를 다시 산출하기 위한 일정한 역사적 사회 형태가 아니라, 자연적인 사회 형태로 이해된다. 부 자체가 교환 가치 형태에서는 소재적 존재의 단순히 형식적인 매개로 현상하듯이, 사회 형태 자체가 바로 자연적이기 때문에 무차별적이며, 부의 형태와의 일정한 관계 속에서 이해되지는 않는다. 따라서 부르주아적 부의 특정한 성격이 이해되지 않는다 — 바로 그 성격이 부 일체의 적절한 형태로 현상하기 때문에. 따라서 교환 가치로부터 출발하지만 그의 경제학에서 교환의 특정한 경제적 형태들은 경제적으로 아무런 역할도 하지16) 않는다. 그 대신 리카도는 마치 교환 가치에 기초한 부에서는 사용 가치만이 문제가 되고, 교환 가치는 교환에서 유통 수단으로서의 화폐처럼 전적으로 사라져버리는 의례적인 형태에 지나지 않는다는 듯이, 노동과 대지의 일반적 생산물이 3계급에게 분배되는 것만을 논의하고 있다. 따라서 그는 경제의 진정한 법칙들을 관철시키기 위해서, 화폐의 이러한 관계에 단지 형식적인 것으로만 관계하기를 좋아한다. 따라서 본래적인 화폐론 자체에 있어서 그의 약점도.

추상적 사본(寫本)을 개념으로 하는 자본 자체가 부르주아 사회의 기초이듯이, 자본 개념이 근대 경제학의 기본 개념이므로, 자본 개념

---

15) 이 책 335쪽 참조
16) 수고에는: 형성하지

에 대한 정확한 규명이 필요하다. 관계가 자기 자신을 초월하게 되는 한계와 같은 부르주아적 생산의 모든 모순은 관계의 기본 전제에 관한 엄밀한 견해로부터 나와야 한다.

{부 자체, 즉 부르주아적 부는 그것이 매개자, 즉 교환 가치와 사용 가치라는 극단들의 매개자로 정립된 교환 가치에서 언제나 가장 강력한 활력으로 표현된다는 것을 기억하는 것이 중요하다. 이 중간자는 언제나 대립물들을 요약하고 있기 때문에, 언제나 완성된 경제적 관계로 현상하고, 마침내 극단들에 비해 언제나 일방적으로 더 강력한 활력으로 현상한다. 운동, 또는 본원적으로 극단들 사이를 매개하는 것으로 현상하는 관계는 그것이 변증법적으로 그 자신과의 매개, 그것이 자립적인 전제들을 지양해버리는 극단들을 계기로 하고, 이것들의 지양에 의해 스스로 유일한 자립자로 정립되는 주체로서 필연적으로 현상하게 된다. 예수는 종교 영역에서 이처럼 신과 인간의 매개자 — 양자 사이의 단순한 유통 도구 — 인데, 그는 이들의 통일체, 즉 신인간(神人間)이 되고 그 자체로 신보다 더욱 중요해진다. 성자들이 예수보다 중요해지고, 성직자들이 성자들보다 더 중요해진다. 총체적인 경제적 표현은 그 자체가 극단들에 대해서는 일방적이지만, 그것이 매개 고리로 정립되어 있는 곳에서는 언제나 교환 가치이다. 예를 들어 단순 유통에서의 화폐. 생산과 유통 사이의 매개자로서의 자본. 자본 자체 안에서 그것의 한 형태는 다시 교환 가치로서의 다른 한 형태에 대하여 사용 가치의 지위를 가진다. 예를 들어 산업 자본은 유통으로 나타나는 상인에 대하여 생산자로 나타난다. 그리하여 전자는 소재적 측면을, 후자는 형태 측면, 즉 부를 부로 나타내준다. 동시에 상업 자본 자신은 생산(산업 자본)과 유통(소비 대중) 사이의 매개자 또는 교환 가치와 사용 가치의 매개자인데, 여기에서 이 양측은 번갈아가면서, 즉 생산이 화폐로, 유통이 사용 가치(소비 대중)로 정립되기도 하고, 또는 전자가 사용 가치(생산물)

로, 후자가 교환 가치(화폐)로 정립되기도 한다. 이는 상업 자체 안에
서도 마찬가지이다. 공장주와 소매상, 또는 공장주와 농민, 또는 상
이한 공장주들 사이의 매개자로서의 도매상은 동일한 높은 중간자이
다. 또한 상품 중개상도 도매상에 대해서 마찬가지이다. 그리고 은행
가는 기업가들과 상인들에 대해서. 주식 회사는 단순 생산에 대해서.
금융가는 국가와 최고 수준의 부르주아 사회 사이에서. 부 자체는 그
것이 직접적인 생산에서 멀어질수록, 그 자체로 각각을 대자적으로
고찰할 때 이미 경제적 형태 관계로 정립되어 있는 측면들 사이를
매개할수록, 가장 명확하고 광범하게 대표된다. 화폐가 수단이 아니
라 목적이 된다는 것. 보다 높은 매개 형태는 도처에서 자본으로 정
립되고, 보다 낮은 형태는 다시 노동, 단순히 잉여 가치의 원천으로
정립된다는 것. 예를 들어 어음 중개상, 은행가에 대하여 공장주들과
농부들은 노동(사용 가치)의 규정에서 상대적으로 정립되어 있는 데
반해, 전자는 후자에 대하여 자본, 잉여 가치의 창출로 정립된다. 금
융가에서 가장 근사한 형태로.}

자본은 생산물과 화폐, 또는 더 나은 표현으로 생산과 유통의 직접
적인 통일이다. 그러므로 그것은 그 자체로 다시 직접적인 것이며, 그
것의 발전은 ─ 규정되고, 따라서 단순한 관계로 정립된 ─ 이러한
통일로 그 자체로 정립되고 지양되는 데 있다. 자본에서 통일은 일단
단순한 것으로 현상한다.

‖27‖ {리카도의 사유 과정은 다음과 같이 단순하다. 생산물들은
그들에 포함되어 있는 대상화된 노동의 양들에 따라서 ─ 요컨대 자
본이 자본과 ─ 교환된다. 노동일은 언제나 노동일과 교환된다. 이것
은 전제이다. 요컨대 교환 자체는 전적으로 도외시되어도 좋다. 생산
물 ─ 생산물로 정립된 자본 ─ 은 즉자적으로 교환 가치이며, 교환
은 여기에 형태, 생산물에게 있어서는 형식적인 형태만을 덧붙인다.
이제 문제는 이 생산물이 어떤 비율들로 분배되는가에 있을 뿐이다.

이 비율들은 전제된 교환 가치의 일정한 할당이든, 그것의 내용인 물
질적 부의 할당이든 상관없다. 그렇다. 교환 자체는 단순한 유통이므
로 — 유통으로서의 화폐 — 교환을 전적으로 사상하고, 단지 생산
과정 안에서, 또는 생산 과정의 결과로서 상이한 행위자들에게 분배
되는 물질적 부의 할당만을 고찰하는 것이 더 낫다. 교환의 형태에서
는 모든 가치 등이 명목적일 뿐이다. 그것이 실재적인 것은 비율의
형태에서이다. 전체 교환은 그것이 보다 큰 물질적인 다양성을 창조
하지 않는 한 명목적이다. 언제나 하루 노동일은 하루 노동일과 교환
되므로, 가치들의 합계는 동일하다 — 생산력의 성장은 부의 내용에
만 작용하지 그 형태에는 작용하지 않는다. 따라서 가치 증대는 생산
이 어려워질 때에만 이루어질 수 있고, — 이는 다시 자연력이 동일
한 양의 인간 노동에게 더 이상 동일한 기여를 하지 않는 곳, 즉 자
연 요소들의 비옥도(肥沃度)가 감소하는 곳 — 농업에서만 발생한다.
따라서 이윤 하락은 지대에 의해 야기된다. 첫째로 모든 사회 상태에
서 언제나 하루 노동일 내내 노동한다는 잘못된 가정 등등(위 참조)
.17)}

우리는 이미 다음을 살펴보았다.18) 노동자는 하루를 살기 위해서,
따라서 다음날 다시 동일한 과정을 시작할 수 있기 위해서, 예를 들
어 반나절만 노동하면 된다. 그의 노동 능력이 살아 있는 자로서의
그 안에 존재하거나, 또는 살아 있는 노동 도구로서의 그의 안에 존
재하는 한, 그의 노동 능력에는 반나절의 노동만이 대상화되어 있다.
노동자의 살아 있는 하루 전체(생활일)는 반나절 노동의 휴식하는 성
과, 대상화이다. 자본가는 노동자에 대상화되어 있는 노동, 즉 반나
절 노동과의 교환을 통해서 하루 노동일 전체를 점취하고, 자본을 구
성하고 있는 소재를 가공하는 생산 과정에서 소비함으로써, 자기 자

---

17) 이 책 334쪽 참조
18) 이 책 332-334쪽 참조

본의 잉여 가치를 창출한다 — 앞의 경우에는 반나절 동안 대상화된 노동. 노동의 생산력이 배증된다고, 즉 동일한 시간에 동일한 노동이 두 배의 사용 가치를 산출한다고 가정하자. (노동자가 노동자로서 생명을 유지하기 위해서 소비하는 것, 그가 화폐의 매개를 통해 자신의 살아 있는 노동 능력에 대상화되어 있는 노동과 교환하는 생활 수단의 양은 현재의 관계에서 임시로 사용 가치로 규정되어 있다.) 그러면 노동자는 하루를 살기 위해서 ¼일만 노동하면 될 것이다. 그러면 자본가는 ½일의 대상화된 노동이 아니라 ¾일의 대상화된 노동을 획득함으로써, 자신의 잉여 가치를 생산 과정을 매개로 하여 ½에서 ¾으로 높이기 위해 교환에서 노동자에게 ¼일의 대상화된 노동만 주면 된다. 생산 과정에서 나오는 자본의 가치는 2/4가 아니라 ¾이 증가했을 것이다. 요컨대 자본가는 동일한 잉여 가치 — 대상화된 노동의 ½ 또는 2/4의 잉여 가치를 자본에 추가하기 위해서 노동자를 ¾일만 노동하도록 하면 된다. 그러나 부의 일반적 형태 — 화폐 — 를 대표하는 것으로서의 자본은 자신의 제약을 넘어서려는 무제약적이고 무한한 충동이다. 어떤 한계든 자본을 위한 제약이고 제약이어야 한다. 그렇지 않다면 그것은 자본 — 자기 생산하는 화폐이기를 중지하게 된다. 그것이 일정한 한계(Grenze)를 제약(Schranke)으로 느끼지 않고, 한계로서 그 안에서 안락함을 느끼게 되자마자, 그것은 스스로 교환 가치로부터 사용 가치로, 부의 일반적 형태로부터 부의 특정한 실체적 존립으로 추락하게 될 것이다. 자본 자체는 그것이 한꺼번에 무한한 잉여 가치를 정립할 수 없기 때문에 일정한 잉여 가치를 창출한다. 그러나 그것은 더 많은 잉여 가치를 창출하려는 끊임없는 운동이다. 잉여 가치의 양적 한계는 자본에게 자연적인 제약, 그것이 끊임없이 극복하고 끊임없이 넘어서고자 하는 필연성으로 현상한다.

{제약은 극복되어야 할 우연으로 현상한다. 이것은 피상적인 관찰

에서조차 분명하다. 자본이 100에서 1,000으로 성장하면, 이제는 1,000이 출발점이 되어 이로부터 증대가 진행되어야 한다. 1,000%로 10배 증가는 무의미하다. 이윤과 이자가 스스로 다시 자본이 된다. 잉여 가치로 현상했던 것이 이제는 단순한 전제 등, 자신의 단순한 존립 자체에 수용되어 있는 것으로 현상한다.}

　요컨대 자본가는 (경쟁, 가격과 같은 나중에 덧붙여지는 규정들을 사상한다면) ¾노동일이 그에게 이전의 하루 종일과 동일한 잉여 가치를 가져다 준다고 할지라도, 노동자로 하여금 ¾일만 노동하도록 하지 않고 하루 종일 노동하도록 할 것이다. 노동자로 하여금 ¼노동일로 하루 종일 살 수 있게 해주는 생산력의 증대는, 그가 전에는 자본을 위해서 2/4일만 노동한 데 비해, 이제는 ¾일을 ‖28‖ 자본을 위해서 노동해야 한다는 것으로 표현된다. 그의 증대된 노동 생산력이 노동자에 대상화된 노동의 대체를 위한(사용 가치, 실체를 위한) 시간의 단축인 한, 그것은 자본 증식을 위한(교환 가치를 위한) 시간의 연장으로 현상한다. 노동자의 관점에서 고찰하면 노동자는 이전에는 2/4일의 잉여 노동을 해야 했던 데 비해, 이제는 ¾일의 잉여 노동을 해야 한다. 생산력의 증대, 그것의 배증에 의해서 그의 잉여 노동은 ¼[일] 증가했다. 여기에서 한 가지 주목할 것은, 생산력이 배증했음에도 불구하고 노동자의 잉여 노동은 배증한 것이 아니라 ¼[일]만 증가했다는 것이다. 자본의 잉여 가치도 배증한 것이 아니라 ¼[일]만 증가했다.[19] 요컨대 생산력이 증가한 것과 동일한 비율로 잉여 노동(노동자의 관점에서 볼 때), 또는 잉여 가치(자본의 관점에서 볼 때)가 증가하는 것은 아니라는 사실이 드러난다. 왜 그러한가? 원래의 비율이 ½로 정립되어 있었기 때문에, 생산력의 배증은 (노동자의) 필요 노동[158]의 ¼[일] 감소이고, 또한 ¼[일 더 많은] 잉여 가

---

19) 수고에는: 감소했다

치의 생산이다. 노동자가 하루를 살기 위해서 원래 ⅔일 노동해야 했었다면, 잉여 가치는 잉여 노동과 마찬가지로 ⅓일이었을 것이다. 그리하여 노동자로 하여금 필요한 것을 위한 자신의 노동을 ⅔의 절반 또는 ⅔ × ½, 2/6 또는 ⅓일로 국한할 수 있도록 했을 것이고, 자본가는 ⅓[일]의 가치를 획득했을 것이다. 그러나 전체 잉여 노동은 ⅔[일]이 되었을 것이다. 첫 번째 경우에서 ¼[일]의 잉여 가치와 잉여 노동으로 귀결된 생산력의 배증이, 지금은 ⅓[일]의 잉여 가치 또는 잉여 노동으로 귀결되는 것이다.

요컨대 생산력의 승수(乘數) — 생산력이 배증되는 수치 — 는 잉여 노동 또는 잉여 가치의 승수가 아니며, 노동 가격에 대상화된 노동의 원래 비율은 언제나 한계로 현상하는 하루 노동일(공장주 자신들은 물론 이것을 밤까지 연장했다. 10시간 노동법.[130] 레오너드 호너의 보고서 참조. 노동일 자체는 자연적인 낮에 한계가 있는 것이 아니다. 그것은 밤늦게까지 연장20)될 수 있다. 이는 임금에 관한 장에 속하는 내용이다)에 대상화된 노동의 ½이다. 그러므로 배증은 ½(원래 비율)을 2로 나눈 것, 또는 ¼과 같다. 원래 비율이 ⅔였다면, 배증은 ⅓을 2로21) 나눈 것 = 2/6, 또는 ⅓과 같다. 요컨대 생산력의 승수는 언제나 승수가 아니라 원래 비율의 제수(除數)이고, 분자의 승수가 아니라 분모의 승수이다. 그것이 전자22)라면 생산력의 배증에는 잉여 가치의 배증이 조응할 것이다. 그러나 잉여 가치23)는 언제나 원래의 비율을 생산력의 승수로 나눈 것과 같다. 원래의 비율이 8/9이라면, 즉 노동자가 살기 위해서 8/9노동일이 필요하다면, 즉 자본이 살아 있는 노동과의 교환에서 1/9만을 획득해 잉여 노동이

---

20) 수고에는: 노동
21) 수고에는: 3으로
22) 수고에는: 후자
23) '잉여 가치의 증가'라고 해야 옳을 것이다.

1/9이라면, 이제 노동자는 8/9노동일의 절반, 즉 8/18 = 4/9노동일로 살 수 있을 것이고, 하루 종일 노동하게 하는 자본가는 5/9노동일24)의 모든 잉여 가치를 가질 것이다. 이중에서 원래의 잉여 가치 1/9을 공제하면 4/925)가 남는다. 생산력의 배증이 여기에서는 잉여 가치 또는 잉여 시간의 4/926)증가와 같다. 이는 잉여 가치는 언제나 노동자가 생명을 유지하기 위해서 필요한 노동일 부분에 대한 전체 노동일의 비율이다. 잉여 가치가 계산되는 단위는 언제나 분수, 즉 정확하게 노동 가격을 나타내는 하루의 일정 부분이다. 이것이 ½과 같다면, ‖ 29 ‖ 생산력의 증대27) = 필요 노동 시간의 ¼로의 단축. 그것이 ⅓이라면, 필요 노동 시간의 1/6로의 단축이다. 그리하여 첫 번째 경우에는 총 잉여 가치 = ¾. 두 번째 경우에는 = 5/6. 상대적 잉여 가치,[159] 즉 이전에 주어진 잉여 가치에 대한 비율로서의 잉여 가치가 첫 번째 경우에는 ¼이고, 두 번째 경우에는 1/628)이다.

요컨대 자본의 가치는 생산력이 증대되는 것과 같은 비율로 증가하는 것이 아니라, 생산력의 증대, 생산력의 승수가 노동자에게 속하는 부분을 표현하는 노동일 부분을 나눈 비율로 증가한다. 즉, 노동 생산력이 자본의 가치를 얼마나 증대시키는가는 노동자에 대상화된 노동의 몫의 살아 있는 노동에 대한 비율에 좌우된다. 이 몫은 언제나 ⅓, ⅚ 등 전체 노동일의 일부분으로 표현된다. 생산력의 증대, 즉 일정한 수치만큼의 그것의 배증은 이 수치로 분수의 분자를 나누거나 분모를 곱한 것과 같다. 가치의 증대가 얼마나 크고 작은가는 생산력의 증대를 표현하는 수치뿐만 아니라, 노동 가격에 속하는 노동일 부분을 이루는 이미 주어진 비율에도 좌우된다. 이 비율이 ⅓이라

---

24) 수고에는: 4/9노동일
25) 수고에는: 3/9 또는 1/3
26) 수고에는: 1/3
27) '생산력의 배증'이라고 해야 옳을 것이다.
28) 수고에는: 2/6 또는 1/3.

면 노동일의 생산력의 배증은 노동 가격에 속하는 노동일이 1/6로 감소한 것과 같고, 그가 %라면 2/6로 감소한 것과 같다. 노동 가격에 포함된 대상화된 노동은 언제나 하루 종일의 부분과 같다. 산술적으로 표현하자면 언제나 분수, 언제나 숫자 비율이지 간단한 수가 아니다. 생산력이 배증되면 노동자는 노동 가격을 회수하기 위해 이전 시간의 ½만 노동하면 된다. 그러나 그가 이를 위해서 얼마나 긴 노동 시간을 필요로 하는지는 첫 번째 비율, 즉 생산력 증대 이전에 그가 필요로 했던 시간에 좌우된다. 생산력의 승수는 이 원래 비율의 제수이다. 따라서 [잉여] 가치 또는 잉여 노동은 생산력과 동일한 비율로 증가하지 않는다. 원래 비율이 ½이고 생산력이 배증했다면, (노동자를 위한) 필요 노동 시간은 ¼로 단축되고, 잉여 가치는 ¼만큼만 증가한다. 생산력이 4배 성장하면 원래의 비율은 ⅛이 되고, [잉여] 가치는 ⅜[29]만큼만 증가한다. [잉여] 가치는 결코 노동일 전체와 같을 수 없다. 즉, 노동일의 일정 부분은 언제나 노동자에 대상화된 노동과 교환되어야 한다. 잉여 가치란 노동자에 대상화된 노동에 대한 살아 있는 노동의 비율일 뿐이다. 따라서 비율의 한 항은 언제나 불변이어야 한다. 그것의 인수(因數)는 변할지라도, 이 관계가 관계로서는 불변이므로, 생산력 증대와 가치 증대 사이에는 일정한 관계가 주어져 있다. 따라서 우리는 한편으로 상대적 잉여 가치가 상대적 잉여 노동과 정확히 일치하는 것을 목격한다. 필요한 노동일이 ½이고 생산력이 배증하면, 노동자에게 속하는 부분, 필요 노동은 ¼일로 단축되고, 새롭게 추가되는 가치도 정확히 ¼이다. 그러나 총 [잉여] 가치는 이제 ¾이다. 잉여 가치는 ¼, 즉 1 : 4의 비율로 증가하는 데 비해, 총 잉여 가치는 = ¾ = 3 : 4이다. 이제 ¼이 원래의 필요 노동일이었고 생산력의 배증이 이루어졌다고 가정하면, 필요 노동은 ⅛

---

29) 수고에는: 1/8.

로 단축되고 [증대된] 잉여 노동 또는 [증대된] 잉여 가치는 정확히
= ⅛ = 1 : 8일 것이다. 이에 반해 총 잉여 가치는 = ⅞이다. 첫 번
째 예에서 원래 총 잉여 가치 = 1 : 2 (½)이었다가, 이제 7 : 8 (⅞)로
상승했다. 두 번째 경우에는 원래 총 잉여 가치가 ¾이었다가, 이제
7 : 8 (⅞)로 상승했다. 첫 번째 경우에는 ½ 또는 2/4에서 ¾으로 증
가했다. 두 번째 경우에는 ¾ 또는 6/8에서 ⅞로 증가했다. 첫 번째
경우에는 ¼, 두 번째 경우에는 ⅛, 즉 두 번째 경우에 비해 첫 번째
경우는 두 배 빠르게 증가했다. ‖30│그러나 첫 번째 경우에는 총
잉여 가치가 ¾ 또는 6/8일 뿐인 데 비해, 두 번째 경우에는 ⅞로서
⅛이 더 많다.

필요 노동이 1/16이라고 가정하면, 앞의 경우[160]에는 6/8 = 12/16[30]
였던 총 잉여 가치가 = 15/16이다. 요컨대 전제된 총 잉여 가치가
앞의 경우보다 3/16[31]만큼 크다. 이제 생산력이 배증되었다고 가정
하면, 이전에는 = 2/32(1/16)였던 필요 노동이 = 1/32이다. 즉, 잉여
시간이 1/32만큼 증가했고, 잉여 가치도 증가했다. 15/16 또는
30/32이던 총 잉여 가치를 관찰하면, 이제 그것은 31/32이다. (필요
노동이 ¼ 또는 8/32이던) 앞의 경우와 비교하면, 총 잉여 가치는 앞
의 경우에는 28/32[32]이었던 데 비해, 이제는 31/32로서 3/32[33]만큼
증가했다. 그러나 상대적으로 살펴보면, 그것이 첫 번째 경우에는 생
산의 배증에 의해 ⅛ 또는 4/32만큼 증가한 데 비해, 지금은 1/32만
큼만 증가, 즉 3/32만큼 적게 증가했다.

필요 노동이 이미 1/1,000로 감축되었다면, 총 잉여 가치 =
999/1,000일 것이다. 이제 생산력이 1,000배 증대된다면, 필요 노동

---

30) 수고에는: 5/8 = 10/16
31) 수고에는: 5/16
32) 수고에는: 20/32.
33) 수고에는 11/32

은 1/1,000,000 노동일로 단축되고, 총 잉여 가치는 생산력 증대 이전에 999/1,000 또는 999,000/1,000,000에 이르던 데 비해 이제는 하루 노동일의 999,999/1,000,000에 이를 것이다. 요컨대 그는 999/1,000,000 = 1/1,001[34] (게다가 1/1001 + 1/999),[35] 즉 총 잉여가 앞의 경우에는 생산력의 배증만으로도 1/32만큼 증가한 데 비해, 생산력의 천 배 증대와 더불어는 1/1,001[36], 즉 3/3,003[37]만큼도 증가하지 않을 것이다. 필요 노동이 1/1,000에서 1/1,000,000로 감소한다면 그것은 정확히 999/1,000,000만큼(왜냐하면 1/1,000 = 1,000/1,000,000이므로), 즉 잉여 가치만큼[38] 감소한다.

이를 요약하면 우리는 다음을 발견하게 된다.

첫째로, 살아 있는 노동의 생산력 증대가 자본의 가치를 증대(또는 노동자의 가치를 감소)시키는 것은, 그것이 동일한 노동으로 창출된 생산물 또는 사용 가치의 양을 증가시킴으로써가 아니라 — 노동의 생산력은 노동의 자연력이다 —, 그것이 필요 노동을 감소시키기 때문이다. 즉 그것이 이 필요 노동을 감소시키는 것과 동일한 비율로 잉여 노동, 또는 같은 말이지만, 잉여 가치를 창출하기 때문이다. 왜냐하면 자본이 생산 과정을 통해 획득하는 잉여 가치는 단지 필요 노동을 초과하는 잉여 노동의 초과분으로 이루어지기 때문이다. 생산력의 증대는 잉여 노동에 대한 필요 노동의 비율을 감소시키는 한에 있어서만, 잉여 노동을 — 즉, 노동일의 교환 가치에 대상화된 노동을 초과하는 생산물로서의 자본에 대상화된 노동의 초과분 — 을 증대시키고, 그것이 이 비율을 감소시키는 비율만큼만 잉여 가치를 증

---

34) 수고에는 1/11

35) 수고에는: (게다가 $\dfrac{1}{11+1/999}$)

36) 수고에는: 1/11

37) 수고에는: 3/33

38) '잉여 가치의 증가만큼'이라고 해야 옳을 것이다.

대시킨다. 잉여 가치는 정확히 잉여 노동과 같다. 잉여 가치의 증대는 필요 노동의 감소에 의해 정확히 측정된다.

둘째로, 자본의 잉여 가치는 생산력의 승수, 즉 (단위로서, 피승수로서 정립된) 생산력이 증대되는 수치만큼 증대되지 않고, 원래 필요 노동을 나타내는 살아 있는 노동일 부분의 잉여를 생산력의 승수로 나눈 만큼 증대된다. 즉, 필요 노동 = 살아 있는 노동일의 $1/4$이고 생산력이 배증된다면, 자본의 가치는 두 배 증가하는 것이 아니라 ‖ 31 | $1/8$만큼 증가한다. 이는 $1/4$ 또는 $2/8$(필요 노동을 나타내는 원래 노동일 부분) — 2로 나눈 $1/4$ 또는 = $2/8 - 1/8 = 1/8$. (가치가 배증되면 $4/2$ 또는 $16/8$으로 표현될 수 있다. 요컨대 위의 예에서 생산력이 $10/8$만큼 증대된다면, 이윤은 $1/8$만큼만 증가한다. 이것의 증가는 생산력의 증가에 대하여 1 : 16으로 비례한다.[161](그건 그렇다!) 부분이 $1/1,000$이고 생산력이 1,000배 증가한다면, 자본의 가치는 1,000배 증가하는 것이 아니라 $1/1,001$[39]만큼도 증가하지 않는다. 그것은 $1/1,000 - 1/1,000,000$, 즉 $1,000/1,000,000 - 1/1,000,000 = 999/1,000,000$만큼 증가한다.)

요컨대 자본이 일정한 생산력 증대에 의해 자신의 가치를 증대시키는 절대액은 필요 노동을 나타내며, 그리하여 살아 있는 노동일에 대한 필요 노동의 원래 비율을 표현하는 노동일의 주어진 부분, 노동일의 비례분할적 부분에 좌우된다. 요컨대 일정 비율의 생산력 증대는, 예컨대 상이한 나라들에서 상이하게 자본의 가치를 증대시킬 수 있다. 동일한 비율로 생산력의 일반적 증대는 상이한 산업 영역들에서 자본의 가치를 상이하게 증대시킬 수 있고, 이 영역들에서 살아 있는 노동일에 대한 필요 노동의 상이한 비율에 따라 그렇게 할 것이다. 이 비율은 노동이 어디에서나 단순 노동이라면, 즉 필요 노동이

---

39) 수고에는 1/11

동일하다면(동일한 양의 대상화된 노동을 나타낸다면) 자유 경쟁 체제에서는 모든 사업 영역에서 당연히 동일할 것이다.

셋째로, 생산력 증대 이전에 자본의 잉여 가치가 클수록, 자본의 전제된 잉여 노동 또는 잉여 가치의 양이 클수록, 또는 노동자의 등가물을 형성하는 노동일 부분이 이미 작을수록, 자본이 생산력 증대로부터 얻는 잉여 가치 증가는 적다. 자본의 잉여 가치는 증가하지만, 생산력 발전에 비해 갈수록 적은 비율로 증가한다. 요컨대 자본이 이미 발전했을수록, 그것이 많은 잉여 노동을 창출했을수록, 그것은 더 작은 비율로 증식되기 위해서, 즉 잉여 가치를 추가하기 위해서라도 더욱 효과적으로 생산력을 발전시켜야 한다. 왜냐하면 그것의 제약은 언제나 필요 노동을 표현하는 하루의 부분과 전체 노동일 사이의 비율이기 때문이다. 자본은 이러한 한계 안에서만 움직일 수 있다. 필요 노동에 귀속되는 부분이 적을수록, 잉여 노동이 클수록, 생산력의 어떠한 증대도 필요 노동을 두드러지게 감소시킬 수 없다. 왜냐하면 분모가 거대하게 증가했으므로. 자본의 자기 증식은 그것이 이미 증식했을수록 어려워진다. 생산력의 증대가 자본에게 무관심해질 것이다. 증식 비율이 사소해졌기 때문에 증식 자체도. 그리고 그것은 자본이기를 중지할 것이다. 필요 노동이 1/1,000이고 생산력이 3배 증대된다면, 필요 노동은 1/3,000만 감소하거나 또는 잉여 노동이 겨우 2/3000 증가할 것이다. 그러나 이는 임금이 증가했거나 생산물에서 노동의 몫이 증가했기 때문이 아니라, 그것이 노동의 생산물 또는 살아 있는 노동일과의 관계에서 볼 때 이미 그만큼 낮게 하락했기 때문이다.

{노동자에 대상화된 노동은 여기에서 그 자신의 살아 있는 노동일의 일부분으로 입증된다. 왜냐하면 그것은 노동자가 자본으로부터 임금으로 받는 대상화된 노동이 전체 노동일에 대하여 가지는 비율과 동일하기 때문이다.}

(이 모든 명제는 이러한 추상에서 현재의 관점의 관계에 대해서만
옳다. 이들을 현저하게 수정하는 다른 관계들이 추가될 것이다. 일반
적으로 서술되지 않는 한 모든 것은 이미 실제로 이윤론에 속한다.)

지금까지는 우선 일반적인 것이다. 노동 생산력의 발전 — 일단
잉여 노동의 정립 — 은 가치 증가 또는 자본 증식을 위한 필요 조건
이다. 요컨대 자본은 무한한 치부 충동으로서 노동 생산력의 무한한
증대를 추구하며 이것을 낳는다. 그러나 다른 한편에서 노동 생산력
의 모든 증대도 — 그것이 자본가를 위한 사용 가치를 증가시킨다는
것은 차치하고라도 — 자본의 생산력의 증대이며, 지금의 관점에서
볼 때 그것은 자본의 생산력인 한에 있어서만 노동의 생산력이다.

[절대적 잉여 가치와 상대적 잉여 가치]

‖32‖ 이제 다음과 같은 점이 분명하거나 적어도 미리 암시될 수 있다. 생산력의 증대는 즉자대자적으로 가격을 상승시키지 않는다. 예컨대 밀 1부셸. 반나절의 노동이 밀 1부셸에 대상화되었고 이것이 노동자의 가격이었다면, 잉여 노동은 밀 1부셸40)을 생산할 수 있을 뿐이다. 밀 2부셸이 하루 노동일의 가치이다. 그것이 화폐로 = 26실링이라면 = 26실링이다. 1부셸 = 13실링. 이제 생산력이 배증된다면, 밀 1부셸 = ¼노동일이고 = 6½실링이다. 상품의 이 부분의 가격은 생산력에 의해 하락했다. 그러나 전체 가격은 그대로이다.41) 그러나 이제는 ¾노동일의 잉여. 각 ¼ = 밀 1부셸 = 6½실링. 그리하여 전체 생산물 = 26실링. 이전과 마찬가지. 자본의 가치는 13실링에서 18 3/2실링으로 증가. 노동의 가치는 13실링에서 6½실링으로 감소. 물질적 생산은 2부셸에서 4부셸로 증가. 이제 18 3/2. 금 생산에서도 생산력이 배증해서 이전에 반나절 노동일의 생산물이 13실링이었고 반나절 노동일이 필요 노동이었는데, 이제는 ¼이라면 52실링 또는 52 − 13실링 또는 39실링42)이 더 생산된다. 이제 밀 1부셸 = 13실링. 여전히 동일한 단위 가격. 그러나 전체 생산물 = 52실링. 이전에는 = 26실링. 그러나 다른 한편으로 이전에는 26실링이 2부셸만을 샀다면, 이제는 52실링이 4부셸을 산다.

자. 살아 있는 노동일 전체가 생산 과정에서 소비될 정도로 자본이 이미 잉여 노동을 상승시켰다면, (우리는 여기에서 노동일을 노동자의 처분에 맡길 수 있는 노동 시간의 자연적 양으로 가정한다. 그는 언제나 자신의 노동 능력을 특정한 시간, 즉 특정한 노동 시간 동

---

40) 수고에는: 2부셸
41) 수고에는: 상승했다
42) 수고에는: 12실링 또는 40실링.

안만 처분에 맡긴다.) 생산력 증대는 노동 시간을 더 이상 증대시킬 수 없고, 따라서 대상화된 노동 시간도 더 이상 증대시킬 수 없다는 것은 명백하다. 하루 노동일은 필요 노동 시간이 6시간이든 3시간이든, 노동일의 ½이든 ¼이든 생산물에 대상화되어 있다. 자본의 잉여 가치, 즉 노동자에 대한 그것의 가치는 증가했다. 왜냐하면 그것이 이전에는 = 2/4 뿐이었다면, 이제는 = ¾ 대상화된 노동 시간이기 때문이다. 그러나 그것의 가치는 절대적 노동량이 증가했기 때문이 아니라 상대적 노동량이 증가했기 때문에 증가했다. 즉, 총 노동량은 증가하지 않았다. 여전히 하루만 노동한다. 그러므로 잉여 시간(잉여 노동 시간)의 절대적 증가는 없다. 필요 노동량이 감소했고, 그에 따라 상대적 잉여 노동이 증가했다. 노동자는 사실상 이전에는 하루 종일 노동했으나, ½일만이 잉여 시간이었다. 그는 여전히 하루 종일 노동하지만 ¾ 노동일이 잉여 시간이다. 그러한 한에 있어서, (금 가치와 은 가치는 동일하다고 전제하면) 자본의 가격 또는 교환 가치는 생산력의 배증에 의해 증대되지 않았다. 요컨대 이는 생산물에서 다시 상품이 된 생산물의 가격이나 자본의 가치가 아니라 오직 이윤율과 관계된다. 그러나 실제로는 자본 — 자기 증식하는 가치 — 으로 정립된 부의 부분이 증대되기 때문에, 이러한 방식으로 절대적 가치도 증대된다. (자본들의 축적) 우리의 앞의 예43)를 가정하자. 자본 = 100탈러이고, 생산 과정에서 다음과 같은 부분들로 나누어진다고 가정하자: 목화 50탈러, 임금 40탈러, 도구 10탈러. 계산을 단순화하기 위해서 동시에 전체 노동 도구가 한 번의 생산 행위에서 소비되고(이는 여기에서 전혀 무의미하다), 그것의 가치는 완전히 생산물의 형태로 다시 나타난다고 가정하자. 이 경우에 노동은 자신의 살아 있는 노동 능력에 대상화된 노동 시간을 표시하는 40탈러, 예컨대 4시

---

43) 이 책 319-325쪽 참조

간의 노동 시간과의 교환에서 자본에게 8시간을 줄 것이다. 도구와 원료가 전제되어 있다면, 노동자가 4시간만 노동할 때, 즉 원료와 도구가 노동자에게 속하고 4시간만 노동할 때, 총생산물은 100탈러에 이를 것이다. 그는 첫째로 생산에 필요한 원료와 도구인 60탈러를 대체하고, 이들에게 40탈러의 잉여 가치를 자기 자신의 살아 있는 노동 능력, 또는 이에 대상화된 시간의 재생산으로 추가함으로써, 60탈러를 40탈러만큼 증대시킬 것이다. 그는 생산 과정에서 원료의 가치뿐만 아니라 도구의 가치와 노동 능력의 가치도 재생산했기 때문에, 그것도 맨 마지막에는 ‖33‖ 그가 끊임없이 처음 두 가지의 가치를 4시간의 대상화된 노동만큼 증대시키면서 재생산했기 때문에 노동을 계속 새롭게 시작할 수 있을 것이다. 그러나 그가 이들에게 준 첫 번째 잉여 가치 40탈러는 정확히 그의 노동의 가치인데, 이에 반해 이제 그는 8시간 노동함으로써만, 즉 그에게 이제 자본으로 맞서 있는 노동 재료와 도구에게 80탈러의 잉여 가치를 줌으로써만 임금 40탈러를 받을 것이다. 그리하여 그는 정확히 잉여 노동 또는 잉여 시간과 같은 잉여 가치를 추가할 것이다.

{우리가 여기 서 있는 지점에서는 잉여 노동 또는 잉여 시간과 더불어 재료와 도구도 증대된다고 가정할 필요는 없다. 단순한 잉여 노동만으로 어떻게 원료를 증대시키는가는, 예를 들어 금줄 제조 노동 등. 배비지 참조.}[162]

그리하여 자본의 가치는 100에서 140으로 증가할 것이다.

{원료도 증가하고 노동 도구도 (간단한 계산을 위해서) 같은 비율로 증가한다고 가정하자. 자본의 지출은 이제 목화 100탈러, 도구 20탈러이고, 노동을 위해서는 여전히 40탈러이며, 모두 합해서 160탈러일 것이다. 잉여 노동이 4시간 100탈러에서 40% 증가한다면, 그것은 160탈러를 64탈러만큼 증가시킨다. 그리하여 총생산물 = 224탈러. 여기에서는 이윤율이 자본의 크기와 함께 동일하다고 전제되어

있고, 노동 재료와 도구는 잉여 노동의 실현, 잉여 노동의 자본화로 고찰되지 않는다. 우리가 살펴본 바와 같이[44] 이미 정립된 잉여 노동이 클수록, 즉 자본 자체의 크기가 클수록, 노동 시간의 절대적 증가는 불가능하고, 생산력 증대에 의한 상대적 증가는 기하급수적 비율로 체감한다고 전제되어 있다.}

단순한 교환 가치로 고찰하면, 자본은 이제 100이 아니라 140탈러로 절대적으로 커졌을 것이다. 그러나 실제로는 새로운 가치, 즉 노동 재료와 도구를 위한 60탈러와 노동을 위한 40탈러 지출을 단순히 대체하기 위해서는 필요하지 않은 가치, 40탈러의 새로운 가치가 창출되었을 것이다. 유통 속에 있는 가치들이 40탈러, 즉 40탈러가 더 많은 대상화된 노동 시간 증가했을 것이다.

이제 동일한 전제를 가정하자. 100탈러 자본, 즉 목화를 위해서 50탈러, 노동을 위해서 40탈러, 생산 도구를 위해서 10탈러. 잉여 노동 시간은 앞의 경우와 마찬가지로 동일하고, 즉 4시간이고, 총 노동 시간은 8시간으로 가정한다. 그러면 모든 경우에서 생산물 = 8시간, 노동 시간 = 140탈러일 뿐이다. 이제 노동 생산력이 배증된다고, 즉 노동자가 자신의 노동 능력을 보존하는 데 필요한 만큼 원료와 도구를 사용하기 위해서는 2시간이면 족하다고 가정하자. 40탈러가 4시간 동안 은으로 대상화된 노동 시간이라면, 20탈러는 2시간의 대상화된 노동 시간일 것이다. 이 20탈러가 이제는 이전의 40탈러와 동일한 사용 가치를 표현한다. 원래 노동 시간의 절반이 동일한 사용 가치를 창출하는데, 사용 가치의 교환 가치는 순전히 그것에 대상화된 노동 시간에 의해 측정되기 때문에 노동 능력의 교환 가치는 반감했다. 그러나 원료와 도구의 가치는 동일하게 60탈러이고 모두 합하면 140탈러이다. 그럼에도 불구하고 자본가는 여전히 노동자로 하

---

44) 이 책 351-352쪽 참조

여금 8시간 노동하도록 하고, 그의 생산물은 여전히 8시간의 노동 시간 = 80탈러의 노동 시간을 대표한다. (노동자 자신은 살기 위해서 60탈러의 재료와 도구45)에 20탈러의 가치만을 추가하면 되었을 것이다. 즉, 그는 80탈러의 가치만 창출하면 되었을 것이다. 그의 생산물의 총 가치는 생산의 배증에 의해 100에서 80으로 20탈러, 즉 100의 1/5 = 20% 감소했을 것이다.) 그러나 자본의 잉여 시간 또는 잉여 가치는 이제 4시간이 아니라 6시간이고, 40탈러가 아니라 60탈러이다. 그것의 증가는 2시간, 20탈러이다. 그의 계산은 이제 다음과 같을 것이다. 원료에 50탈러, 노동에 20탈러, 도구에 10탈러, 비용 80탈러, 이윤 60탈러. 그는 그의 생산물을 여전히 140탈러에 판매할 것이지만, 40탈러가 아니라 60탈러의 이윤을 얻을 것이다. 요컨대 한편에서 보면, 그는 이전과 동일한 교환 가치 140탈러를 유통에 던져 넣는다. 그러나 그의 자본의 잉여 가치는 20탈러 증가했다. 그가 140탈러에서 가지는 몫이 그의 이윤율이다. 노동자는 실제로 자본가를 위해서 2시간 더, 즉 4시간이 아니라 6시간을 아무런 대가없이 노동했다. 그로서는 이전의 조건하에서 8시간이 아니라 10시간 노동하는 것, 그의 절대적 노동 시간을 연장한 것이나 마찬가지다.

그러나 사실상 새로운 가치도 등장했다. 즉, 20탈러가 더 자립적인 가치로서, 이전의 노동력과 교환되는 데에만 기여하는 것에서 면제되어 자유롭게 된 대상화된 노동으로 정립되어 있는 것이다. 이는 이중적으로 나타날 수 있다. 20탈러가 자본이 되어 더 많은 교환 가치를 창출하도록 더 많은 노동을 운동시킬 수도 있다. 이것은 더 많은 대상화된 노동을 새로운 생산 과정의 출발점으로 만드는 것이다. 또는 자본가가 20탈러를 산업 자본으로 수행하는 생산에서 필요한 것이 아닌 상품들과 화폐로 교환할 수도 있을 것이다. ‖34∣ 요컨대

---

45) 수고에는: 재료

노동과 화폐를 제외한 모든 상품이 20탈러 이상, 2시간 이상의 대상화된 노동 시간과 교환된다. 그리하여 이 상품의 교환 가치는 이처럼 자유롭게 된 액수만큼 증가했다. 중농주의자들 중 매우 "날카로운" 프랑스 편집자[163]가 보아규베르를 비판하면서 지적하듯이, 140탈러는 140탈러이다. 그러나 이 140탈러가 단지 더 많은 사용 가치를 대표한다는 것은 오류이다. 이 새로운 가치는 **자립적 교환 가치, 화폐, 잠재적 자본**, 요컨대 부로 정립된 부의 더 큰 부분을 대표한다. 경제학자들 자신도 비록 이 새로운 가치가 나중에는 자본의 축적에 의해 사용 가치의 양뿐만 아니라 **교환 가치**의 양도 축적하도록 한다는 사실을 인정한다. 리카도에 따르면 자본 축적의 구성 요소는 절대적 잉여 노동에 의해서뿐만 아니라 완벽하게 상대적 잉여 노동에 의해서도 정립되어 있기 때문이다 — 다른 방식은 가능하지도 않다.

다른 한편으로 순전히 생산력의 발전에 의해 창출된 이 잉여 20탈러가 다시 자본이 될 수 있다는 것은 리카도가 가장 잘 발전시킨 주장에 이미 담겨 있다.[164] 이전에는 (자본의 소비를 일단 간과한다면) 140탈러 중에서 40탈러만이 새로운 자본이 될 수 있었다. 100은 자본이 된 것이 아니라, 자본으로 남아 있었다. 이제는 60탈러, 즉 20탈러의 교환 가치가 더 많은 자본이 주어져 있다. 부 자체의 총액은 여전히 직접 증가하지 **않았지만**, 교환 가치들, 부 자체는 증대되었다. 그것은 왜 증대되었는가? 단순히 유통 수단이 아니라 화폐, 또는 단순히 등가물이 아니라 대자적으로 존재하는 교환 가치인 총액 부분이 증가했기 때문이다. 자유롭게 된 20탈러는 화폐로 축적되거나, 즉 교환 가치의 (추상적) 형태로 기존의 교환 가치 일반에 추가되거나, 또는 그들이 모두 유통하여 그것으로 구매된 상품들의 가격을 인상시킬 것이다. 그것들은 모두 더 많은 화폐를 대표할 뿐만 아니라, 금의 생산비가 하락하지 않았으므로(오히려 생산적으로 된 자본이 생산한 상품에 비례해서 상승했으므로), 더 많은 대상화된 노동도 대표한다

(이는 처음에 한 생산 자본 쪽에서 나타났던 잉여가 이제는 다른 비싸진 상품을 생산하는 자본들 쪽에서 나타나게 한다.) 또는 20탈러는 원래 유통하는 자본에 의해서 직접 자본으로 사용된다. 그리하여 20탈러의 새로운 자본 — 자기 보존되고 증식되는 부의 액수 — 이 정립되었다. 자본은 20탈러의 교환 가치만큼 증가했다.

(여기에서는 자본 일체가 문제이고, 유통은 화폐로서의 자본의 형태와 자본으로서의 자본의 형태 사이를 매개할 뿐이므로, 아직 유통은 상관이 없다. 첫 번째 자본은 화폐 자체를 실현, 즉 자신이 이전에 소비했던 것보다 더 많이 소비하는 상품과 교환될 수 있다. 그러나 이 상품들의 생산자의 수중에서 이 화폐는 자본이 된다. 요컨대 첫 번째 자본의 수중에서는 직접, 또는 다른 자본의 수중에서는 우회적으로 자본이 된다. 그러나 다른 자본은 다시 자본 자체이다. 그리고 우리는 여기에서 자본 자체, 말하자면 전체 사회의 자본을 논하고 있다. 자본들의 상이성 등은 아직 논외이다.)

일반적으로 이 20탈러는 이중적 형태로만 나타날 수 있다. 자본은 그 자체로 화폐로 나타났으므로, 아직 자본이 되지 않은 화폐 — 그것의 출발점의 규정으로, 교환 가치 또는 일반적 부의 추상적 — 자립적 형태로 화폐의 특성 속에 실존한다. 또는 스스로 다시 자본으로, 살아 있는 노동에 대한 대상화된 노동의 새로운 지배로 실존한다. {생산력은 배증, 100% 증가했고, 자본의 가치는 앞의 예에서 50%[46) 증가했다.} (사용된 자본량의 증대가 생산력을 산술적인 비율뿐만 아니라 기하급수적인 비율로 증대시킬 수 있는 데 반해, 이윤은 — 생산력의 증대자로서 — 훨씬 적은 비율로 증대시킬 수 있을 뿐이다. 요컨대 자본 증대가 생산력 증대에 미치는 영향은 생산력 증대가 자본 성장에 미치는 영향보다 무한히 크다.) 화폐(부가 추상적으

---

46) 수고에는: 20%

로 나타날 뿐인 사물) 또는 새로운 살아 있는 노동의 형태에 물질화된 일반적 부로서.

140탈러 중에서 자본가는 예컨대 20탈러를 유통 수단으로서의 화폐를 매개로 해서 자신을 위한 사용 가치로 소비한다. 그러면 그는 첫 번째 전제에서 120탈러라는 (100에 비해) 더 많은 자본, 더 많은 교환 가치로 자기 증식 과정을 시작할 수 있었다. 생산력이 배증된 후, 그는 자신의 소비를 줄이지 않고도 140탈러로 그렇게 할 수 있다. 교환 가치의 더 큰 부분이 사용 가치로 사라지지 않고 교환 가치로 고정된다(그가 직접 고정시키든, 생산을 통해 간접적으로 고정시키든). 더 큰 자본을 창출한다는 것은 더 큰 교환 가치를 창출한다는 것이다. 비록 교환 가치가 단순한 교환 가치로서의 자신의 직접적인 형태에서 생산성 증가에 의해 증대되지 않았지만, 자본으로서의 잠재적 형태에 있어서는 증대되었다. 140탈러라는 보다 큰 자본은 120탈러라는 이전의 자본보다 절대적으로 많은 대상화된 노동을 대표한다.

∥35∣ 따라서 그것은 적어도 비례적으로 더 많은 살아 있는 노동을 운동시키며, 따라서 마침내 더 많은 단순한 교환 가치를 재생산한다. 120탈러 자본의 40% 증대는 40% 증대된 60탈러의 생산물 또는 단순한 교환 가치를 생산한다. 140탈러의 자본은 64탈러의 단순한 교환 가치를.[165] 여기에서는 여전히 자본 형태의 교환 가치의 증대가 단순한 형태의 교환 가치의 증대로도 직접 정립된다.

이를 확인하는 것이 대단히 중요하다. 리카도처럼 교환 가치, 즉 부의 추상적 형태가 증대되지 않고 자본으로서의 교환 가치만 증대된다고 말하는 것으로는 부족하다.[166] 그는 여기에서 단지 본래적인 생산 과정에만 주목했다. 그러나 상대적 잉여 노동이 증대되면 — 그리하여 자본이 절대적으로 증대되면 —, 유통에서 교환 가치로서 상대적으로 실존하는 교환 가치, 화폐 자체도 필연적으로 증대되고, 따

라서 생산 과정의 매개를 통해 절대적 교환 가치도 증대된다. 다른
말로 하자면, 동일한 양의 교환 가치 — 또는 화폐 — 중에서 그리고
증식 과정의 생산물이 이러한 단순한 형태로 나타난다 — (잉여 가
치는 자본, 생산 과정 이전에 실존하는 바와 같은 가치와 관련해서만
생산물이다. 대자적으로는, 자립적인 실존으로서 관찰하면 그것은
단지 양적으로 규정된 교환 가치이다) — 이미 주어진 교환 가치나 또
는 이미 주어진 노동 시간에 대한 등가물로 실존하지 않는 부분이
자유롭게 되었다. 이 부분이 이미 주어져 있는 부분들과 교환되면,
그것은 이들에게 등가물을 주는 것이 아니라 등가물 이상을 주며, 이
런 측면에서 교환 가치 일부를 자유롭게 만든다. 이제 사회를 그만큼
부유하게 만든, 자유롭게 된 이 교환 가치가 휴식하고 있으면 그것은
화폐가 될 수 있을 뿐이고, 그러면 부의 추상적 형태가 증대되었을
뿐이다. 그것이 운동하면 새로운 살아 있는 노동으로만 실현될 수 있
다(이전에는 잠자던 노동이 운동하게 되든지 또는 새로운 노동자들이
창출(인구[의 증가 — 역자]가 가속화)되든지 또는 새로운 교환 가치
영역, 유통되는 교환 가치들이 확장되는 것인데, 이것은 자유롭게 된
교환 가치가 새로운 생산 영역, 즉 새로운 교환 대상, 새로운 사용 가
치 형태로 대상화된 노동을 개척함으로써 생산의 측면에서 이루어질
수 있다. 또는 대상화된 노동이 무역 확대에 의해서 새로운 나라의
유통권에 들어옴으로써 동일한 것이 달성될 수 있다.) 요컨대 이 새
로운 노동이 창출되어야 한다.

리카도가 그 자신을 위해 문제를 분명하게 하려는 (이 점에서 그
는 매우 불분명하다) 형태는 기본적으로 그가 동일한 액수의 단순한
교환 가치 중에서 더 적은 부분이 단순한 교환 가치(등가물)로 정립
되고 더 큰 부분은 화폐(본원적·태고적 형태로서의 화폐로서, 이것
에 의해 자본이 새롭게 구성된다. 주화 등이 아니라 화폐로서 규정된
화폐) 형태로 정립된다는 것, 따라서 대자적 교환 가치로서, 즉 **가치**

로서 정립된 부분, 부 형태의 부가 확대된다는 것을 간단하게 말하는
대신, 그가 곧장 일정한 비율을 도입한다는 것 이외에 아무 것도 말
하지 않은 셈이다.[167] (반면에 그는 부가 사용 가치로서의 물질적, 소
재적 부의 형태로만 증대된다는 잘못된 결론에 다다른다.) 따라서 부
가 지대로부터가 아니라, 즉 그에 따르면 생산력의 증대로부터가 아
니라, 반대로 생산력의 감소로부터 유래하는 한에 있어서, 부 자체의
기원은 그에게 전혀 이해될 수 없었고, 결국 그는 혼란스러운 모순들
에 빠지게 되었다. 문제를 그의 방식대로 가정해 보자. 자본 1,000이
50명의 노동자 또는 50일의 살아 있는 노동일을 운동시킨다고 하자.
생산력의 배증에 의해 그것은 100일의 노동일을 운동시킬 수 있을
것이다. 그러나 이들이 전제 속에 있지 않고 자의적으로 도입되는데,
그 까닭은 그렇게 하지 않으면 — 더 많은 실제 노동일이 들어오지
않으면 — 생산성 증대에 의한 교환 가치의 증대를 이해할 수 없기
때문이다. 동시에 그에게 있어서 인구 증가는 교환 가치 증대 요소로
서 그 어디에서도 규명되지 않고 있다. 어느 곳에서도 분명하고 확실
하게 언급되어 있지 않다. 주어진 전제가 자본 1,000과 노동자 50이
라고 하자. 그가 도출하기도 하는 올바른 결론(노트 참조)[168]: 자본
500이 25명의 노동자와 함께 이전과 동일한 사용 가치를 생산할 수
있다는 것이다. 다른 500은 다른 25명의 노동자들과 함께 새로운 사
업을 시작하고, 교환 가치 500을 생산할 수도 있다. 이윤은 500과
500의 교환에 의해서가 아니라, 이윤과 임금이 원래 500으로 나누어
지는 비율에 의해서 나오며, 교환은 오히려 리카도가 명백하게 설명
하고 있는 대외 무역에서와 마찬가지로 가치를 증대시킬 수 없는 등
가물 교환이기 때문에 이윤은 동일하게 남아 있다. 등가물 교환이란
B와의 교환 이전에 A의 수중에 실존하던 가치가 B와의 교환 이후에
도 여전히 그의 수중에 실존한다는 것을 의미할 뿐이다. 총 가치 또
는 부는 동일하게 남아 있다. 그러나 사용 가치 또는 부의 소재는 배

증되었다. 생산력의 증대가 고찰되는 한, 부가 부로서, 교환 가치로서 증대될 이유는 절대로 없다. 생산력이 다시 두 ‖ 36 ‖ 부문에서 배증된다면, 이제 자본 A는 12½ 노동일을 가지는 250과 12½ 노동일을 가지는 250으로 다시 나누어지고, 자본 B도 마찬가지로 나누어질 수 있다. 이제는 동일한 교환 가치 1,000파운드 스털링으로 4 자본이 실존하고, 여전히 50일의 살아 있는 노동일을 소비하며{살아 있는 노동이 자본을 소비한다고 말하는 것은 기본적으로 틀리다. 자본(대상화된 노동)이 생산 과정에서 살아 있는 노동을 소비한다}, 소비 가치가 배증되기 이전에 [비해] 4배 많은 사용 가치를 생산한다. 리카도는 생산력 증대의 결과 더 많은 가치가 등장하는 것을 유통에서 비싸게 판매하는 것으로 설명하려는 리카도 개선자들처럼 어리석음을 범하기에는 너무 고전적이다. 자본 500이 상품, 단순한 교환 가치가 되자마자 500과 교환되지 않고 (10%를 덧붙여) 550과 교환되면, 타인은 분명히 교환 가치로 500이 아니라 450만을 받게 되고, 총액은 여전히 1,000일 것이다. 이것은 상업에서 자주 발생한다. 그러나 이것은 한 자본의 이윤을 다른 자본의 손실로 설명할 뿐이지 전체 자본의 전체 이윤(den Profit des Kapitals)은 설명하지 못하는데, 이러한 전제가 없으면 전자의 이윤도 후자의 이윤도 실존할 수 없다.

요컨대 리카도의 절차는 1,000의 자본과 50명의 노동자로 이루어질 수 있는 생산력 증대 (이는 다시 일단 경제적 관계 자체의 밖에 놓여 있어 소재적이다) 이외의 다른 한계가 실존하지 않더라도 진전될 수 있다. 다음을 참조할 것.

자본은 미래의 생산을 의도로 해서 사용되는 한 나라의 부의 일부분이다. 그리고 그것은 부와 동일한 방식으로 증대될 수 있다.

(즉, 그에게 있어서 부는 사용 가치의 잉여이다. 단순한 교환의 관

점에서 보면, 대상화된 동일한 노동이 무한한 사용 가치로 표현되면서 대상화된 동일한 노동으로 남아 있는 한, 그것은 동일한 교환 가치로 남아 있을 수 있다. 왜냐하면 이것의 등가물은 사용 가치의 양이 아니라 그 자신의 양에 의해 측정되기 때문이다.)

추가 자본은 그것이 숙련이나 기계의 개선에 의해서 획득되든, 더 많은 수입이 생산적으로 사용됨으로써 획득되든, 미래의 부를 형성하는 데 있어서 똑같이 효과적이다. 왜냐하면 부(사용 가치)는 생산에서 이용된 공구들이 용이하게 생산되었는지에 관계없이(즉, 이들에 대상화된 노동 시간에 관계없이) 언제나 생산된 상품의 양에 좌우되기 때문이다(그리고 외관상으로 그것의 다양성에도 약간은). 일정량의 의류와 식품이 동일한 수의 남자의 생계를 해결하고 고용시킬 수 있다. 그러나 이들을 생산하는 데 200명이 고용되어 있다면, 두 배의 가치를(교환 가치를) 가질 것이다.[169]

생산력 증대를 매개로 해서 100이 이전의 200만큼의 사용 가치를 생산한다면,

200중에서 절반은 방출되고 남은 100이 이전의 200만큼 생산한다. 요컨대 자본의 절반은 사업 분야로부터 빼내질 수 있다. 노동만큼 자본이 자유롭게 되었다. 자본의 절반이 이전의 전체 자본과 완전히 동일한 기능을 하므로, 이제는 두 개의 자본이 형성되었다 등. (국제47) 무역에 관해서는 앞의 책, 39, 40쪽 참조.[170] 이에 대해서는 후술해야 한다.)

여기에서 리카도는 노동일에 대해서, 자본가가 이전에는 반나절의 대상화된 노동을 노동자의 하루 노동일과 교환했다면, 그 자본가는 다른 절반을 대상성의 형태로 노동자에게 주고 생명성의 형태로 받

____
47) 수고에는: 국내

는다는 것, 즉 노동일의 절반은 노동자에게 지불하고, 기본적으로 반 나절의 살아 있는 노동을 획득했다는 것을 논하지 않고, 오히려 동시 적인 노동일들, 즉 상이한 노동자들의 형태로 논의한다. 이것은 본질 을 변화시키지 않고 표현만을 변화시킨다. 이들 각각의 노동일은 그 만큼 더 많은 잉여 시간을 제공해 준다. 이전에는 자본가에게 그 노 동일이 한계였다면, 이제 그는 50노동일을 가진다. 이미 설명한 바와 같이, 이러한 형태로는 생산성에 의한 자본의 증대와 더불어 아무런 교환 가치 증대도 정립되지 않고, 따라서 리카도에 따르면 인구가 예 컨대 1,000,000에서 10,000으로 감소해도 교환 가치 또는 사용 가치 의 양은 감소하지 않을 수 있다(그의 저서의 결론 참조).[171]

우리는 자본에 모순이 포함되어 있다는 것을 결코 부인하지 않는 다. 오히려 우리의 목적은 그것을 완전하게 규명하는 것이다. 그러나 리카도는 그것을 규명하는 것이 아니라 부의 형성을 위해서 교환에서 의 가치를 무차별적인 것으로 간주함으로써 배제해 버렸다. 말하자 면 그는 교환 가치에 기초하는 사회에서 생산력 발전과 더불어 이러 한 형태의 부가 빠지게 되는 모순들이 그러한 가치로부터 유래하는 부에 실존하지 않고, 그 사회에서 부의 증가를 보장하기 위해서 가치 의 증가가 필요하지 않으며, ‖37‖ 따라서 부의 형태로서의 가치는 이 부 자체와 이것의 발전에 전혀 영향을 미치지 않는다고 주장한다. 즉, 그는 교환 가치를 단순히 형식적인 것으로 간주하는 것이다. 그 러나 이제 그는 1. 자본가에게는 가치가 중요하다는 것, 2. 역사적으 로 생산력(국제 무역도 언급했어야 할 것이다)의 과정과 더불어 부 자 체, 즉 가치액도 증가한다는 것을 상기한다. 이제 이것을 어떻게 설 명할 것인가? 자본들은 인구보다 빨리 축적된다. 그에 따라 임금도 상승한다. 그에 따라 인구도. 그럼으로써 곡물 가격들도. 그에 따라 생산의 어려움도. 따라서 교환 가치들도. 요컨대 이 교환 가치들에는 마침내 우회해서 도달한다. 생산의 더 큰 어려움이 아니라 반대로 생산력의 상승이 문제가 되는 여기에서, 우리는 지대라는 계기를 완전히 사상한다. 자본들의 축적과 더불어 인구가 동시에 증가하지 않으면 임금은 상승한다. 노동자가 결혼하고, [자녀] 생산이 고무되거나, 그의 자녀들이 더 잘 살지 일찍 죽거나 하지 않는다. 간단히 말해 인구가 증가한다. 그러나 인구 증가는 노동자들 사이의 경쟁을 야기 시키며, 그리하여 노동자들로 하여금 그들의 노동 능력을 다시 가치에 따라 자본가에게 팔거나 또는 일시적으로 그 이하로 팔도록 강요한다. 그 사이에 보다 천천히 축적된 자본은 이제 그것이 이전에 노동의 사용 가치를 구매하기 위해서 임금 형태로, 즉 주화로 지출하던 잉여를 마음대로 처분하고,[48] 그것을 살아 있는 노동에서 자본으로 증식시키기 위해서 화폐로 다시 지출한다. 이제 더 많은 양의 노동일을 마음대로 처분할 수 있으므로, 그것의 교환 가치는 다시 증가한다.

(이것조차 리카도에게 있어서는 제대로 규명되어 있지 않고, 지대론과 뒤섞여 있다. 이전에는 임금 형태로 자본의 수중에서 벗어나던 잉여를 이제는 인구 증가가 지대 형태로 자본의 수중에서 벗어나게 하므로.) 그러나 인구 증가조차 그의 이론에서는 제대로 이해되지 않고 있다. 그는 자본에 대상화된 노동 전체와 살아 있는 노동일 사이에 내재적인 관계가 이루어지고 있다는 것(이 노동일이 50×12시간으로 상정되든, 50명 노동자의 12시간 노동으로 상정되든 상관없다)과, 이 내재적 관계가 노동자에게 지불되는 살아 있는 노동일의 부분, 또는 대상화된 노동에 대한 등가물의 살아 있는 노동일에 대한 비율이라는 것을 그 어디에서도 설명하지 않았다. 전체는 하루 자체이고, 내재적 관계는 필요 노동 시간 부분과 잉여 노동 시간 부분 사이의 가변적 관계이다. (노동일 자체는 불변이다.) 그는 또한 이 관계를 설명하지 않았기 때문에, 생산력의 발전 자체가 자본의 증대뿐만 아니라

---

48) 수고에는: 사들이고

노동일의 동시적 증가도 전제하지만, 한 노동일(그것이 50×12시간
의 노동일이든 600시간이든)을 운동시키는 자본의 주어진 제약 내에
서는 이러한 제약조차 생산력 발전의 제약이라는 것을 그 어디에서
도 설명하지 않았다(이는 지금까지 자본 자체가 문제가 되었고, 생산
력 발전은 외적 관계로 도입되었으므로 아직 논외이다).

임금은 노동자뿐만 아니라 노동자의 재생산도 포함한다. 그리하여
노동 계급의 이 표본이 죽으면, 다른 표본이 그를 대체한다. 50명의
노동자가 죽으면, 이들을 대체하기 위해 다른 50명이 나타난다. 50명
의 노동자 자신은 — 살아 있는 노동 능력으로서 — 자기 자신의 생
산을 위한 비용뿐만 아니라, 50명의 새로운 개인들로 대체되기 위해
서 부모들에게 임금으로 지불되어야 하는 비용도 나타낸다. 요컨대
인구는 임금 인상이 없이도 증가한다. 그렇다면 왜 인구가 충분히 빨
리 증가하지 않는가? 그리고 특별한 자극을 받아야 하는가? 그것은
단지 자본에게 리카도적 의미에서의 더 많은 "부"를 획득하는 것만
으로 충분하지 않고, 자본은 더 많은 가치, 더 많은 대상화된 노동을
통제하고자 하기 때문이다. 그러나 자본이 이것을 실제로 통제할 수
있는 것은 임금이 하락할 때, 즉 대상화된 노동을 가지는 동일한 자
본으로 더 많은 살아 있는 노동일이 교환되고, 따라서 더 많은 가치
가 창출될 때 뿐이다. 임금을 하락시키기 위해서 그는 인구 증가를
전제한다. 그리고 여기에서 인구 증가를 입증하기 위해서 그는 노동
일에 대한 수요가 증가한다는 것, 다른 말로 하자면 자본이 더 많은
대상화된 노동(노동 능력에 대상화된 노동)을 구매할 수 있다는 것,
요컨대 자본의 가치가 증가했다는 것을 전제한다. 그러나 그는 원래
정반대의 전제에서 출발했으며, 그가 이 전제에서 출발했기 때문에
우회를 했을 뿐이다. 1,000파운드가 500노동일을 구매할 수 있었고
생산력이 증가한다면, 그는 계속 동일한 노동 영역에서 500을 사용
하거나, 또는 분열되어 한 영역에서 250, 다른 영역에서 250을 사용

함으로써 500의 자본도 250의 자본들로 분열되게 할 수 있다. 그러나 그는 500이상의 노동일은 통제할 수 없는데, 리카도에 따르면 그렇지 않을 경우 그것에 의해서 생산된 사용 가치뿐만 아니라 그것의 교환 가치, 그것이 통제하는 **대상화된 노동 시간**도 증대되어야 할 것이기 때문이다. 요컨대 노동에 대한 더 많은 수요는 그의 전제로부터 발생할 수 없다. 그러나 그것이 이루어진다면 ‖38‖ 자본의 교환 가치가 증가한 것이다. 모순을 느끼지만 그가 스스로 설명하려는 곳에서는 졸렬해지는 **맬더스의 가치론** 참조.[154]

우리는 언제나 자본의 두 요소, 하나는 임금, 다른 하나는 이윤, 전자는 필요 노동, 후자는 잉여 노동을 나타내는 살아 있는 노동일의 두 부분에 대해서만 논의했다. 그렇다면 노동 재료와 노동 수단에 실현되어 있는 다른 두 부분은 어디에 있는가? 단순 생산 과정에 관한 한, 노동은 노동을 용이하게 해주는 도구의 현존과, 노동이 제시되고 노동이 형성하는 재료를 가정한다. 이 형태가 재료에게 사용 가치를 부여한다. 이 사용 가치는 교환에서 그것이 대상화된 노동을 포함하고 있는 한에서 교환 가치이다. 그러나 자본의 구성 요소들로서 그것들은 노동이 대체해야 하는 가치들인가? 위의 예에서 (그러한 이의 異議 는 리카도에게 대대적으로 제기되었다. 그는 기계와 재료가 아니라 단순히 이윤과 임금을 생산 비용의 구성 요소들로 간주했다.) 볼 때, 자본이 100이고 목화에 50, 임금에 40, 도구에 10[으로] 나누어지며, 40탈러의 노임 = 4시간의 대상화된 노동이고, 자본이 8시간 노동하도록 한다면, 임금 40탈러, 잉여 시간(이윤) 40탈러, 도구 10탈러, 목화 10탈러를 재생산해야 하는 노동자는 80탈러를 재생산하는 것처럼 보인다. 왜냐하면 40탈러는 반나절 노동일의 생산물이고, 40은 다른 잉여 절반이기 때문이다. 그러나 60탈러는 자본의49) 다른

---

49) 수고에는: 임금의

두 구성 요소들의 가치이다. 노동자의 실재 생산물은 80탈러이므로, 그는 140이 아니라 80만을 재생산할 수 있을 뿐이다. 그는 오히려 60만큼의 가치를 감소시킨 셈이 될 것이다. 80중에서 40은 자신의 임금에 대한 대체이고 나머지 40이 잉여 노동이므로, 60보다는 20[만큼]이 적다. 자본가는 40이라는 이윤 대신에 도구와 재료로 구성된 자신의 원래 자본 부분에서 20의 손실을 볼 것이다.

노동자의 임금이 보여주는 바와 같이, 그의 노동일의 절반은 도구와 재료로서 40탈러 밖에 창출할 수 없고, 다른 절반도 마찬가지이며, 그는 하루의 노동일밖에 가지고 있지 않고, 하루 노동일에 이틀 노동일을 노동 할 수 없는데, 80탈러 이외에 60탈러를 어떻게 더 창출할 수 있는가? 재료 50탈러가 목화 x파운드이고, 도구 10탈러 = 방추[172]라고 가정하자. 우선 사용 가치에 관한 한, 노동자는 목화가 이미 실의 형태를 가지지 않고, 나무와 철이 아직 방추의 형태를 가지지 않는다면, 직물, 즉 보다 높은 사용 가치를 생산할 수 없을 것이라는 점은 분명하다. 생산 과정에서 그 자신에게 50탈러와 10탈러는 실과 방추일 뿐 교환 가치가 아니다. 그의 노동은 이것들에게 보다 높은 사용 가치를 부여했고, 이것들에게 80탈러의 대상화된 노동량, 즉 그의 임금을 재생산한 40탈러와 40잉여 시간을 추가했다. 사용 가치 — 직물 — 는 하루 노동일을 더 포함하고 있는데, 이중 절반은 노동 능력에 대한 처분권과 교환된 자본 부분일 뿐이다. 실과 방추에 포함되어 있고 생산물 가치의 일부를 이루는 대상화된 노동 시간은, 노동자가 창출한 것이 아니다. 그에게 이 노동 시간은 그가 다른 형태를 부여했고, 새로운 노동을 동화시킨 재료로 남아 있었다. 유일한 조건은 노동자가 그것을 낭비하지 않았다는 것인데, 그의 생산물이 사용 가치, 이전보다 더 높은 사용 가치를 가지는 한에 있어서, 그는 낭비하지 않은 것이다. 이 생산물은 이제 두 부분의 대상화된 노동 시간 — 그의 노동일과 그의 재료인 실과 방추에 이미 그와는 무관하게 그의 노동 이전에 포함되어 있는 노동 시간을 포함하고 있다. 이전에 대상화된 노동은 그의 노동의 조건이다. 그것은 그의 노동을 비로소 노동으로 만들었고, 그에게 아무런 비용도 들이지 않는다. 그들이 자본의 구성 요소들, 가치들로 전제되어 있고, 그에게 아무런 비용도 들지 않았다고 가정하자. 그렇다면 생산물의 가치는 그가 하루 종일 노동했다면 80탈러, 반나절 노동했다면 40탈러일 것이다. 그것은 바로 = 대상화된 하루 노동일과 같을 것이다. 그들은 사실상 생산에서 그에게 아무런 비용도 들이지 않았다. 그러나 이것이 그들에게 대상화된 노동 시간을 지양하는 것은 아니며, 이것은 남아 있고 단지 다른 형태를 얻을 뿐이다. 노동자가 동일한 노동일에 직물 이외에 실과 방추를 창출해야 했다면, 그 과정은 사실상 불가능했을 것이다. 요컨대 그것들이 그것들의 원래 형태의 사용 가치로서든, 교환 가치로서든 그의 노동을 요구하지 않고 주어져 있다는 것이, 그가 하루 노동일을 추가함으로써 하루 노동일보다 더 높은 가치를 가지는 생산물을 창출하게 한다. 그러나 그가 이것을 해내는 것은 이러한 노동일 초과분을 창출해야 하는 한에서 있어서가 아니라 재료로서, 전제로서 주어져 있는 것으로 발견하는 한에 있어서이다. 요컨대 노동자는 노동이 없이 그것들이 상하거나 쓸모 없는 한에 있어서만, 이 가치들을 재생산한다고 말할 수 있다. 그러나 이것들이 없이는 노동도 쓸모 없다. 노동자가 이 가치들을 재생산한다면, 그것은 그가 그것들에게 더 많은 교환 가치를 부여하거나 그것들의 교환 가치와 함께 어떤 과정에 들어감으로써가 아니라 그것들을 단순한 생산 과정에 복속시킴으로써, 노동함으로써 이다. ‖39‖ 그러나 그것이 노동자로 하여금 그가 가공하고 더 높은 증식을 위해서 필요로 하는 노동 시간 이외에 더 많은 노동 시간을 소요하도록 하는 것은 아니다. 그것은 자본이 그로 하여금 노동하게 하는 하나의 조건이다. 그는 그것들에게 보다 높은 가치를 부여함으로써만 그것들을 재생산하는데, 이 보다 높은 가치는 = 그의 노동일로 주어져 있다. 그렇지 않으면 그는 그 것들을 있는 그대로 놓아둔다. 그것들의 낡은 가치가 보존되는 것은 그것들에게 새로운 가치가 추가됨으로써 이지, 낡은 가치 자체가 재생산, 창출됨으로써가 아니다. 그것들이 지나간 노동의 생산물인 한 에 있어서 그것들은 지나간 노동의 생산물, 이전에 대상화된 노동의 합계, 이것의 생산물의 한 요소로 남아 있으며, 생산물은 새로운 가 치 이외에 낡은 가치도 담고 있다. 요컨대 노동자는 사실상 이 생산 물에 그가 추가하는 노동일만을 생산할 뿐이고, 그에게 낡은 가치의 보존은 새로운 가치를 추가하는데 드는 비용 이외에 아무런 비용도 들이지 않는다. 그에게 있어서 낡은 가치는 재료일 뿐이며, 아무리 형태가 변할지라도 재료로, 즉 그의 노동과 무관하게 주어져 있는 것 으로 남아 있을 뿐이다. 다른 형태를 취하면서 남아 있는 이러한 재 료 자체도 이미 노동 시간을 담고 있다는 것은 자본의 문제이지 노 동자의 문제가 아니다. 마찬가지로 그의 노동과는 무관하며, 노동 이 전에 실존했듯이 노동 후에도 존속한다.

소위 이러한 재생산은 주어진 소재를 노동의 재료로 정립하고, 재 료로서의 소재에 관계하는 것 이외에 아무 것도 아니므로, 노동자에 게는 아무런 비용도 들지 않으며, 그의 노동 시간의 조건이다. 요컨 대 그는 이를 위해 특수한 노동 시간을 추가함으로써가 아니라, 노동 행위 자체에 의해서 낡은 노동 시간을 대체한다. 그는 단지 새로운 노동 시간을 추가함으로써 낡은 노동 시간을 대체하는데, 그럼으로써 낡은 노동 시간은 생산물에 보존되면서 새로운 생산물의 요소가 된 다. 요컨대 원료와 도구가 가치인 한에서 노동자는 이것들을 그의 노 동일로 대체하지 않는다. 자본가는 낡은 가치의 이러한 보존을 잉여 노동과 마찬가지로 아무런 대가없이 얻는다. 그러나 그가 이것을 아무 런 대가없이 얻는 것은 이러한 보존이 노동자에게 아무런 비용도 들 이지 않기 때문이 [아니라], 재료와 노동 도구가 이미 그 전제에 따라 자본가의 수중에 놓여 있고, 따라서 노동자가 이미 자본가의 수중에 대상화된 형태로 실존하는 노동을 자기 노동의 재료로 삼고, 따라서 이 재료에 대상화된 노동을 보존하지 않으면 노동할 수 없기 때문이다. 요컨대 자본가는 실과 방추 — 이들의 가치 — 가 그 가치에 있어서 직물에서 재발견하고, 따라서 보존하는 데 대하여 노동자에게 아무 것도 지불하지 않는다. 보존은 단지 보다 높은 가치를 추가하는 새로운 노동의 추가에 의해서 이루어진다.

자본과 노동 사이의 본래적인 관계로부터 드러나는 사실은, 살아 있는 노동이 살아 있는 노동으로서의 자신의 관계를 통해 대상화된 노동에게 제공해 주는 직무가 노동자에게 아무런 비용을 들이지 않는 것과, 마찬가지로 자본에게도 아무런 비용도 들이지 않고, 다만 노동 재료와 도구가 노동자에 대하여 자본, 노동자와는 독립적인 전제들이라는 관계를 표현할 뿐이라는 것이다. 낡은 가치의 보존은 새로운 가치의 추가와 분리된 행위가 아니라 저절로 이루어지며, 이 행위의 자연적 결과로 나타난다. 그러나 이러한 보존이 자본에게 아무런 비용도 들이지 않고, 노동자에게도 아무런 비용을 들이지 않는다는 것은, 이미 **자본과 노동**의 관계에 정립되어 있는데, 이러한 관계는 전자의 이윤과 후자의 임금50)이다.

개별 자본가가 100탈러의 자본, 목화 50탈러, 노동을 유지하기 위한 생활 수단 40탈러, 도구 10탈러를 보유하고 있으면, 그는 생산비에 10%의 이윤을 가산한다고, 노동이 그에게 목화의 50탈러, 생활 수단의 40탈러, 도구의 10탈러와 50, 40, 10에 대한 10%를 대체해주어야 한다고 몽상할 수 있다. 그리하여 그의 상상 속에서 노동은 55탈러의 원료, 44탈러의 생활 수단, 11탈러의 도구, 총합 110탈러를 그에게 창출해준다. 그러나 이것이 비록 리카도를 비판하는 혁신으

---

50) 수고에는: 이윤의

로서 대단히 외람(猥濫)되게 주장되지만, 경제학자들에게는 기묘한 상상이다.[173] 노동자의 노동일이 10시간이고 그가 8시간에 40탈러를 창출할 수 있다면, 즉 그의 임금을 창출하거나, 또는 같은 말이지만 그의 노동 능력을 유지하고 대체할 수 있다면, 그는 자본에게 임금을 대체해 주기 위해서 4/5일만 노동하면 되고, 자본에게 1/5 잉여 노동 또는 10탈러를 주는 것이다. 자본은 교환에서 40탈러의 임금, 8시간의 대상화된 노동 시간에 대한 대가로 10시간의 살아 있는 노동을 받는데, 이 잉여가 그의 전체 이윤을 이룬다. 요컨대 노동자가 창출한 대상화된 전체 노동 시간은 50탈러인데, 도구와 재료의 비용이 얼마이든 그는 그 이상 이것들에 추가할 수 없다. 왜냐하면 그의 하루가 더 많은 노동으로 대상화될 수는 없기 때문이다. 그가 60탈러의 원료와 도구에 50탈러를 — 10시간 노동을 (이중 8시간은 임금의 대체) — 추가함으로써 동시에 재료와 도구를 보존한다는 것 — 이들은 살아 있는 노동과 다시 접촉하게 되고, 도구와 재료로 이용됨으로써 보존된다 — 은, 그에게 아무런 비용도 들이지 않고 (그는 이것들을 위해서는 아무런 잉여 시간도 노동하지 않을 것이다) 자본가가 그에 대해 지불하지도 않는다. 이처럼 활력을 주는 노동의 자연력 — 노동은 재료와 도구를 이용함으로써 이들을 이런저런 형태로 보존하고, 따라서 이들에 대상화된 노동, 이들의 교환 가치도 보존한다는 것 — 은, (예컨대 노동자의 역사적 발전처럼) 지나간 노동의 생산물이거나 반복되어야 하는 지나간 노동의 생산물이 아닌 한에서, 그것이 노동의 일정한 자연력이기는 하지만, 사회적 힘과 마찬가지로 노동의 힘이 아니라 자본의 힘이 된다. 그리하여 자본에 의해 지불되지도 않는다. 노동자가 생각할 수 있다는 것 등이 지불되지 않듯이.

‖40‖ 우리는 유통에 대하여 자립한 가치 — 즉 교환 가치의 규정이 다른 사용 가치와 교환되고, 마침내 소비 대상으로 사라지기 위한 단순히 형식적인·일시적인 규정이 아닌 상품 —, 화폐로서의 화폐,

즉 유통에서 벗어나고 유통에 대하여 **소극적으로** 자기 지위를 가지는 화폐가 어떻게 원래 **자본**이 되어 나오는 전제인가를 살펴보았다. 다른 한편으로 자본의 생산물은 그것이 자신의 단순한 재생산이 아닌 한에 있어서, (그러나 이 재생산은 형식적일 뿐이다. 그것의 세 가지 가치 부분 중에서 한 부분, 임금을 대체하는 부분만 실제로 소비, 즉 재생산되므로. 그러나 이윤은 재생산이 아니라 가치의 추가, 잉여 가치이다.) 더 이상 등가물로 유통으로 들어가지도 않고, 다른 한편에서 아직 다시 자본으로 강화되지 않은, 요컨대 유통에 대하여 소극적으로 자립한 가치 — 화폐(이것의 세 번째 적합한 형태로)를 결과로 가진다. 화폐가 처음에는 자본의 전제, 자본의 원인으로 나타나듯이, 이제는 그것이 자본의 결과로 나타난다. 첫 번째 운동에서 화폐는 단순 유통에서 출발했고, 두 번째 운동에서 그것은 자본의 생산 과정으로부터 출발한다. 첫 번째에서 화폐는 자본으로 이행하고, 두 번째에서 그것은 자본 그 자체에 의해 정립된 자본의 전제로 나타나며, 따라서 즉자적으로 자본으로 정립되어 있으며, 이미 내적으로 자본과 관념적 관계를 가진다. 그것은 더 이상 단순하게 자본으로 이행하지 않으며, 화폐로서의 그것에 이미 자본으로 전환될 수 있다는 것이 정립되어 있다.

요컨대 가치 증대는 자본의 자기 증식의 결과이다. 이러한 자기 증식이 절대적 잉여 시간의 결과이든 또는 **상대적** 잉여 시간의 결과이든, 즉 절대적 노동 시간의 실재적 증대의 결과이든 또는 상대적 잉여 노동의 증대의 결과이든, 즉 노동 능력의 유지를 위해 필요한 노동 시간으로 규정된 노동일 부분, 즉 **필요 노동** 일체의 감소의 결과이든.

살아 있는 노동 시간은 대상화된 노동 시간(자본) 중에서 살아 있는 노동 능력의 처분에 대한 등가물로 현상하고, 따라서 이 노동 능력에 대상화된 노동 시간을 대체해야 하는, 즉 살아 있는 노동 능력

의 생산비를 대체해야 하는, 다른 말로 하자면 노동자를 노동자로 유
지시켜야 하는 등가물로 현상하는 부분을 재생산할 뿐이다. 새로운
노동 시간을 사용 가치로 대상화하는 것이기 때문에, 그것이 더 생산
하는 것은 재생산이 아니라 새로운 창출, 그것도 새로운 가치 창출이
다. 이와 동시에 원료와 도구에 포함된 노동 시간이 보존되는 것은
노동의 양의 결과가 아니라, 노동 일체로서의 노동의 질의 결과이다.
그리고 자본이 이러한 질을 노동자와의 교환에서 구매한다고 해도,
노동으로서의 노동이 노동이라는 점 때문에 — 노동의 특수한 자질이
나 특유하게 규정된 노동이 아니라 —, 이에 대해 그 어떠한 것도 지
불되지 않는다.

그러나 이 질(노동의 특유한 사용 가치)에 대한 등가물은 단지 이
질이 생산한 노동 시간의 양에 의해 측정된다. 노동자는 우선 도구를
도구로서 사용하고 원료를 가공함으로써, 원료와 도구의 가치에 자
신의 임금에 포함된51) 노동 시간과 같은 만큼의 새로운 형태52)를 추
가한다. 그가 더 추가한 것은 잉여 노동 시간, 잉여 가치이다. 그러나
도구가 도구로서 사용되고 원료가 노동 원료로서 정립된다는 단순한
관계에 의해서, 그것들이 노동과 접촉하게 되어 이것의 수단과 대상
으로 정립되고, 그리하여 살아 있는 노동의 대상화로, 노동 자체의
계기들로 정립된다는 단순한 과정에 의해 그것들은 형태에 있어서
보존되지 않지만 실체에 있어서는 보존된다. 그런데 경제적으로 살
펴보면 대상화된 노동 시간이 그들의 실체이다. 대상화된 노동 시간
은 일방적인 대상적 형태로 실존하기를 중지한다. — 따라서 그들이
살아 있는 노동의 물질적 현존 방식 — 수단과 대상 — 으로 정립[됨
으로써] 단순한 사물로서 화학적 과정 등에 의한 해체에 내맡겨져
있기를 중지한다 —. 자신의 물질적 현존에 있어서 노동은 단지 사라

---

51) 수고에는: 보존된
52) '노동'이라고 해야 옳을 것이다.

진 것으로서, 노동의 자연적 실체 자체에 대하여 외적인 이 실체의 외적 형태(예를 들어 목재에는 탁자의 형태 또는 철에는 압연철 형태)로서, 단순히 소재의 외적인 형태에 실존하는 것으로서 존재하는, 단순히 대상화된 노동 시간으로부터 소재의 형태에 대한 무차별성이 발전한다. 예를 들어 나무가 나무로서 자신의 형태를 얻는 것처럼, (목재는 일정한 형태의 나무로 보존되는데, 그것은 이 형태가 목재의 형태이기 때문이다. 이에 반해 그것의 실체의 내재적인 형태가 아니라 탁자로서의 형태는 목재에게 우연적이다) 노동이 살아 있는 내재적 재생산 법칙에 의해서 무차별성을 얻는 것은 아니며, 이러한 무차별성은 소재에 외적인 형태로만 실존하거나 또는 스스로 소재적으로만 실존한다. 따라서 그것의 소재가 당하는 해체가 마찬가지로 무차별성도 해체한다. 그러나 살아 있는 노동의 조건으로 정립되면, 그것들은 다시 영혼을 얻게 된다. 대상화된 노동은 그 자신이 다시 살아 있는 노동의 계기, 대상적 물질에서 살아 있는 노동의 자기 자신과의 관계, 살아 있는 노동의 대상성으로(수단과 대상으로서)(살아 있는 노동의 대상적 조건들로) 정립되어 있으므로, 소재에 대하여 외적이고 무차별적인 형태로서 죽은 상태로 실존하기를 멈춘다.

살아 있는 노동이 재료에 실현됨으로써 재료 자체를 변화시키면서 — 이것은 노동의 목적에 의해 규정되고, 노동의 합목적적인 활동인 변화 — (생명력 없는 대상에서처럼 소재에 대해 외적인 형태로 정립, 소재 존립의 단순한 일시적인 외양이 아닌 변화) 재료는 일정한 형태로 보존되고 소재의 형태 변경은 노동의 목적에 복속된다. 노동은 살아 있는 구성적 불(火)이다. ‖41‖ 살아 있는 시간에 의한 사물들의 형성으로서의 사물들의 일시성, 그것들의 한시성(限時性). 단순 생산 과정에서 — 증식 과정은 차치하고 — 사물 형태의 일시성은 그것의 유용성을 정립하기 위해서 이용된다. 목화가 실이 되고, 실이 직물이 되며, 직물이 인쇄된 직물이나 염색된 직물 등이 되고,

예컨대 이것이 옷이 됨으로써, 1. 목화의 실체는 이 모든 형태에서 보존되었다. ((자연적) 등가물 등이 화학 과정에서 노동에 의해 규제된 소재대사 도처에서 교환되었다.) 2. 이 모든 계속적인 과정에서 소재는 소비에 더 적합하기 때문에 유용한 형태를 얻었다. 그것이 직접적으로 소비 대상이 될 수 있는 형태, 즉 소재의 소비와 그 형태의 지양이 인간의 향유가 되는 형태, 그것의 변화가 그것의 사용 자체인 형태를 마지막으로 얻을 때까지. 목화의 실체는 이 모든 과정에서 보존된다. 사용 가치의 한 형태에서 그것은 대상이 직접적인 소비 대상으로 실존할 때까지 보다 높은 형태에 자리를 양보하기 위해서 몰락한다. 그러나 목화는 면사로 정립됨으로써, 다음 종류의 노동과 일정한 관계를 맺는다. 이러한 노동이 등장하지 않는다면, 형태는 쓸모 없이 되어버릴 뿐만 아니라, 즉 이전의 노동이 새로운 노동에 의해 입증되지 않을 것이고, 소재도 그것이 다시 가공되는 한에 있어서만 면사 형태로 사용 가치를 가지는 것이므로 손상된다. 다음의 노동에 의한 사용과 관련해서만 사용 가치일 뿐이다. 목화는 목화로서의 그것의 현존에서 무한한 이용 가능성이 있는 데 반해, 면사는 면사로서의 그것의 형태가 직물 형태로 지양됨으로써만 사용 가치가 된다. 그리하여 다음의 노동이 없이는 목화와 면사, 재료와 형태의 사용 가치는 못 쓰게 될 것이다. 그것은 생산되는 것이 아니라 폐기될 것이다. 재료뿐만 아니라 형태도, 소재뿐만 아니라 형태도 다음의 노동에 의해 보존되었다 — 소비에 의해 사용되는 사용 가치 자체의 형체를 취할 때까지 사용 가치로 보존되었다. 이전의 생산 단계가 나중의 생산 단계에 의해 보존되는 것과, 보다 높은 사용 가치의 정립에 의해 낡은 사용 가치가 보존되거나, 또는 사용 가치로서 증가되는 한에 있어서, 변화되는 것은 단순한 생산 과정 덕분이다. 미완성된 생산물을 다른 노동의 재료로 만듦으로써, 그것의 사용 가치를 보존하는 것은 살아 있는 노동이다. 그러나 이것은 미완성된 생산물을 자신의 목적에 맞게 가공함으로써만, 새로운 살아 있는 노동의 대상으로 만듦으로써만, 그것을 보존한다, 즉 무용성(無用性)과 소실(消失)로부터 보호한다.

낡은 사용 가치의 보존은 사용 가치의 증대나 새로운 노동에 의한 사용 가치의 완성과 별도로 진행되는 과정이 아니라, 사용 가치를 제고시키는 이 새로운 노동 자체에 의해 이루어진다. 방직 노동은 면사를 직물로 전환시킴으로써, 즉 방직(하나의 특수한 종류의 살아 있는 노동)의 원료로 취급함으로써, (그리고 면사는 방직됨으로써만 사용 가치를 가진다.) 목화가 그 자체로 가지고 있었고 면사에 특유하게 보존하고 있던 사용 가치를 보존한다. 노동은 노동 생산물을 새로운 노동의 원료로 만듦으로써 그것을 보존한다. 그러나 이 노동은 1. 새로운 노동을 추가하는 것이 아니며, 오히려 2. 다른 노동에 의해 원료의 사용 가치를 보존한다. 그것은 실로 옷감을 짬으로써, 실로서의 목화의 유용성을 보존한다. (이 모든 것은 생산 일반에 관한 장에 속한다.) 방직을 통해 보존한다. 새로운 노동의 원료가 됨으로써, 합목적적인 살아 있는 노동의 물질적 대상성으로 다시 정립됨으로써, 생산물로서의 노동을 보존하는 것, 또는 노동 생산물의 사용 가치를 보존하는 것은, 단순 생산 과정에 주어져 있다. 사용 가치와 관련하여 노동은 사용 가치를 제고시킴으로써, 기존의 사용 가치를 보존하는 이러한 속성을 가진다. 노동은 기존의 사용 가치를 최종 목적에 의해 규정된 일정한 노동의 대상으로 만듦으로써, 무차별적인 존립의 형태에서 다시 대상적 재료의 형태, 노동 육체의 형태로 만듦으로써 사용 가치를 제고한다.

(도구에게도 동일한 것이 적용된다. 방추는 방적에 사용됨으로써 사용 가치로 보존된다. 그렇지 않으면 여기에서는 철과 목재에 정립된 일정한 노동에 의해 이들에게 형태를 정립했던 노동뿐만 아니라 노동이 형태를 정립한 소재도 쓸모 없게 된다. 방추가 살아 있는 노동

의 수단, 노동의 생명성의 대상적 현존 계기로 정립됨으로써만, 목재
와 철의 사용 가치뿐만 아니라 이것들의 형태도 보존된다. 노동 수단
으로서의 그것의 규정이 소모되지만, 이것은 방적 과정에서 소모되
는 것이다. 그것이 노동에게 부여하는 보다 높은 생산성은 더 많은
사용 가치를 창출하고, 그리하여 도구의 소비에 소모된 사용 가치를
대체한다. 이것은 농업에서 가장 극명하게 나타나는데, 그 이유는
[농업 생산물이] 가장 본원적이기 때문에 가장 쉽게 직접적으로 생활
수단과 사용 가치로서 — 교환 가치와 구별되어 나타나기 때문이다.
괭이가 농민에게 그것이 없을 때보다 두 배의 밀을 더 산출해준다면,
그 농민은 괭이 자체를 생산하는 데에도 더 적은 시간을 투여하면
된다. 그는 새로운 괭이를 만들기에 충분한 양곡을 가지고 있는 것이
다.)

이제 증식 과정에서 자본의 가치 구성 요소들은 — 이 중에서 한
부분은 재료의 형태로, 다른 하나는 도구의 형태로 — 노동자에게,
즉 살아 있는 노동에게 가치로서가 아니라 생산 과정의 단순한 계기,
노동을 위한 사용 가치, 노동의 작용을 위한 대상적 조건들, 노동의
대상적 계기들로 마주 선다. 노동자가 도구를 도구로 이용하고, 원료
에 ‖42‖ 보다 높은 형태의 사용 가치를 줌으로써, 이것들을 보존하
는 것은 노동 자체의 본성에 따른 것이다. 그러나 이렇게 보존된 노
동의 사용 가치들은 자본의 구성 요소들로서 교환 가치들이며, 그것
들에 포함된 생산비, 그것들에 대상화된 노동의 양에 의해서 그러한
교환 가치들로 규정된다. (사용 가치에게는 이미 대상화된 노동의 질
만이 문제가 된다.) 대상화된 노동의 양은 자신의 질이 살아 있는 노
동과의 접촉에 의해 다음 노동을 위한 사용 가치로 보존됨으로써 보
존된다. 목화의 사용 가치와 실로서의 그것의 사용 가치는 그것이 실
로 방직됨으로써, 그것이 방직에서 대상적 계기의 하나로 (방차53)와
더불어) 실존함으로써 보존된다. 요컨대 그럼으로써 목화와 면사에 포

함되어 있던 노동 시간의 양도 보존된다. 단순 생산 과정에서 지나간 노동의 질의 보존으로서 — 그럼으로써 이 노동이 정립된 재료의 보존으로서도 — 가치 증식 과정에서는 이미 대상화된 노동량의 보존으로 현상한다. 이러한 보존은 자본에게 생산 과정에 의한 대상화된 노동량의 보존이다. 살아 있는 노동 자체에게는 이미 존재하는, 노동을 위해서 존재하는 사용 가치의 보존일 뿐이다.

살아 있는 노동은 새로운 노동량을 추가한다. 그러나 노동은 이러한 양적인 추가에 의해서 이미 대상화된 노동량을 보존하는 것이 아니라, 살아 있는 노동으로서의 그것의 질에 의해서, 또는 지나간 노동이 존재하는 사용 가치에 대하여 노동으로 관계함으로써 보존하는 것이다. 그러나 살아 있는 노동은 그것이 살아 있는 노동으로서 가지고 있는 이러한 질이 아니라 — 그것이 살아 있는 노동이 아니라면, 그것은 구매되지도 않았을 것이다 —, 노동 자체에 포함되어 있는 노동의 양에 대하여 지불 받는다. 다른 모든 상품과 마찬가지로 그것의 사용 가치의 가격만이 지불된다. 그것이 이미 대상화된 노동량에 새로운 노동량을 추가하면서, 동시에 대상화된 노동을 대상화된 노동으로서의 질에 보존함으로써 가지는 특유한 질은 노동에게 지불되지 않는다. 그리고 그것은 노동자의 노동 능력의 자연 속성이므로, 노동자에게 아무런 비용도 들이지 않는다. 생산 과정에서 대상적 현존 계기들 — 도구와 재료 — 로부터 노동의 분리가 지양된다. 자본과 임노동의 현존은 이러한 분리에 기초한다. 자본가는 생산 과정에서 실제로 진행되는 분리의 지양 — 왜냐하면 그렇지 않으면 전혀 노동할 수 없기 때문이다 — 에 대해서 지불하지 않는다. (지양은 노동자와의 교환에 의해서 이루어지는 것이 아니라, 생산 과정에서의 노동 자체에 의해서 이루어진다. 그러나 그러한 현재의 노동으로서의 노동 자체는

---

53) '직조기'라고 해야 옳을 것이다.

이미 자본에 병합되어 있고, 자본의 한 계기이다. 요컨대 노동의 이러한 보존력은 자본의 자기 보존력으로 현상한다. 노동자는 새로운 노동을 추가했을 뿐이다. 지나간 노동은 — 자본이 존재함으로써 — 자신의 소재적 현존과는 전혀 상관없이 가치로서 영원한 실존을 가진다. 자본과 노동자에게 문제는 이렇게 보인다.) 자본이 이러한 지양에 대해서도 지불해야 한다면, 그것은 자본이기를 중지할 것이다. 이것은 순전히 노동이 생산 과정에서 자신의 본성에 따라 자신의 사용 가치에 있어서 수행하는 소재적 역할에 속한다. 그러나 사용 가치로서의 노동은 자본가의 것이고, 단순한 교환 가치로서 그것은 노동자의 것이다. 살아 있는 노동이 대상화된 노동 시간을 살아 있는 노동의 대상적 현존 방식으로 만듦으로써, 대상화된 노동을 보존하는 생산 과정에서의 살아 있는 질은, 노동자에게 아무런 상관이 없다. 생산 과정에서 살아 있는 노동이 도구와 재료를 정신에 대한 육체로 만들고, 그럼으로써 죽은 자를 소생시키는 이러한 점취는 노동이 대상이 없거나 직접적인 생명성에 있어서만 현실성이고, 노동 재료와 도구는 대자적으로 존재하는 것으로서 자본에 실존한다는 것과 사실상 대립하고 있다. (이에 대해서는 후술.) 자본의 증식 과정은 단순한 생산 과정을 통해서, 이 속에서 살아 있는 노동이 자신의 물질적 현존 계기와 자연적 관계를 맺음으로써 진행된다. 그러나 그것이 이러한 관계를 맺자마자 그 관계는 노동 자체를 위해서가 아니라 자본을 위해서 실존한다. 노동 자신은 이미 자본의 계기가 된다.

그러므로 요컨대 자본가는 노동자와의 교환 과정을 매개로 해서 — 그는 노동자에게 그의 노동 능력에 포함된 생산비에 대한 등가물을 지불함으로써, 즉 노동자에게 노동 능력을 보존하는 수단을 제공함으로써 — 살아 있는 노동을 점취한다는 것, 첫째로 그의 자본 가치를 증대시키는 잉여 노동과 동시에, 둘째로 자본의 구성 요소들에 물질화된 지나간 노동을 보존하고, 그리하여 미리 실존하던 자본 가

치를 보존하는 살아 있는 노동의 질이라는 두 가지를 아무런 대가없
이 획득한다는 것이 입증된다. 그러나 이러한 보존은 살아 있는 노동
이 **대상화된** 노동의 양을 증가시킴으로써, 가치를 창출함으로써가 아
니라 단지 새로운 노동량을 추가하면서 살아 있는 **노동**으로 실존함
으로써, 생산 과정54)에 의해 정립된 재료와 도구에 대한 노동의 내
재적 관계에서, 즉 노동의 살아 있는 노동으로서의 질에 의해서 이루
어진다. 그러나 그러한 질로서의 살아 있는 노동 자체는 단순한 생산
과정의 한 계기이며, 자본가에게 아무런 비용도 들이지 않는데, 이는
실과 방추55)가 생산 과정의 계기들로서 그것의 가격 이외에는 자본
가에게 아무런 비용도 들이지 않는 것과 마찬가지이다.

　예컨대 상업 침체기에 공장들의 가동이 중지되면, 살아 있는 노동
과의 관계가 중단되자마자 기계는 녹슬고 실은 쓸모 없는 부담일 뿐
만 아니라 손상된다는 것이 입증된다. 자본가가 단지 ‖43‖ 잉여 가
치를 창출하기 위해서 — 아직 존재하지 않는 가치를 창출하기 위해
서 — 노동을 시킨다면 그가 노동시키기를 중지하자마자, 그의 이미
주어진 자본도 가치 감가 된다는 것, 요컨대 살아 있는 노동은 새로
운 가치를 추가할 뿐만 아니라, 낡은 가치에 새로운 가치를 추가하는
바로 그 행위를 통해서 낡은 가치를 보존하고 영구화한다는 것이 입
증된다. (여기에서 리카도가 이윤과 임금만을 생산비의 필요한 구성
요소들로 파악했을 뿐, 원료와 도구에 포함된 자본 부분은 파악하지
않았다고 하는 비난의 어리석음이 분명하게 드러난다. 이것들에게
포함된 가치가 보존될 뿐인 한에 있어서, 이것은 새로운 생산비를 구
성하지 않는다. 그러나 이렇게 주어진 가치들 자체에 관한 한, 그것
들은 모두 다시 임금과 이윤이라는 대상화된 노동 — 필요 노동과
잉여 노동 — 으로 해소된다. 단순한 자연 재료에는 아무런 인간 노

---

54) 수고에는: 생산 법칙
55) ‘직조기’라고 해야 옳을 것이다.

동도 대상화되어 있지 않고, 따라서 단순한 질료이며, 그것이 인간 노동과 무관하게 실존하는 한 아무런 **가치**도 가지지 않는다. 가치는 일반적인 요소들 일체가 아니고, 오직 대상화된 노동이기 때문이다.) 따라서 비록 주어진 가치들이 생산물에 보존되어 있고, 교환에서 이 등가물들에 대해서도 지불되어야 할지라도, 자본을 증식시키는 노동에 의한 주어진 자본의 보존은 자본에게 아무런 비용도 들이지 않으며, 따라서 생산비에 속하지 않는다. 그러나 생산물에서 이 가치들의 보존은 자본에게 아무런 비용도 들이지 않으며, 따라서 그것에 의해 생산비로 분류될 수 없다. 그것들이 노동에게 무차별적인, 노동 밖에 존재하는 현존 방식에서 소비되는 경우, 즉 생산물들에 붙어 있는 일시성이 노동에 의해서 소비되는(지양되는) 경우를 제외하면, 그것들은 소비되지 않으므로 노동에 의해 대체되는 것이 아니다. 현실적으로 소비되는 것은 임금뿐이다.

[잉여 가치와 이윤]

다시 한 번 우리의 예로 돌아가자. 자본 100탈러, 즉 원료 50탈러, 노동 40탈러, 생산 도구 10탈러. 노동자는 40탈러, 자신의 생활에 필요한 수단, 또는 자신을 유지하기 위해서 필요한 생산 부분을 창출하기 위해서 4시간을 필요로 한다. 그의 노동일은 8시간이다. 그럼으로써 자본가는 4시간의 잉여를 아무런 대가없이 획득한다. 그의 잉여 가치는 대상화된 4시간, 40탈러이다. 그리하여 그의 생산물은 = 50 + 10(재생산된 것이 아니라 보존된 가치, 가치로서 항상 남아 있는 불변 가치) + 40탈러(임금 형태로 소비되므로, 재생산된 임금) + 40탈러의 잉여 가치. 합계 140탈러. 이 140탈러 중에서 이제 40탈러가 잉여이다. 자본가는 생산이 이루어지는 동안과 생산이 시작되기 전에 살아야 한다. 예를 들어 20탈러. 그는 이것을 그의 자본 120탈러와는 별도로 보유해야 한다. 요컨대 이것에 대한 등가물이 유통에 존재해야 한다. (여기에서 이것이 어떻게 형성되었는가는 논외이다.) 자본은 유통을 상수(常數)로 가정한다. 이 등가물은 다시 새롭게 존재한다. 요컨대 그의 이윤 중에서 20탈러를 소비한다. 이 20탈러는 단순 유통에 들어간다. 100탈러도 단순 유통에 들어가지만, 그것은 새로운 생산 조건들, 50탈러 원료, 40탈러 생활 수단, 10탈러 도구로 다시 전환되기 위해서이다. 20탈러의 잉여 가치가 그 자체로 추가되어 새롭게 창출되어 있다면, 이것은 유통에 대하여 소극적으로 자립하여 정립된 화폐이다. 유통은 불변으로 전제되었기 때문에, 단순한 소비 대상들을 교환하기 위한 단순한 등가물로서 그것은 유통에 들어갈 수 없다. 그러나 화폐의 자립적인, 환상적인 실존은 지양되었다. 화폐는 증식되기 위해서만, 즉 자본이 되기 위해서만 실존한다. 그러나 그러한 것이 되기 위해서 화폐는 새롭게 생산 과정의 계기들, 노동자를 위한 생활 수단, 원료 및 도구와 교환되어야 한다. 이 모든 것이 대상화된 노동으로 해소되며, 살아 있는 노동에 의해서만 정립될 수 있다. 따라서 이제 이미 즉자적으로 자본으로 실존하는 화폐는 단순히 미래의 (새로운) 노동에 대한 위탁 증서일 뿐이다. 그것은 대상적으로 화폐로만 실존한다. 잉여 가치, 대상화된 노동의 새로운 증가분은 대자적으로 실존하는 한에 있어서 화폐이다. 그러나 화폐는 이제 이미 즉자적으로 자본이고, 그러한 것으로서 새로운 노동에 대한 위탁 증서이다. 여기에서 자본은 더 이상 기존의 노동과의 관계만을 맺는 것이 아니라, 이미 미래의 노동과도 관계를 맺는다. 그것은 또한 생산 과정에서 이것의 단순한 계기들로 해소되어 현상하지 않고, 화폐로서의 계기, 그렇지만 더 이상 단지 일반적 부의 추상적 형태가 아니라, 일반적 부의 현실적 가능성 ― 노동 능력, 그것도 형성되는 노동 능력에 대한 위탁 증서인 화폐로서의 계기로 해소된다. 그러한 위탁 증서로서 그것에게 화폐로서의 그 자신의 물질적 실존은 중요하지 않으며, 어떤 호칭에 의해서도 대체될 수 있다. 공채권자와 마찬가지로 모든 자본가는 새롭게 획득된 그의 가치에서 미래의 노동에 대한 위탁 증권을 가지며, 현재 노동을 점취함으로써, 이미 미래 노동도 동시에 점취했다. (자본의 이러한 측면은 뒤에서 설명할 것. 여기에서 이미 그의 실체와 분리되어 가치로 존립하는 그것의 속성이 드러난다. 여기에 이미 신용의 토대가 놓여 있다.) 따라서 화폐 형태로 그것의 집적은 결코 노동의 물질적 조건들의 물질적 집적이 아니며, 노동에 대한 소유권의 집적이다. 임노동, 자본의 사용 가치로서의 미래 노동의 정립. 새롭게 창출된 가치에게는 등가물이 존재하지 않는다. 그것의 가능성은 단지 새로운 ‖44‖ 노동 속에만 있다.

이러한 예에서는 절대적 잉여 노동 시간 ― 4시간이 아닌 8시간 노동 ― 에 의해 20탈러의 새로운 가치, 화폐, 이미 자본으로서의 그것의 형태와 관련된 (이전처럼 화폐 자체이기를 중지함으로써 그러한 가능성이 되는 것이 아니라 이미 자본의 정립된 가능성으로서) 화폐가 창출. 기존의 부의 세계의 낡은 가치들에 추가.

이제 생산력이 배증되어 노동자가 4시간이 아니라, 2시간의 필요 노동만 제공하면 되고, 자본가는 그로 하여금 여전히 8시간 노동하도록 한다면 계산은 다음과 같다. 50탈러 재료, 20임금, 10노동 도구, 60잉여 가치. (6시간, 이전에는 4시간.) 절대적 잉여 가치의 증가분은 2시간 또는 20탈러. 합계 140탈러 (생산물로).[174]

합계는 여전히 140탈러. 그러나 이중 60잉여 가치. 이중 40은 이전과 마찬가지로 잉여 시간의 절대적 증가에 의해서이고, 20은 상대적 잉여 시간에 의해서. 그러나 여전히 140탈러가 단순한 교환 가치에 포함되어 있다. 이제 단순히 사용 가치만 증대되었는가, 아니면 새로운 가치가 창출되었는가? 앞에서 자본은 40% 증대되기 위해서 다시 100으로 시작해야 한다. 잉여 가치 20은 어떻게 될 것인가? 이전에 자본가는 20을 먹어치웠다. 그에게 20이 남아 있었다. 지금 자본가는 20을 먹어치운다. 그에게는 40이 남는다. 다른 한편으로 앞서 생산에 들어가는 자본은 100이었다. 이제는 그것이 80이 되었다. 전자의 규정에서는 한쪽에서 가치로 획득되던 것이, 후자의 규정에서는 다른 한쪽에서 가치로 상실되었다. 첫 번째 자본은 생산 과정에 들어가 다시 (그것의 소비를 빼고) 20의 잉여 가치를 생산한다. 이 두 번째 작업의 마지막에서는 등가물없이 새롭게 창출된 가치가 존재한다. 20. 첫 번째 것과 함께 40탈러. 이제 두 번째 자본을 살펴보자.

재료 50, 임금 20 (= 2시간), 노동 도구 10. 그러나 그는 2시간으로 8시간의 가치, 즉 80탈러를 생산한다 (이 중 생산비로 20). 20은 임금을 재생산할 뿐이므로(즉, 임금으로 사라졌으므로), 60이 남는다. 60 + 60 = 120. 이 두 번째 작업의 마지막에는 20탈러가 소비이고, 20 잉여 가치가 남는다.[175] 첫 번째 것과 합해서 60탈러. 첫 번째 [자본]의 세 번째 작업에서는 60, 두 번째 자본에게는 80. 첫 번째 [자본]의 네 번째 [작업]에서는 80, 두 번째 자본에게는 100. 첫 번째 자본에서 생산적 자본으로 감소된 만큼의 교환 가치가 가치로 증대되었다.

두 자본이 잉여를 가진 자본으로 사용될 수 있다고, 즉 잉여를 새로운 살아 있는 노동과 교환할 수 있다고 가정하자. 그러면 다음과 같은 계산을 얻게 된다(소비는 제외). 첫 번째 자본은 40%를 생산한다. 두 번째는 60%. 140의 40%는 56이다. 140(즉, 80자본과 60잉여가치)의 60%는 84이다. 첫 번째 경우에서 총생산물은 140 + 56 = 196. 두 번째 경우에는 140 + 84 = 224. 두 번째 경우에는 절대적 교환 가치가 28 더 많다. 첫 번째 자본은 새로운 노동 시간을 구매하기 위해서 40탈러를 가진다. 노동 시간의 가치는 10탈러로 전제되어 있다. 그러므로 그는 40탈러로 4시간의 노동 시간을 구매할 수 있는데, 이 시간은 그에게 80탈러(이중 40은 임금의 대체)를 생산해 준다(즉, 8시간의 노동 시간을 제공한다). 마지막에는 140 + 80이었다(즉, 자본 100의 재생산과 잉여 가치 40 또는 140의 재생산. 첫 번째 100탈러는 140으로 재생산된다. 두 번째 40(이들은 새로운 노동의 구매에만 지출되므로, 즉 가치를 단순히 대체하지는 않으므로 — 불가능한 전제이기도 하다.)은 80을 생산한다. 140 + 80 = 220. 140의 두 번째 자본. 80은 40을 생산한다. 또는 80탈러가 120으로 재생산된다. 그러나 나머지 60은 (순전히 노동을 구매하기 위해서 지출되기 때문에, 즉 가치를 단순히 대체하는 것이 아니라, 스스로 재생산되고 잉여를 정립하기 때문에) 180으로 재생산된다. 그리하여 120 + 120 = 240. (첫 번째 자본보다 40탈러, 정확히 2시간의 잉여 시간을 더 생산한다. 왜냐하면 첫 번째 자본에서도 2시간의 잉여 시간이 가정되었기 때문이다.) 요컨대 더 많은 노동이 대상화되었기 때문에 결과적으로 더 큰 교환 가치. 2시간 더 많은 잉여 노동.

‖45‖ 여기에서 한 가지 더 지적되어야 한다. 140탈러의 40%는 56을 낳는다. 자본과 이자의 합은 = 140 + 56 = 196. 그러나 우리는 220을 얻었다. 이에 따르면 140의 이자는 56이 아니라 84일 것이다.

이는 140의 60%일 것이다(140 : 84 = 100 : x, x = 8,400/140 = 60).
두 번째 경우에서도 마찬가지다. 140의 60%는 = 84. 자본과 이자는
= 140 + 84 = 224. 그러나 우리는 240을 얻었다. 이에 따르면 140의
이자가 84가 아니라 100이다. (140 + 100 = 240). 즉, 백분비로는
(140 : 100 = 100 : x, x = 10,000/140)[56] 71 3/7%. 어째서 이렇게
되는가? (첫 번째 경우에 40이 아니라 60%, 두 번째 경우에 60이 아
니라 71 3/7%[57]) 40이 아니라 60인 첫 번째 경우에는 20%가 너무
많이 나왔고, 두 번째 경우에는 60이 아니라 71 3/7[58]이므로 11
3/7%[59] 너무 많다. 첫째로 두 경우에서 상이성은 어디에서 유래하
며, 둘째로 각각의 경우에서 차이는 어디에서 유래하는가?

  첫 번째 경우에 원래 자본은 100 = 60(재료와 노동 도구) + 40 노
동. 2/5 노동이고 3/5 (재료). 처음 3/5은 아무런 이자도 낳지 않는
다. 두 번째 2/5는 100%를 낳는다. 그러나 전체 자본에 맞추어 계산
하면 40% 밖에 증가하지 않았다. 100의 2/5 = 40. 그러나 40에 대한
100%가 전체 100에게는 40%밖에 주지 않는다. 즉, 전체의 2/5 증가.
새롭게 추가되는 40의 자본 중에서도 2/5만 100% 증대된다면 전체
의 증가는 16일 것이다. 40 + 16 = 56. 이것과 140을 합하면 196. 이
는 실제로 자본과 이자를 합한 156에 대한 40%이다. 40이 100% 증
대, 배증되면 80이다. 40의 2/5가 100% 증대되면 16. 80중에서 40은
자본을 대체한다. 40은 이윤.

  그리하여 계산은 100c + 40이자 + 40c + 40이자 = 220. 또는 140
의 자본과 80의 이자. 그러나 우리가 100c + 40이자 + 40c + 16이
자 = 196 또는 140의 자본과 56의 이자라고 계산했더라면.

---

56) 수고에는: 1000/149
57) 수고에는: 70 1/7%
58) 수고에는: 70 1/7
59) 수고에는: 10 1/7%

40의 자본에 24는 너무 많은 이자가 계산된 것이다. 그러나 24 = 40의 3/5(3×8 = 24). 즉 자본 이외에 자본의 2/5만이 100% 증가했다. 그리하여 전체 자본은 2/5만큼만, 즉 16탈러[60]만. 24탈러[61]라는 이자 산정은 40에게는 너무 많다(자본의 3/5에 대한 100%). 24에 대한 24는 3×8(40의 3/5)에 대한 100%. 그러나 전체 액수 140에게는 40이 아니라 60%가 된다. 즉 40에 대해 24(3/5)가 너무 많이 계산되었는데, 40에 대한 24는 60%이다. 요컨대 자본 40에 대하여 60%가 너무 많이 계산되었다(60 = 100의 3/5). 그러나 140에 대하여 24가 너무 많이 계산되었다면, (그리고 이것이 220의 196에 대한 차이이다) 먼저 100의 1/5이 그리고 100의 1/12이 너무 많이 계산된 것이다. 100의 1/5 = 20%. 100의 1/12[62]은 8 4/12% 또는 8⅓%. 그리하여 합하면 28⅓%가 너무 많다. 요컨대 전체에 대해서는 자본 40에 대해서처럼 60%가 아니라 28⅓%만 너무 많다. 너무 많은 24가 자본 140중 40에 맞추어 계산되느냐에 따라 31⅔%[63])의 차이가 난다.

120을 생산하는 첫 번째 80에서 50 + 10은 단순히 대체되었다. 그러나 20은 자신의 3배인 60을 재생산한다. (20은 재생산, 40은 잉여.)

노동 시간

20이 … 자신의 3배 가치를 [이루는] 60을 정립하면 60은 … 180을 정립한다.

‖IV—1‖ 대단히 지루한 이 계산에 더 이상 머물러서는 안 된다. 간단히 말해 중요한 점은 다음과 같다. 우리의 첫 번째 예에서처럼 3/5(100 중 60)이 재료와 도구이고, 2/5가 노임(40)이며, 자본이 40%

---

60) 수고에는: 16%
61) 수고에는: 24%
62) 수고에는: 11/12
63) 수고에는: 32⅓%

의 이윤을 낳는다면, 마지막에는 140이다(이 40% 이윤은 6시간의 필
요 노동 시간을 가지는 자본가가 12시간을 노동시키는 것, 요컨대
필요 노동 시간에 대하여 100%를 이익 보는 것과 같다). 이제 이 획
득된 40탈러가 다시 동일한 전제하에서 자본으로 노동한다면 — 지
금의 시점에서는 아직 전제를 바꾸지 않았다 —, 40탈러 중에서 다시
3/5, 즉 24탈러가 재료와 도구에 사용되고, 2/5가 노동에 사용되어
야 한다. 그러면 16의 임금만 배증되어 32가 되는데, 이중 16은 재생
산이고 16은 잉여 노동. 생산의 마지막에 모두 합하면 40 + 16 = 56
또는 40%. 총자본 140은 동일한 여건 하에서 196을 생산했을 것이
다. 대부분의 경제학자들이 그러하듯이, 40탈러가 순전히 임금으로,
살아 있는 노동의 구매를 위해 지출되고, 따라서 생산의 마지막에 80
탈러를 제공하리라고 가정해서는 안 된다.

　100의 자본이 어떤 시기에는 10%를 낳고, 다른 시기에는 5%를
낳는다고 말한다면, 캐리와 그 일당[176]이 그러하듯이, 첫 번째 경우
에는 생산에서 자본의 몫이 1/10, 노동의 몫이 9/10이고, 두 번째 경
우에는 자본의 몫이 1/20 뿐이고, 노동의 몫이 19/20이라고, 요컨대
이윤율이 하락하므로, 노동의 비율이 상승한다고 결론짓는 것만큼
잘못된 것은 없다. 자신의 증식 과정의 본질에 관한 의식을 전혀 가
지고 있지 않고, 공황기에만 그것에 대한 의식을 가지려는 자본의 관
점에서 볼 때, 물론 100의 자본에 대한 10%의 이윤이란 그의 자본의
가치 구성 요소들 — 재료, 도구, 임금이 무차별적으로 10%씩 증대
되었다고, 요컨대 100탈러 가치액, 이 일정한 단위수의 가치로서의
자본이 10% 증대되었다고 간주된다. 그러나 1. 자본의 구성 부분들
이 서로 어떻게 관계하는지, 2. 사실상 임금으로써 — 임금에 대상화
된 노동 시간으로써 얼마만큼의 잉여 노동이 구매되는지가 문제이
다. 내가 자본의 총액과 그 구성 요소들의 비율을 알고(사실 나는 생
산 도구의 얼마만큼이 이 과정에서 소모되는지, 즉 과정에 들어가는

지도 알아야 할 것이다) 이윤을 안다면, 나는 잉여 노동이 얼마나 창출되었는지 안다. 자본의 3/5, 즉 60탈러가 재료로 구성되었고(여기에서는 편의상 모든 생산 재료가 전적으로 생산적으로 소비된다고 전제된다), 임금은 40이며 100탈러의 이윤이 10이라면, 40탈러의 대상화된 노동으로 구매된 노동은 생산 과정에서 50탈러의 대상화된 노동을 창출하여 필요 노동 시간의 25% = ¼의 잉여 노동을 수행했거나 잉여 가치를 창출하였다. 노동자가 하루 12시간 노동한다면,[177] 그는 3시간 잉여 시간을 노동했고, 자신의 생명을 유지시켜주기 위해서 필요한 노동 시간은 9노동 시간이었다. 생산에서 창출된 신가치는 10탈러에 지나지 않지만, 실재 비율에 있어서 이 10탈러는 100탈러가 아니라 40탈러를 기준으로 산정 되어야 한다. 60탈러의 가치가 새로운 가치를 창출한 것이 아니라 노동일이 새로운 가치를 창출했다. 요컨대 노동자는 노동 능력과 교환된 자본을 10%가 아니라 25% 증대시켰다. 총자본은 10%의 증가를 달성했다. 10은 40에 대해서 25%이다. 그것이 100에 대해서는 10%일 뿐이다. 그러므로 자본의 이윤율은 살아 있는 노동이 대상된 노동을 증대시킨 비율을 결코 표현하지 않는다. 왜냐하면 이러한 증대는 단지 = 노동자가 자신의 노임을 재생산한 잉여, 즉 = 그가 자신의 노임을 생산하기 위해서 노동해야 하는 시간보다 더 많이 노동한 시간이기 때문이다.

위의 예에서 노동자가 자본가의 노동자가 아니고, 그가 100탈러에 포함된 사용 가치들에 대하여 자본으로 관계하지 않고, 단순히 그의 노동의 대상적 조건들로 관계한다면, 그는 생산을 새롭게 시작하기 전에 그가 노동일 동안 소비하는 40탈러의 생활 수단과 60탈러의 도구 및 재료를 보유할 것이다. 그는 ¾일, 9시간만 노동할 것이며, 그의 생산물은 하루가 끝나면서 110탈러가 아니라 100일 것인데, 그는 이것을 위의 비율로 다시 교환할 것이며, 그 과정을 계속 새롭게 시작할 것이다. 그러나 그는 3시간 적게 노동할 것이다. 즉, 그가 40탈러 생활 수단과 그의 노동 시간 사이에 행하는 교환에 대한 25% 잉여 노동 = 25% 잉여 가치를 절약할 것이다. 그리고 그가 도구와 노동을 주어진 것으로 발견하기 때문에 하루에 3시간 더 노동할지라도, 그가 10%의 신이윤을 창출한 것이 아니라 25%를 창출했다고 말할 생각은 들지 않을 것이다. 그는 ¼로 더 많은 생활 수단을 구매할 수 있기 때문이다. 40탈러가 아니라 50탈러이고, 사용 가치가 중요한 그에게는 생활 수단만이 가치를 가질 것이다.

40탈러에 대상화된 9노동 시간이 12시간의 살아 있는 노동 시간과 교환됨으로써 신이윤이 창출되는 것이 아니라, 즉 이 부분에 대하여 25%의 잉여 가치가 창출되는 것이 아니라, 총자본이 균등하게 10% 증대된 것 — 60에 대한 10%가 6이고, 40에 대해서는 4이다 — 이라는 환상에 기초한 것이 악명 높은 프라이스 박사[178]의 복리 계산인데, 이것이 절묘한 피트로 하여금 그의 **국채 상환 기금**[179]이라는 어리석은 짓을 하도록 유도했다. 추가 이윤과 — 절대적·상대적 — 잉여 노동 시간의 동일성에 의해서 **노동일**, 즉 노동자의 노동 능력이 24시간 중에서 활동할 수 있는 시간 — 생산력 발전의 정도 — 과 동시적인 노동일의 수를 표현하는 인구가 자본 축적의 질적인 한계로 정립된다. 이에 반해서 추가 이윤이 이자로만 — 즉, 자본이 어떤 공상적인 마법을 매개로 해서 증대되는 관계로만 파악된다면 그 한계는 양적일 뿐이며, 그렇게 되면 자본이 왜 매일 아침 이자를 자본으로서의 자신에게 가담시키고, 그리하여 이자가 무한한 기하급수적 누진에 의해 이자를 낳는지를 전혀 알 수 없게 된다. 경제학자들은 프라이스식 이자 증대의 불가능성을 현실에서 목격했다. 그러나 거기에 들어 있는 오류는 결코 발견하지 못했다.

생산이 끝나면서 나오는 110탈러 중에서 60탈러(재료와 도구)는 그것이 가치인 한에 있어서 전혀 변하지 않았다. 노동자는 이것으로부터 아무 것도 가져가지 않았고, 이것에 아무 것도 추가하지 않았다. 그렇지만 그의 노동이 살아 있는 노동이라는 사실에 의해서, 그가 자본가의 대상화된 노동을 아무런 대가없이 보존시켜 주는 것은, 자본가의 관점에서 보면 자본가가 노동자로 하여금 노동으로서 대상화된 계기들 — 대상적 조건들 — 과 적절한 관계를 맺도록 해주는 허가에 대하여 노동자가 자본가에게 지불해야 하는 것으로 현상한다. 이제 나머지 50탈러에 관해 말하자면, 이중 40탈러는 자본이 임금 형태로 매각했고, 노동자는 소비했으므로, 단순한 보존이 아니라 실재적 재생산을 대표한다. 10탈러는 재생산을 초과하는 생산, 즉 (3시간의) ¼잉여 노동을 대표한다. 생산 과정의 생산물은 이 50탈러뿐이다. 따라서 노동자가 9/10를 받도록 생산물을 자본가와 나눈다면, 잘못 주장되듯이, 그는 8/10밖에 되지 않는 40탈러를 받는 것이 아니라, (그리고 노동자는 미리 받았고, 이것을 재생산했다. 그리하여 사실상 자본에게 완전히 환불했고, 자본의 기존 가치를 아무런 대가없이 보존시켜 주었다) 45를 받고 자본에게 5만을 남겨주어야 할 것이다. 그리하여 자본가는 그가 100으로 시작한 생산 과정이 끝나면서 65만을 가질 것이다. 그러나 재생산된 40탈러 중에서 노동자는 아무 것도 받지 않으며, 10탈러의 잉여 가치에서도 마찬가지다. 재생산된 40탈러가 새롭게 임금으로 기능하도록, 즉 자본이 새롭게 살아 있는 노동을 구매하는 데 기여하는 것으로 파악되어야 한다면, 비율에 관한 한 9시간(40탈러)의 대상화된 노동이 12시간(50탈러)의 살아 있는 노동을 구매하여, 증식 과정의 (일부는 임금을 위한 기금으로 재생산되고, 일부는 잉여 가치로 새롭게 생산된) 실재 생산물에 대하여 25%의 잉여 가치를 달성한다고 말할 수 있을 뿐이다.

방금 원래 자본 100은 다음과 같았다.

노동 조건들:		노동 도구:		임노동:
50	—	10	—	40

10탈러의 생산된 추가 이윤(25% 잉여 시간). 합계 110탈러

이제 그것이 60 — 20 — 20이었다고 가정하자. 결과는 110이다. 진부한 경제학자와 더욱 진부한 자본가는 10%가 자본의 모든 부분에서 균등하게 생산되었다고 말한다. 80탈러 자본은 다시 보존되었을 뿐이고, 그것의 가치에는 아무런 변화도 일어나지 않았으며, 20탈러만을 30탈러와 교환한 것이 된다. 요컨대 잉여 노동이 앞에서처럼 25%가 아니라 50% 증가했다.

세 번째 경우를 보자:

	[노동 조건들:]	[노동 도구:]	[임노동:]	
100:	70 —	20 —	10 —	결과는 110.

그러므로 불변 가치 90. 새로운 생산물 20. 따라서 잉여 가치 또는 잉여 시간 100%. 여기에 세 가지 경우가 있는데, 전체 자본의 이윤은 언제나 10[64]이다. 그러나 첫 번째 경우에 창출된 신가치는 살아 있는 노동의 구매를 위해 지출된 대상화된 노동에 대하여 25%이고, 두 번째 경우에는 50%, 세 번째 경우에는 100%.

이 어처구니없는 잘못된 계산은 지옥에나 떨어져라. 그러나 걱정하지 마라. 새롭게 시작하자.

첫 번째 경우는 다음과 같았다.

불변 가치	임노동	잉여 가치	합계
60	40	10	110

노동일 = 12시간이라고 계속 가정한다. (노동일이 이전에는 x시간이었다가, 이제는 x + b시간이 되어 증가하고, 생산력은 불변인 것으로 가정할 수도 있고, 또는 두 요인이 변동하는 것으로 가정할 수도 있을 것이다.)

---

64) 수고에는: 110

	시간	탈러	
‖3‖ 노동자가 생산하기를,	12시간	15탈러	
그러므로 …………………	1시간	4 1/6탈러	12시간
그러므로 …………………	9 3/5시간	40탈러	에 50
그러므로 …………………	2 2/5시간	10탈러	탈러

요컨대 노동자의 필요 노동은 9 3/5시간(40탈러)에 달하고, 따라서 잉여 노동은 2 2/5시간(10탈러의 가치)에 달한다. 2 2/5시간은 노동일의 5분의 1이다. 노동자[65]의 잉여 노동은 1/5일, 요컨대 = 10탈러의 가치이다. 자본이 산 노동과의 교환에서 9 3/5시간의 대상화된 노동 시간에 대하여 획득한 이 2 2/5시간을 백분비로 고찰하면, 2 2/5 : 9 3/5 = 12/5 : 48/5, 즉 = 12 : 48 = 1 : 4. 요컨대 자본의 ¼ = 동일한 자본에 대하여 25%. 마찬가지로 10탈러 : 40탈러 = 1 : 4 = 25%.

이제 전체 결과를 요약해보자.

No. Ⅰ)

원래 자본:	불변 가치:	재 생 산 된 임금 가치:	생산에서 산출된 잉여 가치:	총합계:
100탈러	60탈러	40탈러	10탈러	110탈러

잉여 시간과 잉여 가치:	교환된 대상화된 노동 시간에 대한 %:
2 2/5시간(10탈러)	25%

(노동 도구, 그것의 가치는 실제로 생산에서 소모, 소비되므로 대체될 뿐만 아니라 재생산되어야 한다고 말할 수 있을 것이다. 이는 고정 자본에서 고찰할 것. 사실상 도구의 가치는 재료의 가치로 전환된다. 그것이 대상화된 노동인 한에 있어서, 그 가치는 형태를 변경할 뿐이다. 위의 예에서 재료의 가치가 50이었고 노동 도구의 가치가 10이었다면, 도구가 5 소모된 지금 재료의 가치는 55이고, 도구의

---

65) 수고에는: 노동.

가치는 5이다. 도구가 완전히 사라지면, 재료의 가치는 60에 이르렀다. 이는 단순 생산 과정의 요소이다. 도구는 임금과는 달리 생산 과정 밖에서 소비되는 것이 아니었다.)

이제 두 번째 전제로 가보자:

원래 자본:	불변 가치:	재 생 산 된 임금 가치:	생산에서 산출된 잉여 가치:	총액:
100	80	20	10탈러	110탈러

노동자가 12시간에 30탈러를 생산한다면, 1시간에는 2 2/4탈러이고 8시간에는 20탈러이며, 4시간에는 10탈러이다. 10탈러는 20탈러에 대하여 50%이다. 그리하여 8시간에 대한 4시간이다. 잉여 가치 = 4시간, 일일 가치의 ⅓ 또는 10탈러 잉여 가치.

요컨대:

No. Ⅱ)

원래 자본:	불변 가치:	재 생 산 된 임금 가치:	생산에서 산출된 잉여 가치:	총합계:
100	80	20탈러 8시간	10탈러	110

잉여 시간과 잉여 가치:	교환된 대상화된 노동 시간에 대한 %:
4시간 또는 10노동일	50%

첫 번째 경우에나 두 번째 경우에나, 총자본 100에 대한 이윤은 = 10%이다. 그러나 첫 번째 경우에 자본이 생산 과정에서 획득하는 실제잉여 가치는 25%이고 두 번째 경우에는 50%이다.

No. Ⅱ에서의 전제들은 No. Ⅰ에서와 마찬가지로 즉자적으로 가능하다. 그러나 서로 관련되면 No. Ⅱ의 전제들은 어리석은 것으로 나타난다. 재료와 도구는 60탈러에서 80탈러로 상승했는데, 노동 생산성은 시간당 4 1/6탈러에서 2 2/4탈러로 하락했고, 잉여 가치는 100% 증가했다. (그러나 첫 번째 경우에서 임금에 대한 추가 지출이 더 많은 노동일을 표현하고, 두 번째 경우에는 더 적은 노동일을 표현한다고 가정하면 전제는 옳다.) 필요한 임금, 즉 탈러로 표현된 노동의 가치가 하락한 것은 즉자적으로는 무차별적일 것이다. 1노동 시간의 가치가 2탈러로 표현되든 4탈러로 표현되든, 첫 번째 경우에나 두 번째 경우에 12노동 시간의 생산물은 (유통에서) 12노동 시간과 교환되며, 두 경우에 잉여 노동은 잉여 가치로 현상한다. 전제의 어리석음은 우리가 1. 최소 노동 시간을 12시간으로 정립했다는 것, 즉 노동일이 더 많이도 더 적게도 들어올 수 없다는 것, 2. 가치가 동일함에도 불구하고, 한편에서 자본을 성장하도록 할수록 그것은 점점 더 필요 노동 시간을 감소시킬 뿐만 아니라 이것의 **가치도** 감소시킨다는 것에서 유래한다. 두 번째 경우에는 가격이 오히려 상승해야 할 것이다. 노동자가 더 적은 노동으로 살 수 있다는 것, 즉 동일한 시간에 더 많이 생산한다는 것은 ‖4‖ 필요 노동 시간에 대한 탈러의 감소에서가 아니라 필요 노동 시간의 수에서 나타나야 할 것이다. 예컨대 노동자가 첫 번째 예에서처럼, 4 1/6탈러를 받지만 (가격이 아니라) 가치를 표현하기 위해서는 불변이어야 하는 이 가치의 사용 가치가, 수 배 증가해서 자신의 살아 있는 노동 능력을 생산하기 위하여, 첫 번째 경우에서처럼 9 3/5시간이 아니라 4시간만 필요하다면, 이는 가치를 넘어서는 잉여에서 표현되어야 할 것이다. 그러나 우리는 여기에서 우리가 조건으로 제시한 바와 같이, 비록 재생산 노동의 다양한 백분비를 표현할지라도, "불변 가치", 재생산 노동에 대한 항상적인 추가로서 불변하는 10%를 변수로 가진다.

첫 번째 경우에서 불변 가치는 두 번째 경우보다 작고, 노동의 총 생산물은 더 크다. 100의 한 구성 요소가 더 작다면 다른 구성 요소는 더 커야 하므로, 그리고 동시에 절대적 노동 시간의 고정성은 동일하므로, 나아가 "불변 가치"가 확대되는 만큼 노동의 총생산물은 축소되고, 불변 가치가 축소되는 만큼 총생산물은 확대되므로, 우리는 자본을 많이 사용할수록 그에 비례해서 동일한 노동 시간에 대하여 더 적은 (절대적) 노동 생산물을 얻는다. 이것은 100과 같은 일정한 금액이 "불변 가치"에 더 많이 지출된다면, 그만큼 노동 시간에 더 적게 지출되고, 따라서 지출된 자본에 비해 상대적으로 더 적은 새로운 가치가 창출될 것이므로 전적으로 옳을 것이다. 그러나 그렇게 되면 노동 시간이 여기에서처럼 고정되어 있어서는 안될 것이며, 그것이 고정되었다면 노동 시간의 가치가 여기에서처럼 작아지지 않아야 한다. 그러나 이는 "불변 가치"가 더 커지고 잉여 가치가 더 커진다면 불가능하다. 노동 시간의 수가 작아져야 할 것이다. 그러나 그것은 우리의 예에서 전제되어 있다. 우리는 첫 번째 경우에서 노동이 12시간에 50탈러를 생산하고, 두 번째 경우에는 30탈러만을 생산한다고 가정한다. 첫 번째 경우에는 노동자를 9 3/5시간 노동시키고, 두 번째 경우에는 그가 시간당 더 적게 생산할지라도 6시간만을 노동시킨다. 이것은 말도 안 된다.

　그러나 달리 파악하면 이 수치들에서 옳은 것도 있지 않은가? 자본의 구성 요소들에 비례적으로 더 많은 재료와 도구가 들어간다면, 상대적 신가치는 증가할지라도 절대적 신가치는 감소되지 않는가? 주어진 자본에 비해서 살아 있는 노동이 더 적게 사용된다. 요컨대 비용에 대한 살아 있는 노동의 잉여가 더 크고, 따라서 노임과 관련한 백분비는 커질지라도, 즉 실제로 소비된 자본과 관련한 백분비는 커질지라도, 노동 재료와 도구를 더 적게 사용하고(특히 이것이 불변 가치, 즉 생산 과정을 통해 가치로서 불변한 가치의 변화에 있어서 요점이다), 살아 있는 노동[66]을 더 많이 사용하는 자본에 있어서보다 절대적 신가치가 반드시 상대적으로 작아야 하는 것은 아닌데, 이는 살아 있는 노동이 상대적으로 더 많이 사용되기 때문인가? 이 경우에 잉여 가치가 이전의 생산 방식에서와 마찬가지로 사용 가치, 생산

66) 수고에는: 재료

력에 비례하지 않고, 생산력의 단순한 증대가 결코 정비례하지는 않을지라도, 생산력 증가는 잉여 가치를 창출하므로 노동 도구의 증가에 조응한다. 도구 가치 — 도구가 자본 지출에서 차지하는 공간의 증대에서 표명되는 생산력 향상은 필연적으로 재료의 증가를 수반하는데, 이는 더 많은 생산물이 생산될 수 있기 위해서 더 많은 재료가 가공되어야 하기 때문이다. (그러나 생산력 증대는 질과도 관련된다. 오직 일정한 질의 주어진 생산물의 양이나, 일정하게 주어진 양의 질과 관련되거나 또는 두 가지 모두와 관련될 수 있다.) 이제 잉여 노동에 비해서 (필요) 노동이 필요한 정도보다 적게 주어져 있다면, 자본에 비해 살아 있는 노동 일체가 적게 주어져 있을지라도, 전체 자본에 비해서는 감소하지만, 즉 소위 이윤율은 하락하지만 그것의 잉여 가치가 증가할 수는 없는가? 예를 들어 자본이 100이라 하자. 재료가 원래 30, 도구가 30(불변 가치가 합계 60)이라고 하자. 임금 40(4노동일). 이윤 10%. 여기에서 이윤은 임금에 대상화된 노동에 대해서는 25% 신가치이고, 자본과 관련해서는 10%이다. 이제 재료가 40, 도구가 40이라고 가정하자. 생산성이 배증해서 2노동일 = 20만이 더 필요하다고 가정하자. 절대 이윤, 즉 총자본에 대한 이윤은 10보다 작다고 가정하자. 고용된 노동에 대한 이윤은 25% 이상, 즉 위 경우에는 20의 ¼보다 클 수 없는가? 사실 20의 ⅛은 6⅔%이다. 즉, 10보다 작다. ‖5| 그러나 사용된 노동에 대해서는 앞의 경우에서 25%에 지나지 않았던데 비해 33⅓%이다. 이전에는 110이었던 데 비해 여기에서는 마지막에 106⅔에 지나지 않는다. 그렇지만 동일한 금액(100)이지만 사용된 노동과 관련한 잉여 노동, 추가 이윤은 첫 번째 경우보다 크다. 그러나 더 큰 이윤이 사용된 노동과 관련해서는 8⅓% 밖에 크지 않은 데 비해, 노동은 50%나 절대적으로 적게 사용되었기 때문에, 절대적 결과와 총자본에 대한 이윤은 작을 수밖에 없다. 왜냐하면 20×33⅓은 40×25보다 작기 때문이다.

이러한 경우는 가능하지 않으며, 경제학에서 일반적인 경우로 적용될 수 없다. 왜냐하면 여기에서 상대적 노동자 수뿐만 아니라 절대적 노동자 수도 감소했지만, 노동 도구의 증가와 가공된 재료의 증가가 전제되었기 때문이다. (물론 두 요소 = 또 다른 세 번째 요소라면, 한 요소가 증대되면 다른 한 요소는 감소해야 한다.) 그러나 노동이 상대적으로 감소함에 따라, 노동 도구가 자본에서 차지하는 가치가 증대되고, 노동 재료의 가치가 증대되는 것은, 대체로 분업, 즉 노동자가 사용된 자본의 크기에 비례해서는 아닐지라도, 적어도 절대적으로 증가할 것을 전제로 한다.

누구든지 석판을 스스로 인쇄하기 위해서 사용할 수 있는 인쇄 기계의 경우에, 최초로 발명된 도구의 가치가 이 편리한 물건이 발명되기 전에 4명의 노동자가 사용하던 가치보다 컸다고 가정하자. 이 기계는 2명의 노동자만을 더 필요로 한다고 가정하자(도구와 유사한 많은 기계들처럼 여기에서 다른 분업은 논의되지 않고, 오히려 질적인 분업이 사라진다). 도구들은 원래 30의 가치뿐이었으나, 필요한 (즉, 이윤을 획득하기 위해서 자본가가 필요로 하는) 노동은 4노동일이었다고 가정하자. (한 지점을 제외하고는 노동이 완전히 사라지는, 예컨대 열기 난방관과 같은 기계들이 있다. 한 지점에서 관이 열린다. 이 관을 나머지 관들에 전달하기 위해서 노동자는 필요하지 않다. 이는 동력 전달기에서 그러한데(배비지 참조),[180] 이전에 여기에서는 물질적 형태의 힘이 수많은 노동자들, 화부(火夫)들에 의해 한 지점에서 다른 지점으로 [전달되었다] — 지금은 물리적 과정이 되었는데, 한 공간에서 다른 공간으로의 전달은 수많은 노동자의 노동으로 현상했었다.) 그가 이 인쇄 기계를 사용 가치가 아니라 사업 원천으로, 자본으로 사용한다면, 그는 동일한 시간에 더 많은 석판을 인쇄할 수 있으며, 바로 이것으로부터 그의 이윤이 유래하므로, 필연적으로 재료가 증대된다. 따라서 이 인쇄는 40의 도구, 40의 재료를 사용하고, 그에게 20의 대상화된 노동 시간에 33⅓%, 즉 6⅔를 [가져다 주는] 2노동일(20)을 사용한다. 그러므로 그의 자본은 다른 사람의 자본과 마찬가지로 100으로 구성되어 있고, 그에게 6⅔%밖에 가져다주지 않지만, 사용된 노동에 대해서는 33⅓을 획득한다. 다른 사람은 사용된 자본에 대해서는 10, 사용된 노동에 대해서는 25%만을 획득한다. 사용된 노동에 대하여 얻어진 가치는 더 작을 수도 있으나, 자본의 다른 구성 요소들이 상대적으로 작으면, 전체 자본의 이윤은 더 크다. 그렇지만 총자본에 대하여 6⅔%, 사용된 노동에 대하여 33⅓%인 이 사업은 원래 노동에 대해서는 25%이고, 총자본에 대해서는 10%에 기초했던 사업보다 더 이익이 될 수 있을 것이다. 예를 들어 곡물 등의 가격이 상승해서 노동자의 생계비가 가치로 25% 상승했다고 가정하자. 첫 번째 인쇄업자에게 4노동일이 이제는 40이 아니라 50이 소요될 것이다. 그의 도구와 재료는 60탈러로 동일할 것이다. 그러므로 그는 110의 자본을 지출해야 할 것이다. 110의 자본으로 얻은 이윤은 4노동일에 대한 50탈러에 대해서는 12(25%[181])일 것이다. 요컨대 110에 대하여 12탈러(즉, 110의 총자본에 대하여 9 1/6%). 다른 인쇄업자는 기계 40, 재료 40. 그러나 2노동일은 20이 아니라, 그것보다 25%가 더 많은 25가 소요될 것이다. 요컨대 그는 105를 지출해야 할 것이다. 노동에 대한 잉여 가치는 33⅓%, 즉 ⅓, 요컨대 8⅓. 그리하여 그는 105에 대하여 8⅓, 13⅛%를 획득할 것이다. 10년의 주기 동안에 위의 평균 비율로 5년은 흉년이고, 5년은 풍년이라고 가정하자. 그러면 첫 번째 인쇄업자는 두 번째 업자에 비해 처음 5년 동안에는 50탈러, 두 번째 5년 동안에는 45 5/6, 합해서 95 5/6탈러를 이자로 획득할 것이다. 10년간의 평균 이자는 9 7/12탈러. 다른 자본가는 처음 5년에는 31⅓, 두 번째 5년에는 65⅝, 합해서 96 23/24탈러를 획득했을 것이다. 10년 평균 87/120. No. Ⅱ는 동일한 가격으로 더 많은 재료를 가공했으므로, 그것을 더 값싸게 공급한다.

이에 반해 그는 도구를 더 많이 마모했으므로, 더 비싸게 공급한다고 말할 수 있을 것이다. 특히 그가 더 많은 기계 가치를 필요로 하는 비율은, 그가 더 많은 재료를 마모하는 비율과 동일하므로. 다만 ‖6 ｜ 기계들이 더 많은 재료를 가공할수록 동일한 정도로 더 많이 마모된다는 것, 즉 동일한 시간 안에 대체되어야 한다는 것은 사실상 오류이다. 그렇지만 이 모든 것은 여기에 속하는 것이 아니다. 기계 가치와 재료 가치 사이의 비율은 두 경우에 불변이라고 가정되었다.

우리가 더 많은 노동과 더 적은 재료 및 기계를 이용하되, 전체 자본에 대하여 더 높은 백분비를 획득하는 보다 작은 자본과, 더 많은 기계와 재료를 사용하고, 상대적으로는 적지만 절대적으로는[67] 동일한 노동일을 사용하여, 더 생산적인 노동, 분업 등에 더 적게 사용되었기 때문에 전체에 대한 백분비는 더 낮은 보다 큰 자본을 가정하면, 비로소 예가 중요해진다. 이때 (위에서는 가정되지 않았던) 기계의 사용 가치가 그것의 가치보다 현저히 크다고, 즉 생산에 기여하면서 그것의 가치 하락이 생산 증대에 비례하지 않는다고 가정되어야 한다.

요컨대 위의 인쇄처럼(이번에는 인쇄기, 그러나 수동 인쇄기. 두 번째 경우는 자동 인쇄기).

100의 **자본 I**은 재료에 30, 수동 인쇄기에 30, 4노동일의 노동에 40을 사용한다고 하자. 이윤 10%, 요컨대 살아 있는 노동에 대하여 25% (¼ 잉여 시간).

200의 **자본 II**는 재료 100, 인쇄기 60, 4노동일(40탈러)을 사용한다고 하자. 첫 번째 경우에는 이윤이 1 노동일일 뿐인 데 비해, 4노동일에 대한 이윤은 13⅓탈러,[68] 1⅓ 노동일. 총액 413⅓. 즉, 첫 번째 경우에는 10%인 데 비해 3⅓%.[182] 그렇지만 이 두 번째 경우에

---

67) 수고에는: 상대적으로는
68) 수고에는: 13⅓%

사용된 노동에 대한 잉여 가치는 $13\frac{1}{3}$, 첫 번째 경우에는 단지 10. 첫 번째 경우에 4일은 4일 동안에 1잉여일을 창출한다. 두 번째 경우에는 4[일이] $1\frac{1}{3}$ 잉여일. 그러나 전체 자본에 대한 이윤율은 첫 번째 경우보다 $\frac{1}{3}$ 또는 $33\frac{1}{3}$% 낮다. 이윤 총액은 $\frac{1}{3}$ 크다. 이제 재료 30과 100이 인쇄 전지이고, 도구는 동일한 시간 10년 동안 소비, 또는 1년에 1/10 소비된다고 가정하자. 그러면 No. I은 도구[69]에서 30의 1/10, 즉 3을 대체해야 한다. No. II는 60의 1/10, 즉 6을 대체해야 한다. 양측에서 도구는 계속 위에서 고찰되었던 연간 생산에 들어가지 않는다(4노동일은 3개월의 날들로 간주될 수 있다).

자본 I은 인쇄 전지 30장을 재료 30 + 도구 3 + 50(대상화된 노동 시간)[70] = 83에 판매한다.

자본 II는 인쇄 전지 100장을 재료 100 + 도구 6 + $53\frac{1}{3}$ = $159\frac{1}{3}$에 판매한다.

자본 I은 인쇄 전지 30장을 83탈러에 판매한다. 인쇄 전지 1장은 83/30탈러 = 2탈러 23은전.

자본 II는 인쇄 전지 100장을 159탈러 10은전에 판매한다. 인쇄 전지 1장은 (159탈러 10은전)/100, 즉 1탈러 17은전 18페니히에.

자본 I이 너무 비싸게 판매되기 때문에, 쓸모 없게 되었다는 것은 분명하다. 이제 첫 번째 경우에 총자본에 대한 이윤은 10%였고, 두 번째 경우에는 $3\frac{1}{3}$%에 지나지 않았지만, 첫 번째 자본은 노동 시간에 대하여 25%을 취한 데 비해, 두 번째 자본은 $33\frac{1}{3}$을 취한다. 자본 I에서는 사용된 총자본에 대한 필요 노동의 비율이 더 크다. 따라서 잉여 노동이 비록 절대적으로는 자본 II에 비해서 작지만 총자본에 대한 이윤율은 더 높은 것으로 나타난다. 60에 대한 4노동일이 160에 대한 4노동일보다 크다. 첫 번째 자본에서는 주어진 자본 15에 대

---

69) 수고에는: 재료
70) 수고에는 이 단어들 위에 삽입표 없이 '(생산 시간)'이라고 씌어 있다.

해 하루 노동일. 두 번째 자본에서는 40에 하루 노동일. 그러나 두
번째 자본에서는 노동이 더 생산적이다. (이것은 기계의 비중이 더
크기 때문에, 따라서 기계가 자본의 가치에서 차지하는 비중이 더 크
기 때문일 뿐만 아니라 ‖7│ 더 많은 잉여 시간을 노동하고, 따라서
동일한 시간에 더 많은 재료를 소비하는 노동일이 표현되는 재료가
더 많기 때문에도 정립된 것이다.) 그것은 더 많은 잉여 시간(상대적
잉여 시간, 즉 생산력 발전에 의해 조건 지워진 잉여 시간)을 창출한
다. 첫 번째 경우에 잉여 시간은 ¼, 두 번째 경우에는 ⅓. 따라서 그
것은 동일한 시간에 더 많은 사용 가치뿐만 아니라 더 많은 교환 가
치를 생산한다. 그러나 우리가 살펴본 바와 같이 교환 가치는 노동
생산성과 동일한 비율로 증가하지 않으므로, 교환 가치는 사용 가치
와 동일한 비율로 증가하지 않는다. 따라서 부분 가격이 생산의 총
가격보다 적다 — 즉 생산된 부분 가격들71)의 양과 곱한 부분 가격
이 더 크다. 이제 우리가 노동일의 총합계가 No. Ⅰ에서보다 비록
상대적으로 작을지라도 절대적으로는 더 크다고 가정한다면, 문제는
더욱 명백할 것이다. 따라서 더 큰 기계로 활동하는 더 큰 자본의 이
윤은 상대적으로나 절대적으로 더 많은 살아 있는 노동으로 활동하
는 자본의 이윤보다 적은 것으로 나타난다. 왜냐하면 살아 있는 노동
에 대한 더 큰 이윤도 그것이 총자본에 비해 살아 있는 노동의 비율
의 더 낮은 총자본에 분배되면, 살아 있는 노동에 대한 더 작은 이윤이
보다 작은 총자본에 비해 더 큰 비율을 가지는 경우보다 작게 나타
나기72) 때문이다. 그러나 No. Ⅱ에서 비율이 더 많은 재료가 가공될
수 있고, 더 큰 가치 부분이 노동 도구에 투자되도록 되어 있다는 것
은 노동 생산성의 표현일 뿐이다.

---

71) 아마도 '생산물들'이라고 해야 옳을 것 같다.
72) [역자] 이것은 잉여 가치율이 높을지라도 자본의 유기적 구성이 높으면 이윤
    은 작을 수 있다는 의미이다.

이는 보다 크고 생산적인 자본에 대한 이윤율이 작은 것으로 나타나기 때문에 노동자의 몫이 커진 반면, 정반대로 노동자의 잉여 노동이 커졌다는 것을 확고하게 믿고 있는 불행한 바스티아의 유명한 익살이다 — 프루동 씨는 이에 대해 답변하지도 못했다.[183]

리카도도 다른 경우에 있어서 이윤의 주기적인 하락을 단지 곡물 가격(그리하여 지대)의 인상에 의해 야기된 임금 상승만으로 설명하지는 않았을 것이라는 점에서 볼 때 이 문제를 이해하지 못한 것으로 보인다.[184] 그러나 기본적으로 잉여 가치는 — 그것이 비록 이윤의 기초이지만 일상적인 이윤과는 구별되는 한에 있어서 — 규명되지 않았다. 위의 경우에 있어서 불행한 바스티아는 첫 번째 예에서는 이윤율이 10% (즉, 1/10)이고, 두 번째 예에서는 $3\frac{1}{3}$%, 즉 1/33(백분비를 사상하면)일 뿐이며,[185] 첫 번째 경우에 노동자는 9/10를, 두 번째 경우에는 32/33를 획득한다고 말했을 것이다. 두 경우 중 어느 경우에 있어서도 비율은 옳지 않으며 그것들의 상호 비율도 옳지 않다.

자본의 신가치가 무차별적인 총 가치(우리가 생산 과정으로 나아가기 전에 자본은 처음부터 우리에게 그러한 것으로 현상했고, 생산 과정의 끝에서도 다시 그렇게 현상해야 한다)로서의 자본에 대해서 가지는 다른 관계에 관한 한, 그것의 일부는 신가치가 새로운 규정을 획득하는 이윤 항목에서 설명되고, 다른 일부는 축적 항목에서 설명될 것이다. 여기에서는 다만 필요 노동 시간을 초과하여 자본에 의해 동원된 절대적 또는 상대적 노동 시간의 등가물로서 잉여 가치의 본성이 우선 규명되어야 한다.

도구를 이루는 가치 구성 부분을 생산 행위에서 소비하는 것이 생산 도구와 재료를 전혀 구분할 수 없다는 것은 — 아직은 단지 잉여 가치의 정립, 자기 증식이 설명되어야 하는 여기에서 — 이 소비가 단순한 생산 과정 자체에 속한다는 사실, 즉 이 생산 과정에서는 —

그것이 스스로를 새롭게 시작할 능력을 가지도록 — 소비된 도구(생산이 이미 분업으로까지 진척되었고, 적어도 잉여가 교환된다면 단순한 사용 가치이든 교환 가치이든)의 가치가 이미 생산물의 가치(교환 가치 또는 사용 가치)에서 재발견되어야 한다는 사실에서 유래한다. 도구는 원료의 교환 가치를 높이는데 도움을 주고 노동의 수단으로 기능하는 만큼 자신의 사용 가치를 잃는다. 사실상 이 점은, 보존되는 자본 부분으로서의 불변 가치와 재생산되는(자본을 위해서는 재생산되고, 노동의 실재적인 생산의 관점에서 보면 생산되는) 다른 부분, 즉 새롭게 생산되는 부분 사이의 구분이 대단히 중요하므로, 반드시 검토되어야 한다.

  이제 생산력의 증대로부터 야기되는 가치에 관한 문제를 끝맺을 시점이다. 우리는 잉여 노동의 절대적인 증가에서처럼 잉여 가치가 (단순히 보다 많은 사용 가치가 아니라) 생산되는 것을 살펴보았다. 일정한 한계가 주어져 있다면, 예를 들어 노동자가 하루 종일을 위해 필요한 생활 수단을 생산하는 데 반나절만을 필요로 한다면 — 노동자가 주어진 노동량으로 잉여 노동을 공급하는 자연적 한계에 이르렀다면, 절대적 잉여 시간의 증대는 더 많은 노동자가 동시에 사용되어 실재 노동일이 단지 연장될 뿐만 아니라 동시에 수배로 증가할 때라야만 가능하다 — (이러한 전제하에서 개별적인 노동자가 12시간만 노동할 수 있는데, 24시간의 잉여 시간이 획득되려면 2명의 노동자가 가담해야 한다.) 이 경우 자본은 자기 증식 과정을 시작하기 전에 노동자와의 교환에서 6노동 시간을 더 구매해야, 즉 자신의 더 많은 부분을 양도해야 한다. 다른 한편에서 일반적으로 자본은 가공되어야 하는 재료에도 더 많이 지출해야 한다(잉여 노동자가 주어져 있어야 한다는, 즉 노동하는 인구가 증가해야 한다는 점은 차치하고). 요컨대 여기에서 지속적인 증식 과정의 가능성은 ‖8‖ (소재적 존립에 비추어 고찰할 때) 과거의 자본 축적에 좌우된다. 그에 반해 생산력이 증가하고, 따라서 상대적 잉여 시간이 증가하면, — 지금의 관점에서 자본은 아직도 생활 수단, 원자재 등을 직접 생산하는 것으로 간주될 수 있다 — 임금에 대한 지출은 적게 필요하고, 증식 과정 자체에 의해 재료의 증가가 창출된다. 그렇지만 이 문제는 오히려 자본들의 축적과 관련된다.

이제 우리가 마지막으로 중단했던 점으로 돌아가자. 생산성 증가는 비록 교환 가치의 절대액을 증대시키지 않지만 잉여 가치는 증대시킨다. 그것은 새로운 가치를 가치로서, 즉 단순히 등가물로 교환되지 않고 유지되는 가치, 한마디로 말하자면 더 많은 화폐를 창출하기 때문에 가치를 증대시킨다. 문제는 그것이 궁극적으로 교환 가치의 절대액도 증대시키는가 이다. 기본적으로 이것은 리카도조차도 자본 축적과 더불어 저축, 그리하여 생산되는 교환 가치가 증가한다는 것을 인정하므로 인정되어야 한다. 저축 증가란 다름 아닌 자립적인 가치 — 화폐의 증가를 의미한다. 그러나 리카도의 예증은 자기 자신의 이러한 주장에 모순된다.

우리의 오랜 예: 자본 100탈러, 불변 가치 60탈러, 임금 40탈러, 80을 생산, 따라서 생산물 = 140.

{여기에서 다시 새롭게 생산된 가치의 절반이 = 필요 노동이므로, 자본 전체에 대한 잉여 가치는 = 새롭게 생산된 가치의 절반이라는 점이 드러난다. 언제나 잉여 시간과 같은, 즉 = 노동자의 임금을 이루는 부분을 뺀 노동자의 총생산물인 이 잉여 가치가 어떤 비율을 가지느냐는, 1. 생산적 부분에 대한 자본의 불변 가치 부분의 비율, 2. 잉여 시간에 대해 필요 시간이 차지하는 비율에 좌우된다. 위의 경우에 필요 시간에 대한 잉여 시간의 비율은 100%. 자본 100에 대해서는 40%가 된다, 3. 요컨대 2.에서 제시한 비율뿐만 아니라 필요 노동 시간의 절대적인 크기에도 좌우된다. 자본 100 중에서 불변 부분이 80이라면, 필요 노동과 교환된 부분은 = 20일 것이다. 그리고

이것이 100% 잉여 시간을 창출한다면, 자본의 이윤은 20%이다. 그러나 자본 200의 불변 부분과 가변 부분[186]의 비율이 동일하다면(즉, 3/5 대 2/5), 합계는 280이 되어 100에 대해서 40을 이룬다. 이 경우에 절대 이윤량은 40에서 80으로 증가할 것이나, 비율은 40%로 남아 있을 것이다. 이에 반해 200에서 불변 요소가 120, 필요 노동량이 80이되 10%, 즉 8만큼만 증가한다면, 총액은 = 208이고, 이윤은 4%일 것이다. 필요 노동이 5만큼[73]만 증가한다면, 총액은 205, 이윤은 2½%일 것이다.}

이 잉여 가치 40이 절대적 노동 시간이라고 하자.

이제 생산력이 배증되었다고 가정하자. 요컨대 40이 8 필요 노동 시간[187]을 공급한다면, 이제 노동자는 4시간 동안에 살아 있는 노동의 하루 종일을 생산할 수 있을 것이다. 그러면 잉여 시간은 ⅓만큼 증가할 것이다(이전에는 하루 종일을 생산하기 위해서 ⅔일, 이제는 ⅓일). 하루 노동일의 생산물 중에서 ⅔[74]가 잉여 가치일 것이다. 필요 노동 시간이 = 5탈러(5×8 = 40)였다면, 이제는 5×4 = 20탈러만 필요할 것이다. 자본에게 20의 초과 이윤, 즉 40이 아니라 60. 종국에는 140인데, 이 중에서 60 = 불변 가치, 20 = 임금, 60 = 잉여 이윤, 합계 140. 이제 자본가는 80탈러 자본으로 생산을 새롭게 시작할 수 있다.

이전의 생산과 동일한 수준에서 자본가[75] A는 그의 자본 140을 새로운 생산을 위해서 사용한다고 하자. 원래 비율에 따라 그는 자본의 불변 부분으로 3/5, 즉 3×140/5 = 3×28 = 84를 필요로 하고, 필요 노동을 위해서 56이 남는다. 그는 이전에는 노동에 40을 사용했는데, 이제는 56,[76] 40의 2/5[77]를 더 사용한다. 요컨대 종국에 그

---

73) 수고에는: 5%만큼
74) 수고에는: ⅓
75) 수고에는: 자본

의 자본은 = 84 + 56 + 56 = 196.

성장한 생산의 수준에서 자본가 B는 마찬가지로 140을 새로운 생산을 위해서 사용할 것이다. 그가 80의 자본을 60은 불변 가치로, 20은 노동을 위해서 필요로 한다면, 60 중에서는 45를 불변 가치를 위해서, 15는 노동을 위해서 필요로 한다. 그리하여 합계는 첫 번째에서는 60 + 20 + 20 = 100일 것이고, 두 번째에서는 45 + 15 + 15 = 75일 것이다. 요컨대 그의 전체 결과는 175[188]인 데 비해, 첫 번째 자본가의 전체결과는 = 196. 노동 생산성의 증대란 다름 아니라 동일한 자본이 더 적은 노동으로 동일한 가치를 창출한다는 것, 또는 더 적은 노동이 더 많은 자본으로 동일한 생산물을 창출한다는 것을 의미한다. 보다 적은 필요 노동이 더 많은 잉여 노동을 생산한다는 것. 필요 노동이 ‖9‖ 자본에 비해 더 작다는 것은, 자본의 증식 과정을 위해서 자본이 운동시키는 필요 노동에 비해 상대적으로 크다는 것과 동일하다는 것이 명백하다. 왜냐하면 동일한 자본이 더 많은 잉여 노동, 따라서 더 적은 필요 노동을 운동시키기 때문이다. {우리의 경우에서처럼 자본이 동일하게 남아 있다고, 즉 양자가 다시 140탈러로 시작한다고 전제되면, 보다 생산적인 자본에게 있어서 더 큰 부분이 자본(즉, 그의 불변 부분)에 귀속되어야 하고, 보다 비생산적인 자본에게 있어서는 노동에 더 많은 부분이 귀속되어야 한다. 따라서 첫 번째 자본 140은 필요 노동 56을 운동시키고, 이 필요 노동은 자신의 과정을 위해서 자본의 불변 부분 84를 전제한다. 두 번째 자본은 20 + 15 = 35의 노동과 60 + 45 = 105의 불변 자본을 운동시킨다. (그리고 앞에서 설명한 것으로부터 생산력의 증가는 자기 스스로 증가하는 것과 동일한 정도로 가치를 증대시키지는 않는다는 결론이 도출된다.)}

---

76) 수고에는: 16
77) 수고에는: ⅔

{이미 앞서 입증한 바와 같이 사용된 노동량이 불변 부분에 비해 크기 때문에 첫 번째 경우에 절대적 신가치는 두 번째 경우에서보다 더 큰 데 반해, 두 번째 경우에는 노동이 보다 생산적이기 때문에 사용된 노동량이 적다. 다만 1. 첫 번째 경우에 신가치는 40뿐이었고, 두 번째 경우에는 60이었다는 차이는 첫 번째 자본가가 두 번째 자본가와 동일한 자본으로 생산을 새롭게 시작할 수 있다는 것을 배제한다. 왜냐하면 자본가가 살 수 있도록, 그것도 자본으로 살 수 있도록 양측에서 신가치의 일부가 유통에 등가물로 들어가야 하기 때문이다. 양자가 20탈러를 소비한다면, 첫 번째 자본가는 120자본으로 새로운 노동을 시작하고, 두 번째 자본가도 120으로 시작한다. 위 참조. 이 전체는 다시 상술할 것임. 그러나 보다 높은 생산력에 의해 창출된 신가치가 절대적으로 증대된 노동에 의해 창출된 신가치에 대하여 어떤 관계를 맺는가 하는 문제는 축적과 이윤에 관한 장에 속한다.}

따라서 기계에 관해서도 그것이 **노동을 절약**한다고 말할 수 있다. 그렇지만 로더데일이 올바르게 지적한 바와 같이,[189] 노동의 단순한 절약이 특징적인 것은 아니다. 인간 노동이 기계의 도움 없이는 절대적으로 창출할 수 없을 일을 기계의 도움을 받아 하고 창출하므로. 후자는 기계의 사용 가치와 관련된다. 필요 노동의 절약과 잉여 노동의 창출이 특징적인 것이다. 자본이 동일한 가치와 더 많은 사용 가치량을 창출하기 위해서 더 적은 필요 노동을 구매하면 된다는 데에서, 또는 더 적은 필요 노동이 동일한 교환 가치를 창출하고, 더 많은 재료를 사용하고 더 많은 사용 가치량을 창출한다는 데에서, 보다 높은 노동 생산성은 표현된다. 요컨대 생산력 향상은 자본의 총 가치가 동일하다면, (재료와 기계에 존재하는) 자본의 불변 부분이 가변 부분에 비해, 즉 살아 있는 노동과 교환되고 임금 기금을 이루는 부분에 비해 증가한다는 것을 전제한다. 이는 동시에 더 적은 노동량이 더 많은 자본량을 운동시키는 것으로 나타난다. 생산 과정에 들어가는 자본의 총 가치가 증가하면, 임금 기금(자본의 가변 부분)은 노동 생산성, 즉 잉여 노동에 대한 필요 노동의 비율이 동일하게 남아있을 경우에 비해 상대적으로 감소해야 한다.

위의 경우에서 자본 100이 농업 자본이었다고 가정하자. 이전의 생산의 관점에서 40탈러는 종자, 비료 등이고, 20탈러는 노동 도구, 40탈러는 임노동(이 40탈러 = 4 필요 노동일로 전제하자). 이전의 생산의 관점에서 이것은 140의 금액을 창출한다. 도구의 개량에 의해서든 비료 개선에 의해서든 비옥도가 배증한다고 하자. 이 경우에 (도구가 완전히 소모된다고 가정하면) 생산물은 = 140탈러일 것이 틀림없다. 비옥도가 배증하여 필요 노동일의 가격이 반감하거나, 8을 생산하기 위해서 4반나절의 필요 노동일(2 종일 노동일)이 필요하다고 하자. 8을 생산하기 위한 2노동일은 개별적인 노동일에서 ¼(3시간)이 필요 노동에 귀속되는 것과 동일하다. 이제 임차농은 노동에 40탈러가 아니라 20탈러만 지출하면 된다. 과정의 마지막에는 자본의 구성 요소들이 변했다. 원래 40이 이제 두 배의 사용 가치를 가지는 종자 등에, 20은 노동 도구, 20은 노동(2 종일 노동일). 이전에는 자본의 불변 부분의 가변 부분에 대한 비율 = 60 : 40 = 3 : 2, 이제는 = 80 : 20 = 4 : 1. 또는 우리가 전체 자본을 관찰하면 필요 노동의 비율은 = 2/5, 이제는 1/5. 이제 임차농이 노동을 계속 이전의 비율로 사용하고자 한다면, 그의 자본은 얼마나 증가해야 하는가? 또는 — 그가 계속 불변 자본 60과 노동 기금 40으로 사업한다는 악의에 찬 전제를 피하기 위해서 — 생산력이 배증되고, 그에 따라 잘못된 비율이 나타난 후{예를 들어 만약 계절에 의해 비옥도가 배증된다면 이것은 임차농에게 옳고, 산업가에게는 만약 자신의 분야가 아니라 그에 의해 이용된 분야에서 생산력이 배증된다면, 즉 예를 들어 원모(原毛)가 50%[78] 저렴해지거나 나아가 곡물(그리하여 임금)이 저렴해지고, 마침내 도구가 저렴해진다면 옳다. 그러면 그는 계속 40탈러를 원모에 지출할 것이나 그 양에 있어서는 두 배일 것이고 20을 기계에, 40을 노동에 지출할 것이다}, 그럼으로써 배증된 생산력에도 불구하고 자본이 계속 동일한 구성 부분으로 사업하고, 원료와 노동 도구 {면화의 생산력만 배증되고, 기계의 생산력은 불변이라고 가정하면, 이는 계속 연구할 것} 에 더 많이 지출하지 않으면서 동일한 양의 필요 노동을 사용한다고 가정하자. 요컨대 생산력이 배증되어 그가 이전에는 40탈러를 노동에 지출했다면, 이제는 20탈러만 지출하면 된다고 가정하자.

(노동자로 하여금 4노동일 전체의 잉여를 창출하도록 하기 위해서 4 종일 노동일, 각 노동일 = 10탈러가 필요했고, 40탈러가 면화를 실로 전환시킴으로써 이 잉여를 창출해주었다고 가정하면, 이제는 ‖ 10 ┃ 동일한 가치, 즉 8노동일을 창출하기 위해서 2종일 노동일만 필요하다. 실의 가치가 이전에는 4노동일의 잉여 노동을 표현했다면, 이제는 6노동일을. 또는 이전에 각 노동자는 12시간을 창출하기 위해서 6시간의 필요 노동 시간을 필요로 했다. 이제는 3시간. 필요 노동 시간이 12×4 = 48시간, 또는 4일. 이 각각의 날에 잉여 시간은 = ½일(6시간). 그것[필요 노동 시간]이 이제는 12×2 = 24시간 또는 2일. 하루에 3시간. 잉여 가치를 창출하기 위해서 4명의 노동자는 각각 6×2시간, 즉 하루를 노동해야 했다. 이제 그는 3×2, 즉 ½일만 더 노동하면 된다. 이제 4명이 ½일을 노동하든 2명이 하루 종일 노동하든 마찬가지다. 자본가는 2명의 노동자를 해고할 수 있을 것이다. 그는 일정량의 면화로 일정량의 실만을 만들 수 있으므로, 즉 더 이상 4노동일을 종일 노동시킬 수 없고 4반나절 노동일만 노동시킬 수 있으므로, 노동자들을 해고해야 할 것이다. 그러나 노동자가 3시

---

78) 수고에는: 100%

간, 즉 자신의 필요 임금을 받기 위해서 12시간 노동해야 한다면, 그는 6시간 노동할 때 1½시간의 교환 가치만을 받을 것이다. 그러나 그가 3시간의 필요 노동 시간으로 12시간을 살 수 있다면, 1½시간으로는 6시간밖에 살 수 없다. 요컨대 4명의 노동자는 그들이 모두 사용된다면 각각 반나절밖에 살 수 없다. 즉, 4명 모두가 동일한 자본가에 의해 **노동자로서 생명이 유지될 수 없고**, 2명만이 유지될 수 있을 것이다. 자본가는 과거와 같은 기금으로 4명의 노동자에게 4반나절의 노동일에 대하여 지불할 수 있을 것이다. 그러면 그는 4반나절의 노동일만을 사용할 수 있을 것이므로, 너무 많이 지불하고 노동자에게 생산력 선물을 하는 것이 된다. 그러한 "가능성"이 실제로는 나타나지도 않으며, 자본 관계 자체가 논의되는 여기에서 그것은 더 이상 언급할 수도 없다.)

이제는 자본 100 중 20탈러가 생산에서 직접 사용되지 않는다. 자본가는 여전히 원자재를 위해서 40탈러, 도구를 위해서 20탈러, 즉 60탈러를 사용하지만, 노동을 위해서는 20탈러(2노동일)만을 사용한다. 전체 자본 80 중에서 그는 ¾(60)을 불변 부분을 위해 사용하고, ¼을 노동을 위해 사용한다. 그가 나머지 20을 동일한 방식으로 사용한다면, ¾은 불변 자본을 위해서, ¼은 노동을 위해서, 즉 전자를 위해서 15, 후자를 위해서 5를. 이제 노동일은 = 10탈러로 전제되어 있으므로, 5탈러는 = 6시간 = ½노동일일 것이다. 자본가는 생산성에 의해 획득된 20의 신가치를 동일한 비율로 증식시키기 위해서 ½노동일만을 더 구매할 수 있을 것이다. 자본이 해고된 2명의 노동자 또는 이전에 사용되었던 2노동일을 모두 사용할 수 있기 위해서는 3배(즉, 60) 증가시켜야 한다. 새로운 비율에 따르면, 자본은 ¾을 불변 자본에, ¼을 노동 기금에 사용한다.

따라서 전체 자본 20으로 ¾, 즉 15는 불변 자본, ¼노동(즉, 5)은 = ½노동일.

따라서 전체 자본 4×20으로는 4×15 = 60을 불변 자본, 따라서 4×5임금 = 4/2노동일 = 2노동일.

요컨대 이전에는 [총자본] 100이 필요했던 데 비해, 노동 생산성이 배증되어 원모 및 도구 60탈러의 자본이 증식되기 위해서 20탈러의 노동(2노동일)만이 필요하다면, 박탈당한 노동을 모두 유지하기 위해서는 총자본 100이 160으로 증가하거나, 또는 이제 고려되는 자본 80이 배증되어야 할 것이다. 그러나 생산력의 배증에 의해 20탈러 = 이전에 사용된 노동의 ½에 해당되는 새로운 자본이 형성된다. 이는 단지 ½노동일을 더 사용하기에만 충분하다. 생산력 배증 이전에 100이었고, (2/5 = 40이 노동 기금이라는 전제하에서) 4노동일을 사용하던 자본은, 노동 기금이 100의 1/5, 20 = 2노동일(그러나 새롭게 증식 과정에 들어가는 자본의 ¼)로 하락한 지금은 이전의 4노동일을 더 사용하기 위해서 160으로 60% 증가해야 할 것이다. 이전의 자본 전체로 계속 사업한다면, 그는 이제 생산력 증대에 의해 노동 기금으로부터 분리된 20탈러로 ½노동일을 더 새롭게 사용할 수 있다. 이전에 그는 100으로 16/4(4일)노동일을 사용했다. 이제 그는 10/4[79]만을 사용할 수 있을 것이다. 요컨대 생산력이 배증될 때 자본은 4노동일의 동일한 필요 노동을 운동시키기 위해서 배증, 즉 200으로 증가할 필요는 없고, 전체에서 노동 기금으로부터 분리된 부분을 뺀 만큼만 증가하면 된다. (100−20 = 80)×2 = 160. (이에 반해 생산력 증대 이전에 100으로 60은 불변 자본에, 40은 임금(4노동일)에 지출했던 첫 번째 자본이 2노동일을 더 사용하기 위해서는 100에서 150으로 증가할 필요가 있었다. 즉, 3/5불변 자본(30)과 2/5 노동 기금(20). 두 경우에 [총] 노동일이 2일 증가된[80] 것으로 전제되었던 반면에 두 번째[81] 자본은 결국에는 ‖11‖ 160[82], 첫 번째 자본은

---

79) 수고에는: 5/4
80) 수고에는: 배증된

150[83])에 달할 것이다.) 생산력 성장에 의해 노동 기금으로부터 분리
된 자본 부분 중에서 일부는 다시 원료와 도구로 전환되어야 하고,
다른 일부는 살아 있는 노동과 교환되어야 한다. 이는 새로운 생산성
에 의해 정립된 다양한 부분들 사이의 비율에 따라서만 이루어질 수
있다. 낡은 비율에 따라서는 이루어질 수 없다. 왜냐하면 불변 기금
에 대한 노동 기금의 비율이 낮아졌기 때문이다. 100의 자본이
2/5(40)를 노동 기금을 위해서 사용하다가 생산력 배증의 결과
1/5(20)만 사용한다면, 자본의 1/5(20탈러)이 자유롭게 된다. 사용된
부분 80은 ¼만을 노동 기금으로 사용한다. 그러므로 20도 마찬가지
로 5탈러(½노동일)만을. 이제는 전체 자본 100이 2½노동일을 사용
한다. 또는 그가 4노동일을 다시 사용하기 위해서는 160으로 증가해
야 한다.

원래 자본이 1,000이었고 동일한 방식으로 3/5은 불변 자본, 2/5
는 노동 기금으로 나누어진다면, 600+400일 것이다(400은 40노동일
과 같고, 각 노동일 = 10탈러). 이제 노동 생산력이 배증되어 동일한
생산물에 20노동일(= 200탈러)이 필요하다면, 생산을 새롭게 시작하
기 위해서 필요한 자본은 = 800일 것이다. 즉, 600+200. 200탈러가
자유롭게 되었을 것이다. 이것이 동일한 비율로 사용된다면, ¾은 불
변 자본 = 150, ¼은 노동 기금 = 50. 따라서 1,000탈러가 모두 사용
된다면, 이제는 750 불변 + 250 노동 기금 = 1,000탈러. 그러나 노동
기금 250은 = 25노동일일 것이다(즉, 새로운 기금은 새로운 비율, 즉
¼만을 노동 시간에 사용할 수 있다. 이전의 노동 시간을 모두 사용
하기 위해서는 노동 기금이 4배 증가해야 할 것이다.) 자유롭게 된
자본은 노동 기금으로 50 = 5노동일(자유롭게 된 노동 시간의 ¼)을

---

81) 수고에는: 첫 번째
82) 수고에는: 250
83) 수고에는: 160

사용할 것이다. (자본으로부터 분리된 노동 기금 부분 자체가 자본으로서는 ¼만 노동 기금으로 사용된 것이다. 즉, 노동 기금이 새로운 자본, 자본 총액에서 차지하는 비율로.) 요컨대 20노동일(4×5노동일)을 사용하기 위해서 이 기금은 50에서 4×50 = 200으로 증가해야 할 것이다. 즉, 자유롭게 된 부분 200이 600으로 3배 증가해서, 새로운 전체 자본이 800에 달해야 할 것이다. 그리하여 총자본 1,600. 이 중에서 1,200은 불변 부분이고, 400은 노동기금. 요컨대 자본 1,000이 원래 400(40노동일)의 노동 기금을 포함했고, 생산력 배증 때문에 필요 노동을 구매하기 위해서 200의 노동 기금 만, 즉 이전의 노동의 ½만 사용될 필요가 있다면, 자본이 이전의 노동을 모두 사용하기 (그리고 동일한 잉여 시간을 획득하기) 위해서는 600만큼 증가해야 할 것이다. 그는 두 배의 노동 기금, 즉 2 × 200 = 400을 사용할 수 있어야 할 것이다. 그러나 총자본에 대한 노동 기금의 비율이 이제는 = ¼이므로 4×400 = 1,600의 총자본이 필요하다.

{요컨대 이전의 노동 시간을 모두 사용하기 위해서 필요한 총자본은 = 새로운 총자본에 대한 노동 기금의 비율을 표현하는 분수의 분모와 곱한 이전의 노동 기금이다. 생산력의 배증이 이 비율을 ¼로 감소시켰다면 4를 곱한다. ⅓로 감소시켰다면 3을 곱한다. 생산력이 배증되면 필요 노동이 이전 가치의 ½로 감소하고, 그에 따라 노동 기금도 ½로 감소한다. 그러나 새로운 총자본 800에 대해서는 ¼이고, 이전의 총자본 1,000과 관련해서는 1/5이다. 또는 새로운 총자본은 = 2 × 노동 기금에서 자유롭게 된 부분을 뺀 이전의 자본이다. (1,000 −200)×2 = (800)×2 = 1,600. 새로운 총자본은 바로 이전 노동 시간의 절반(생산력이 3배, 4배, x배 증대되었느냐에 따라 ⅓, ¼, 1/x)을 사용하기 위해서 필요한 불변 자본과 가변 자본의 총합계를 표현한다. 이전 노동 시간을 모두 사용하기 위해서는 2배의 자본(또는 생산력이 성장한 비율에 따라 3배, 4배, x배). 여기에서 원래 자본 부분

들이 서로 가지는 비율이 언제나 (기술적으로) 주어져 있어야 한다. 예를 들어 필요 노동의 배분으로서 생산력의 증대가 어떤 분수로 표현되느냐에 좌우된다.}

또는 다시 말하자면, ‖12‖ 그것은 2 × 새로운 생산력의 결과로서 생산에서 이전의 자본을 대체하는 새로운 자본이다(800×2). (따라서 생산력이 4배, 5배 증대되었다면 4 ×, 5 × 새로운 자본일 것이다. 생산력이 배증되었다면, 필요 노동은 ½로 감소되었다. 노동 기금도 마찬가지. 필요 노동이 위의 경우에서 이전의 자본 1,000에서처럼 … 400이라면, 즉 총자본의 2/5라면 이제는 1/5 또는 200이다. 필요 노동이 감소된 이 비율이 노동 기금에서 자유롭게 된 부분 = 이전 자본의 1/5 = 200이다. 이전 자본의 1/5 = 새로운 자본의 ¼. 새로운 자본은 = 이전의 자본 + 이의 3/5. 이 푸념들에 대해서는 나중에 상술.)

자본 부분들 사이의 동일한 원래의 비율들과 생산력의 동일한 증대가 전제된다면, 자본의 대소(大小)는 일반적인 명제를 위해서 전적으로 무차별적이다. 자본이 증대될 때 비율들이 동일하게 남아있느냐는 전혀 다른 문제이다. (그러나 이는 축적에 속한다.) 그러나 이것이 전제되면 생산력의 증대가 자본의 구성 요소들의 비율을 어떻게 변화시키는지 알게 된다. 생산력의 배증은 100이나 1000이 원래 3/5이 불변 자본, 2/5가 노동 기금이라면 두 경우에 동일한 방식으로 영향을 미친다. (여기에서 노동 기금이라는 말은 편의상 사용된다. 우리는 자본을 아직 그 규정성에 있어서 발전시키지 않았다. 지금까지는 두 부분. 한 부분은 상품(재료 및 도구), 다른 한 부분은 노동 능력과 교환된다.) (새로운 자본 — 즉, 이전의 자본에서 그의 기능을 대변하는 부분은 = 노동 기금에서 자유롭게 된 부분을 뺀 이전의 자본이다. 그러나 자유롭게 된 이 부분은 = 생산력 승수로 나눈 필요 노동(또는 노동 기금)을 표현하는 분수. 그러므로 이전의 자본이 1000, 필요 노동이나 노동 기금을 표현하는 분수가 = 2/5이며 생산력이 배증된다면, 이전 자본의 기능을 대표하는 새로운 자본은 = 800, 즉 이전 자본의 2/5 = 400이다. 이를 생산력 승수인 2로 나누면 = 2/10 = 1/5 = 200. 요컨대 새로운 자본은 = 800이고, 노동 기금에서 자유롭게 된 부분은 = 200.)

우리는 이러한 비율 하에서 100탈러의 자본과 1,000탈러의 자본이 동일한 노동 시간(4일 또는 40일)을 유지하기 위해서 160과 1,600으로 증가해야 한다는 것을 보았다. 양자가 자유롭게 된 1/5(첫 번째 경우에는 20탈러, 두 번째 경우에는 200탈러) — 자유롭게 된 노동 기금 — 을 그 자체로 다시 사용할 수 있기 위해서는 자신의(이전 자본의) 60%, 즉 3/5씩 증가해야 한다.

{주의할 것. 앞에서 우리는 총자본에 대한 동일한 백분율이 어떻게 자본이 자신의 잉여 가치를 창출하는, 즉 상대적이거나 절대적인 잉여 노동을 정립하는 매우 다양한 비율을 표현할 수 있는가를 보았다. 자본의 불변 가치 부분과 (노동과 교환된) 가변 가치 부분 사이의 비율이 후자가 총자본의 ½(즉, 자본 100 = 50(불변) + 50(가변)으로 되어 있다면, 노동과 교환된 부분은 자본에 25%를 주기 위해서 50%만 증가하면 된다. 즉, 50+50(+25) = 125. 이에 비해 위의 예에서는 75+25(+25) = 125. 즉, 자본에 25를 주기 위해서 살아 있는 노동과 교환된 부분이 100% 증대되었다. 여기에서 우리는 비율이 동일하게 남아 있다면, 총자본에 대한 동일한 백분율이 그 크기에 상관없이 어떻게 남게 되는가를 목격한다. 요컨대 위에서는 ¼. 즉, 100은 125를 야기하고, 80은 100을 야기하며, 1,000은 1,250을 야기하고, 800은 1,000, 1,600은 2,000[84]을 야기하는 등 언제나 = 25%이다. 구성 요소들이 상이한 비율로 되어 있고, 그러므로 생산력이 상이한 자

---

84) 수고에는: 200

본들이 전체 자본에 대하여 동일한 백분비를 낳는다면, 실제 잉여 가치는 상이한 부문들에서 매우 상이해야 한다.}

{그러므로 생산력 상승 이전의 동일한 자본과 동일한 비율 하에서 생산력이 비교되는 예는 옳다. 100의 자본이 50 불변 자본, 50 = 노동 기금을 사용한다고 하자. 기금이 50%, 즉 ½ 증대된다고 하자. 그러면 총생산물 = 125. 50탈러의 노동 기금이 10노동일을 고용해서 하루 당 5탈러를 지불한다고 하자. 신가치는 ½이므로 잉여 시간은 = 5노동일임에 틀림없다. 즉, 15일 살기 위해서 10노동일만 노동하면 되었던 노동자가 자본가를 위해서는 15일 살기 위해서 15일 노동해야 한다. 5일이라는 그의 잉여 노동이 자본의 잉여 가치를 구성한다. 노동일이 = 12시간일 때, 잉여 노동은 시간으로 표현하면 = 하루에 6시간. 그리하여 10일 또는 120시간에 60 = 5일을 더 많이 노동한다. 그러나 ‖13│ 생산성이 배증되면, 100탈러의 비율은 75와 25일 것이다. 즉, 동일한 자본이 125의 동일한 가치를 창출하기 위해서 5명의 노동자만 사용하면 된다. 그리하여 5노동일 = 10. 배증된다. 즉, 5노동일이 지불되고 10이 생산된다. 노동자는 10일을 살기 위해서 5노동일만 노동하면 된다(생산력이 증대되기 전에 그는 15일 살기 위해서 10일 노동해야 했다. 요컨대 5일만 노동하면 7½만 살수 있었다). 그러나 그는 10일 살기 위해서 자본가를 위해 10일 노동해야 한다. 그리하여 자본가는 5일의 이익을 얻는다. 하루 당 1일. 또는 하루 당으로 표현하자면 노동자는 하루를 살기 위해서 ½(즉, 12시간 살기 위해서 6시간)을 노동하면 되었다. 이제 그는 하루를 살기 위해서 ¼만 노동하면 된다(즉, 3시간). 그가 하루 종일 노동했다면 2일 살 수 있었다. 그가 12시간 노동했다면 24시간. 그가 6시간 노동했다면 12시간. 그러나 이제 그는 12시간 살기 위해서 12시간 노동해야 한다. 그는 하루 살기 위해서 ½2일 노동하면 되었다. 그러나 2×½ = 1일 노동해야 한다. 과거의 생산력 상태 하에서 그는 15일

살기 위해서 10일 노동해야 했거나, 또는 18시간 살기 위해서 12시간 노동해야 했다. 또는 1½시간 살기 위해서 1시간, 또는 12시간 살기 위해서 8시간, 또는 3/3일 살기 위해서 ⅔일. 그러나 이제는 3/3일 살기 위해서 3/3일 노동해야 한다. 즉, ⅓[85]일 더 많이. 생산력 배증은 잉여 시간의 비율을 1 : 1½(즉, 50%)에서 1 : 2(즉 100%)로 상승시켰다.[190] 과거 노동 시간의 비율에서는: 그는 12시간을 살기 위해서 8시간 노동해야 했다. 즉, 전체 노동일의 ⅔가 필요 노동. 그러나 이제 그는 ½만 필요하다. 즉, 12시간 살기 위해서 6시간. 그렇기 때문에 자본은 이제 10명이 아니라 5명을 고용한다. 이전에 10명이 (50이 소요되었다) 75를 생산했다면, 이제는 25가 [소요되는] [5명]이 50을 생산한다. 즉, 처음 5명은 50%, 두 번째 5명은 100%.[86] 노동자들은 여전히 12시간 노동한다. 그러나 첫 번째 경우에 자본은 10노동일을 구매했으나, 이제는 5일이면 된다. 생산력이 배증되었기 때문에 5명이 5 잉여 노동일을 생산한다. 첫 번째 경우에 10노동일이 5 잉여 노동일만을 낳았기 때문에. 생산력이 배증, 즉 50%에서 100%로 상승한 지금에는 5[노동일]이 5노동일. 첫 번째 경우에는 120노동 시간(10노동일)이 180시간을, 두 번째 경우에는 60 [노동 시간]이 60시간을 생산한다. 즉, 첫 번째 경우에는 하루 종일에 대한 잉여 시간이 ⅓(필요 노동 시간에 대해서는 50%). (즉, 12시간에 대해서 4시간, 필요 시간 8시간). 두 번째 경우에 하루 종일에 대한 잉여 시간은 ½ (100%의 필요 노동 시간)(즉, 12시간에 대해서 6시간, 필요 시간 6시간). 그러므로 첫 번째 경우에는 10일이 5일의 잉여 시간(잉여 노동)을 낳았고, 두 번째 경우에는 5일이 5일을 낳는다. 요컨대 상대적 잉여 시간이 배증되었다. 이 시간이 첫 번째 비율에 비해서 ⅓에서 ½로, 즉 1/6만큼, 16 4/6% 증가했다.}

---

85) 수고에는: ⅔
86) 수고에는: 50

	불변		가변	
100	60	+	40	(원래 비율)
100	75	+	25	(+25) = 125(25%)
160	120	+	40	(+40) = 200(25%)

잉여 노동 또는 잉여 시간은 그것이 자본의 전제이므로, 개별자의 유지와 번식을 위해서 필요한 노동 시간을 초과하는 잉여가 실존한 다는, 예를 들어 개인이 하루를 살기 위해서 6시간, 또는 2일을 살기 위해서 하루를 노동할 필요가 있다는 기본 전제에 기초한다. 생산력 의 발전과 더불어 필요 노동 시간은 감소하고, 잉여 시간은 증가한 다. 또는 한 개인이 두 개인 등을 위해서 노동할 수도 있다.

(부는 가처분 시간 이외의 그 어떠한 것도 아니다[6쪽]. … 한 나라의 모든 노동이 전체 인구의 생계 수단을 조달하는 데 충분하다면, 잉여 노 동은 없을 것이고, 따라서 자본으로 축적될 수 있는 것도 없을 것이다[4 쪽]. … 이자가 존재하지 않거나, 12시간이 아니라 6시간만 노동할 때, 한 민족은 진정으로 부유하다[6쪽]. … 자본가에게 무엇이 귀속되든 그는 노동자의 잉여 노동을 획득할 수 있을 뿐이다. 왜냐하면 노동자가 살아야 하기 때문이다(『국가적 애로의 원천과 그 치유책』(27, 28쪽).)[191]

소유. 노동 생산성의 연원.

한 명이 한 명을 위해서만 생산할 수 있다면, 누구나 노동자이다. 그 렇다면 소유는 있을 수 없다. 한 사람의 노동이 5명의 생계를 유지할 수 있다면, 생산에 종사하는 한 명당 4명의 무위도식자(無爲徒食者)가 있을 것이다. 소유는 생산 방식의 개선에서 발전된다. … 소유의 성장, 무위도 식하는 인간과 비생산적 산업을 유지하는 보다 큰 능력 = 자본 … 기계 자체는 한 개인의 노고를 제한하기 위해서 성공적으로 사용되기 어렵다. 그것의 사용에 의해 절약될 수 있을 것보다, 그것을 구성하면서 더 많은 시간 이 손실된다. 그것은 다수에 작용할 때에만, 단 하나의 기계가 수천 명의 노동을 지원할 수 있을 때에만 실제로 유용하다. 따라서 그것은 무위도식자가 가장 많은 최다 인구 국가들에서 가장 많이 존재한다. 그것은 인간이 부족하기 때문에 운영되는 것이 아니라, 인간들이 동원될 수 있는 가능성의 결과로 운영된다. … 영국 인구의 ¼이 ‖14‖ 모든 사람이 소비하는 모든 것을 공급하지는 않는다. 예컨대 정복자 윌리엄 하에서 생산에 직접 참여하는 수는 무위도식자들에 비해 훨씬 많았다(레이븐스톤, IX, 32쪽).[192]

한편으로는 자본이 잉여 노동을 창출하는 반면, 마찬가지로 잉여 노동은 자본의 실존을 위한 전제이다. 가처분 시간의 창출에 모든 부의 발전이 기초한다. 초과 노동 시간 (따라서 처음에는 필요 노동 시간의 관점에서) 에 대한 필요 노동 시간의 비율은 상이한 생산력 발전 단계들에서 변한다. 원시적인 교환 단계에서 인간들은 그들의 초과 노동 시간을 교환했을 뿐이다. 따라서 그것은 초과 생산물들에만 미치는 교환의 척도이다. 자본에 기초하는 생산에서 필요 노동 시간의 실존은 초과 노동 시간의 창출에 의해 조건 지워진다. 첫째로, 가장 낮은 생산 단계에서는 아직 적은 인간 욕구가 생산되었고, 적은 욕구만이 충족되었다. 따라서 필요 노동 시간은 노동이 생산적이기 때문이 아니라, 덜 필요했기 때문에 제한되어 있었다. 둘째로, 모든 생산 단계에서 노동의 일정한 공동성이 존재하는데, 그것은 노동의 사회적 성격 등이다. 나중에 사회적 생산력이 발전된다. (이에 관해서는 재론.)

잉여 시간은 우리가 필요 노동 시간이라고 부르는 노동일 부분을 초과하는 노동일의 초과분으로 실존한다. 둘째로 그것은 동시적인 노동일의, 즉 노동 인구의 증가로서. (그것은 또한 자연적인 한계를 초과하는 노동일의 연장에 의해서도 — 여기에서 이것은 암시하는 것으로만 그치는데 임노동에 관한 장에 속하는 것이다 —, 부녀자와 아동을 노동 인구에 추가함으로써도 산출된다. 하루의 필요 노동 시간에 대한 잉여 시간의 첫 번째 비율은 생산력 발전에 의해 수정될 수 있고, 또한 수정되어 필요 노동이 갈수록 적은 부분으로 한정된다. 인구에 대해서도 동일한 사실이 상대적으로 적용된다. 노동하는 인구, 예컨대 600만은 6×12, 즉 7,200만 시간의 노동으로 간주될 수 있다. 그리하여 여기에 동일한 법칙들이 적용 가능하다.

우리가 살펴본 바와 같이, 잉여 노동, 가처분 시간을 창출하는 것은 자본의 법칙이다. 그것은 필요 노동을 운동시킴으로써만 — 즉, 노동자와 교환함으로써만 그렇게 할 수 있다. 따라서 필요 노동을 최소한으로 줄이는 것이 자본의 경향이듯이, 마찬가지로 가능한 한 많은 노동을 창출하는 것이 그것의 경향이다. 따라서 인구의 일부를 끊임없이 잉여 인구 — 자본에 의해 사용될 때까지는 일단 쓸모 없는 인구 — 로 정립하는 것과 마찬가지로 노동 인구를 증대시키는 것이 자본의 경향이다. (따라서 잉여 인구 및 잉여 자본에 관한 이론의 타당성.) 인간 노동을 무한히 추동할 뿐만 아니라 인간 노동을 (상대적으로) 불필요하게 만드는 것이 자본의 경향이다. 가치는 대상화된 노동일 뿐이고, 잉여 가치(자본의 증식)는 노동 능력의 재생산을 위해 필요한 대상화된 노동 부분을 넘는 초과분일 뿐이다. 그러나 노동 일체가 전제이며, 전제로서 남아 있고, 잉여 노동은 필요 노동과의 관계 속에서만, 즉 후자가 실존하는 한에서만 실존한다. 따라서 자본은 잉여 노동을 정립하기 위해서 끊임없이 필요 노동을 정립해야 한다. 자본은 잉여를 증대시키기 위해서 필요 노동을 증대시켜야 한다 (즉, 동시적인 노동일). 그러나 자본은 마찬가지로 필요 노동을 잉여 노동으로 정립하기 위해서 필요 노동으로 지양해야 한다.

개별적인 노동일을 관찰하면, 당연히 과정은 단순하다. 1. 그것을 자연적 한계까지 연장하는 것. 2. 노동일의 필요 부분을 계속 단축하는 것(즉, 생산력을 무한히 상승시키는 것). 그러나 노동일은 공간적으로 관찰하면 — 시간 자체가 공간적으로 관찰되면 — 수많은 노동일의 병존이다. 자본이 대상화된 노동을 살아 있는 노동과 교환하는 그러한 교환을 한번에 많이 하면 할수록 그것의 증식 또한 커진다. 자본은 한 노동일 곁에 다른 노동일을 동시에 정립함으로써만 ― 다수의 동시적인 노동일의 공간적인 추가에 의해서만 생산력의 주어진 발전 수준에서 (그리고 이 수준이 변화한다고 해서 변하는 것은 아무 것도 없다) 한 개인의 살아 있는 노동일이 설정하는 자연적 한계를 뛰어넘을 수 있다. 예를 들어 나는 A의 잉여 노동을 3시간까지만 강요할 수 있다. 그러나 내가 B, C, D 등의 노동일을 추가한다면 12시간이 된다. 3의 잉여 노동이 아니라 12의 잉여 노동을 창출한 것이다. 따라서 자본은 인구 증가를 자극하며, 필요 노동이 감소되는 과정은 새로운 필요 노동을(따라서 잉여 노동을) 착수시킬 수 있게 한다. (즉, 필요 노동 시간이 적어지거나, 살아 있는 노동 능력의 생산에 필요한 시간이 상대적으로 작아질수록, 노동자의 생산은 저렴해지고, 동일한 시간에 더 많은 노동자가 생산될 수 있다. 이들은 동일한 명제들이다.) (이는 인구 증가가 더 많은 분업과 노동 결합 등을 가능케 함으로써, 노동의 생산력을 증대시킨다는 점을 감안하지 않더라도 마찬가지이다. 인구 증가는 지불되지 않는 노동의 ‖15∣ 자연력이다. 이러한 관점에서 우리는 사회적 힘을 자연력이라 부른다. 사회적 노동의 모든 자연력 자체는 역사적 산물이다.) 다른 한편에서 (가치만 관찰되는 한에 있어서 하루 노동일로 간주될 수 있는) 수많은 동시적인 필요 노동일과 관련하여 이것을 최소한으로 감소시키는 것, 즉 가능한 한 수많은 노동일을 불필요한 것으로 정립하고, 앞에서 개별적인 노동일의 경우에서 필요 노동 시간에 대해 그러했듯이, 이제는 대상화된 노동 시간 전체에 비해 필요 노동일을 감소시키는 것이 ― 앞에서 본 개별적인 노동일과 마찬가지로 ― 자본의 경향이다. (12잉여 노동 시간을 생산하기 위해서 6시간이 필요하다면, 자본은 4시간만 필요해지도록 추구한다. 또는 6노동일이 72시간의 하루 노동일로 간주될 수 있다. 필요 노동 시간을 24시간 줄이는 데 성공하면 2 필요 노동일, 즉 2명의 노동자는 사라진다.)

다른 한편으로, 창출되는 새로운 잉여 자본은 그 자체로 살아 있는 노동과의 교환에 의해서만 증식될 수 있다. 따라서 노동 인구의 필요 부분을 끊임없이 감소(일부를 끊임없이 다시 예비로 정립)시킬 뿐만 아니라 노동 인구를 증대시키는 것이 자본의 경향. 그리고 인구 증가 자체가 인구 감소의 주요 수단. 이는 기본적으로 개별적인 노동일에 필요 노동과 잉여 노동의 비율을 적용한 것일 뿐. 요컨대 비록 파악되지는 않았지만 근대의 인구론에서 그 자체로 표명된 모든 모순들이 이미 여기에 내재해 있다. 잉여 노동의 정립으로서의 자본은 그만큼 동일한 계기에서 필요 노동의 정립과 비정립이다. 자본은 잉여 노동이자 동시에 잉여 노동이 아닌 한에 있어서만 자본이다.

{잉여 노동의 창출에, 한편에서는 마이너스 노동의 창출, 다른 한편에서는 상대적 무위 無爲 (또는 기껏해야 비생산적 노동)가 어떻게 조응하는가는, 아직 여기에 속하지는 않지만 여기서 이미 상기될 수 있다. 이것이 자본에게는 자명하다. 그러나 또한 자본이 나누어 가지는 계급들, 즉 잉여 생산물을 먹고사는 빈민들, 하인들, 아첨꾼들 등, 간단히 말해 모든 심부름꾼들, 자본으로 먹고사는 것이 아니라 수입으로 먹고사는 봉사 계급 부분에게도 이것은 마찬가지다. 이 봉사하는 계급과 노동하는 계급의 본질적인 차이. 전체 사회와 관련하여 과학, 예술 등의 생산을 위한 시간으로서의 가처분 시간의 창출. 한 개인이 자신의 필요를 충족했기 때문에 이제는 잉여를 창출하는 것이 사회의 발전 과정이 되는 것이 결코 아니라 한 계급 또는 개인들의 계급이 자신의 필요를 충족하기 위해 필요한 것보다 더 많이 노동하도록 강제되기 때문이다 — 한편에서 잉여 노동이 정립되기 때문에 다른 한편에서 비노동과 잉여 부가 정립된다. 실제로 부의 발전은 이 대립 속에서만 실존한다. 가능성에 있어서 부의 발전은 이러한 대립

의 지양의 가능성이다. 또는 한 개인이 다른 개인을 위해 자신의 필요를 초과하는 잉여를 실현함을 통해서만 자기 자신의 필요를 충족할 수 있기 때문이다. 노예제에서 이것은 잔인했다. 임노동의 조건하에서 비로소 이것은 공업, 공업 노동에 이른다. 따라서 맬더스가 잉여 노동과 잉여 자본 이외에, 생산하지 않고 소비하는 잉여 무위도식자들, 또는 낭비, 사치, 기증의 필요성을 요구한 것은 매우 일관된 것이다.}

대상화된 노동일 전체에 대한 필요 노동일의 비율이 = 9 : 12 였다면(요컨대 잉여 노동 = ¼), 이를 6 : 9(즉 ⅔, 즉 잉여 노동 = ⅓)로 낮추려는 것이 자본의 노력이다. (이는 나중에 상론할 것. 그렇지만 요점은 자본의 일반 개념을 다루는 여기에서.)

《이하 2권으로 이어짐》

독일어 판 편집자 주

[1] 맑스가 미완의 단평(短評) 「바스티아와 캐리」를 집필한 것은 1857년 7월이었다. "『바스티아. 경제적 조화』 2판, 파리 1851년"이라는 표제는 맑스가 이 책에 관해 광범한 서평을 집필하려는 의도를 가지고 있었다는 추론을 가능케 한다. 맑스는 그가 1857년 11월 「정치경제학 비판 요강」에서 쓴 바와 같이(이 책, 245쪽 참조) 바스티아를 "타락한 최근 경제학"의 고전적인 대변인으로 간주했다. 아마도 이러한 이유 때문에 맑스는 바스티아의 마지막 저서를 매우 비판적으로 평가하려는 의도를 가지고 있었던 것 같다. 그러나 작업이 진행되면서 맑스는 곧 바스티아의 저서가 철저한 비평을 할만한 가치가 없는 책이라는 점을 깨닫고, 그의 당초 의도를 단념했다(이 책, 46쪽 참조). 바스티아와 캐리에 관한 맑스의 단평은 출간하기 위해서 집필된 것이 아니었으며, 맑스와 엥겔스의 생존시에 출간되지도 않았다. 칼 카우츠키가 처음으로 이 단평을 「캐리와 바스티아」라는 제목으로 1904년 3월 『신시대』(통권22호, 슈트트가르트, 1903-1904, 제2권, 5-16쪽)에 공표 하였다. 소련 공산당 중앙위원회 산하 《맑스-엥겔스-레닌 연구소》는 수고 「바스티아와 캐리」를 칼 맑스, 『정치경제학 비판 요강. 부록, 1850-1859』(모스크바 1941년, 843-853쪽)에서 새롭게 편집했다. 33

[2] 4쪽의 아래 부분이 수고에는 기재되어 있지 않다. 추측컨대 맑스는 수고의 처음 3쪽과 4쪽의 윗 부분을 차지하고 프레데릭 바스티아와 헨리 찰스 캐리의 견해의 일반적인 특징이 실려있는 「서론(Avantpropos)」에 이어서 바스티아의 『경제적 조화』를 보다 자세히 성격 지우고자 했던 것 같다. 40

[3] 「임금론」 ─ 이것은 바스티아의 『경제적 조화』의 제2판 14장이다. 40

[4] 바스티아에 따르면 "노동자 연금 기금"은 노동자들 자신에 의해서 조달

되어야 하는데, 그래야만 노동자들은 필요한 만큼의 "안정"을 확보할 수 있다고 한다. 41

[5] 랑데의 차지농(*metayer der Lades*) — 프랑스 랑데주의 차지농을 뜻한다. 42

[6] 맑스의 "서술적이고 철학적인 역사"가 뜻하는 바는 그가 『철학의 빈곤』에서 사이비과학이라고 규정하고 비판했던 프루동의 『경제적 모순의 체계』이다(『맑스-엥겔스 전집』 4권 참조). 42

[7] 1857년 8월 마지막 주에 집필된 「정치경제학 비판 요강 서설」은 당시 맑스에 의해서 아직 집필되지 않았던 거대한 경제학 저술 『정치경제학 비판 요강』의 미완성 초안이다. 맑스와 엥겔스의 서신 교환에서 이 「서설」은 언급되지 않고 있다. 이에 대한 맑스의 유일한 언급은 1859년 6월로 날짜가 쓰여진 『정치경제학 비판을 위하여』의 제1노트에서 발견된다. 거기에서 맑스는 다음과 같이 쓰고 있다. "나는 내가 메모했던 일반적 서술을 절제하는데, 그 이유는 자세히 숙고해보니 이제 증명되어야 할 결과의 어떤 선취(先取)도 나에게는 방해되는 것으로 보이고, 나의 논지를 추적하려는 독자는 개별적인 것으로부터 일반적인 것으로 상승하기로 결심해야 하기 때문이다."(『맑스-엥겔스 전집』 13권, 7쪽) 「서설」은 비록 단편적이고 미완성된 것임에도 불구하고 각별한 의의를 가지는데, 그 까닭은 맑스가 정치경제학의 대상과 방법에 관한 그의 사고를 다른 어느 곳에서보다 바로 여기에서 더욱 근본적으로 제시하고, 한 사회의 물질적 토대와 이데올로기적 상부 구조의 관계에 관한 문제에 대해서도 일련의 중요한 관념을 개진하고 있기 때문이다. 「서설」의 수고는 1902년에 처음으로 칼 카우츠키에 의해서 맑스의 유고에서 발견되었고, 1903년 3월 『신시대』(슈트트가르트, 통권21호 1902-1903, 제1권, 710-718, 741-745, 772-781쪽)에서 처음으로 공표 되었다. 1939년에는 소련 공산당 중앙 위원회 산하 《맑스-엥겔스-레닌 연구소》가 「서설」 수고의 보다 정확한 본문을 『정치경제학 비판 요강(초고) 1857-1858』(모스크바 1939년)에서 공표 하였다. 47

[8] 장-자크 루소의 이론에 따르면 인간은 원래 모두가 평등했던 자연 상태에서 살았다. 사적 소유의 등장과 불평등한 점유 관계의 발전이 사회 계약에 입각한 국가의 형성을 초래했다고 한다. 정치적 불평등의 계속적

인 발전은 이 사회 계약의 파괴와 새로운 자연 상태의 등장을 초래했다.
새로운 사회 계약에 입각한 이성적 국가는 이 새로운 자연 상태를 제거
할 소명을 가진다고 한다. 이 이론은 루소의 저술『인간 불평등 기원론』
(암스테르담 1755년)과『사회 계약, 정치적 권리의 원리』(런드레스 1782
년)에 개진되어 있다. 51

[9] 아리스토텔레스,『정치학』제Ⅰ권, 2, 1253a 3. 52

[10] 피에르 조셉 프루동,『경제적 모순의 체계, 또는 빈곤의 철학』(제1권,
파리 1846년, 77-83쪽). 맑스는 그의 저술『철학의 빈곤』에서 이 부분
을 인용하고 있다(『맑스-엥겔스 전집』, 4권, 121-124쪽). 53

[11] 존 스튜어트 밀,『정치경제학의 원리와 사회 철학에의 몇 가지 적용』
제1권, 런던 1848년, 29-236쪽. 54

[12] 애덤 스미스,『국부론』제1권(런던 1835년), 171-221쪽과 제2권(런던
1836년), 168-172쪽. 55

[13] 규정은 부정이다(*determinatio est negatio*)라는 문장은 스피노자가 젤레스
(Jarig Jelles)에게 보낸 1674년 6월 2일자 편지에 들어 있다. 여기에서
스피노자는 "제한이나 규정은 부정이다"는 의미로 사용하고 있다. 맑
스가 받아들이고 있는 이 문장의 헤겔적 해석인 "규정성은 부정이다"
는 헤겔의『논리학』(제1책, 베를린 1833년), 제1부, 제2장, 주: 현실과
부정과『철학과학 백과사전 개요』제1부(베를린 1840년), 91조, 주 26
을 참조할 것. 59

[14] 사회주의적 통속 작가들 ─ "진정한" 사회주의자 칼 그륀과 소부르주아
적 사회주의자 피에르 조셉 프루동과 같은 작가들을 뜻한다. 소비에
대한 생산의 관계에 관한 이들의 견해에 대해서는 무엇보다도『독일
이데올로기』와『철학의 빈곤』에서 맑스와 엥겔스에 의해서 비판되고
있다(『맑스-엥겔스 전집』3권, 508-520쪽과 4권, 123쪽 참조). 63, Ⅱ권
312

[15] 맑스는 생산과 소비의 관계에 관한 세이와 쉬토르흐의 견해를『잉여
가치 학설사』(『맑스-엥겔스 전집』26.1권)에서 비판했다. 63

[16] 맑스는 이 쪽을 실수로 두 번 번호 매겼다. 63

[17] 추측컨대 남미 이외에 미국의 남부 주(州)들을 의미하는 것 같다. 68

[18] 애덤 스미스는 그의 저서『국부론』(제2권, 런던 1836년, 327-328쪽)에

서 한 나라의 유통을 사업가들 상호간의 유통과 사업가들과 소비자들의 유통으로 구분했다(『맑스-엥겔스 전집』, 26.1권 96-97쪽도 참조). 69, II권 302

[19] 피에르 조셉 프루동, 『경제적 모순의 체계, 또는 빈곤의 철학』(1권, 파리 1846년), 145-146쪽(『맑스-엥겔스 전집』, 4권 126쪽과 26.1권 35쪽도 참조). 79

[20] 자동 방직기 — 1825년 리차드 로버트가 발명한 자동 방직 기계. 82, II권 382

[21] 동산 신용(Credit mobilier) — 페레이르 형제에 의해 설립되고, 1852년 11월 18일의 법령에 의해 법적으로 인정된 주식 은행. 동산 신용의 주요 목표는 신용 중개와 산업 기업 및 다른 기업의 설립이었다. 이 은행은 프랑스, 오스트리아, 헝가리, 스위스, 스페인, 러시아의 철도에 광범하게 참여했다. 이 은행의 가장 큰 수입원은 자신이 설립한 주식 회사의 유가 증권으로 투기하는 것이었다. 이 은행은 자신이 소유하고 있는 다른 기업의 유가 증권에 의해서만 보증되는 주식을 발행함으로써, 다양한 회사의 주식을 매입하는 데 사용되는 재원을 마련했다. 이러한 방식으로 단 하나의 소유가 해당 기업의 주식이라는 형태와, 이 기업의 재원을 조달하고 주식을 매입한 동산 신용의 주식이라는 형태로 두 배가 되는 의제(擬製) 자본의 원천이 되었다. 이 은행은 나폴레옹 3세 정부와 긴밀하게 유착되어 있었고 이 정부의 보호를 받았다. 19세기 50년대에 동산 신용이 새로운 유형의 금융 기업으로 등장한 원인은 거침없는 주식 매매와 투기로 특징 지워지는 반동기의 특수성 때문이었다. 동산 신용의 예를 따라서 중부 유럽의 몇몇 다른 나라들에서도 비슷한 기관이 설립되었다. 맑스는 『뉴욕 데일리 트리뷴』 지(紙)에 실린 일련의 사설을 통해서 동산 신용의 본질을 폭로했다(『맑스-엥겔스 전집』 12권 20-36쪽, 202-209쪽, 289-292쪽 참조). 82, 94

[22] 프린팅하우스 광장 — 『타임즈』 지(紙)의 편집부 건물과 인쇄소가 위치한 광장. 『타임즈』의 호칭. 82

[23] 이 방대한 수고는 1867년 『자본론. 정치경제학 비판』이라는 제목으로 함부르크에서 발간된 맑스의 주저(主著)의 첫 번째 초고이다. 이 수고는 맑스가 I에서 VII까지 번호를 붙인 7권의 노트로 구성되어 있다.

처음에 맑스는 이 수고에 제목을 붙이지 않았다. 다만 1858년 2월에 쓰기 시작한 마지막 제Ⅶ노트의 표지에 "(의 정치경제학 비판)"이라 쓰고 "(계속)"이라는 주석을 붙였다. 맑스는 1857년 12월 2일 엥겔스에게 보낸 편지에서 "나는 노아의 방주 이전에 적어도 개요(槪要)나마 명확히 하기 위해서 나의 경제학 연구를 요약하는 데 밤새 작업하고 있네."(『맑스-엥겔스 전집』 29권 225쪽)라고 쓰고 있다. 『정치경제학 비판 요강』이라는 편집자의 제목은 이러한 두 가지 표현을 종합해서 만든 것이다. 이 수고는 거의 목차로 나누어져 있지 않다. 이 수고는 미리 정해진 구상에 따라서 집필된 것이 아니며, 오히려 그 구조는 집필하면서 비로소 점차적으로 짜여졌다. 이 수고는 출판을 위한 것이 아니었다. 1858년 11월 29일 엥겔스에게 보낸 편지에서 맑스는 그 스스로 "초고," 계속적인 퇴고 내지 개정을 위한 기초라고 쓰고 있다(『맑스-엥겔스 전집』, 29권 372쪽). 『정치경제학 비판 요강』을 집필하면서 맑스는 40년대, 특히 50년대 작성한 수많은 초록 노트에 의거했다. 그가 제시한 인용문의 대부분은 이 노트에서 따온 것이며, 그 과정에서 초록 노트의 쪽수를 밝히고 있다. 맑스와 엥겔스가 살아 있던 당시에는 『정치경제학 비판 요강』이 출판되지 않았다. 처음으로 전체 초고가 ─ 맑스가 1857년 초안한 「서설」(이 책, 47-83쪽)과 함께 ─ 출간된 것은 1939년에 『정치경제학 비판 요강(초고) 1857-1858』이라는 제목으로였다. 이 책은 소련 공산당 중앙위원회 산하 《맑스-엥겔스-레닌 연구소》에 의해서 편집되어 모스크바의 외래어 문헌 출판사에서 간행되었다. 그리고 이 책은 이 때서야 비로소 전세계에 알려지게 되었다. 1941년에는 같은 출판사에서 이 수고의 마지막 부분이 『정치경제학 비판 요강, 부록 1850-1859』라는 제목으로 출판되었다. 이 부록에는 1850년부터 1859년(원래는 1861년)까지 맑스가 쓴 경제학 수고 이외에 1857년 7월에 쓴 단평 「바스티아와 캐리」(이 책, 33-46쪽 참조)도 포함되었다. 이 부록에는 그밖에도 두 권의 분책에 대한 학문적 별책도 들어 있다. 1953년에 베를린의 디츠 출판사에서 이 판의 영인본을 출판하였다. 85

[24] 맑스는 「화폐에 관한 장」의 출발점으로서 그가 이미 1857년 1월 10일 엥겔스에게 보낸 편지에서 신랄하게 비판하면서 언급했던 프루동주의

자 알프레드 다리몽의 저서 『은행 개혁에 관하여』(파리 1856년)를 사용했다(『맑스-엥겔스 전집』 29권, 93쪽 참조). 그렇지만 그가 자본주의 사회에서의 화폐와 은행의 역할에 관한 프루동주의자들의 환상을 비판하는 데 그친 것은 아니었다. 맑스는 연구를 계속하면서 화폐의 등장과 본질을 상품 형태의 생산물의 필연적인 발전 결과로 분석했다. 「화폐에 관한 장」이라는 제목은 맑스가 나중에 붙였으며, "Ⅱ"는 훨씬 나중에 붙였다. 86

[25] 괄호 안의 숫자는 다리몽의 저서의 쪽수를 가리킨다. 86

[26] 맑스는 다리몽이 쓴 101이라는 수치를 그대로 사용하고 있는데, 108백만이라고 하는 것이 옳을 것이다. 87, 91, 92

[27] "감소한다"고 해야 할 것이다. 이 오류는 계속되지만 맑스가 다리몽의 통계표에서 이끌어낸 결론에는 아무런 중요한 의미도 갖지 않는다. 89

[28] 여기서 맑스는 괴테의 연극 『에그몬트』 제5막, 감옥에서 에그몬트가 한 말 "현존과 활동의 아름답고 친절한 습관"을 비아냥거리면서 빗대고 있다. 93

[29] 세계 공업 박람회는 1855년 5월부터 11월까지 파리에서 열렸다. 94

[30] 출처를 밝혀낼 수 없었다. 94

[31] 1853부터 1856년까지의 크림 전쟁을 의미하는데, 이 전쟁에서 짜르 러시아는 프랑스, 영국, 사르디니아와 동맹한 터키와 싸웠다. 94

[32] 소유는 도둑질이다 ― 프루동의 저술 『소유란 무엇인가?』(파리 1841년)의 기본 명제이다. 무이자 신용에 관한 이론은 『신용의 무상성(無償性), 프레데릭 바스티아 박사와 프루동의 논의』(파리 1850)에서 개진되었다 (『맑스-엥겔스 전집』 25권 621쪽과 26.3권 512-516쪽도 참조). 97

[33] 은행권을 금과 교환함에 있어서 발생하는 어려움을 극복하기 위해서 영국 정부는 1844년 로버트 필(Peel)의 주창에 따라 영국 은행 개혁에 관한 법(1844년 은행법)을 의결했다. 이 법에서는 은행을 별도의 현금 기금을 가지는 완전히 독립적인 두 부서, 즉 순수한 금융 업무를 수행할 금융부(金融部)와 은행권의 발행을 담당할 발권부(發券部)로 나누기로 되어 있었다. 이 은행권은 언제나 처분될 수 있어야 하는 특수한 금 보유의 형태로 견실한 태환 보장성을 가져야 했다. 금과의 태환이 보장되지 않는 은행권의 발행은 1,400만 파운드 스털링으로 제한되었다.

그러나 유통되는 은행권의 양은 1844년의 은행법과는 반대로 태환 기금에 좌우되는 것이 아니라, 유통 영역에서의 수요에 좌우되었다. 화폐 부족이 특히 두드러졌던 경제 공황 시기에 영국 정부는 1844년 법의 효력을 일시적으로 정지시키고, 금과의 태환이 보장되지 않는 은행권의 양을 증액했다(『맑스-엥겔스 전집』 25권, 562-580쪽 참조). 99, 109

[34] **지금 위원회**(*Bullionkomitee*) — 은행권의 평가절하, 높은 귀금속 가격의 원인과 유통 수단의 상황 및 다른 나라들과 영국의 환율의 상황을 밝히기 위해 1840년에 설치된 영국 하원 위원회. 100, Ⅲ권 146

[35] 데이비드 리카도, 『높은 금괴 가격은 은행권 평가절하의 증거』(런던 1810년). 101

[36] 이곳과 다른 몇 군데에서 이 개념은 맑스에 의해서 "상품의 가치와 동일한 상품의 내재적 생산비, 즉 그 생산에 필요한 총 노동 시간"이라는 의미로 사용되고 있다(『맑스-엥겔스 전집』, 26.3권 76쪽 참조). 103

[37] 피에르-조셉 프루동, 『경제적 모순의 체계 … 』(제1권, 파리 1846년, 68-70쪽). 105

[38] 백분비 수치는 틀린 것이 분명하다. 사례는 다음과 같을 것이다. 곡물 1쿼터는 50실링에서 100실링으로 상승하지만 면제품은 100실링에서 20실링으로 하락한다. 은은 곡물에 대해서는 50%만 하락했으나, 면제품은 (수요 정체 등의 결과로) 곡물에 대해서 80% 하락했다. 105

[39] 1797년 5월 영국 정부는 은행권의 강제 유통 비율을 확정하고, 영국 은행에게 금과 은행권의 태환을 금지하는 법(은행 제한법)을 통과시켰다. 1819년에 이 제한은 법에 의해 다시 해제되었고, 1821년까지 금과 은행권은 다시 충분히 교환되었다(『맑스-엥겔스 전집』, 25권, 546쪽 참조). 107

[40] **종획 운동** — 자본의 시초 축적의 고전적 사례. 16-17세기와 19세기에 영국에서 자본가 계급으로 진출한 토지 귀족이 그들의 토지로부터 농민을 강제로 추방했던 것을 의미한다(『맑스-엥겔스 전집』, 23권, 744-761쪽 참조). 109, 254, 282, Ⅱ권 419, Ⅲ권 41

[41] 빌헬름 바이틀링, 『조화와 자유의 보장』(비비스 1842년, 153-175쪽). 112

[42] 게오르크 빌헬름 프리드리히 헤겔, 『논리학』(베를린 1834년, 제2책, 제

1부, 제2장, A. 동일성). 114

[43] 원래는 철봉인 금속 봉에 대해서는 여러 학자들이 글을 썼는데, 그 중에서 윌리엄 제이콥, 『귀금속의 생산과 소비에 관한 역사적 고찰』(2권, 런던 1831년, 326-327쪽)과 데이비드 어콰트, 『영국과 영어에 영향을 미치는 것으로서의 유사어』(런던 1856년, 112쪽). 120, 183

[44] 이미 맑스는 『완성된 화폐 제도』(런던 1851년)라는 자료를 두 번째로 가공하면서 요약하고 주석을 단 초록 노트에서 페티의 두 부분과 관련하여(이 책, 224-225쪽 참조) 19쪽에서 다음과 같이 언급하고 있다. "화폐는 불멸의 상품이다. 모든 상품은 일시적인 화폐일 뿐이다." 128

[45] 프루동의 저술 『경제적 모순의 체계 … 』(제 1권, 파리 1846년, 146쪽)에 있는 "경제 이론들은 못지 않게 이성에서 그들의 논리적 서열과 구조를 가지고 있다."는 명제를 겨냥한 것이다. 맑스는 그의 저서 『철학의 빈곤』에서 프루동의 견해를 자세히 비판하고 있다(『맑스-엥겔스 전집』 4권, 127-133쪽). 133

[46] 이 표현은 존 그레이가 그의 저서 『화폐의 본성과 사용에 관한 강의』(에딘버러 1848년, 67, 108, 123, 142-148쪽)에서 자주 사용한 것이다. 133

[47] 여기에서 맑스는 존 로크의 1695년 논문 「화폐 가치 상승에 관한 몇 가지 고찰」에 나타난 존 로크의 사유를 요약하고 있다(『존 로크 전집』, 제7판, 제2권, 런던 1768년, 92쪽 참조). 134

[48] 애덤 스미스, 『국부론』 제 1권, 런던 1835년, 130쪽(『맑스-엥겔스 전집』 26.1권 48-49쪽도 참조). 137

[49] 만인의 만인에 대한 투쟁(*bellum omnium contra omnes*) — 영국 철학자 토마스 홉스의 『리바이어던』에서의 인용(토마스 홉스, 『철학 전집』, 제1권, 암스테르담 1688년, 7쪽 참조). 137

[50] 이와 관련된 맑스의 수고는 알려져 있지 않다. 138

[51] 이 "언급들"은 전래되지 않았다. 139

[52] 존 벨러스, 『빈민, 매뉴팩쳐, 무역 등에 관한 에세이』(런던 1699년, 13쪽)와 아리스토텔레스, 『니코마커스 윤리학』(V, 8, 1133b 11-12)에 대한 빗댐(『맑스-엥겔스 전집』 23권, 145쪽도 참조). 141

[53] 요한 게오르크 뷔쉬, 『화폐 유통 … 에 관한 논의』, 제1부, 제2판, 함부

르크·킬 1800년, 198-299쪽. 141

[54] 기원전 494년 평민들(Plebejer)이 로마를 떠나서 정치적 평등을 요구했다. 전하는 바에 따르면 귀족 메네니우스 아그리파가 위(胃)와 사지(四肢)에 관한 우화 — 사지가 자신이 게으르다고 비난하는 위에게 식량을 주는 것을 거부하자 사지 스스로 살이 빠졌다는 — 를 통해서 그들을 되돌아가게 하는 데 성공했다고 한다. 144

[55] 윌리엄 셰익스피어, 『아테네의 티몬』, Ⅳ막 3장. 144

[56] 저주받을 황금욕(*sacra aurifames*) — 버질의 『에네이스』(3, 57)에서 인용. 144, 213

[57] 애덤 스미스, 『국부론』 제 1권, 파리 1802년, 60쪽. 149

[58] 애덤 스미스, 『국부론』 제 1권, 47쪽. 151

[59] 제임스 스튜어트는 그의 『정치경제학의 원리에 관한 연구』(제1권, 더블린 1770년, 88쪽)에서 상품 경제로서의 농업과, 소농민 자신 및 그가족의 직접적인 생계 수단을 생산하기 위한 농업을 구분하고 있다. 151

[60] 여기에서 맑스가 가리키는 것은 1848년 캘리포니아와 1851년 오스트레일리아에서의 풍부한 금광 발견인데, 이는 미 대륙과 유럽의 경제발전에 커다란 영향을 미쳤다. 152, 216

[61] 맑스가 이용한 출처는 밝혀낼 수 없었다. 158

[62] 듀로 드 라 말레, 『로마의 정치경제학』 제1권, 파리 1840년, 48-49쪽. 맑스가 가리키는 것은 그의 1851년 런던 초록 노트 ⅩⅣ권이다. 164

[63] 마누 법전(*Code des manou*) — 고대 인도의 법전인데, 이것의 종교적·의식적(儀式的)·법적 규정들은 바라문들에 의해서 구속력 있는 생활규범과 행동 규범으로 고양되었다. 전통적으로 인간의 조상으로 간주되는 마누가 이 유명한 고대 인도의 법전을 집필한 것으로 전해지고있다. 166, 170

[64] 제르망 가르니에, 『화폐 … 의 역사』 제 1권, 파리 1819년, 7쪽. 맑스가 가리키는 것은 그의 1850년 런던 초록 노트 Ⅲ권이다. 168

[65] 요한 프리드리히 라이테마이어, 『고대 민족의 광업 및 광산의 역사』, 괴팅엔 1785년, 14-16쪽과 32쪽. 맑스가 가리키는 것은 그의 런던 초록 노트 Ⅲ권이다. 168

[66] 윌리엄 제이콥스, 『귀금속의 생산과 소비에 관한 역사적 연구』, 제1권, 런던 1831년, 142쪽. 맑스가 가리키는 것은 그의 1850년 런던 초록 노트 IV권이다. 168

[67] 구스타프 폰 귈리히, 『세계 주요국의 전반적인 산업 상태』, 제3권(『현대 주요 무역국의 상업, 공업, 농업의 역사적 서술』, 제5권), 예나 1845년 110-111쪽 및 131쪽 참조. 169

[68] 포에니 전쟁 — 로마와 카르타고의 전쟁. 제1차 포에니 전쟁(기원전 264-241년)에서 카르타고는 로마에게 시실리와 해상 지배권을 빼앗겼고, 제2차 포에니 전쟁(기원전 218-201년)에서는 아프리카 이외의 모든 영토를 로마에 양도해야만 했으며, 제3차 포에니 전쟁(기원전 149-146년)에서 카르타고는 멸망했다. 금속들의 가치 비율에 관한 수치는 듀로 드 라 말레, 『로마의 정치경제학』(66-96쪽)에서 인용했다. 170, III권 98, 129, 131

[69] 유통 바퀴는 애덤 스미스가 그의 『국부론』(제 2권, 런던 1836년, 272, 276, 284쪽)에서 화폐를 가리켜 부른 것이다. 172

[70] 낫소 윌리엄 시니어, 『화폐 획득 비용과 민간 및 정부의 지폐의 영향에 관한 세 편의 강의』, 런던 1830년, 14-15쪽 및 13-14쪽. 175

[71] 제르망 가르니에, 『화폐 … 의 역사』 제1권, 파리 1819년, 72, 73, 77, 78쪽. 177

[72] 맑스가 여기에서 의미하는 바는 제임스 밀이 그의 저서 『정치경제학의 요소』(런던 1821년, VII, VIII부 3장)에서 설명하고 있는 화폐수량설이다. 맑스는 『정치경제학 비판을 위하여』에서 밀의 견해를 비판하면서 밀의 저서의 이 부분에 관한 자세한 초록을 제시하고 있다(『맑스-엥겔스 전집』 13권, 153-155쪽 참조). 본문에서 인용된 밀의 오류에 관한 언급을 맑스가 원용한 곳은 토마스 튜크, 『통화 원리에 관한 연구』(2판, 런던 1844년, 136쪽)이다. 178

[73] 앙리 쉬토르흐, 『국가의 번영을 결정하는 원리와 정치경제학 과정. 세이에 대한 비판과 주해』, 제1권, 파리 1823년, 81-84쪽 및 87-88쪽. 179

[74] 여기에서 맑스는 시스몽디의 『정치경제학에 관한 연구』(제2권, 브뤼셀 1838년, 264-268쪽)의 서술을 요약하고 있다. 179

[75] 제임스 스튜어트, 『정치경제학과 … 의 원리에 관한 연구』 제1권, 더블

린 1770년, 395쪽과 396쪽. 179, 193

[76] 존 젤리브랜드 허바드,『통화와 국가』, 런던 1843년, 44-46쪽. 맑스가 가리키는 것은 처음에는 Ⅷ번을 달았다가 나중에 Ⅶ번을 달게 된 그의 1851년 런던 초록 노트이다. 183

[77] 윌리엄 제이콥스,『역사적 연구 … 』, 제2권, 런던 1831년. 맑스는 이 문장을 그의 1854-1855년 런던 초록 노트「화폐 제도, 신용 제도, 공황」(21-22쪽)에 들어 있는 매우 축약된 형태로 인용하고 있는데, 여기에서 맑스는 이 문장을 자세히 수록하고 있는 그의 1851년 런던 초록 노트를 참조시키고 있다. 183

[78] 제임스 스튜어트,『정치경제학과 … 에 대한 연구』제2권, 더블린 1770년, 389쪽. 강요된, 비자발적인 유통이라는 개념으로 스튜어트가 표현하는 것은 채무자에게 설정된 시한에 화폐 채무를 지불하는 것과 같은 무조건적인 지불이다. 그는 이런저런 대상의 구매를 위한 화폐 지출은 이러한 비자발적인 지불과 구별해서 자발적인 유통이라고 부른다. 184

[79] **생산 가격** ― 맑스에게 있어서 이 용어는 이미 그의 1845년 브뤼셀 초록 노트에서 등장하고 있다. 루이 세이의 저서『특권 계급과 빈민의 부와 빈곤의 주요 원인』(파리 1818년, 32쪽)을 발췌하면서 맑스는 'cout de production'이라는 표현을 생산 가격으로 번역했다. 초록 노트 3쪽에 맑스는 다음과 같이 쓰고 있다. "어떤 사물과도 교환될 수 있는 금은의 속성은 그것들의 생산 가격, 그것들을 채굴하고 정제하는 시간과 노동이 거의 변하지 않는다는 데에서 유래한다." 189, 322

[80] **아에스 그라베**(aes grave) ― 주조되지 않은 고대 동화(銅貨). 고대 로마의 중량 단위이자 주화 단위. 197, Ⅲ권 90, Ⅲ권 128

[81] **중금주의** ― 봉건적 자연 경제가 부르주아적 화폐 경제에 의해 추방되던 시기, 봉건제로부터 자본주의로의 이행기인 16, 17세기의 경제 이론을 말한다. 중금주의는 귀금속을 축장하고 금을 보화로 간주할 것을 요구했는데, 이는 무엇보다도 봉건 귀족이 수행하던 전쟁 비용 조달을 위해서 매우 중요했다. 보화 축장 문제와 더불어 위조 주화 문제와 통화량 문제, 가격 변화 문제도 다루어졌다. 205, 221, Ⅱ권 253

[82] **보호무역주의** ― 자본주의에서 보호 관세, 수입 수량 제한 또는 전면적인 수입 금지를 통해 국내 시장을 차단함으로써, 자신의 부르주아의

이윤을 외국의 경쟁으로부터 보호하기 위한 제도이다. 205

[83] 맑스가 가리키는 것은 날짜도 적혀 있지 않고, 번호도 매겨져 있지 않은, 1845년 4, 5월로 추정되는 브뤼셀 초록 노트이다. 페리에의 저서 『상업과의 관계에서 고찰된 정부』(파리 1805년, 35쪽)에서 발췌된 부분은 다음과 같다. "은은 화폐가 되자마자 상품이기를 중지한다. 그 까닭은 일단 은이 생산과 소비 사이의 불가결한 중개자가 되고, 그러면 더 이상은 직접 욕구를 충족시킬 수 없기 때문이다." 205

[84] 여기에서 맑스는 세이의 『정치경제학과 … 의 원리』(3판, 제2권, 파리 1817년, 460-461쪽)의 다음 문장에서 인용하고 있다. "화폐는 항상 유통에 놓여 있는 상품이다. … 다른 모든 상품과 마찬가지로 이 상품의 증가나 감소는 그 나라의 총자본의 증가나 감소를 의미하지 않는다. 그 까닭은 어떤 상품이든지 개별적으로는 한 나라의 총자본의 아주 적은 부분이기 때문이다." 205

[85] 애덤 스미스, 『국부론』 제2권, 런던 1836년, 271-285쪽; 제3권, 런던 1836년, 70-106쪽. 205, II권 279

[86] 에드워드 솔리는 그의 저서 『현재의 불황, 화폐 이론과 관련하여』(런던 1830년, 3쪽)에서 "화폐는 단지 복잡한 종류의 물물교환일 뿐이다."라는 말로써 애덤 스미스가 『국부론』(제1권, 런던 1776년, 제4장)에서 피력한 견해를 제시하고 있다. 206

[87] 에드워드 솔리, 『현재의 불황 … 』, 런던 1830년, 5-6쪽 참조. 맑스가 가리키는 것은 그의 1850년 런던 초록 노트 III권이다. 206

[88] 로더데일, 『공공 부의 … 본질과 기원에 관한 연구』, 파리 1808년, 140쪽. 맑스가 가리키는 것은 1845년 브뤼셀 초록 노트이다. 207

[89] 이 부분과 관련하여 노트 II권 8쪽 상단에는 맑스가 사후적으로 삽입한 다음과 같은 인용문이 있다. "문명이 시작된 이래 인간들은 그들의 노동 생산물의 교환 가치를 교환을 위해 제공되는 생산물과 비교해서 확정한 것이 아니라 선호하는 생산물과 비교해서 확정했다."(가닐[, 『정치경제학 체계 … 』 제2권, 파리 1809년, 64-65쪽]. 13쪽, a.) 맑스가 가리키는 것은 그의 1846년 브뤼셀 초록 노트 「국민경제학사」인데, 여기에서 a문자는 해당 면의 왼쪽 난을 의미한다. 208

[90] 시스몽디, 『정치경제학 연구』, 제2권, 브뤼셀 1838년, 278쪽. 209

[91] 모든 사물 중에서 일반자(precis de toute les choses) — 보아규베르가 『부의 본질 … 논고』(파리 1843년, 399쪽)에서 사용한 표현이다. 210, 272

[92] 맑스는 그의 1851년 런던 초록 노트 「완성된 화폐 제도」에서 다음과 같은 언급을 적고 있다. "화폐 권력이 아직 사물과 인간을 결속시키는 것이 아닌 한에 있어서, 그 유대(Bande)는 정치적·종교적인 것으로 조직되어 있어야 한다."(34쪽) 34쪽이 어디를 가리키는지는 밝혀내지 못했다. 여기에서 맑스가 발췌한 출처가 의심할 나위 없이 적시되고 있는 초록 노트의 앞선 4쪽은 보존되어 있지 않다. 213

[93] 중금주의에 관한 수고에서 맑스는 'Merkantil'이라고 쓰고 있는데, 이는 17세기에 영국에서 생성되었고, 중금주의의 연속으로 탄생한 경제 이론이다. 이 이론에 따르면 경제 활동의 목표는 상업 이윤이라는 형체의 잉여 가치이다. 즉, 잉여 가치는 유통에서 생겨나고 무역 수지 흑자로 나타난다는 견해였다. 216

[94] 제임스 스튜어트, 『 … 대한 연구』 제1권, 더블린 1770년, 327쪽. 218

[95] 자본주의 발전에서 나타난 최초의 세계 경제 공황(1857-1858)을 뜻한다. 이 공황은 미국에서 시작되어 유럽의 모든 공업국을 휩쓸었다. 218

[96] 토마스 로버트 맬더스, 『정치경제학과 과세의 원리』, 2판, 런던 1836년, 391쪽, 주. 맑스가 가리키는 것은 1851년 런던 초록 노트 Ⅹ권이다. 220

[97] 앙리 쉬토르흐, 『정치경제학 과정 … 』, 제2권, 파리 1823년, 113-114쪽. 220

[98] 에드워드 미셀든, 『자유 무역. 또는 무역을 번영시키기 위한 수단들』, 런던 1622년, 19-24쪽. 여기에서 미셀든은 기독교 유럽과 터키, 페르시아, 동인도와 같은 비기독교 나라들의 무역에 관해 쓰고 있다.(『맑스·엥겔스 전집』 13권, 109쪽 참조) 221

[99] 『신약성서』, 마태복음 6장 19절. 224

[100] 윌리엄 페티, 『정치수학 에세이 … 』, 런던 1699년, 178-179쪽과 195-196쪽. 맑스가 가리키는 것은 초록 노트 「맨체스터. 1845년 7월」이다. 224, Ⅱ권 310

[101] 에드워드 미셀든, 『자유 무역 … 』, 런던 1622년, 7쪽과 12-13쪽. 늙은 야곱과의 비교는 『구약성서』 제1권 모세, 48장 13-20절과 연관된다.

맑스가 가리키는 것은 초록 노트 「맨체스터. 1845년 7월」이다. 226

[102] 맑스가 가리키는 것은 날짜도 적혀 있지 않고 번호도 매겨있지 않은, 1845년 6, 7월로 추정되는 브뤼셀 초록 노트이다. 맑스는 보아규베르 저술로부터의 발췌록을 『18세기 금융 경제학자』(파리 1843년)에 따라서 작성했다(『맑스-엥겔스 전집』 13권, 103-105쪽과 23권 155쪽 참조). 226

[103] 그리스 신화에 따르면 디오니소스 신(神)은 부자로 유명한 프리지아의 왕 — 미다스 — 이 만지는 것은 모두 금이 되도록 해달라는 소원을 들어주었다. 그러자 모든 음식도 금이 되었기 때문에, 그는 팍톨로스 강에서 목욕하여 이 강에 금이 흐르도록 함으로써 부담스러운 재능으로부터 해방되어야 했다. 227

[104] 낫소 윌리엄 시니어, 『정치경제학 … 의 기본 원리』, 파리 1836년, 116-117쪽. 230

[105] 사무엘 베일리, 『화폐와 그 가치의 변천 … 』, 런던 1837년, 3쪽(『맑스-엥겔스 전집』 13권, 55쪽 참조). 230, III권 185

[106] 앙리 쉬토르흐, 『정치경제학 과정 … 』 제2권, 파리 1823년, 135쪽. 230

[107] 피어시 레이븐스톤, 『기금 체계에 대한 사유와 … 』, 런던 1824년, 20쪽. 231

[108] 맑스는 카톨릭 교회에서 사용하는 라틴어 성경 번역본인 『불가타』에 따라서 「요한계시록」을 인용하고 있다(『신약성서』, 「요한계시록」, 17장 13절과 13장 17절). 231

[109] [자본에 관한 장]은 『정치경제학 비판 요강』에서 가장 많은 분량을 차지하고, 수고 노트 II권에서 VII권까지의 주된 내용을 이루고 있다. 여기에서 맑스는 처음으로 자본주의적 착취의 전체 메커니즘과 조건, 역사적 성격, 그것의 발전 경향, 그 제거의 필연성을 연구하고 있다. 처음에 맑스는 이 장의 제목을 "자본으로서의 화폐에 관한 장"이라고 명명했었다(노트 II권). 그러다가 노트 III권에서 계속하면서 "자본에 관한 장(노트 II권의)(계속.)"이라고 쓰고 있다. 매우 광범한 [자본에 관한 장]이 비록 분명한 구성을 가지고 집필되지는 않았지만, 수고에서 볼 때 자본에 관한 전체 연구는 다음과 같은 3부분으로 구분되는

것을 알 수 있다. 1. 자본의 생산 과정, 2. 자본의 유통 과정, 그리고
3. 맑스가 라쌀레에게 보낸 1858년 3월 11일자 편지에서 생산 과정과
유통 과정의 통일 또는 "자본과 이윤, 이자"라고 표현한 마지막 부분
(『맑스-엥겔스 전집』 29권, 554쪽 참조). 233

[110] 처음에 교환 과정의 자연적 내용이 "여전히 경제 관계와 직접적으로
일치했기 때문에, 아직 경제 관계로부터 분리되어 있다."는 명제는 맑
스의 논문 『정치경제학 비판을 위하여』(1858년 8月부터 1859년 1月
까지)에서 가일층 발전되었다. 여기에서 맑스는 교환 과정의 초기 형
태인 직접적인 물물교환의 조건하에서는 "상품의 교환 가치가 그 자
신의 사용 가치 속에서 현상하지 않는다."고 말하고 있다. 교환의 이
러한 발전 단계에서는 부의 사회적 형태와는 무관하게 사용 가치가
부의 내용을 이룬다. "경제적 형태 규정에 대하여 이처럼 무차별적인
사용 가치, 즉 사용 가치로서의 사용 가치는 정치경제학의 고찰 영역
밖에 놓여있다."(『맑스-엥겔스 전집』 13권, 25쪽과 16쪽 참조) 236

[111] 바스티아, 세이 및 여타 속류 경제학자들에게 있어서 전체 상품 교환
은 직접적인 물물교환뿐만 아니라 상품 화폐 유통에서도 용역의 교환
으로 환원되어 있는데, 이때 바스티아는 농부, 제빵업자, 제화공, 방직
공, 기계 제작공, 교사, 의사, 변호사 등의 용역을 의미하고 있다(프레
데릭 바스티아, 『경제적 조화』, 제2판, 파리 1851년, 87-169쪽). 238

[112] 여기에서 맑스가 가리키는 것은 아마도 『문명사』 I 권(8, 1)의 다음
문장일 것이다. "노예에 의해서 획득되는 것은 언제나 그의 주인을
위해서 획득된다."(같은 책 II권, 9, 3.) "그 까닭은 타인의 지배하에
있는 노예 자신은 아무런 소유도 가질 수 없기 때문이다." 241

[113] 맑스가 아마도 잘못 쓴 것 같다. 임노동이라고 해야 할 것이다. 244

[114] 피에르-조셉 프루동과 그의 추종자 찰스-프랑소아 슈베와 같은 프레
데릭 바스티아의 반대자들은 1849-1850년에 바스티아에게 공개 서한
을 보내 논쟁을 걸었는데, 이 공개 서한은 나중에 바스티아의 7통의
답신과 함께 1850년 파리에서 『신용의 무상성』이라는 제목으로 출간
되었다. 247

[115] 장-바티스테 세이, 『정치경제학 … 강의』, 제3판, 제2권, 파리 1817년,
428쪽과 478쪽. 248

[116] 데이비드 리카도, 『정치경제학 ⋯ 원리에 관하여』, 제3판, 런던 1821년, 327쪽과 499쪽 참조. 애덤 스미스의 『국부론』(제 2권, 런던 1836년, 356쪽)에서도 비슷한 언급이 발견된다. 255, 316

[117] 샤를르 가닐, 『정치경제학 체계 ⋯ 』, 제2권, 파리 1809년, 11-12쪽. 맑스가 가리키는 것은 1846년 브뤼셀 초록 노트 「국민경제학사」인데, 여기에서 "b"는 지면의 우측 난을 뜻한다. 257

[118] 장-바티스테 세이, 『정치경제학 ⋯ 강의』, 제3판, 제2권, 파리 1817년, 185쪽. 맑스가 가리키는 것은 1844년 파리 초록 노트이다(『맑스-엥겔스 총집』 IV-2, 315쪽 참조). 259

[119] 시스몽디, 『정치경제학 ⋯ 새로운 원리들』, 제2판, 제1권, 파리 1827년, 88-89쪽. 맑스가 가리키는 것은 1844년부터 1847년 사이에 쓰여진 미발견 초록 노트의 쪽수이다. 260, II권 173

[120] 프레데릭 바스티아 · 피에르 조셉 프루동, 『신용의 무상성』, 파리 1850년, 250쪽과 248-249쪽. 맑스가 가리키는 것은 1851년 런던 초록 노트 XVI권이다. 264, 318

[121] 칼 맑스 『철학의 빈곤. M. 프루동의 『빈곤의 철학』에 대한 답변』, 파리 · 브뤼셀 1847년, 3-20쪽(『맑스-엥겔스 전집』 4권, 67-77쪽 참조). 268

[122] 앙리 쉬토르흐, 『정치경제학 과정 ⋯ 』, 제1권, 154쪽. 272

[123] 맑스는 『잉여 가치 학설사』에서 생산적 노동과 비생산적 노동에 관한 애덤 스미스의 견해에 대한 자세한 분석을 제시하고 있다(『맑스-엥겔스 전집』 26.1권, 125-144쪽 참조). 275

[124] 생산적 노동과 비생산적 노동에 관한 쉬토르흐, 시니어 등의 경제학자의 견해에 대해서는 『맑스-엥겔스 전집』 26.1권 144-174쪽 참조. 275

[125] 제임스 스튜어트, 『 ⋯ 대한 연구』, 제1권, 더블린 1770년, 50, 153, 156쪽. 280

[126] 맑스는 『자본론』 제1권 25장에서 웨이크필드의 식민이론을 다루고 있다(『맑스-엥겔스 전집』 23권, 792-802쪽 참조). 282

[127] 사이먼 니콜라 앙리 랑게, 『사회의 근본 원리와 시민법 이론』, 제1권, 런드레스 1767년, 462-513쪽. 맑스는 『잉여 가치 학설사』에서 랑게의

견해에 대해 논술하고 있다(『맑스-엥겔스 전집』 26.1권, 320-326쪽 참
조). 295

[128] 노트 Ⅱ권의 29쪽, 마지막 쪽은 보존되어 있지 않다. 분실된 29쪽의
마지막의 본문은 1861-1863년 수고의 노트 Ⅱ권의 "A"쪽에 의거해서
재구성되었다(『맑스-엥겔스 총집』 Ⅱ-3.1, 147쪽 참조). 분실된 쪽의
마지막 문장이 「정치경제학 비판 요강」의 노트 Ⅲ권의 8쪽에서 계속
되고 있는 점을 고려할 볼 때, 맑스가 이 문장을 「정치경제학 비판 요
강」의 노트 Ⅱ권의 29쪽에서 옮겨 쓴 것이 분명하다. 295

[129] 수고의 노트 Ⅲ권의 8쪽에서부터는 노트 Ⅱ권의 계속에 해당되는 본
문이 이어지고 있다. 노트 Ⅲ권의 처음 7쪽에는 몇 달 전에 집필된 속
류 경제학자 바스티아와 캐리에 관한 미완의 초고가 들어 있다(이 책,
33-46쪽 참조). 296

[130] 10시간 **노동법**은 1847년 6월 8일 영국 의회에 의해서 채택되어 1848
년 5월 1일 발효되었다. 이 법은 여성과 어린이의 1일 노동 시간을 10
시간으로 제한했다. 그러나 많은 영국 공장주들은 이 법을 준수하지
않았다. 공장 감독관 레오너드 호너가 확인한 바와 같이 공장주들은
노동일을 아침 5시 반부터 저녁 8시 반까지 연장하기 위해서 온갖 구
실을 찾아냈다(영국 왕의 내무부 수석 비서관에게 보내진 1849년 4월
30일까지의 반 년 동안의 공장 감독관 보고서, 런던 1849년 5쪽 참
조). 맑스는 정상 노동일을 위한 영국 노동자 계급의 투쟁을 『자본론』
제1권에서 자세히 다루고 있다(『맑스-엥겔스 전집』 23권, 245-320쪽).
297, 346, Ⅱ권 49

[131] 이에 대하여 맑스는 『자본론』 제1권에서 다음과 같이 쓰고 있다. "노
동자는 노동 수단을 자신과 노동 대상 사이에 집어넣는데, 이것은 노
동자에게 대상에 대한 그의 활동의 전도자(傳導者)로 기능하는 사물이
나 사물들의 복합체이다."(『맑스-엥겔스 전집』 23권, 194쪽 참조) 302

[132] 앙토안느 셰르불리에, 『부와 빈곤 … 』, 제2판, 파리 1841년, 16쪽. 여
기서 맑스가 언급하는 것은 다음 문장이다. "원재료, 공구, 생활 수단
기금"이 자본이다(『맑스-엥겔스 전집』 26.3권, 354-389쪽도 참조).
303

[133] 여기에서 맑스가 가리키는 것은 공상적 사회주의자 브레이와 호지스

킨의 언급들인데, 이들에 대해서는 『잉여 가치 학설사』에서 논의하고
있다. 존 프랜시스 브레이, 『노동의 해악 그 치유』 시리즈 1839년, 59
쪽(『맑스-엥겔스 전집』 26.3권, 313-319쪽 참조). 308

[134] 여기에서 말하는 것은 무엇보다도 익명으로 쓰여진 토마스 호지스킨
의 저술 『자본의 요구로부터 방어된 노동, 또는 자본의 비생산성의
입증』(런던 1825년)이다. 맑스는 이 저술에 관한 자세한 분석을 『잉여
가치 학설사』(『맑스-엥겔스 전집』 26.3, 262-313쪽)에서 제시하고 있
다. 310

[135] 애덤 스미스, 『국부론』 제 2권, 런던 1836년, 355-385쪽. 310

[136] 낫소 윌리엄 시니어는 그의 저서 『정치경제학의 기본 원리 … 』(파리
1836년, 195-206쪽)에서 애덤 스미스의 생산적 노동과 비생산적 노동
에 관한 이론을 비판적으로 논의하고 있다. 그렇지만 그곳에서 피아
노 제작자와 연주자의 예는 등장하지 않는다. 맑스는 비슷한 예를
『잉여 가치 학설사』에서 더욱 자세히 묘사하고 있다(『맑스-엥겔스 전
집』 26.1권, 130, 259-264쪽 및 377쪽 참조). 310

[137] 토마스 로버트 맬더스, 『정치경제학 … 의 원리』, 제2판, 런던 1836년,
47쪽 주. 맑스가 가리키는 것은 1851년 런던 초록 노트 X권이다. 311

[138] 시스몽디, 『정치경제학 … 의 새로운 원리』, 제2판, 제1권, 파리 1827
년, 90쪽과 105쪽. 맑스가 가리키는 것은 1844년부터 1847년 사이에
쓰어진 미발견 초록 노트의 쪽수이다. 314

[139] 앙토안느 셰르불리에, 『부와 빈곤 … 』, 제2판, 파리 1841년, 55-56쪽
과 64쪽. 맑스가 가리키는 것은 1844년부터 1847년 사이에 쓰어진 그
의 미발견 초록 노트의 쪽수이다. 314

[140] 맑스는 자본의 비생산적 성격에 관한 리카도의 견해를 『잉여 가치 학
설사』에서 다루고 있다(『맑스-엥겔스 전집』 26.2권, 464쪽과 26.3권
259-262쪽 참조). 315

[141] 장-바티스테 세이, 『정치경제학 … 강의』, 제3판, 제2권, 파리 1817년,
429쪽. 맑스가 가리키는 것은 1844년 파리 초록 노트이다(『맑스-엥겔
스 총집』 IV-2, 324쪽 참조). 315

[142] 시스몽디, 『정치경제학 … 의 새로운 원리』, 제2판, 제1권, 파리 1827
년, 273쪽. 맑스가 가리키는 것은 1845년 브뤼셀 초록 노트의 쪽수이

다. 315

[143] 장-바티스테 세이,『정치경제학 … 강의』, 제3판, 제2권, 파리 1817년, 424, 425, 429쪽. 316

[144] 피에르 조셉 프루동,『경제적 모순의 체계, 또는 빈곤의 철학』, 제1권, 파리 1846년, 61쪽(『맑스-엥겔스 전집』, 4권, 88쪽 참조). 316

[145] 조지 램지,『부의 분배에 관한 에세이』, 에딘버러, 런던 1836년, 184쪽. 맑스가 가리키는 것은 1851년 런던 초록 노트 IX권이다. 322

[146] 여기에서 맑스는 이 수고에서는 처음으로 "잉여 가치"라는 용어를 사용하면서 자본가가 무상으로 점취하는, 당초 투하된 자본에 대한 초과분을 표현하고 있다. 323

[147] 데이비드 리카도,『정치경제학 … 원리에 관하여』, 제3판, 런던 1821년, 131쪽. 맑스가 여기에서 가리키는 것은 그의 1851년 런던 초록 노트 VIII권인데, 여기에는 무엇보다도 리카도의 주저에 관하여 자세한 주석을 단 발췌록이 들어 있다. 이 노트의 39-40쪽에 맑스는 제7장 "대외 무역에 관하여"의 주요 부분을 스스로 독일어로 번역해 놓고, 이에 대해 비판적인 주석을 해놓았다. 본문에서 인용된 문장은 대외 무역에 관한 리카도의 사고를 요약하는 맑스의 개괄이다. 323, 335

[148] 여기에서 맑스가 가리키는 것은 프레데릭 바스티아와 피에르-조셉 프루동의『신용의 무상성』(파리 1850년)이다. 맑스는 이자에 관한 프루동의 견해를『잉여 가치 학설사』에서 논하고 있다(『맑스-엥겔스 전집』26.3권, 512-516쪽 참조). 327

[149] 프로이센의 왕을 위해서 — 아무 것도 얻어낼 것이 없는 사람을 위하여, 즉 '헛되게'라는 뜻이다. 329

[150] 프레데릭 바스티아,『경제적 조화』, 제2판, 파리 1851년, 378쪽과 381-383쪽. 331

[151] 이 수고에서 맑스는 "잉여 노동"이라는 용어를 여기에서 처음으로 사용하고 있다. 333

[152] "전문가"라고 서명된 논문, 1857년 11월 21일『타임즈』(런던)에 실린 「흑인과 노예 무역. 타임즈 편집자에게」를 의미한다. 334

[153] 맑스는 그의 1851년 런던 초록 노트 VIII권에서 다음과 같이 언급하고 있다. "예를 들어 웨이크필드와 같은 리카도 반대자들은 대부분 리카

도가 잉여 가치를 설명할 수 없다고 주장했다. 요컨대 예를 들어 어떤 공장주가 원료에 30파운드 스털링을, 기계류에 20파운드 스털링을, 노임에 50파운드 스털링을, 총 100파운드 스털링을 지출한다고 하자. 그가 그의 상품을 110파운드 스털링에 판매한다고 하자. 이 10파운드 스털링은 어디에서 유래하는가?"(『맑스-엥겔스 전집』 26.2권, 428-434 쪽 참조) 335

[154] 맑스가 뜻하는 것은 아마도 맬더스의 저술 『가치 척도의 서술과 예시 … 』(런던 1823년)일 것이다. 맑스는 맬더스의 가치론, 특히 리카도의 이론에 대한 맬더스의 비판에 관해 『잉여 가치 학설사』에서 자세히 분석하고 있다(『맑스-엥겔스 전집』 26.3권, 23-28쪽 참조). 335, 369

[155] 데이비드 리카도, 『정치경제학 … 원리에 관하여』, 제3판, 런던 1821 년, 1-12쪽과 60-61쪽. 335

[156] **중농주의자들** ― 누구보다도 프랑소아 케네와 로베르-자크 튀르고는 18세기 프랑스 정치경제학 이론의 한 추종자들이다. 이들은 잉여 가치의 원천에 관한 연구를 유통 영역에서 생산 영역으로 옮겨놓았고, 그럼으로써 자본주의적 생산을 분석하기 위한 기초를 마련했다. 그렇지만 중농주의자들은 지대를 잉여 가치의 유일한 형태로 간주했고, 따라서 농업 노동을 유일한 생산적 노동으로 간주했다(『맑스-엥겔스 전집』 26.1권, 12-39쪽 참조). 335

[157] 애덤 스미스, 『국부론』, 제2권, 런던 1836년, 356쪽(주 123도 참조). 337

[158] 이 수고에서 맑스는 "필요 노동"이라는 용어를 여기에서 처음으로 사용하고 있다. 345

[159] 이 수고에서 맑스는 "상대적 잉여 가치"라는 용어를 여기에서 처음으로 사용하고 있다. 347

[160] 원래의 총 잉여 가치가 ¾인 두 번째 경우를 뜻한다. 349

[161] 여기에서는 이윤이 아니라 잉여 가치라고 해야 할 것이고, 1 : 16이 아니라 16⅔ : 100 또는 1 : 6이어야 할 것이다. 그 까닭은 맑스가 말하는 두 번째 경우에서(이 책, 349쪽) 생산력이 100% 성장한 데 비해, 잉여 가치는 하루 노동일의 ¾에서 하루 노동일의 7/8로, 즉 16⅔% 밖에 증가하지 않기 때문이다. 351

[162] 샤를 배비지, 『기계제와 매뉴팩처 경제에 대한 연구』, 파리 1833년, 216-219쪽. 356

[163] 『18세기 금융 경제학자』(파리 1843년)이라는 책의 편집자인 유진 데흐(Eugène Daire)를 뜻한다. 359

[164] 리카도가 그의 저서 『정치경제학 … 원리에 관하여』(3판, 런던 1821년, 89, 136, 340쪽)에서 보인 자본 축적에 관한 견해를 뜻한다(『맑스-엥겔스 전집』 26.2권, 535-547쪽 참조). 359

[165] 이 문장의 수치들은 명백히 모순되고, 위의 예들과 일치하지 않는다. 40%가 아니라 원래는 20%라고 씌어있다. 이 수치들을 분명하고 일관성 있게 교정하는 것은 불가능하다. 361

[166] 데이비드 리카도, 『정치경제학 … 원리에 관하여』, 제3판, 런던 1821년, 325-326쪽. 361

[167] 이 구절과 관련하여 수고에서는 36쪽 우측 상단에 삽입 표시가 없이 사후적으로 쓰여진 다음과 같은 언급이 있다. "(대자적 화폐는 사용 가치라고도, 교환 가치라고도 지칭되어서는 안되고 가치라고 지칭되어야 한다.)" 363

[168] 맑스가 가리키는 것은 1851년 런던 초록 노트 Ⅷ권인데, 여기의 35-43쪽에는 리카도의 저서 『정치경제학 … 원리에 관하여』의 발췌록이 자세한 주석과 함께 실려 있다. 363

[169] 데이비드 리카도, 『정치경제학 … 원리에 관하여』, 제3판, 런던 1821년, 327-328쪽. 365

[170] 맑스가 가리키는 것은 그의 1851년 런던 초록 노트 Ⅷ권인데, 여기에는 39-40쪽에 리카도의 저서 『정치경제학 … 원리에 관하여』의 발췌록이 맑스의 비판적 언급과 함께 「대외 무역과 교환 가치」라는 표제로 실려 있다. 365

[171] 리카도의 저서 『정치경제학 … 원리』의 제26장 「총 이윤과 순 이윤에 관하여」를 뜻한다. 366

[172] 직물의 생산에 관한 것이므로, 이곳과 다음 문장들에서 방추는 직조기라고 씌어져야 할 것이다. 370

[173] 조지 램지, 『부의 분배에 관한 에세이』(에딘버러, 런던 1836년, 55쪽)와 낫소 윌리엄 시니어, 『공장법 … 에 관한 서한』, 런던 1837년,

12-13쪽 참조. 374

[174] 이 단락은 수고에서 선으로 지워져 있다. 맑스가 다음 단락에서 이
지워진 구절을 가리키고 있으므로 편집된 본문에서는 재생하기로 한
다. 387

[175] 잉여 가치 20이 아니라 잉여 가치 40이라고 해야 할 것이다. 맑스의
전제에 따르면 두 번째 자본은 60탈러의 잉여 가치를 생산하는데, 이
중 20탈러는 자본가에 의해서 소비되고, 나머지 40탈러는 축적된다.
여기에서부터 일련의 계산 착오가 시작된다. 그렇지만 이 수치들은
모두 개략적인 예증으로서만 기여하므로, 이론적 서술의 본질을 변화
시키지는 않는다. 다른 곳에서 맑스 자신이 이들 몇몇 계산 착오에 대
해서 언급하고 있다. "이 저주받을 잘못된 계산은 귀신이 데려갔으면
좋겠다."(이 책, 395쪽 참조) 387

[176] 아마도 여기에서 맑스가 관련시키는 것은 캐리의 저서 『정치경제학
의 원리』(필라델피아 1837년)일 것이다. 그 일당이란 바스티아를 뜻
한다. 391

[177] 맑스는 12시간의 노동일 중 잉여 노동 시간과 필요 노동 시간에 관한
수치를 (잉여 가치율이 25%로 동일하다는 전제하에서) 엄밀하게 규
정했다. 2 2/5잉여 노동 시간과 9 3/5 필요 노동 시간(이 책, 398쪽
참조). 392

[178] 리차드 프라이스의 저술 『 ··· 공중에 호소』, 제2판, 런던 1772년과 『
··· 상환 지불에 관한 연구』, 제2판, 런던 1772년을 뜻한다. 393, Ⅲ권
25

[179] 영국 수상 윌리엄 피트가 1786년에 조성한 국채 상환 기금을 뜻한다.
393

[180] 샤를 배비지, 『기계제와 매뉴팩처 경제에 대한 연구』, 파리 1833년,
20-21쪽 참조. 401

[181] 여기에서 맑스는 노동 능력의 등귀 이후에 잉여 가치율이 등귀 이전
과 마찬가지라고, 즉 자본 Ⅰ에 대해서는 25%로 똑같고 자본 Ⅱ에 대
해서는 33⅓%로 똑같다고 전제하고 있다. 이는 노동일이 그만큼 길
어졌을 경우에만 가능하다. 맑스의 이 계산과 이후의 계산은 부정확
하다. 편집된 본문에서는 어떤 경우도 적시하지 않고 수고에 쓰여 있

는 대로 실었다. 402

[182] 여기에서 다시 일련의 계산 착오가 시작된다. 413⅓이 아니라 213⅓
이고, 3⅓%가 아니라 6⅔%이어야 할 것이다. 이러한 계산 착오에다
가 이후의 본문에서는 단위 인쇄 전지의 가격에 관한 부정확한 계산
이 추가된다. 403

[183] 프레데릭 바스티아·피에르 조셉 프루동, 『신용의 무상성』, 파리
1850년, 130-131쪽과 133-157쪽 참조. 406

[184] 데이비드 리카도, 『정치경제학의 … 원리에 관하여』, 제3판, 런던
1821년, 119-122쪽 참조. 406

[185] 이 계산들은 모두 부정확하다. 406

[186] 이 수고에서 맑스는 여기에서 처음으로 "불변"과 "가변"이라는 용어
를 본질적으로 상이한 두 가지 자본 부분을 지칭하는 데 사용하고 있
다. 409

[187] 맑스는 처음에는 노동일이 = 8시간이라는 전제에서 출발했으나(이
책, 283쪽) 이제는 = 12시간으로 바꿔놓고 있다. 409

[188] 맑스는 여기에서 자본가 B가 배증된 생산성 하에서 생산한다는 전제
를 버리고 있다. 원래의 전제에 따르면 계산은 다음과 같아야 할 것이
다. "요컨대 합계는 = 1. 60+20+60 = 140이고, 둘째로 45+15+45 =
105. 요컨대 그 전체 결과는 245." 410

[189] 로더데일, 『공공 부의 … 본질과 기원에 관한 연구』, 파리 1808년,
119-120쪽. 411

[190] 여기에서 맑스는 생산력의 배증을 다른 곳에서처럼 동일한 시간에
생산된 사용 가치가 배증한 것으로가 아니라, 잉여 가치율이 50%에
서 100%로 배증한 것으로 이해하고 있다. 421

[191] 이들 발췌문은 익명으로 발표된 저술 『국가적 애로의 원천과 치유책』
(런던 1821년, 4, 6, 23쪽)에서 취한 것이다. 맑스가 가리키는 것은 그
의 1851년 런던 초록 노트 XII권이다. 422

[192] 피어시 레이븐스톤, 『기금 체계에 관한 사유와 그 효과』, 런던 1824
년, 11, 13, 45, 46쪽. 맑스가 가리키는 것은 그의 1851년 런던 초록
노트 IX이다. 423, II권 366, 377

찾아보기

【가】

가격 개념 Ⅰ권 173
가격 규정 Ⅰ권 180, 187, 193, 195,
   196, 197; Ⅲ권 30, 31, 87
가격 수준 Ⅲ권 58
가격 척도 Ⅰ권 202, 203, 229
가능성 Ⅰ권 13, 22, 60, 77, 91, 109,
   111, 118, 119, 122, 126, 128, 130,
   142, 144, 147, 148, 153, 158, 186,
   188, 209, 213, 257, 266, 274, 287,
   299, 301, 304, 313, 378, 386, 407,
   414, 423, 427; Ⅱ권 12, 18, 30,
   36, 62, 68, 74, 76, 77, 81, 87, 93,
   128, 130-32, 134, 169, 178, 245,
   258, 262, 269, 299, 308, 348, 352,
   391, 421; Ⅲ권 18, 47, 94, 134,
   138, 155, 166, 181, 187
가닐(Ganilh, C.) Ⅰ권 257

가르니에(Garnier, G.) Ⅰ권 168, 171,
   177; Ⅱ권 265
가변 자본 Ⅰ권 23, 417
가스켈(Gaskell, P.) Ⅱ권 235
가족 Ⅰ권 6, 52, 66, 68, 71, 72, 80,
   138; Ⅱ권 97, 98, 100, 101, 108,
   115, 121, 241-43, 267; Ⅲ권 60,
   66, 154, 158, 159
가치 개념 Ⅰ권 245, 248, 265; Ⅲ권
   50, 144, 158, 159
가치 관계 Ⅰ권 117; Ⅱ권 380
가치 규정 Ⅰ권 111, 113, 117, 122,
   149, 160, 249, 258, 268, 271, 335,
   340; Ⅱ권 38, 39, 151, 174, 188,
   192, 201-3, 208, 209, 269, 318,
   327, 359, 374, 392, 427; Ⅲ권 88,
   104, 105
가치 증식 Ⅰ권 381; Ⅱ권 13, 76, 175,
   185, 188, 251, 288, 326, 340, 345,

348, 359, 360, 362, 370, 371, 376, 386, 416, 427

가치 창출 Ⅰ권 253, 279, 336, 376; Ⅱ권 35, 37, 64, 73, 74, 77, 87, 91, 97, 174, 175, 180, 184, 185, 207, 246, 251, 287-89, 292, 293, 295, 320, 323, 326, 330-32, 345, 386, 396, 398, 426; Ⅲ권 13

가치 척도 Ⅰ권 7, 8, 108, 116, 117, 174, 179, 183, 227; Ⅱ권 69, 146, 212, 245, 358; Ⅲ권 68, 69, 77, 80, 84, 85, 88, 93, 94, 105, 150, 166, 168, 171

가치 표장 Ⅰ권 111, 112, 116, 120, 135, 221; Ⅲ권 185

가치 하락 Ⅰ권 95, 105, 106, 113, 152, 171, 187, 294, 403; Ⅱ권 11-4, 28, 37, 66-8, 278, 279, 281, 293, 295, 332; Ⅲ권 17, 65, 68, 91, 93, 167

가치 형태 Ⅰ권 20, 139, 161, 258, 265, 270, 307, 340, 362; Ⅱ권 12, 16, 70, 91, 154; Ⅲ권 105, 154, 158

가치의 재생산 Ⅰ권 322, 323; Ⅱ권 311, 421, 428; Ⅲ권 16

갈라틴(Gallatin, A. A. A) Ⅱ권 230

감독 활동 Ⅲ권 67

강제 유통 Ⅱ권 252

개별성 Ⅰ권 58, 228, 240, 278, 279; Ⅱ권 118

개인적 노동 Ⅰ권 263; Ⅱ권 102, 126, 127, 425

객체 Ⅰ권 26, 53, 55, 58, 59, 61, 153, 237; Ⅱ권 71, 80, 85, 89, 94, 99, 101, 109, 113, 118, 125, 131, 142,

159, 168, 184, 192, 199, 209, 233, 257, 266, 284, 295, 348; Ⅲ권 43, 124, 153

게르만적 소유 Ⅱ권 103, 124

경기 순환 Ⅱ권 281; Ⅲ권 138

경쟁 Ⅰ권 24, 37, 38, 51, 55, 94, 99, 109, 136, 140, 193, 236, 263, 278, 286, 293, 345, 352, 367; Ⅱ권 12, 25, 34, 49, 51-3, 68, 153, 165, 168, 184, 190, 191, 195, 198, 207, 223, 248, 315, 317-19, 325, 339, 365, 412, 413, 420; Ⅲ권 56, 90, 138, 152

경제적 관계 Ⅰ권 21, 36-8, 53, 79, 80, 219, 236, 238, 242-47, 254, 268, 269, 278, 279, 281, 288, 300, 305, 308, 330, 331, 341, 364; Ⅱ권 17, 114, 179, 311; Ⅲ권 68, 90, 95, 189

경제적 범주 Ⅰ권 17, 38, 71, 77, 79, 185, 226, 246; Ⅱ권 240, 311

경제적 사회 구성체 Ⅰ권 25

계급 Ⅰ권 12-4, 17, 20, 23, 24, 26, 29, 35, 45, 70, 80, 109, 131, 140, 145, 146, 231, 263, 290, 291, 293, 331, 340, 368, 426; Ⅱ권 31, 32, 34, 50, 53, 88, 89, 93, 129, 256, 261, 263, 264, 273, 299, 318, 319, 340, 358, 364, 418; Ⅲ권 39, 54, 63, 65-7, 90, 103, 104, 151-54, 156, 162, 171

계급 투쟁 Ⅰ권 12

계약 Ⅰ권 7, 51, 105, 113, 124, 192, 229, 230, 242, 330; Ⅱ권 144, 170, 241, 253, 350; Ⅲ권 82, 84, 90, 91, 93, 94, 145, 150, 157, 181

고대 공동체 I권 138, 213, 215, 217;
    II권 92
고리대업(자) I권 250; II권 139, 171;
    III권 131, 133, 134, 147, 149,
    151, 153, 154, 156
고전 정치경제학 I권 34
고전적 부르주아 정치경제학 I권 23
고정 자본 I권 8, 63, 263, 278, 327,
    334, 396; II권 70, 95, 156, 158,
    169, 179, 192, 193, 201-3, 205-7,
    209, 211, 226, 233, 249, 250, 255,
    276, 278, 279, 281, 303-11, 313,
    314, 319, 330, 331, 338, 340,
    350-63, 367, 369-79, 382, 383,
    386-89, 392-410, 414-18, 421, 24,
    426; III권 13, 14, 16-8, 20, 21, 29,
    32-5, 37, 38, 60, 63, 111-17, 119,
    122, 138, 140
곡물 공황 I권 106; III권 178
공동 소유 I권 56; II권 97, 99, 104,
    108-10, 116, 124, 130; III권 190
공동체 소유 I권 56, 77, 78; II권 99,
    101, 103, 108, 110; III권 190
공산주의 I권 24, 26-8, 34; II권 247;
    III권 190
공상적 사회주의 I권 12, 28
공업 I권 43, 67, 78, 96, 103, 151,
    173, 268, 279-81, 284, 285, 291,
    301, 427; II권 104, 105, 134,
    135, 160, 198, 203, 234, 274, 302,
    383, 393, 398, 399, 406, 411, 419,
    424, 425; III권 13, 20, 22, 49,
    157, 160-62, 165, 182
공업 노동 I권 427
공장 I권 12, 182, 338, 342, 346, 383;
    II권 65, 66, 141, 142, 155, 161,
    163, 205, 233, 244, 259, 273, 347,
    348, 367; III권 42, 52, 60-2, 107,
    113-16, 119, 120, 123, 157, 190
공존 노동 II권 375, 386
과소 생산 II권 23, 282, 383
과잉 생산 II권 21-4, 26-8, 31, 37, 38,
    40, 50, 51, 63, 174, 282, 383, 384;
    III권 42
과잉 인구 II권 152, 257-61, 383; III
    권 42
과학적 노동 II권 374
관념 I권 38, 52, 53, 57, 59, 61, 74,
    79, 80, 98, 117, 122, 123, 126,
    131, 134, 144, 146, 173, 176-78,
    180, 183, 186, 197, 200, 201, 203,
    211, 222, 240, 245, 258, 260, 261,
    281, 301, 302, 312, 317, 318, 328,
    336, 375; II권 11, 12, 105, 112,
    114, 115, 136, 176-78, 317, 360,
    362, 363, 400; III권 57, 58, 69,
    70, 75-7, 82, 83, 102, 144, 145
관념적 척도 I권 177, 222; III권 57,
    58, 70, 75, 82
광물학 II권 158, 166
광산 노동 I권 163, 175; 2권 234
광업 I권 152, 162-64, 169, 175, 225;
    II권 392, 406, 407; III권 43
교류 관계 I권 6, 24, 35, 45, 80,
    140-42, 235; II권 318, 341
교류 형태 II권 350
교통 수단 I권 284; II권 165, 361,
    405
교환 가치 I권 7, 21, 71, 105, 110,
    114, 125, 137, 155, 157, 161, 173,
    188, 192, 202, 212, 224, 228, 238,
    250, 261, 273, 286, 294, 305, 313,

322, 331, 350, 360, 374, 382, 405, 414; Ⅱ권 12, 16, 21, 27, 32, 37, 72, 78, 87, 131, 146, 154, 165, 182, 190, 219, 236, 282, 296, 311, 344, 352, 381, 425; Ⅲ권 28, 39-41, 75, 91, 103-5, 112, 113, 141, 147, 149, 151, 153, 157, 159, 160, 163, 177, 189

교환 과정 Ⅰ권 22, 216, 229, 242, 251, 298, 301, 313, 329, 382; Ⅱ권 71, 132

교회 Ⅲ권 41, 133-35, 169

구매와 판매 Ⅰ권 127, 128, 184, 186, 188; Ⅱ권 282; Ⅲ권 140

구체 Ⅰ권 16, 17, 20, 70-5, 246

구체 노동 Ⅰ권 20

국가 Ⅰ권 6, 13, 16, 17, 34-8, 57, 71, 79, 80, 95, 109, 147, 177, 182, 216, 219-21, 263, 281, 283, 290, 292, 342, 422, 423; Ⅱ권 51, 93, 100-2, 105, 107-10, 158, 162-64, 166, 168, 252, 365, 385, 414, 420, 425; Ⅲ권 52, 56, 64, 69, 84, 90, 92, 116, 130, 139, 148, 164, 170, 178, 179

국가 지대 Ⅰ권 283

국가 소유 Ⅱ권 101, 110; Ⅲ권 92, 170

국가 형태 Ⅰ권 6, 17, 80

국민 자본 Ⅱ권 330, 331; Ⅲ권 67

국부 Ⅰ권 79, 95, 177, 178; Ⅱ권 298; Ⅲ권 169

국제 관계 Ⅰ권 81, 219

국제 경쟁 Ⅱ권 412

국제 분업 Ⅰ권 17, 80

국채 Ⅰ권 17, 80, 105, 263, 284, 393; Ⅲ권 82-4, 87, 139, 142

국채 상환 Ⅰ권 393

군대 Ⅰ권 74, 80; Ⅱ권 163, 164

궁핍 Ⅰ권 19, 223, 242; Ⅱ권 129, 257, 264; Ⅲ권 130

귀금속 Ⅰ권 7, 40, 86, 94, 105, 148, 157, 159, 160, 168, 170-72, 175, 178, 180, 204, 218, 220, 224, 231; Ⅱ권 229, 284; Ⅲ권 81, 86, 87, 91, 95, 97, 105, 138, 145, 165, 167, 171, 176, 183, 187, 188

귀족 Ⅰ권 52, 144, 338; Ⅱ권 50, 93, 94, 104, 106, 120, 129, 130; Ⅲ권 56, 73, 90, 91

귈리히(Gülich, G. von) Ⅰ권 33

규율 Ⅰ권 99, 150, 177, 333; Ⅱ권 24, 27, 29, 163, 188, 194, 235, 266, 270, 315, 370, 380, 385, 388, 419, 420; Ⅲ권 41, 56, 58, 73, 101, 127, 130, 151, 164, 173, 175, 176, 179, 188

그레이(Gray, J.) Ⅰ권 113

그리스 Ⅰ권 73, 81-3, 164, 167, 169, 213; Ⅱ권 102, 104, 105, 121, 129, 143; Ⅲ권 56, 91, 128, 130, 161

그림(Grimm, J.) Ⅰ권 164

금(金) Ⅰ권 7, 12, 92, 99, 105, 110, 113, 121, 132, 148, 151, 157, 160, 167, 179, 192, 197, 208, 217, 228, 273, 284, 354, 359; Ⅱ권 18, 129, 231, 281, 284, 305, 362, 374; Ⅲ권 44, 52, 57, 70, 74, 79, 83, 87, 94, 97, 101, 105, 127, 132, 144, 147, 155, 165, 167, 174, 197, 187

기계류 Ⅰ권 8, 80, 314; Ⅱ권 34, 41,

42, 44, 50, 52, 53, 61-5, 95, 150, 201, 205, 207, 226, 233, 306, 328, 366, 369, 377, 387, 399, 423; Ⅲ권 13, 17, 21, 31, 36-9, 48-52, 60-2, 67, 105, 107-10, 113-21, 147
기독교 Ⅰ권 77, 334; Ⅲ권 130, 133, 135
길드(제) 노동 Ⅰ권 125

【나】

네덜란드 Ⅰ권 225, 226, 254, 281, 336; Ⅱ권 141; Ⅲ권 60, 132, 133, 166
노동 가격 Ⅰ권 95, 314, 328, 329, 346-48; Ⅱ권 173, 270; Ⅲ권 171
노동 가치 Ⅰ권 20; Ⅱ권 218
노동 과정 Ⅰ권 22, 309; Ⅱ권 98, 255, 311, 368-71, 374; Ⅲ권 42, 111
노동 기금 Ⅰ권 412, 414-20; Ⅱ권 76, 77, 91, 100, 167, 257, 263; Ⅲ권 111
노동 능력 Ⅰ권 14, 22, 287, 295, 296, 312, 313, 331, 343, 344, 354-57, 367, 368, 370, 374, 375, 381, 382, 386, 392, 393, 398, 418, 424, 425; Ⅱ권 27, 36, 39, 54, 69, 75, 84, 89, 125, 132, 138, 140, 160, 167, 180, 189, 201, 213, 221, 239, 244, 257, 262, 344, 371, 406, 417, 420; Ⅲ권 22, 24, 31, 34-6, 40, 42, 45, 47, 107, 108, 112, 124
노동 능력의 재생산 Ⅰ권 424; Ⅱ권 36; Ⅲ권 22, 34, 45
노동 대상 Ⅰ권 299, 318; Ⅱ권 100

노동 도구 Ⅰ권 263, 299, 302-4, 307, 309, 316, 317, 319, 320, 329, 332, 337, 343, 355, 356, 372, 387, 389, 394-96, 400, 401, 405, 412, 413; Ⅱ권 60, 77, 96, 109, 124, 127, 130, 137, 187, 234, 238, 243, 264, 346, 347, 372, 428; Ⅲ권 40, 44, 49, 108, 136, 137
노동 방식 Ⅱ권 121, 124, 379
노동 생산력 Ⅰ권 27, 315, 333, 345, 347, 353, 357, 416; Ⅱ권 65-7, 126, 160, 194-97, 226, 236, 257, 303, 304, 364; Ⅲ권 14, 16, 17, 22, 23, 37, 42, 47, 60, 124
노동 생산성 Ⅰ권 23, 27, 35, 105, 113, 397, 405, 410-12, 415, 422; Ⅱ권 45, 48, 49, 53, 175, 213, 217, 223, 232, 249; Ⅲ권 46, 48, 122
노동 수단 Ⅰ권 136, 167, 278, 299, 316, 319, 325, 369, 380; Ⅱ권 97, 98, 100, 127, 132, 134, 140, 150, 153, 159, 242, 368-73, 377, 378, 385, 417; Ⅲ권 136
노동 시간 Ⅰ권 20, 23, 27, 111, 112, 114-18, 121, 133, 135, 140, 149, 153, 174, 178, 192, 231, 252, 262, 270, 286, 328, 332, 347, 354, 362, 372, 386, 397, 413, 421; Ⅱ권 11, 23, 27, 36, 43, 49, 54, 60, 80, 146, 150, 159, 167, 174, 189, 192, 202, 213, 224, 249, 264, 273, 283, 294, 304, 319, 325, 331, 344, 380, 399, 423; Ⅲ권 14, 21, 32, 40, 44, 47, 50, 54, 69, 72, 76, 79, 96, 101, 104, 107, 109, 114, 116, 118, 175
노동 시장 Ⅱ권 137, 138, 153, 171,

204

노동 인구 Ⅰ권 423, 424, 426; Ⅲ권
27, 40, 41, 43, 46-8, 59, 156

노동 재료 Ⅰ권 304, 316, 321, 329,
332, 356, 357, 369, 373, 382, 399,
401; Ⅱ권 60, 97, 98, 242, 270,
368, 378, 407; Ⅲ권 43, 49, 109

노동 조건 Ⅰ권 26, 394, 395; Ⅱ권
72-4, 101, 103, 109, 114, 119,
122, 131, 135, 140, 147; Ⅲ권 40,
111, 112, 124, 154

노동 조직 Ⅰ권 154; Ⅱ권 92, 124,
138, 242

노동 화폐 Ⅰ권 19, 96, 112, 114, 116,
141, 234

노동력 Ⅰ권 22, 23, 95, 169, 277, 332,
358; Ⅱ권 136-39, 141, 182, 184,
233, 347, 375, 377; Ⅲ권 47

노동의 대상화 Ⅰ권 117, 376; Ⅱ권
14, 89, 385; Ⅲ권 143

노동일 Ⅰ권 23, 103, 104, 175, 178,
193, 329, 342, 348, 350, 354, 363,
372, 374, 385, 392, 395, 397, 400,
404, 412, 421, 424, 427; Ⅱ권 66,
176, 189, 216, 221, 222, 224-27,
237, 250, 251, 302, 319, 330, 334;
Ⅲ권 35, 36, 39-42, 45-8, 50, 51,
78, 118, 122

노동자 계급 Ⅰ권 20, 23, 26, 29, 290;
Ⅱ권 32, 34, 180, 248, 264, 299;
Ⅲ권 90, 103

노예제 Ⅰ권 42, 65, 215, 334, 335,
427; Ⅱ권 31, 86, 88, 92, 111,
117, 119, 122, 127, 128, 152, 168,
271; Ⅲ권 16, 41, 52, 53, 56, 62

노임 Ⅰ권 244, 246, 369, 390, 392,
399; Ⅱ권 153, 191, 194, 201,
206, 209, 212, 222, 226, 241, 245,
254, 265, 272, 284, 348, 419; Ⅲ
권 19, 20, 24-7, 33, 49, 104, 112,
113, 119-21, 151, 154

농노제 Ⅰ권 41, 42; Ⅱ권 88, 92, 117,
119, 122, 127, 168; Ⅲ권 16, 41,
126

농업 노동자 Ⅰ권 282; Ⅱ권 92

니부르(Niebuhr, B. G.) Ⅱ권 102, 104,
129

【다】

다리몽(Darimon, L. A.) Ⅰ권 19, 86,
87, 90-4, 97-102, 109, 110

다리우스 1세(Darius I.) Ⅰ권 166

단순 유통 Ⅰ권 209, 256, 258-62,
264-69, 274, 275, 277, 288, 289,
293, 295, 305, 315, 317, 318, 323,
326, 327, 336, 337, 341, 375, 385;
Ⅱ권 11, 16, 17, 27, 89, 157, 182,
278, 299, 301, 311, 337, 340, 406,
411, 413; Ⅲ권 27

대공업 Ⅰ권 37; Ⅱ권 141, 170, 186,
233, 235, 236, 378-81, 385, 389,
399; Ⅲ권 42

대립물의 통일 Ⅰ권 22

대상화된 노동 Ⅰ권 54, 75, 112, 116,
149, 255, 263, 273, 287, 301, 305,
312, 327, 331, 342, 348, 352, 355,
364, 367, 380, 386, 391, 394, 400,
402, 404, 424, 425, 427; Ⅱ권 11,
17, 22, 35, 38, 41, 44, 51, 55, 59,
64, 71, 78, 880, 86, 89, 94, 140,

146, 154, 160, 193, 203, 218, 221, 285, 293, 326, 332, 339, 344, 371, 380, 392, 402, 421, 428; Ⅲ권 11, 13, 17, 31, 33-6, 38, 39, 45, 51, 54, 70, 75, 88, 100, 108, 109, 124, 125

대수학 Ⅱ권 71

대유통 Ⅱ권 344, 350, 400

대응 가치 Ⅰ권 134; Ⅱ권 410, 411, 414, 423; Ⅲ권 18, 52, 178

대자적 존재 Ⅰ권 295, 308, 326; Ⅱ권 73

도로 건설 Ⅲ권 23

도시 제도 Ⅰ권 43; Ⅱ권 124; Ⅲ권 132

도시와 농촌Ⅰ권 17, 37, 69, 80, 173, 179; Ⅱ권 106

독점 Ⅰ권 16, 35, 36, 38, 79, 98, 99, 101, 109, 140, 175; Ⅱ권 25, 112, 168, 256; Ⅲ권 18, 105, 164, 182

독점 은행 Ⅰ권 109

동양 Ⅰ권 42, 77; Ⅱ권 89, 97, 99, 101, 103, 120-22, 124; Ⅲ권 127, 130

동일성 Ⅰ권 114, 127, 156, 260, 262, 322, 333, 393; Ⅱ권 200; Ⅲ권 74, 105

동키호테(Don Quixote) Ⅰ권 140

듀로 드 라 말레(Dureau, de La Malle, A. J. C. A.) Ⅰ권 165, 166, 169

등가물 교환 Ⅰ권 22, 363; Ⅱ권 80, 133, 139, 146, 344; Ⅲ권 74, 158

【라】

라이테마이어(Reitemeier, J. F.) Ⅰ권 168

램지(Ramsay, Sir G.) Ⅰ권 322; Ⅱ권 184, 188-90, 192, 193, 273, 306, 307, 331

레이븐스톤(Ravenstone, P.) Ⅰ권 231, 423; Ⅱ권 217, 366, 377

로더데일(Lauderdale, J. M.) Ⅰ권 207, 411; Ⅱ권 363, 365, 376-78

로마 Ⅰ권 13, 67, 68, 73, 74, 78, 81, 96, 144, 165, 167, 169, 170, 171, 179, 208, 213, 214, 241, 271; Ⅱ권 102-9, 111, 115, 120, 121, 128, 135, 143, 163, 223, 258, 317; Ⅲ권 56, 66, 90-2, 97, 98, 101, 128-31, 133, 135, 176

로물루스(Romulus) Ⅱ권 102

로크(Locke, J.) Ⅱ권 363

로빈슨 크루소 이야기 Ⅰ권 51

로빈슨 크루소(Robinson Crusoe) Ⅰ권 51

로스차일드(Rothchild, L. N. B.) Ⅰ권 223

루소(Rousseau, J.) Ⅰ권 51

루크레티우스(Titus Lucretius Carus) Ⅰ권 167

리버풀(Liverpool, R. B. J.) Ⅱ권 165

리카도(Ricardo, D.) Ⅰ권 12, 15, 19, 21, 30, 33, 34, 40, 51, 65, 66, 101, 249, 268, 315, 316, 323, 328, 335, 336, 340, 342, 359, 361-69, 373, 383, 406, 408; Ⅱ권 21, 49, 70, 188, 191, 195, 201, 228, 245, 247, 249, 260, 281, 303, 309, 312, 317,

360, 362, 402

【마】

마누 법전 Ⅰ권 170
마누(Manou) Ⅰ권 166, 170
매뉴팩쳐 Ⅰ권 225, 281, 336
맥컬록(MacCulloch, J. R.) Ⅱ권 22
맬더스(Malthus, T. R.) Ⅰ권 33, 220,
    311, 335, 369, 427; Ⅱ권 12,
    214-18, 220, 223, 245, 247, 252,
    258, 272, 352, 358, 402
메네니우스(Titus Menenius Agrippa
    Lanatus. Menenius.) Ⅰ권 144
멕시코 Ⅰ권 231, 233; Ⅲ권 127, 132
명목 가치 Ⅰ권 104, 108, 109, 114,
    132; Ⅲ권 85, 87, 97, 99, 100, 140
모세(Moses) Ⅱ권 103
모순 Ⅰ권 15, 16, 19-21, 24, 34, 38,
    43, 44, 56, 82, 83, 96, 97, 102,
    107, 109, 115-17, 119, 122,
    124-26, 128, 130, 132, 141, 142,
    147, 150-52, 183, 185, 186, 189,
    203, 204, 215, 216, 219, 227, 228,
    230, 234, 243, 245, 258, 268, 271,
    273, 293, 299, 315, 323, 340, 341,
    363, 366, 369, 408, 426; Ⅱ권 16,
    17, 21-4, 26, 28, 35, 41, 88, 96,
    99, 112, 176, 180, 186, 194, 281,
    329, 339, 351, 381, 384, 416; Ⅲ
    권 14, 16, 17, 42, 48, 100, 141,
    148, 158, 178, 184
목축 Ⅰ권 42, 54, 226, 281, 338; Ⅱ권
    118, 119, 122; Ⅲ권 60
문명화 Ⅰ권 254, 293; Ⅱ권 20, 26,

165, 179, 418; Ⅲ권 158
물물교환 Ⅰ권 120, 121, 127-29, 148,
    156, 165, 174, 179, 185, 186, 189,
    193, 194, 205, 206, 218, 318; Ⅱ
    권 28, 248, 282; Ⅲ권 59, 72, 87,
    127, 162
물질적 관계 Ⅰ권 142, 146
물질적 현존 Ⅰ권 329, 376, 382; Ⅱ
    권 136
뮐러(Müller, A. H.) Ⅱ권 144
미다스(Midas) Ⅰ권 227
미라보(Mirabeau, V. R. M.) Ⅰ권 338
미셀든(Misselden, E.) Ⅰ권 221, 225
민족 Ⅰ권 15, 34, 38, 42, 55, 63, 66,
    71, 73, 78, 82, 103, 151, 167, 213,
    216, 218, 220, 222, 250, 253, 254,
    269, 336, 422; Ⅱ권 28, 71, 100,
    105, 112, 116, 117, 158, 163, 258,
    261, 363, 382, 394, 411, 425; Ⅲ
    권 21, 58, 92, 97, 138, 148, 160,
    161, 179, 190
민주주의 Ⅰ권 145, 235
밀(Mill, J.) Ⅰ권 178; 2권 22, 37, 38
밀(Mill, J. S.) Ⅰ권 33, 54; Ⅱ권 273,
    293, 304

【바】

바스티아(Bastiat, F.) Ⅰ권 11, 15, 16,
    33, 34, 36, 38-46, 52, 238, 245,
    246, 264, 327, 330, 406; Ⅱ권 48,
    226, 304
바이틀링(Weitling, W.) Ⅰ권 112
발권 은행 Ⅰ권 107, 182
발명 Ⅰ권 314, 401; Ⅱ권 137, 153,

176, 182, 256, 258, 261, 281, 365, 379, 414; III권 19, 37, 57, 58, 61, 62, 129, 162

방적 I권 151, 173, 379, 380; II권 102, 140, 141, 152, 153, 161, 340; III권 49, 107, 123

방직 I권 173, 379, 380; II권 102, 140, 141, 152, 161, 340; III권 43, 49, 119, 157

배비지(Babbage, C.) I권 356, 401; II권 367, 399

법률 관계 I권 56, 72, 80, 81, 241, 327

베일리(Bailey, S.) I권 230; II권 228, 230, 304

변증법 I권 11, 12, 16, 17, 59, 81, 131, 245, 298, 317, 341; 2권 80, 111, 146

보아규베르(Boisguillebert, P. P.) I권 15, 33, 187, 226, 359

보조 유통 수단 III권 96

볼테르(Voltaire) I권 43

봉건제 I권 34, 138, 230, 338; II권 116, 140, 176

봉토(封土) II권 104, 425

뵈크(Böckh, P. A.) I권 165

부(富) I권 55, 74, 79, 95, 103, 113, 131, 137, 148, 151, 162, 177, 187, 192, 207, 210, 220, 222, 225, 230, 242, 251, 263, 271, 275, 279, 282, 288, 291, 299, 304, 311, 333, 336, 341, 355, 363, 386, 423, 426; II권 12, 15, 23, 26, 27, 30, 70, 75-8, 81, 85, 91, 103, 105, 112, 133, 137, 139, 155, 161, 165, 171, 177, 185,

233, 237, 252, 269, 271, 297, 317, 363, 380, 390; III권 16, 27, 40, 42, 52, 56, 66, 92, 112, 124, 125, 130, 138, 146, 153, 161, 169, 177, 189

부기(簿記) I권 120; II권 12

부르주아 사회 I권 12, 16, 20, 23, 34-8, 51, 73, 75-80, 111, 136, 140, 215, 217, 223, 235, 241, 243, 249, 252, 263, 283, 340, 342; 2권 20, 93, 123, 162, 389; III권 160, 179

부르주아 정치경제학 I권 20, 23

부역 노동 II권 240, 266; III권 130

부의 원천 I권 74, 214, 216, 263, 336, 339; II권 158, 364, 365; III권 27, 29, 111

부의 재생산 III권 16

부정(否定) I권 42, 43, 59, 101, 114, 137, 160, 185, 220, 221, 228, 244, 250, 277, 283; II권 21, 22, 24, 25, 70, 78, 81, 95, 96, 117, 125-28, 131, 183, 197, 249, 266-69, 278, 287, 289, 294-96, 310, 313, 315, 316, 318, 327, 330, 331, 333, 371, 389; III권 16, 75, 88

부정의 부정 I권 114

부족(Stamm) I권 96, 102-5, 122, 136, 299, 361, 423; II권 98, 115

부족체 II권 138, 152, 253

분배 I권 16, 24, 27, 48, 51, 55, 57, 58, 64-70, 96, 133, 136, 140, 155, 173, 290, 291, 340, 342, 343, 405; II권 24, 30, 39, 50, 63, 103, 104, 107, 118, 181, 184, 188, 192, 193, 199, 210, 212, 230, 233, 242, 244,

247, 250, 292, 302, 325, 327, 330, 339, 349, 358, 388, 413; Ⅲ권 26, 28, 30, 48, 52, 54, 56, 66, 125, 126, 162, 163, 165, 171

분업 Ⅰ권 17, 37, 44, 69-71, 73, 80, 125, 128, 139, 140, 154, 187, 188, 206, 244, 254, 257, 284, 314, 338, 339, 401, 403, 407, 425; Ⅱ권 20, 60, 89, 90, 150, 160, 162, 173, 185, 194, 207, 232-34, 242, 256, 262, 267, 271, 274, 277, 283, 285, 288, 293, 294, 342, 379, 385; Ⅲ 권 23, 36, 42-4, 46, 47, 118

불변 자본 Ⅰ권 23, 410, 412, 414-18, 420; Ⅱ권 39, 44, 59, 60, 63, 155, 195, 208; Ⅲ권 45, 46, 109

불환 지폐 Ⅰ권 106, 107; Ⅲ권 102

불환성 Ⅰ권 108, 111, 116

브레이(Bray, J. F.) Ⅰ권 113; Ⅱ권 199

브루투스(Marcus Iunius Brutus) Ⅱ권 112

비생산적 노동 Ⅰ권 275, 310, 311, 426; Ⅲ권 143

비잔틴 Ⅱ권 135; Ⅲ권 132

【사】

사용 가치 Ⅰ권 20, 147, 153, 161, 184, 211, 224, 234, 249, 254, 268, 274, 278, 286, 293, 297, 303, 307, 311, 317, 320, 324, 328, 333, 339, 344, 350, 357, 362, 374, 387, 392, 399, 401, 405, 413; Ⅱ권 12, 22, 27, 31, 38, 42, 48, 56, 68, 72, 78,

84, 97, 109, 130, 137, 146, 152, 159, 168, 172, 177, 186, 190, 194, 201, 219, 236, 244, 247, 252, 268, 289, 292, 299, 305, 311, 325, 337, 341, 347, 355, 365, 378, 386, 393, 403, 412, 421; Ⅲ권 17, 25, 29, 37-43, 55, 75, 105, 111, 112, 146, 157-60, 163, 177, 189, 190

사적 노동 Ⅰ권 20, 205; Ⅱ권 147

사적 소유 Ⅰ권 20, 21, 56, 232, 283; Ⅱ권 97, 101, 102, 104, 107, 110, 121, 293, 345, 425

사치품 Ⅰ권 275, 334; Ⅱ권 51, 54, 94, 161, 262; Ⅲ권 21, 56, 160

사회적 관계 Ⅰ권 21, 53, 81, 82, 96, 118, 123, 124, 138, 141, 143, 146, 161, 184, 234, 235, 237, 238, 240, 264, 268, 270, 280, 306; Ⅱ권 81, 287, 362, 374, 381, 389, 394

사회적 노동 Ⅰ권 27, 154, 194, 263, 425; Ⅱ권 96, 150, 232, 268, 372, 374, 380, 386; Ⅲ권 124

사회적 현존 Ⅰ권 43, 220; Ⅱ권 394

산 노동 Ⅰ권 112, 255, 263, 312, 327-29, 396

산업 노동 Ⅰ권 336; Ⅱ권 171, 339; Ⅲ권 40

산업 생산 Ⅲ권 159

산업 이윤 Ⅲ권 27, 152

산초 판자(Sancho Pansa) Ⅰ권 44

산화(酸化) Ⅰ권 148, 157, 224; Ⅲ권 129

상대적 임금 Ⅱ권 194

상대적 잉여 가치 Ⅰ권 23, 347, 348, 354; Ⅱ권 19, 36, 66, 150, 251; Ⅲ권 13, 33, 34, 40-2

상부 구조 II권 106

상속 I권 242, 243, 308, 313; II권 95, 106, 125

상업 공황 I권 100, 128; III권 75

상업 노동 I권 74

상업 도시 III권 133, 160, 161

상업 민족 I권 73, 79, 213, 250, 253; II권 112, 158

상업 은행 I권 108

상이성 I권 53, 115, 119, 130, 235, 237, 238, 242, 246, 269, 273, 284, 305, 306, 360, 389; II권 369, 415, 421; III권 144

상인 신분 I권 127, 128; II권 138, 139

상인 자본 II권 238

상품 가치 I권 20, 114, 115, 135; II권 285, 289; III권 174

상호 작용 I권 16, 67, 70, 91, 184; II권 25, 315, 318, 325

생산 가격 I권 24, 105, 189, 322

생산 과정 I권 23, 25, 66, 67, 193, 209, 229, 233, 235, 249, 303, 307, 309, 314, 317, 330, 336, 339, 343, 350, 355, 361, 370, 380, 394, 406, 413; II권 11, 17, 24, 31, 43, 51, 68, 72, 76, 82, 95, 109, 149, 152, 157, 167, 170, 174, 181, 201, 240, 255, 268, 276, 282, 296, 305, 319, 327, 337, 346, 361, 373, 386, 398, 410, 417, 423, 428; III권 11-3, 16, 30-7, 109, 135

생산 관계 I권 15, 22, 34, 45, 48, 54, 66, 76, 80, 96, 119, 122, 133, 140, 206, 219, 234, 240, 244, 252, 281, 300, 308, 315, 325; II권 81, 84, 128, 130, 137, 142, 145, 157, 166, 171, 191, 198, 315, 362, 374; III권 16, 28, 75, 89, 125, 189

생산 국면 III권 115

생산 도구 I권 54, 66-8, 118, 119, 128, 147, 148, 157, 160, 207, 209, 220, 224, 255, 285, 303, 357, 385, 391, 406; II권 29, 127, 157, 230, 240, 245, 275, 361, 393, 403, 406, 407, 418, 423; III권 26, 35, 36, 108, 109

생산 비용 I권 27, 326, 332, 369; II권 154, 156, 159, 166, 169, 186, 191, 194, 315

생산 수단 I권 20, 26, 48, 59, 63, 80, 81, 136, 140, 171, 255, 285, 340; II권 20, 107, 138, 156, 313, 351, 367, 368, 372, 376, 382, 386, 387, 392, 405, 406, 423; III권 13, 33, 38, 42, 109

생산 시간 I권 404; II권 186, 256, 286, 289, 296, 301, 319, 322, 328, 332, 336, 354, 397; III권 77

생산 양식 I권 24-6, 67, 68, 173, 186, 234, 248-50, 263, 281, 288, 309; II권 18, 82, 86, 92, 95, 121, 135, 141, 148, 164, 171, 176, 179, 225, 236, 239, 248, 257, 282, 316, 340, 379, 386, 393, 411, 420, 425; III권 14, 16, 33, 41, 125, 126, 141, 143, 153, 154, 171

생산 조건 I권 25, 95, 96, 140, 155, 325, 385; II권 56, 115, 117, 122, 130, 138, 142, 147, 151, 165, 173, 182, 225, 236, 257, 269, 276, 282, 300, 313, 333, 337, 350, 393, 403,

410, 418, 425, 428; Ⅲ권 42, 43, 115, 14, 139
생산력 Ⅰ권 22, 26-8, 34, 45, 52, 80, 104, 164, 214, 277, 280, 301, 311, 315, 325, 333, 343, 355, 357, 360, 363, 366, 387, 393, 399, 405, 412, 417, 425; Ⅱ권 11, 19, 21, 30, 36, 47, 63, 112, 120, 131, 147, 156, 160, 173, 194, 224, 233, 245, 254, 267, 281, 303, 313, 344, 363, 371, 382, 392, 422; Ⅲ권 13-8, 22, 33-9, 41-4, 47, 48, 50, 60, 107-10, 112, 118, 124, 137, 154, 158, 171, 186
생산의 불필요비용 Ⅱ권 186, 294, 341, 423
생산의 연속성 Ⅱ권 183, 186, 329, 398
생산적 노동 Ⅰ권 274, 275, 277, 311, 337; Ⅱ권 30, 121, 169, 174, 393; Ⅲ권 143
생산적 활동 Ⅰ권 63, 138, 141, 207, 266, 301, 316; Ⅱ권 147, 159, 269
생활 수단 Ⅰ권 136, 139, 180, 263, 289, 290, 293-95, 297, 303, 304, 331, 344, 373, 380, 385, 392, 393, 407, 408; Ⅱ권 39, 62, 71, 79, 84, 89, 100, 103, 116, 125, 130, 137, 173, 188, 192, 231, 257, 260, 300, 307, 312, 385, 394, 417; Ⅲ권 19, 29, 42, 49, 159
서사시 Ⅰ권 81, 83
선불(先拂) Ⅰ권 107, 175, 329; Ⅱ권 50, 180, 226, 241, 245, 253, 270, 306, 375; Ⅲ권 83, 113, 136, 156
세계 무역 Ⅰ권 140

세계 시장 Ⅰ권 16, 17, 36-8, 71, 80, 103, 140, 142, 218, 219, 263, 284, 314; Ⅱ권 18, 143, 161, 178, 305, 315
세계 주화 Ⅰ권 219, 221
세계사 Ⅰ권 12, 81; Ⅱ권 319; Ⅲ권 69
세계사적 노동 Ⅱ권 147
세르비우스 툴리우스(Servius Tullius) Ⅰ권 169
세이(Say, J. B.) Ⅰ권 63, 205, 238, 247, 259, 268, 315, 316; Ⅱ권 22, 23, 38, 305, 309, 314, 362, 427
셰르불리에(Cherbuliez, A. E.) Ⅰ권 303, 314; Ⅱ권 173, 353
셰익스피어(Shakespeare, W.) Ⅰ권 81, 82, 144
소매 Ⅰ권 182, 248, 285, 342; Ⅱ권 296, 302; Ⅲ권 68, 96-9, 116, 131
소비 기금 Ⅱ권 119, 125, 241, 244, 387; Ⅲ권 16
소비 능력 Ⅰ권 63; 2권 15; Ⅲ권 63
소비 수단 Ⅱ권 125, 385, 405
소비 욕구 Ⅰ권 70
소비 형태 Ⅰ권 59, 338
소외 Ⅰ권 117, 129, 141-43; Ⅱ권 76, 113, 147, 300; Ⅲ권 124, 125
소유 관계 Ⅰ권 25, 72, 146, 249, 281, 283, 327; Ⅱ권 95, 98, 111, 126, 130, 135, 138, 142, 147; Ⅲ권 134
소유 증서 Ⅰ권 181
소유 형태 Ⅰ권 25, 26, 56, 78, 232, 279, 281; Ⅱ권 110, 119, 128, 138, 238, 258
소유권 Ⅰ권 201, 314, 386; Ⅱ권 80, 81

소유통 Ⅱ권 344, 350, 375, 402

소재대사 Ⅰ권 143, 216, 319, 338, 378; Ⅱ권 114, 299, 302, 330, 337, 375, 380

소재적 현존 Ⅰ권 329, 382; Ⅱ권 355, 369, 374, 378, 408, 410, 421, 424

속류 경제학 Ⅰ권 15

솔리(Solly, E.) Ⅰ권 170, 206

수공업적 노동 Ⅱ권 127, 135

수동적 현존 Ⅰ권 302

수렵 민족 Ⅰ권 78; Ⅱ권 258, 261

수요와 공급 Ⅰ권 44, 63, 93, 115, 128, 130, 133, 139, 142, 147, 153, 160, 189, 228, 312; Ⅱ권 17, 37, 50, 92, 204, 311; Ⅲ권 74, 104, 150, 151

수은 Ⅰ권 157, 160

수입(收入) Ⅰ권 40, 41, 43, 45, 94, 95, 103, 104, 106, 140, 172, 204, 254, 263, 274, 280, 281, 310, 365, 426; Ⅱ권 31, 55, 91, 100, 138, 145, 165, 206, 232, 244, 254, 263, 331, 348, 361, 401, 414; Ⅲ권 27, 28, 63-5, 91, 127, 130, 148, 151, 152, 154, 160, 180, 182, 183

숙련 노동 Ⅱ권 164, 236

쉬토르흐(Storch, H. F. von) Ⅰ권 63, 179, 220, 230, 232, 272, 275; Ⅱ권 23, 180, 186, 297, 313, 340, 351, 415

스미스(Smith, A.) Ⅰ권 12, 30, 51, 54, 74, 75, 137, 149, 151, 153, 205, 206, 275, 310, 335, 337-39, 340; Ⅱ권 25, 96, 137, 190, 199, 255, 264, 269, 279, 363, 395, 408, 415, 424

스코틀랜드 Ⅰ권 108-10; Ⅲ권 56, 97, 102, 107, 167

스코틀랜드 은행 Ⅰ권 108

스튜어트(Stewart, Sir J.) Ⅰ권 33, 52, 54, 151, 184, 193, 218, 280; Ⅱ권 92, 273, 293, 304

스트라보(Strabo, S.) Ⅰ권 156, 166

스피노자(Spinoza, Benedictus) Ⅰ권 59

시간 전표 Ⅰ권 113, 115-17, 133, 134, 139; Ⅲ권 76

시니어(Senior, N. W.) Ⅰ권 33, 175, 229, 230, 275, 310; Ⅱ권 266, 267,

시민 Ⅰ권 45, 46, 264; Ⅱ권 103, 105, 108, 115, 120, 129, 164; Ⅲ권 129, 131, 135

시스몽디(Sismondi, J. C. L. S.) Ⅰ권 15, 33, 179, 209, 260, 313, 315; Ⅱ권 21, 22, 24, 173, 312, 313, 348, 363

시장 Ⅰ권 13, 16, 20, 36, 71, 80, 94, 103, 114, 131, 142, 152, 218, 247, 263, 279, 284, 314; Ⅱ권 18, 30, 137, 141, 153, 161, 169, 175, 179, 186, 201, 207, 229, 253, 264, 276, 280, 296, 305, 315, 325, 331, 337, 343, 360, 401, 405, 426, 428; Ⅲ권 16, 32, 36, 56, 64, 65, 95, 98, 115, 123, 149, 152, 158, 171, 176, 179, 181-84, 187, 188

시장 가격 Ⅰ권 114, 115, 132; Ⅱ권 183, 204, 325; Ⅲ권 32, 95, 179, 183

시장 가치 Ⅰ권 114-16, 118

식민지 Ⅰ권 17, 80, 167, 263, 282,

285; Ⅱ권 203, 204; Ⅲ권 59, 66, 128, 182

식민화 Ⅰ권 33, 216; Ⅱ권 120, 204; Ⅲ권 128

신세계 Ⅰ권 34, 164; Ⅲ권 130

신용 기관 Ⅰ권 96

신용 관계 Ⅲ권 155

신용 제도 Ⅰ권 13, 17, 80; Ⅱ권 28, 414; Ⅲ권 85

신용 화폐 Ⅰ권 96, 114; Ⅲ권 150

실재 가치 Ⅰ권 114-16, 118; Ⅱ권 38, 45, 51, 67; Ⅲ권 54, 149

실재성 Ⅰ권 266, 299, 304; Ⅱ권 97, 342; Ⅲ권 76

실재적 부 Ⅰ권 227, 228; Ⅱ권 76, 380

실제 교환 Ⅰ권 125, 135, 153, 180

실험 과학 Ⅰ권 28; 2권 388

【아】

아담(Adam) Ⅰ권 39, 53; Ⅱ권 265

아메리카 Ⅱ권 116

아르카디우스(Arcadiu) Ⅰ권 170, 171

아르키메데스(Archimedes) Ⅰ권 169

아리스토텔레스(Aristoteles) Ⅰ권 111

아시아 Ⅰ권 162, 164-67, 169, 170, 219, 221, 223, 288; Ⅱ권 92, 99, 100, 106, 108, 111, 116, 119, 122, 129, 144, 158, 165; Ⅲ권 66, 91, 128, 161

아일랜드 Ⅰ권 67, 290; Ⅲ권 107

아우구스투스(Augustus. Gaius Iulius Caesar Octavianus) Ⅱ권 129

아킬레스(Achilles) Ⅰ권 82

야곱(Jakob) Ⅰ권 244, 313

앤더슨(Anderson, A.) Ⅱ권 305

양도 Ⅰ권 135, 179, 183, 184, 193, 220, 227, 230, 232, 238, 277, 286, 289, 295, 313, 330, 359, 381, 407; Ⅱ권 36, 54, 86, 99, 104, 293, 346, 352, 407; Ⅲ권 52-5, 57, 73, 112, 124, 131, 134, 135, 137, 140, 155, 190

어음 Ⅰ권 86, 87, 91-3, 95, 96, 98, 107, 108, 284, 342; Ⅱ권 104, 254, 279; Ⅲ권 137, 150

어콰트(Urquhart, D.) Ⅰ권 36

언어 Ⅰ권 52, 53, 94, 110, 120, 144, 217, 246; Ⅱ권 98, 107, 109, 115, 116, 118, 120; Ⅲ권 76, 101, 127

에서(Esau) Ⅰ권 313

에트루리아 Ⅰ권 168; Ⅱ권 50, 163; Ⅲ권 41

엘리자베스 1세(Elisabeth Ⅰ) Ⅱ권 421

여가 시간 Ⅰ권 27; Ⅱ권 388

역사적 관계 Ⅰ권 67, 76, 249; Ⅲ권 20

역학 Ⅰ권 169; Ⅱ권 151, 370, 379, 391, 407

연금 기금 Ⅰ권 41

연금술 Ⅰ권 216; Ⅲ권 138

10시간 노동법 Ⅰ권 297, 346; Ⅱ권 40

영국 Ⅰ권 12, 13, 16, 33, 35-8, 40, 43, 55, 67, 93, 99, 107, 132, 169, 178, 183, 208, 225, 238, 254, 281, 335, 423; Ⅱ권 28, 35, 116, 136, 140, 154, 204, 235, 240, 343, 360, 387, 399, 411, 418; Ⅲ권 41, 42, 59-62, 70, 73, 76, 77, 80, 82, 84, 85, 89, 95-8, 102, 107, 117, 127, 130,

131, 133, 142, 151, 152, 156, 157, 166, 175, 181-85

영국 은행 Ⅰ권 43, 93, 99, 106, 107, 133; Ⅲ권 95, 175, 181, 182

예속 관계 Ⅰ권 136, 138, 146, 226; Ⅱ권 87, 130, 136; Ⅲ권 45

오버스톤(Overstone, S. J. L. B.) Ⅱ권 68

오스트레일리아 Ⅰ권 12, 152, 161, 163, 166, 171, 282; Ⅱ권 281

외양 Ⅰ권 38, 45, 151, 199-201, 252, 286, 288, 309, 319, 377; Ⅱ권 34, 53, 64, 75, 81, 88, 91, 105, 139, 146, 172, 190, 193, 230, 243, 248, 290, 325, 345, 378

욕구 Ⅰ권 14, 27, 41, 57, 70, 86, 92, 106, 119, 129, 138, 150, 177, 190, 205, 215, 226, 237, 248, 261, 268, 278, 287, 93, 310, 333, 423; Ⅱ권 13, 17, 30, 71, 91, 102, 108, 112, 120, 138, 155, 160, 167, 179, 245, 254, 263, 283, 372, 418, 427; Ⅲ권 52-4, 56, 62, 64, 91, 145, 146, 148, 153, 155, 157, 161-63, 169, 176, 189

욕구 충족 Ⅰ권 128, 248, 287, 289; Ⅱ권 283, 418; Ⅲ권 52, 53

용역 Ⅰ권 86, 125, 174, 230, 238, 246, 274, 316; Ⅱ권 48, 254; Ⅲ권 63, 94, 150

원자재 Ⅰ권 95, 103, 173, 263, 268, 278, 302, 303, 306, 307, 315, 319, 325, 336, 408, 414; Ⅱ권 12, 19, 34, 42, 49, 78, 125, 131, 140, 148, 173, 192, 231, 240, 246, 298, 313

원재료 Ⅰ권 285, 302, 303, 317; Ⅱ권

135, 230, 233, 300, 337, 346, 368, 370, 394, 404, 407, 418; Ⅲ권 13, 26, 29, 31-4, 42, 43, 46, 48, 54, 60, 108

웨이드(Wade, J.) Ⅱ권 25, 203, 228, 271

웨이크필드(Wakefield, E. G) Ⅰ권 282; Ⅱ권 25, 203, 228, 271

위험 Ⅰ권 15, 40, 42, 110, 324, 325; Ⅱ권 401; Ⅲ권 67, 127, 147, 181

유동 자본 Ⅰ권 263, 278, 327; Ⅱ권 25, 69, 70, 157, 172, 179, 188, 205, 249, 255, 276, 281, 297, 303, 311, 346, 350, 355, 361, 369, 372, 383, 392, 400, 408, 413, 421; Ⅲ권 32, 36, 37, 63, 112-17, 119, 122, 138, 140, 154

유럽 Ⅰ권 13, 35, 81, 162, 164, 166, 218, 221, 245, 254; Ⅱ권 122, 165; Ⅲ권 98, 127, 130-33, 151, 159, 160, 166, 176, 182

유물론 Ⅰ권 11, 12, 17, 18, 81; Ⅱ권 362

유산 계급 Ⅰ권 13; Ⅱ권 31

유어(Ure, A.) Ⅱ권 367

유추(類推) Ⅰ권 144, 296

유클리드(Euklid) Ⅰ권 169

유태인 Ⅰ권 79, 213, 250; Ⅱ권 102, 112; Ⅲ권 134, 135, 160, 169

유토피아 Ⅰ권 20

유통 Ⅰ권 17, 33, 51, 68, 80, 87, 100, 110, 124, 132, 144, 153, 165, 173, 180, 190, 201, 212, 221, 241, 253, 266, 274, 282, 291, 302, 315, 325, 335, 357, 374, 385, 411; Ⅱ권 11, 21, 28, 36, 51, 59, 68, 78, 87, 133,

142, 152, 169, 179, 188, 197, 228, 243, 252, 276, 284, 294, 305, 320, 327, 337, 346, 355, 367, 378, 392, 400, 411, 421; Ⅲ권 11, 27, 36, 43, 48, 52, 66, 74, 81, 87, 95, 102, 110, 127, 134, 142, 153, 161, 167, 174, 181, 188

유통 개념 Ⅰ권 173; Ⅱ권 157, 170

유통 과정 Ⅰ권 202, 229, 315; Ⅱ권 11, 16, 69, 152, 179, 182, 254, 277, 283, 304, 327, 337, 344, 360, 396, 412

유통 도구 Ⅰ권 172, 180, 183, 191, 198, 201, 207, 341; Ⅱ권 284

유통 바퀴 Ⅰ권 172, 180, 190

유통 비용 Ⅱ권 157, 169, 186, 276, 283, 293, 296, 308, 326, 330, 341, 423; Ⅲ권 36

유통 속도 Ⅰ권 172, 173, 198, 231; Ⅱ권 181, 182, 289, 290, 308; Ⅲ권 68, 95, 97, 99, 168, 173, 185

유통 수단 Ⅰ권 92, 96, 100, 117, 153, 168, 180, 182, 198, 204, 212, 219, 227, 326, 359, 361; Ⅱ권 15, 23, 27, 40, 51, 69, 91, 230, 252, 253, 277-79, 284, 300, 337, 341, 349, 395, 405; Ⅲ권 176, 179, 181, 184, 185, 187, 188

유통 시간 Ⅱ권 174, 178, 182, 186, 197, 201, 277, 282, 285, 291, 293, 296, 301, 303, 320, 327, 333, 342, 350, 358, 378, 390, 426; Ⅲ권 38, 110

유통 자본 Ⅱ권 172

유통 형태 Ⅰ권 336; 2권 343

유휴 자본 Ⅱ권 202, 279, 297

은(銀) Ⅰ권 91, 92, 101, 106, 118, 132, 152, 159, 166, 177, 192, 208, 217, 242, 357; Ⅱ권 18, 51, 54, 65, 218, 289; Ⅲ권 54, 59, 70, 76, 82, 86, 90, 94, 96, 101, 128, 132, 133, 148, 155, 165, 171, 185

은행 제도 Ⅰ권 110, 140, 172; Ⅱ권 274; Ⅲ권 56, 59, 66, 89, 170

은행권 Ⅰ권 100, 101, 106, 112, 133, 223; Ⅱ권 284, 299; Ⅲ권 52, 92, 150, 167, 175

의식 형태(들) Ⅰ권 80; Ⅱ권 177

의제 자본 Ⅱ권 327

이든(Eden, F. M.) Ⅱ권 418, 419

이민 Ⅰ권 17, 80, 161; Ⅱ권 257

이윤 Ⅰ권 23, 44, 55, 64, 131, 132, 175, 190, 246, 256, 263, 272, 278, 280, 283, 293, 322, 325, 327, 331, 339, 345, 353, 358, 363, 373, 385, 392, 400, 406; Ⅱ권 28, 34, 46, 52, 59, 65, 132, 151, 164, 173, 188, 191, 201, 214, 222, 236, 245, 264, 275, 290, 303, 315, 325, 336, 351, 363, 378, 390, 408; Ⅲ권 11, 23, 35, 39, 44, 54, 60, 63, 91, 95, 101, 107, 110, 117, 122, 134, 138, 142, 149, 151, 156, 162, 163, 170, 178, 180, 185

이윤 법칙 Ⅰ권 24; Ⅲ권 104

이윤율 Ⅰ권 24, 175, 355, 356, 358, 391, 392, 400, 404, 406; Ⅱ권 52, 151, 195, 207, 211, 225, 236, 245, 247, 275, 304, 325, 339, 358; Ⅲ권 12-6, 18-22, 24-7, 33-5, 38, 104, 117, 123, 156, 164, 165

이윤율의 균등화 Ⅱ권 339
이자 Ⅰ권 23, 40, 64, 209, 245-47, 250, 263, 278, 292, 322, 326, 327, 331, 345, 388, 393, 402, 422; Ⅱ권 16, 18, 20, 25, 37, 62, 70, 96, 102, 112, 127, 146, 154, 165, 201, 230, 246, 275, 282, 303, 314, 325, 337, 343, 362, 381, 387, 394, 401, 405, 428; Ⅲ권 11, 27, 30, 65, 67, 85, 91, 92, 117, 119, 131, 134, 140, 142, 148, 150, 155, 164, 171, 180, 186
이자율 Ⅰ권 124; Ⅱ권 275, 314, 401; Ⅲ권 65, 92, 131, 135, 149-51, 154, 156, 164, 165
이집트 Ⅰ권 82, 170; Ⅱ권 50, 163; Ⅲ권 41, 131
이탈리아 Ⅰ권 165, 167, 168, 170, 226; Ⅱ권 134, 141; Ⅲ권 61, 92, 128-30, 135, 144, 159, 161
인구의 재생산 Ⅱ권 260
인구 증가 Ⅰ권 335, 363, 367, 368, 425, 426; Ⅱ권 30, 64, 89, 111, 120, 257, 262, 264; Ⅲ권 17, 36, 43, 46, 47
인구론 Ⅰ권 426; Ⅱ권 262; Ⅲ권 18, 35, 142, 143
인도 Ⅰ권 56, 67; Ⅱ권 100, 116, 158, 163; Ⅲ권 41, 98, 151, 152, 161, 165, 166, 190
일반 이윤율 Ⅰ권 24; Ⅱ권 52, 325, 358
일반성 Ⅰ권 27, 28, 39, 58, 74, 75, 143, 196, 216, 240, 260-62, 271, 278; Ⅱ권 109
일반적 노동 Ⅰ권 150, 153-55, 214;

Ⅱ권 158, 160, 330, 385
일본 Ⅰ권 166, 170
임금 Ⅰ권 23, 35, 40, 56, 64, 65, 175, 178, 215, 246, 277, 287, 290, 320, 330, 340, 352, 363, 367, 370, 385, 394, 408, 415; Ⅱ권 12, 34, 39, 54, 59, 175, 193, 205, 212, 220, 232, 246, 271, 304, 311, 348, 400, 408, 419; Ⅲ권 20, 21, 52, 54, 65, 67, 113, 117, 119-21, 141, 149, 150, 152, 171
임금 기금 Ⅰ권 411, 412
임금 노동자 Ⅰ권 55, 56, 290
임노동 Ⅰ권 17, 40, 42, 64, 73, 80, 97, 125, 214, 245, 263, 379, 315, 326, 334, 340, 381, 394, 412, 423, 427; Ⅱ권 13, 16, 24, 31, 36, 81, 86, 91, 113, 132, 142, 164, 204, 212, 218, 222, 242, 251, 266, 296, 304, 377, 380, 411, 419, 427; Ⅲ권 16, 36, 41, 42, 104, 126, 141, 153
임대 Ⅱ권 387, 400, 403; Ⅲ권 91, 137, 140
임차인 Ⅱ권 164
잉여 가치 Ⅰ권 18, 23, 323, 326, 328, 332, 335, 342, 349, 354, 375, 385, 392, 404, 420; Ⅱ권 11, 17, 25, 35, 40, 45, 52, 61, 79, 95, 148, 159, 167, 174, 181, 194, 205, 227, 234, 248, 264, 276, 286, 296, 303, 322, 332, 359, 378, 396, 405, 416, 423; Ⅲ권 11, 17, 21, 25, 29, 32, 37, 41, 47, 66, 104, 110, 112, 152, 154, 178, 186
잉여 가치율 Ⅰ권 405; Ⅱ권 205; Ⅲ권 33, 38

잉여 노동 I 권 333, 345, 350, 355,
　369, 375, 383, 398, 407, 422; II
　권 14, 18, 24, 31, 43, 52, 63, 73,
　87, 97, 132, 155, 167, 184, 196,
　206, 219, 236, 246, 262, 272, 286,
　299, 314, 332, 340, 376, 396, 407;
　III권 12, 17, 21, 26, 30, 33, 38,
　43, 49, 107, 111, 118, 152
잉여 노동 시간 I 권 355, 357, 367,
　376, 386, 393, 425; II권 27, 37,
　41, 54, 60, 168, 175, 185, 202,
　214, 224, 250, 339, 377, 381, 399,
　421; III권 14, 32, 40, 45, 50, 51,
　107, 118
잉여 생산물 I 권 426; II권 16, 31,
　50, 61, 72, 91, 100, 121, 130, 136,
　158, 189, 259, 261, 267, 385; III
　권 41, 66, 147
잉여 자본 I 권 424, 426, 427; II권
　62, 72, 75, 76, 82, 133, 264, 288,
　334, 397, 423; III권 28

【자】

자마이카 I 권 334
자본 개념 I 권 23, 248, 257, 265,
　272, 327, 336, 340; II권 18, 133,
　134, 143, 151, 139, 152, 279, 300;
　III권 37, 140
자본 규모 II권 226; III권 103, 104
자본 관계 I 권 324, 414; III권 16
자본 생산성 II권 289
자본 유통 II권 149, 172, 176, 230,
　284, 300, 301, 303, 338, 341-3,
　348, 350, 404, 413, 422

자본 일체 I 권 308, 360; II권 32,
　153, 185, 281, 325, 358, 370, 372,
　375, 392, 407; III권 41, 66, 147
자본 자체 I 권 78, 245, 248, 250,
　273, 280, 294, 298, 300, 301, 306,
　307, 315, 320, 326, 340, 357, 360;
　II권 11, 22, 68, 83, 136, 148,
　165, 180, 185, 236, 251, 264, 278,
　288, 295, 303, 309, 313, 315, 330,
　340, 352, 368, 378, 406, 416, 418;
　III권 141, 151, 165, 178, 186
자본 재생산 II권 182, 225, 428; III권
　11
자본 증식 I 권 345, 353; II권 64, 68,
　143, 174, 182, 281, 337, 422
자본 집중 I 권 35, 37, 96, 140
자본 축적 I 권 227, 359, 393, 407,
　408; II권 28, 30, 137; III권 64
자본가 계급 I 권 24; II권 53, 88; III
　권 38, 90, 103, 151-53, 156
자본의 가치 증식 II권 288, 359
자본의 경향 I 권 424-26; II권 19, 24,
　32, 161, 281, 342, 373, 384; III권
　19, 37, 42, 43, 48
자본의 마모 II권 205
자본의 순환 II권 146, 337, 346, 404;
　III권 112
자본의 시초 축적 I 권 26; II권 82
자본의 유기적 구성 I 권 405
자본의 유통 I 권 266, 336; II권 11,
　146, 148, 174, 178, 186, 197, 229,
　230, 276, 285, 299, 313, 334, 341,
　358, 392, 404, 410, 422
자본의 현존 I 권 325, 330; II권 165,
　192, 233
자본의 회전 I 권 278; II권 146, 148,

174, 249, 286, 308, 320, 332, 355, 357, 397, 400

자생적 공산주의 III권 190

자연 I권 12, 16, 34, 43, 51-61, 63, 67, 72, 74, 78, 82, 119, 138, 146, 160, 185, 233, 243, 255, 273, 338, 425; II권 14, 21, 29, 41, 50, 83, 91, 102, 112, 121, 141, 161, 175, 183, 191, 214, 236, 249, 255, 265, 302, 315, 339, 347, 360, 374, 381, 391, 410, 417; III권 11, 14, 21, 31, 40, 42, 47, 128, 143, 145, 151, 155, 160

자연과학 I권 166; II권 19, 84, 374, 380

자연적 현존 I권 119, 126; II권 113, 121

자연필연성 II권 162

자유 I권 26, 34, 81, 109, 131, 145, 232, 238, 352; II권 19, 25, 30, 64, 80, 87, 94, 101, 112, 121, 130, 143, 163, 168, 176, 198, 231, 238, 256, 265, 295, 315, 345, 381, 388, 418, 420; III권 21, 41, 47, 56, 62, 87, 126, 143, 161, 173, 175, 180, 183, 189

자유 경쟁 I권 51, 109, 136, 352; II권 25, 198, 315-18

자유 무역 I권 33, 39, 104; III권 177

자유로운 노동자 I권 294; II권 88, 92, 125, 134, 420; III권 143, 162, 189

잠재적 빈민 II권 256, 257

적대 관계 I권 15, 34, 109; III권 23

전제 군주 I권 187; II권 99

전체 I권 13, 23, 44, 52, 58, 63, 73, 87, 127, 131, 139, 151, 173, 184, 193, 200, 206, 211, 219, 227, 239, 246, 252, 265, 280, 296, 321, 328, 333, 343, 352, 364, 374, 389, 400, 410, 415, 425; II권 13, 15, 25, 31, 39, 42, 55, 61, 71, 89, 97, 101, 108, 132, 149, 153, 159, 161, 168, 175, 180, 189, 193, 206, 217, 224, 235, 243, 249, 254, 260, 275, 280, 287, 299, 319, 322, 329, 334, 350, 356, 367, 373, 380, 384, 396, 402, 410, 413; III권 12, 23, 30, 33, 34, 38, 40, 44, 51, 58, 60, 64, 67, 85, 109, 111, 113, 133, 138, 148, 159, 162, 169, 175, 185

절대적 잉여 가치 I권 23, 354, 387; II권 17, 18; III권 40, 42

절약 I권 27, 41, 93, 155, 225, 289-93, 295, 339, 393, 411, 422; II권 82, 191, 235, 283, 341, 364, 388, 424; III권 45, 51, 65, 148, 160

점취 I권 24, 25, 56, 57, 64, 71, 72, 140, 184, 222, 226, 232, 255, 278, 301, 303, 305, 313, 339, 343, 382, 386; II권 20, 52, 74, 77, 80, 83, 95, 98, 100, 109, 114, 120, 127, 133, 139, 146, 183, 190, 225, 245, 257, 261, 286, 294, 319, 326, 332, 340, 368, 375, 383, 392, 402, 417, 424; III권 18, 26, 30, 33, 36, 37, 39, 47, 73, 110, 124, 141, 151, 178, 190

정복 I권 66, 67, 152, 165, 214, 423; II권 111, 116, 119, 175, 418; III권 36, 66, 91

제미니(Gemini) Ⅰ권 23

제이콥(Jacob, W.) Ⅰ권 165, 167, 168, 179, 183

종족 Ⅰ권 52, 72, 81, 257; Ⅱ권 98-101, 105, 107, 108, 110, 111, 115, 116, 117, 120, 123

종족체 Ⅱ권 99

주식 자본 Ⅰ권 263, 279; Ⅱ권 164, 325

주식 회사 Ⅰ권 79, 96, 140, 342; Ⅱ권 166; Ⅲ권 117

주체 Ⅰ권 51, 53-5, 58-64, 70, 72, 74, 77, 121, 148, 150, 153, 157, 173, 175, 201, 206, 235-37, 239, 240, 242, 247, 265, 274, 287, 288, 296, 299, 302, 305, 316, 317, 331, 341; Ⅱ권 71-4, 77, 80, 85, 94, 96, 100, 107, 112, 114, 122, 126, 143, 161, 199, 231, 233, 265, 269, 276, 284, 291, 388, 394; Ⅲ권 12, 13, 124, 125, 153

주화(鑄貨) Ⅰ권 30, 102, 106, 110, 132, 156, 169-71, 191, 203, 217-19, 221, 231, 234, 263, 269, 270, 289, 291, 295, 297, 298, 324, 362, 367; Ⅱ권 253, 254; Ⅲ권 57, 59, 68-70, 73, 75, 79, 81, 85, 91, 95, 105, 128, 130, 132, 140, 155, 166, 176, 181, 184

중국 Ⅰ권 39, 94, 166, 169, 170, 179; Ⅱ권 154, 411; Ⅲ권 148

중금주의 Ⅰ권 74, 205, 216, 221, 226, 336; Ⅱ권 253

중농주의 Ⅰ권 74, 75, 335, 337, 339, 359; Ⅱ권 237, 315

중상주의 Ⅰ권 102, 218, 226, 336

증식 과정 Ⅰ권 309, 311, 317, 361, 362, 377, 380-82, 391, 394, 407, 408, 410, 415; Ⅱ권 11, 17, 21, 26, 37, 70, 76, 81, 86, 95, 143, 152, 165, 174, 179, 181, 278, 281, 287, 315, 320, 325, 346, 362, 369, 416; Ⅲ권 38

지라르댕(Girardin, E.) Ⅰ권 109

지배 예속 관계 Ⅰ권 226; Ⅱ권 87

지불 노동 Ⅱ권 218, 225

지양(止揚) Ⅰ권 25, 26, 43, 81, 96, 97, 101, 110, 115, 116, 124, 129, 140, 142, 145, 149, 184, 199, 202, 204, 224, 228, 234, 239, 241, 243, 250, 269, 289, 290, 294, 302, 305, 315, 341, 342, 371, 378, 381, 382, 384, 385, 424, 427; Ⅱ권 16, 25, 68, 84, 111, 119, 128, 162, 170, 178, 186, 201, 235, 238, 264, 282, 288, 293, 315, 325, 342, 370, 386; Ⅲ권 13, 14, 16, 75, 112, 125, 141, 144

지질학 Ⅰ권 159-61

지출 Ⅰ권 59, 94, 97, 104, 105, 108, 113, 133, 220, 290, 296, 298, 304, 326, 356, 357, 367, 388, 391, 395, 397, 399, 400, 402, 407, 408, 413, 415; Ⅱ권 41, 45, 58, 65, 71, 86, 93, 100, 160, 166, 184, 192, 203, 210, 221, 254, 272, 328, 376, 401; Ⅲ권 29, 31, 34, 35, 42, 48, 51, 64, 92, 103, 108, 112, 119, 138, 144, 165, 180, 187

지폐 Ⅰ권 87, 91-3, 95-7, 101, 106-9, 112, 114, 149, 183; Ⅱ권 253, 297; Ⅲ권 59, 81, 82, 87, 90, 102,

146, 165, 167, 171, 182, 188

직접 노동 Ⅱ권 209, 211, 215; Ⅲ권 88

진보 Ⅰ권 41, 44, 54, 74, 81, 161, 165, 169, 171, 238, 314; Ⅱ권 64, 141, 180, 224, 236, 238, 247, 250, 373, 380; Ⅲ권 14, 21, 60, 62, 162, 163, 182

집중 Ⅰ권 35, 37, 38, 54, 68, 70, 74, 95, 96, 140, 168, 173, 210, 263, 278; Ⅱ권 12, 101, 106, 111, 141, 233, 271, 327, 377; Ⅲ권 116, 128, 144, 154, 167

【차】

차지농 Ⅰ권 42, 182, 249, 280; Ⅱ권 39, 58, 130, 134, 141, 181, 202, 225, 256, 309; Ⅲ권 47, 83, 143, 162

채무 Ⅰ권 100, 113, 177; Ⅱ권 121, 129, 252, 329, 414; Ⅲ권 82, 84-6, 91, 92, 130, 150, 152, 179, 181, 186

채취 산업 Ⅲ권 33, 45

철학적 의식 Ⅰ권 72

초과 이윤 Ⅰ권 409; Ⅱ권 307, 358; Ⅲ권 152

총 노동 Ⅰ권 355, 357; Ⅱ권 48, 194, 196, 215, 219, 223; Ⅲ권 17, 31, 47, 103, 122

총 이윤 Ⅱ권 58, 195, 207, 226, 250, 304; Ⅲ권 14, 15, 23-5, 27, 30, 67, 114, 119, 120, 151, 165

총생산 Ⅱ권 289, 293, 374, 386; Ⅲ권 31

총생산물 Ⅰ권 356, 388, 398, 408, 420; Ⅱ권 40, 54, 58, 192, 208-12, 219, 245, 275; Ⅲ권 23, 24, 27, 108

총자본 Ⅰ권 391-93, 397, 400, 402, 404, 405, 415, 417-19; Ⅱ권 180, 208, 211, 212, 280, 288,336, 355, 395, 426; Ⅲ권 21, 26, 34, 38, 46, 60, 109, 110, 152

총체성 Ⅰ권 68, 69, 71, 72, 185, 247, 259, 260, 263, 278-82, 305, 327; Ⅱ권 26, 72, 88, 95, 113, 148, 179, 186, 277; Ⅲ권 17

추상 Ⅰ권 16, 28, 37, 53, 63, 70, 81, 92, 114, 120, 137, 146, 186, 190, 211, 227, 243, 255, 264, 284, 299, 308, 336, 340, 353, 359, 386; Ⅱ권 17, 23, 50, 70, 87, 109, 114, 192, 203, 240, 259, 308, 330, 370, 380, 388; Ⅲ권 49, 50, 68, 74, 104, 112, 142, 152, 153, 186, 190

추상 노동 Ⅰ권 20

추상에서 구체로의 상승 Ⅰ권 16

치부(致富) Ⅰ권 144, 212, 222, 271, 289, 290, 311, 336, 353; Ⅱ권 143, 253, 401

치부욕 Ⅰ권 212-14

【카】

카토(Cato. Marcus Porcius Centorius Cato) Ⅱ권 112

캐리(Carey, H. C.) Ⅰ권 11, 15, 16, 33-40, 52, 54, 245, 391

퀸시(Guincey, T. de) II권 192-94, 196, 197, 305, 395

클라이스테네스(Kleisthenes) II권 105

키케로(Marcus Tullius Cicero) II권 105

캘리포니아 I권 12, 152, 163, 166, 171; III권 144, 165, 166

코카서스 I권 156

크세노폰(Xenophon) I권 156, 169, 170, 171

【타】

태환성 I권 101, 107-9, 111-13, 135; III권 155

테르미누스(Terminus) II권 103

테일러(Taylor, J.) I권 208

토대 I권 26, 27, 44, 72, 93, 107, 109, 114, 140, 142, 154, 155, 180, 215, 234, 240, 249, 280, 326, 335, 386; II권 31, 86, 98, 100, 117, 132, 139, 141, 146, 147, 177, 178, 198, 257, 258, 277, 385, 386; III권 15, 109, 124, 125, 152, 154, 161, 189

토지 소유 I권 17, 33, 35, 65, 66-8, 78-80, 95, 146, 168, 249, 263, 279-83, 336, 338-40; II권 88, 97, 98, 103, 104, 106, 108, 112, 123, 136, 204, 247, 254, 392, 425; III권 84, 85, 104, 127, 131, 152, 154, 160

톰슨(Thompson, W.) II권 181

통일성 I권 53, 59, 129, 130, 186, 196, 270; II권 13, 107

통화주의 III권 185

투기 I권 68, 94, 103, 114, 188; II권 28, 166, 298

튜크(Tooke, T.) I권 33

특수성 I권 22, 58, 75, 78, 119, 147, 189, 210, 211, 215, 228, 237, 247, 260, 261, 263, 268, 270, 278, 300; II권 70, 310

【파】

파마(Fama) I권 82

페루 I권 73, 183, 231, 233; II권 100, 116; III권 127, 132

페리에(Ferrier, F. L. A.) I권 205, 206

페티(Petty, W.) I권 12, 15, 33, 152, 224; II권 310, 344

평가절하 I권 101, 104, 107-13, 116, 132; III권 99, 100, 102, 187, 188

평균 가격 I권 105, 114, 116; III권 115

평균 가치 I권 114, 115, 181

평균 이윤율 II권 53; III권 19, 104

폴란드 I권 213, 231, 250, 281; II권 95; III권 160

푸리에(Fourier, F. M. C.) II권 266, 388

프라이스(Price, R.) I권 393

프랑스 은행 I권 86, 90, 92, 94, 98, 109, 132

프랑스 혁명 I권 244

프로메테우스(Prometheus) I권 53

프로이센 I권 108, 329

프로테스탄티즘 I권 225

프롤레타리아 혁명 I권 14

프루동(Proodhon, P. J.) Ⅰ권 19, 42,
　52, 53, 79, 87, 97, 105, 112-14,
　157, 244, 264, 265, 268, 316, 318,
　326, 406; Ⅱ권 23, 38, 40, 41, 50,
　58, 113, 267, 303, 304, 312, 400
프루동주의 Ⅰ권 19, 20, 92, 95; Ⅲ권
　89
플리니우스(Gaius Plinius Secundus)
　Ⅰ권 167
피트(Pitt, W.) Ⅰ권 393
필연성 Ⅰ권 20, 27, 52, 334, 344; Ⅱ
　권 25, 26, 64, 68, 77, 191, 265,
　317, 391, 398, 401; Ⅲ권 22, 31,
　124, 125
필요 가격 Ⅰ권 320, 322; Ⅱ권 49,
　194, 293
필요 노동 Ⅰ권 345, 348-52, 354, 369,
　375, 383, 387, 396, 404, 408-13,
　415, 417, 424, 425; Ⅱ권 19, 24,
　27, 35, 42, 54, 69, 74, 157, 160,
　168, 186, 194, 213, 227, 257, 263,
　286, 304, 334, 354, 376, 386, 399,
　424; Ⅲ권 12, 17, 20, 25, 26, 33,
　35, 39, 47, 104, 110, 113, 115,
　118, 152
필요 임금 Ⅰ권 414; Ⅱ권 54, 55, 58

【하】

할인 Ⅰ권 86, 87, 89-92, 95, 98, 131,
　284; Ⅲ권 150, 155
해부 Ⅰ권 76
허바드(Hubbard, J. G.) Ⅰ권 183
헤겔(Hegel, G. W. F.) Ⅰ권 71, 72,
　114, 157; Ⅱ권 417

헤겔주의 Ⅰ권 63
헤로도토스(Herodotos) Ⅰ권 164, 166,
　167
헤르메스(Hermes) Ⅰ권 82
헤시오드(Hesiod, Hesiodos) Ⅰ권 167
헨리 7세(Heinrich Ⅶ, Henry Ⅶ) Ⅱ
　권 137, 419
헨리 8세(Heinrich Ⅷ, Henry Ⅷ) Ⅱ
　권 137, 420
혁명 Ⅰ권 12-4, 21, 66, 68, 216, 234,
　244, 281; Ⅱ권 64, 391; Ⅲ권 65,
　80, 90, 91
현물 지대 Ⅰ권 125
현실성 Ⅰ권 299, 382; Ⅱ권 133, 153,
　379
협업 Ⅰ권 73, 140; Ⅱ권 103, 162,
　163, 232-34, 262, 267, 367
형이상학 Ⅰ권 260; Ⅱ권 173; Ⅲ권
　29
형태 규정 Ⅰ권 192, 218, 219, 221,
　233-35, 237, 248, 250, 255, 258,
　259, 261, 262, 268, 270, 271, 286,
　305, 306, 309, 311, 317, 329, 339;
　Ⅱ권 279, 281, 287, 311, 325,
　327, 330, 337, 342, 350, 359, 368,
　414, 424
형태 변화 Ⅰ권 283; Ⅱ권 171, 172,
　240, 285, 292, 296, 337, 427; Ⅲ
　권 31
형태 정립 Ⅰ권 209, 302; Ⅱ권 246
호너(Horner, L.) Ⅰ권 346
호노리우스(Honorius Flavius) Ⅰ권
　170, 171
호지스킨(Hodgskin, T.) Ⅱ권 28, 256
호머(Homer, Homeros) Ⅰ권 156,
　167, 179

화폐 개혁 I권 124

화폐 공황 I권 102, 109, 187; III권
    75, 179

화폐 관계 I권 97, 124, 125, 133,
    141, 142, 145, 157, 206, 235; III
    권 69, 154

화폐 순환 I권 259

화폐 시장 I권 99, 131, 247, 263,
    279, 284; III권 152

화폐 이자 I권 250

화폐 자본 I권 78, 79, 220, 250; II권
    253, 299, 350, 403; III권 142,
    151, 153, 156

화폐 증식 I권 225

화폐 축적 I권 188, 192

환율 I권 17, 80, 140, 142, 233, 263;
    III권 68, 69, 72, 73, 181-83

훔볼트(Humboldt, A. F.) I권 166

희생 I권 187, 213, 225, 233, 263; II
    권 30, 96, 113, 264, 266-70, 275,
    314, 415; III권 38, 65, 134, 183

힌두스탄 I권 35; III권 165